KB101427

Decoding the TOEFL® iBT

Actual Test

WRITING 1

INTRODUCTION

For many learners of English, the TOEFL® iBT will be the most important standardized test they ever take. Unfortunately for a large number of these individuals, the material covered on the TOEFL® iBT remains a mystery to them, so they are unable to do well on the test. We hope that by using the *Decoding the TOEFL® iBT* series, individuals who take the TOEFL® iBT will be able to excel on the test and, in the process of using the book, may unravel the mysteries of the test and therefore make the material covered on the TOEFL® iBT more familiar to themselves.

The TOEFL® iBT covers the four main skills that a person must learn when studying any foreign language: reading, listening, speaking, and writing. The *Decoding the TOEFL® iBT* series contains books that cover all four of these skills. The *Decoding the TOEFL® iBT* series contains books with three separate levels for all four of the topics, and it also contains *Decoding the TOEFL® iBT Actual Test* books. These books contain several actual tests that learners can utilize to help them become better prepared to take the TOEFL® iBT. This book, *Decoding the TOEFL® iBT Actual Test Writing 1*, covers the writing aspect of the test and includes both integrated and independent tasks that are arranged in the same format as the TOEFL® iBT. Finally, the TOEFL® iBT underwent a number of changes in August 2019. This book—and the others in the series—takes those changes into account and incorporates them in the texts and questions, so readers of this second edition can be assured that they have up-to-date knowledge of the test.

Decoding the TOEFL® iBT Actual Test Writing 1 can be used by learners who are taking classes and also by individuals who are studying by themselves. It contains a total of fifteen full-length writing actual tests. Each actual test contains an integrated task (writing an essay based on reading and listening) and an independent task (writing an essay based on knowledge and experience). All of the passages and lectures that are used in the tasks are the same length and have the same difficulty levels as those found on the TOEFL® iBT. In addition, the tasks contain the same types of questions that appear on the actual TOEFL® iBT. Individuals who use *Decoding the TOEFL® iBT Actual Test Writing 1* will therefore be able to prepare themselves not only to take the TOEFL® iBT but also to perform well on the test.

We hope that everyone who uses *Decoding the TOEFL® iBT Actual Test Writing 1* will be able to become more familiar with the TOEFL® iBT and will additionally improve his or her score on the test. As the title of the book implies, we hope that learners can use it to crack the code on the TOEFL® iBT, to make the test itself less mysterious and confusing, and to get the highest score possible. Finally, we hope that both learners and instructors can use this book to its full potential. We wish all of you the best of luck as you study English and prepare for the TOEFL® iBT, and we hope that *Decoding the TOEFL® iBT Actual Test Writing 1* can provide you with assistance during the course of your studies.

Michael A. Putlack
Stephen Poirier

TABLE OF CONTENTS

Actual Test **01** 9

Actual Test **02** 19

Actual Test **03** 29

Actual Test **04** 39

Actual Test **05** 49

Actual Test **06** 59

Actual Test **07** 69

Actual Test **08** 79

Actual Test **09** 89

Actual Test **10** 99

Actual Test **11** 109

Actual Test **12** 119

Actual Test **13** 129

Actual Test **14** 139

Actual Test **15** 149

ABOUT THE TOEFL® iBT WRITING SECTION

How the Section Is Organized

The writing section is the last part of the TOEFL® iBT and consists of two portions: the Integrated Writing Task and the Independent Writing Task. The Integrated Writing Task requires test takers to explain how a short reading passage and lecture are related while the Independent Writing Task requires test takers to explain their opinions about a given situation. Test takers have 20 minutes to complete the Integrated Writing Task. For the Independent Writing Task, they have 30 minutes.

The writing section tests the ability of test takers to organize information clearly. The responses do not have to be creative or original. They just need to be succinct and direct. The most important thing test takers can do to boost their score is to present their ideas clearly by using relevant examples. Strong support and vivid details are essential for earning a top score.

Changes in the Writing Section

There are no major changes in the Writing section. However, in the Independent Writing Task, the directions tend to be longer than before on average. The question also often asks not only about a general opinion but also about a specific situation. This can be seen as a measure to prevent test takers from writing memorized essays. At the end of the question, there are directions that prohibit the writing of a memorized example. Therefore, it is important that test takers practice writing essays based on their own ideas instead of trying to memorize model essays.

Question Types

TYPE 1 The Integrated Writing Task

The Integrated Writing Task consists of three parts. Test takers begin by reading a passage approximately 230 to 300 words in length for 3 minutes. Following this, test takers listen to a lecture that either supports or contradicts the reading. Finally, test takers are given 20 minutes to write their essays. The essays should be between 150 and 225 words in length. During this time, the reading passage will reappear on the computer screen. Again, it is important to remember that test takers are not expected to present any new ideas in their essays. Instead, test takers must summarize the lecture and explain its relationship with the reading passage by providing examples from both.

ABOUT THE TOEFL® iBT WRITING SECTION

There are five possible writing tasks test takers will be presented with, but they all require test takers to summarize the lecture and to explain how it either supports or contradicts the reading.

If the listening passage challenges or contradicts the reading passage, the tasks will be presented in one of the following ways:

- Summarize the points made in the lecture, being sure to explain how they cast doubt on specific points made in the reading passage.

  cf. This question type accounts for most of the questions that have been asked on the TOEFL® iBT so far.
- Summarize the points made in the lecture, being sure to explain how they challenge specific claims/arguments made in the reading passage.
- Summarize the points made in the lecture, being sure to specifically explain how they answer the problems raised in the reading passage.

If the listening passage supports or strengthens the reading passage, the tasks will be presented in one of the following ways:

- Summarize the points made in the lecture, being sure to specifically explain how they support the explanations in the reading passage.
- Summarize the points made in the lecture, being sure to specifically explain how they strengthen specific points made in the reading passage.

TYPE 2 The Independent Writing Task

The Independent Writing Task is the second half of the TOEFL® iBT writing section. Test takers have 30 minutes to write an essay explaining their options about a given question. Typically, an effective response is between 300 and 400 words in length. In order to earn a top score, test takers must clearly present their ideas by using logical arguments and effective supporting examples. Strong responses generally include an introductory paragraph with a clear thesis statement, two or three supporting paragraphs with focused topic sentences, and a brief concluding paragraph.

There are three possible writing tasks you will be presented with, but they all ask you to express your opinion about an important issue.

For the agree/disagree type, the task will be presented in the following way:

- Do you agree or disagree with the following statement?
  [A sentence or sentences that present an issue]
  Use specific reasons and examples to support your answer.

  cf. This question type accounts for most of the essay topics that have been asked on the TOEFL® iBT so far.

For the preference type, the task will be presented in the following way:

- Some people prefer X. Others prefer Y. Which do you prefer? Use specific reasons and examples to support your choice.

For the opinion type, the task will be presented in the following way:

- [A sentence or sentences that state a fact]
  In your opinion, what is one thing that should be . . . ? Use specific reasons and examples to support your answer.

Actual Test

01

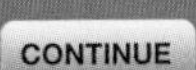

Writing Section Directions

 **Make sure your headset is on.**

This section measures your ability to use writing to communicate in an academic environment. There will be two writing tasks.

For the first writing task, you will read a passage and listen to a lecture and then answer a question based on what you have read and heard. For the second writing task, you will answer a question based on your own knowledge and experience.

Now listen to the directions for the first writing task.

Writing Based on Reading and Listening

For this task, you will first have **3 minutes** to read a passage about an academic topic. You may take notes on the passage if you wish. The passage will then be removed and you will listen to a lecture about the same topic. While you listen, you may also take notes.

Then you will have **20 minutes** to write a response to a question that asks you about the relationship between the lecture you heard and the reading passage. Try to answer the question as completely as possible using information from the reading passage and the lecture. The question does **not** ask you to express your personal opinion. You will be able to see the reading passage again when it is time for you to write. You may use your notes to help you answer the question.

Typically, an effective response will be 150 to 225 words long. Your response will be judged on the quality of your writing and on the completeness and accuracy of the content. If you finish your response before time is up, you may click on **NEXT** to go on to the second writing task.

Now you will see the reading passage for 3 minutes. Remember it will be available to you again when you are writing. Immediately after the reading time ends, the lecture will begin, so keep your headset on until the lecture is over.

Ever since Thomas Edison developed an incandescent light bulb (ILB) that could be commercialized in 1879, people have made numerous attempts to improve upon his invention. One such effort resulted in the creation of the compact fluorescent light bulb (CFL) in the late twentieth century. In recent years, it has become rather popular, and some people believe that CFLs will completely replace ILBs in the future.

Unfortunately, this new type of light bulb has alarmed people because of various health issues it may be responsible for. One major concern is that CFLs emit ultraviolet (UV) radiation, which can cause skin problems, including cancer, in people exposed to them over a long period of time. Some CFLs are closed, which means that they contain a double layer of protective glass. This is supposed to reduce UV emissions, yet studies show that harmful UV radiation still manages to escape even these types of CFLs.

A second problem is that CFLs contain mercury, an element detrimental to humans who are exposed to it. Inside a CFL, the mercury is stable and harmless, but people may get exposed to it if they drop and break the bulbs or if the bulbs suddenly shatter while in use. Additionally, CFLs that are dumped in landfills may allow mercury to seep into the surrounding land, and some mercury may manage to get into the water table.

A third concern people have about CFLs replacing ILBs has to do with the cost. CFLs are generally much more expensive than ILBs as some brands are up to ten times higher in price than regular ILBs. As a result, the usage of CFLs involves significant expenditures for households and businesses that utilize them for lighting rather than using ILBs.

AT01-01

Question 1 of 2

Directions You have 20 minutes to plan and write your response. Your response will be judged on the basis of the quality of your writing and on how well your response presents the points in the lecture and their relationship to the passage. Typically, an effective response will be 150-225 words.

Question Summarize the points made in the lecture, being sure to specifically explain how they answer the problems raised in the reading passage.

Ever since Thomas Edison developed an incandescent light bulb (ILB) that could be commercialized in 1879, people have made numerous attempts to improve upon his invention. One such effort resulted in the creation of the compact fluorescent light bulb (CFL) in the late twentieth century. In recent years, it has become rather popular, and some people believe that CFLs will completely replace ILBs in the future.

Unfortunately, this new type of light bulb has alarmed people because of various health issues it may be responsible for. One major concern is that CFLs emit ultraviolet (UV) radiation, which can cause skin problems, including cancer, in people exposed to them over a long period of time. Some CFLs are closed, which means that they contain a double layer of protective glass. This is supposed to reduce UV emissions, yet studies show that harmful UV radiation still manages to escape even these types of CFLs.

A second problem is that CFLs contain mercury, an element detrimental to humans who are exposed to it. Inside a CFL, the mercury is stable and harmless, but people may get exposed to it if they drop and break the bulbs or if the bulbs suddenly shatter while in use. Additionally, CFLs that are dumped in landfills may allow mercury to seep into the surrounding land, and some mercury may manage to get into the water table.

A third concern people have about CFLs replacing ILBs has to do with the cost. CFLs are generally much more expensive than ILBs as some brands are up to ten times higher in price than regular ILBs. As a result, the usage of CFLs involves significant expenditures for households and businesses that utilize them for lighting rather than using ILBs.

COPY CUT PASTE Word Count : 0

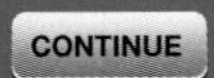

Writing Based on Knowledge and Experience

For this task, you will write an essay in response to a question that asks you to state, explain, and support your opinion on an issue. You have **30 minutes** to write your essay.

Typically, an effective essay will contain a minimum of 300 words. Your essay will be judged on the quality of your writing. This includes the development of your ideas, the organization of the content, and the quality and accuracy of the language you used to express ideas.

Click on **CONTINUE** to go on.

VOLUME HELP NEXT

HIDE TIME 00:30:00

COPY CUT PASTE Word Count : 0

Directions Read the question below. You have 30 minutes to plan, write, and revise your essay. Typically, an effective response will contain a minimum of 300 words.

Question

Do you agree or disagree with the following statement?

Teenagers often purchase products not because they need them but because other teenagers have them.

Use specific reasons and examples to support your opinion.

Be sure to use your own words. Do not use memorized examples.

Question 2 of 2

VOLUME

HIDE TIME 00:30:00

COPY CUT PASTE

Word Count : 0

Actual Test

02

Writing Section Directions

 **Make sure your headset is on.**

This section measures your ability to use writing to communicate in an academic environment. There will be two writing tasks.

For the first writing task, you will read a passage and listen to a lecture and then answer a question based on what you have read and heard. For the second writing task, you will answer a question based on your own knowledge and experience.

Now listen to the directions for the first writing task.

Writing Based on Reading and Listening

For this task, you will first have **3 minutes** to read a passage about an academic topic. You may take notes on the passage if you wish. The passage will then be removed and you will listen to a lecture about the same topic. While you listen, you may also take notes.

Then you will have **20 minutes** to write a response to a question that asks you about the relationship between the lecture you heard and the reading passage. Try to answer the question as completely as possible using information from the reading passage and the lecture. The question does **not** ask you to express your personal opinion. You will be able to see the reading passage again when it is time for you to write. You may use your notes to help you answer the question.

Typically, an effective response will be 150 to 225 words long. Your response will be judged on the quality of your writing and on the completeness and accuracy of the content. If you finish your response before time is up, you may click on **NEXT** to go on to the second writing task.

Now you will see the reading passage for 3 minutes. Remember it will be available to you again when you are writing. Immediately after the reading time ends, the lecture will begin, so keep your headset on until the lecture is over.

When patients visit doctors either at hospitals or clinics, records describing their treatment and any medication prescribed to them are created. In the past, these records were kept on paper; however, in modern times, most patients' records are kept in electronic digital form. While some people prefer the method used in the past, keeping digital records has several benefits.

First, hospitals and clinics can save a tremendous amount of money. Electronic records are less costly than paper records primarily because it is not necessary to purchase large amounts of paper or to maintain vast storage spaces when records are stored on computers. Most paper records are kept on specialized forms that must either be created or purchased, which is an extra expense. Paper records must also be stored somewhere with many shelves or filing cabinets. Renting or purchasing these spaces can result in exorbitant costs. In contrast, vast numbers of electronic records can be kept on a single computer's hard drive, which saves hospitals and clinics money.

Another advantage is that most electronic medical record systems are interconnected between various hospital departments and sometimes even between different hospitals. This helps reduce medical errors since all the medical personnel treating a patient can have access to that person's records. In this way, costly mistakes, such as giving a patient the wrong medicine or dosage, can be avoided. This type of recordkeeping therefore reduces errors that could result in deaths and costly lawsuits.

A third benefit is that the interconnected system helps medical professionals do research since it provides them with access to information about patients with identical medical problems. The research they conduct has numerous advantages. For instance, it can help prevent the outbreak of epidemics and assist doctors in devising new ways to treat diseases or health problems.

AT02-01

Question 1 of 2

Directions You have 20 minutes to plan and write your response. Your response will be judged on the basis of the quality of your writing and on how well your response presents the points in the lecture and their relationship to the passage. Typically, an effective response will be 150-225 words.

Question Summarize the points made in the lecture, being sure to explain how they challenge specific claims made in the reading passage.

When patients visit doctors either at hospitals or clinics, records describing their treatment and any medication prescribed to them are created. In the past, these records were kept on paper; however, in modern times, most patients' records are kept in electronic digital form. While some people prefer the method used in the past, keeping digital records has several benefits.

First, hospitals and clinics can save a tremendous amount of money. Electronic records are less costly than paper records primarily because it is not necessary to purchase large amounts of paper or to maintain vast storage spaces when records are stored on computers. Most paper records are kept on specialized forms that must either be created or purchased, which is an extra expense. Paper records must also be stored somewhere with many shelves or filing cabinets. Renting or purchasing these spaces can result in exorbitant costs. In contrast, vast numbers of electronic records can be kept on a single computer's hard drive, which saves hospitals and clinics money.

Another advantage is that most electronic medical record systems are interconnected between various hospital departments and sometimes even between different hospitals. This helps reduce medical errors since all the medical personnel treating a patient can have access to that person's records. In this way, costly mistakes, such as giving a patient the wrong medicine or dosage, can be avoided. This type of recordkeeping therefore reduces errors that could result in deaths and costly lawsuits.

A third benefit is that the interconnected system helps medical professionals do research since it provides them with access to information about patients with identical medical problems. The research they conduct has numerous advantages. For instance, it can help prevent the outbreak of epidemics and assist doctors in devising new ways to treat diseases or health problems.

VOLUME
HELP
NEXT
HIDE TIME 00:20:00
COPY
CUT
PASTE
Word Count : 0

Writing Based on Knowledge and Experience

For this task, you will write an essay in response to a question that asks you to state, explain, and support your opinion on an issue. You have **30 minutes** to write your essay.

Typically, an effective essay will contain a minimum of 300 words. Your essay will be judged on the quality of your writing. This includes the development of your ideas, the organization of the content, and the quality and accuracy of the language you used to express ideas.

Click on **CONTINUE** to go on.

VOLUME HELP NEXT

HIDE TIME 00:30:00

COPY CUT PASTE Word Count : 0

Directions Read the question below. You have 30 minutes to plan, write, and revise your essay. Typically, an effective response will contain a minimum of 300 words.

Question

Cities often need to build infrastructure to support their populations as they grow in size. This sometimes means that they need to raise money to pay for various construction projects. Some cities do this by raising taxes on their residents. However, other cities encourage private businesses and investors to raise the money needed to cover the costs.

Which would you prefer? Use specific reasons and examples to support your answer.

Be sure to use your own words. Do not use memorized examples.

Question 2 of 2

VOLUME HELP NEXT

HIDE TIME 00:30:00

COPY CUT PASTE

Word Count : 0

Actual Test

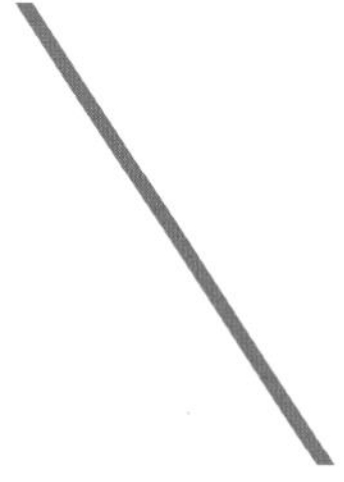

03

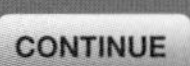

Writing Section Directions

 **Make sure your headset is on.**

This section measures your ability to use writing to communicate in an academic environment. There will be two writing tasks.

For the first writing task, you will read a passage and listen to a lecture and then answer a question based on what you have read and heard. For the second writing task, you will answer a question based on your own knowledge and experience.

Now listen to the directions for the first writing task.

Writing Based on Reading and Listening

For this task, you will first have **3 minutes** to read a passage about an academic topic. You may take notes on the passage if you wish. The passage will then be removed and you will listen to a lecture about the same topic. While you listen, you may also take notes.

Then you will have **20 minutes** to write a response to a question that asks you about the relationship between the lecture you heard and the reading passage. Try to answer the question as completely as possible using information from the reading passage and the lecture. The question does **not** ask you to express your personal opinion. You will be able to see the reading passage again when it is time for you to write. You may use your notes to help you answer the question.

Typically, an effective response will be 150 to 225 words long. Your response will be judged on the quality of your writing and on the completeness and accuracy of the content. If you finish your response before time is up, you may click on **NEXT** to go on to the second writing task.

Now you will see the reading passage for 3 minutes. Remember it will be available to you again when you are writing. Immediately after the reading time ends, the lecture will begin, so keep your headset on until the lecture is over.

One of the largest land animals in North America is the American bison. It once roamed the grasslands of the Great Plains in the western part of the United States in vast herds stretching as far as the eye could see. Experts estimate there were roughly thirty million bison living on the Great Plains in the early 1800s. Yet within a single century, the bison's numbers plummeted, and the animal came close to extinction.

The primary reason for this near disaster involved the arrival of large numbers of settlers in the west. As the United States expanded across the North American continent, settlers began moving west. These pioneers often hunted the bison for food since a single animal could provide food for them for several days. At first, there was a mere trickle of settlers. But, in the 1860s, the completion of the transcontinental railroad opened the region to a huge wave of immigration. These settlers killed the bison to eat and to make room for their own herds of cattle, sheep, and other livestock. Their animals consumed much of the grass the bison depended on, which caused its numbers to decrease.

Another factor was the introduction of repeating rifles. They were first used during the American Civil War, which lasted from 1861 to 1865. The Henry repeating rifle, for instance, could be loaded with sixteen bullets at once. This made it easier for settlers to shoot great numbers of bison. As the settlers moved west, they came into conflict with Native Americans. The U.S. Army was brought in to fight the natives. They often killed entire herds of bison to try to cut the natives off from their main food supply. Tragically, by killing thousands of buffalo at a time, the soldiers nearly doomed the entire species to extinction.

AT03-01

Directions You have 20 minutes to plan and write your response. Your response will be judged on the basis of the quality of your writing and on how well your response presents the points in the lecture and their relationship to the passage. Typically, an effective response will be 150-225 words.

Question Summarize the points made in the lecture, being sure to explain how they cast doubt on specific points made in the reading passage.

One of the largest land animals in North America is the American bison. It once roamed the grasslands of the Great Plains in the western part of the United States in vast herds stretching as far as the eye could see. Experts estimate there were roughly thirty million bison living on the Great Plains in the early 1800s. Yet within a single century, the bison's numbers plummeted, and the animal came close to extinction.

The primary reason for this near disaster involved the arrival of large numbers of settlers in the west. As the United States expanded across the North American continent, settlers began moving west. These pioneers often hunted the bison for food since a single animal could provide food for them for several days. At first, there was a mere trickle of settlers. But, in the 1860s, the completion of the transcontinental railroad opened the region to a huge wave of immigration. These settlers killed the bison to eat and to make room for their own herds of cattle, sheep, and other livestock. Their animals consumed much of the grass the bison depended on, which caused its numbers to decrease.

Another factor was the introduction of repeating rifles. They were first used during the American Civil War, which lasted from 1861 to 1865. The Henry repeating rifle, for instance, could be loaded with sixteen bullets at once. This made it easier for settlers to shoot great numbers of bison. As the settlers moved west, they came into conflict with Native Americans. The U.S. Army was brought in to fight the natives. They often killed entire herds of bison to try to cut the natives off from their main food supply. Tragically, by killing thousands of buffalo at a time, the soldiers nearly doomed the entire species to extinction.

VOLUME
HELP
NEXT
HIDE TIME 00:20:00
COPY
CUT
PASTE
Word Count : 0

Writing Based on Knowledge and Experience

For this task, you will write an essay in response to a question that asks you to state, explain, and support your opinion on an issue. You have **30 minutes** to write your essay.

Typically, an effective essay will contain a minimum of 300 words. Your essay will be judged on the quality of your writing. This includes the development of your ideas, the organization of the content, and the quality and accuracy of the language you used to express ideas.

Click on **CONTINUE** to go on.

HIDE TIME 00:30:00

COPY CUT PASTE Word Count : 0

Directions Read the question below. You have 30 minutes to plan, write, and revise your essay. Typically, an effective response will contain a minimum of 300 words.

Question

Do you agree or disagree with the following statement?

The government should support scientific research even when it does not appear to have any practical value.

Use specific reasons and examples to support your answer.

Be sure to use your own words. Do not use memorized examples.

HIDE TIME 00:30:00

COPY CUT PASTE

Word Count : 0

Actual Test

04

Writing Section Directions

 **Make sure your headset is on.**

This section measures your ability to use writing to communicate in an academic environment. There will be two writing tasks.

For the first writing task, you will read a passage and listen to a lecture and then answer a question based on what you have read and heard. For the second writing task, you will answer a question based on your own knowledge and experience.

Now listen to the directions for the first writing task.

Writing Based on Reading and Listening

For this task, you will first have **3 minutes** to read a passage about an academic topic. You may take notes on the passage if you wish. The passage will then be removed and you will listen to a lecture about the same topic. While you listen, you may also take notes.

Then you will have **20 minutes** to write a response to a question that asks you about the relationship between the lecture you heard and the reading passage. Try to answer the question as completely as possible using information from the reading passage and the lecture. The question does **not** ask you to express your personal opinion. You will be able to see the reading passage again when it is time for you to write. You may use your notes to help you answer the question.

Typically, an effective response will be 150 to 225 words long. Your response will be judged on the quality of your writing and on the completeness and accuracy of the content. If you finish your response before time is up, you may click on **NEXT** to go on to the second writing task.

Now you will see the reading passage for 3 minutes. Remember it will be available to you again when you are writing. Immediately after the reading time ends, the lecture will begin, so keep your headset on until the lecture is over.

HIDE TIME 00:03:00

While most forest fires have natural causes, some are started intentionally for the purpose of getting rid of undergrowth vegetation such as brushes, shrubs, dead trees, and sometimes even small healthy trees. Known as prescribed burns, these controlled fires are typically done in cooler seasons during times of dampness and low winds to prevent the fires from raging out of control. Prescribed burns are primarily used to eliminate the buildup of potential fuel for fires that may break out during hot, dry seasons.

Despite being commonplace, prescribed burns are controversial. The main complaint is that prescribed burns adversely affect the environment and people living nearby. Burning sends large amounts of wood smoke into the atmosphere. This smoke contains numerous chemicals harmful both to humans and animals. Additionally, the loss of vegetation weakens the composition of the soil, which can result in soil erosion during rainy periods

A second complaint is that the fires harm the animals living in the areas which are burned. Nesting birds with chicks that have not yet learned to fly are especially vulnerable, but other small animals also have problems escaping from prescribed burns that spread rapidly. Prescribed burns further destroy vegetation that many animals rely upon for food as well as the animals' habitats. Resultantly, the surviving animals may be forced to move, which affects the ecosystems of the regions they migrate to.

A final complaint is that prescribed burns are simply unnecessary. Machines and human labor can remove undergrowth brush and dead trees without causing any harm, so there is no need to risk setting fires that could rage out of control. Then, mulching machines can turn the cleared wood into smaller pieces that can be reintroduced to the soil to make it healthier and more fertile.

AT04-01

Directions You have 20 minutes to plan and write your response. Your response will be judged on the basis of the quality of your writing and on how well your response presents the points in the lecture and their relationship to the passage. Typically, an effective response will be 150-225 words.

Question Summarize the points made in the lecture, being sure to explain how they cast doubt on specific points made in the reading passage.

While most forest fires have natural causes, some are started intentionally for the purpose of getting rid of undergrowth vegetation such as brushes, shrubs, dead trees, and sometimes even small healthy trees. Known as prescribed burns, these controlled fires are typically done in cooler seasons during times of dampness and low winds to prevent the fires from raging out of control. Prescribed burns are primarily used to eliminate the buildup of potential fuel for fires that may break out during hot, dry seasons.

Despite being commonplace, prescribed burns are controversial. The main complaint is that prescribed burns adversely affect the environment and people living nearby. Burning sends large amounts of wood smoke into the atmosphere. This smoke contains numerous chemicals harmful both to humans and animals. Additionally, the loss of vegetation weakens the composition of the soil, which can result in soil erosion during rainy periods

A second complaint is that the fires harm the animals living in the areas which are burned. Nesting birds with chicks that have not yet learned to fly are especially vulnerable, but other small animals also have problems escaping from prescribed burns that spread rapidly. Prescribed burns further destroy vegetation that many animals rely upon for food as well as the animals' habitats. Resultantly, the surviving animals may be forced to move, which affects the ecosystems of the regions they migrate to.

A final complaint is that prescribed burns are simply unnecessary. Machines and human labor can remove undergrowth brush and dead trees without causing any harm, so there is no need to risk setting fires that could rage out of control. Then, mulching machines can turn the cleared wood into smaller pieces that can be reintroduced to the soil to make it healthier and more fertile.

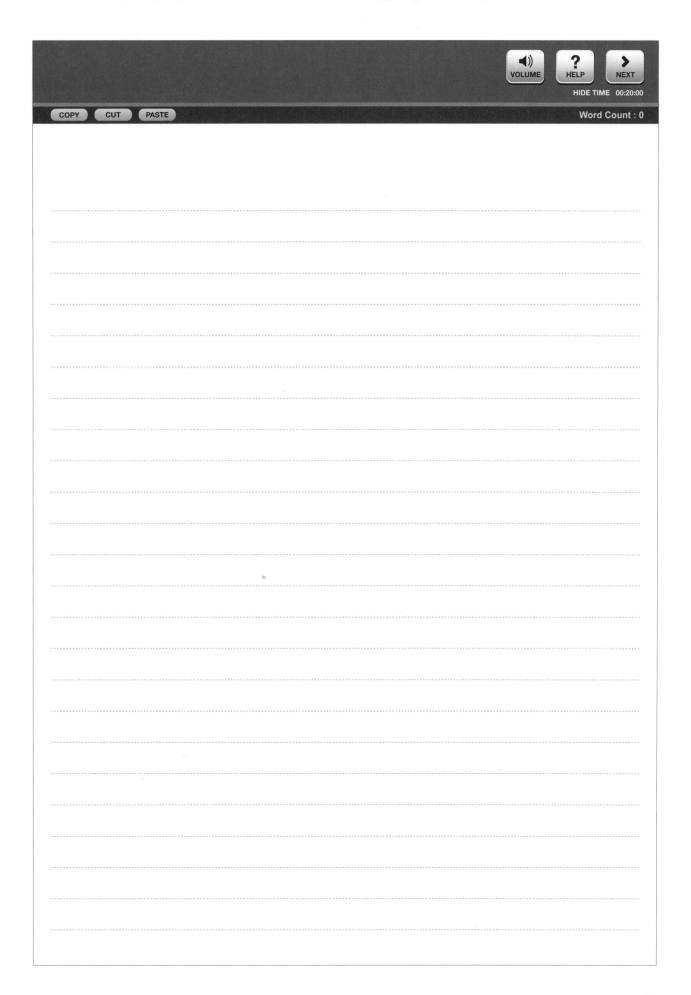
VOLUME
HELP
NEXT
HIDE TIME 00:20:00
COPY
CUT
PASTE
Word Count : 0

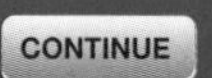

Writing Based on Knowledge and Experience

For this task, you will write an essay in response to a question that asks you to state, explain, and support your opinion on an issue. You have **30 minutes** to write your essay.

Typically, an effective essay will contain a minimum of 300 words. Your essay will be judged on the quality of your writing. This includes the development of your ideas, the organization of the content, and the quality and accuracy of the language you used to express ideas.

Click on **CONTINUE** to go on.

VOLUME HELP NEXT

HIDE TIME 00:30:00

COPY CUT PASTE Word Count : 0

Directions Read the question below. You have 30 minutes to plan, write, and revise your essay. Typically, an effective response will contain a minimum of 300 words.

Question

Do you agree or disagree with the following statement?

After graduating from high school, students should take a year off to work before they attend a college or university.

Use specific reasons and examples to support your answer.

Be sure to use your own words. Do not use memorized examples.

Question 2 of 2

VOLUME HELP NEXT

HIDE TIME 00:30:00

COPY CUT PASTE

Word Count : 0

Actual Test

05

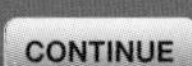

Writing Section Directions

 **Make sure your headset is on.**

This section measures your ability to use writing to communicate in an academic environment. There will be two writing tasks.

For the first writing task, you will read a passage and listen to a lecture and then answer a question based on what you have read and heard. For the second writing task, you will answer a question based on your own knowledge and experience.

Now listen to the directions for the first writing task.

Writing Based on Reading and Listening

For this task, you will first have **3 minutes** to read a passage about an academic topic. You may take notes on the passage if you wish. The passage will then be removed and you will listen to a lecture about the same topic. While you listen, you may also take notes.

Then you will have **20 minutes** to write a response to a question that asks you about the relationship between the lecture you heard and the reading passage. Try to answer the question as completely as possible using information from the reading passage and the lecture. The question does **not** ask you to express your personal opinion. You will be able to see the reading passage again when it is time for you to write. You may use your notes to help you answer the question.

Typically, an effective response will be 150 to 225 words long. Your response will be judged on the quality of your writing and on the completeness and accuracy of the content. If you finish your response before time is up, you may click on **NEXT** to go on to the second writing task.

Now you will see the reading passage for 3 minutes. Remember it will be available to you again when you are writing. Immediately after the reading time ends, the lecture will begin, so keep your headset on until the lecture is over.

The question of how life began has been a mystery since humans started pondering it. Whereas some speculate that life began spontaneously eons ago, others theorize that life is extraterrestrial in origin and that it arrived after being carried by meteorites which struck the Earth. Some credence must be given to the latter theory ever since the discovery of a meteorite in Sri Lanka in 2012.

When researchers in a laboratory in Sri Lanka studied the meteorite, they discovered a form of microalgae, called diatoms, on fragments of it. Further examinations were conducted by another team, headed by noted astrobiologist Chandra Wickramasinghe, at Cardiff University in Great Britain. This led to the declaration in two articles published in a journal on cosmology that the meteorite contained fossilized life forms, which made it the first direct evidence of life outside the Earth. The researchers confirmed their discovery by using modern technology, including electron microscopes, to examine the fragments. They determined that the fragments were extraterrestrial by comparing the amounts of nitrogen and oxygen in them with the amounts of those two elements that are normally found on the Earth. The low levels of both nitrogen and oxygen indicated that the fragments did not originate on this planet.

Additional proof was revealed when the researchers examined the manner in which the diatoms bonded with the fragments. The diatoms were deeply embedded in the fragments, thereby indicating that they had been on the fragments while the meteor was in space since diatoms from the Earth that grew on the fragments would be on the surface. Another aspect of the diatoms concerned their shape. They were long and thin, which indicated they had developed in the no-gravity, low-temperature environment of space. These facts combined to indicate that the meteorite contained extraterrestrial life forms.

AT05-01

Question 1 of 2

Directions You have 20 minutes to plan and write your response. Your response will be judged on the basis of the quality of your writing and on how well your response presents the points in the lecture and their relationship to the passage. Typically, an effective response will be 150-225 words.

Question Summarize the points made in the lecture, being sure to explain how they cast doubt on specific points made in the reading passage.

The question of how life began has been a mystery since humans started pondering it. Whereas some speculate that life began spontaneously eons ago, others theorize that life is extraterrestrial in origin and that it arrived after being carried by meteorites which struck the Earth. Some credence must be given to the latter theory ever since the discovery of a meteorite in Sri Lanka in 2012.

When researchers in a laboratory in Sri Lanka studied the meteorite, they discovered a form of microalgae, called diatoms, on fragments of it. Further examinations were conducted by another team, headed by noted astrobiologist Chandra Wickramasinghe, at Cardiff University in Great Britain. This led to the declaration in two articles published in a journal on cosmology that the meteorite contained fossilized life forms, which made it the first direct evidence of life outside the Earth. The researchers confirmed their discovery by using modern technology, including electron microscopes, to examine the fragments. They determined that the fragments were extraterrestrial by comparing the amounts of nitrogen and oxygen in them with the amounts of those two elements that are normally found on the Earth. The low levels of both nitrogen and oxygen indicated that the fragments did not originate on this planet.

Additional proof was revealed when the researchers examined the manner in which the diatoms bonded with the fragments. The diatoms were deeply embedded in the fragments, thereby indicating that they had been on the fragments while the meteor was in space since diatoms from the Earth that grew on the fragments would be on the surface. Another aspect of the diatoms concerned their shape. They were long and thin, which indicated they had developed in the no-gravity, low-temperature environment of space. These facts combined to indicate that the meteorite contained extraterrestrial life forms.

VOLUME
HELP
NEXT
HIDE TIME 00:20:00
COPY
CUT
PASTE
Word Count : 0

Writing Based on Knowledge and Experience

For this task, you will write an essay in response to a question that asks you to state, explain, and support your opinion on an issue. You have **30 minutes** to write your essay.

Typically, an effective essay will contain a minimum of 300 words. Your essay will be judged on the quality of your writing. This includes the development of your ideas, the organization of the content, and the quality and accuracy of the language you used to express ideas.

Click on **CONTINUE** to go on.

VOLUME HELP NEXT

HIDE TIME 00:30:00

COPY CUT PASTE Word Count : 0

Directions Read the question below. You have 30 minutes to plan, write, and revise your essay. Typically, an effective response will contain a minimum of 300 words.

Question

Do you agree or disagree with the following statement?

Although many people believe that they would be happier if they had more possessions, in truth, more possessions make people unhappier.

Use specific reasons and examples to support your answer.

Be sure to use your own words. Do not use memorized examples.

Question 2 of 2

HIDE TIME 00:30:00

COPY CUT PASTE

Word Count : 0

Actual Test

06

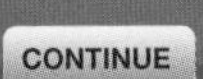

Writing Section Directions

 **Make sure your headset is on.**

This section measures your ability to use writing to communicate in an academic environment. There will be two writing tasks.

For the first writing task, you will read a passage and listen to a lecture and then answer a question based on what you have read and heard. For the second writing task, you will answer a question based on your own knowledge and experience.

Now listen to the directions for the first writing task.

Writing Based on Reading and Listening

For this task, you will first have **3 minutes** to read a passage about an academic topic. You may take notes on the passage if you wish. The passage will then be removed and you will listen to a lecture about the same topic. While you listen, you may also take notes.

Then you will have **20 minutes** to write a response to a question that asks you about the relationship between the lecture you heard and the reading passage. Try to answer the question as completely as possible using information from the reading passage and the lecture. The question does **not** ask you to express your personal opinion. You will be able to see the reading passage again when it is time for you to write. You may use your notes to help you answer the question.

Typically, an effective response will be 150 to 225 words long. Your response will be judged on the quality of your writing and on the completeness and accuracy of the content. If you finish your response before time is up, you may click on **NEXT** to go on to the second writing task.

Now you will see the reading passage for 3 minutes. Remember it will be available to you again when you are writing. Immediately after the reading time ends, the lecture will begin, so keep your headset on until the lecture is over.

Most governments around the world build and own the infrastructure in their countries. This includes road networks, railways, airports, and energy companies. Yet, after many years of experience, it has become clear that government-run institutions, organizations, and companies are managed far less efficiently than similar companies in the private sector. As such, the privatization of infrastructure has accelerated in recent years as governments are selling many of the things they once owned and operated.

A major incentive for governments to privatize is to make quick profits from the sales of various types of infrastructure. This is particularly beneficial if the infrastructure being sold is losing money. In some instances, governments have raised billions of dollars by doing this. The money they receive can then be spent on other sectors, such as education.

When infrastructure is privatized, it is almost always run more efficiently. The companies that operate these institutions desire to make a profit, which is almost never a concern when the government is in charge. Thus companies make personnel cuts and reduce costs to ensure profits. By acting that way, they make the infrastructure leaner and operate it more effectively.

Privatization additionally results in innovation. Out of a desire to increase efficiency and to reap greater profits, companies frequently invest in new equipment and seek ways to improve technology. For instance, the privatization of railway passenger services in many European countries—once a major government-run area of infrastructure—proves that profits can be earned with more efficiently run companies. In contrast, Amtrak, the American government-owned passenger railway service, loses so much money that it must be supported by government subsidies. In the past three decades, it has received roughly $30 billion in government assistance.

AT06-01

Question 1 of 2

Directions You have 20 minutes to plan and write your response. Your response will be judged on the basis of the quality of your writing and on how well your response presents the points in the lecture and their relationship to the passage. Typically, an effective response will be 150-225 words.

Question Summarize the points made in the lecture, being sure to explain how they challenge specific claims made in the reading passage.

Most governments around the world build and own the infrastructure in their countries. This includes road networks, railways, airports, and energy companies. Yet, after many years of experience, it has become clear that government-run institutions, organizations, and companies are managed far less efficiently than similar companies in the private sector. As such, the privatization of infrastructure has accelerated in recent years as governments are selling many of the things they once owned and operated.

A major incentive for governments to privatize is to make quick profits from the sales of various types of infrastructure. This is particularly beneficial if the infrastructure being sold is losing money. In some instances, governments have raised billions of dollars by doing this. The money they receive can then be spent on other sectors, such as education.

When infrastructure is privatized, it is almost always run more efficiently. The companies that operate these institutions desire to make a profit, which is almost never a concern when the government is in charge. Thus companies make personnel cuts and reduce costs to ensure profits. By acting that way, they make the infrastructure leaner and operate it more effectively.

Privatization additionally results in innovation. Out of a desire to increase efficiency and to reap greater profits, companies frequently invest in new equipment and seek ways to improve technology. For instance, the privatization of railway passenger services in many European countries—once a major government-run area of infrastructure—proves that profits can be earned with more efficiently run companies. In contrast, Amtrak, the American government-owned passenger railway service, loses so much money that it must be supported by government subsidies. In the past three decades, it has received roughly $30 billion in government assistance.

VOLUME
HELP
NEXT
HIDE TIME 00:20:00
COPY
CUT
PASTE
Word Count : 0

Writing Based on Knowledge and Experience

For this task, you will write an essay in response to a question that asks you to state, explain, and support your opinion on an issue. You have **30 minutes** to write your essay.

Typically, an effective essay will contain a minimum of 300 words. Your essay will be judged on the quality of your writing. This includes the development of your ideas, the organization of the content, and the quality and accuracy of the language you used to express ideas.

Click on **CONTINUE** to go on.

VOLUME HELP NEXT

HIDE TIME 00:30:00

COPY CUT PASTE Word Count : 0

Directions Read the question below. You have 30 minutes to plan, write, and revise your essay. Typically, an effective response will contain a minimum of 300 words.

Question

Many people like to try to improve themselves by learning new skills and abilities. Some people do this by signing up for classes which they then take together with other students. However, other people like to learn by themselves, so they register for online courses that do not require them to study in person with others.

Which do you prefer? Use specific reasons and examples to support your answer.

Be sure to use your own words. Do not use memorized examples.

Question 2 of 2

VOLUME HELP NEXT

HIDE TIME 00:30:00

COPY CUT PASTE

Word Count : 0

Actual Test

07

Writing Section Directions

 **Make sure your headset is on.**

This section measures your ability to use writing to communicate in an academic environment. There will be two writing tasks.

For the first writing task, you will read a passage and listen to a lecture and then answer a question based on what you have read and heard. For the second writing task, you will answer a question based on your own knowledge and experience.

Now listen to the directions for the first writing task.

Writing Based on Reading and Listening

For this task, you will first have **3 minutes** to read a passage about an academic topic. You may take notes on the passage if you wish. The passage will then be removed and you will listen to a lecture about the same topic. While you listen, you may also take notes.

Then you will have **20 minutes** to write a response to a question that asks you about the relationship between the lecture you heard and the reading passage. Try to answer the question as completely as possible using information from the reading passage and the lecture. The question does **not** ask you to express your personal opinion. You will be able to see the reading passage again when it is time for you to write. You may use your notes to help you answer the question.

Typically, an effective response will be 150 to 225 words long. Your response will be judged on the quality of your writing and on the completeness and accuracy of the content. If you finish your response before time is up, you may click on **NEXT** to go on to the second writing task.

Now you will see the reading passage for 3 minutes. Remember it will be available to you again when you are writing. Immediately after the reading time ends, the lecture will begin, so keep your headset on until the lecture is over.

Honeybees are essential for the pollination of flowering plants. In recent years, though, a serious issue has been affecting honeybee colonies in North America. Termed honeybee colony collapse disorder, it was first noticed in the United States in the winter of 2006 and 2007. Owners of honeybee hives reported losses of between thirty and ninety percent of their hives in some regions. The worker bees, which gather nectar and make the hives, suddenly disappeared. Only a few dead worker bees were found near their colonies. The loss of these bees meant that the hives were unsustainable. This trend continued until 2012, when it abated somewhat.

Several theories concerning why this happened have been proposed. The most prominent is that the introduction of new pesticides more potent than old ones had an adverse effect on the honeybees. These pesticides contained neonicotinoids, which are quite powerful, so they were causing the deaths of countless numbers of bees wherever they were employed.

A second theory some people believe is that the increasing number of cell phone towers all over the country caused many honeybees to disappear. These towers produce radiation, and some scientists postulate that the radiation affects the internal navigational systems of bees. According to these scientists, this explained why so few worker bees were ever found near their hives. The bees simply got lost when trying to return to their hives.

The third major hypothesis blames the introduction of large numbers of genetically modified (GM) crops. Supposedly, the nectar produced by GM crops is both less in amount and quality. Since the honeybees were unable to find sufficient amounts of nectar to support the hives, the bees suffered from malnutrition. Over time, this weakened their immune systems and exposed them to various diseases that resulted in their deaths.

AT07-01

Question 1 of 2

Directions You have 20 minutes to plan and write your response. Your response will be judged on the basis of the quality of your writing and on how well your response presents the points in the lecture and their relationship to the passage. Typically, an effective response will be 150-225 words.

Question Summarize the points made in the lecture, being sure to explain how they cast doubt on specific points made in the reading passage.

Honeybees are essential for the pollination of flowering plants. In recent years, though, a serious issue has been affecting honeybee colonies in North America. Termed honeybee colony collapse disorder, it was first noticed in the United States in the winter of 2006 and 2007. Owners of honeybee hives reported losses of between thirty and ninety percent of their hives in some regions. The worker bees, which gather nectar and make the hives, suddenly disappeared. Only a few dead worker bees were found near their colonies. The loss of these bees meant that the hives were unsustainable. This trend continued until 2012, when it abated somewhat.

Several theories concerning why this happened have been proposed. The most prominent is that the introduction of new pesticides more potent than old ones had an adverse effect on the honeybees. These pesticides contained neonicotinoids, which are quite powerful, so they were causing the deaths of countless numbers of bees wherever they were employed.

A second theory some people believe is that the increasing number of cell phone towers all over the country caused many honeybees to disappear. These towers produce radiation, and some scientists postulate that the radiation affects the internal navigational systems of bees. According to these scientists, this explained why so few worker bees were ever found near their hives. The bees simply got lost when trying to return to their hives.

The third major hypothesis blames the introduction of large numbers of genetically modified (GM) crops. Supposedly, the nectar produced by GM crops is both less in amount and quality. Since the honeybees were unable to find sufficient amounts of nectar to support the hives, the bees suffered from malnutrition. Over time, this weakened their immune systems and exposed them to various diseases that resulted in their deaths.

VOLUME
HELP
NEXT
HIDE TIME 00:20:00
COPY
CUT
PASTE
Word Count : 0

CONTINUE  

Writing Based on Knowledge and Experience

For this task, you will write an essay in response to a question that asks you to state, explain, and support your opinion on an issue. You have **30 minutes** to write your essay.

Typically, an effective essay will contain a minimum of 300 words. Your essay will be judged on the quality of your writing. This includes the development of your ideas, the organization of the content, and the quality and accuracy of the language you used to express ideas.

Click on **CONTINUE** to go on.

VOLUME HELP NEXT

HIDE TIME 00:30:00

COPY CUT PASTE Word Count : 0

Directions Read the question below. You have 30 minutes to plan, write, and revise your essay. Typically, an effective response will contain a minimum of 300 words.

Question

Schools nowadays are increasing the number of rules their students need to follow. Many students complain about this because they believe that there are too many rules and that they are too strict.

Do you agree or disagree that the rules young people are expected to follow at school are too strict? Use specific reasons and examples to support your answer.

Be sure to use your own words. Do not use memorized examples.

Question 2 of 2

VOLUME HELP NEXT

HIDE TIME 00:30:00

COPY CUT PASTE

Word Count : 0

Actual Test

08

Writing Section Directions

 **Make sure your headset is on.**

This section measures your ability to use writing to communicate in an academic environment. There will be two writing tasks.

For the first writing task, you will read a passage and listen to a lecture and then answer a question based on what you have read and heard. For the second writing task, you will answer a question based on your own knowledge and experience.

Now listen to the directions for the first writing task.

Writing Based on Reading and Listening

For this task, you will first have **3 minutes** to read a passage about an academic topic. You may take notes on the passage if you wish. The passage will then be removed and you will listen to a lecture about the same topic. While you listen, you may also take notes.

Then you will have **20 minutes** to write a response to a question that asks you about the relationship between the lecture you heard and the reading passage. Try to answer the question as completely as possible using information from the reading passage and the lecture. The question does **not** ask you to express your personal opinion. You will be able to see the reading passage again when it is time for you to write. You may use your notes to help you answer the question.

Typically, an effective response will be 150 to 225 words long. Your response will be judged on the quality of your writing and on the completeness and accuracy of the content. If you finish your response before time is up, you may click on **NEXT** to go on to the second writing task.

Now you will see the reading passage for 3 minutes. Remember it will be available to you again when you are writing. Immediately after the reading time ends, the lecture will begin, so keep your headset on until the lecture is over.

The Roman Empire fell in 476 A.D., and numerous reasons—primarily internal disorder and invasions by barbarian tribes—are typically blamed for its downfall. However, another theory has been proposed that may explain why the Romans became so weak that they could not save their empire. The reason is that they suffered from lead poisoning, which can cause both physical and mental health problems, including anemia, confusion, and memory loss. The usage of lead was prevalent throughout the empire, so it is likely that countless Romans suffered from lead poisoning.

The Roman Empire had an extensive system of aqueducts that brought water to cities from nearby lakes and rivers. Many aqueducts had lead pipes that transported the water. As the water moved through these pipes, it became exposed to lead. By drinking and bathing in that water for years, the Romans made themselves vulnerable to lead poisoning, which negatively affected them.

For many years, the Romans had no sweeteners for their foods other than honey, but, at some time in their history, they discovered that boiling unfermented grape juice could produce a sweetener called sapa. Sapa was highly popular as the Romans used it for a number of purposes. However, it was made by boiling grape juice in lead pots, so the sapa absorbed lead during the cooking process. When the Romans imbibed it, they were essentially poisoning themselves.

Furthermore, the Romans used lead to make numerous other products. It was an ingredient in cosmetics, which, when applied, caused the skin to absorb high levels of lead. Additionally, the Romans were surrounded by lead objects since their coins, decorative items, and paints all contained it. Through this constant exposure to lead, the Romans became so weak that they were easily overcome by invading armies.

AT08-01

Question 1 of 2

Directions You have 20 minutes to plan and write your response. Your response will be judged on the basis of the quality of your writing and on how well your response presents the points in the lecture and their relationship to the passage. Typically, an effective response will be 150-225 words.

Question Summarize the points made in the lecture, being sure to explain how they challenge specific arguments made in the reading passage.

The Roman Empire fell in 476 A.D., and numerous reasons—primarily internal disorder and invasions by barbarian tribes—are typically blamed for its downfall. However, another theory has been proposed that may explain why the Romans became so weak that they could not save their empire. The reason is that they suffered from lead poisoning, which can cause both physical and mental health problems, including anemia, confusion, and memory loss. The usage of lead was prevalent throughout the empire, so it is likely that countless Romans suffered from lead poisoning.

The Roman Empire had an extensive system of aqueducts that brought water to cities from nearby lakes and rivers. Many aqueducts had lead pipes that transported the water. As the water moved through these pipes, it became exposed to lead. By drinking and bathing in that water for years, the Romans made themselves vulnerable to lead poisoning, which negatively affected them.

For many years, the Romans had no sweeteners for their foods other than honey, but, at some time in their history, they discovered that boiling unfermented grape juice could produce a sweetener called sapa. Sapa was highly popular as the Romans used it for a number of purposes. However, it was made by boiling grape juice in lead pots, so the sapa absorbed lead during the cooking process. When the Romans imbibed it, they were essentially poisoning themselves.

Furthermore, the Romans used lead to make numerous other products. It was an ingredient in cosmetics, which, when applied, caused the skin to absorb high levels of lead. Additionally, the Romans were surrounded by lead objects since their coins, decorative items, and paints all contained it. Through this constant exposure to lead, the Romans became so weak that they were easily overcome by invading armies.

VOLUME
HELP
NEXT
HIDE TIME 00:20:00
COPY
CUT
PASTE
Word Count : 0

Writing Based on Knowledge and Experience

For this task, you will write an essay in response to a question that asks you to state, explain, and support your opinion on an issue. You have **30 minutes** to write your essay.

Typically, an effective essay will contain a minimum of 300 words. Your essay will be judged on the quality of your writing. This includes the development of your ideas, the organization of the content, and the quality and accuracy of the language you used to express ideas.

Click on **CONTINUE** to go on.

VOLUME HELP NEXT

HIDE TIME 00:30:00

COPY CUT PASTE Word Count : 0

Directions Read the question below. You have 30 minutes to plan, write, and revise your essay. Typically, an effective response will contain a minimum of 300 words.

Question

Do you agree or disagree with the following statement?

It is not good for families with children to move to a new town or country because the children lose their friends.

Use specific reasons and examples to support your answer.

Be sure to use your own words. Do not use memorized examples.

Question 2 of 2

HIDE TIME 00:30:00

COPY CUT PASTE

Word Count : 0

Actual Test

09

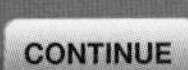

Writing Section Directions

 **Make sure your headset is on.**

This section measures your ability to use writing to communicate in an academic environment. There will be two writing tasks.

For the first writing task, you will read a passage and listen to a lecture and then answer a question based on what you have read and heard. For the second writing task, you will answer a question based on your own knowledge and experience.

Now listen to the directions for the first writing task.

Writing Based on Reading and Listening

For this task, you will first have **3 minutes** to read a passage about an academic topic. You may take notes on the passage if you wish. The passage will then be removed and you will listen to a lecture about the same topic. While you listen, you may also take notes.

Then you will have **20 minutes** to write a response to a question that asks you about the relationship between the lecture you heard and the reading passage. Try to answer the question as completely as possible using information from the reading passage and the lecture. The question does **not** ask you to express your personal opinion. You will be able to see the reading passage again when it is time for you to write. You may use your notes to help you answer the question.

Typically, an effective response will be 150 to 225 words long. Your response will be judged on the quality of your writing and on the completeness and accuracy of the content. If you finish your response before time is up, you may click on **NEXT** to go on to the second writing task.

Now you will see the reading passage for 3 minutes. Remember it will be available to you again when you are writing. Immediately after the reading time ends, the lecture will begin, so keep your headset on until the lecture is over.

In the United States, state and local governments constantly attempt to attract new businesses. By utilizing various methods to induce companies to move in and to start hiring local residents, their efforts can have positive impacts in myriad ways.

Many state and local governments offer incentives, typically in the guise of tax breaks and refunds, to companies which create jobs. For instance, in Texas, a company that creates at least ten jobs receives a tax refund of $2,500 for each new employee that is hired. Eager to pay lower taxes, companies move to tax-friendly states such as Texas and employ workers. In doing so, they provide an economic boost for both the state and the municipal area in which they operate.

When new businesses hire people, this reduces the unemployment rate, and when more people are working, the entire region benefits. For example, when people get jobs, they will have more money to spend on the goods and services they need and want. This extra spending creates an inflow of capital to an area, which can boost profits for the businesses already located there. In addition, when employment is higher, the financial burden on state welfare systems is reduced, which thereby allows tax dollars to be spent in other areas, including education.

Another benefit of providing business incentives is that they enable the improving of a region's infrastructure. When a company announces that it will establish a factory, office, or other place of business in an area, the local government often begins improving the roads and utilities to prepare for the move. This benefits all local residents since they utilize the roads and utilities being made better. Additionally, if many workers are hired, more housing and schools may be needed, so both the local construction and education industries benefit.

VOLUME

HELP

NEXT

AT09-01

Question 1 of 2

Directions You have 20 minutes to plan and write your response. Your response will be judged on the basis of the quality of your writing and on how well your response presents the points in the lecture and their relationship to the passage. Typically, an effective response will be 150-225 words.

Question Summarize the points made in the lecture, being sure to explain how they challenge specific arguments made in the reading passage.

In the United States, state and local governments constantly attempt to attract new businesses. By utilizing various methods to induce companies to move in and to start hiring local residents, their efforts can have positive impacts in myriad ways.

Many state and local governments offer incentives, typically in the guise of tax breaks and refunds, to companies which create jobs. For instance, in Texas, a company that creates at least ten jobs receives a tax refund of $2,500 for each new employee that is hired. Eager to pay lower taxes, companies move to tax-friendly states such as Texas and employ workers. In doing so, they provide an economic boost for both the state and the municipal area in which they operate.

When new businesses hire people, this reduces the unemployment rate, and when more people are working, the entire region benefits. For example, when people get jobs, they will have more money to spend on the goods and services they need and want. This extra spending creates an inflow of capital to an area, which can boost profits for the businesses already located there. In addition, when employment is higher, the financial burden on state welfare systems is reduced, which thereby allows tax dollars to be spent in other areas, including education.

Another benefit of providing business incentives is that they enable the improving of a region's infrastructure. When a company announces that it will establish a factory, office, or other place of business in an area, the local government often begins improving the roads and utilities to prepare for the move. This benefits all local residents since they utilize the roads and utilities being made better. Additionally, if many workers are hired, more housing and schools may be needed, so both the local construction and education industries benefit.

VOLUME
HELP
NEXT
HIDE TIME 00:20:00
COPY
CUT
PASTE
Word Count : 0

Writing Based on Knowledge and Experience

For this task, you will write an essay in response to a question that asks you to state, explain, and support your opinion on an issue. You have **30 minutes** to write your essay.

Typically, an effective essay will contain a minimum of 300 words. Your essay will be judged on the quality of your writing. This includes the development of your ideas, the organization of the content, and the quality and accuracy of the language you used to express ideas.

Click on **CONTINUE** to go on.

HIDE TIME 00:30:00

COPY CUT PASTE Word Count : 0

Directions Read the question below. You have 30 minutes to plan, write, and revise your essay. Typically, an effective response will contain a minimum of 300 words.

Question

These days, young people often find themselves spending most of their time indoors. As a result, they seldom go outside and engage in various physical activities.

Do you agree or disagree that young people today need to spend more time being active outdoors? Use specific reasons and examples to support your answer.

Be sure to use your own words. Do not use memorized examples.

Question 2 of 2

VOLUME HELP NEXT

HIDE TIME 00:30:00

COPY CUT PASTE

Word Count : 0

Actual Test

10

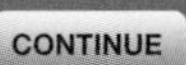

Writing Section Directions

 **Make sure your headset is on.**

This section measures your ability to use writing to communicate in an academic environment. There will be two writing tasks.

For the first writing task, you will read a passage and listen to a lecture and then answer a question based on what you have read and heard. For the second writing task, you will answer a question based on your own knowledge and experience.

Now listen to the directions for the first writing task.

Writing Based on Reading and Listening

For this task, you will first have **3 minutes** to read a passage about an academic topic. You may take notes on the passage if you wish. The passage will then be removed and you will listen to a lecture about the same topic. While you listen, you may also take notes.

Then you will have **20 minutes** to write a response to a question that asks you about the relationship between the lecture you heard and the reading passage. Try to answer the question as completely as possible using information from the reading passage and the lecture. The question does **not** ask you to express your personal opinion. You will be able to see the reading passage again when it is time for you to write. You may use your notes to help you answer the question.

Typically, an effective response will be 150 to 225 words long. Your response will be judged on the quality of your writing and on the completeness and accuracy of the content. If you finish your response before time is up, you may click on **NEXT** to go on to the second writing task.

Now you will see the reading passage for 3 minutes. Remember it will be available to you again when you are writing. Immediately after the reading time ends, the lecture will begin, so keep your headset on until the lecture is over.

Invasive species often cause problems in their new ecosystems. This is exactly what happened when the cane toad, an amphibian native to South America, was introduced to Australia in 1935 in an attempt to counter insect problems on sugarcane crops. The toads failed to eliminate the insects, but they succeeded in breeding and spreading. The initial group of 102 cane toads expanded to more than 200 million toads. Fortunately, some ways of getting rid of them have succeeded, and other methods, which should be successful, are being planned.

Several methods of human control have achieved a certain amount of success. One is to physically collect, remove, and kill the cane toads in a region they have overrun. While this requires time and effort, it has proven effective. If enough people work together, they can remove significant numbers of toads from an area and eliminate an infestation.

There are currently plans to create arid barriers in parts of Australia. These would be strips of land lacking water sources. The cane toad depends on water to hydrate its body and will die in three to five days without any water. Cane toads also lay their eggs in water, so the arid barriers should prove effective at eliminating them.

Scientists are currently investigating chemical means of controlling the toads. They have discovered that alarm pheromones released by cane toad tadpoles cause them stress and reduce their size if done frequently enough. By dropping chemicals mimicking these pheromones in ponds and other water sources, scientists hope to disrupt the cane toad's growth rate. There are plans to use South American lungworms to infect and kill large numbers of toads as well. The lungworm does not affect the toads and frogs native to Australia, so it could potentially be very effective.

AT10-01

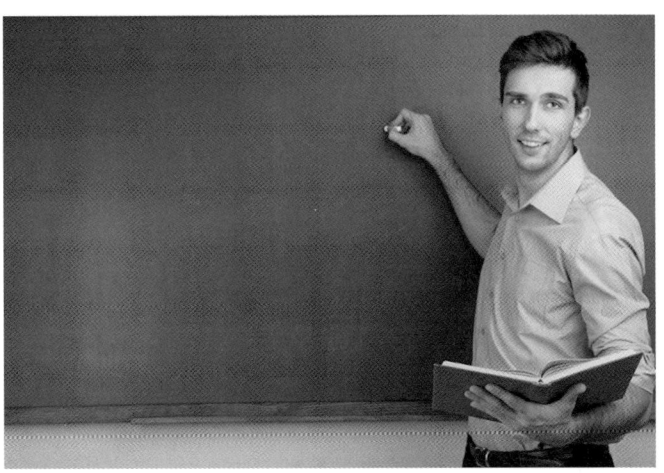

Question 1 of 2

Directions You have 20 minutes to plan and write your response. Your response will be judged on the basis of the quality of your writing and on how well your response presents the points in the lecture and their relationship to the passage. Typically, an effective response will be 150-225 words.

Question Summarize the points made in the lecture, being sure to explain how they cast doubt on specific points made in the reading passage.

Invasive species often cause problems in their new ecosystems. This is exactly what happened when the cane toad, an amphibian native to South America, was introduced to Australia in 1935 in an attempt to counter insect problems on sugarcane crops. The toads failed to eliminate the insects, but they succeeded in breeding and spreading. The initial group of 102 cane toads expanded to more than 200 million toads. Fortunately, some ways of getting rid of them have succeeded, and other methods, which should be successful, are being planned.

Several methods of human control have achieved a certain amount of success. One is to physically collect, remove, and kill the cane toads in a region they have overrun. While this requires time and effort, it has proven effective. If enough people work together, they can remove significant numbers of toads from an area and eliminate an infestation.

There are currently plans to create arid barriers in parts of Australia. These would be strips of land lacking water sources. The cane toad depends on water to hydrate its body and will die in three to five days without any water. Cane toads also lay their eggs in water, so the arid barriers should prove effective at eliminating them.

Scientists are currently investigating chemical means of controlling the toads. They have discovered that alarm pheromones released by cane toad tadpoles cause them stress and reduce their size if done frequently enough. By dropping chemicals mimicking these pheromones in ponds and other water sources, scientists hope to disrupt the cane toad's growth rate. There are plans to use South American lungworms to infect and kill large numbers of toads as well. The lungworm does not affect the toads and frogs native to Australia, so it could potentially be very effective.

HIDE TIME 00:20:00

COPY CUT PASTE

Word Count : 0

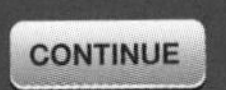

Writing Based on Knowledge and Experience

For this task, you will write an essay in response to a question that asks you to state, explain, and support your opinion on an issue. You have **30 minutes** to write your essay.

Typically, an effective essay will contain a minimum of 300 words. Your essay will be judged on the quality of your writing. This includes the development of your ideas, the organization of the content, and the quality and accuracy of the language you used to express ideas.

Click on **CONTINUE** to go on.

VOLUME HELP NEXT

HIDE TIME 00:30:00

COPY CUT PASTE Word Count : 0

Directions Read the question below. You have 30 minutes to plan, write, and revise your essay. Typically, an effective response will contain a minimum of 300 words.

Question

When facing an economic crisis, a local government may need to cut down on the money that it spends. Which do you think needs to have its spending reduced, libraries, public transportation, or the police?

Use specific reasons and examples to support your answer.

Be sure to use your own words. Do not use memorized examples.

Question 2 of 2

HIDE TIME 00:30:00

COPY CUT PASTE

Word Count : 0

Actual Test

11

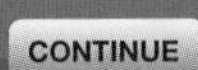

Writing Section Directions

 **Make sure your headset is on.**

This section measures your ability to use writing to communicate in an academic environment. There will be two writing tasks.

For the first writing task, you will read a passage and listen to a lecture and then answer a question based on what you have read and heard. For the second writing task, you will answer a question based on your own knowledge and experience.

Now listen to the directions for the first writing task.

Writing Based on Reading and Listening

For this task, you will first have **3 minutes** to read a passage about an academic topic. You may take notes on the passage if you wish. The passage will then be removed and you will listen to a lecture about the same topic. While you listen, you may also take notes.

Then you will have **20 minutes** to write a response to a question that asks you about the relationship between the lecture you heard and the reading passage. Try to answer the question as completely as possible using information from the reading passage and the lecture. The question does **not** ask you to express your personal opinion. You will be able to see the reading passage again when it is time for you to write. You may use your notes to help you answer the question.

Typically, an effective response will be 150 to 225 words long. Your response will be judged on the quality of your writing and on the completeness and accuracy of the content. If you finish your response before time is up, you may click on **NEXT** to go on to the second writing task.

Now you will see the reading passage for 3 minutes. Remember it will be available to you again when you are writing. Immediately after the reading time ends, the lecture will begin, so keep your headset on until the lecture is over.

HIDE TIME 00:03:00

William Shakespeare (1564-1616) is acknowledged as the greatest writer of the English language. Yet it is highly likely that Shakespeare, although an actual historical figure, did not write the works attributed to him. Instead, someone else—perhaps Francis Bacon, Christopher Marlowe, or Edward de Vere—was the true author of the works credited to Shakespeare.

The works said to be authored by Shakespeare are so brilliant that they could not have been penned by him. The main reason is that Shakespeare had an unsophisticated background and lacked a formal education, so he possessed neither the ability nor the knowledge needed to write his plays. The only known samples of his writing are in the form of his signature, which appears to have been written by a barely literate person. On the other hand, the individuals commonly believed to have been the real authors were all well-educated men who left behind numerous examples of their writing, which thereby proved their literacy.

Many of the plays credited to Shakespeare, including *Henry IV*, *Henry V*, and *Richard III*, center on the lives of kings and the nobility. Writing them required knowledge of which Shakespeare certainly had little. Bacon and de Vere, meanwhile, both belonged to the noble class and possessed that knowledge. In addition, Marlowe was not nobility but was educated at Oxford University and knew many noblemen.

It is common knowledge that Shakespeare never traveled outside England during his lifetime. Nevertheless, many of his works, such as *Romeo and Juliet*, *Twelfth Night*, and *The Merchant of Venice*, are set in Italy. These plays—and others—contain accurate details of foreign lands and customs, which Shakespeare could never have learned in England. The other three men were all known to have traveled to foreign lands though.

AT11-01

Question 1 of 2

Directions You have 20 minutes to plan and write your response. Your response will be judged on the basis of the quality of your writing and on how well your response presents the points in the lecture and their relationship to the passage. Typically, an effective response will be 150-225 words.

Question Summarize the points made in the lecture, being sure to explain how they challenge specific arguments made in the reading passage.

William Shakespeare (1564-1616) is typically acknowledged as the greatest writer of the English language. Yet it is highly likely that Shakespeare, although an actual historical figure, did not write the works attributed to him. Instead, someone else—perhaps Francis Bacon, Christopher Marlowe, or Edward de Vere—was the true author of the works credited to Shakespeare.

The works said to be authored by Shakespeare are so brilliant that they could not have been penned by him. The main reason is that Shakespeare had an unsophisticated background and lacked a formal education, so he possessed neither the ability nor the knowledge needed to write his plays. The only known samples of his writing are in the form of his signature, which appears to have been written by a barely literate person. On the other hand, the individuals commonly believed to have been the real authors were all well-educated men who left behind numerous examples of their writing, which thereby proved their literacy.

Many of the plays credited to Shakespeare, including *Henry IV*, *Henry V*, and *Richard III*, center on the lives of kings and the nobility. Writing them required knowledge of which Shakespeare certainly had little. Bacon and de Vere, meanwhile, both belonged to the noble class and possessed that knowledge. In addition, Marlowe was not nobility but was educated at Oxford University and knew many noblemen.

It is common knowledge that Shakespeare never traveled outside England during his lifetime. Nevertheless, many of his works, such as *Romeo and Juliet*, *Twelfth Night*, and *The Merchant of Venice*, are set in Italy. These plays—and others—contain accurate details of foreign lands and customs, which Shakespeare could never have learned in England. The other three men were all known to have traveled to foreign lands though.

VOLUME
HELP
NEXT
HIDE TIME 00:20:00
COPY
CUT
PASTE
Word Count : 0

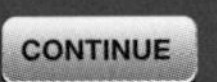

Writing Based on Knowledge and Experience

For this task, you will write an essay in response to a question that asks you to state, explain, and support your opinion on an issue. You have **30 minutes** to write your essay.

Typically, an effective essay will contain a minimum of 300 words. Your essay will be judged on the quality of your writing. This includes the development of your ideas, the organization of the content, and the quality and accuracy of the language you used to express ideas.

Click on **CONTINUE** to go on.

VOLUME HELP NEXT

HIDE TIME 00:30:00

COPY CUT PASTE Word Count : 0

Directions Read the question below. You have 30 minutes to plan, write, and revise your essay. Typically, an effective response will contain a minimum of 300 words.

Question

Do you agree or disagree with the following statement?

It is important for universities to spend more money on improving their facilities rather than on hiring more qualified teachers.

Use specific reasons and examples to support your answer.

Be sure to use your own words. Do not use memorized examples.

Question 2 of 2

VOLUME HELP NEXT

HIDE TIME 00:30:00

COPY CUT PASTE

Word Count : 0

Actual Test

12

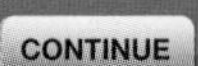

Writing Section Directions

 **Make sure your headset is on.**

This section measures your ability to use writing to communicate in an academic environment. There will be two writing tasks.

For the first writing task, you will read a passage and listen to a lecture and then answer a question based on what you have read and heard. For the second writing task, you will answer a question based on your own knowledge and experience.

Now listen to the directions for the first writing task.

Writing Based on Reading and Listening

For this task, you will first have **3 minutes** to read a passage about an academic topic. You may take notes on the passage if you wish. The passage will then be removed and you will listen to a lecture about the same topic. While you listen, you may also take notes.

Then you will have **20 minutes** to write a response to a question that asks you about the relationship between the lecture you heard and the reading passage. Try to answer the question as completely as possible using information from the reading passage and the lecture. The question does **not** ask you to express your personal opinion. You will be able to see the reading passage again when it is time for you to write. You may use your notes to help you answer the question.

Typically, an effective response will be 150 to 225 words long. Your response will be judged on the quality of your writing and on the completeness and accuracy of the content. If you finish your response before time is up, you may click on **NEXT** to go on to the second writing task.

Now you will see the reading passage for 3 minutes. Remember it will be available to you again when you are writing. Immediately after the reading time ends, the lecture will begin, so keep your headset on until the lecture is over.

The Federal Aid Highway Act of 1956, which was supported by American President Dwight D. Eisenhower, established the interstate highway system that connects many of the towns, cities, and states in the United States today. While these highways have always been free to drive on, there is presently talk of transforming them into toll roads. Having drivers pay fees to utilize this system of roads would be a positive move by the government.

First and foremost, the collecting of tolls would generate revenue that could be utilized to provide for the upkeep of the interstate system. Currently, the interstates are maintained by the Highway Trust Fund. It collects money from the federal gas tax, which has been eighteen cents a gallon since 1993. Unfortunately, the fund lacks enough money to provide for the maintenance of the roads. The amount of money in the fund is insufficient since many people are driving fuel-efficient cars, which use less gas; therefore, fewer gas taxes are being collected. Inflation has additionally resulted in rising repair costs, which are requiring the fund to spend more money than it collects.

It is also fair that the people who drive on the interstates should help pay for them to be maintained. If there is not enough money to pay for road maintenance, then the interstates will be dangerous, and there may possibly be accidents on them caused by deteriorating road conditions. Thus it is in the best interests of the people driving on these roads to pay more money for them. Charging tolls will not penalize people who never drive on interstates, too. Instead, it will only affect the wallets of the people using the roads, which is the fairest system of all.

AT12-01

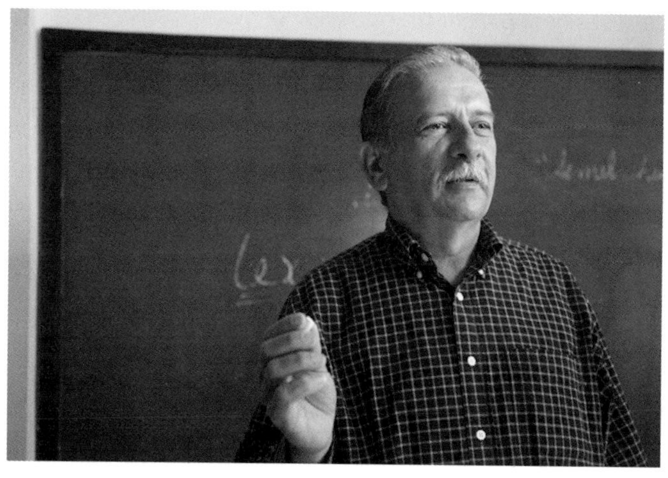

Directions You have 20 minutes to plan and write your response. Your response will be judged on the basis of the quality of your writing and on how well your response presents the points in the lecture and their relationship to the passage. Typically, an effective response will be 150-225 words.

Question Summarize the points made in the lecture, being sure to explain how they challenge specific claims made in the reading passage.

The Federal Aid Highway Act of 1956, which was supported by American President Dwight D. Eisenhower, established the interstate highway system that connects many of the towns, cities, and states in the United States today. While these highways have always been free to drive on, there is presently talk of transforming them into toll roads. Having drivers pay fees to utilize this system of roads would be a positive move by the government.

First and foremost, the collecting of tolls would generate revenue that could be utilized to provide for the upkeep of the interstate system. Currently, the interstates are maintained by the Highway Trust Fund. It collects money from the federal gas tax, which has been eighteen cents a gallon since 1993. Unfortunately, the fund lacks enough money to provide for the maintenance of the roads. The amount of money in the fund is insufficient since many people are driving fuel-efficient cars, which use less gas; therefore, fewer gas taxes are being collected. Inflation has additionally resulted in rising repair costs, which are requiring the fund to spend more money than it collects.

It is also fair that the people who drive on the interstates should help pay for them to be maintained. If there is not enough money to pay for road maintenance, then the interstates will be dangerous, and there may possibly be accidents on them caused by deteriorating road conditions. Thus it is in the best interests of the people driving on these roads to pay more money for them. Charging tolls will not penalize people who never drive on interstates, too. Instead, it will only affect the wallets of the people using the roads, which is the fairest system of all.

VOLUME
HELP
NEXT
HIDE TIME 00:20:00
COPY
CUT
PASTE
Word Count : 0

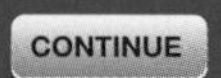

Writing Based on Knowledge and Experience

For this task, you will write an essay in response to a question that asks you to state, explain, and support your opinion on an issue. You have **30 minutes** to write your essay.

Typically, an effective essay will contain a minimum of 300 words. Your essay will be judged on the quality of your writing. This includes the development of your ideas, the organization of the content, and the quality and accuracy of the language you used to express ideas.

Click on **CONTINUE** to go on.

VOLUME HELP NEXT

HIDE TIME 00:30:00

COPY CUT PASTE Word Count : 0

Directions Read the question below. You have 30 minutes to plan, write, and revise your essay. Typically, an effective response will contain a minimum of 300 words.

Question

Some people believe that they should stay at the same job for a long period of time. Other people prefer to change jobs every one or two years.

Which viewpoint do you agree with? Use specific reasons and examples to support your answer.

Be sure to use your own words. Do not use memorized examples.

NEXT

HIDE TIME 00:30:00

COPY CUT PASTE

Word Count : 0

Actual Test

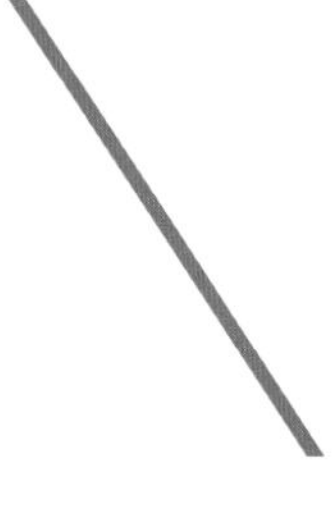

13

Writing Section Directions

 **Make sure your headset is on.**

This section measures your ability to use writing to communicate in an academic environment. There will be two writing tasks.

For the first writing task, you will read a passage and listen to a lecture and then answer a question based on what you have read and heard. For the second writing task, you will answer a question based on your own knowledge and experience.

Now listen to the directions for the first writing task.

Writing Based on Reading and Listening

For this task, you will first have **3 minutes** to read a passage about an academic topic. You may take notes on the passage if you wish. The passage will then be removed and you will listen to a lecture about the same topic. While you listen, you may also take notes.

Then you will have **20 minutes** to write a response to a question that asks you about the relationship between the lecture you heard and the reading passage. Try to answer the question as completely as possible using information from the reading passage and the lecture. The question does **not** ask you to express your personal opinion. You will be able to see the reading passage again when it is time for you to write. You may use your notes to help you answer the question.

Typically, an effective response will be 150 to 225 words long. Your response will be judged on the quality of your writing and on the completeness and accuracy of the content. If you finish your response before time is up, you may click on **NEXT** to go on to the second writing task.

Now you will see the reading passage for 3 minutes. Remember it will be available to you again when you are writing. Immediately after the reading time ends, the lecture will begin, so keep your headset on until the lecture is over.

HIDE TIME 00:03:00

Sharks have been swimming in the world's oceans for hundreds of millions of years and have evolved to become apex predators during that time. One of the most unusual of all sharks is the hammerhead, which, as its name implies, has a head shaped like a flat hammer. The unusual shape provides the hammerhead with several benefits.

The aerodynamic shape of the head acts like an airplane wing by providing lift to the hammerhead's entire body. Since all sharks must swim in order to pass water over their gills to get oxygen, this extra lift may reduce the physical effort required for the hammerhead to swim. The shape of the head additionally gives the hammerhead a certain amount of flexibility. Hammerheads have often been observed pushing their heads down and twisting their necks much further than other species of sharks are capable of doing. This may assist them in hunting and attacking prey.

A second advantage concerns the hammerhead's eyes. They are located at the very ends of the shark's head. Its eyes therefore allow it to see in a wider arc than other sharks can. This provides the hammerhead with a much greater field of vision and allows it to see prey better and then to hunt more effectively.

Finally, the hammerhead actively uses its head when it hunts. The stingray is a common prey animal for the shark. This flat fish usually hides in the mud on the ocean floor. When a hammerhead detects a stingray, it uses its flat head to pin the fish down on the ocean floor. Then, while its head holds the stingray in place, the hammerhead consumes its prey.

AT13-01

Question 1 of 2

Directions You have 20 minutes to plan and write your response. Your response will be judged on the basis of the quality of your writing and on how well your response presents the points in the lecture and their relationship to the passage. Typically, an effective response will be 150-225 words.

Question Summarize the points made in the lecture, being sure to specifically explain how they strengthen specific points made in the reading passage.

Sharks have been swimming in the world's oceans for hundreds of millions of years and have evolved to become apex predators during that time. One of the most unusual of all sharks is the hammerhead, which, as its name implies, has a head shaped like a flat hammer. The unusual shape provides the hammerhead with several benefits.

The aerodynamic shape of the head acts like an airplane wing by providing lift to the hammerhead's entire body. Since all sharks must swim in order to pass water over their gills to get oxygen, this extra lift may reduce the physical effort required for the hammerhead to swim. The shape of the head additionally gives the hammerhead a certain amount of flexibility. Hammerheads have often been observed pushing their heads down and twisting their necks much further than other species of sharks are capable of doing. This may assist them in hunting and attacking prey.

A second advantage concerns the hammerhead's eyes. They are located at the very ends of the shark's head. Its eyes therefore allow it to see in a wider arc than other sharks can. This provides the hammerhead with a much greater field of vision and allows it to see prey better and then to hunt more effectively.

Finally, the hammerhead actively uses its head when it hunts. The stingray is a common prey animal for the shark. This flat fish usually hides in the mud on the ocean floor. When a hammerhead detects a stingray, it uses its flat head to pin the fish down on the ocean floor. Then, while its head holds the stingray in place, the hammerhead consumes its prey.

VOLUME
HELP
NEXT
HIDE TIME 00:20:00
COPY
CUT
PASTE
Word Count : 0

Writing Based on Knowledge and Experience

For this task, you will write an essay in response to a question that asks you to state, explain, and support your opinion on an issue. You have **30 minutes** to write your essay.

Typically, an effective essay will contain a minimum of 300 words. Your essay will be judged on the quality of your writing. This includes the development of your ideas, the organization of the content, and the quality and accuracy of the language you used to express ideas.

Click on **CONTINUE** to go on.

VOLUME HELP NEXT

HIDE TIME 00:30:00

COPY CUT PASTE Word Count : 0

Directions Read the question below. You have 30 minutes to plan, write, and revise your essay. Typically, an effective response will contain a minimum of 300 words.

Question

Do you agree or disagree with the following statement?

The opinions of famous people are more important to young people than they are to older individuals.

Use specific reasons and examples to support your answer.

Be sure to use your own words. Do not use memorized examples.

Question 2 of 2

VOLUME HELP NEXT

HIDE TIME 00:30:00

COPY CUT PASTE

Word Count : 0

Actual Test

14

Writing Section Directions

 **Make sure your headset is on.**

This section measures your ability to use writing to communicate in an academic environment. There will be two writing tasks.

For the first writing task, you will read a passage and listen to a lecture and then answer a question based on what you have read and heard. For the second writing task, you will answer a question based on your own knowledge and experience.

Now listen to the directions for the first writing task.

Writing Based on Reading and Listening

For this task, you will first have **3 minutes** to read a passage about an academic topic. You may take notes on the passage if you wish. The passage will then be removed and you will listen to a lecture about the same topic. While you listen, you may also take notes.

Then you will have **20 minutes** to write a response to a question that asks you about the relationship between the lecture you heard and the reading passage. Try to answer the question as completely as possible using information from the reading passage and the lecture. The question does **not** ask you to express your personal opinion. You will be able to see the reading passage again when it is time for you to write. You may use your notes to help you answer the question.

Typically, an effective response will be 150 to 225 words long. Your response will be judged on the quality of your writing and on the completeness and accuracy of the content. If you finish your response before time is up, you may click on **NEXT** to go on to the second writing task.

Now you will see the reading passage for 3 minutes. Remember it will be available to you again when you are writing. Immediately after the reading time ends, the lecture will begin, so keep your headset on until the lecture is over.

The United States is currently facing a teacher shortage, especially in the fields of science, math, and foreign languages. This problem is particularly pronounced in the rundown parts of large metropolises as well as in poverty-stricken rural districts since most individuals have little or no desire to teach in either place. To counter this issue, some school districts are attracting qualified teachers by providing them with signing bonuses and other financial inducements. Fortunately, these methods are seeing positive results.

The state of Massachusetts instituted a program in which it paid new teachers signing bonuses. Recruiters for the state offered new instructors signing bonuses of $20,000 to be paid over a four-year period. There was an enthusiastic response to this plan as more than 800 individuals applied for the available positions. Furthermore, other states and individual school districts throughout the country have begun offering free health insurance and dental plans, housing incentives, and other financial incentives to both new and current teachers.

The state of Connecticut started a program in which it gave bonuses to its teachers based upon their years of service to convince them not to resign. Furthermore, in an effort to attract more teachers to unpopular areas, Connecticut equalized the salaries of the teachers at the best and poorest school districts. This resulted in more individuals accepting teaching posts in the poorer regions of the state. Likewise, other places have offered higher salaries to individuals willing to work in urban and rural areas. These efforts have been especially effective at convincing recent college graduates, many of whom are eager to teach, to work at schools in areas which they had never previously considered.

AT14-01

Question 1 of 2

Directions You have 20 minutes to plan and write your response. Your response will be judged on the basis of the quality of your writing and on how well your response presents the points in the lecture and their relationship to the passage. Typically, an effective response will be 150-225 words.

Question Summarize the points made in the lecture, being sure to explain how they cast doubt on specific points made in the reading passage.

The United States is currently facing a teacher shortage, especially in the fields of science, math, and foreign languages. This problem is particularly pronounced in the rundown parts of large metropolises as well as in poverty-stricken rural districts since most individuals have little or no desire to teach in either place. To counter this issue, some school districts are attracting qualified teachers by providing them with signing bonuses and other financial inducements. Fortunately, these methods are seeing positive results.

The state of Massachusetts instituted a program in which it paid new teachers signing bonuses. Recruiters for the state offered new instructors signing bonuses of $20,000 to be paid over a four-year period. There was an enthusiastic response to this plan as more than 800 individuals applied for the available positions. Furthermore, other states and individual school districts throughout the country have begun offering free health insurance and dental plans, housing incentives, and other financial incentives to both new and current teachers.

The state of Connecticut started a program in which it gave bonuses to its teachers based upon their years of service to convince them not to resign. Furthermore, in an effort to attract more teachers to unpopular areas, Connecticut equalized the salaries of the teachers at the best and poorest school districts. This resulted in more individuals accepting teaching posts in the poorer regions of the state. Likewise, other places have offered higher salaries to individuals willing to work in urban and rural areas. These efforts have been especially effective at convincing recent college graduates, many of whom are eager to teach, to work at schools in areas which they had never previously considered.

VOLUME
HELP
NEXT
HIDE TIME 00:20:00
COPY
CUT
PASTE
Word Count : 0

Writing Based on Knowledge and Experience

For this task, you will write an essay in response to a question that asks you to state, explain, and support your opinion on an issue. You have **30 minutes** to write your essay.

Typically, an effective essay will contain a minimum of 300 words. Your essay will be judged on the quality of your writing. This includes the development of your ideas, the organization of the content, and the quality and accuracy of the language you used to express ideas.

Click on **CONTINUE** to go on.

VOLUME HELP NEXT

HIDE TIME 00:30:00

COPY CUT PASTE Word Count : 0

Directions Read the question below. You have 30 minutes to plan, write, and revise your essay. Typically, an effective response will contain a minimum of 300 words.

Question

Do you agree or disagree with the following statement?

In order to become successful, a business must invest money in advertising.

Use specific reasons and examples to support your answer.

Be sure to use your own words. Do not use memorized examples.

Question 2 of 2

VOLUME HELP NEXT

HIDE TIME 00:30:00

COPY CUT PASTE

Word Count : 0

Actual Test

15

CONTINUE

Writing Section Directions

 **Make sure your headset is on.**

This section measures your ability to use writing to communicate in an academic environment. There will be two writing tasks.

For the first writing task, you will read a passage and listen to a lecture and then answer a question based on what you have read and heard. For the second writing task, you will answer a question based on your own knowledge and experience.

Now listen to the directions for the first writing task.

Writing Based on Reading and Listening

For this task, you will first have **3 minutes** to read a passage about an academic topic. You may take notes on the passage if you wish. The passage will then be removed and you will listen to a lecture about the same topic. While you listen, you may also take notes.

Then you will have **20 minutes** to write a response to a question that asks you about the relationship between the lecture you heard and the reading passage. Try to answer the question as completely as possible using information from the reading passage and the lecture. The question does **not** ask you to express your personal opinion. You will be able to see the reading passage again when it is time for you to write. You may use your notes to help you answer the question.

Typically, an effective response will be 150 to 225 words long. Your response will be judged on the quality of your writing and on the completeness and accuracy of the content. If you finish your response before time is up, you may click on **NEXT** to go on to the second writing task.

Now you will see the reading passage for 3 minutes. Remember it will be available to you again when you are writing. Immediately after the reading time ends, the lecture will begin, so keep your headset on until the lecture is over.

Around fifty-five million years ago, a period of global warming called the Paleocene-Eocene Thermal Maximum (PETM) occurred. During the PETM, the average global temperature rose at least five degrees Celsius in fewer than ten thousand years. While the PETM lasted, the global climate was so warm that most of the world's large ice caps, including those at the North and South poles, melted. Why this happened remains a topic of debate.

The most likely explanation is that an infusion of carbon dioxide and methane into the atmosphere in a relatively short period of time caused the warming period. When carbon dioxide and methane exist in the atmosphere in great amounts, the greenhouse effect can happen, which causes the temperature to rise. The most likely explanation for the rise of global temperatures is that a large comet struck the Earth. A comet smaller than the one that killed the dinosaurs impacting the Earth would have created a greenhouse effect on the planet and caused the temperature to rise significantly.

A second possibility is volcanic eruptions. During the PETM, the supercontinent known as Pangaea was in the process of breaking up into the seven continents that exist today. This geological activity, which was happening on a global scale, could have induced numerous volcanic eruptions. The volcanoes would have spewed enormous amounts of carbon dioxide and methane into the atmosphere.

A third possibility concerns the ocean. There are huge amounts of methane frozen deep in the oceans. Something may have caused the lower levels of the oceans to heat up. This would have thawed the methane, caused it to bubble up to the surface, and enabled it to enter the atmosphere. This excess methane would have surely made the Earth's temperature rise to the levels it did during the PETM.

AT15-01

Question 1 of 2

Directions You have 20 minutes to plan and write your response. Your response will be judged on the basis of the quality of your writing and on how well your response presents the points in the lecture and their relationship to the passage. Typically, an effective response will be 150-225 words.

Question Summarize the points made in the lecture, being sure to explain how they challenge specific arguments made in the reading passage.

Around fifty-five million years ago, a period of global warming called the Paleocene-Eocene Thermal Maximum (PETM) occurred. During the PETM, the average global temperature rose at least five degrees Celsius in fewer than ten thousand years. While the PETM lasted, the global climate was so warm that most of the world's large ice caps, including those at the North and South poles, melted. Why this happened remains a topic of debate.

The most likely explanation is that an infusion of carbon dioxide and methane into the atmosphere in a relatively short period of time caused the warming period. When carbon dioxide and methane exist in the atmosphere in great amounts, the greenhouse effect can happen, which causes the temperature to rise. The most likely explanation for the rise of global temperatures is that a large comet struck the Earth. A comet smaller than the one that killed the dinosaurs impacting the Earth would have created a greenhouse effect on the planet and caused the temperature to rise significantly.

A second possibility is volcanic eruptions. During the PETM, the supercontinent known as Pangaea was in the process of breaking up into the seven continents that exist today. This geological activity, which was happening on a global scale, could have induced numerous volcanic eruptions. The volcanoes would have spewed enormous amounts of carbon dioxide and methane into the atmosphere.

A third possibility concerns the ocean. There are huge amounts of methane frozen deep in the oceans. Something may have caused the lower levels of the oceans to heat up. This would have thawed the methane, caused it to bubble up to the surface, and enabled it to enter the atmosphere. This excess methane would have surely made the Earth's temperature rise to the levels it did during the PETM.

HIDE TIME 00:20:00

COPY CUT PASTE

Word Count : 0

Writing Based on Knowledge and Experience

For this task, you will write an essay in response to a question that asks you to state, explain, and support your opinion on an issue. You have **30 minutes** to write your essay.

Typically, an effective essay will contain a minimum of 300 words. Your essay will be judged on the quality of your writing. This includes the development of your ideas, the organization of the content, and the quality and accuracy of the language you used to express ideas.

Click on **CONTINUE** to go on.

VOLUME HELP NEXT

HIDE TIME 00:30:00

COPY CUT PASTE Word Count : 0

Directions Read the question below. You have 30 minutes to plan, write, and revise your essay. Typically, an effective response will contain a minimum of 300 words.

Question

Some people enjoy attending social events with a large number of individuals. Other people prefer to attend social events that only a few people are at.

Which type of event would you prefer to attend? Use specific reasons and examples to support your answer.

Be sure to use your own words. Do not use memorized examples.

Question 2 of 2

VOLUME HELP NEXT

HIDE TIME 00:30:00

COPY CUT PASTE

Word Count : 0

Memo

AUTHORS

Michael A. Putlack

- MA in History, Tufts University, Medford, MA, USA
- Expert test developer of TOEFL, TOEIC, and TEPS
- Main author of the Darakwon *How to Master Skills for the TOEFL® iBT* series and *TOEFL® MAP* series

Stephen Poirier

- Candidate for PhD in History, University of Western Ontario, Canada
- Certificate of Professional Technical Writing, Carleton University, Canada
- Co-author of the Darakwon *How to Master Skills for the TOEFL® iBT* series and *TOEFL® MAP* series

Decoding the TOEFL® iBT
Actual Test **WRITING** 1 NEW TOEFL® EDITION

Publisher Chung Kyudo
Editors Kim Minju, Seo Jeongah
Authors Michael A. Putlack, Stephen Poirier
Proofreader Michael A. Putlack
Designers Koo Soojung, Park Sunyoung

First published in February 2020
By Darakwon, Inc.
Darakwon Bldg., 211, Munbal-ro, Paju-si, Gyeonggi-do 10881
Republic of Korea
Tel: 82-2-736-2031 (Ext. 250)
Fax: 82-2-732-2037

Price ₩16,000
ISBN 978-89-277-0866-7 14740
978-89-277-0862-9 14740 (set)

www.darakwon.co.kr

Components Test Book / Answer Book
8 7 6 5 4 3 2 21 22 23 24 25

2024

에듀윌 군무원

18개년 기출문제집

행정법 분석해설편

김용철 편저

YES24 23년 6월 3주
주별 베스트 기준
베스트셀러
1위

합격자 수
2,100%
수직 상승

YES24 수험서 자격증 공무원 행정법
기출문제집 베스트셀러 1위
산출근거 후면표기

eduwill

군무원 행정법 **베스트셀러 1위!**

산출근거 후면표기

부가학습자료
무료제공

7급 2개년 기출 추가 제공! **2021~2020 7급 PDF**
최신 기출 완벽 분석! **최신 3개년 기출 해설강의**
중요 내용을 언제든지 학습 가능! **암기 워크북 PDF**

에듀윌 군무원
18개년 기출문제집

SPEED CHECK 빠른 정답표

PART 01 | 9급 군무원 행정법

2023									
01	③	02	①	03	③	04	②	05	①
06	③	07	④	08	②	09	②	10	④
11	①	12	④	13	③	14	②	15	④
16	③	17	①	18	③	19	①	20	②
21	②	22	④	23	④	24	②	25	①

2022									
01	①	02	④	03	②	04	②	05	①
06	②	07	④	08	③	09	③	10	①
11	②	12	③	13	③	14	③	15	①
16	④	17	①	18	③	19	④	20	①
21	④	22	②	23	②	24	④	25	②

2021									
01	②④	02	②	03	①	04	①	05	④
06	③	07	②	08	①	09	④	10	①
11	③	12	②	13	①	14	④	15	④
16	③	17	③	18	③	19	①②	20	②
21	④	22	③	23	③	24	②	25	④

2020									
01	④	02	③	03	②	04	②	05	①
06	②	07	③	08	③	09	①	10	④
11	①	12	④	13	④	14	②	15	①
16	①	17	①	18	①	19	②	20	③
21	③	22	③	23	②	24	③	25	③

2019(추가채용)									
01	③	02	③	03	④	04	①	05	②
06	③	07	③	08	①	09	③	10	④
11	③	12	①	13	③	14	②	15	④
16	②	17	④	18	④	19	①	20	②
21	①	22	③	23	②	24	②	25	②

2019									
01	②	02	③	03	③	04	④	05	③
06	②	07	④	08	③	09	②	10	③
11	②	12	④	13	④	14	①	15	①
16	②	17	③	18	②	19	②	20	④
21	④	22	④	23	①	24	②	25	②

2018									
01	②	02	①	03	①	04	④	05	②
06	①	07	②	08	②	09	③	10	①
11	②	12	③	13	④	14	④	15	②
16	③④	17	④	18	③	19	①	20	②
21	①	22	②	23	①	24	①	25	③

2017									
01	③	02	④	03	①	04	④	05	②
06	③	07	①	08	④	09	②	10	②
11	①	12	③	13	④	14	③	15	①
16	③	17	①	18	①	19	②	20	②
21	③	22	②	23	①	24	①	25	②

2016									
01	③	02	③	03	②	04	①	05	④
06	②	07	③	08	①	09	②	10	④
11	①	12	④	13	④	14	정답없음	15	③
16	③	17	②	18	③	19	④	20	①
21	③	22	④	23	①	24	④	25	④

2015									
01	③	02	①	03	③	04	①	05	①
06	②	07	④	08	③	09	①	10	③
11	②③	12	②	13	④	14	③	15	①
16	④	17	③	18	③	19	②	20	③
21	③	22	①	23	②	24	②	25	②

2014									
01	③	02	③	03	①	04	②	05	①
06	④	07	②	08	①	09	①	10	②
11	②	12	③	13	②	14	①	15	③
16	②	17	①	18	②	19	③	20	②
21	①	22	④	23	④	24	②	25	④

2013									
01	④	02	④	03	③	04	③	05	④
06	③	07	①	08	①	09	④	10	②
11	④	12	④	13	②	14	①	15	④
16	①	17	②	18	②	19	④	20	④
21	②	22	①	23	④	24	②	25	②

SPEED CHECK 빠른 정답표

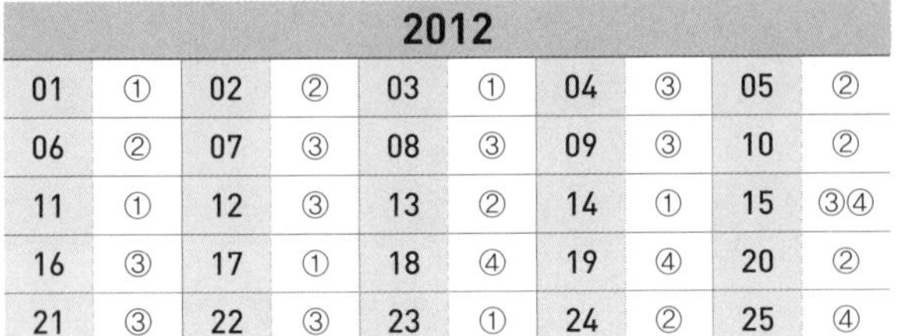

2012									
01	①	02	②	03	①	04	③	05	②
06	②	07	③	08	③	09	③	10	②
11	①	12	③	13	②	14	①	15	③④
16	③	17	①	18	④	19	④	20	②
21	③	22	③	23	①	24	②	25	④

2011									
01	②	02	③	03	②	04	②	05	④
06	③	07	②	08	③	09	정답없음	10	①
11	①	12	③	13	④	14	④	15	②
16	③	17	④	18	①	19	③	20	②
21	③	22	②	23	①	24	③	25	④

2010									
01	③	02	②	03	①	04	③	05	①
06	②	07	①	08	①	09	③	10	④
11	②	12	③	13	①	14	①	15	①
16	②	17	④	18	④	19	①	20	③
21	④	22	①	23	③	24	③	25	①

2009									
01	②	02	①	03	④	04	④	05	①
06	①	07	①	08	②	09	③	10	②
11	①	12	④	13	①	14	③	15	②
16	②	17	①②	18	④	19	①	20	①
21	④	22	③	23	③	24	③	25	②

2008									
01	②	02	②	03	①	04	③	05	②
06	③	07	④	08	③	09	③	10	④
11	①	12	정답없음	13	①	14	①	15	③
16	④	17	④	18	④	19	③	20	②
21	①	22	①	23	④	24	②	25	③

2007									
01	①	02	①	03	②	04	②	05	①
06	③	07	④	08	①④	09	④	10	③
11	①	12	②	13	①	14	①	15	④
16	④	17	②	18	④	19	③	20	④
21	④	22	②	23	①	24	③	25	②

2006									
01	②	02	④	03	②	04	④	05	③
06	①	07	④	08	①	09	④	10	③
11	①	12	④	13	③	14	④	15	②
16	③	17	③	18	④	19	②	20	②
21	①	22	②	23	④	24	④	25	②

PART 02 | 7급 군무원 행정법

2023									
01	②	02	②	03	④	04	②	05	④
06	④	07	①	08	③	09	④	10	①
11	①	12	③	13	①	14	④	15	③
16	③	17	①	18	②	19	②	20	②
21	④	22	④	23	③	24	③	25	①

2022									
01	②	02	③	03	③	04	③	05	④
06	①	07	②	08	②	09	①	10	①
11	④	12	①	13	③	14	③	15	①
16	④	17	④	18	④	19	①	20	②
21	②	22	③	23	④	24	①	25	②

2024

에듀윌 군무원 18개년 기출문제집

행정법 | 분석해설편

분석해설편 200% 활용법

1 철저한 기출분석으로 출제경향 파악 먼저!

전체 난이도 및 합격선, 기출총평, 영역별 출제 비중을 확인하여 해당 기출의 전체적인 윤곽을 잡으세요!

2 문항별로 면밀한 분석은 필수!

문항 분석을 통해 문항별 난이도와 출제 빈도수를 확인하고, 고난도 문항과 지엽적 문항은 더 꼼꼼히 해설을 확인하세요!

3 개념 카테고리로 개념 연계학습 가능!

헷갈리거나 모르는 이론은 개념 카테고리를 통해 연계학습을 해보세요!

? 공무원 시험 병행 준비 수험생이라면?

공무원 시험, 타 직렬 시험과 같이 준비하는 수험생을 위해 교수님께서 직접 비교분석하였습니다.
공무원 시험에 비해 어떤 유형이 다르게 출제되는지 확인하세요!

9급 군무원 행정법

2023 9급 군무원 행정법

2022 9급 군무원 행정법

2021 9급 군무원 행정법

2020 9급 군무원 행정법

2019 9급 군무원 행정법(추가채용)

2019 9급 군무원 행정법

2018 9급 군무원 행정법

2017 9급 군무원 행정법

2016 9급 군무원 행정법

2015 9급 군무원 행정법

2014 9급 군무원 행정법

2013 9급 군무원 행정법

2012 9급 군무원 행정법

2011 9급 군무원 행정법

2010 9급 군무원 행정법

2009 9급 군무원 행정법

2008 9급 군무원 행정법

2007 9급 군무원 행정법

2006 9급 군무원 행정법

2023 2023.07.15. 국방부(육·해·공군) 시행

9급 군무원 행정법

I 전체 난이도 및 합격선

전체 난이도	합격선
中	92점

I 기출총평

핵심단원에서 집중적으로 출제되었으며 전년도와 유사한 난이도로 출제되었다.

행정행위와 행정구제에서의 집중적인 출제경향을 보이고 있다. 이는 작년과 동일한 경향으로, 전년도(18문항)보다는 약간 줄었으나 여전히 14문항[행정행위 5문항, 행정구제 9문항(국가배상 2문항, 행정심판 2문항, 손실보상 1문항, 행정소송 4문항)]으로 압도적이다. 이외 행정기본법, 행정지도, 행정계획, 정보공개, 개인정보 등에서 출제되었다. 반면 이례적으로 실효성 확보수단에서는 1문항이 출제되었고 행정입법 단원에서는 문항이 출제되지 않았다. 사례형 문항은 아니나 관련성이 없는 여러 단원을 1문항에서 종합적으로 묻는 문항도 상당히 많았다.
출제유형은 법령에 관한 3문항을 제외하고 판례에 관한 문항이 주로 출제되었다. 공무원 시험의 최근 추세인 사례형(또는 박스 제시형) 문항은 여전히 출제되고 있지 않다.

I 영역별 출제비중

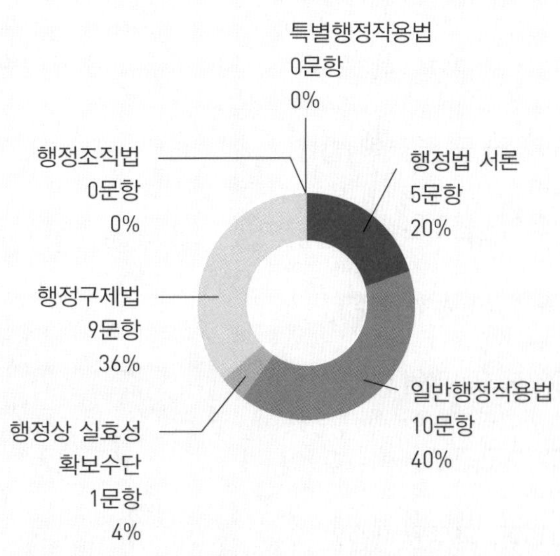

I 문항 분석

		카테고리	출제수	정답률
	1	행정법 서론 > 행정법 > 행정법의 일반원칙	19회	84%
	2	일반행정작용법 > 행정행위 > 행정행위의 효력	14회	86%
	3	일반행정작용법 > 행정행위 > 부관	14회	77%
	4	일반행정작용법 > 행정행위 > 기속과 재량	10회	83%
	5	행정구제법 > 행정상 손해전보 > 국가배상	12회	79%
	6	일반행정작용법 > 정보공개와 개인정보 보호 > 정보공개	18회	64%
고난도 TOP2	7	행정구제법 > 행정상 손해전보 > 손실보상	19회	44%
고난도 TOP1	8	행정법 서론 > 행정법 관계 > 공사법 구분	8회	36%
	9	행정법 서론 > 행정법 > 행정법의 법원	9회	78%
	10	일반행정작용법 > 행정행위 > 행정행위의 내용	25회	71%
	11	일반행정작용법 > 그 밖의 행정작용 > 행정계획	11회	77%
	12	일반행정작용법 > 행정행위 > 취소와 철회	13회	72%
	13	일반행정작용법 > 비권력적 행정작용 > 행정지도	13회	82%
	14	행정상 실효성 확보수단 > 행정강제 > 강제집행	6회	81%
	15	행정법 서론 > 행정법 관계 > 공사법 구분	8회	74%
	16	행정구제법 > 행정쟁송 > 행정소송	47회	65%
	17	일반행정작용법 > 행정절차 > 행정절차법	13회	81%
	18	행정구제법 > 행정쟁송 > 원고적격	1회	67%
고난도 TOP3	19	행정구제법 > 행정상 손해전보 > 국가배상	12회	51%
	20	행정구제법 > 행정쟁송 > 행정심판	28회	68%
	21	일반행정작용법 > 정보공개와 개인정보 보호 > 개인정보 보호	7회	78%
	22	행정구제법 > 행정쟁송 > 행정심판	28회	76%
	23	행정법 서론 > 행정법 관계 > 개인적 공권	6회	76%
	24	행정구제법 > 행정쟁송 > 처분	5회	78%
	25	행정구제법 > 행정쟁송 > 행정소송	47회	71%

※ 고난도 TOP1 은 해당 회차에서 정답률이 가장 낮은 문항입니다.

기출문제편 ▶ P.18									
01	③	02	①	03	③	04	②	05	①
06	③	07	④	08	②	09	②	10	④
11	①	12	④	13	③	14	②	15	④
16	③	17	①	18	③	19	①	20	②
21	②	22	④	23	④	24	②	25	①

01

정답 ③

행정법 서론 > 행정법 > 행정법의 일반원칙 정답률 84%

| 정답해설 |

③ **선택률84%** 공익이나 제3자의 이익을 현저히 해칠 우려가 있는 경우에는 신뢰보호가 적용되지 않는다.

법령 「행정기본법」 제12조(신뢰보호의 원칙) ① 행정청은 공익 또는 제3자의 이익을 현저히 해칠 우려가 있는 경우를 제외하고는 행정에 대한 국민의 정당하고 합리적인 신뢰를 보호하여야 한다.

| 오답해설 |

① **선택률11%** 「행정기본법」상 부당결부금지의 원칙에 관한 내용이다.

법령 「행정기본법」 제13조(부당결부금지의 원칙) 행정청은 행정작용을 할 때 상대방에게 해당 행정작용과 실질적인 관련이 없는 의무를 부과해서는 아니 된다.

② **선택률3%** 「행정기본법」상 평등의 원칙에 관한 내용이다.

법령 「행정기본법」 제9조(평등의 원칙) 행정청은 합리적 이유 없이 국민을 차별하여서는 아니 된다.

④ **선택률2%** 「행정기본법」상 성실의무에 관한 내용이다.

법령 「행정기본법」 제11조(성실의무 및 권한남용금지의 원칙) ① 행정청은 법령 등에 따른 의무를 성실히 수행하여야 한다.

더 알아보기 ▶ 「행정절차법」상 신뢰보호의 원칙

제4조(신의성실 및 신뢰보호) ① 행정청은 직무를 수행할 때 신의(信義)에 따라 성실히 하여야 한다.
② 행정청은 법령 등의 해석 또는 행정청의 관행이 일반적으로 국민들에게 받아들여졌을 때에는 공익 또는 제3자의 정당한 이익을 현저히 해칠 우려가 있는 경우를 제외하고는 새로운 해석 또는 관행에 따라 소급하여 불리하게 처리하여서는 아니 된다.

02

정답 ①

일반행정작용법 > 행정행위 > 행정행위의 효력 정답률 86%

| 정답해설 |

① **선택률86%** 행정처분은 공식적 방법으로 외부에 표시되는 경우에 성립되고 효력이 발생한다.

판례 상대방 있는 행정처분은 특별한 규정이 없는 한 의사표시에 관한 일반법리에 따라 상대방에게 고지되어야 효력이 발생하고, 상대방 있는 **행정처분이 상대방에게 고지되지 아니한 경우에는 상대방이 다른 경로를 통해 행정처분의 내용을 알게 되었다고 하더라도 행정처분의 효력이 발생한다고 볼 수 없다.** (대판 2019.8.9., 선고 2019두38656)

| 오답해설 |

② **선택률6%** **판례** 일반적으로 행정처분이 주체·내용·절차와 형식이라는 내부적 성립요건과 외부에 대한 표시라는 외부적 성립요건을 모두 갖춘 경우에는 행정처분이 존재한다. (대판 2019.7.11., 선고 2017두38874)

③ **선택률5%** **판례** 병무청장이 법무부장관에게 '가수 甲이 공연을 위하여 국외여행허가를 받고 출국한 후 미국 시민권을 취득함으로써 사실상 병역의무를 면탈하였으므로 재외동포 자격으로 재입국하고자 하는 경우 국내에서 취업, 가수활동 등 영리활동을 할 수 없도록 하고, 불가능할 경우 입국 자체를 금지해 달라'고 요청함에 따라 **법무부장관이 甲의 입국을 금지하는 결정을 하고, 그 정보를 내부전산망인 '출입국관리정보시스템'에 입력하였으나, 甲에게는 통보하지 않은 사안에서, 위 입국금지결정은 항고소송의 대상이 되는 '처분'에 해당하지 않는다.** (대판 2019.7.11., 선고 2017두38874)

④ **선택률3%** **판례** 행정처분의 외부적 성립은 행정의사가 외부에 표시되어 행정청이 자유롭게 취소·철회할 수 없는 구속을 받게 되는 시점을 확정하는 의미를 가진다. (대판 2019.7.11., 선고 2017두38874)

더 알아보기 ▶ 판례 비교

다른 경로로 알게 되었다고 해도 처분의 효력은 없음	외부에 공식적 방법을 통해 표시되어야 처분이 성립함
상대방 있는 행정처분은 특별한 규정이 없는 한 의사표시에 관한 일반법리에 따라 상대방에게 고지되어야 효력이 발생하고, 상대방 있는 **행정처분이 상대방에게 고지되지 아니한 경우에는 상대방이 다른 경로를 통해 행정처분의 내용을 알게 되었다고 하더라도 행정처분의 효력이 발생한다고 볼 수 없다.** (대판 2019.8.9., 선고 2019두38656)	**일반적으로 처분이 주체·내용·절차와 형식의 요건을 모두 갖추고 외부에 표시된 경우에는 처분의 존재가 인정된다.** 행정의사가 외부에 표시되어 행정청이 자유롭게 취소·철회할 수 없는 구속을 받게 되는 시점에 처분이 성립하고, **그 성립 여부는 행정청이 행정의사를 공식적인 방법으로 외부에 표시하였는지를 기준으로 판단**해야 한다. (대판 2019.7.11., 선고 2017두38874)

03

정답 ③

일반행정작용법 > 행정행위 > 부관 정답률 77%

| 정답해설 |

③ **선택률77%** 철회권 유보는 부관에 해당하고, 철회에 대한 근거를 처분 당시에 미리 규정하는 것이다. 상대방에 대한 수익적 처분의 철회는 비례원칙에 부합되어야 하므로 처분의 목적 달성에 필요한 최소한의 범위 내이어야 한다.

법령 「행정기본법」 제17조(부관) ④ 부관은 다음 각 호의 요건에 적합하여야 한다.

1. 해당 처분의 목적에 위배되지 아니할 것
2. 해당 처분과 실질적인 관련이 있을 것
3. 해당 처분의 목적을 달성하기 위하여 필요한 최소한의 범위일 것

| 오답해설 |

① **선택률10%** 당사자의 동의가 있는 경우에는 사후에 부관을 붙일 수 있다.

법령 「행정기본법」 제17조(부관) ③ 행정청은 부관을 붙일 수 있는 처분이 다음 각 호의 어느 하나에 해당하는 경우에는 그 처분을 한 후에도

부관을 새로 붙이거나 종전의 부관을 변경할 수 있다.

1. 법률에 근거가 있는 경우
2. 당사자의 동의가 있는 경우
3. 사정이 변경되어 부관을 새로 붙이거나 종전의 부관을 변경하지 아니하면 해당 처분의 목적을 달성할 수 없다고 인정되는 경우

② 선택률 8% 재량의 경우에는 법률에 근거가 없어도 부관을 붙일 수 있다.

법령 「행정기본법」 제17조(부관) ② 행정청은 처분에 재량이 없는 경우에는 법률에 근거가 있는 경우에 부관을 붙일 수 있다.

④ 선택률 5% 판례 행정행위의 부관 중에서도 행정행위에 부수하여 그 행정행위의 상대방에게 일정한 의무를 부과하는 행정청의 의사표시인 부담의 경우에는 다른 부관과는 달리 행정행위의 불가분적인 요소가 아니고 그 존속이 본체인 행정행위의 존재를 전제로 하는 것일 뿐이므로 부담 그 자체로서 행정쟁송의 대상이 될 수 있다. (대판 1992.1.21., 선고 91누1264)

04 정답 ②

일반행정작용법 > 행정행위 > 기속과 재량 정답률 83%

| 정답해설 |

② 선택률 83% 재량권의 일탈·남용으로 해당 처분을 취소해야 할 위법사유에 해당한다.

판례 처분의 근거 법령이 행정청에 처분의 요건과 효과 판단에 일정한 재량을 부여하였는데도, 행정청이 자신에게 재량권이 없다고 오인한 나머지 **처분으로 달성하려는 공익과 그로써 처분상대방이 입게 되는 불이익의 내용과 정도를 전혀 비교형량하지 않은 채 처분을 하였다면, 이는 재량권 불행사로서 그 자체로 재량권 일탈·남용으로 해당 처분을 취소하여야 할 위법사유**가 된다. (대판 2019.7.11., 선고 2017두38874)

| 오답해설 |

① 선택률 9% 판례 행정행위가 그 재량성의 유무 및 범위와 관련하여 이른바 기속행위 내지 기속재량행위와 재량행위 내지 자유재량행위로 구분된다고 할 때, 그 **구분은 당해 행위의 근거가 된 법규의 체제·형식과 그 문언, 당해 행위가 속하는 행정 분야의 주된 목적과 특성, 당해 행위 자체의 개별적 성질과 유형 등을 모두 고려하여 판단**하여야 한다. (대판 2001.2.9., 선고98두17593)

③ 선택률 4% 재량이 아닌 기속행위에는 법률에 근거가 있어야 부관을 붙일 수 있다. 대법원에 의하면 기속행위에 부관이 부가되는 경우에는 무효라고 한다.

판례 일반적으로 기속행위나 기속적 재량행위에는 부관을 붙일 수 없고 가사 부관을 붙였다 하더라도 무효이다. (대판 1995.6.13., 선고 94다56883)

④ 선택률 4% 판례 양자(기속과 재량)에 대한 사법심사는, 전자(기속)의 경우 그 법규에 대한 원칙적인 기속성으로 인하여 법원이 사실인정과 관련 법규의 해석·적용을 통하여 일정한 결론을 도출한 후 그 결론에 비추어 행정청이 한 판단의 적법 여부를 독자의 입장에서 판정하는 방식에 의하게 되나, 후자(재량)의 경우 **행정청의 재량에 기한 공익판단의 여지를 감안하여 법원은 독자의 결론을 도출함이 없이 당해 행위에 재량권의 일탈·남용이 있는지 여부만을 심사하게 되고**, 이러한 재량권의 일탈·남용 여부에 대한 심사는 사실오인, 비례·평등의 원칙 위배, 당해 행위의 목적 위반이나 동기의 부정 유무 등을 그 판단 대상으로 한다. (대판 2001.2.9., 선고 98두17593)

더 알아보기 ▶ 「행정기본법」

> 제17조(부관) ② 행정청은 처분에 재량이 없는 경우에는 법률에 근거가 있는 경우에 부관을 붙일 수 있다.

05 정답 ①

행정구제법 > 행정상 손해전보 > 국가배상 정답률 79%

| 정답해설 |

① 선택률 79% 「국가배상법」상의 직무에는 권력적 작용이나 비권력적 작용은 포함되지만, 사경제 주체로서의 국고작용은 포함되지 않는다.

판례 국가배상청구의 요건인 '공무원의 직무'에는 권력적 작용만이 아니라 비권력적 작용도 포함되며 단지 행정주체가 사경제 주체로서 하는 활동만 제외된다. (대판 2001.1.5., 선고 98다39060)

| 오답해설 |

② 선택률 8% 판례 국가배상법 제5조 제1항에 정하여진 '영조물의 설치 또는 관리의 하자'라 함은 공공의 목적에 공여된 영조물이 그 용도에 따라 갖추어야 할 안전성을 갖추지 못한 상태에 있음을 말하고, 안전성을 갖추지 못한 상태, 즉 타인에게 위해를 끼칠 위험성이 있는 상태라 함은 당해 영조물을 구성하는 물적 시설 그 자체에 있는 물리적·외형적 흠결이나 불비로 인하여 그 이용자에게 위해를 끼칠 위험성이 있는 경우뿐만 아니라, **그 영조물이 공공의 목적에 이용됨에 있어 그 이용상태 및 정도가 일정한 한도를 초과하여 제3자에게 사회통념상 수인할 것이 기대되는 한도를 넘는 피해를 입히는 경우까지 포함된다**고 보아야 한다. (대판 2005.1.27., 선고 2003다49566)

③ 선택률 7% 판례 상호보증은 외국의 법령, 판례 및 관례 등에 의하여 발생요건을 비교하여 인정되면 충분하고 반드시 **당사국과의 조약이 체결되어 있을 필요는 없으며**, 당해 외국에서 구체적으로 우리나라 국민에게 **국가배상청구를 인정한 사례가 없더라도 실제로 인정될 것이라고 기대할 수 있는 상태이면 충분**하다. (대판 2015.6.11., 선고 2013다208388)

④ 선택률 6% 국가배상심의회의 배상액결정신청은 임의적 전치이다.

법령 「국가배상법」 제9조(소송과 배상신청의 관계) 이 법에 따른 손해배상의 소송은 배상심의회(이하 '심의회'라 한다)에 배상신청을 하지 아니하고도 제기할 수 있다.

06 정답 ③

일반행정작용법 > 정보공개와 개인정보 보호 > 정보공개 정답률 64%

| 정답해설 |

③ 선택률 64% 판례 구 공공기관의 정보공개에 관한 법률에 의한 정보공개제도는 공공기관이 보유·관리하는 정보를 그 상태대로 공개하는 제도라는 점 등에 비추어 보면, **당해 정보를 공공기관이 보유·관리하고 있다는 점에 관하여 정보공개를 구하는 자에게 입증책임이 있다 할 것**이지만, 그 입증의 정도는 그러한 정보를 공공기관이 보유·관리하고 있을 상당한 개연성이 있다는 점을 증명하면 족하다 할 것이다. (대판 2007.6.1., 선고 2006두20587)

| 오답해설 |

① **선택률 11%** 청구인이 부담하는 것이 원칙이다.

법령 「공공기관의 정보공개에 관한 법률」 제17조(비용 부담) ① 정보의 공개 및 우송 등에 드는 비용은 실비(實費)의 범위에서 청구인이 부담한다.

② **선택률 7%** 사립대학교는 정보공개를 할 의무가 있는 공공기관이다.

법령 「공공기관의 정보공개에 관한 법률 시행령」 제2조(공공기관의 범위) 「공공기관의 정보공개에 관한 법률」(이하 '법'이라 한다) 제2조 제3호 마목에서 '대통령령으로 정하는 기관'이란 다음 각 호의 기관 또는 단체를 말한다.

1. 「유아교육법」, 「초·중등교육법」, 「고등교육법」에 따른 각급 학교 또는 그 밖의 다른 법률에 따라 설치된 학교

④ **선택률 18%** 국내사무소를 두고 있는 외국법인이나 단체는 학술·연구의 목적이 아니더라도 정보공개를 청구할 수 있다.

법령 「공공기관의 정보공개에 관한 법률 시행령」 제3조(외국인의 정보공개 청구) 법 제5조 제2항에 따라 정보공개를 청구할 수 있는 외국인은 다음 각 호의 어느 하나에 해당하는 자로 한다.

1. 국내에 일정한 주소를 두고 거주하거나 학술·연구를 위하여 일시적으로 체류하는 사람
2. 국내에 사무소를 두고 있는 법인 또는 단체

07 고난도 TOP2 정답 ④

행정구제법 > 행정상 손해전보 > 손실보상 정답률 44%

| 정답해설 |

④ **선택률 44%** 하자승계에 관한 것으로 대법원은 승계를 인정하지 않았다.

판례 토지수용법상 사업인정의 고시 절차를 누락한 것을 이유로 수용재결처분의 취소를 구하거나 무효확인을 구할 수 없다. (대판 2000.10.13., 선고 2000두5142)

| 오답해설 |

① **선택률 13%** **판례** 잔여지 수용청구권은 손실보상의 일환으로 토지소유자에게 부여되는 권리로서 그 요건을 구비한 때에는 잔여지를 수용하는 토지수용위원회의 재결이 없더라도 그 청구에 의하여 수용의 효과가 발생하는 형성권적 성질을 가지므로, **잔여지 수용청구를 받아들이지 않은 토지수용위원회의 재결에 대하여 토지소유자가 불복하여 제기하는 소송은 위 법 제85조 제2항에 규정되어 있는 '보상금의 증감에 관한 소송'에 해당하여 사업시행자를 피고**로 하여야 한다. (대판 2010.8.19., 선고 2008두822)

② **선택률 27%** **판례** **수용재결에 불복하여 취소소송을 제기하는 때에는 이의신청을 거친 경우에도 수용재결을 한 중앙토지수용위원회 또는 지방토지수용위원회를 피고로 하여 수용재결의 취소를 구하여야 하고,** 다만 이의신청에 대한 재결 자체에 고유한 위법이 있음을 이유로 하는 경우에는 그 이의재결을 한 중앙토지수용위원회를 피고로 하여 이의재결의 취소를 구할 수 있다고 보아야 한다. (대판 2010.1.28., 선고 2008두1504)

③ **선택률 16%** 「공익사업을 위한 토지 등의 취득 및 보상에 관한 법률」 제85조 규정의 내용이다.

법령 「공익사업을 위한 토지 등의 취득 및 보상에 관한 법률」 제85조(행정소송의 제기) ① 사업시행자, 토지소유자 또는 관계인은 제34조에 따른 재결에 불복할 때에는 재결서를 받은 날부터 90일 이내에, 이의신청을 거쳤을 때에는 이의신청에 대한 재결서를 받은 날부터 60일 이내에 각각 행정소송을 제기할 수 있다.

08 고난도 TOP1 정답 ②

행정법 서론 > 행정법 관계 > 공사법 구분 정답률 36%

| 정답해설 |

② **선택률 36%** 공기업·준정부기관의 입찰참가자격 제한 조치는 법령에 근거한 것인지, 아니면 계약에 근거한 것인지에 의해 처분 여부가 판단된다. 계약에 근거한 경우에는 처분이 아니다.

판례 공기업·준정부기관이 법령 또는 계약에 근거하여 선택적으로 입찰참가자격 제한 조치를 할 수 있는 경우, **계약상대방에 대한 입찰참가자격 제한 조치가 법령에 근거한 행정처분인지** 아니면 **계약에 근거한 권리행사인지는 원칙적으로 의사표시의 해석 문제**이다. 이때에는 공기업·준정부기관이 계약상대방에게 통지한 문서의 내용과 해당 조치에 이르기까지의 과정을 객관적·종합적으로 고찰하여 판단하여야 한다. (대판 2018.10.25., 선고 2016두33537)

| 오답해설 |

① **선택률 16%** **판례** **지하철공사의 사장이** 그 이사회의 결의를 거쳐 제정된 인사규정에 의거하여 **소속직원에 대한 징계처분을 한 경우** 위 사장은 행정소송법 제13조 제1항 본문과 제2조 제2항 소정의 행정청에 해당되지 않으므로 공권력발동주체로서 위 징계처분을 행한 것으로 볼 수 없고, 따라서 이에 대한 불복절차는 **민사소송에 의할 것이지 행정소송에 의할 수는 없다.** (대판 1989.9.12., 선고 89누2103)

③ **선택률 6%** **판례** 국유재산 등의 관리청이 하는 행정재산의 사용·수익에 대한 허가는 순전히 사경제주체로서 행하는 사법상의 행위가 아니라 관리청이 공권력을 가진 우월적 지위에서 행하는 행정처분으로서 특정인에게 행정재산을 사용할 수 있는 권리를 설정하여 주는 강학상 특허에 해당한다. (대판 2006.3.9., 선고 2004다31074)

④ **선택률 42%** **판례** 지방자치단체가 구 지방재정법 시행령(1988.5.7., 대통령령 제12445호로 전면 개정되기 전의 것) 제71조(현행 지방재정법 시행령 제83조)의 규정에 따라 **기부채납받은 공유재산을 무상으로 기부자에게 사용을 허용하는 행위는 사경제주체로서 상대방과 대등한 입장에서 하는 사법상 행위**이지 행정청이 공권력의 주체로서 행하는 공법상 행위라고 할 수 없으므로, **기부자가 기부채납한 부동산을 일정기간 무상사용한 후에 한 사용허가기간 연장신청을 거부한 행정청의 행위도 단순한 사법상의 행위** 일 뿐 행정처분 기타 공법상 법률관계에 있어서의 행위는 아니다. (대판 1994.1.25., 선고 93누7365)

더 알아보기 ▶ 한국수력원자력 주식회사의 입찰참가자격 제한 조치가 처분인지 여부

> 공공기관의 운영에 관한 법률 제39조 제2항과 그 하위법령에 따른 입찰참가자격 제한 조치가 행정처분에 해당하고 한국수력원자력 주식회사가 법령에 따라 행정처분권한을 위임받은 공공기관으로서 행정청에 해당한다. (대판 2020.5.28., 선고 2017두66541)

09

정답 ②

행정법 서론 > 행정법 > 행정법의 법원 정답률 **78%**

| 정답해설 |

② **선택률78%** 자의적 취급이라고 할 수 없어 평등원칙 내지 형평에 반하지 않는다.

판례 **같은 정도의 비위를 저지른 자들 사이에 있어서도 그 직무의 특성 등에 비추어, 개전의 정이 있는지 여부에 따라 징계의 종류의 선택과 양정에 있어서 차별적으로 취급**하는 것은, 사안의 성질에 따른 합리적 차별로서 이를 자의적 취급이라고 할 수 없는 것이어서 **평등원칙 내지 형평에 반하지 아니한다.** (대판 1999.8.20., 선고 99두2611)

| 오답해설 |

① **선택률13%** 판례 기업의 비업무용 부동산 보유실태에 관한 감사원의 감사보고서의 내용이 직무상 비밀에 해당하지 않는다. (대판 1996.10.11., 선고 94누7171)

③ **선택률4%** 판례 **국가공무원법상 '직무상 비밀'이라 함은 국가 공무의 민주적·능률적 운영을 확보하여야 한다는 이념에 비추어 볼 때 당해 사실이 일반에 알려질 경우 그러한 행정의 목적을 해할 우려가 있는지 여부를 기준으로 판단**하여야 하며, 구체적으로는 행정기관이 비밀이라고 형식적으로 정한 것에 따를 것이 아니라 실질적으로 비밀로서 보호할 가치가 있는지, 즉 그것이 통상의 지식과 경험을 가진 다수인에게 알려지지 아니한 비밀성을 가졌는지, 또한 정부나 국민의 이익 또는 행정목적 달성을 위하여 비밀로서 보호할 필요성이 있는지 등이 객관적으로 검토되어야 한다. (대판 1996.10.11., 선고 94누7171)

④ **선택률5%** 판례 수개의 징계사유 중 일부가 인정되지 않더라도 인정되는 다른 일부 징계사유만으로도 당해 징계처분의 타당성을 인정하기에 충분한 경우에는 그 징계처분을 유지하여도 위법하지 아니하다. (대판 1991.11.22., 선고 91누4102)

군무원 VS 공무원 비교분석

일반적으로 공무원 시험의 문제는 하나의 단원 또는 하나의 키워드를 중심으로 구성된다. 공무원 시험은 연계된 선지들의 개념(또는 판례)의 관련성을 묻는 경향인데 반해, 군무원 시험은 각각의 선지가 아무런 관련이 없는 종합형 문제가 상당히 많다.

10

정답 ④

일반행정작용법 > 행정행위 > 행정행위의 내용 정답률 **71%**

| 정답해설 |

④ **선택률71%** 취소 또는 무효확인을 구할 법률상 이익은 없다.

판례 추진위원회 구성승인처분을 다투는 소송 계속 중에 조합설립인가처분이 이루어진 경우에는, 추진위원회 구성승인처분에 위법이 존재하여 조합설립인가 신청행위가 무효라는 점 등을 들어 직접 조합설립인가처분을 다툼으로써 정비사업의 진행을 저지하여야 하고, 이와는 별도로 추진위원회 구성승인처분에 대하여 취소 또는 무효확인을 구할 법률상의 이익은 없다. (대판 2013.1.31., 선고 2011두11112·2011두11129)

| 오답해설 |

① **선택률13%** 판례 정비사업의 공익적·단체법적 성격과 이전고시에 따라 이미 형성된 법률관계를 유지하여 법적 안정성을 보호할 필요성이 현저한 점 등을 고려할 때, **이전고시의 효력이 발생한 이후에는 조합원 등이 해당 정비사업을 위하여 이루어진 수용재결이나 이의재결의 취소 또는 무효확인을 구할 법률상 이익이 없다.** (대판 2017.3.16., 선고 2013두11536)

② **선택률9%** 판례 조합설립결의에 하자가 있다면 그 하자를 이유로 직접 항고소송의 방법으로 조합설립인가처분의 취소 또는 무효확인을 구하여야 하고, 이와는 별도로 **조합설립결의 부분만을 따로 떼어내어 그 효력 유무를 다투는 확인의 소를 제기하는 것**은 원고의 권리 또는 법률상의 지위에 현존하는 불안·위험을 제거하는 데 가장 유효·적절한 수단이라 할 수 없어 **특별한 사정이 없는 한 확인의 이익은 인정되지 아니한**다. (대판 2009.9.24., 선고 2008다60568)

③ **선택률7%** 판례 **도시정비법상의 이전고시 또한 준공인가의 고시**로 사업시행이 완료된 이후에 관리처분계획에서 정한 바에 따라 종전의 토지 또는 건축물에 대하여 정비사업으로 조성된 대지 또는 건축물의 위치 및 범위 등을 정하여 그 소유권을 분양받을 자에게 이전하고 그 가격의 차액에 상당하는 금액을 청산하거나 대지 또는 건축물을 정하지 않고 금전적으로 청산하는 **공법상 처분**으로서 그 법적 성격은 구 도시재개발법상의 분양처분과 본질적으로 다르지 않다. (대판 2012.3.22., 선고 2011두6400)

11

정답 ①

일반행정작용법 > 그 밖의 행정작용 > 행정계획 정답률 **77%**

| 정답해설 |

① **선택률77%** 헌법소원의 대상이 되는 공권력의 행사에 해당한다.

판례 **국립대학인 서울대학교의 '94학년도 대학입학고사 주요요강'은** 사실상의 준비행위 내지 사전안내로서 행정쟁송의 대상이 될 수 있는 행정처분이나 공권력의 행사는 될 수 없지만 그 내용이 국민의 기본권에 직접 영향을 끼치는 내용이고 앞으로 법령의 뒷받침에 의하여 그대로 실시될 것이 틀림없을 것으로 … 이는 헌법소원의 대상이 되는 **헌법재판소법 제68조 제1항 소정의 공권력의 행사에 해당**된다고 할 것이며, 이 경우 헌법소원 외에 달리 구제방법이 없다. (헌재결 1992.10.1., 92헌마68·76)

| 오답해설 |

② **선택률7%** 판례 행정주체가 행정계획을 입안·결정할 때 이러한 이익형량을 전혀 하지 않거나 이익형량의 고려 대상에 마땅히 포함시켜야 할 사항을 누락한 경우 또는 이익형량을 하였으나 정당성과 객관성이 결여된 경우에는 재량권을 일탈·남용한 것으로 위법하다고 보아야 한다. (대판 2020.9.3., 선고 2020두34346)

③ **선택률8%** 판례 개발제한구역지정처분은 건설부장관이 법령의 범위 내에서 도시의 무질서한 확산 방지 등을 목적으로 도시정책상의 전문적·기술적 판단에 기초하여 행하는 일종의 행정계획으로서 그 입안·결정에 관하여 광범위한 형성의 자유를 가지는 계획재량처분이다. (대판 1997.6.24., 선고 96누1313)

④ **선택률8%** 판례 **재건축조합이 행정주체의 지위에서 도시정비법 제74조에 따라 수립하는 관리처분계획**은 정비사업의 시행 결과 조성되는 대지 또는 건축물의 권리귀속에 관한 사항과 조합원의 비용 분담에 관한 사항 등을 정함으로써 조합원의 재산상 권리·의무 등에 구체적이고 직접적인 영향을 미치게 되므로, 이는 **구속적 행정계획으로서 재건축조합이 행하는 독립된 행정처분에 해당**한다. (대판 2022.7.14., 선고 2022다206391)

군무원 VS 공무원 비교분석

공무원 시험이나 군무원 시험에서 '국립대학교 대학입학고사 주요요강'에 관한 문제는 일반적으로 행정규칙에서 출제된다. 종래 변호사 시험에서 행정계획으로 출제되어진 바 있으나, 공무원 시험 등에서는 줄곧 행정규칙으로 출제되었다. 이 문제를 계기로 '국립대학교 대학입학고사 주요요강'에 관한 문제는 행정계획에서 출제될 수 있음을 염두에 두어야 한다.

12

정답 ④

일반행정작용법 > 행정행위 > 취소와 철회 정답률 72%

| 정답해설 |

④ 선택률72% 판례 원래 행정처분을 한 처분청은 그 처분에 하자가 있는 경우에는 원칙적으로 별도의 법적 근거가 없더라도 스스로 이를 직권으로 취소할 수 있다. (대판 2006.6.30., 선고 2004두701)

| 오답해설 |

① 선택률12% 판례 **한 사람이 여러 종류의 자동차 운전면허를 취득하는 경우뿐 아니라 이를 취소 또는 정지함에 있어서도 서로 별개의 것으로 취급하는 것이 원칙**이고 … 여러 종류의 면허를 서로 별개의 것으로 취급할 수 없다거나 각 면허의 개별적인 취소 또는 정지를 분리하여 집행할 수 없는 것은 아니다. (대판 1995.11.16., 선고 95누8850)

② 선택률11% 「행정기본법」 제18조에 관한 내용이다.

법령 「행정기본법」 제18조(위법 또는 부당한 처분의 취소) ① 행정청은 위법 또는 부당한 처분의 전부나 일부를 소급하여 취소할 수 있다. 다만, **당사자의 신뢰를 보호할 가치가 있는 등 정당한 사유가 있는 경우에는 장래를 향하여 취소**할 수 있다.

② 행정청은 제1항에 따라 **당사자에게 권리나 이익을 부여하는 처분을 취소하려는 경우에는 취소로 인하여 당사자가 입게 될 불이익을 취소로 달성되는 공익과 비교·형량(衡量)**하여야 한다. 다만, 다음 각 호의 **어느 하나에 해당하는 경우에는 그러하지 아니하다.**

1. 거짓이나 그 밖의 부정한 방법으로 처분을 받은 경우
2. 당사자가 처분의 위법성을 알고 있었거나 중대한 과실로 알지 못한 경우

③ 선택률5% 동법 제18조 제1항에 관한 내용이다.

13

정답 ③

일반행정작용법 > 비권력적 행정작용 > 행정지도 정답률 82%

| 정답해설 |

③ 선택률82% 행정지도에 따르지 않았다는 이유로 불이익 조치를 취할 수 없다.

법령 「행정절차법」 제48조(행정지도의 원칙) ② **행정기관은 행정지도의 상대방이 행정지도에 따르지 아니하였다는 것을 이유로 불이익한 조치를 하여서는 아니 된다.**

| 오답해설 |

① 선택률9% 행정지도 실명제에 관한 내용으로, 「행정절차법」에 규정되어 있다.

법령 「행정절차법」 제49조(행정지도의 방식) ① 행정지도를 하는 자는 그 상대방에게 그 행정지도의 취지 및 내용과 신분을 밝혀야 한다.

② 행정지도가 말로 이루어지는 경우에 상대방이 제1항의 사항을 적은 서면의 교부를 요구하면 그 행정지도를 하는 자는 직무 수행에 특별한 지장이 없으면 이를 교부하여야 한다.

② 선택률6% 행정지도는 일정한 형식을 요하는 것은 아니다. 말로도 가능하나, 상대방이 서면의 교부를 요구하면 직무에 특별한 지장이 없는 한 문서를 교부하여야 한다(위의 ①번 해설 참고).

④ 선택률3% 법령 「행정절차법」 제50조(의견제출) 행정지도의 상대방은 해당 행정지도의 방식·내용 등에 관하여 행정기관에 의견제출을 할 수 있다.

14

정답 ②

행정상 실효성 확보수단 > 행정강제 > 강제집행 정답률 81%

| 정답해설 |

② 선택률81% 판례 건물의 점유자가 철거의무자일 때에는 건물철거의무에 퇴거의무도 포함되어 있는 것이어서 별도로 퇴거를 명하는 집행권원이 필요하지 않다. (대판 2017.4.28., 선고 2016다213916)

| 오답해설 |

① 선택률10% 판례 관계 법령상 행정대집행의 절차가 인정되어 행정청이 행정대집행의 방법으로 건물의 철거 등 대체적 작위의무의 이행을 실현할 수 있는 경우에는 따로 민사소송의 방법으로 그 의무의 이행을 구할 수 없다. (대판 2017.4.28., 선고 2016다213916)

③ 선택률4% 대판 1993.9.14., 선고 92누16690

④ 선택률5% 대판 1984.9.25., 선고 84누201

15

정답 ④

행정법 서론 > 행정법 관계 > 공사법 구분 정답률 74%

| 정답해설 |

④ 선택률74% 대법원에 의하면 부당이득반환청구권은 공법 관계가 아닌 사권에 해당하여 민사소송으로 청구하여야 한다.

판례 개발부담금 부과처분이 취소된 이상 그 후의 부당이득으로서의 과오납금 반환에 관한 법률관계는 단순한 민사 관계에 불과한 것이고, 행정소송 절차에 따라야 하는 관계로 볼 수 없다. (대판 1995.12.22., 선고 94다51253)

| 오답해설 |

① 선택률12% 판례 변상금의 체납시 국세징수법에 의하여 강제징수토록 하고 있는 점 등에 비추어 보면 국유재산의 관리청이 그 **무단점유자에 대하여 하는 변상금부과처분**은 순전히 사경제 주체로서 행하는 사법상의 법률행위라 할 수 없고, 이는 관리청이 공권력을 가진 우월적 지위에서 행한 것으로서 **행정소송의 대상이 되는 행정처분**이라고 보아야 한다. (대판 1988.2.23., 선고 87누1046)

② **선택률 6%** 대판 1993.7.13., 선고 92다47564

③ **선택률 8%** 판례 조세채무는 법률의 규정에 의하여 정해지는 법정채무로서 당사자가 그 내용 등을 임의로 정할 수 없는 점, **조세채무관계는 공법상의 법률관계이며 그에 관한 쟁송은 원칙적으로 행정사건으로서 행정소송법의 적용을 받는 점**, 조세는 공익성과 공공성 등의 특성을 갖고 이에 따라 조세채권에는 우선권 및 자력집행권이 인정되고 있는 점 등을 고려할 때, 민법 제477조 내지 제479조에서 규정하고 있는 법정변제충당의 법리를 조세채권의 충당에서 그대로 적용하는 것이 타당하다고 할 수 없다. (대판 2013.7.12., 선고 2011두20321)

16

정답 ③

행정구제법 > 행정쟁송 > 행정소송 정답률 65%

| 정답해설 |

③ **선택률 65%** 항고소송 원고로서의 당사자능력과 원고적격을 인정할 수 있다.

판례 법령이 특정한 행정기관 등으로 하여금 다른 행정기관을 상대로 제재적 조치를 취할 수 있도록 하면서, 그에 따르지 않으면 그 행정기관에 대하여 과태료를 부과하거나 형사처벌을 할 수 있도록 정하는 경우, 제재적 조치의 상대방인 행정기관 등에게 항고소송 원고로서의 당사자능력과 원고적격을 인정할 수 있다. (대판 2018.8.1., 선고 2014두35379)

| 오답해설 |

① **선택률 11%** 판례 「감염병의 예방 및 관리에 관한 법률」(이하 '감염병예방법'이라 한다) 제71조에 의한 예방접종 피해에 대한 국가의 보상책임은 무과실책임이지만, 질병, 장애 또는 사망(이하 '장애 등'이라 한다)이 예방접종으로 발생하였다는 점이 인정되어야 한다. (대판 2019.4.3., 선고 2017두52764)

② **선택률 17%** 대판 2017.8.18., 선고 2016두52064

④ **선택률 7%** 대판 2022.11.17., 선고 2021두44425

더 알아보기 ▶ 정답해설의 사실관계

국민권익위원회가 소방청장에게 인사와 관련하여 부당한 지시를 한 사실이 인정된다며 이를 취소할 것을 요구하기로 의결하고 그 내용을 통지하자 소방청장이 국민권익위원회 조치요구의 취소를 구하는 소송을 제기한 사안에서, 처분성이 인정되는 국민권익위원회의 조치요구에 불복하고자 하는 소방청장으로서는 조치요구의 취소를 구하는 항고소송을 제기하는 것이 유효·적절한 수단으로 볼 수 있으므로 소방청장이 예외적으로 당사자능력과 원고적격을 가진다. (대판 2018.8.1., 선고 2014두35379)

17

정답 ①

일반행정작용법 > 행정절차 > 행정절차법 정답률 81%

| 정답해설 |

① **선택률 81%** 공무원의 직위해제처분은 「행정절차법」 규정이 적용되지 않는다[보직해임처분의 경우에도 동일함('더 알아보기' 참고)].

판례 「**국가공무원법상 직위해제처분**」은 구 행정절차법(2012.10.22., 법률 제11498호로 개정되기 전의 것) 제3조 제2항 제9호, 구 행정절차법 시행령(2011.12.21., 대통령령 제23383호로 개정되기 전의 것) 제2조 제3호에 의하여 당해 행정작용의 성질상 행정절차를 거치기 곤란하거나 불필요하다고 인정되는 사항 또는 행정절차에 준하는 절차를 거친 사항에 해당하므로, **처분의 사전통지 및 의견청취 등에 관한 행정절차법의 규정이 별도로 적용되지 않는다.** (대판 2014.5.16., 선고 2012두26180)

| 오답해설 |

② **선택률 9%** ③ **선택률 5%** 대판 2007.9.21., 선고 2006두20631

④ **선택률 5%** 대판 2020.5.28., 선고 2017두66541

더 알아보기 ▶ 비교판례

「국가공무원법」상의 직위해제처분	「군인사법」상의 보직해임처분
국가공무원법상 직위해제처분은 구 행정절차법(2012.10.22., 법률 제11498호로 개정되기 전의 것) 제3조 제2항 제9호, 구 행정절차법 시행령(2011.12.21., 대통령령 제23383호로 개정되기 전의 것) 제2조 제3호에 의하여 당해 행정작용의 성질상 행정절차를 거치기 곤란하거나 불필요하다고 인정되는 사항 또는 행정절차에 준하는 절차를 거친 사항에 해당하므로, **처분의 사전통지 및 의견청취 등에 관한 행정절차법의 규정이 별도로 적용되지 않는다.** (대판 2014.5.16., 선고 2012두26180)	**구 군인사법상 보직해임처분은** 구 행정절차법 제3조 제2항 제9호, 같은 법 시행령 제2조 제3호에 의하여 당해 행정작용의 성질상 행정절차를 거치기 곤란하거나 불필요하다고 인정되는 사항 또는 행정절차에 준하는 절차를 거친 사항에 해당하므로, 처분의 근거와 이유 제시 등에 관한 구 **행정절차법의 규정이 별도로 적용되지 아니한다고 봄이 상당**하다. (대판 2014.10.15., 선고 2012두5756)

18

정답 ③

행정구제법 > 행정쟁송 > 원고적격 정답률 67%

| 정답해설 |

③ **선택률 67%** 외국인이 사증발급 거부처분의 취소를 구할 법률상 이익이 없다.

판례 사증발급의 법적 성질, 출입국관리법의 입법 목적, 사증발급 신청인의 대한민국과의 실질적 관련성, 상호주의원칙 등을 고려하면, 우리 출입국관리법의 해석상 외국인에게는 사증발급 거부처분의 취소를 구할 법률상 이익이 인정되지 않는다. (대판 2018.5.15., 선고 2014두42506)

| 오답해설 |

① **선택률 9%** 판례 **행정처분의 직접 상대방이 아닌 제3자라도 당해 처분에 관하여 법률상 직접적이고 구체적인 이해관계를 가지는 경우에는 당해 처분 취소소송의 원고적격이 인정**되나, 사실상 간접적이고 경제적인 이해관계를 가지는 데 불과한 경우에는 그러한 원고적격이 인정될 수 없다. (대판 1997.12.12., 선고 97누317)

② **선택률 14%** 판례 공유수면매립 목적변경 승인처분으로 … **자연인이 아닌 甲 수녀원은 쾌적한 환경에서 생활할 수 있는 이익을 향수할 수 있는 주체가 아니므로** 위 처분으로 위와 같은 생활상의 이익이 직접적으로 침해되는 관계에 있다고 볼 수도 없으며, 위 처분으로 환경에 영향을 주어 甲 수녀원이 운영하는 쨈 공장에 직접적이고 구체적인 재산적 피해가 발생한다거나 甲 수녀원이 폐쇄되고 이전해야 하는 등의 피해를 받거나 받

을 우려가 있다는 점 등에 관한 증명도 부족하다는 이유로, 甲 **수녀원에 처분의 무효 확인을 구할 원고적격이 없다**. (대판 2012.6.28., 선고 2010두2005)

④ **선택률 10%** 판례 **행정처분의 근거 법규 또는 관련 법규에 그 처분으로써 이루어지는 행위 등 사업으로 인하여 환경상 침해를 받으리라고 예상되는 영향권의 범위가 구체적으로 규정되어 있는 경우**에는, 그 영향권 내의 주민들에 대하여는 당해 처분으로 인하여 직접적이고 중대한 환경피해를 입으리라고 예상할 수 있고, 이와 같은 환경상의 이익은 주민 개개인에 대하여 개별적으로 보호되는 직접적·구체적 이익으로서 그들에 대하여는 특단의 사정이 없는 한 **환경상 이익에 대한 침해 또는 침해 우려가 있는 것으로 사실상 추정되어 법률상 보호되는 이익으로 인정**됨으로써 원고적격이 인정되며, 그 영향권 밖의 주민들은 당해 처분으로 인하여 그 처분 전과 비교하여 수인한도를 넘는 환경피해를 받거나 받을 우려가 있다는 자신의 환경상 이익에 대한 침해 또는 침해 우려가 있음을 증명하여야만 법률상 보호되는 이익으로 인정되어 원고적격이 인정된다. (대판 2006.12.22., 선고 2006두14001)

더 알아보기 ▶ 비교판례

외국인의 사증발급 거부처분에 대해 소송을 청구할 수 있는지(법률상 이익)와 관련하여 순수한 외국인과 재외동포(소위 유승준 사건)는 구분하여야 한다. 재외동포는 대한민국과 밀접관련자로서 사증발급 거부에 대한 원고적격을 인정하였음을 유의하여야 한다.

19 고난도 TOP3

정답 ①

행정구제법 > 행정상 손해전보 > 국가배상 정답률 51%

| 정답해설 |

① **선택률 51%** 지방자치단체의 장의 권한으로 규정된 신호등의 사고는 원칙적으로 배상책임은 지방자치단체에 있다(아래 판례와 '비교판례'를 참고하여야 함).

판례 **도로교통법 제3조 제1항에 의하여 특별시장·광역시장 또는 시장·군수의 권한으로 규정되어 있는 도로에서의 신호기 및 안전표지의 설치·관리에 관한 권한은** 같은법 시행령 제71조의2 제1항 제1호에 의하여 지방경찰청장 또는 경찰서장에게 위탁되었으나, 이와 같은 권한의 위탁은 이른바 기관위임으로서 경찰서장 등은 권한을 위임한 시장 등이 속한 지방자치단체의 산하 행정기관의 지위에서 그 사무를 처리하는 것이므로, **경찰서장 등이 설치·관리하는 신호기의 하자로 인한 국가배상법 제5조 소정의 배상책임은 그 사무의 귀속 주체인 시장 등이 속한 지방자치단체가 부담**한다. (대판 2000.1.14., 선고 99다24201)

| 오답해설 |

② **선택률 19%** 판례 국가배상법 제5조 소정의 공공의 영조물이란 공유나 사유임을 불문하고 행정주체에 의하여 특정공공의 목적에 공여된 유체물 또는 물적 설비를 의미하므로 사실상 군민의 통행에 제공되고 있던 도로 옆의 암벽으로부터 떨어진 낙석에 맞아 소외인이 사망하는 사고가 발생하였다고 하여도 동 사고지점 도로가 피고 군에 의하여 노선인정 기타 공용개시가 없었으면 이를 영조물이라 할 수 없다. (대판 1981.7.7., 선고 80다2478)

③ **선택률 7%** 대판 1999.6.25., 선고 99다11120

④ **선택률 23%** 대판 1979.1.30., 선고 77다2389

더 알아보기 ▶ 비교판례

지방자치단체장이 교통신호기를 설치하여 그 관리권한이 도로교통법 제71조의2 제1항의 규정에 의하여 관할 지방경찰청장에게 위임되어 **지방자치단체 소속 공무원과 지방경찰청 소속 공무원이 합동근무하는 교통종합관제센터에서 그 관리업무를 담당하던 중** 위 신호기가 고장난 채 방치되어 교통사고가 발생한 경우, **국가배상법 제2조 또는 제5조에 의한 배상책임을 부담하는 것은 지방경찰청장이 소속된 국가가 아니라, 그 권한을 위임한 지방자치단체장이 소속된 지방자치단체라고 할 것**이나, 한편 국가배상법 제6조 제1항은 같은 법 제2조, 제3조 및 제5조의 규정에 의하여 국가 또는 지방자치단체가 손해를 배상할 책임이 있는 경우에 **공무원의 선임·감독 또는 영조물의 설치·관리를 맡은 자와 공무원의 봉급·급여 기타의 비용 또는 영조물의 설치·관리의 비용을 부담하는 자가 동일하지 아니한 경우에는 그 비용을 부담하는 자도 손해를 배상**하여야 한다고 규정하고 있으므로 **교통신호기를 관리하는 지방경찰청장 산하 경찰관들에 대한 봉급을 부담하는 국가도 국가배상법 제6조 제1항에 의한 배상책임을 부담**한다. (대판 1999.6.25., 선고 99다11120)

20

정답 ②

행정구제법 > 행정쟁송 > 행정심판 정답률 68%

| 정답해설 |

② **선택률 68%** 행정심판의 재결은 확정판결이 아니므로, 확정판결의 효력인 기판력이 발생하지 않는다. 따라서 당사자들이나 법원이 이에 기속되어 모순되는 주장이나 판단을 할 수 없게 되는 것은 아니다.

판례 행정심판의 재결은 피청구인인 행정청을 기속하는 효력을 가지므로 재결청이 취소심판의 청구가 이유 있다고 인정하여 처분청에 처분을 취소할 것을 명하면 처분청으로서는 재결의 취지에 따라 처분을 취소하여야 하지만, **나아가 재결에 판결에서와 같은 기판력이 인정되는 것은 아니어서 재결이 확정된 경우에도 처분의 기초가 된 사실관계나 법률적 판단이 확정되고 당사자들이나 법원이 이에 기속되어 모순되는 주장이나 판단을 할 수 없게 되는 것은 아니다.** (대판 2015.11.27., 선고 2013다6759)

| 오답해설 |

① **선택률 12%** 재결의 기속력은 행정청이나 관계행정청이 인용재결에 반하는 행위를 금지하는 것으로, 기각재결에는 기속력이 없다.

③ **선택률 9%** 판례 행정심판법 제37조가 정하고 있는 재결은 당해 처분에 관하여 재결주문 및 그 전제가 된 요건사실의 인정과 판단에 대하여 처분청을 기속하므로, **당해 처분에 관하여 위법한 것으로 재결에서 판단된 사유와 기본적 사실관계에 있어 동일성이 인정되는 사유를 내세워 다시 동일한 내용의 처분을 하는 것은 허용되지 않는다.** (대판 2003.4.25., 선고 2002두3201)

④ **선택률 11%** 재결 자체에 의해 처분의 효력이 발생·변경·소멸하는 형성력은 취소재결, 변경재결, 처분재결에서 인정된다.

21

정답 ②

일반행정작용법 > 정보공개와 개인정보 보호 > 개인정보 보호 　정답률 78%

| 정답해설 |

② 선택률 78% 개인정보처리자는 필요한 최소한의 정보가 아닌 그 외의 개인정보 수집에 동의하지 아니한다고 해도 그를 이유로 정보주체에게 재화 또는 서비스의 제공을 거부할 수 없다.

법령 「개인정보 보호법」 제16조(개인정보의 수집 제한) ③ 개인정보처리자는 정보주체가 필요한 최소한의 정보 외의 개인정보 수집에 동의하지 아니한다는 이유로 정보주체에게 재화 또는 서비스의 제공을 거부하여서는 아니 된다.

| 오답해설 |

① 선택률 15% 동법 제3조 제7항의 규정에 관한 내용이다.

③ 선택률 4% 동법 제15조 제1항의 규정에 관한 내용이다. 개인정보를 수집하여 이용할 수 있는 범위는 아래와 같다.

법령 「개인정보 보호법」 제15조(개인정보의 수집 · 이용) ① 개인정보처리자는 다음 각 호의 어느 하나에 해당하는 경우에는 개인정보를 수집할 수 있으며 그 수집 목적의 범위에서 이용할 수 있다.

1. 정보주체의 동의를 받은 경우
2. 법률에 특별한 규정이 있거나 법령상 의무를 준수하기 위하여 불가피한 경우
3. **공공기관이 법령 등에서 정하는 소관 업무의 수행을 위하여 불가피한 경우**
4. 정보주체와 체결한 계약을 이행하거나 계약을 체결하는 과정에서 정보주체의 요청에 따른 조치를 이행하기 위하여 필요한 경우
5. 명백히 정보주체 또는 제3자의 급박한 생명, 신체, 재산의 이익을 위하여 필요하다고 인정되는 경우
6. 개인정보처리자의 정당한 이익을 달성하기 위하여 필요한 경우로서 명백하게 정보주체의 권리보다 우선하는 경우. 이 경우 개인정보처리자의 정당한 이익과 상당한 관련이 있고 합리적인 범위를 초과하지 아니하는 경우에 한한다.
7. 공중위생 등 공공의 안전과 안녕을 위하여 긴급히 필요한 경우

④ 선택률 3% 동법 제21조 제1항의 규정에 관한 내용이다.

22

정답 ④

행정구제법 > 행정쟁송 > 행정심판 　정답률 76%

| 정답해설 |

④ 선택률 76% 행정청은 다시 거부처분을 할 수 있다.

판례 당사자의 신청을 받아들이지 않은 거부처분이 재결에서 취소된 경우에 행정청은 종전 거부처분 또는 재결 후에 발생한 새로운 사유를 내세워 다시 거부처분을 할 수 있다. 그 재결의 취지에 따라 이전의 신청에 대하여 다시 어떠한 처분을 하여야 할지는 처분을 할 때의 법령과 사실을 기준으로 판단하여야 하기 때문이다. (대판 2017.10.31., 선고 2015두45045)

| 오답해설 |

① 선택률 11% 판례 도축장 사용정지·제한명령은 구제역과 같은 가축전염병의 발생과 확산을 막기 위한 것이고, **도축장 사용정지·제한명령이 내려지면 국가가 도축장 영업권을 강제로 취득하여 공익 목적으로 사용하는 것이 아니라 소유자들이 일정기간 동안 도축장을 사용하지 못하게 되는 효과가 발생**할 뿐이다 … **도축장 사용정지·제한명령은 공익 목적을 위하여 이미 형성된 구체적 재산권을 박탈하거나 제한하는 헌법 제23조 제3항의 수용·사용 또는 제한에 해당하는 것이 아니라,** 도축장 소유자들이 수인하여야 할 사회적 제약으로서 헌법 제23조 제1항의 재산권의 내용과 한계에 해당한다. 따라서 이에 대한 보상금은 도축장 사용정지·제한명령으로 인한 도축장 소유자들의 경제적인 부담을 완화하고 그러한 명령의 준수를 유도하기 위하여 지급하는 시혜적인 급부에 해당한다. (헌재결 2015.10.21., 선고 2012헌바367)

② 선택률 7% 대판 1992.6.9., 선고 92누565

③ 선택률 6% 판례 공무원연금급여 재심위원회에 대한 심사청구 제도의 입법 취지와 심사청구기간, 행정심판법에 따른 일반행정심판의 적용 배제, 구 공무원연금법 제80조 제3항의 위임에 따라 구 공무원연금법 시행령(2018.9.18., 대통령령 제29181호로 전부 개정되기 전의 것) 제84조 내지 제95조의2에서 정한 공무원연금급여 재심위원회의 조직, 운영, 심사절차에 관한 사항 등을 종합하면, 구 **공무원연금법상 공무원연금급여 재심위원회에 대한 심사청구 제도는 사안의 전문성과 특수성을 살리기 위하여 특히 필요하여 행정심판법에 따른 일반행정심판을 갈음하는 특별한 행정불복절차(행정심판법 제4조 제1항), 즉 특별행정심판에 해당**한다. (대판 2019.8.9., 선고 2019두38656)

23

정답 ④

행정법 서론 > 행정법 관계 > 개인적 공권 　정답률 76%

| 정답해설 |

④ 선택률 76% 인근 주민들이 가지는 이익은 환경보호라는 공공의 이익이 달성됨에 따라 반사적으로 얻게 되는 이익에 불과하다.

판례 환경부장관이 생태·자연도 1등급으로 지정되었던 지역을 2등급 또는 3등급으로 변경하는 내용의 생태·자연도 수정·보완을 고시하자, 인근 주민 甲이 생태·자연도 등급변경처분의 무효확인을 청구한 사안에서, 甲은 무효확인을 구할 원고적격이 없다. (대판 2014.2.21., 선고 2011두29052)

| 오답해설 |

① 선택률 11% 재량이 0으로 수축되면 재량은 기속으로 전환되고, 행정청에 해당하는 행정을 청구할 수 있는 권리가 발생하게 된다. 이 경우 무하자재량행사청구권은 행정개입청구권으로 전환된다.

② 선택률 5% 판례 국가에 대하여 적극적으로 급부를 요구하는 사회적 기본권은 헌법규정만으로는 이를 실현할 수 없고, 법률에 의한 형성을 필요로 하므로 사회보장수급권의 구체적 내용인 수급요건, 수급권자의 범위, 급여금액 등은 법률에 의하여 비로소 확정된다. [헌재결 2020.12.23., 2017헌가22·2019헌가8(병합), 헌재결 2013.9.26., 2011헌바272]

③ 선택률 8% 재량행위인 행정의 상대방이나 이해관계인은 재량의 적법한 행사를 구하는 무하자재량행사청구권을 가진다.

24

정답 ②

행정구제법 > 행정쟁송 > 처분 정답률 78%

| 정답해설 |

② 선택률78% 중대한 공익상 필요가 있다고 인정될 때에는 그 허가를 거부할 수 있다.

판례 산림 내에서의 토사채취는 국토 및 자연의 유지와 환경의 보전에 직접적으로 영향을 미치는 행위이므로 법령이 규정하는 토사채취의 제한지역에 해당하는 경우는 물론이거니와 그러한 제한지역에 해당하지 않더라도 **허가관청은 토사채취허가신청 대상 토지의 형상과 위치 및 그 주위의 상황 등을 고려하여 국토 및 자연의 유지와 환경보전 등 중대한 공익상 필요가 있다고 인정될 때에는 그 허가를 거부할 수 있다.** (대판 2007.6.15., 선고 2005두9736)

| 오답해설 |

① 선택률11% 판례 교육부장관이 자의적인 이유로 해당 대학에서 추천한 복수의 총장 후보자들 전부 또는 일부를 임용 제청하지 않는 경우에는 대통령에 의한 심사와 임용을 받을 기회를 박탈하는 효과가 있으므로, 이를 항고소송의 대상이 되는 처분으로 보지 않는다면, 달리 이에 대하여는 불복하여 침해된 권리 또는 법률상 이익을 구제받을 방법이 없다. 따라서 **교육부장관이 대학에서 추천한 복수의 총장 후보자들 전부 또는 일부를 임용제청에서 제외하는 행위는 제외된 후보자들에 대한 불이익처분으로서 항고소송의 대상이 되는 처분에 해당한다**고 보아야 한다. (대판 2018.6.15., 선고 2015두50092)

③ 선택률5% 판례 교육공무원법령은 대학이 대학의 장 후보자를 복수로 추천하도록 정하고 있을 뿐이고, 교육부장관이나 대통령이 대학이 정한 순위에 구속된다고 볼 만한 규정을 두고 있지 아니하므로, **대학이 복수의 후보자에 대하여 순위를 정하여 추천한 경우 교육부장관이 후순위 후보자를 임용제청했더라도 이로 인하여 헌법과 법률이 보장하는 대학의 자율성이 제한된다고는 볼 수 없다.** (대판 2018.6.15., 선고 2015두50092)

④ 선택률6% 대판 2010.4.29., 선고 2009두16879

25

정답 ①

행정구제법 > 행정쟁송 > 행정소송 정답률 71%

| 정답해설 |

① 선택률71% 「공기업·준정부기관 계약사무규칙」에 규정된 낙찰적격이나 입찰참가자격의 제한 등의 규정들은 대외적 구속력이 없는 행정규칙에 해당한다.

판례 공공기관운영법이나 그 하위법령은 공기업이 거래상대방 업체에 대하여 공공기관운영법 제39조 제2항 및 공기업·준정부기관 계약사무규칙 제15조에서 정한 범위를 뛰어넘어 추가적인 제재조치를 취할 수 있도록 위임한 바 없다. 따라서 피고의 공급자관리지침 중 등록취소 및 그에 따른 일정 기간의 거래제한 조치에 관한 규정들은 공공기관으로서 행정청에 해당하는 피고가 상위법령의 구체적 위임 없이 정한 것이어서 대외적 구속력이 없는 행정규칙이라고 보아야 한다. (대판 2020.5.28., 선고 2017두66541)

| 오답해설 |

② 선택률9% 판례 지목은 토지소유권을 제대로 행사하기 위한 전제요건으로서 토지소유자의 실체적 권리관계에 밀접하게 관련되어 있으므로 **지적공부 소관청의 지목변경신청 반려행위는 국민의 권리관계에 영향을 미치는 것으로서 항고소송의 대상이 되는 행정처분**에 해당한다. (대판 2004.4.22., 선고 2003두9015)

③ 선택률7% 판례 건축물대장의 용도는 건축물의 소유권을 제대로 행사하기 위한 전제요건으로서 건축물 소유자의 실체적 권리관계에 밀접하게 관련되어 있으므로, **건축물대장 소관청의 용도변경신청 거부행위는 국민의 권리관계에 영향을 미치는 것으로서 항고소송의 대상이 되는 행정처분**에 해당한다. (대판 2009.1.30., 선고 2007두7277)

④ 선택률13% 판례 이 사건 **감점조치는 행정청이나 그 소속 기관 또는 그 위임을 받은 공공단체의 공법상의 행위가 아니라** 장차 그 대상자인 원고가 피고가 시행하는 입찰에 참가하는 경우에 그 낙찰적격자 심사 등 계약 사무를 처리함에 있어 피고 **내부규정인 이 사건 세부기준에 의하여 종합취득점수의 10/100을 감점하게 된다는 뜻의 사법상의 효력을 가지는 통지행위에 불과**하다 할 것이고, 또한 피고의 이와 같은 통지행위가 있다고 하여 원고에게 공공기관의 운영에 관한 법률 제39조 제2항·제3항, 구 공기업·준정부기관 계약사무규칙 제15조에 의한 국가, 지방자치단체 또는 다른 공공기관에서 시행하는 모든 입찰에의 참가자격을 제한하는 효력이 발생한다고 볼 수도 없으므로, 피고의 이 사건 **감점조치는 행정소송의 대상이 되는 행정처분이라고 할 수 없다.** (대판 2014.12.24., 선고 2010두6700)

2022 2022.07.16. 국방부(육·해·공군) 시행

9급 군무원 행정법

전체 난이도 및 합격선

전체 난이도	합격선
中	88~92점

기출총평

각론 문항 없이 판례 위주로 출제되었다.

문제의 수준이나 전체적인 출제경향은 전년도와 비슷하였고, 어려운 난이도에 해당하는 1~2문항을 제외하고는 평이한 편이었다. 2022년 시험의 특징은 각론에서 전혀 출제되지 않았다는 점이며, 행정소송 8문항을 포함하여 행정구제에서 12문항, 행정행위에서 6문항이 출제되어 행정법의 핵심적인 단원에서 18문항이 집중적으로 출제되었다. 문제의 유형은 판례가 압도적이고 기존에 다수 출제되었던 법령 관련 문항 수는 줄어들었다.

기존의 학습방법대로 충분히 학습한 경우라면, 88점(또는 92점) 이상의 점수 획득이 가능한 시험이라 생각된다.

영역별 출제비중

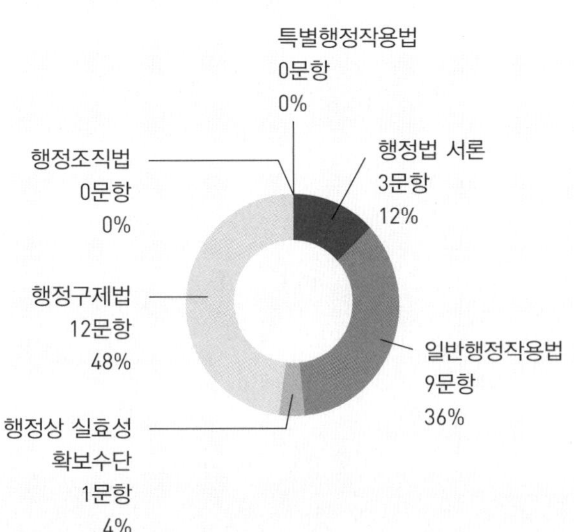

문항 분석

		카테고리	출제수	정답률
	1	행정법 서론 > 행정법 > 행정법의 효력	3회	59%
	2	행정법 서론 > 행정법 > 행정법의 법원	9회	63%
	3	일반행정작용법 > 행정행위 > 허가	1회	68%
	4	일반행정작용법 > 행정절차 > 행정절차법	13회	67%
	5	행정구제법 > 행정쟁송 > 행정소송	47회	70%
	6	행정구제법 > 행정쟁송 > 행정소송	47회	63%
고난도 TOP1	7	행정구제법 > 행정쟁송 > 행정심판	28회	41%
	8	행정구제법 > 행정상 손해전보 > 손해배상	12회	65%
	9	행정법 서론 > 행정 > 통치행위	12회	77%
	10	일반행정작용법 > 행정행위 > 행정행위의 효력	14회	71%
	11	일반행정작용법 > 행정행위 > 부관	14회	73%
	12	일반행정작용법 > 그 밖의 행정작용 > 행정계획	11회	54%
	13	행정구제법 > 행정쟁송 > 행정소송	47회	70%
	14	일반행정작용법 > 행정입법 > 법규명령	17회	56%
	15	행정구제법 > 행정쟁송 > 행정소송	47회	66%
	16	행정구제법 > 행정쟁송 > 행정소송	47회	54%
	17	행정구제법 > 행정쟁송 > 행정소송	47회	54%
	18	일반행정작용법 > 행정행위 > 행정행위의 내용	25회	75%
	19	일반행정작용법 > 행정행위 > 취소와 철회	13회	63%
	20	행정상 실효성 확보수단 > 행정강제 > 이행강제금	4회	74%
고난도 TOP3	21	행정구제법 > 행정상 손해전보 > 손실보상	19회	49%
	22	행정구제법 > 행정쟁송 > 행정심판	28회	51%
	23	일반행정작용법 > 행정행위 > 행정행위의 효력	14회	61%
	24	행정구제법 > 행정쟁송 > 행정소송	47회	68%
고난도 TOP2	25	행정구제법 > 행정쟁송 > 행정소송	47회	42%

※ 고난도 TOP 1 은 해당 회차에서 정답률이 가장 낮은 문항입니다.

기출문제편 ▶ P.25									
01	①	02	④	03	②	04	②	05	①
06	②	07	④	08	③	09	③	10	①
11	②	12	③	13	③	14	③	15	①
16	④	17	①	18	③	19	④	20	①
21	④	22	②	23	②	24	④	25	②

01

정답 ①

행정법 서론 > 행정법 > 행정법의 효력 정답률 59%

| 정답해설 |

① 선택률59% 기간의 말일이 토요일 또는 공휴일인 경우에는 그 말일로 기간이 만료된다.

법령 「행정기본법」 제7조(법령 등 시행일의 기간 계산) 법령 등(훈령·예규·고시·지침 등을 포함한다. 이하 이 조에서 같다)의 시행일을 정하거나 계산할 때에는 다음 각 호의 기준에 따른다.

1. 법령 등을 공포한 날부터 시행하는 경우에는 공포한 날을 시행일로 한다.
2. 법령 등을 공포한 날부터 일정 기간이 경과한 날부터 시행하는 경우 법령 등을 공포한 날을 첫날에 산입하지 아니한다.
3. **법령 등을 공포한 날부터 일정 기간이 경과한 날부터 시행하는 경우 그 기간의 말일이 토요일 또는 공휴일인 때에는 그 말일로 기간이 만료한다.**

| 오답해설 |

② 선택률7% 판례 법령의 소급적용, 특히 행정법규의 소급적용은 일반적으로는 법치주의의 원리에 반하고, 개인의 권리·자유에 부당한 침해를 가하며, 법률생활의 안정을 위협하는 것이어서, 이를 인정하지 않는 것이 원칙이고(법률불소급의 원칙 또는 행정법규불소급의 원칙), 다만 **법령을 소급적용하더라도 일반 국민의 이해에 직접 관계가 없는 경우, 오히려 그 이익을 증진하는 경우, 불이익이나 고통을 제거하는 경우 등의 특별한 사정이 있는 경우에 한하여 예외적으로 법령의 소급적용이 허용된다.** (대판 2005.5.13., 선고 2004다8630)

③ 선택률12% 신청에 의한 처분은 특별한 사정 등이 없는 한 처분 당시의 법령에 따른다.

법령 「행정기본법」 제14조(법 적용의 기준) ① 새로운 법령 등은 법령 등에 특별한 규정이 있는 경우를 제외하고는 그 법령 등의 효력 발생 전에 완성되거나 종결된 사실관계 또는 법률관계에 대해서는 적용되지 아니한다.

② **당사자의 신청에 따른 처분은 법령 등에 특별한 규정이 있거나 처분 당시의 법령 등을 적용하기 곤란한 특별한 사정이 있는 경우를 제외하고는 처분 당시의 법령 등에 따른다.**

④ 선택률22% 법령이 개정되기 이전의 법에 따라 행해진 위법은, 관계 법령이 개정되어 위법한 행위가 아니게 되었다고 해도 가벌성이 소멸하지 않는다는 것이 대법원의 입장이다.

판례 이와 같이 종전에 허가를 받거나 신고를 하여야만 할 수 있던 행위의 일부를 허가나 신고 없이 할 수 있도록 법령이 개정되었다 하더라도 이는 법률 이념의 변천으로 과거에 범죄로서 처벌하던 일부 행위에 대한 처벌 자체가 부당하다는 반성적 고려에서 비롯된 것이라기보다는 사정의 변천에 따른 규제 범위의 합리적 조정의 필요에 따른 것이라고 보이므로, **위 개발제한구역의 지정 및 관리에 관한 특별조치법과 같은 법 시행규칙의 신설 조항들이 시행되기 전에 이미 범하여진 개발제한구역 내 비닐하우스 설치행위에 대한 가벌성이 소멸하는 것은 아니다.** (대판 2007.9.6., 선고 2007도4197)

02

정답 ④

행정법 서론 > 행정법 > 행정법의 법원 정답률 63%

| 정답해설 |

④ 선택률63% 판례 **법령 규정의 문언만으로는 처분 요건의 의미가 분명하지 아니하여 그 해석에 다툼의 여지가 있었더라도** 해당 법령 규정의 위헌 여부 및 그 범위, 법령이 정한 처분 요건의 구체적 의미 등에 관하여 **법원이나 헌법재판소의 분명한 판단이 있고**, 행정청이 그러한 판단 내용에 따라 법령 규정을 해석·적용하는 데에 아무런 법률상 장애가 없는데도 **합리적 근거 없이 사법적 판단과 어긋나게 행정처분을 하였다면 그 하자는 객관적으로 명백하다**고 봄이 타당하다. (대판 2017.12.28., 선고 2017두30122)

| 오답해설 |

① 선택률11% 판례 행정청 내부의 사무처리준칙(재량준칙)에 해당하는 지침의 공표만으로는 지침에 명시된 요건을 충족할 경우 사업자로 선정되어 벼 매입자금 지원 등의 혜택을 받을 수 있다는 보호가치 있는 신뢰를 가지게 되었다고 보기도 어렵다. (대판 2009.12.24., 선고 2009두7967)

② 선택률12% 헌법재판소의 위헌결정은 모든 국가기관을 기속하는 효력을 갖고 있어 행정법의 법원으로 인정하는 것이 일반적인 입장이다. 이와 신뢰보호의 공적 견해는 별개의 문제로 달리 판단하여야 한다.

판례 헌법재판소의 위헌결정은 행정청이 개인에 대하여 신뢰의 대상이 되는 공적인 견해를 표명한 것이라고 할 수 없으므로 그 결정에 관련한 개인의 행위에 대하여는 신뢰보호의 원칙이 적용되지 아니한다. (대판 2003.6.27., 선고 2002두6965)

③ 선택률14% 부당결부금지의 원칙에 관하여 「행정기본법」 등에 규정되어 있다.

법령 「행정기본법」 제13조(부당결부금지의 원칙) 행정청은 행정작용을 할 때 상대방에게 해당 행정작용과 실질적인 관련이 없는 의무를 부과해서는 아니 된다.

더 알아보기 ▶ 「헌법재판소법」

제47조(위헌결정의 효력) ① 법률의 위헌결정은 법원과 그 밖의 국가기관 및 지방자치단체를 기속(羈束)한다.

03

정답 ②

일반행정작용법 > 행정행위 > 허가 정답률 68%

| 정답해설 |

② 선택률68% 판례 건축신고가 건축법 등 관계 법령에서 정하는 명시적인 제한에 배치되지 않지만, 건축을 허용하지 않아야 할 중대한 공익상 필요가 있는 경우, 건축허가권자가 건축신고의 수리를 거부할 수 있다. (대판 2019.10.31., 선고 2018두45954)

| 오답해설 |

① 선택률 14% 판례 한의사 면허는 경찰금지를 해제하는 명령적 행위(강학상 허가)에 해당하고, 한약조제시험을 통하여 약사에게 한약조제권을 인정함으로써 한의사들의 영업상 이익이 감소되었다고 하더라도 이러한 이익은 사실상의 이익에 불과하고 약사법이나 의료법 등의 법률에 의하여 보호되는 이익이라고는 볼 수 없으므로, 한의사들이 한약조제시험을 통하여 한약조제권을 인정받은 약사들에 대한 합격처분의 무효확인을 구하는 당해 소는 원고적격이 없는 자들이 제기한 소로서 부적법하다. (대판 1998.3.10., 선고 97누4289)

③ 선택률 11% 판례 행정처분은 원칙으로 처분시의 법령에 준거하여 행하여져야 하는 것이므로 법령의 개정(시의 조례개정 포함)으로 허가기준이 변경된 경우에는 그 법령에 특단의 정함이 없는 한 신청시의 법령이 아닌 처분시의 개정법령에 의한 변경된 새로운 허가기준이 적용되어야 하므로 엘.피.지 자동차충전소 허가신청이 수리되었다는 사실만으로 신청시의 법령 등에 의하여 허가를 받을 구체적인 권리를 취득하는 것이 아니고, 또 소관행정청이 허가신청을 수리하고도 이유 없이 그 처리를 늦추어 그 사이에 허가기준이 변경된 경우 등 특단의 사정에 의하여 불허가처분이 위법하게 되는 경우는 별론으로 하고, 소관행정청이 허가신청 수리 당시의 허가기준에 따라 처리해야 할 의무를 부담한다고 할 수 없다. (대판 1984.5.22., 선고 84누77)

④ 선택률 7% 판례 석유판매업(주유소)허가는 소위 대물적 허가의 성질을 갖는 것이어서 그 사업의 양도도 가능하고 이 경우 양수인은 양도인의 지위를 승계하게 됨에 따라 양도인의 위 허가에 따른 권리의무가 양수인에게 이전되는 것이므로 만약 양도인에게 그 허가를 취소할 위법사유가 있다면 허가관청은 이를 이유로 양수인에게 응분의 제재조치를 취할 수 있다 할 것이고, 양수인이 그 양수 후 허가관청으로부터 석유판매업허가를 다시 받았다 하더라도 이는 석유판매업의 양수도를 전제로 한 것이어서 이로써 양도인의 지위승계가 부정되는 것은 아니므로 양도인의 귀책사유는 양수인에게 그 효력이 미친다. (대판 1986.7.22., 선고 86누203)

더 알아보기 ▶ 건축허가와 공익상의 사유

> 건축행정청은 건축허가신청이 건축법 등 관계 법령에서 정하는 어떠한 제한에 해당되지 않는 이상 같은 법령에서 정하는 건축허가를 하여야 하고, 중대한 공익상의 필요가 없음에도 불구하고 요건을 갖춘 자에 대한 허가를 관계 법령에서 정하는 제한사유 이외의 사유를 들어 거부할 수는 없다. (대판 2012.11.22., 선고 2010두22962)

04

정답 ②

일반행정작용법 > 행정절차 > 행정절차법 정답률 67%

| 정답해설 |

② 선택률 67% 거부처분은 사전통지의 대상이 아니다.

판례 행정청은 당사자에게 의무를 과하거나 권익을 제한하는 처분을 하는 경우에는 미리 처분의 제목, 당사자의 성명 또는 명칭과 주소, 처분하고자 하는 원인이 되는 사실과 처분의 내용 및 법적 근거, 그에 대하여 의견을 제출할 수 있다는 뜻과 의견을 제출하지 아니하는 경우의 처리방법, 의견제출기관의 명칭과 주소, 의견제출기한 등을 당사자 등에게 통지하도록 하고 있는바, 신청에 따른 처분이 이루어지지 아니한 경우에는 아직 당사자에게 권익이 부과되지 아니하였으므로 특별한 사정이 없는 한 신청에 대한 거부처분이라고 하더라도 직접 당사자의 권익을 제한하는 것은 아니어서 신청에 대한 거부처분을 여기에서 말하는 '당사자의 권익을 제한하는 처분'에 해당한다고 할 수 없는 것이어서 처분의 사전통지대상이 된다고 할 수 없다. (대판 2003.11.28., 선고 2003두674)

| 오답해설 |

① 선택률 12% 대법원에 의하면 고시 등의 일반처분은 처분 전에 공람절차 등의 과정을 거치므로 사전통지나 의견청취대상이 아니라고 한다.

판례 「행정절차법」 제2조 제4호가 행정절차법의 당사자를 행정청의 처분에 대하여 직접 그 상대가 되는 당사자로 규정하고, 도로법 제25조 제3항이 도로구역을 결정하거나 변경할 경우 이를 고시에 의하도록 하면서, 그 도면을 일반인이 열람할 수 있도록 한 점 등을 종합하여 보면, 도로구역을 변경한 이 사건 처분은 행정절차법 제21조 제1항의 사전통지나 제22조 제3항의 의견청취의 대상이 되는 처분은 아니라고 할 것이다. (대판 2008.6.12., 선고 2007두1767)

③ 선택률 12% 문제의 선지는 사전통지의 대상인 '당사자'라고 되어 있으나 '당사자 등'이라고 해야 옳은 선지라 여겨진다.

법령 「행정절차법」 제2조(정의) 이 법에서 사용하는 용어의 뜻은 다음과 같다.

4. '당사자 등'이란 다음 각 목의 자를 말한다.
   가. 행정청의 처분에 대하여 직접 그 상대가 되는 당사자
   나. 행정청이 직권으로 또는 신청에 따라 행정절차에 참여하게 한 이해관계인

제21조(처분의 사전통지) ① 행정청은 당사자에게 의무를 부과하거나 권익을 제한하는 처분을 하는 경우에는 미리 다음 각 호의 사항을 당사자 등에게 통지하여야 한다.

④ 선택률 9% 판례 지방공무원법 제31조 제4호에 정한 공무원임용 결격사유가 있어 시보임용처분을 취소하고 그에 따라 정규임용처분을 취소한 사안에서, 정규임용처분을 취소하는 처분은 성질상 행정절차를 거치는 것이 불필요하여 행정절차법의 적용이 배제되는 경우에 해당하지 않으므로, 그 처분을 하면서 사전통지를 하거나 의견제출의 기회를 부여하지 않은 것은 위법하다. (대판 2009.1.30., 선고 2008두16155)

05

정답 ①

행정구제법 > 행정쟁송 > 행정소송 정답률 70%

| 정답해설 |

① 선택률 70% 취소소송과 무효등확인소송은 단순 병합이나 선택적 병합은 허용되지 않으며, 주위적·예비적으로 병합될 수 있다.

판례 행정처분에 대한 무효확인과 취소청구는 서로 양립할 수 없는 청구로서 주위적·예비적 청구로서만 병합이 가능하고 선택적 청구로서의 병합이나 단순 병합은 허용되지 아니한다. (대판 1999.8.20., 선고 97누6889)

| 오답해설 |

② 선택률 6% 판례 행정처분의 당연무효를 선언하는 의미에서 그 취소를 청구하는 행정소송을 제기하는 경우에도 소원의 전치와 제소기간의 준수 등 취소소송의 제소요건을 갖추어야 한다. (대판 1984.5.29., 선고 84누175)

③ 선택률 11% 판례 행정처분의 무효확인을 구하는 소에는 원고가 그 처분의 취소를 구하지 아니한다고 밝히지 아니한 이상 그 처분이 당연무효가 아니라면 그 취소를 구하는 취지도 포함되어 있는 것으로 보아야 하

고, 그와 같은 경우에 취소청구를 인용하려면 먼저 취소를 구하는 항고소송으로서의 제소요건을 구비하여야 한다. (대판 1986.9.23., 선고 85누838)

④ 선택률 13% 판례 과세처분 취소청구를 기각하는 판결이 확정되면 그 처분이 적법하다는 점에 관하여 기판력이 생기고 그 후 원고가 이를 무효라 하여 무효확인을 소구할 수 없는 것이어서 **과세처분의 취소소송에서 청구가 기각된 확정판결의 기판력은 그 과세처분의 무효확인을 구하는 소송에도 미친다.** (대판 1998.7.24., 선고 98다10854)

06

정답 ②

행정구제법 > 행정쟁송 > 행정소송 정답률 63%

| 정답해설 |

② 선택률 63% 기판력은 확정판결의 효력으로서 인용판결이나 기각판결에 모두 발생하는 효력이다.

| 오답해설 |

① 선택률 15% 판례 행정처분을 취소하는 확정판결이 제3자에 대하여도 효력이 있다고 하더라도 일반적으로 판결의 효력은 주문에 포함한 것에 한하여 미치는 것이니 그 **취소판결 자체의 효력으로써 그 행정처분을 기초로 하여 새로 형성된 제3자의 권리까지 당연히 그 행정처분 전의 상태로 환원되는 것이라고는 할 수 없고,** 단지 취소판결의 존재와 취소판결에 의하여 형성되는 법률관계를 소송당사자가 아니었던 제3자라 할지라도 이를 용인하지 않으면 아니된다는 것을 의미하는 것에 불과하다. (대판 1986.8.19., 선고 83다카2022)

③ 선택률12% 행정청이 처분의 상대방에게 종전의 처분과 다른 사유라면 동일한 내용의 처분을 할 수 있고 이는 기속력에 반하지 않는다.

판례 행정처분의 위법 여부는 행정처분이 행하여진 때의 법령과 사실을 기준으로 판단하므로, 확정판결의 당사자인 처분 행정청은 종전 처분 후에 발생한 새로운 사유를 내세워 다시 처분을 할 수 있고, 새로운 처분의 처분사유가 종전 처분의 처분사유와 기본적 사실관계에서 동일하지 않은 다른 사유에 해당하는 이상, **처분사유가 종전 처분 당시 이미 존재하고 있었고 당사자가 이를 알고 있었더라도 이를 내세워 새로이 처분을 하는 것은 확정판결의 기속력에 저촉되지 않는다.** (대판 2016.3.24., 선고 2015두48235)

④ 선택률 10% 신청에 대한 거부가 판결로서 취소되면 행정청은 원칙적으로 이전 신청에 대한 인용의 처분을 하여야 하지만, 소송 진행 중의 법 개정 등을 이유로 다시 거부할 수 있고 이는 기속력에 반하지 않는다.

07 고난도 TOP1

정답 ④

행정구제법 > 행정쟁송 > 행정심판 정답률 41%

| 정답해설 |

④ 선택률41% 판례 피청구인의 제1·2차 재결에 이 사건 진입도로 부분이 포함된 여부에 상관없이 재결청인 피청구인이 행정심판법 제37조 제2항에 의하여 이 사건 진입도로를 개설한 **직접처분은** 도시계획법 및 지방자치법의 조항에 의한 청구인의 권한을 침해하고 있음이 분명하므로 당연무효인 **피청구인의 위법한 직접처분에 대한 권한쟁의심판으로 이의 시정을 구할 수 있는 것이다.** (헌재결 1999.7.22., 98헌라4)

| 오답해설 |

① 선택률 23% 판례 행정절차법 제26조는 "행정청이 처분을 하는 때에는 당사자에게 그 처분에 관하여 행정심판 및 행정소송을 제기할 수 있는지 여부, 기타 불복을 할 수 있는지 여부, 청구절차 및 청구기간 기타 필요한 사항을 알려야 한다."라고 규정하고 있다. 이러한 고지절차에 관한 규정은 행정처분의 상대방이 그 처분에 대한 행정심판의 절차를 밟는 데 편의를 제공하려는 것이어서 처분청이 위 규정에 따른 **고지의무를 이행하지 아니하였다고 하더라도 경우에 따라 행정심판의 제기기간이 연장될 수 있음에 그칠 뿐, 그 때문에 심판의 대상이 되는 행정처분이 위법하다고 할 수는 없다.** (대판 1987.11.24., 선고 87누529)

② 선택률 12% 「행정심판법」 제25조의 규정에 관한 내용이다.

법령 「행정심판법」 제25조(피청구인의 직권취소 등) ① 제23조 제1항 · 제2항 또는 제26조 제1항에 따라 심판청구서를 받은 피청구인은 그 심판청구가 이유 있다고 인정하면 심판청구의 취지에 따라 직권으로 처분을 취소·변경하거나 확인을 하거나 신청에 따른 처분(이하 이 조에서 '직권취소 등'이라 한다)을 할 수 있다. 이 경우 서면으로 청구인에게 알려야 한다.

③ 선택률 24% 수익적 처분의 거부처분과 부작위는 집행정지대상이 아니며, 이에 대한 임시구제를 위한 제도는 임시처분제도이다.

08

정답 ③

행정구제법 > 행정상 손해전보 > 손해배상 정답률 65%

| 정답해설 |

③ 선택률 65% 판례 관리청이 하천법 등 관련 규정에 의해 책정한 하천정비기본계획 등에 따라 개수를 완료한 하천 또는 아직 개수 중이라 하더라도 개수를 완료한 부분에 있어서는, 위 **하천정비기본계획 등에서 정한 계획홍수량 및 계획홍수위를 충족하여 하천이 관리되고 있다면** 당초부터 계획홍수량 및 계획홍수위를 잘못 책정하였다거나 그 후 이를 시급히 변경해야 할 사정이 생겼음에도 불구하고 이를 해태하였다는 등의 **특별한 사정이 없는 한, 그 하천은 용도에 따라 통상 갖추어야 할 안전성을 갖추고 있다**고 봄이 상당하다. (대판 2007.9.21., 선고 2005다65678)

| 오답해설 |

① 선택률 12% 판례 국가배상법 제5조 제1항 소정의 '공공의 영조물'이라 함은 국가 또는지방자치단체에 의하여 특정 공공의 목적에 공여된 유체물 내지 물적 설비를 지칭하며, 특정 공공의 목적에 공여된 물이라 함은 일반공중의 자유로운 사용에 직접적으로 제공되는 공공용물에 한하지 아니하고, 행정주체 자신의 사용에 제공되는 공용물도 포함하며 **국가 또는 지방자치단체가 소유권, 임차권 그 밖의 권한에 기하여 관리하고 있는 경우뿐만 아니라 사실상의 관리를 하고 있는 경우도 포함**한다. (대판 1995.1.24., 선고 94다45302)

② 선택률 8% 판례 국가배상법 제5조 제1항에 정하여진 **'영조물 설치·관리상의 하자'라 함은 공공의 목적에 공여된 영조물이 그 용도에 따라 통상 갖추어야 할 안전성을 갖추지 못한 상태에 있음을 말하는바, 영조물의 설치 및 관리에 있어서 항상 완전무결한 상태를 유지할 정도의 고도의 안전성을 갖추지 아니하였다고 하여 영조물의 설치 또는 관리에 하자가 있다고 단정할 수 없는 것**이고, 영조물의 설치자 또는 관리자에게 부과되는 방호조치의무는 영조물의 위험성에 비례하여 사회통념상 일반적으로 요구되는 정도의 것을 의미하므로 영조물인 도로의 경우도 다른 생활필수시설과의 관계나 그것을 설치하고 관리하는 주체의 재정적·인적·물적 제

약 등을 고려하여 그것을 이용하는 자의 상식적이고 질서 있는 이용방법을 기대한 상대적인 안전성을 갖추는 것으로 족하다. (대판 2002.8.23., 선고 2002다9158)

④ **선택률 15%** 판례 공군비행장 주변의 항공기 소음 피해로 인한 손해배상 사건에서 공군에 속한 군인이나 군무원의 경우 일반인에 비하여 그 피해에 관하여 잘 인식하거나 인식할 수 있는 지위에 있다는 이유만으로 가해자의 면책이나 손해배상액의 감액에 있어 달리 볼 수는 없다. (대판 2015.10.15., 선고 2013다23914)

군무원 VS 공무원 비교분석

군이나 군무원에 관한 판례는 보통 일반행정직 시험에서는 출제되지 않는 편이지만 군무원 시험에서는 빈번하게 출제된다. 따라서 군무원 수험생은 군무원과 관련된 판례는 다양하게 숙지하고 있어야 한다.

09

정답 ③

행정법 서론 > 행정 > 통치행위 정답률 **77%**

| 정답해설 |

③ **선택률 77%** 판례 남북정상회담의 개최는 고도의 정치적 성격을 지니고 있는 행위라 할 것이므로 특별한 사정이 없는 한 그 당부를 심판하는 것은 사법권의 내재적·본질적 한계를 넘어서는 것이 되어 적절하지 못하지만, **남북정상회담의 개최과정에서 재정경제부장관에게 신고하지 아니하거나 통일부장관의 협력사업 승인을 얻지 아니한 채 북한 측에 사업권의 대가 명목으로 송금한 행위 자체는 헌법상 법치국가의 원리와 법 앞에 평등원칙 등에 비추어 볼 때 사법심사의 대상이 된다.** (대판 2004.3.26., 선고 2003도7878)

| 오답해설 |

① **선택률 11%** 판례 **외국에의 국군의 파견결정**은 파견군인의 생명과 신체의 안전뿐만 아니라 국제사회에서의 우리나라의 지위와 역할, 동맹국과의 관계, 국가안보문제 등 궁극적으로 국민 내지 국익에 영향을 미치는 복잡하고도 중요한 문제로서 국내 및 국제정치관계 등 제반상황을 고려하여 미래를 예측하고 목표를 설정하는 등 **고도의 정치적 결단이 요구되는 사안**이다. (헌재결 2004.4.29., 2003헌마814)

② **선택률 7%** 판례 선고된 형의 전부를 사면할 것인지 또는 일부만을 사면할 것인지를 결정하는 것은 사면권자의 전권사항에 속하는 것이고, 징역형의 집행유예에 대한 사면이 병과된 벌금형에도 미치는 것으로 볼 것인지 여부는 사면의 내용에 대한 해석문제에 불과하다 할 것이다. (헌재결 2000.6.1., 97헌바74)

④ **선택률 5%** 판례 서훈취소는 서훈수여의 경우와는 달리 이미 발생된 서훈대상자 등의 권리 등에 영향을 미치는 행위로서 관련 당사자에게 미치는 불이익의 내용과 정도 등을 고려하면 사법심사의 필요성이 크다. 따라서 기본권의 보장 및 법치주의의 이념에 비추어 보면, 비록 **서훈취소가 대통령이 국가원수로서 행하는 행위라고 하더라도 법원이 사법심사를 자제하여야 할 고도의 정치성을 띤 행위라고 볼 수는 없다.** (대판 2015.4.23., 선고 2012두26920)

더 알아보기 ▶ 서훈취소결정에 대한 소송에서 피고와 관련된 판례

국무회의에서 건국훈장 독립장이 수여된 망인에 대한 서훈취소를 의결하고 대통령이 결재함으로써 서훈취소가 결정된 후 국가보훈처장이 망인의 유족 甲에게 '독립유공자 서훈취소결정 통보'를 하자 甲이 국가보훈처장을 상대로 **서훈취소결정의 무효확인 등의 소를 제기한 사안에서, 甲이 서훈취소처분을 행한 행정청(대통령)이 아니라 국가보훈처장을 상대로 제기한 위 소는 피고를 잘못 지정한 경우에 해당**하므로, 법원으로서는 석명권을 행사하여 정당한 피고로 경정하게 하여 소송을 진행해야 함에도 국가보훈처장이 서훈취소처분을 한 것을 전제로 처분의 적법 여부를 판단한 원심판결에 법리오해 등의 잘못이 있다. (대판 2014.9.26., 선고 2013두2518)

10

정답 ①

일반행정작용법 > 행정행위 > 행정행위의 효력 정답률 **71%**

| 정답해설 |

① **선택률 71%** 판례 **일반적으로 행정처분이나 행정심판재결이 불복기간의 경과로 인하여 확정될 경우 그 확정력은**, 그 처분으로 인하여 법률상 이익을 침해받은 자가 당해 처분이나 재결의 효력을 더이상 다툴 수 없다는 의미일 뿐, 더 나아가 **판결에 있어서와 같은 기판력이 인정되는 것은 아니어서** 그 처분의 기초가 된 사실관계나 법률적 판단이 확정되고 당사자들이나 법원이 이에 기속되어 모순되는 주장이나 판단을 할 수 없게 되는 것은 아니다. (대판 2004.7.8., 선고 2002두11288)

| 오답해설 |

② **선택률 11%** 판례 제소기간이 이미 도과하여 불가쟁력이 생긴 행정처분에 대하여는 개별 법규에서 그 변경을 요구할 신청권을 규정하고 있거나 관계 법령의 해석상 그러한 신청권이 인정될 수 있는 등 특별한 사정이 없는 한 국민에게 그 행정처분의 변경을 구할 신청권이 있다 할 수 없다. (대판 2007.4.26., 선고 2005두11104)

③ **선택률 10%** 불가쟁력은 쟁송제기기간이 경과되면 더이상 쟁송을 제기할 수 없다는 의미일 뿐 손해전보제도와는 무관하다. 불가쟁력이 발생한 처분도 국가배상은 청구할 수 있다.

④ **선택률 8%** 불가변력은 일정한 처분은 처분청이나 감독청이라도 처분의 하자나 새로운 사정을 이유로 처분을 취소, 철회 또는 변경할 수 없는 실질적이고 실체적인 효력이다.

11

정답 ②

일반행정작용법 > 행정행위 > 부관 정답률 **73%**

| 정답해설 |

② **선택률 73%** 판례 토지소유자가 토지형질변경행위허가에 붙은 기부채납의 부관에 따라 토지를 국가나 지방자치단체에 기부채납(증여)한 경우, 기부채납의 부관이 당연무효이거나 취소되지 아니한 이상 토지소유자는 위 부관으로 인하여 증여계약의 중요부분에 착오가 있음을 이유로 증여계약을 취소할 수 없다. (대판 1999.5.25., 선고 98다53134)

| 오답해설 |

① 선택률 11% 재량에는 법적 근거 없이 부관을 붙일 수 있다.

법령 「행정기본법」 제17조(부관) ① 행정청은 처분에 재량이 있는 경우에는 부관(조건, 기한, 부담, 철회권의 유보 등을 말한다. 이하 이 조에서 같다)을 붙일 수 있다.

② 행정청은 처분에 재량이 없는 경우에는 법률에 근거가 있는 경우에 부관을 붙일 수 있다.

③ 선택률 9% 판례 당초에 붙은 기한을 허가 자체의 존속기간이 아니라 허가조건의 존속기간으로 보더라도 그 후 당초의 기한이 상당 기간 연장되어 연장된 기간을 포함한 존속기간 전체를 기준으로 볼 경우 **더이상 허가된 사업의 성질상 부당하게 짧은 경우에 해당하지 않게 된 때에는 관계 법령의 규정에 따라 허가 여부의 재량권을 가진 행정청으로서는 그때에도 허가조건의 개정만을 고려하여야 하는 것은 아니고 재량권의 행사로서 더 이상의 기간연장을 불허가할 수도 있는 것**이며, 이로써 허가의 효력은 상실된다. (대판 2004.3.25., 선고 2003두12837)

④ 선택률 7% 판례 일반적으로 행정처분에 효력기간이 정하여져 있는 경우에는 그 기간의 경과로 그 행정처분의 효력은 상실되며, 다만 허가에 붙은 기한이 그 허가된 사업의 성질상 부당하게 짧은 경우에는 이를 그 허가 자체의 존속기간이 아니라 그 허가조건의 존속기간으로 보아 그 기한이 도래함으로써 그 조건의 개정을 고려한다는 뜻으로 해석할 수 있다. (대판 2004.3.25., 선고 2003두12837)

더 알아보기 ▶ 관련된 대법원의 판례

재량행위에 있어서는 관계 법령에 명시적인 금지규정이 없는 한 행정목적을 달성하기 위하여 조건이나 기한, 부담 등의 부관을 붙일 수 있고, 그 부관의 내용이 이행 가능하고 비례의 원칙 및 평등의 원칙에 적합하며 행정처분의 본질적 효력을 저해하지 아니하는 이상 위법하다고 할 수 없다. (대판 2004.3.25., 선고 2003두12837)

12

정답 ③

일반행정작용법 > 그 밖의 행정작용 > 행정계획 정답률 54%

| 정답해설 |

③ 선택률 54% 행정계획에서 형량의 하자인 형량의 해태, 형량의 흠결, 오형량은 모두 동일하게 위법이 되며 하자별로 판단기준을 달리하지 않는다.

판례 행정주체가 행정계획을 입안·결정함에 있어서 이익형량을 전혀 행하지 아니하거나 이익형량의 고려대상에 마땅히 포함시켜야 할 사항을 누락한 경우 또는 이익형량을 하였으나 정당성과 객관성이 결여된 경우에는 그 행정계획결정은 형량에 하자가 있어 위법하게 된다. (대판 2007.4.12., 선고 2005두1893)

| 오답해설 |

① 선택률 16% 판례 **행정계획이라 함은** 행정에 관한 전문적·기술적 판단을 기초로 하여 도시의 건설·정비·개량 등과 같은 특정한 행정목표를 달성하기 위하여 서로 관련되는 행정수단을 종합·조정함으로써 장래의 일정한 시점에 있어서 일정한 질서를 실현하기 위한 활동기준으로 설정된 것으로서, 구 도시계획법(2000.1.28., 법률 제6243호로 전문 개정되기 전의 것) 등 **관계 법령에는 추상적인 행정목표와 절차만이 규정되어 있을 뿐 행정계획의 내용에 관하여는 별다른 규정을 두고 있지 아니하므로 행정주체는 구체적인 행정계획을 입안·결정함에 있어서 비교적 광범위한 형성의 자유를 가진다.** (대판 2006.9.8., 선고 2003두5426)

② 선택률 8% 판례 행정주체는 구체적인 행정계획을 입안·결정함에 있어서 비교적 광범위한 형성의 자유를 가지는 것이지만, 행정주체가 가지는 이와 같은 형성의 자유는 무제한적인 것이 아니라 그 **행정계획에 관련되는 자들의 이익을 공익과 사익 사이에서는 물론이고 공익 상호간과 사익 상호간에도 정당하게 비교교량하여야 한다는 제한**이 있다. (대판 2006.9.8., 선고 2003두5426)

④ 선택률 22% 판례 이미 고시된 실시계획에 포함된 상세계획으로 관리되는 토지 위의 건물의 용도를 상세계획 승인권자의 변경승인 없이 임의로 판매시설에서 상세계획에 반하는 일반목욕장으로 변경한 사안에서, 그 영업신고를 수리하지 않고 영업소를 폐쇄한 처분은 적법하다. (대판 2008.3.27., 선고 2006두3742)

13

정답 ③

행정구제법 > 행정쟁송 > 행정소송 정답률 70%

| 정답해설 |

③ 선택률 70% 처분을 긍정한 것은 ㄴ, ㄷ이다.

ㄴ. (처분 긍정) 판례 어떠한 고시가 일반적·추상적 성격을 가질 때에는 법규명령 또는 행정규칙에 해당할 것이지만, 다른 집행행위의 매개 없이 그 자체로서 직접 국민의 구체적인 권리의무나 법률관계를 규율하는 성격을 가질 때에는 항고소송의 대상이 되는 행정처분에 해당한다. (대결 2003.10.9., 자 2003무23)

ㄷ. (처분 긍정) 판례 장래 일정한 기간 내에 관계 법령이 규정하는 시설 등을 갖추어 **일정한 행정처분을 구하는 신청을 할 수 있는 법률상 지위에 있는 자의 국토이용계획변경신청을 거부하는 것이 실질적으로 당해 행정처분 자체를 거부하는 결과가 되는 경우**에는 예외적으로 그 신청인에게 국토이용계획변경을 신청할 권리가 인정된다고 봄이 상당하므로, 이러한 **신청에 대한 거부행위는 항고소송의 대상이 되는 행정처분에 해당**한다. (대판 2003.9.23., 선고 2001두10936)

| 오답해설 |

① 선택률 11% ② 선택률 11% ④ 선택률 8%

ㄱ. (처분 부정) 판례 한국마사회가 조교사 또는 기수의 면허를 부여하거나 취소하는 것은 경마를 독점적으로 개최할 수 있는 지위에서 우수한 능력을 갖추었다고 인정되는 사람에게 경마에서의 일정한 기능과 역할을 수행할 수 있는 자격을 부여하거나 이를 박탈하는 것에 지나지 아니하므로, 이는 **국가 기타 행정기관으로부터 위탁받은 행정권한의 행사가 아니라 일반 사법상의 법률관계에서 이루어지는 단체 내부에서의 징계** 내지 제재처분이다. (대판 2008.1.31., 선고 2005두8269)

ㄹ. (처분 부정) 판례 국가공무원법상 당연퇴직은 결격사유가 있을 때 법률상 당연히 퇴직하는 것이지 공무원관계를 소멸시키기 위한 별도의 행정처분을 요하는 것이 아니며, **당연퇴직의 인사발령은 법률상 당연히 발생하는 퇴직사유를 공적으로 확인하여 알려주는 이른바 관념의 통지에 불과하고 공무원의 신분을 상실시키는 새로운 형성적 행위가 아니므로 행정소송의 대상이 되는 독립한 행정처분이라고 할 수 없다.** (대판 1995.11.14., 선고 95누2036)

14

정답 ③

일반행정작용법 > 행정입법 > 법규명령 정답률 56%

| 정답해설 |

③ 선택률56% 판례 행정권의 행정입법 등 법집행의무는 헌법적 의무라고 보아야 할 것이다. 그런데 이는 **행정입법의 제정이 법률의 집행에 필수불가결한 경우로서 행정입법을 제정하지 아니하는 것이 곧 행정권에 의한 입법권 침해의 결과를 초래하는 경우를 말하는 것**이므로, 만일 하위 행정입법의 제정 없이 상위 법령의 규정만으로도 집행이 이루어질 수 있는 경우라면 하위 행정입법을 하여야 할 헌법적 작위의무는 인정되지 아니한다. (헌재결 2005.12.22., 2004헌마66)

| 오답해설 |

① 선택률26% 현행법상 행정입법의 시행명령의 제정의무에 대한 일반적 명시규정은 없다.

② 선택률11% 판례 삼권분립의 원칙, 법치행정의 원칙을 당연한 전제로 하고 있는 우리 헌법하에서 행정권의 행정입법 등 법집행의무는 헌법적 의무라고 보아야 할 것이다. (헌재결 1998.7.16., 96헌마246)

④ 선택률7% 판례 행정소송은 구체적 사건에 대한 법률상 분쟁을 법에 의하여 해결함으로써 법적 안정을 기하자는 것이므로 부작위위법확인소송의 대상이 될 수 있는 것은 구체적 권리의무에 관한 분쟁이어야 하고 추상적인 법령에 관하여 제정의 여부 등은 그 자체로서 국민의 구체적인 권리의무에 직접적 변동을 초래하는 것이 아니어서 그 소송의 대상이 될 수 없다. (대판 1992.5.8., 선고 91누11261)

더 알아보기 ▶ 행정입법부작위에 대한 국가배상

구 군법무관임용법(1967.3.3., 법률 제1904호로 개정되어 2000.12.26., 법률 제6291호로 전문 개정되기 전의 것) 제5조 제3항과 군법무관임용 등에 관한 법률(2000.12.26., 법률 제6291호로 개정된 것) 제6조가 군법무관의 보수를 법관 및 검사의 예에 준하도록 규정하면서 그 구체적 내용을 시행령에 위임하고 있는 이상, 위 법률의 규정들은 군법무관의 보수의 내용을 법률로써 일차적으로 형성한 것이고, 위 법률들에 의해 상당한 수준의 보수청구권이 인정되는 것이므로, 위 보수청구권은 단순한 기대이익을 넘어서는 것으로서 법률의 규정에 의해 인정된 재산권의 한 내용이 되는 것으로 봄이 상당하고, **따라서 행정부가 정당한 이유 없이 시행령을 제정하지 않은 것은 위 보수청구권을 침해하는 불법행위에 해당한다.** (대판 2007.11.29., 선고 2006다3561)

15

정답 ①

행정구제법 > 행정쟁송 > 행정소송 정답률 66%

| 정답해설 |

① 선택률66% 학설과 달리 대법원은 민사소송이라는 입장이다.

판례 조세부과처분이 무효임을 전제로 하여 이미 납부한 세금의 반환을 청구하는 것은 민사상의 부당이득반환청구로서 민사소송절차에 따라야 한다. (대결 1991.2.6., 자 90프2)

| 오답해설 |

② 선택률10% 판례 조합을 상대로 한 쟁송에 있어서 강제가입제를 특색으로 한 조합원의 자격 인정 여부에 관하여 다툼이 있는 경우에는 그 단계에서는 아직 조합의 어떠한 처분 등이 개입될 여지는 없으므로 공법상의 당사자소송에 의하여 그 조합원 자격의 확인을 구할 수 있다. (대판 1996.2.15., 선고 94다31235)

③ 선택률11% 판례 사업주가 당연가입자가 되는 고용보험 및 산재보험에서 보험료 납부의무 부존재확인의 소는 공법상의 법률관계 자체를 다투는 소송으로서 공법상 당사자소송이다. (대판 2016.10.13., 선고 2016다221658)

④ 선택률13% 판례 수신료의 법적 성격, 피고 보조참가인의 수신료 강제징수권의 내용[구 방송법(2008.2.29., 법률 제8867호로 개정되기 전의 것) 제66조 제3항] 등에 비추어 보면 **수신료 부과행위는 공권력의 행사에 해당하므로**, 피고가 피고 보조참가인으로부터 수신료의 징수업무를 위탁받아 자신의 고유업무와 관련된 고지행위와 결합하여 수신료를 징수할 권한이 있는지 여부를 다투는 이 사건 쟁송은 민사소송이 아니라 **공법상의 법률관계를 대상으로 하는 것으로서 행정소송법 제3조 제2호에 규정된 당사자소송**에 의하여야 한다. (대판 2008.7.24., 선고 2007다25261)

16

정답 ④

행정구제법 > 행정쟁송 > 행정소송 정답률 54%

| 정답해설 |

④ 선택률54% 법원의 직권에 의한 소의 변경에 관한 규정은 없다.

법령 「행정소송법」 제21조(소의 변경) ① 법원은 취소소송을 당해 처분 등에 관계되는 사무가 귀속하는 국가 또는 공공단체에 대한 당사자소송 또는 취소소송 외의 항고소송으로 변경하는 것이 상당하다고 인정할 때에는 청구의 기초에 변경이 없는 한 사실심의 변론종결시까지 **원고의 신청에 의하여 결정**으로써 소의 변경을 허가할 수 있다.

| 오답해설 |

① 선택률14% 동법 제16조 제1항의 규정에 관한 내용이다.

법령 「행정소송법」 제16조(제3자의 소송참가) ① 법원은 소송의 결과에 따라 권리 또는 이익의 침해를 받을 제3자가 있는 경우에는 당사자 또는 제3자의 신청 또는 직권에 의하여 결정으로써 그 제3자를 소송에 참가시킬 수 있다.

② 선택률10% 동법 제17조 제1항의 규정에 관한 내용이다.

법령 「행정소송법」 제17조(행정청의 소송참가) ① 법원은 다른 행정청을 소송에 참가시킬 필요가 있다고 인정할 때에는 당사자 또는 당해 행정청의 신청 또는 직권에 의하여 결정으로써 그 행정청을 소송에 참가시킬 수 있다.

③ 선택률22% 동법 제16조 제2항과 제17조 제2항 규정에 의해 각각 당사자 및 제3자의 의견, 당사자 및 당해 행정청의 의견을 들어야 한다.

17

정답 ①

행정구제법 > 행정쟁송 > 행정소송 정답률 54%

| 정답해설 |

① 선택률54% 판례 석유판매업허가신청에 대하여 "주유소 건축예정 토지에 관하여 도시계획법 제4조 및 구 토지의 형질변경 등 행위허가기준 등에 관한 규칙에 의거하여 행위제한을 추진하고 있다."는 당초의 불허가처분 사유와 항고소송에서 주장한 위 신청이 토지형질변경허가의 요건을

갖추지 못하였다는 사유 및 도심의 환경보전의 공익상 필요라는 사유는 기본적 사실관계의 동일성이 있다. (대판 1999.4.23., 선고 97누14378)

| 오답해설 |

② **선택률 21%** 판례 석유판매업허가신청에 대하여 당초 사업장소인 토지가 군사보호시설구역 내에 위치하고 있는 관할 군부대장의 동의를 얻지 못하였다는 이유로 이를 불허가하였다가, 소송에서 위 토지는 탄약창에 근접한 지점에 위치하고 있어 공공의 안전과 군사시설의 보호라는 공익적인 측면에서 보아 허가신청을 불허한 것은 적법하다는 것을 불허가 사유로 추가한 경우, 양자는 기본적 사실관계에 있어서의 동일성이 인정되지 아니하는 별개의 사유라고 할 것이므로 이와 같은 사유를 불허가처분의 근거로 추가할 수 없다. (대판 1991.11.8., 선고 91누70)

③ **선택률 12%** 판례 피고가 당초에 이 사건 거부처분의 사유로 삼은 바가 없을 뿐만 아니라 **규정온도가 미달되어 온천에 해당하지 않는다는 당초의 이 사건 처분 사유와는 기본적 사실관계를 달리하여 원심으로서도 이를 거부처분의 사유로 추가할 수는 없다** 할 것이므로 원심이 이 부분에 대하여 판단을 하지 아니하였다 하여도 이는 판결에 영향이 없다고 할 것이다. (대판 1992.11.24., 선고 92누3052)

④ **선택률 13%** 판례 **이주대책신청기간이나 소정의 이주대책실시(시행)기간을 모두 도과하여 실기한 이주대책신청을 하였으므로 원고에게는 이주대책을 신청할 권리가 없고, 사업시행자가 이를 받아들여 택지나 아파트공급을 해 줄 법률상 의무를 부담한다고 볼 수 없다는 피고의 상고이유의 주장**은 원심에서는 하지 아니한 새로운 주장일 뿐만 아니라 **사업지구 내 가옥 소유자가 아니라는 이 사건 처분 사유와 기본적 사실관계의 동일성도 없으므로** 적법한 상고이유가 될 수 없다. (대판 1999.8.20., 선고 98두17043)

더 알아보기 ▶ 처분 사유의 추가변경에 관한 대법원의 입장

> **행정처분의 취소를 구하는 항고소송에 있어 처분청은 당초 처분의 근거로 삼은 사유와 기본적 사실관계가 동일성이 있다고 인정되는 한도 내에서만 다른 사유를 추가 또는 변경할 수 있고**, 이러한 기본적 사실관계의 동일성 유무는 처분 사유를 법률적으로 평가하기 이전의 구체적 사실에 착안하여 그 기초인 사회적 사실관계가 기본적인 점에서 동일한지 여부에 따라 결정되므로, **추가 또는 변경된 사유가 처분 당시에 이미 존재하고 있었다거나 당사자가 그 사실을 알고 있었다고 하여 당초의 처분 사유와 동일성이 있다고 할 수 없다.** (대판 2011.11.24., 선고 2009두19021)

18

정답 ③

일반행정작용법 > 행정행위 > 행정행위의 내용 　 정답률 **75%**

| 정답해설 |

③ **선택률 75%** 판례 어업에 관한 허가 또는 신고의 경우 그 유효기간이 경과하면 그 허가나 신고의 효력이 당연히 소멸하며, **재차 허가를 받거나 신고를 하더라도** 허가나 신고의 기간만 갱신되어 종전의 어업허가나 신고의 효력 또는 성질이 계속된다고 볼 수 없고 **새로운 허가 내지 신고로서의 효력이 발생한다.** (대판 2019.4.11., 선고 2018다284400)

| 오답해설 |

① **선택률 11%** 개정 후 기준을 적용하는 것보다 개정 전의 기준을 적용하는 것이 더 공익에 부합되는 경우에는 개정 후 기준의 적용이 제한될 수 있고, 이는 신뢰보호에 반하지 않는다.

② **선택률 7%** 판례 산림훼손은 국토 및 자연의 유지와 수질 등 환경의 보전에 직접적으로 영향을 미치는 행위이므로, 법령이 규정하는 산림훼손 금지 또는 제한 지역에 해당하는 경우는 물론 금지 또는 제한 지역에 해당하지 않더라도 허가관청은 산림훼손허가신청 대상토지의 현상과 위치 및 주위의 상황 등을 고려하여 **국토 및 자연의 유지와 환경의 보전 등 중대한 공익상 필요가 있다고 인정될 때에는 허가를 거부할 수 있고, 그 경우 법규에 명문의 근거가 없더라도 거부처분을 할 수 있다.** (대판 1995.9.15., 선고 95누6113)

④ **선택률 7%** 허가는 명령적 행정행위로서 이에 반하는 행위는 제재나 강제의 대상이 되지만 사법상의 법률행위에는 영향이 없다. 무허가행위의 사법상의 법률행위는 유효이다.

군무원 VS 공무원 비교분석

> 산림훼손허가와 관련된 문제는 공무원이나 군무원을 막론하고 출제가 빈번한 영역이다. 허가와 관련하여 출제가 되기도 하나, 법률유보나 비례원칙과 관련하여서도 출제가 많이 된다.

19

정답 ④

일반행정작용법 > 행정행위 > 취소와 철회 　 정답률 **63%**

| 정답해설 |

④ **선택률 63%** 처분의 상대방에게 철회·변경을 요구할 신청권까지 부여하는 것은 아니다.

판례 도시계획법령이 토지형질변경행위허가의 변경신청 및 변경허가에 관하여 아무런 규정을 두지 않고 있을 뿐 아니라, **처분청이 처분 후에 원래의 처분을 그대로 존속시킬 필요가 없게 된 사정변경이 생겼거나 중대한 공익상의 필요가 발생한 경우에는 별도의 법적 근거가 없어도 별개의 행정행위로 이를 철회·변경할 수 있지만** 이는 그러한 철회·변경의 권한을 처분청에게 부여하는 데 그치는 것일 뿐 **상대방 등에게 그 철회·변경을 요구할 신청권까지를 부여하는 것은 아니라 할 것**이므로, 이와 같이 법규상 또는 조리상의 신청권이 없이 한 국민들의 토지형질변경행위 변경허가신청을 반려한 당해 반려처분은 항고소송의 대상이 되는 처분에 해당되지 않는다. (대판 1997.9.12., 선고 96누6219)

| 오답해설 |

① **선택률 13%** 부담부 행정행위에서 부담의 불이행은 주된 행정행위의 취소나 철회 등의 사유가 된다.

② **선택률 13%** 판례 외형상 하나의 행정처분이라 하더라도 가분성이 있거나 그 처분대상의 일부가 특정될 수 있다면 일부만의 취소도 가능하고 그 일부의 취소는 당해 취소부분에 관하여 효력이 생긴다. (대판 1995.11.16., 선고 95누8850)

③ **선택률 11%** 철회는 취소와 달리 성립 당시에 하자 없이 적법하게 성립된 처분을 새로운 사정을 이유로 장래를 향해 효력을 소멸시키는 행위이다.

더 알아보기 ▶ 「행정기본법」상의 철회

> **제19조(적법한 처분의 철회)** ① 행정청은 적법한 처분이 다음 각 호의 어느 하나에 해당하는 경우에는 그 처분의 전부 또는 일부를 장래를 향하여 철회할 수 있다.
> 1. 법률에서 정한 철회 사유에 해당하게 된 경우
> 2. 법령 등의 변경이나 사정변경으로 처분을 더 이상 존속시킬 필요가 없게 된 경우
> 3. 중대한 공익을 위하여 필요한 경우
>
> ② 행정청은 제1항에 따라 처분을 철회하려는 경우에는 철회로 인하여 당사자가 입게 될 불이익을 철회로 달성되는 공익과 비교·형량하여야 한다.

20

정답 ①

행정상 실효성 확보수단 > 행정강제 > 이행강제금 정답률 74%

| 정답해설 |

① 선택률74% 이행강제금 납부의무는 상속인 기타의 사람에게 승계될 수 없다.

판례 구 건축법(2005.11.8., 법률 제7696호로 개정되기 전의 것)상의 이행강제금은 구 건축법의 위반행위에 대하여 시정명령을 받은 후 시정기간 내에 당해 시정명령을 이행하지 아니한 건축주 등에 대하여 부과되는 간접강제의 일종으로서 그 이행강제금 납부의무는 상속인 기타의 사람에게 승계될 수 없는 일신전속적인 성질의 것이다. (대결 2006.12.8., 자 2006마470)

| 오답해설 |

② 선택률10% ③ 선택률9% 이행강제금은 반복부과가 가능하지만 이행강제금을 부과하기 전에 의무를 이행하면 이행강제금의 부과는 즉시 중단하나, 이미 부과한 이행강제금은 징수한다.

법령 「건축법」 제80조(이행강제금) ⑤ 허가권자는 최초의 시정명령이 있었던 날을 기준으로 하여 1년에 2회 이내의 범위에서 해당 **지방자치단체의 조례로 정하는 횟수만큼 그 시정명령이 이행될 때까지 반복하여 제1항 및 제2항에 따른 이행강제금을 부과·징수할 수 있다.**

⑥ 허가권자는 제79조 제1항에 따라 **시정명령을 받은 자가 이를 이행하면 새로운 이행강제금의 부과를 즉시 중지하되, 이미 부과된 이행강제금은 징수하여야 한다.**

④ 선택률7% 과거 의무위반에 대한 제재로서의 행정벌과 달리 이행강제금은 현재의 의무를 이행시키고자 하는 강제집행이다.

21 고난도 TOP 3

정답 ④

행정구제법 > 행정상 손해전보 > 손실보상 정답률 49%

| 정답해설 |

④ 선택률49% 손실보상의 성립요건으로서의 공권적 침해는 사실행위에 따라 이루어진 경우도 포함된다.

| 오답해설 |

① 선택률14% 판례 이주대책의 실시 여부는 입법자의 입법정책적 재량의 영역에 속하므로 공익사업을 위한 토지 등의 취득 및 보상에 관한 법률 시행령 제40조 제3항 제3호(이하 '이 사건 조항'이라 한다)가 이주대책의 대상자에서 세입자를 제외하고 있는 것이 세입자의 재산권을 침해하는 것이라 볼 수 없다. (헌재결 2006.2.23., 2004헌마19)

② 선택률14% 판례 공익사업에 영업시설 일부가 편입됨으로 인하여 잔여 영업시설에 손실을 입은 자가 사업시행자로부터 구 공익사업을 위한 토지 등의 취득 및 보상에 관한 법률 시행규칙(2014.10.22., 국토교통부령 제131호로 개정되기 전의 것) 제47조 제3항에 따라 잔여 영업시설의 손실에 대한 보상을 받기 위해서는, 토지보상법 제34조, 제50조 등에 규정된 재결절차를 거친 다음 그 재결에 대하여 불복이 있는 때에 비로소 토지보상법 제83조 내지 제85조에 따라 권리구제를 받을 수 있을 뿐이다. 이러한 **재결절차를 거치지 않은 채 곧바로 사업시행자를 상대로 손실보상을 청구하는 것은 허용되지 않는다.** (대판 2018.7.20., 선고 2015두4044)

③ 선택률23% 판례 사업시행자 스스로 공익사업의 원활한 시행을 위하여 생활대책을 수립·실시할 수 있도록 하는 내부규정을 두고 이에 따라 생활대책대상자 선정기준을 마련하여 생활대책을 수립·실시하는 경우, **생활대책대상자 선정기준에 해당하는 자가 자신을 생활대책대상자에서 제외하거나 선정을 거부한 사업시행자를 상대로 항고소송을 제기할 수 있다.** (대판 2011.10.13., 선고 2008두17905)

더 알아보기 ▶ 생활보상에 대한 대법원과 헌법재판소의 입장

대법원의 입장	헌법재판소의 입장
공익사업을 위한 토지 등의 취득 및 보상에 관한 법률에 의한 이주대책제도는, 공익사업 시행으로 생활근거를 상실하게 되는 자에게 종전의 생활상태를 원상으로 회복시키면서 동시에 인간다운 생활을 보장하여 주기 위한 이른바 '생활보상'의 일환으로 국가의 적극적이고 정책적인 배려에 의하여 마련된 제도로서 건물 및 부속물에 대한 손실보상 외에는 별도의 보상이 이루어지지 않는 주거용 건축물의 철거에 따른 생활보상적 측면이 있다는 점을 비롯하여 … 건축한 건축물의 소유자에 포함되는 것으로 해석하는 것이 타당하다. (대판 2011.6.10., 선고 2010두26216)	생업의 근거를 상실하게 된 자에 대하여 일정 규모의 상업용지 또는 상가분양권 등을 공급하는 생활대책은 헌법 제23조 제3항에 규정한 정당한 보상에 포함되는 것이라기보다는 생활보상의 일환으로서 국가의 정책적인 배려에 의하여 마련된 제도이므로, 그 실시 여부는 입법자의 입법정책적 재량의 영역에 속한다. 이 사건 법률조항이 공익사업의 시행으로 인하여 농업 등을 계속할 수 없게 되어 이주하는 농민 등에 대한 생활대책 수립의무를 규정하고 있지 않다는 것만으로 재산권을 침해한다고 볼 수 없다. (헌재결 2013.7.25., 2012헌바71)

22

정답 ②

행정구제법 > 행정쟁송 > 행정심판 정답률 51%

| 정답해설 |

② 선택률51% 이행재결에 행정청이 처분을 하지 않는 경우에는 당사자의 신청에 의하여 시정을 명하고 직접 처분을 할 수 있다.

법령 「행정심판법」 제50조(위원회의 직접 처분) ① 위원회는 피청구인이 제49조 제3항에도 불구하고 처분을 하지 아니하는 경우에는 **당사자가 신청하면 기간을 정하여 서면으로 시정을 명하고** 그 기간에 이행하지 아니하면 직접 처분을 할 수 있다. 다만, 그 처분의 성질이나 그 밖의 불가피한 사유로 위원회가 직접 처분을 할 수 없는 경우에는 그러하지 아니하다.

| 오답해설 |

① **선택률 24%** 판례 양도소득세 및 방위세부과처분이 국세청장에 대한 불복심사청구에 의하여 그 불복사유가 이유 있다고 인정되어 취소되었음에도 처분청이 동일한 사실에 관하여 부과처분을 되풀이한 것이라면 설령 그 부과처분이 감사원의 시정요구에 의한 것이라 하더라도 위법하다. (대판 1986.5.27., 선고 86누127)

③ **선택률 15%** 판례 행정심판의 재결은 피청구인인 행정청을 기속하는 효력을 가지므로 재결청이 취소심판의 청구가 이유 있다고 인정하여 처분청에 처분을 취소할 것을 명하면 처분청으로서는 재결의 취지에 따라 처분을 취소하여야 하지만, 나아가 **재결에 판결에서와 같은 기판력이 인정되는 것은 아니어서 재결이 확정된 경우에도 처분의 기초가 된 사실관계나 법률적 판단이 확정되고 당사자들이나 법원이 이에 기속되어 모순되는 주장이나 판단을 할 수 없게 되는 것은 아니다.** (대판 2015.11.27., 선고 2013다6759)

④ **선택률 10%** 판례 택지초과소유부담금 부과처분을 취소하는 재결이 있는 경우 당해 처분청은 재결의 취지에 반하지 아니하는 한, 즉 당초 처분과 동일한 사정 아래에서 동일한 내용의 처분을 반복하는 것이 아닌 이상, 그 재결에 적시된 위법사유를 시정·보완하여 정당한 부담금을 산출한 다음 새로이 부담금을 부과할 수 있는 것이고, 이러한 새로운 부과처분은 재결의 기속력에 저촉되지 아니한다. (대판 1997.2.25., 선고 96누14784)

더 알아보기 ▶ 기판력

기판력은 확정판결에 인정되는 효력으로 심판의 재결이나 행정처분에는 인정되지 않는다. 최근 처분에 불가쟁력이 발생한 경우에 기판력이 인정되는지 여부에 대한 물음이 많아 정확하게 기판력의 개념을 형성하는 것이 중요하다.

23

정답 ②

일반행정작용법 > 행정행위 > 행정행위의 효력 정답률 61%

| 정답해설 |

② **선택률 61%** 손해배상사건의 선결문제는 처분의 위법 여부이고, 처분의 공정력(또는 구성요건적 효력)과는 무관하여 민사법원은 처분의 위법 여부에 대하여 심사할 수 있다.

| 오답해설 |

① **선택률 12%** 행정대집행이 실행되어 완료된 경우에 취소소송은 소익이 없어 각하된다.

판례 대집행계고처분 취소소송의 변론종결 전에 대집행영장에 의한 통지절차를 거쳐 사실행위로서 대집행의 실행이 완료된 경우에는 행위가 위법한 것이라는 이유로 손해배상이나 원상회복 등을 청구하는 것은 별론으로 하고 처분의 취소를 구할 법률상 이익은 없다. (대판 1993.6.8., 선고 93누6164)

③ **선택률 17%** 「행정소송법」 제11조의 규정에 관한 내용이다.

법령 「행정소송법」 제11조(선결문제) ① 처분 등의 효력 유무 또는 존재 여부가 민사소송의 선결문제로 되어 당해 민사소송의 수소법원이 이를 심리·판단하는 경우에는 제17조, 제25조, 제26조 및 제33조의 규정을 준용한다.

④ **선택률 10%** 공무원의 고의나 중과실에 따른 위법으로 국가배상을 하는 경우, 국가 등은 위법한 공무원에게 구상권을 행사할 수 있다.

법령 「국가배상법」 제2조(배상책임) ② 제1항 본문의 경우에 공무원에게 고의 또는 중대한 과실이 있으면 국가나 지방자치단체는 그 공무원에게 구상(求償)할 수 있다.

군무원 VS 공무원 비교분석

일반적으로 공무원 시험과 달리 기본의 군무원 시험에서는 사례형에 해당하는 문제가 거의 없다. 하지만 이 문제는 사례형에 해당하며, 점차 군무원 시험의 유형이 공무원 시험과 유사해지고 있음을 추정할 수 있다.

24

정답 ④

행정구제법 > 행정쟁송 > 행정소송 정답률 68%

| 정답해설 |

④ **선택률 68%** 판례 행정처분의 무효확인 또는 취소를 구하는 소가 제소 당시에는 소의 이익이 있어 적법하였는데, 소송계속 중 해당 행정처분이 기간의 경과 등으로 그 효과가 소멸한 때에 그 처분이 취소되어도 원상회복이 불가능하다고 보이는 경우라 하더라도, 무효확인 또는 취소로써 회복할 수 있는 다른 권리나 이익이 남아 있거나 또는 그 행정처분과 동일한 사유로 위법한 처분이 반복될 위험성이 있어 행정처분의 위법성 확인 내지 불분명한 법률문제에 대한 해명이 필요한 경우에는 행정의 적법성 확보와 그에 대한 사법통제, 국민의 권리구제의 확대 등의 측면에서 예외적으로 그 처분의 취소를 구할 소의 이익을 인정할 수 있다(대법원 2007.7.19., 선고 2006두19297 전원합의체 판결, 대법원 2016.6.10., 선고 2013두1638 판결 등 참조). 여기에서 **'그 행정처분과 동일한 사유로 위법한 처분이 반복될 위험성이 있는 경우'란 불분명한 법률문제에 대한 해명이 필요한 상황에 대한 대표적인 예시일 뿐이며, 반드시 '해당 사건의 동일한 소송 당사자 사이에서' 반복될 위험이 있는 경우만을 의미하는 것은 아니다.** (대판 2020.12.24., 선고 2020두30450)

| 오답해설 |

① **선택률 11%** 제재처분의 기간이 경과되어 처분의 효력이 소멸된 후라도 가중처벌에 대한 규정이 있다면 소익이 인정된다.

② **선택률 8%** 판례 행정처분을 다툼 소의 이익은 개별·구체적 사정을 고려하여 판단하여야 한다. 행정처분의 무효확인 또는 취소를 구하는 소가 제소 당시에는 소의 이익이 있어 적법하였더라도, **소송계속 중 처분청이 다툼의 대상이 되는 행정처분을 직권으로 취소하면 그 처분은 효력을 상실하여 더이상 존재하지 않는 것이므로, 존재하지 않는 처분을 대상으로 한 항고소송은 원칙적으로 소의 이익이 소멸하여 부적법**하다고 보아야 한다. (대판 2020.4.9., 선고 2019두49953)

③ **선택률 13%** 판례 고등학교 졸업이 대학입학 자격이나 학력인정으로서의 의미밖에 없다고 할 수 없으므로 고등학교졸업학력검정고시에 합격하였다 하여 고등학교 학생으로서의 신분과 명예가 회복될 수 없는 것이니 퇴학처분을 받은 자로서는 퇴학처분의 위법을 주장하여 그 취소를 구할 소송상의 이익이 있다. (대판 1992.7.14., 선고 91누4737)

25 고난도 TOP2

정답 ②

행정구제법 > 행정쟁송 > 행정소송 　　정답률 42%

| 정답해설 |

② **선택률42%** 처분의 효력정지는 처분의 집행이나 절차의 정지로서 목적이 달성될 수 있는 경우에는 인정하지 않는다.

법령 「행정소송법」 제23조(집행정지) ① 취소소송의 제기는 처분 등의 효력이나 그 집행 또는 절차의 속행에 영향을 주지 아니한다.

② 취소소송이 제기된 경우에 처분 등이나 그 집행 또는 절차의 속행으로 인하여 생길 회복하기 어려운 손해를 예방하기 위하여 긴급한 필요가 있다고 인정할 때에는 본안이 계속되고 있는 법원은 당사자의 신청 또는 직권에 의하여 처분 등의 효력이나 그 집행 또는 절차의 속행의 전부 또는 일부의 정지(이하 '집행정지'라 한다)를 결정할 수 있다. 다만, 처분의 효력정지는 처분 등의 집행 또는 절차의 속행을 정지함으로써 목적을 달성할 수 있는 경우에는 허용되지 아니한다.

| 오답해설 |

① **선택률15%** 정답해설 참고

③ **선택률27%** **판례** 사업여건의 악화 및 막대한 부채비율로 인하여 외부자금의 신규차입이 사실상 중단된 상황에서 285억 원 규모의 **과징금을 납부하기 위하여 무리하게 외부자금을 신규차입하게 되면 주거래은행과의 재무구조개선약정을 지키지 못하게 되어 사업자가 중대한 경영상의 위기를 맞게 될 것으로 보이는 경우, 그 과징금납부명령의 처분으로 인한 손해는 효력정지 내지 집행정지의 적극적 요건인 '회복하기 어려운 손해'에 해당**한다. (대결 2001.10.10., 자 2001무29)

④ **선택률16%** **판례** 일정기간 동안 영업을 정지할 것을 명한 행정청의 영업정지처분에 대하여 법원이 집행정지결정을 하면서 주문에서 당해 법원에 계속 중인 본안소송의 판결선고시까지 처분의 효력을 정지한다고 선언하였을 경우에는 처분에서 정한 영업정지기간의 진행은 그때까지 저지되는 것이고 **본안소송의 판결선고에 의하여 당해 정지결정의 효력은 소멸하고 이와 동시에 당초의 영업정지처분의 효력이 당연히 부활되어 처분에서 정하였던 정지기간(정지결정 당시 이미 일부 진행되었다면 나머지 기간)은 이때부터 다시 진행**한다. (대판 1999.2.23., 선고 98두14471)

더 알아보기 ▶ 「행정소송법」상의 '회복하기 어려운 손해'에 대한 대법원의 입장

> 행정소송법 제23조 제2항에서 행정청의 처분에 대한 집행정지의 요건으로 들고 있는 '회복하기 어려운 손해'라고 하는 것은 원상회복 또는 금전배상이 불가능한 손해는 물론 종국적으로 금전배상이 가능하다고 하더라도 그 **손해의 성질이나 태양 등에 비추어 사회통념상 그러한 금전배상만으로는 전보되지 아니할 것으로 인정되는 현저한 손해를 가리키는 것**으로서 이러한 집행정지의 적극적 요건에 관한 주장·소명책임은 원칙적으로 신청인 측에 있다. (대결 1999.12.20., 자 99무42)

2021 2021.07.24. 국방부(육·해·공군) 시행

9급 군무원 행정법

I 전체 난이도 및 합격선

전체 난이도	합격선
中	88점

I 기출총평

기존에 출제되었던 기출을 중심으로 평이하게 출제되었다.

각론의 환매를 묻는 문항을 제외하고는 전체적으로 평이하게 출제되었다. 특별히 지엽적인 문항도 없어 수월하게 풀 수 있었을 것이다. 2020년 시험이 어려웠던 것을 생각해 본다면 2021년도는 다시 기존 군무원 시험의 난이도를 되찾았다고 할 수 있다. 신출 판례로 각론의 환매, 병역 사건 등이 출제되었으나 후자의 경우 이미 다른 시험에서 여러 번 출제가 되었었고, 특히 군무원 행정법에서 중요 판례로 여겨지고 있으므로 대부분의 수험생들은 이미 학습한 내용일 것이다.

출제단원은 행정행위, 행정구제 등 주요 영역에서 절반 이상 출제되었는데, 특히 2021년 초에 시행된 「행정기본법」에서도 1문항이 출제되었다. 군무원 수험생들이 부담스러워하는 각론은 1문항이 출제되었다.

2021년도 시험의 특징은 법령의 문항 수가 늘었다는 점이다. 기존 시험은 판례 위주로 출제되었던 것과 달리 법령에서 8문항이 출제되어 문항의 정·오답이 명확하였고, 이론에서는 2문항, 나머지는 판례와 관련된 문항이었다. 선지나 지문의 길이가 짧지는 않았으나, 익숙한 법령이나 판례였으므로 군무원 행정법 공부를 꾸준히 해 온 수험생이라면 고득점이 가능하였으리라 생각된다.

I 영역별 출제비중

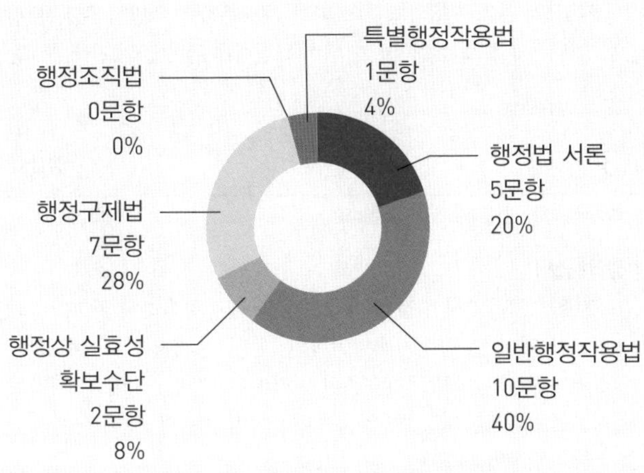

I 문항 분석

		카테고리	출제수	정답률
	1	행정법 서론 > 행정상 법률요건과 법률사실 > 사인의 공법행위	13회	95%
	2	행정법 서론 > 행정법 > 행정법의 법원	9회	78%
	3	행정구제법 > 행정쟁송 > 행정소송	47회	81%
	4	일반행정작용법 > 행정행위 > 취소와 철회	13회	87%
	5	행정법 서론 > 행정법 > 행정법의 효력	3회	83%
	6	일반행정작용법 > 행정절차 > 행정절차법	13회	94%
	7	일반행정작용법 > 비권력적 행정작용 > 행정지도	13회	80%
	8	일반행정작용법 > 행정정보공개와 개인정보 보호 > 개인정보 보호	7회	77%
	9	행정구제법 > 행정쟁송 > 행정소송	47회	76%
	10	일반행정작용법 > 행정행위 > 행정행위의 내용	25회	84%
	11	행정법 서론 > 행정법 > 행정기본법	4회	92%
	12	행정구제법 > 행정쟁송 > 행정소송	47회	95%
고난도 TOP1	13	행정구제법 > 행정상 손해전보 > 결과제거청구	1회	28%
고난도 TOP2	14	행정구제법 > 행정쟁송 > 행정심판	28회	54%
	15	행정구제법 > 행정쟁송 > 처분	5회	80%
	16	일반행정작용법 > 그 밖의 행정작용 > 행정계획	11회	81%
	17	행정상 실효성 확보수단 > 행정강제 > 행정조사	5회	92%
	18	일반행정작용법 > 행정입법 > 행정규칙	8회	71%
고난도 TOP3	19	특별행정작용법 > 공용부담 > 환매	1회	70%
	20	행정구제법 > 행정상 손해전보 > 국가배상	12회	82%
	21	일반행정작용법 > 행정정보공개와 개인정보 보호 > 정보공개	18회	90%
	22	행정상 실효성 확보수단 > 행정강제 > 강제집행	6회	84%
고난도 TOP3	23	행정법 서론 > 행정법 관계 > 개인적 공권	6회	70%
	24	일반행정작용법 > 행정행위 > 부관	14회	87%
	25	일반행정작용법 > 행정입법 > 법규명령	17회	78%

※ 고난도 TOP1 은 해당 회차에서 정답률이 가장 낮은 문항입니다.

기출문제편 ▶ P.33									
01	②④	02	②	03	①	04	①	05	④
06	③	07	②	08	①	09	④	10	①
11	③	12	②	13	①	14	④	15	④
16	③	17	③	18	③	19	①②	20	②
21	④	22	③	23	③	24	②	25	④

01

정답 ②④

행정법 서론 > 행정상 법률요건과 법률사실 > 사인의 공법행위 정답률 95%

| 정답해설 |

② **선택률19%** 행정청은 민원서류에 흠이 있는 경우에는 보완이 필요한 상당한 기간을 정하여 지체 없이 민원인에게 보완을 요구해야 한다(임의규정이 아닌 강행규정).

판례 구 민원사무 처리에 관한 법률 제4조 제2항, 같은 법 시행령(2002.8.21., 대통령령 제17719호로 개정되기 전의 것) 제15조 제1항·제2항, 제16조 제1항에 의하면, 행정기관은 민원사항의 신청이 있는 때에는 다른 법령에 특별한 규정이 있는 경우를 제외하고는 그 접수를 보류하거나 거부할 수 없으며, **민원서류에 흠이 있는 경우에는 보완에 필요한 상당한 기간을 정하여 지체 없이 민원인에게 보완을 요구하고 그 기간 내에 민원서류를 보완하지 아니할 때에는 7일의 기간 내에 다시 보완을 요구할 수 있으며, 위 기간 내에 민원서류를 보완하지 아니한 때에 비로소 접수된 민원서류를 되돌려 보낼 수 있도록 규정되어 있는바,** 위 규정 **소정의 보완의 대상이 되는 흠은 보완이 가능한 경우이어야 함은 물론이고, 그 내용 또한 형식적·절차적인 요건이거나, 실질적인 요건에 관한 흠이 있는 경우라도 그것이 민원인의 단순한 착오나 일시적인 사정 등에 기한 경우 등이라야** 한다. (대판 2004.10.15., 선고 2003두6573)

④ **선택률76%** 인·허가의제를 수반하는 건축신고는 수리를 요하는 신고에 해당한다.

판례 인·허가의제 효과를 수반하는 건축신고는 일반적인 건축신고와는 달리, 특별한 사정이 없는 한 행정청이 그 실체적 요건에 관한 심사를 한 후 수리하여야 하는 이른바 '수리를 요하는 신고'로 보는 것이 옳다. (대판 2011.1.20., 선고 2010두14954)

| 오답해설 |

① **선택률1%** 판례 거부처분의 처분성을 인정하기 위한 전제요건이 되는 신청권의 존부는 구체적 사건에서 신청인이 누구인가를 고려하지 않고 관계 법규의 해석에 의하여 일반국민에게 그러한 신청권을 인정하고 있는가를 살펴 추상적으로 결정되는 것이고, 신청인이 그 신청에 따른 단순한 응답을 받을 권리를 넘어서 신청의 인용이라는 만족적 결과를 얻을 권리를 의미하는 것은 아니다. 따라서 **국민이 어떤 신청을 한 경우에 그 신청의 근거가 된 조항의 해석상 행정발동에 대한 개인의 신청권을 인정하고 있다고 보여지면 그 거부행위는 항고소송의 대상이 되는 처분으로 보아야 할 것**이고, 구체적으로 그 **신청이 인용될 수 있는가 하는 점은 본안에서 판단**하여야 할 사항인 것이다. (대판 1996.6.11., 선고 95누12460)

③ **선택률4%** 판례 건축주 등은 신고제하에서도 건축신고가 반려될 경우 당해 건축물의 건축을 개시하면 시정명령, 이행강제금, 벌금의 대상이 되거나 당해 건축물을 사용하여 행할 행위의 허가가 거부될 우려가 있어 불안정한 지위에 놓이게 된다. 따라서 **건축신고 반려행위가 이루어진 단계에서 당사자로 하여금 반려행위의 적법성을 다투어 그 법적 불안을 해소한 다음 건축행위에 나아가도록 함으로써 장차 있을지도 모르는 위험에서 미리 벗어날 수 있도록 길을 열어 주고,** 위법한 건축물의 양산과 그 철거를 둘러싼 분쟁을 조기에 근본적으로 해결할 수 있게 하는 것이 법치행정의 원리에 부합한다. **그러므로 건축신고 반려행위는 항고소송의 대상이 된다고 보는 것이 옳다.** (대판 2010.11.18., 선고 2008두167)

02

정답 ②

행정법 서론 > 행정법 > 행정법의 법원 정답률 78%

| 정답해설 |

② **선택률78%** 평등은 '같은 것은 같게, 다른 것은 다르게 취급'하는 것으로, 합리적인 차별을 의미(불합리한 차별금지)하며 이는 실질적·비례적·상대적 평등이라 한다. 따라서 상이한 것은 차별하는 것이 평등에 부합된다.

법령 「행정기본법」 제9조(평등의 원칙) 행정청은 합리적 이유 없이 국민을 차별하여서는 아니 된다.

| 오답해설 |

① **선택률13%** 판례 이 사건 조항의 경우 명시적인 **헌법적 근거 없이 국가유공자의 가족들에게 만점의 10%라는 높은 가산점을 부여**하고 있는바, 이 사건 조항의 차별로 인한 불평등 효과는 입법목적과 그 달성수단 간의 비례성을 현저히 초과하는 것이므로, 이 사건 조항은 청구인들과 같은 **일반 공직시험 응시자들의 평등권을 침해**한다. 이 사건 조항이 공무담임권의 행사에 있어서 일반 응시자들을 차별하는 것이 평등권을 침해하는 것이라면, 같은 이유에서 이 사건 조항은 그들의 **공무담임권을 침해**하는 것이다. (헌재결 2006.2.23., 2004헌마675 등)

③ **선택률3%** 자기구속의 법리는 1회 이상의 행정을 조건으로 평등이나 신뢰보호를 통해 형성되는 법리이다. 단순히 재량준칙의 공표만으로는 인정될 수 없다.

판례 **재량권 행사의 준칙인 행정규칙이 그 정한 바에 따라 되풀이 시행되어 행정관행이 이루어지게 되면** 평등의 원칙이나 신뢰보호의 원칙에 따라 행정기관은 그 상대방에 대한 관계에서 그 규칙에 따라야 할 자기구속을 받게 되므로, 이러한 경우에는 특별한 사정이 없는 한 **그를 위반하는 처분은 평등의 원칙이나 신뢰보호의 원칙에 위배되어 재량권을 일탈·남용한 위법한 처분**이 된다. (대판 2009.12.24., 선고 2009두7967)

④ **선택률6%** 자기구속의 법리에 따라 재량준칙을 위반한 처분은 평등이나 신뢰보호를 위반하게 되어 위법하게 된다(③의 판례 참고).

03

정답 ①

행정구제법 > 행정쟁송 > 행정소송 정답률 81%

| 정답해설 |

① **선택률81%** 합의제 행정청은 그 자체가 행정청이라서 항고소송의 피고가 된다(예 공정거래위원회의 과징금부과처분 → 피고: 공정거래위원회, 지방토지수용위원회의 수용재결 → 피고: 지방토지수용위원회). 다만, 중앙노동위원회의 처분에 대해서는 중앙노동위원장이 피고다.

| 오답해설 |

② 선택률 10% ④ 선택률 6% 원고가 피고를 잘못 지정한 경우의 피고 경정은 원고의 신청에 따라 사실심 변론종결시까지 법원의 결정으로 이루어진다. 당사자소송의 경우 이를 준용한다.

법령 「행정소송법」 제14조(피고경정) ① 원고가 피고를 잘못 지정한 때에는 법원은 원고의 신청에 의하여 결정으로써 피고의 경정을 허가할 수 있다.

제44조(준용규정) ① **제14조** 내지 제17조, 제22조, 제25조, 제26조, 제30조 제1항, 제32조 및 제33조의 규정은 **당사자소송의 경우에 준용**한다.

③ 선택률 3% 「행정소송법」 제21조의 소의 변경규정에 관한 내용이다. 이는 당사자소송을 취소소송으로 변경하는 경우에 준용된다.

법령 「행정소송법」 제21조(소의 변경) ① 법원은 취소소송을 당해 처분 등에 관계되는 사무가 귀속하는 국가 또는 공공단체에 대한 당사자소송 또는 취소소송 외의 항고소송으로 변경하는 것이 상당하다고 인정할 때에는 청구의 기초에 변경이 없는 한 사실심의 변론종결시까지 원고의 신청에 의하여 결정으로써 소의 변경을 허가할 수 있다.

제42조(소의 변경) **제21조의 규정은 당사자소송을 항고소송**으로 변경하는 경우에 **준용**한다.

04

정답 ①

일반행정작용법 > 행정행위 > 취소와 철회 정답률 87%

| 정답해설 |

① 선택률 87% 수익적 처분의 취소나 철회는 상대방의 신뢰보호나 비례원칙에 제한을 받는다. 그러나 상대방의 신뢰를 능가하는 중대공익 등의 사유가 있는 경우에 한하여 취소나 철회가 가능하다.

판례 수익적 행정행위를 취소 또는 철회하거나 중지시키는 경우에는 이미 부여된 국민의 기득권을 침해하는 것이 되므로, 비록 **취소 등의 사유가 있다고 하더라도** 그 취소권 등의 행사는 기득권의 침해를 정당화할 만한 **중대한 공익상의 필요** 또는 **제3자의 이익을 보호할 필요**가 있고, 이를 상대방이 받는 불이익과 비교·교량하여 볼 때 **공익상의 필요 등이 상대방이 입을 불이익을 정당화할 만큼 강한 경우에 한하여 허용**될 수 있다. (대판 2017.3.15., 선고 2014두41190)

| 오답해설 |

② 선택률 6% ④ 선택률 2% 별도의 법적 근거가 없다 하더라도 중대한 공익이나 원래의 처분을 존속시킬 필요가 없게 된 사정변경이 생긴 경우에는 철회사유가 된다.

판례 행정행위를 한 처분청은 비록 그 처분 당시에 별다른 하자가 없었고, 또 그 처분 후에 이를 철회할 별도의 법적 근거가 없다 하더라도 **원래의 처분을 존속시킬 필요가 없게 된 사정변경이 생겼거나** 또는 **중대한 공익상의 필요가 발생한 경우에는 그 효력을 상실케 하는 별개의 행정행위로 이를 철회할 수 있다.** (대판 2004.11.26., 선고 2003두10251·10268)

③ 선택률 5% 수익적 처분의 취소나 철회는 제한이 있기는 하나 불가능한 것은 아니다(정답해설 참고).

05

정답 ④

행정법 서론 > 행정법 > 행정법의 효력 정답률 83%

| 정답해설 |

④ 선택률 83% 법률불소급의 원칙은 법 시행일 이전에 이미 완성된 사실에 새로운 법을 적용할 수 없다는 의미일 뿐이며, 법 시행일에도 종결되지 않고 진행 중인 사안이나 법 시행일 이후에 발생한 사안에 새로운 법을 적용하지 못한다는 뜻은 아니다.

판례 법령불소급의 원칙은 법령의 효력발생 전에 완성된 요건 사실에 대하여 당해 법령을 적용할 수 없다는 의미일 뿐, 계속 중인 사실이나 그 이후에 발생한 요건 사실에 대한 법령적용까지를 제한하는 것은 아니다. (대판 2014.4.24., 선고 2013두26552)

| 오답해설 |

① 선택률 3% 특별한 규정이 없는 한 법령은 공포 후 20일이 경과되면 시행된다(다만, 국민의 권리나 의무와 관련된 경우에는 30일). 조례와 규칙도 동일하다.

법령 「지방자치법」 제32조(조례와 규칙의 제정 절차 등) ⑧ 조례와 규칙은 특별한 규정이 없으면 공포한 날부터 20일이 지나면 효력을 발생한다.

② 선택률 1% 법령은 특별한 규정이 없으면 장래에 향하여 효력을 발한다.

③ 선택률 13% 법령은 원칙적으로 소급하여 적용될 수 없으나 일반국민의 이해에 직접 관계가 없는 경우, 국민의 고통이나 불이익을 제거하는 등에는 특별한 규정을 두어 소급할 수 있다.

판례 법령을 소급적용하더라도 일반국민의 이해에 직접 관계가 없는 경우, 오히려 그 이익을 증진하는 경우, 불이익이나 고통을 제거하는 경우 등의 특별한 사정이 있는 경우에 한하여 예외적으로 법령의 소급적용이 허용된다. (대판 2005.5.13., 선고 2004다8630)

06

정답 ③

일반행정작용법 > 행정절차 > 행정절차법 정답률 94%

| 정답해설 |

③ 선택률 94% 청문주재자는 당사자가 주장하지 않은 사실도 조사할 수 있다.

법령 「행정절차법」 제33조(증거조사) ① 청문주재자는 직권으로 또는 당사자의 신청에 따라 필요한 조사를 할 수 있으며, 당사자 등이 주장하지 아니한 사실에 대하여도 조사할 수 있다.

| 오답해설 |

① 선택률 1% 청문주재자의 제척·기피·회피에 관한 동법 제29조 제2항의 규정에 관한 내용이다.

법령 「행정절차법」 제29조(청문주재자의 제척·기피·회피) ② 청문주재자에게 공정한 청문 진행을 할 수 없는 사정이 있는 경우 당사자 등은 행정청에 기피신청을 할 수 있다. 이 경우 행정청은 청문을 정지하고 그 신청이 이유가 있다고 인정할 때에는 해당 청문주재자를 지체 없이 교체하여야 한다.

② **선택률 2%** 동법 제31조 제1항의 규정에 관한 내용이다.

법령 「행정절차법」 제31조(청문의 진행) ① 청문주재자가 청문을 시작할 때에는 먼저 예정된 처분의 내용, 그 원인이 되는 사실 및 법적 근거 등을 설명하여야 한다.

④ **선택률 3%** 청문이나 공청회는 새로운 사정 등이 발견되어 필요가 있는 경우에 재개한다.

법령 「행정절차법」 제36조(청문의 재개) 행정청은 청문을 마친 후 처분을 할 때까지 새로운 사정이 발견되어 청문을 재개(再開)할 필요가 있다고 인정할 때에는 제35조 제4항에 따라 받은 청문조서 등을 되돌려 보내고 청문의 재개를 명할 수 있다. 이 경우 제31조 제5항을 준용한다.

07

정답 ②

일반행정작용법 > 비권력적 행정작용 > 행정지도 정답률 80%

| 정답해설 |

② **선택률 80%** 단전 등의 요청행위는 처분이 아닌 행정지도이다.

판례 건축법의 규정에 비추어 보면, 행정청이 위법 건축물에 대한 시정명령을 하고 나서 위반자가 이를 이행하지 아니하여 전기·전화의 공급자에게 그 **위법 건축물에 대한 전기·전화공급을 하지 말아 줄 것을 요청한 행위는 권고적 성격의 행위**에 불과한 것으로서 전기·전화공급자나 특정인의 법률상 지위에 직접적인 변동을 가져오는 것은 아니므로 **이를 항고소송의 대상이 되는 행정처분이라고 볼 수 없다.** (대판 1996.3.22., 선고 96누433)

| 오답해설 |

① **선택률 8%** 행정지도가 한계를 일탈하지 않은 경우라면 비록 상대방에게 피해가 발생하였다고 하더라도 인과관계가 인정되지 않기 때문에 손해배상책임이 없다.

판례 행정지도가 강제성을 띠지 않은 비권력적 작용으로서 행정지도의 한계를 일탈하지 아니하였다면, 그로 인하여 상대방에게 어떤 손해가 발생하였다 하더라도 행정기관은 그에 대한 손해배상책임이 없다. (대판 2008.9.25., 선고 2006다18228)

③ **선택률 4%** 「행정절차법」 규정상 지도를 따르지 아니한 이유로 불이익처분을 할 수 없으며 이는 위법이다.

법령 「행정절차법」 제48조(행정지도의 원칙) ② 행정기관은 행정지도의 상대방이 행정지도에 따르지 아니하였다는 것을 이유로 불이익한 조치를 하여서는 아니 된다.

④ **선택률 8%** 행정지도는 비권력적 사실행위이며 「국가배상법」상의 직무에 포함된다. 다만, 배상이 실제 가능한지는 국가배상의 다른 요건충족 여부에 따라 좌우되나 일반적으로 지도의 임의성으로 지도와 피해 사이에 인과관계입증이 어렵기 때문에 사실상 제한된다.

08

정답 ①

일반행정작용법 > 행정정보공개와 개인정보 보호 > 개인정보 보호 정답률 77%

| 정답해설 |

① **선택률 77%** 필요한 최소한의 개인정보를 제공하지 않을 경우 서비스 등을 거부할 수 있으나, 그 이외의 정보를 제공하지 않았다는 이유로는 서비스 등을 거부할 수 없다.

문제가 출제될 당시에는 「개인정보 보호법」 제39조의3에 정보통신서비스 제공자에 대한 규정이 있었으나, 법이 개정되어 '정보통신서비스 제공자' 규정이 삭제되고 '개인정보처리자'로 통합되었다. 따라서 「개인정보 보호법」 제16조 규정이 적용된다.

법령 「개인정보 보호법」 제16조(개인정보의 수집 제한) ③ 개인정보처리자는 정보주체가 필요한 최소한의 정보 외의 개인정보 수집에 동의하지 아니한다는 이유로 정보주체에게 재화 또는 서비스의 제공을 거부하여서는 아니 된다.

| 오답해설 |

② **선택률 7%** 동법 제51조 단체소송에 관한 규정이다.

법령 「개인정보 보호법」 제51조(단체소송의 대상 등) 다음 각 호의 어느 하나에 해당하는 단체는 개인정보처리자가 제49조에 따른 집단분쟁조정을 거부하거나 집단분쟁조정의 결과를 수락하지 아니한 경우에는 법원에 권리침해 행위의 금지·중지를 구하는 소송(이하 '단체소송'이라 한다)을 제기할 수 있다.

③ **선택률 9%** 동법 28조의10에 규정하고 있다.

법령 「개인정보 보호법」 제28조의10(상호주의) 제28조의8에도 불구하고 개인정보의 국외 이전을 제한하는 국가의 개인정보처리자에 대해서는 해당 국가의 수준에 상응하는 제한을 할 수 있다. 다만, 조약 또는 그 밖의 국제협정의 이행에 필요한 경우에는 그러하지 아니하다.

④ **선택률 7%** **판례** 개인정보자기결정권의 보호대상이 되는 개인정보는 개인의 신체, 신념, 사회적 지위, 신분 등과 같이 인격주체성을 특징짓는 사항으로서 개인의 동일성을 식별할 수 있게 하는 일체의 정보를 의미하며, **반드시 개인의 내밀한 영역에 속하는 정보에 국한되지 않고 공적 생활에서 형성되었거나 이미 공개된 개인정보까지도 포함한다.** (대판 2016.3.10., 선고 2012다105482)

09

정답 ④

행정구제법 > 행정쟁송 > 행정소송 정답률 76%

| 정답해설 |

④ **선택률 76%** 당사자소송에서도 취소소송과 같이 직권심리가 인정된다.

법령 「행정소송법」 제26조(직권심리) 법원은 필요하다고 인정할 때에는 직권으로 증거조사를 할 수 있고, 당사자가 주장하지 아니한 사실에 대하여도 판단할 수 있다.

제44조(준용규정) ① 제14조 내지 제17조, 제22조, 제25조, **제26조**, 제30조 제1항, 제32조 및 제33조의 규정은 **당사자소송의 경우에 준용한다.**

| 오답해설 |

① **선택률 6%** 동법 제3조 행정소송의 종류 중 당사자소송에 관한 규정이다.

법령 「행정소송법」 제3조(행정소송의 종류) 행정소송은 다음의 네 가지로 구분한다.

2. 당사자소송: 행정청의 처분 등을 원인으로 하는 법률관계에 관한 소송 그 밖에 공법상의 법률관계에 관한 소송으로서 그 법률관계의 한쪽 당사자를 피고로 하는 소송

② **선택률 9%** 공법상 계약에서의 분쟁은 당사자소송에 의한다.

판례 **공법상 계약의 한쪽 당사자가 다른 당사자를 상대로 그 효력을**

다투거나 그 이행을 청구하는 소송은 공법상의 법률관계에 관한 분쟁이므로 분쟁의 실질이 공법상 권리·의무의 존부·범위에 관한 다툼이 아니라 손해배상액의 구체적인 산정방법·금액에 국한되는 등의 특별한 사정이 없는 한 **공법상 당사자소송으로 제기하여야 한다.** (대판 2021.2.4., 선고 2019다277133)

③ 선택률 9% 판례 원고가 고의 또는 중대한 과실 없이 행정소송으로 제기하여야 할 사건을 민사소송으로 잘못 제기한 경우, 수소법원으로서는 만약 그 행정소송에 대한 관할도 동시에 가지고 있다면 이를 행정소송으로 심리·판단하여야 하고, 그 행정소송에 대한 관할을 가지고 있지 아니하다면 관할법원에 이송하여야 한다. (대판 2021.2.4., 선고 2019다277133)

10 정답 ①

일반행정작용법 > 행정행위 > 행정행위의 내용 정답률 84%

| 정답해설 |

① 선택률 84% 허가는 명령적 행정행위로서 자연적 자유를 규제한 이후 일정한 요건이 충족되면 해제하여 자유를 회복하는 행정행위이다. 이는 규제에 중점을 둔 행정작용으로서 이를 위반한 행위는 제재가 강제대상이 되나, 그 행위의 사법적 효과에는 영향이 없다.

| 오답해설 |

② 선택률 9% ③ 선택률 3% 허가는 자연적 자유를 금지(= 상대적 금지)하는 하명을 전제로 법이 정한 요건을 구비한 신청에 대하여 금지를 해제하는 행위이다(= 상대적 금지를 해제하여 자연적 자유를 회복하는 행위).

④ 선택률 4% 강학상 허가는 실정법이나 실무에서는 허가, 인가, 승인 등의 용어로 표현하고 있으나, 이는 자연적 금지에 대한 해제행위를 다른 행정작용과 구분하기 위하여 학문상으로 분류한 것이다.

11 정답 ③

행정법 서론 > 행정법 > 행정기본법 정답률 92%

| 정답해설 |

③ 선택률 92% ㄱ, ㄴ, ㄷ, ㄹ, ㅁ 모두 옳은 설명이다.

ㄱ. 「행정기본법」 제4조 제1항의 규정에 관한 내용이다.

법령 「행정기본법」 제4조(행정의 적극적 추진) ① 행정은 공공의 이익을 위하여 적극적으로 추진되어야 한다.

ㄴ. 법치행정에 관한 동법 제8조의 내용이다. 법률우위와 법률유보를 규정하고 있다.

법령 「행정기본법」 제8조(법치행정의 원칙) 행정작용은 법률에 위반되어서는 아니 되며, 국민의 권리를 제한하거나 의무를 부과하는 경우와 그 밖에 국민생활에 중요한 영향을 미치는 경우에는 법률에 근거하여야 한다.

ㄷ. 평등의 원칙에 관한 동법 제9조의 내용이다.

법령 「행정기본법」 제9조(평등의 원칙) 행정청은 합리적 이유 없이 국민을 차별하여서는 아니 된다.

ㄹ. 부당결부금지의 원칙에 관한 동법 제13조의 내용이다.

법령 「행정기본법」 제13조(부당결부금지의 원칙) 행정청은 행정작용을 할 때 상대방에게 해당 행정작용과 실질적인 관련이 없는 의무를 부과해서는 아니 된다.

ㅁ. 재량에는 부관을 붙일 수 있다는 동법 제17조 제1항의 내용이다.

법령 「행정기본법」 제17조(부관) ① 행정청은 처분에 재량이 있는 경우에는 부관(조건, 기한, 부담, 철회권의 유보 등을 말한다. 이하 이 조에서 같다)을 붙일 수 있다.

| 오답해설 |

① 선택률 1% ② 선택률 3% ④ 선택률 4%

12 정답 ②

행정구제법 > 행정쟁송 > 행정소송 정답률 95%

| 정답해설 |

② 선택률 95% 처분 전과 비교하여 수인의 한도를 초과하는 피해나 우려를 입증함으로써 원고적격을 인정받을 수 있다.

판례 **광업권설정허가처분**과 그에 따른 광산 개발로 인하여 재산상·환경상 이익의 침해를 받거나 받을 우려가 있는 **토지나 건축물의 소유자와 점유자 또는 이해관계인 및 주민들은 그 처분 전과 비교하여 수인한도를 넘는 재산상·환경상 이익의 침해를 받거나 받을 우려가 있다는 것을 증명**함으로써 그 처분의 취소를 구할 **원고적격을 인정받을 수 있다.** (대판 2008.9.11., 선고 2006두7577)

| 오답해설 |

① 선택률 2% 판례 일반적으로 면허나 인·허가 등의 수익적 행정처분의 근거가 되는 법률이 해당 업자들 사이의 과당경쟁으로 인한 경영의 불합리를 방지하는 것도 목적으로 하고 있는 경우, 다른 업자에 대한 면허나 인·허가 등의 수익적 행정처분에 대하여 미리 같은 종류의 면허나 인·허가 등의 수익적 행정처분을 받아 영업을 하고 있는 기존의 업자는 경업자에 대하여 이루어진 면허나 인·허가 등 행정처분의 상대방이 아니라고 하더라도 당해 행정처분의 무효확인 또는 취소를 구할 이익이 있다. (대판 2020.4.9., 선고 2019두49953)

③ 선택률 1% 판례 **행정처분의 직접 상대방이 아닌 제3자라도 당해 처분에 관하여 법률상 직접적이고 구체적인 이해관계를 가지는 경우에는 당해 처분 취소소송의 원고적격이 인정**되나, 사실상 간접적이고 경제적인 이해관계를 가지는 데 불과한 경우에는 그러한 원고적격이 인정될 수 없다. (대판 1997.12.12., 선고 97누317)

④ 선택률 2% 판례 일반적으로 **법인의 주주는 당해 법인에 대한 행정처분에 관하여 사실상이나 간접적인 이해관계를 가질 뿐이어서 스스로 그 처분의 취소를 구할 원고적격이 없는 것이 원칙**이라고 할 것이지만, 그 처분으로 인하여 궁극적으로 주식이 소각되거나 주주의 법인에 대한 권리가 소멸하는 등 주주의 지위에 중대한 영향을 초래하게 되는데도 그 처분의 성질상 당해 법인이 이를 다툴 것을 기대할 수 없고 달리 **주주의 지위를 보전할 구제방법이 없는 경우에는 주주도 그 처분에 관하여 직접적이고 구체적인 법률상 이해관계를 가진다고 보이므로 그 취소를 구할 원고적격이 있다.** (대판 2004.12.23., 선고 2000두2648)

13 고난도 TOP1

정답 ①

행정구제법 > 행정상 손해전보 > 결과제거청구 정답률 28%

| 정답해설 |

① 선택률28% 결과제거청구의 대상은 가해행위에 의해 직접적으로 발생한 결과를 제거하는 것이며, 가해행위로 인한 손해를 전보하는 것은 아니다.

| 오답해설 |

② 선택률34% 권력작용이나 비권력적 작용, 법적 행위나 사실행위 등에 의해서 발생한 결과의 제거를 목적으로 한다.

③ 선택률13% 결과제거가 이루어질 수 없는 경우(원상회복이 불가능한 경우)에는 손해배상 등의 방법에 의한다.

판례 도로예정지로서 도로법 제40조 등의 준용이 있는 경우 특별한 사정이 없는 한 불법점유를 이유로 토지의 인도나 손해배상을 청구할 수 없다. (대판 1969.3.25., 선고 68다2081)

④ 선택률25% 행정청의 위법상태에 피해자의 과실이 가세하여 증폭된 결과는 과실에 해당하는 부분에 상계가 된다.

14 고난도 TOP2

정답 ④

행정구제법 > 행정쟁송 > 행정심판 정답률 54%

| 정답해설 |

④ 선택률54% 「행정심판법」에 규정된 재결기간이 강행규정인지에 대한 여부는 논란이 되고 있는데 일반적인 입장에서는 강행규정이 아닌 훈시규정으로 해석하고 있다. 60일(또는 90일)이 경과하여 내린 인용재결에 하자가 있다고 볼 수는 없기 때문이다.

| 오답해설 |

① 선택률9% 행정심판의 재결의 기속력은 인용재결에만 인정된다. 따라서 기각재결이 있은 후 행정청은 심판대상인 처분을 직권으로 취소하거나 변경할 수 있다.

② 선택률7% 재결의 기속력의 내용에는 동일한 상대방에게 동일한 이유로 동일한 처분을 할 수 없고(반복처분금지효), 처분으로 인한 결과를 제거하여야 할 의무내용이 포함된다(원상회복의무).

③ 선택률30% 불고불리와 불이익변경금지규정은 「행정심판법」에 규정되어 있으며 처분청은 재결의 기속력에 의해 재결에 불복하여 행정소송을 청구할 수 없다.

법령 「행정심판법」 제47조(재결의 범위) ① 위원회는 심판청구의 대상이 되는 처분 또는 부작위 외의 사항에 대하여는 재결하지 못한다.

② 위원회는 심판청구의 대상이 되는 처분보다 청구인에게 불리한 재결을 하지 못한다.

판례 행정심판법 제37조 제1항은 "재결은 피청구인인 행정청과 그 밖의 관계행정청을 기속한다."고 규정하였고, 이에 따라 **처분행정청**은 재결에 기속되어 재결의 취지에 따른 처분의무를 부담하게 되므로 **이에 불복하여 행정소송을 제기할 수 없다.** (대판 1998.5.8., 선고 97누15432)

15

정답 ④

행정구제법 > 행정쟁송 > 처분 정답률 80%

| 정답해설 |

④ 선택률80% 입국금지결정은 외부에 표시되지 않았으므로 아직 처분이라 할 수 없다.

판례 **법무부장관이 甲의 입국을 금지하는 결정을 하고, 그 정보를 내부전산망인 '출입국관리정보시스템'에 입력하였으나, 甲에게는 통보하지 않은 사안**에서, 행정청이 행정의사를 외부에 표시하여 행정청이 자유롭게 취소·철회할 수 없는 구속을 받기 전에는 '처분'이 성립하지 않으므로 **법무부장관이 위 입국금지결정을 했다고 해서 '처분'이 성립한다고 볼 수는 없고**, 위 입국금지결정은 법무부장관의 의사가 공식적인 방법으로 외부에 표시된 것이 아니라 단지 그 정보를 내부전산망인 '출입국관리정보시스템'에 입력하여 관리한 것에 지나지 않으므로, 위 **입국금지결정은 항고소송의 대상이 될 수 있는 '처분'에 해당하지 않는다.** (대판 2019.7.11., 선고 2017두38874)

| 오답해설 |

① 선택률5% ② 선택률5% ③ 선택률10% 정답해설 참고

16

정답 ③

일반행정작용법 > 그 밖의 행정작용 > 행정계획 정답률 81%

| 정답해설 |

③ 선택률81% 행정계획을 입안·결정하는 경우, 이익형량을 하지 않았다거나(형량의 해태), 주요형량을 누락한 경우나(형량의 흠결), 형량에 공정성이 결여된 경우(오형량)에는 형량명령의 하자로서 위법하다.

판례 행정주체가 행정계획을 입안·결정함에 있어서 **이익형량을 전혀 행하지 아니하거나** 이익형량의 고려대상에 **마땅히 포함시켜야 할 사항을 누락한 경우** 또는 이익형량을 하였으나 **정당성과 객관성이 결여된 경우**에는 그 **행정계획결정은 형량에 하자가 있어 위법**하게 된다. (대판 2007.4.12., 선고 2005두1893)

| 오답해설 |

① 선택률15% 계획에서 행정청에 인정되는 재량의 양적 차이와 질적 차이에 대한 견해들에서 질적 차이가 없다는 입장은 계획재량은 비례원칙이 행정계획에 적용되었을 뿐이라는 입장이다.

② 선택률1% 계획에 대한 형량은 공익vs공익, 공익vs사익, 사익vs사익간의 제형량을 하여야 한다.

판례 **행정주체는** 구체적인 행정계획을 입안·결정함에 있어서 비교적 광범위한 형성의 자유를 가지는 것이지만, 행정주체가 가지는 이와 같은 형성의 자유는 무제한적인 것이 아니라 **그 행정계획에 관련되는 자들의 이익을 공익과 사익 사이에서는 물론이고 공익 상호간과 사익 상호간에도 정당하게 비교교량하여야 한다.** (대판 2007.4.12., 선고 2005두1893)

④ 선택률3% 정답해설 참고

17

정답 ③

행정상 실효성 확보수단 > 행정강제 > 행정조사 　정답률 92%

| 정답해설 |

③ **선택률 92%** 행정조사의 목적은 처벌보다는 법령의 준수에 중점을 두어야 한다는「행정조사기본법」제4조 제4항의 내용이다.

| 오답해설 |

① **선택률 0%** 동조 제1항의 규정에 관한 내용이다.
② **선택률 3%** 동조 제3항의 규정에 관한 내용이다.
④ **선택률 5%** 동조 제6항의 규정에 관한 내용이다.

더 알아보기 ▶「행정조사기본법」

> 제4조(행정조사의 기본원칙) ① **행정조사는 조사목적을 달성하는 데 필요한 최소한의 범위 안에서 실시하여야 하며, 다른 목적 등을 위하여 조사권을 남용하여서는 아니 된다.**
> ② 행정기관은 조사목적에 적합하도록 조사대상자를 선정하여 행정조사를 실시하여야 한다.
> ③ **행정기관은 유사하거나 동일한 사안에 대하여는 공동조사 등을 실시함으로써 행정조사가 중복되지 아니하도록 하여야 한다.**
> ④ **행정조사는 법령 등의 위반에 대한 처벌보다는 법령 등을 준수하도록 유도하는 데 중점을 두어야 한다.**
> ⑤ 다른 법률에 따르지 아니하고는 행정조사의 대상자 또는 행정조사의 내용을 공표하거나 직무상 알게 된 비밀을 누설하여서는 아니 된다.
> ⑥ **행정기관은 행정조사를 통하여 알게 된 정보를 다른 법률에 따라 내부에서 이용하거나 다른 기관에 제공하는 경우를 제외하고는 원래의 조사목적 이외의 용도로 이용하거나 타인에게 제공하여서는 아니 된다.**

18

정답 ③

일반행정작용법 > 행정입법 > 행정규칙 　정답률 71%

| 정답해설 |

③ **선택률 71%** 국립대학교 입학고사 주요요강은 행정규칙의 성질이지만 헌법소원의 대상이 된다. 하지만 항고소송의 대상인 처분은 아니다.

판례 **국립대학인 서울대학교의 '94학년도 대학입학고사 주요요강'은 사실상의 준비행위 내지 사전안내로서 행정쟁송의 대상이 될 수 있는 행정처분이나 공권력의 행사는 될 수 없지만** 그 내용이 국민의 기본권에 직접 영향을 끼치는 내용이고 앞으로 법령의 뒷받침에 의하여 그대로 실시될 것이 틀림없을 것으로 예상되어 그로 인하여 직접적으로 기본권 침해를 받게 되는 사람에게는 사실상의 규범작용으로 인한 위험성이 이미 현실적으로 발생하였다고 보아야 할 것이므로 이는 **헌법소원의 대상이 되는 헌법재판소법 제68조 제1항 소정의 공권력의 행사에 해당된다**고 할 것이며, 이 경우 헌법소원 외에 달리 구제방법(救濟方法)이 없다. (헌재결 1992.10.1., 92헌마68)

| 오답해설 |

① **선택률 1%** **판례** 행정규칙인 부령이나 고시가 법령의 수권에 의하여 법령을 보충하는 사항을 정하는 경우에는 그 근거 법령규정과 결합하여 대외적으로 구속력이 있는 법규명령으로서의 성질과 효력을 가진다. (대판 2007.5.10., 선고 2005도591)

② **선택률 25%** 행정규칙은 법규와 달리 일면적 구속력을 갖는다. 따라서 행정규칙을 발령한 기관에 대한 구속력이나 대외적 구속력은 없고 수명기관에만 효력이 있을 뿐이다.

④ **선택률 3%** 일반적으로 행정편의를 위한 절차규정은 대외적 구속력이 없으며 단순한 행정규칙에 불과하다.

판례 구 개발이익환수에 관한 법률 시행규칙(1991.11.29., 건설부령 제495호로 개정되기 전의 것) 제4조는 개발부담금의 신속 정확한 부과징수를 위한 행정편의를 도모하기 위하여 마련한 절차규정으로서 단순한 행정규칙의 성격을 갖는 것이라 할 것이다. (대판 1994.4.12., 선고 92누10562)

19 고난도 TOP3

정답 ①②

특별행정작용법 > 공용부담 > 환매 　정답률 70%

| 정답해설 |

② **선택률 70%** 환매권을 일정기간이 지나면 발생하지 않도록 제한하는 규정의 입법목적은 정당하다는 것이 헌법재판소의 입장이다.

판례 **환매권의 발생기간을 제한하는 것은** 공익사업을 수행하는 사업시행자의 지위나 토지를 둘러싼 이해관계인들의 토지이용 등에 관한 법률관계 안정, 토지의 사회경제적 이용의 효율성 제고, 사회일반의 이익이 되어야 할 개발이익이 원소유자 개인에게 귀속되는 불합리 방지 등을 위한 것으로 그 **입법목적은 정당**하고, 이를 위하여 **토지취득일로부터 일정기간이 지나면 환매권 자체가 발생하지 않도록 기간을 제한하는 것은 입법목적을 달성하기에 유효적절한 방법이라 할 수 있다.** (헌재결 2020.11.26., 2019헌바131)

① **선택률 8%** 「공익사업을 위한 토지 등의 취득 및 보상에 관한 법률」제91조 제1항의 규정에 관한 내용이다. 시험 당시에는 옳은 내용이었으나, 헌법불합치 결정에 따라 법이 개정되었다.

법령 「공익사업을 위한 토지 등의 취득 및 보상에 관한 법률」 제91조(환매권) ① 공익사업의 폐지·변경 또는 그 밖의 사유로 취득한 토지의 전부 또는 일부가 필요 없게 된 경우 토지의 협의취득일 또는 수용의 개시일(이하 이 조에서 '취득일'이라 한다) 당시의 토지소유자 또는 그 포괄승계인(이하 '환매권자'라 한다)은 다음 각 호의 구분에 따른 날부터 10년 이내에 그 토지에 대하여 받은 보상금에 상당하는 금액을 사업시행자에게 지급하고 그 토지를 환매할 수 있다.
1. 사업의 폐지·변경으로 취득한 토지의 전부 또는 일부가 필요 없게 된 경우: 관계 법률에 따라 사업이 폐지·변경된 날 또는 제24조에 따른 사업의 폐지·변경 고시가 있는 날
2. 그 밖의 사유로 취득한 토지의 전부 또는 일부가 필요 없게 된 경우: 사업완료일

| 오답해설 |

③ **선택률 12%** **판례** 이 사건 법률조항의 환매권 발생기간 '10년'을 예외 없이 유지하게 되면 토지수용 등의 원인이 된 공익사업의 폐지 등으로 공공필요가 소멸하였음에도 단지 10년이 경과하였다는 사정만으로 환매권이 배제되는 결과가 초래될 수 있다. 따라서 이 사건 법률조항은 침해의 최소성 원칙에 어긋난다. (헌재결 2020.11.26., 2019헌바131)

④ **선택률 10%** 동법 제91조 제1항 위헌소원(환매권 발생기간 제한 사건)에 대해 헌법재판소는 헌법불합치결정을 하였다.

판례 이 사건 법률조항의 위헌성은 **환매권의 발생기간을 제한한 것 자체에 있다기보다는 그 기간을 10년 이내로 제한한 것에 있다. 이 사건**

법률조항의 위헌성을 제거하는 다양한 방안이 있을 수 있고 이는 입법재량 영역에 속한다. 이 사건 법률조항의 적용을 중지하더라도 환매권 행사기간 등 제한이 있기 때문에 법적 혼란을 야기할 뚜렷한 사정이 있다고 보이지는 않는다. 이 사건 법률조항 적용을 중지하는 헌법불합치결정을 하고, 입법자는 가능한 한 빠른 시일 내에 이와 같은 결정 취지에 맞게 개선입법을 하여야 한다. (헌재결 2020.11.26., 2019헌바131)

20

정답 ②

행정구제법 > 행정상 손해전보 > 국가배상 정답률 82%

| 정답해설 |

② **선택률82%** 공공시설 등의 하자책임에 관한 「국가배상법」 제5조 규정의 경우, 군인 등의 2중배상금지제도(동법 제2조 제1항의 단서규정)가 적용된다.

법령 「국가배상법」 제5조(공공시설 등의 하자로 인한 책임) ① 도로·하천, 그 밖의 공공의 영조물(營造物)의 설치나 관리에 하자(瑕疵)가 있기 때문에 타인에게 손해를 발생하게 하였을 때에는 국가나 지방자치단체는 그 손해를 배상하여야 한다. 이 경우 **제2조 제1항 단서**, 제3조 및 제3조의2를 준용한다.

| 오답해설 |

① **선택률3%** ③ **선택률2%** ④ **선택률13%** 동법 제2조의 규정에 관한 내용이다.

법령 「국가배상법」 제2조(배상책임) ① 국가나 지방자치단체는 공무원 또는 공무를 위탁받은 사인(이하 '공무원'이라 한다)이 직무를 집행하면서 고의 또는 과실로 법령을 위반하여 타인에게 손해를 입히거나, 「자동차손해배상 보장법」에 따라 손해배상의 책임이 있을 때에는 이 법에 따라 그 손해를 배상하여야 한다. 다만, 군인·군무원·경찰공무원 또는 예비군대원이 전투·훈련 등 직무 집행과 관련하여 전사(戰死)·순직(殉職)하거나 공상(公傷)을 입은 경우에 본인이나 그 유족이 다른 법령에 따라 재해보상금·유족연금·상이연금 등의 보상을 지급받을 수 있을 때에는 이 법 및 「민법」에 따른 손해배상을 청구할 수 없다.

② 제1항 본문의 경우에 공무원에게 고의 또는 중대한 과실이 있으면 국가나 지방자치단체는 그 공무원에게 구상(求償)할 수 있다.

21

정답 ④

일반행정작용법 > 행정정보공개와 개인정보 보호 > 정보공개 정답률 90%

| 정답해설 |

④ **선택률90%** 예산집행의 내용 등에 대한 정보는 미리 정보통신망을 통해 알리고 정기적으로 공개하여야 한다.

법령 「공공기관의 정보공개에 관한 법률」 제7조(정보의 사전적 공개 등) ① 공공기관은 다음 각 호의 어느 하나에 해당하는 정보에 대해서는 공개의 구체적 범위, 주기, 시기 및 방법 등을 **미리 정하여 정보통신망 등을 통하여 알리고, 이에 따라 정기적으로 공개하여야 한다.** 다만, 제9조 제1항 각 호의 어느 하나에 해당하는 정보에 대해서는 그러하지 아니하다.

3. **예산집행의 내용과 사업평가 결과 등 행정감시를 위하여 필요한 정보**

| 오답해설 |

① **선택률7%** 동법 제3조의 정보공개원칙에 관한 규정이다.

법령 「공공기관의 정보공개에 관한 법률」 제3조(정보공개의 원칙) 공공기관이 보유·관리하는 정보는 국민의 알권리 보장 등을 위하여 이 법에서 정하는 바에 따라 적극적으로 공개하여야 한다.

② **선택률1%** 동법 제5조의 규정으로 모든 국민은 정보공개 청구권을 가진다.

법령 「공공기관의 정보공개에 관한 법률」 제5조(정보공개 청구권자) ① 모든 국민은 정보의 공개를 청구할 권리를 가진다.

③ **선택률2%** 최근 신설·시행(2020.12.22.)된 규정으로 정보공개 담당자의 의무에 관한 규정이다.

법령 「공공기관의 정보공개에 관한 법률」 제6조의2(정보공개 담당자의 의무) 공공기관의 정보공개 담당자(정보공개 청구대상 정보와 관련된 업무담당자를 포함한다)는 정보공개 업무를 성실하게 수행하여야 하며, 공개 여부의 자의적인 결정, 고의적인 처리 지연 또는 위법한 공개 거부 및 회피 등 부당한 행위를 하여서는 아니 된다.

22

정답 ③

행정상 실효성 확보수단 > 행정강제 > 강제집행 정답률 84%

| 정답해설 |

③ **선택률84%** 세무조사결정은 항고소송의 대상인 처분이다.

판례 세무조사결정은 납세의무자의 권리·의무에 직접 영향을 미치는 공권력의 행사에 따른 행정작용으로서 항고소송의 대상이 된다. (대판 2011.3.10., 선고 2009두23617·23624)

| 오답해설 |

① **선택률5%** **판례** 계고서라는 명칭의 1장의 문서로서 일정기간 내에 위법건축물의 자진철거를 명함과 동시에 그 소정기한 내에 자진철거를 하지 아니할 때에는 대집행할 뜻을 미리 계고한 경우라도 건축법에 의한 철거명령과 행정대집행법에 의한 계고처분은 독립하여 있는 것으로서 각 그 요건이 충족되었다고 볼 것이다. (대판 1992.6.12., 선고 91누13564)

② **선택률3%** **판례** 이행강제금은 행정상 간접적인 강제집행 수단의 하나로서 과거의 일정한 법률위반행위에 대한 제재로서의 형벌이 아니라 장래의 의무이행의 확보를 위한 강제수단일 뿐이어서 범죄에 대하여 국가가 형벌권을 실행한다고 하는 과벌에 해당하지 아니하므로 헌법 제13조 제1항이 금지하는 이중처벌금지의 원칙이 적용될 여지가 없다. (헌재결 2011.10.25., 2009헌바140)

④ **선택률8%** **판례** 명도(토지 등의 인도)의무는 그것을 강제적으로 실현하면서 직접적인 실력행사가 필요한 것이지 대체적 작위의무라고 볼 수 없으므로 특별한 사정이 없는 한 행정대집행법에 의한 대집행의 대상이 될 수 있는 것이 아니다. (대판 2005.8.19., 선고 2004다2809)

23 고난도 TOP3

정답 ③

행정법 서론 > 행정법 관계 > 개인적 공권 정답률 70%

| 정답해설 |

③ **선택률70%** 합의하에 소권을 포기할 수 없으므로, 부제소특약은 무효이다.

판례 당사자 사이에 석탄산업법 시행령 제41조 제4항 제5호 소정의 재해위로금에 대한 지급청구권에 관한 부제소합의가 있었다고 하더라도 그러한 합의는 무효라고 할 것이다. (대판 1999.1.26., 선고 98두12598)

| 오답해설 |

① 선택률 13% 판례 한의사 면허는 경찰금지를 해제하는 명령적 행위(강학상 허가)에 해당하고, 한약조제시험을 통하여 약사에게 한약조제권을 인정함으로써 한의사들의 영업상 이익이 감소되었다고 하더라도 이러한 이익은 사실상의 이익에 불과하다. (대판 1998.3.10., 선고 97누4289)

② 선택률 10% 법인의 합병은 합병 후 존속하는 법인이나 합병으로 설립된 법인에 합병 전 법인에게 부과된 의무 등이 승계된다. 하지만 법인이 분할되는 경우에는 승계되지 아니한다.

판례 구 주식회사의 외부감사에 관한 법률에 정해진 손해배상공동기금 및 같은 법 시행령에 정해진 손해배상공동기금의 추가적립과 관련한 공법상의 관계는 감사인의 감사보수총액과 위반행위의 태양 및 내용 등과 같은 객관적 사정에 기초하여 이루어지는 것으로서 합병으로 존속회계법인에게 승계된다. (대판 2004.7.8., 선고 2002두1946)

법령 「행정절차법」 제10조(지위의 승계) ② 당사자 등인 법인 등이 합병하였을 때에는 합병 후 존속하는 법인 등이나 합병 후 새로 설립된 법인 등이 당사자 등의 지위를 승계한다.

④ 선택률 7% 판례 **석유사업법상 석유판매업(주유소) 허가는 소위 대물적 허가의 성질을 갖는 것이어서** 그 사업의 양도도 가능하고 이 경우 양수인은 양도인의 지위를 승계하게 됨에 따라 양도인의 위 허가에 따른 권리의무가 양수인에게 이전되는 것이므로 만약 양도인에게 그 허가를 취소할 위법사유가 있다면 허가관청은 이를 이유로 양수인에게 응분의 제재조치를 취할 수 있다 할 것이고, **양수인이 그 양수 후 허가관청으로부터 석유판매업허가를 다시 받았다 하더라도 이는 석유판매업의 양수양도를 전제로 한 것이어서 이로써 양도인의 지위승계가 부정되는 것은 아니므로 양도인의 귀책사유는 양수인에게 그 효력이 미친다.** (대판 1986.7.22., 선고 86누203)

더 알아보기 ▶ 법인의 분할

신설회사 또는 존속회사가 승계하는 것은 분할하는 회사의 권리와 의무라 할 것인바, 분할하는 회사의 분할 전 법 위반행위를 이유로 과징금이 부과되기 전까지는 단순한 사실행위만 존재할 뿐 그 과징금과 관련하여 분할하는 회사에게 승계의 대상이 되는 어떠한 의무가 있다고 할 수 없고, 특별한 규정이 없는 한 신설회사에 대하여 분할하는 회사의 분할 전 법 위반행위를 이유로 과징금을 부과하는 것은 허용되지 않는다. (대판 2007.11.29., 선고 2006두18928)

24

정답 ②

일반행정작용법 > 행정행위 > 부관 정답률 87%

| 정답해설 |

② 선택률 87% 부관은 행정청이 일방적으로 내용을 정하여 부가할 수도 있지만 상대방과의 협의를 통해 협약형식으로 부가할 수 있다.

판례 수익적 행정처분에 있어서는 법령에 특별한 근거규정이 없다고 하더라도 그 부관으로서 부담을 붙일 수 있고, 그와 같은 부담은 행정청이 행정처분을 하면서 일방적으로 부가할 수도 있지만 **부담을 부가하기 이전에 상대방과 협의하여 부담의 내용을 협약의 형식으로 미리 정한 다음 행정처분을 하면서 이를 부가할 수도 있다.** (대판 2009.2.12., 선고 2005다65500)

| 오답해설 |

① 선택률 1% 판례 재량행위에 있어서는 관계법령에 명시적인 금지규정이 없는 한 행정목적을 달성하기 위하여 조건이나 기한, 부담 등의 부관을 붙일 수 있고, 그 부관의 내용이 이행 가능하고 비례의 원칙 및 평등의 원칙에 적합하며 행정처분의 본질적 효력을 저해하지 아니하는 이상 위법하다고 할 수 없다. (대판 2004.3.25., 선고 2003두12837)

③ 선택률 3% 사후부관은 일정한 경우에 허용된다.

판례 부관의 사후변경은, 법률에 명문의 규정이 있거나 그 변경이 미리 유보되어 있는 경우 또는 상대방의 동의가 있는 경우에 한하여 허용되는 것이 원칙이지만, 사정변경으로 인하여 당초에 부담을 부가한 목적을 달성할 수 없게 된 경우에도 그 목적달성에 필요한 범위 내에서 예외적으로 허용된다. (대판 1997.5.30., 선고 97누2627)

법령 「행정기본법」 제17조(부관) ③ 행정청은 부관을 붙일 수 있는 처분이 다음 각 호의 어느 하나에 해당하는 경우에는 그 처분을 한 후에도 부관을 새로 붙이거나 종전의 부관을 변경할 수 있다.

1. 법률에 근거가 있는 경우
2. 당사자의 동의가 있는 경우
3. 사정이 변경되어 부관을 새로 붙이거나 종전의 부관을 변경하지 아니하면 해당 처분의 목적을 달성할 수 없다고 인정되는 경우

④ 선택률 9% 건축허가는 기속이고, 법령에 특별한 규정이 없는 한 기속에 붙은 부관은 무효이다.

판례 건축허가를 하면서 일정 토지를 기부채납하도록 하는 내용의 허가조건은 부관을 붙일 수 없는 기속행위 내지 기속적 재량행위인 건축허가에 붙인 부담이거나 또는 법령상 아무런 근거가 없는 부관이어서 무효이다. (대판 1995.6.13., 선고 94다56883)

법령 「행정기본법」 제17조(부관) ② 행정청은 처분에 재량이 없는 경우에는 법률에 근거가 있는 경우에 부관을 붙일 수 있다.

25

정답 ④

일반행정작용법 > 행정입법 > 법규명령 정답률 78%

| 정답해설 |

④ 선택률 78% 부작위위법확인소송은 항고소송에 해당되는데, 여기서 부작위위법확인소송의 대상인 부작위는 처분의 부작위를 의미하는 것이지 행정입법부작위를 말하는 것이 아니다. 하지만 행정입법부작위는 헌법소원의 대상은 된다.

판례 부작위위법확인소송의 대상이 될 수 있는 것은 구체적 권리의무에 관한 분쟁이어야 하고 추상적인 법령에 관하여 제정의 여부 등은 그 자체로서 국민의 구체적인 권리의무에 직접적 변동을 초래하는 것이 아니어서 그 소송의 대상이 될 수 없다. (대판 1992.5.8., 선고 91누11261)

| 오답해설 |

① 선택률 8% ② 선택률 1% 입법부에 의해 위임된 행정입법의 의무는 권력분립원칙에 따른 헌법적 의무이므로 행정입법부작위는 위헌이다.

판례 **우리 헌법은** 국가권력의 남용으로부터 국민의 자유와 권리를 보호하려는 법치국가의 실현을 기본이념으로 하고 있고, 자유민주주의 헌법의 원리에 따라 국가의 기능을 입법·행정·사법으로 분립하여 견제와 균형을 이루게 하는 **권력분립제도를 채택**하고 있어, 행정과 사법은 법률에 기속되므로, **국회가 특정한 사항에 대하여 행정부에 위임하였음에도 불구하고 행정부가 정당한 이유 없이 이를 이행하지 않는다면 권력분립의 원칙과 법치국가의 원칙에 위배되는 것**이다. (헌재결 2004.2.26., 2001헌마718)

③ 선택률 13% 판례 입법부작위에는 입법자가 헌법상 입법의무가 있는 어떤 사항에 관하여 전혀 입법을 하지 아니함으로써 입법행위의 흠결이 있는 진정입법부작위와 입법자가 어떤 사항에 관하여 입법은 하였으나 그 입법의 내용 · 범위 · 절차 등의 당해 사항을 불완전 · 불충분 또는 불공정하게 규율함으로써 입법행위에 결함이 있는 부진정입법부작위로 나눌 수 있다. 전자인 진정입법부작위는 입법부작위로서 헌법소원의 대상이 될 수 있지만, 후자인 부진정입법부작위의 경우에는 그 불완전한 법규정 자체를 대상으로 하여 그것이 헌법위반이라는 적극적인 헌법소원을 청구할 수 있을 뿐 이를 입법부작위라 하여 헌법소원을 제기할 수 없다. (헌재결 2003.5.15., 2000헌마192 · 508)

2020 2020.07.18. 국방부(육·해·공군) 시행

9급 군무원 행정법

I 전체 난이도 및 합격선

전체 난이도	합격선
上	84점

I 기출총평

기존의 난이도와 다른 어려운 문제가 출제(어렵게 출제하려는 의도가 보임)되었다.

난이도 상(上)에 해당하는 문제 자체는 2문항 정도로 많지 않았지만 전반적으로 쉽게 풀 수 있는 문제가 드물었다. 선지의 문장이 길었을 뿐만 아니라, 7급 시험이나 국회 8급 시험에서도 볼 수 없었던 병역 판례와 환경 판례 문제들이 출제되었기 때문이다.

출제단원은 각론이 2문항(병역, 환경)이지만 병역 관련 문제는 내용이 총론에 포함되어 사실상 1문항이라 할 수 있고, 나머지는 총론에서 출제되었다. 손실보상이나 사인의 공법행위, 부관이나 행정행위의 하자 부분에서는 출제되지 않아 모든 영역이 고르게 출제되었다고 보기는 어려우며 법령 3문항을 제외하고는 모두 판례와 관련된 문제였다.

이번 시험이 앞으로의 9급 군무원 시험의 기준이 될지, 올해만의 예외적인 경우일지는 지켜보아야 하겠지만, 최근 군무원 시험의 출제 경향으로 보아 앞으로도 이와 비슷한 수준일 것으로 전망된다. 따라서 군무원 수험생뿐 아니라 군무원 시험에 뜻을 품고 있는 공무원 수험생도 이에 맞는 준비를 철저히 하여야 할 것이다.

I 영역별 출제비중

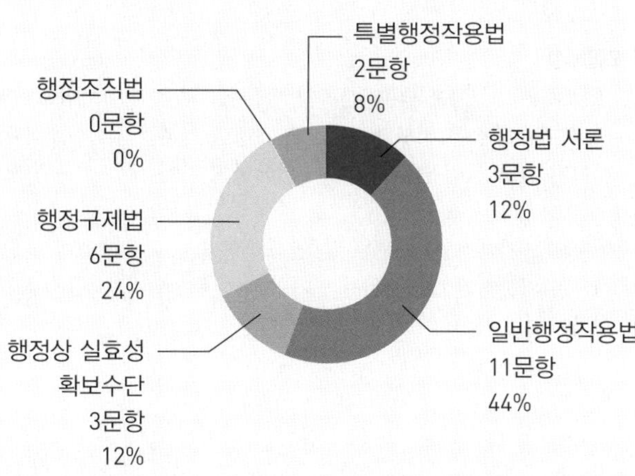

I 문항 분석

		카테고리	출제수	정답률
	1	행정법 서론 > 행정법 > 행정법의 효력	3회	64%
	2	일반행정작용법 > 행정입법 > 행정규칙	8회	78%
	3	일반행정작용법 > 행정행위 > 행정행위의 내용	25회	72%
	4	일반행정작용법 > 비권력적 행정작용 > 행정지도	13회	91%
고난도 TOP1	5	행정구제법 > 행정쟁송 > 행정소송	47회	51%
	6	일반행정작용법 > 행정정보공개와 개인정보 보호 > 개인정보 보호	7회	67%
고난도 TOP2	7	행정법 서론 > 행정법 > 행정법의 일반원칙	19회	53%
	8	일반행정작용법 > 행정정보공개와 개인정보 보호 > 정보공개	18회	74%
고난도 TOP3	9	행정상 실효성 확보수단 > 행정벌 > 행정질서벌	10회	54%
	10	행정법 서론 > 행정 > 통치행위	12회	97%
	11	일반행정작용법 > 비권력적 행정작용 > 공법상 계약	7회	71%
	12	특별행정작용법 > 군사행정법 > 병역법	2회	69%
	13	일반행정작용법 > 행정절차 > 행정절차법	13회	85%
	14	일반행정작용법 > 그 밖의 행정작용 > 사실행위	1회	74%
	15	특별행정작용법 > 규제행정 > 환경행정	1회	58%
	16	행정상 실효성 확보수단 > 행정제재 > 제재적 처분	1회	58%
	17	행정구제법 > 행정쟁송 > 행정심판	28회	68%
	18	행정구제법 > 행정쟁송 > 행정소송	47회	77%
	19	행정구제법 > 행정쟁송 > 행정소송	47회	74%
	20	행정구제법 > 행정쟁송 > 행정소송	47회	72%
	21	일반행정작용법 > 행정정보공개와 개인정보 보호 > 정보공개	18회	91%
	22	행정구제법 > 행정상 손해전보 > 국가배상	12회	81%
	23	일반행정작용법 > 행정행위 > 행정행위의 하자	9회	74%
	24	행정상 실효성 확보수단 > 행정강제 > 이행강제금	4회	93%
	25	일반행정작용법 > 행정절차 > 행정절차법	13회	64%

※ 고난도 TOP1 은 해당 회차에서 정답률이 가장 낮은 문항입니다.

기출문제편 ▶ P.40									
01	④	02	③	03	②	04	②	05	①
06	②	07	③	08	③	09	①	10	④
11	①	12	④	13	④	14	②	15	①
16	①	17	①	18	①	19	②	20	③
21	③	22	③	23	②	24	③	25	③

01

정답 ④

행정법 서론 > 행정법 > 행정법의 효력 정답률 64%

| 정답해설 |

④ **선택률 64%** 진정소급입법뿐만 아니라 부진정소급입법의 경우에도 신뢰보호의 이익이 적용된다. 부진정소급입법은 원칙적으로 적용되지만 부진정소급입법을 통해 얻어지는 공익과 이를 통해 잃게 되는 신뢰이익간의 형량을 통해 부진정소급입법이 제한을 받을 수 있다.

판례 **새로운 입법으로 이미 종료된 사실관계에 작용케 하는 진정소급입법은 헌법적으로 허용되지 않는 것이 원칙이며** 특단의 사정이 있는 경우에만 예외적으로 허용될 수 있는 반면, 현재 진행 중인 사실관계에 작용케 하는 부진정소급입법은 원칙적으로 허용되지만 소급효를 요구하는 공익상의 사유와 신뢰보호의 요청 사이의 교량과정에서 신뢰보호의 관점이 입법자의 형성권에 제한을 가하게 된다. (헌재결 1998.11.26., 97헌바58)

| 오답해설 |

① **선택률 13%** 법령은 시행일로부터 폐지일까지 효력을 발한다. 법령의 시행일은 「법령 등 공포에 관한 법률」 제13조 규정에 따라 특별한 규정이 없으면 공포한 날부터 20일이 경과함으로써 효력을 발생한다.

② **선택률 20%** 판례 과징금의 부과상한은 건설산업기본법 부칙(1999.4.15.) 제5조 제1항에 의하여 피적용자에게 유리하게 개정된 건설산업기본법 제82조 제2항에 따르되, **구체적인 부과기준에 대하여는 처분시의 시행령이 행위시의 시행령보다 불리하게 개정되었고 어느 시행령을 적용할 것인지에 대하여 특별한 규정이 없으므로, 행위시의 시행령을 적용하여야** 한다. (대판 2002.12.10., 선고 2001두3228)

③ **선택률 3%** 판례 법령불소급의 원칙은 법령의 효력발생 전에 완성된 요건 사실에 대하여 당해 법령을 적용할 수 없다는 의미일 뿐, 계속 중인 사실이나 그 이후에 발생한 요건 사실에 대한 법령적용까지를 제한하는 것은 아니다. (대판 2014.4.24., 선고 2013두26552)

02

정답 ③

일반행정작용법 > 행정입법 > 행정규칙 정답률 78%

| 정답해설 |

③ **선택률 78%** 법률이 행정규칙 형식으로 입법을 위임하는 경우에도 그 고시 등은 상위법과 결합하여 법규로서 작용하므로 포괄위임금지원칙은 적용된다.

판례 **헌법이 인정하고 있는 위임입법의 형식은 예시적인 것으로 보아야 한다. 법률이 일정한 사항을 행정규칙에 위임하더라도 그 행정규칙은 위임된 사항만을 규율할 수 있으므로, 국회입법의 원칙과 상치되지 않는다.** 다만, 고시와 같은 행정규칙에 위임하는 것은 전문적·기술적 사항이나 경미한 사항으로서 업무의 성질상 위임이 불가피한 사항에 한정된다. 심판대상조항은 정비사업의 시공자 선정과정에서 공정한 경쟁이 가능하도록 하는 절차나 그에 관한 평가 및 의사결정 방법 등의 세부적 내용에 관하여 국토해양부장관이 정하도록 위임하고 있는바, 이는 전문적·기술적 사항이자 경미한 사항으로서 업무의 성질상 위임이 불가피한 경우에 해당한다. (헌재결 2016.3.31., 2014헌바382)

| 오답해설 |

① **선택률 10%** 헌법이 인정하고 있는 위임입법의 형식은 예시적이다. 법률이 입법사항을 대통령령이나 부령이 아닌 고시와 같은 행정규칙의 형식으로 위임하는 것도 허용된다.

판례 헌법이 인정하고 있는 위임입법의 형식은 예시적인 것으로 보아야 할 것이고, 그것은 법률이 행정규칙에 위임하더라도 그 행정규칙은 위임된 사항만을 규율할 수 있으므로, 국회입법의 원칙과 상치되지도 않는다. (헌재결 2004.10.28., 99헌바91)

② **선택률 7%** 정답해설 참고

④ **선택률 5%** 판례 법령의 규정이 특정 행정기관에게 그 법령 내용의 구체적 사항을 정할 수 있는 권한을 부여하면서 그 권한 행사의 절차나 방법을 특정하고 있지 않아 수임행정기관이 행정규칙의 형식으로 그 법령의 내용이 될 사항을 구체적으로 정하고 있다면, 그와 같은 행정규칙은 위에서 본 행정규칙이 갖는 일반적 효력으로서가 아니라 행정기관에 법령의 구체적 내용을 보충할 권한을 부여한 법령 규정의 효력에 의하여 그 내용을 보충하는 기능을 갖게 되고, 따라서 이와 같은 **행정규칙은 당해 법령의 위임한계를 벗어나지 않는 한 그것들과 결합하여 대외적인 구속력이 있는 법규명령으로서의 효력**을 가진다. (대판 2008.3.27., 선고 2006두3742·3759)

03

정답 ②

일반행정작용법 > 행정행위 > 행정행위의 내용 정답률 72%

| 정답해설 |

② **선택률 72%** 인가는 보충행위로서 기본적인 법률행위를 보충하여 유효의 효력을 부여하는 행위이다. 따라서 기본적인 법률행위가 무효 또는 불성립하였거나, 취소가 되었다면 인가는 행정청의 별도 행위 없이 실효된다.

| 오답해설 |

① **선택률 7%** ④ **선택률 14%** 기본적인 법률행위의 하자를 이유로 인가에 대한 소송은 청구할 수 없다. 그러나 기본적인 법률행위에 하자가 없으나 인가에만 하자가 있다면 인가에 대한 소송을 청구할 수 있다.

③ **선택률 7%** 기본적인 법률행위는 인가를 통해 유효의 효력이 발생하므로 기본적인 법률행위가 인가를 받지 못하였다면 이는 무효이다.

04

정답 ②

일반행정작용법 > 비권력적 행정작용 > 행정지도 정답률 91%

| 정답해설 |

② 선택률91% 위법한 행정지도를 이행한 사인의 위법한 행위는 위법성이 조각되지 않는다. 행정지도는 비권력적 사실행위로서 강제력이 없는 행정작용이다. 따라서 지도의 상대방이 이를 따라 이행한 행위는 자의에 의한 행위로 해석되며 사인의 행위는 위법성이 조각되지 않는다.

판례 행정관청이 국토이용관리법 소정의 토지거래계약신고에 관하여 공시된 기준시가를 기준으로 매매가격을 신고하도록 행정지도를 하여 그에 따라 허위신고를 한 것이라 하더라도 이와 같은 행정지도는 법에 어긋나는 것으로서 그와 같은 행정지도나 관행에 따라 허위신고행위에 이르렀다고 하여도 이것만 가지고서는 그 범법행위가 정당화될 수 없다. (대판 1994.6.14., 선고 93도3247)

| 오답해설 |

① 선택률2% 행정지도가 단순한 지도의 성격을 넘어 국민을 구속하고 규제하는 성질을 갖게 되면 헌법소원의 대상이 된다.

판례 **교육인적자원부장관의 대학총장들에 대한 이 사건 학칙시정요구**는 고등교육법 제6조 제2항, 동법 시행령 제4조 제3항에 따른 것으로서 그 법적 성격은 대학총장의 임의적인 협력을 통하여 사실상의 효과를 발생시키는 **행정지도의 일종**이지만, 그에 따르지 않을 경우 일정한 불이익 조치를 예정하고 있어 사실상 상대방에게 그에 따를 의무를 부과하는 것과 다를 바 없으므로 **단순한 행정지도로서의 한계를 넘어 규제적·구속적 성격을 상당히 강하게 갖는 것으로서 헌법소원의 대상이 되는 공권력의 행사**라고 볼 수 있다. (헌재결 2003.6.26., 2002헌마337)

③ 선택률3% 판례 **국가인권위원회의 성희롱결정과 이에 따른 시정조치의 권고는** 불가분의 일체로 행하여지는 것인데 국가인권위원회의 이러한 결정과 시정조치의 권고는 성희롱 행위자로 결정된 자의 인격권에 영향을 미침과 동시에 공공기관의 장 또는 사용자에게 일정한 법률상의 의무를 부담시키는 것이므로 국가인권위원회의 성희롱결정 및 시정조치권고는 행정소송의 대상이 되는 **행정처분에 해당한다**고 보지 않을 수 없다. (대판 2005.7.8., 선고 2005두487)

④ 선택률4% 판례 **주식매각의 종용이 정당한 법률적 근거 없이 자의적으로 주주에게 제재를 가하는 것이라면 이 점에서 벌써 행정지도의 영역을 벗어난 것이라고 보아야 할 것**이고 만일 이러한 행위도 행정지도에 해당된다고 한다면 이는 행정지도라는 미명하에 법치주의의 원칙을 파괴하는 것이라고 하지 않을 수 없으며, 더구나 그 주주가 주식매각의 종용을 거부한다는 의사를 명백하게 표시하였음에도 불구하고, 집요하게 위협적인 언동을 함으로써 그 매각을 강요하였다면 이는 위법한 강박행위에 해당한다고 하지 않을 수 없다. 따라서 정부의 재무부 이재국장 등이 국제그룹 정리방안에 따라 신한투자금융주식회사의 주식을 주식회사 제일은행에게 매각하도록 종용한 행위가 행정지도에 해당되어 위법성이 조각된다는 주장은 잘못되었다. (대판 1994.12.13., 선고 93다49482)

더 알아보기 ▶ 행정지도의 처분성이 인정된 판례

- **공정거래위원회의 '표준약관 사용권장행위'는** 그 통지를 받은 해당 사업자 등에게 표준약관과 다른 약관을 사용할 경우 표준약관과 다르게 정한 주요내용을 고객이 알기 쉽게 표시하여야 할 의무를 부과하고, 그 불이행에 대해서는 과태료에 처하도록 되어 있으므로, 이는 사업자 등의 권리·의무에 직접 영향을 미치는 **행정처분으로서 항고소송의 대상이 된다.** (대판 2010.10.14., 선고 2008두23184)
- **행정기관인 방송통신심의위원회의 시정요구는** 정보통신서비스제공자 등에게 조치결과 통지의무를 부과하고 있고, 정보통신서비스제공자 등이 이에 따르지 않는 경우 방송통신위원회의 해당 정보의 취급거부·정지 또는 제한명령이라는 법적 조치가 예정되어 있으며, 행정기관인 방송통신심의위원회가 표현의 자유를 제한하게 되는 결과의 발생을 의도하거나 또는 적어도 예상하였다 할 것이므로, 이는 단순한 행정지도로서의 한계를 넘어 규제적·구속적 성격을 갖는 것으로서 헌법소원 또는 **항고소송의 대상이 되는 공권력의 행사라고 봄이 상당하다.** (헌재결 2012.2.23., 2011헌가13)

05 고난도 TOP 1

정답 ①

행정구제법 > 행정쟁송 > 행정소송 정답률 51%

| 정답해설 |

① 선택률51% 현역군인과 군무원의 합리적 차별이라는 것이 헌법재판소의 입장이다.

판례 **군인과 군무원은 모두 국군을 구성하며 국토수호라는 목적을 위해 국가와 국민에게 봉사하는 특정직공무원이기는 하지만 각각의 책임·직무·신분 및 근무조건에는 상당한 차이가 존재**한다. 이 사건 법률조항이 현역군인에게만 국방부 등의 보조기관 등에 보해질 수 있는 특례를 인정한 것은 국방부 등이 담당하고 있는 지상·해상·상륙 및 항공작전임무와 그 임무를 수행하기 위한 교육훈련업무에는 평소 그 업무에 종사해 온 현역군인들의 작전 및 교육경험을 활용할 필요성이 인정되는 반면, 군무원들이 주로 담당해 온 정비·보급·수송 등의 군수지원분야의 업무, 행정업무 그리고 일부 전투지원분야의 업무는 국방부 등에 근무하는 일반직공무원·별정직공무원 및 계약직공무원으로서도 충분히 감당할 수 있다는 입법자의 합리적인 재량 판단에 의한 것이다. 따라서 이와 같은 **차별이 입법재량의 범위를 벗어나 현저하게 불합리한 것이라 볼 수는 없으므로 이 사건 법률조항은 청구인들의 평등권을 침해하지 않는다.** (헌재결 2008.6.26., 2005헌마1275)

| 오답해설 |

② 선택률20% 처분청의 처분권한의 유무는 요건심리가 아니라 처분의 위법 여부를 좌우하는 본안문제이다. 따라서 변론주의가 적용된다.

판례 **행정소송에 있어서 처분청의 처분권한 유무는 직권조사사항이라고 할 수 없다.** 원고는 피고가 원고에 대하여 파면처분을 할 권한을 가지고 있지 아니하다는 점에 관하여 원심에 전혀 다투지 아니하다가 상고이유에서 비로소 피고가 원고에 대하여 파면처분을 할 권한이 없기 때문에 이 사건 파면처분이 위법하다고 주장하고 있으나, 처분청이 처분권한을 가지고 있는가 하는 점은 직권조사사항이 아니므로 원심이 이에 관하여 아무런 판단을 하지 아니하였다 하여 여기에 논하는 바와 같은 석명의

무 위반이나 심리미진의 위법이 있다고 할 수 없다. (대판 1996.6.25., 선고 96누570)

③ 선택률 22% 행정청의 권한위임이 있게 되면 위임청의 권한이 수임청으로 이전된다. 따라서 수임청은 자신의 명의로 자신의 책임하에 행정을 하게 된다.

④ 선택률 7% 설치관리자나 비용부담자는 선택적 청구대상이 되어 손해배상책임이 있다. (대판 1991.12.24., 선고 91다34097)

군무원 VS 공무원 비교분석

군 또는 군무원과 관련된 문제가 출제된다는 점이 군무원 시험의 가장 큰 특징이다. 따라서 군 또는 군무원과 관련된 법령, 단원, 판례는 다른 시험보다 더 주의를 기울여 학습할 필요가 있다.

06

정답 ②

일반행정작용법 > 행정정보공개와 개인정보 보호 > 개인정보 보호 정답률 67%

| 정답해설 |

② 선택률 67% 일괄적으로 동의를 받는 것이 아니라 별도로 받아야 한다.

법령 「개인정보 보호법」 제24조(고유식별정보의 처리 제한) ① 개인정보처리자는 다음 각 호의 경우를 제외하고는 법령에 따라 개인을 고유하게 구별하기 위하여 부여된 식별정보로서 대통령령으로 정하는 정보(이하 '고유식별정보'라 한다)를 처리할 수 없다.

1. 정보주체에게 제15조 제2항 각 호 또는 제17조 제2항 각 호의 사항을 알리고 다른 개인정보의 처리에 대한 동의와 별도로 동의를 받은 경우
2. 법령에서 구체적으로 고유식별정보의 처리를 요구하거나 허용하는 경우

| 오답해설 |

① 선택률 2% 법령 「개인정보 보호법 시행령」 제19조(고유식별정보의 범위) 법 제24조 제1항 각 호 외의 부분에서 '대통령령으로 정하는 정보'란 다음 각 호의 어느 하나에 해당하는 정보를 말한다. 다만, 공공기관이 법 제18조 제2항 제5호부터 제9호까지의 규정에 따라 다음 각 호의 어느 하나에 해당하는 정보를 처리하는 경우의 해당 정보는 제외한다.

1. 「주민등록법」 제7조의2 제1항에 따른 주민등록번호
2. 「여권법」 제7조 제1항 제1호에 따른 여권번호
3. 「도로교통법」 제80조에 따른 운전면허의 면허번호
4. 「출입국관리법」 제31조 제5항에 따른 외국인등록번호

③ 선택률 3% 법령 「개인정보 보호법」 제24조(고유식별정보의 처리 제한) ③ 개인정보처리자가 제1항 각 호에 따라 고유식별정보를 처리하는 경우에는 그 고유식별정보가 분실·도난·유출·위조·변조 또는 훼손되지 아니하도록 대통령령으로 정하는 바에 따라 암호화 등 안전성 확보에 필요한 조치를 하여야 한다.

④ 선택률 28% 법령 「개인정보 보호법」 제24조의2(주민등록번호 처리의 제한) ① 제24조 제1항에도 불구하고 개인정보처리자는 다음 각 호의 어느 하나에 해당하는 경우를 제외하고는 주민등록번호를 처리할 수 없다.

1. 법률·대통령령·국회규칙·대법원규칙·헌법재판소규칙·중앙선거관리위원회규칙 및 감사원규칙에서 구체적으로 주민등록번호의 처리를 요구하거나 허용한 경우
2. 정보주체 또는 제3자의 급박한 생명, 신체, 재산의 이익을 위하여 명백히 필요하다고 인정되는 경우
3. 제1호 및 제2호에 준하여 주민등록번호 처리가 불가피한 경우로서 보호위원회가 고시로 정하는 경우

07 고난도 TOP2

정답 ③

행정법 서론 > 행정법 > 행정법의 일반원칙 정답률 53%

| 정답해설 |

③ 선택률 53% 대법원은 실권의 법리를 신의성실의 원칙에서 찾고 있다.

판례 **실권 또는 실효의 법리는 신의성실의 원칙에 바탕을 둔 파생적인 원리**로서 이는 본래 권리행사의 기회가 있음에도 불구하고 권리자가 장기간에 걸쳐 그 권리를 행사하지 아니하였기 때문에 의무자인 상대방이 이미 그의 권리를 행사하지 아니할 것으로 믿을 만한 정당한 사유가 있게 됨으로써 새삼스럽게 그 권리를 행사하는 것이 신의성실의 원칙에 위반되는 결과가 될 때 그 권리행사를 허용하지 않는 것을 의미한다. (대판 2005.7.15., 선고 2003다46963)

| 오답해설 |

① 선택률 11% 신뢰보호원칙은 독일 판례에 의하면 신의성실의 원칙에서 그의 근거로 찾고 있으나, 최근의 일반적인 입장은 법적 안정성에서 근거를 찾고 있다. 이 외에도 사회국가원칙설도 있으나 일반적인 입장은 아니다. 선지의 '법적 근거'라는 표현은 선지의 취지와 잘 맞지 않아 보이며, 신의칙설이 최근의 일반적인 견해는 아니라는 점은 유의할 필요가 있다.

② 선택률 10% 법령 「행정절차법」 제4조(신의성실 및 신뢰보호) ① 행정청은 직무를 수행할 때 신의(信義)에 따라 성실히 하여야 한다.

② 행정청은 법령 등의 해석 또는 행정청의 관행이 일반적으로 국민들에게 받아들여졌을 때에는 공익 또는 제3자의 정당한 이익을 현저히 해칠 우려가 있는 경우를 제외하고는 새로운 해석 또는 관행에 따라 소급하여 불리하게 처리하여서는 아니 된다.

법령 「국세기본법」 제18조(세법 해석의 기준 및 소급과세의 금지) ③ 세법의 해석이나 국세행정의 관행이 일반적으로 납세자에게 받아들여진 후에는 그 해석이나 관행에 의한 행위 또는 계산은 정당한 것으로 보며, 새로운 해석이나 관행에 의하여 소급하여 과세되지 아니한다.

④ 선택률 26% 행정청의 공적 견해표명은 명시적·묵시적인 견해가 모두 인정되지만 구체적으로 표시되어야 한다. 따라서 조세법령의 내용이나 행정규칙 그 자체는 공적 견해표명이라 볼 수 없다.

판례 일반적으로 조세법률관계에서 과세관청의 행위에 대하여 신의성실의 원칙이 적용되기 위하여는, 첫째, 과세관청이 납세자에게 신뢰의 대상이 되는 공적인 견해표명을 하여야 하고, 둘째, 납세자가 과세관청의 견해표명이 정당하다고 신뢰한 데 대하여 납세자에게 귀책사유가 없어야 하며, 셋째, 납세자가 그 견해표명을 신뢰하고 이에 따라 무엇인가 행위를 하여야 하고, 넷째, 과세관청이 위 견해표명에 반하는 처분을 함으로써 납세자의 이익이 침해되는 결과가 초래되어야 할 것이고, 한편, **조세법령의 규정내용 및 행정규칙 자체는 과세관청의 공적 견해표명에 해당하지 아니한다.** (대판 2003.9.5., 선고 2001두403)

더 알아보기 ▶ 정답해설 관련 법령

> 「행정기본법」 제12조(신뢰보호의 원칙) ② 행정청은 권한 행사의 기회가 있음에도 불구하고 장기간 권한을 행사하지 아니하여 국민이 그 권한이 행사되지 아니할 것으로 믿을 만한 정당한 사유가 있는 경우에는 그 권한을 행사해서는 아니 된다. 다만, 공익 또는 제3자의 이익을 현저히 해칠 우려가 있는 경우는 예외로 한다.

08

정답 ③

일반행정작용법 > 행정정보공개와 개인정보 보호 > 정보공개 정답률 74%

| 정답해설 |

③ 선택률74% 제3자에게 비공개를 요청할 수 있는 것은 3일 이내이며, 이의신청일이 7일 이내이다.

법령 「공공기관의 정보공개에 관한 법률」 제21조(제3자의 비공개 요청 등) ① 제11조 제3항에 따라 공개 청구된 사실을 통지받은 제3자는 그 통지를 받은 날부터 3일 이내에 해당 공공기관에 대하여 자신과 관련된 정보를 공개하지 아니할 것을 요청할 수 있다.

| 오답해설 |

① 선택률13% 법령 「공공기관의 정보공개에 관한 법률」 제10조(정보공개의 청구방법) ① 정보의 공개를 청구하는 자(이하 '청구인'이라 한다)는 해당 정보를 보유하거나 관리하고 있는 공공기관에 다음 각 호의 사항을 적은 정보공개 청구서를 제출하거나 말로써 정보의 공개를 청구할 수 있다.

1. 청구인의 성명·생년월일·주소 및 연락처(전화번호·전자우편주소 등을 말한다. 이하 이 조에서 같다). 다만, 청구인이 법인 또는 단체인 경우에는 그 명칭, 대표자의 성명, 사업자등록번호 또는 이에 준하는 번호, 주된 사무소의 소재지 및 연락처를 말한다.
2. 청구인의 주민등록번호(본인임을 확인하고 공개 여부를 결정할 필요가 있는 정보를 청구하는 경우로 한정한다)
3. 공개를 청구하는 정보의 내용 및 공개방법

② 선택률6% 법령 「공공기관의 정보공개에 관한 법률」 제11조(정보공개 여부의 결정) ③ 공공기관은 공개 청구된 공개대상 정보의 전부 또는 일부가 제3자와 관련이 있다고 인정할 때에는 그 사실을 제3자에게 지체 없이 통지하여야 하며, 필요한 경우에는 그의 의견을 들을 수 있다.

④ 선택률7% 법령 「공공기관의 정보공개에 관한 법률」 제21조(제3자의 비공개 요청 등) ② 제1항에 따른 비공개 요청에도 불구하고 공공기관이 공개 결정을 할 때에는 공개 결정이유와 공개 실시일을 분명히 밝혀 지체 없이 문서로 통지하여야 하며, 제3자는 해당 공공기관에 문서로 이의신청을 하거나 행정심판 또는 행정소송을 제기할 수 있다. 이 경우 이의신청은 통지를 받은 날부터 7일 이내에 하여야 한다.

09 고난도 TOP3

정답 ①

행정상 실효성 확보수단 > 행정벌 > 행정질서벌 정답률 54%

| 정답해설 |

① 선택률54% 행정청이 고발을 한 이후의 통고처분과 이에 따른 납부는 무효에 해당한다. 따라서 납부를 하였다고 하여도 형사법원을 통한 형사처벌이 가능하다.

판례 지방국세청장 또는 세무서장이 조세범칙행위에 대하여 고발을 한 후에 동일한 조세범칙행위에 대하여 한 통고처분을 하였더라도 이는 법적 권한 소멸 후에 이루어진 것으로서 특별한 사정이 없는 한 효력이 없고, 조세범칙행위자가 이러한 통고처분을 이행한 경우, 조세범 처벌절차법 제15조 제3항에서 정한 일사부재리의 원칙이 적용되지 않는다. (대판 2016. 9.28., 선고 2014도10748)

| 오답해설 |

② 선택률9% 통고처분은 임의적 금전급부의무를 부과하는 행위로서 상대방은 통고처분에 불복하는 경우 통고처분을 이행하지 않을 자유가 있어, 항고소송대상인 처분이 아니다.

판례 **도로교통법 제118조에서 규정하는 경찰서장의 통고처분은 행정소송의 대상이 되는 행정처분이 아니므로** 그 처분의 취소를 구하는 소송은 부적법하고 도로교통법상의 통고처분을 받은 자가 그 처분에 대하여 이의가 있는 경우에는 통고처분에 따른 범칙금의 납부를 이행하지 아니함으로써 경찰서장의 즉결심판청구에 의하여 법원의 심판을 받을 수 있게 될 뿐이다. (대판 1995.6.29., 선고 95누4674)

③ 선택률29% 판례 도로교통법상의 통고처분은 처분을 받은 당사자의 임의의 승복을 발효요건으로 하고 있으며, 행정공무원에 의하여 발하여지는 것이지만, 통고처분에 따르지 않고자 하는 당사자에게는 정식재판의 절차가 보장되어 있다. … 이러한 점들을 종합할 때, **통고처분제도의 근거 규정인 도로교통법 제118조 본문이 적법절차원칙이나 사법권을 법원에 둔 권력분립원칙에 위배된다거나, 재판청구권을 침해하는 것이라 할 수 없다.** (헌재결 2003.10.30., 2002헌마275)

④ 선택률8% 판례 관세법 제284조 제1항, 제311조, 제312조, 제318조의 규정에 의하면, 관세청장 또는 세관장은 관세범에 대하여 통고처분을 할 수 있고, 범죄의 정상이 징역형에 처하여질 것으로 인정되는 때에는 즉시 고발하여야 하며, 관세범인이 통고를 이행할 수 있는 자금능력이 없다고 인정되거나 주소 및 거소의 불명 기타의 사유로 인하여 통고를 하기 곤란하다고 인정되는 때에도 즉시 고발하여야 하는바, 이들 규정을 종합하여 보면, **통고처분을 할 것인지의 여부는 관세청장 또는 세관장의 재량에 맡겨져 있고, 따라서 관세청장 또는 세관장이 관세범에 대하여 통고처분을 하지 아니한 채 고발하였다는 것만으로는 그 고발 및 이에 기한 공소의 제기가 부적법하게 되는 것은 아니다.** (대판 2007.5.11., 선고 2006도1993)

10

정답 ④

행정법 서론 > 행정 > 통치행위 정답률 97%

| 정답해설 |

④ 선택률97% 통치행위라도 국민의 기본권 침해와 직접 관련되는 경우에는 헌법재판소 심판대상이 된다.

판례 대통령의 긴급재정경제명령은 국가긴급권의 일종으로서 고도의 정치적 결단에 의하여 발동되는 행위이고 그 결단을 존중하여야 할 필요성이 있는 행위라는 의미에서 이른바 통치행위에 속한다고 할 수 있으나, 통치행위를 포함하여 모든 국가작용은 국민의 기본권적 가치를 실현하기 위한 수단이라는 한계를 반드시 지켜야 하는 것이고, 헌법재판소는 헌법의 수호와 국민의 기본권 보장을 사명으로 하는 국가기관이므로 **비록 고도의 정치적 결단에 의하여 행해지는 국가작용이라고 할지라도 그것이 국민의 기본권 침해와 직접 관련되는 경우에는 당연히 헌법재판소의 심판대상이 된다.** (헌재결 1996.2.29., 93헌마186)

| 오답해설 |

① **선택률 1%** ② **선택률 1%** ③ **선택률 1%** 정답해설 참고

11

정답 ①

일반행정작용법 > 비권력적 행정작용 > 공법상 계약 정답률 71%

| 정답해설 |

① **선택률 71%** 국립대학의 조교의 근무관계는 공법상 근무관계에 해당한다.

판례 국가공무원법 제2조 제2항 제2호, 교육공무원법 제2조 제1항 제1호, 제3항, 제8조, 제26조 제1항, 제34조 제2항, 교육공무원임용령 제5조의2 제4항에 의하면, 일정한 자격을 갖추고 소정의 절차에 따라 **대학의 장에 의하여 임용된 조교는 법정된 근무기간 동안 신분이 보장되는 교육공무원법상의 교육공무원 내지 국가공무원법상의 특정직공무원 지위가 부여**되고, 근무관계는 사법상의 근로계약관계가 아닌 공법상 근무관계에 해당한다. (대판 2019.11.14., 선고 2015두52531)

| 오답해설 |

② **선택률 18%** 판례 다만 행정규칙이 이를 정한 행정기관의 재량에 속하는 사항에 관한 것인 때에는 그 규정 내용이 객관적 합리성을 결여하였다는 등의 특별한 사정이 없는 한 법원은 이를 존중하는 것이 바람직하다. 그러나 **행정규칙의 내용이 상위법령에 반하는 것이라면 법치국가원리에서 파생되는 법질서의 통일성과 모순금지원칙에 따라 그것은 법질서상 당연무효이고, 행정내부적 효력도 인정될 수 없다.** 이러한 경우 법원은 해당 행정규칙이 법질서상 부존재하는 것으로 취급하여 행정기관이 한 조치의 당부를 상위법령의 규정과 입법목적 등에 따라서 판단하여야 한다. (대판 2019.10.31., 선고 2013두20011)

③ **선택률 8%** 판례 계약직공무원에 관한 현행 법령의 규정에 비추어 볼 때, **계약직공무원 채용계약해지의 의사표시는 일반공무원에 대한 징계처분과는 달라서 항고소송의 대상이 되는 처분 등의 성격을 가진 것으로 인정되지 아니하고**, 일정한 사유가 있을 때에 국가 또는 지방자치단체가 채용계약 관계의 한쪽 당사자로서 대등한 지위에서 행하는 의사표시로 취급되는 것으로 이해되므로, 이를 징계해고 등에서와 같이 그 징계사유에 한하여 효력 유무를 판단하여야 하거나, 행정처분과 같이 행정절차법에 의하여 근거와 이유를 제시하여야 하는 것은 아니다. (대판 2002.11.26., 선고 2002두5948)

④ **선택률 3%** 판례 당연퇴직의 인사발령은 법률상 당연히 발생하는 퇴직사유를 공적으로 확인하여 알려주는 이른바 관념의 통지에 불과하고 공무원의 신분을 상실시키는 새로운 형성적 행위가 아니므로 행정소송의 대상이 되는 독립한 행정처분이라고 할 수 없다. (대판 1995.11.14., 선고 95누2036)

12

정답 ④

특별행정작용법 > 군사행정법 > 병역법 정답률 69%

| 정답해설 |

④ **선택률 69%** 보충역편입처분과 공익근무요원소집처분은 각각 별개의 법률효과를 목적으로 하여 하자승계를 인정할 수 없다.

판례 병역법상 보충역편입처분과 공익근무요원소집처분은 각각 단계적으로 별개의 법률효과를 발생하는 독립된 행정처분이고, 선행처분인 보충역편입처분의 효력을 다투지 아니하여 불가쟁력이 생긴 경우, 선행처분의 하자를 이유로 후행처분인 공익근무요원소집처분의 효력을 다툴 수 없다. (대판 2002.12.10., 선고 2001두5422)

| 오답해설 |

① **선택률 23%** ② **선택률 2%** 현역병입영대상자가 현역입영통지서를 거절한 경우, 이를 적법하게 수령한 것으로 볼 수 없어 입영하지 않았더라도 「병역법」 제88조 제1항 제1호의 입영기피에 해당하지 않는다고 한 사례이다.

판례 **병역의무부과통지서인 현역입영통지서는 그 병역의무자에게 이를 송달함이 원칙**이고(병역법 제6조 제1항 참조), 이러한 **송달은 병역의무자의 현실적인 수령행위를 전제**로 하고 있다고 보아야 하므로, 병역의무자가 현역입영통지의 내용을 이미 알고 있는 경우에도 여전히 현역입영통지서의 송달은 필요하고, 다른 법령상의 사유가 없는 한 병역의무자로부터 근거리에 있는 책상 등에 일시 현역입영통지서를 둔 것만으로는 병역의무자의 현실적인 수령행위가 있었다고 단정할 수 없다. 같은 취지에서 원심이 그 판시와 같은 이유로 피고인이 이 사건 **현역입영통지서 수령을 거절하였을 뿐 이를 적법하게 수령하였다고 볼 수 없다는 이유로 현역병입영대상자인 피고인이 현역입영통지서를 받았음에도 정당한 사유 없이 입영기일부터 3일이 경과하여도 입영하지 않았다는 이 사건 주위적 공소사실에 대하여는 그 범죄의 증명이 없는 때에 해당한다고 판단한 것은 정당**하고, 거기에 상고이유 주장과 같이 병역의무부과통지서의 송달에 관한 법리를 오해하여 판결에 영향을 미친 위법이 있다고 할 수 없다. (대판 2009.6.25., 선고 2009도3387)

③ **선택률 6%** 판례 현역입영대상자로서는 현실적으로 입영을 하였다고 하더라도, 입영 이후의 법률관계에 영향을 미치고 있는 현역병입영통지처분 등을 한 관할지방병무청장을 상대로 위법을 주장하여 그 취소를 구할 소송상의 이익이 있다. (대판 2003.12.26., 선고 2003두1875)

군무원 VS 공무원 비교분석

문제의 발문 자체가 「병역법」으로 기재되어 있어 각론의 특별행정작용에 관한 문제처럼 보이나, 문제의 선지는 모두 총론의 내용이다. 병역과 관련된 총론의 내용을 물었는데, 이는 군무원 시험만의 특징으로 공무원 시험을 주로 준비했던 수험생들에게는 상당히 낯설게 느껴졌을 것이라 생각된다.

13

정답 ④

일반행정작용법 > 행정절차 > 행정절차법 정답률 85%

| 정답해설 |

④ **선택률 85%** 통지는 대표자 모두에게 하여야 한다.

법령 「행정절차법」 제11조(대표자) ⑥ 다수의 대표자가 있는 경우 그 중 1인에 대한 행정청의 행위는 모든 당사자 등에게 효력이 있다. 다만, 행정청의 통지는 대표자 모두에게 하여야 그 효력이 있다.

| 오답해설 |

① **선택률 2%** 법령 「행정절차법」 제11조(대표자) ③ 당사자 등은 대표자를 변경하거나 해임할 수 있다.

② 선택률 4% 법령 「행정절차법」 제11조(대표자) ④ 대표자는 각자 그를 대표자로 선정한 당사자 등을 위하여 행정절차에 관한 모든 행위를 할 수 있다. 다만, 행정절차를 끝맺는 행위에 대하여는 당사자 등의 동의를 받아야 한다.

③ 선택률 9% 법령 「행정절차법」 제11조(대표자) ⑤ 대표자가 있는 경우에는 당사자 등은 그 대표자를 통하여서만 행정절차에 관한 행위를 할 수 있다.

14

정답 ②

일반행정작용법 > 그 밖의 행정작용 > 사실행위 정답률 74%

| 정답해설 |

② 선택률 74% 지적사항의 시정지시와 이에 대한 보고지시는 항고소송의 대상인 처분에 해당한다.

판례 구청장이 사회복지법인에 특별감사결과 지적사항에 대한 시정지시와 그 결과를 관계서류와 함께 보고하도록 지시한 경우, 그 시정지시는 비권력적 사실행위가 아니라 항고소송의 대상이 되는 행정처분에 해당한다. (대판 2008.4.24., 선고 2008두3500)

| 오답해설 |

① 선택률 7% 판례 교도소장이 수형자 甲을 '접견내용 녹음·녹화 및 접견시 교도관 참여대상자'로 지정한 사안에서, 위 지정행위는 수형자의 구체적 권리의무에 직접적 변동을 가져오는 행정청의 공법상 행위로서 항고소송의 대상이 되는 '처분'에 해당한다. (대판 2014.2.13., 선고 2013두20899)

③ 선택률 10% 판례 **교도소 수형자에게 소변을 받아 제출하게 한 것은**, 형을 집행하는 우월적인 지위에서 외부와 격리된 채 형의 집행에 관한 지시·명령을 복종하여야 할 관계에 있는 자에게 행해진 것으로서 그 목적 또한 교도소 내의 안전과 질서유지를 위하여 실시하였고, 일방적으로 강제하는 측면이 존재하며, 응하지 않을 경우 직접적인 징벌 등의 제재는 없다고 하여도 불리한 처우를 받을 수 있다는 심리적 압박이 존재하리라는 것을 충분히 예상할 수 있는 점에 비추어, **권력적 사실행위로서 헌법재판소법 제68조 제1항의 공권력의 행사에 해당한다.** (헌재결 2006.7.27., 2005헌마277)

④ 선택률 9% 체납처분에 따른 압류처분은 항고소송대상인 처분이다.

15

정답 ①

특별행정작용법 > 규제행정 > 환경행정 정답률 58%

| 정답해설 |

① 선택률 58% 「환경정책기본법」은 무과실책임을 규정하고 있어서 방사능오염 사실을 모르고 유통시켰다고 해도 배상책임을 가진다는 것이 대법원의 입장이다.

판례 사업활동 등을 하던 중 고철을 방사능에 오염시킨 자가 오염된 환경을 회복·복원할 책임을 지지 않고, **방사능에 오염된 고철을 타인에게 매도하는 등으로 유통시킴으로써 거래 상대방이나 전전취득한 자가 방사능오염으로 피해를 입게 된 경우, 원인자가 방사능오염 사실을 모르고 유통시켰더라도** 환경정책기본법 제44조 제1항에 따라 피해자에게 피해를 **배상할 의무가 있다.** (대판 2018.9.13., 선고 2016다35802)

| 오답해설 |

② 선택률 6% 판례 구 폐기물관리법과 구 폐기물관리법 시행령, 건설폐기물의 재활용촉진에 관한 법률과 그 시행령 및 토양환경보전법의 각 규정을 종합하면, **토양은 폐기물 기타 오염물질에 의하여 오염될 수 있는 대상일 뿐 오염토양이라 하여 동산으로서 '물질'인 폐기물에 해당한다고 할 수 없고**, 나아가 오염토양은 법령상 절차에 따른 정화대상이 될 뿐 법령상 금지되거나 그와 배치되는 개념인 투기나 폐기대상이 된다고 할 수 없다. 따라서 오염토양 자체의 규율에 관하여는 '사람의 생활이나 사업활동에 필요하지 아니하게 된 물질'의 처리를 목적으로 하는 구 폐기물관리법에서 처리를 위한 별도의 근거규정을 두고 있지 아니한 이상 구 폐기물관리법의 규정은 성질상 적용될 수 없고, 이는 오염토양이 구 폐기물관리법상의 폐기물이나 구성요소인 오염물질과 섞인 상태로 되어 있다거나 그 부분 오염토양이 정화작업 등의 목적으로 해당 부지에서 반출되어 동산인 '물질'의 상태를 일시 갖추게 되었더라도 마찬가지이다. (대판 2011.5.26., 선고 2008도2907)

③ 선택률 4% 판례 **행정청이 처분서에 불확정개념으로 규정된 법령상의 허가기준 등을 충족하지 못하였다는 취지만 간략히 기재하여 폐기물처리사업계획서 부적합 통보를 한 경우, 부적합 통보에 대한 취소소송절차에서 행정청은 구체적 불허가사유를 분명히 하여야 하고**, 원고는 행정청이 제시한 구체적인 불허가사유에 관한 판단과 근거에 재량권 일탈·남용의 위법이 있음을 밝히기 위해 추가적인 주장 및 자료를 제출할 필요가 있다. (대판 2019.12.24., 선고 2019두45579)

④ 선택률 32% 판례 **불법행위로 영업을 중단한 자가 영업중단에 따른 손해배상을 구하는 경우 영업을 중단하지 않았으면 얻었을 순이익과 이와 별도로 영업중단과 상관없이 불가피하게 지출해야 하는 비용도 특별한 사정이 없는 한 손해배상의 범위에 포함될 수 있다.** 위와 같은 순이익과 비용의 배상을 인정하는 것은 이중배상에 해당하지 않는다. 이러한 법리는 환경정책기본법 제44조 제1항에 따라 그 피해의 배상을 인정하는 경우에도 적용된다. (대판 2018.9.13., 선고 2016다35802)

16

정답 ①

행정상 실효성 확보수단 > 행정제재 > 제재적 처분 정답률 58%

| 정답해설 |

① 선택률 58% 제재적 처분에 대해서 행위자가 아닌 책임자에게 부과될 수 있으며, 고의나 과실은 필요없다.

판례 구 여객자동차 운수사업법 제88조 제1항의 과징금부과처분은 제재적 행정처분으로서 여객자동차 운수사업에 관한 질서를 확립하고 여객의 원활한 운송과 여객자동차 운수사업의 종합적인 발달을 도모하여 공공복리를 증진한다는 행정목적의 달성을 위하여 행정법규 위반이라는 객관적 사실에 착안하여 가하는 제재이므로 반드시 **현실적인 행위자가 아니라도 법령상 책임자로 규정된 자에게 부과되고 원칙적으로 위반자의 고의·과실을 요하지 아니하나**, 위반자의 의무 해태를 탓할 수 없는 정당한 사유가 있는 등의 특별한 사정이 있는 경우에는 이를 부과할 수 없다. (대판 2014.10.15., 선고 2013두5005)

| 오답해설 |

② 선택률 13% 판례 행정처분과 형벌은 각각 그 권력적 기초, 대상, 목적이 다르다. 일정한 법규 위반사실이 행정처분의 전제사실이자 형사법규의 위반사실이 되는 경우에 동일한 행위에 관하여 독립적으로 행정처분이나

형벌을 부과하거나 이를 병과할 수 있다. **법규가 예외적으로 형사소추 선행원칙을 규정하고 있지 않은 이상 형사판결 확정에 앞서 일정한 위반사실을 들어 행정처분을 하였다고 하여 절차적 위반이 있다고 할 수 없다.** (대판 2017.6.19., 선고 2015두59808)

③ **선택률 12%** 제재적 처분은 처분의 상대방에 대한 권익침해를 가져오는 것으로 법률의 명확한 근거 등을 요하며, 이러한 권한이 법령에 의해 부여된 경우에도 재량행사는 적법하게 이루어져야 한다.

④ **선택률 17%** 법령 「국세징수법」 제112조(사업에 관한 허가 등의 제한) ① 관할 세무서장은 납세자가 허가·인가·면허 및 등록 등(이하 이 조에서 '허가 등'이라 한다)을 받은 사업과 관련된 소득세, 법인세 및 부가가치세를 체납한 경우 해당 사업의 주무관청에 그 납세자에 대하여 허가 등의 갱신과 그 허가 등의 근거 법률에 따른 신규 허가 등을 하지 아니할 것을 요구할 수 있다. 다만, 재난, 질병 또는 사업의 현저한 손실, 그 밖에 대통령령으로 정하는 사유가 있는 경우에는 그러하지 아니하다.

17

정답 ①

행정구제법 > 행정쟁송 > 행정심판 정답률 **68%**

| 정답해설 |

① **선택률 68%** 미리 중앙행정심판위원회와 협의를 하여야 한다.

법령 「행정심판법」 제4조(특별행정심판 등) ③ 관계 행정기관의 장이 특별행정심판 또는 이 법에 따른 행정심판절차에 대한 특례를 신설하거나 변경하는 법령을 제정·개정할 때에는 **미리 중앙행정심판위원회와 협의하여야 한다.**

| 오답해설 |

② **선택률 7%** ③ **선택률 17%** 각각 「행정심판법」 제3조 제1항과 제2항의 내용이다.

법령 「행정심판법」 제3조(행정심판의 대상) ① 행정청의 처분 또는 부작위에 대하여는 다른 법률에 특별한 규정이 있는 경우 외에는 이 법에 따라 행정심판을 청구할 수 있다.

② 대통령의 처분 또는 부작위에 대하여는 다른 법률에서 행정심판을 청구할 수 있도록 정한 경우 외에는 행정심판을 청구할 수 없다.

④ **선택률 8%** 동법 제2조 제4호의 내용이다.

법령 「행정심판법」 제2조(정의) 이 법에서 사용하는 용어의 뜻은 다음과 같다.

4. '행정청'이란 행정에 관한 의사를 결정하여 표시하는 국가 또는 지방자치단체의 기관, 그 밖에 법령 또는 자치법규에 따라 행정권한을 가지고 있거나 위탁을 받은 공공단체나 그 기관 또는 사인(私人)을 말한다.

18

정답 ①

행정구제법 > 행정쟁송 > 행정소송 정답률 **77%**

| 정답해설 |

① **선택률 77%** 중앙노동위원회의 재심판정취소의 소는 중앙노동위원회의 위원장을 피고로 하여 제기하여야 한다.

판례 노동위원회법 제19조의2 제1항의 규정은 행정처분의 성질을 가지는 지방노동위원회의 처분에 대하여 중앙노동위원장을 상대로 행정소송을 제기할 경우의 전치요건에 관한 규정이라 할 것이므로 당사자가 지방노동위원회의 처분에 대하여 불복하기 위하여는 처분 송달일로부터 10일 이내에 중앙노동위원회에 재심을 신청하고 중앙노동위원회의 재심판정서 송달일로부터 15일 이내에 **중앙노동위원장을 피고로 하여 재심판정 취소의 소를 제기하여야 할 것이다.** (대판 1995.9.15., 선고 95누6724)

| 오답해설 |

② **선택률 11%** 판례 지방의회를 대표하고 의사를 정리하며 회의장 내의 질서를 유지하고 의회의 사무를 감독하며 위원회에 출석하여 발언할 수 있는 등의 직무권한을 가지는 **지방의회 의장에 대한 불신임의결은 의장으로서의 권한을 박탈하는 행정처분의 일종으로서 항고소송의 대상**이 된다. (대결 1994.10.11., 자 94두23)

③ **선택률 3%** 판례 조례가 집행행위의 개입 없이도 그 자체로서 직접 국민의 구체적인 권리의무나 법적 이익에 영향을 미치는 등의 법률상 효과를 발생하는 경우 그 조례는 항고소송의 대상이 되는 행정처분에 해당하고, 이러한 조례에 대한 무효확인소송을 제기함에 있어서 피고적격이 있는 처분 등을 행한 행정청은, 행정주체인 지방자치단체 또는 지방자치단체의 내부적 의결기관으로서 지방자치단체의 의사를 외부에 표시한 권한이 없는 지방의회가 아니라, 지방자치단체의 집행기관으로서 조례로서의 효력을 발생시키는 공포권이 있는 지방자치단체의 장이다. 다만, 교육과 학예에 관한 조례에서는 교육감이 피고이다. (대판 1996.9.20., 선고 95누8003)

④ **선택률 9%** 판례 **어떠한 고시가** 일반적·추상적 성격을 가질 때에는 법규명령 또는 행정규칙에 해당할 것이지만, **다른 집행행위의 매개 없이 그 자체로서 직접 국민의 구체적인 권리의무나 법률관계를 규율하는 성격을 가질 때에는 항고소송의 대상이 되는 행정처분에 해당**한다. 항정신병 치료제의 요양급여 인정기준에 관한 보건복지부 고시가 다른 집행행위의 매개 없이 그 자체로서 제약회사, 요양기관, 환자 및 국민건강보험공단 사이의 법률관계를 직접 규율한다는 이유로 항고소송의 대상이 되는 행정처분에 해당한다. (대결 2003.10.9., 자 2003무23)

더 알아보기 ▶ 피고적격

1. 원칙
   취소소송의 피고적격은 다른 법률에 규정이 없는 한 당해 처분 등을 행한 행정청을 피고로 한다.
2. 대통령의 처분
   공무원에 대한 징계·면직 기타 본인의 의사에 반하는 불이익 처분에 있어서 처분청이 대통령인 때에는 소속장관이 피고가 된다(「국가공무원법」 제16조).
3. 대법원장의 처분
   법원행정처장이 된다(「법원조직법」 제70조).
4. 국회의장의 처분
   국회사무총장이 된다(「국회사무처법」 제4조 제3항).
5. 헌법재판소장의 처분
   헌법재판소사무처장으로 한다(「헌법재판소법」 제17조 제5항).
6. 행정청이 없는 경우
   처분청이나 재결을 한 행정청이 없게 된 때에는 그 처분 등에 관한 사무가 귀속되는 국가 또는 공공단체가 피고가 된다.
7. 권한의 승계
   처분 등이 있은 뒤에 그 처분 등에 관계되는 권한이 다른 행정청에 승계된 때에는 이를 승계한 행정청이 피고가 된다.

8. 권한의 위임·위탁
행정권한의 위임·위탁이 있는 경우에는 그 위임 또는 위탁받은 행정청(수임청 또는 수탁청)이나 사인(공무수탁사인)이 피고가 된다.

9. 내부위임의 경우
• 위임기관의 명의로 처분을 하였을 경우: 위임기관
• 수임기관의 명의로 처분을 하였을 경우: 수임기관

10. 권한의 대리의 경우
피대리관청(단, 대리청 명의는 대리청이 피고임. 다만 대리청이 자신의 명의로 처분을 하였으나 대리관계를 밝히고 상대방도 대리관계를 관행에 따라 알고 있는 경우에는 피대리청)

11. 지방의회
• 지방의회는 의결기관이지 행정청이 아니다. 따라서 조례가 항고소송의 대상이 되는 경우에는 지방자치단체장이 피고가 된다(교육이나 학예에 관한 경우는 교육감).
• 그러나 지방의회의원에 대한 징계의결이나 지방의회의장선거의 처분청은 지방의회라서 피고는 지방의회가 된다.

12. 합의제 행정청
• 처분청이 합의제 행정청일 경우에는 합의제 행정청 자체가 피고이다(중앙토지수용위원회, 감사원 등).
• 단, 중앙노동위원회의 처분에 대하여서는 중앙노동위원회 위원장이 피고이다(「노동위원회법」 제27조 제1항).

13. 당사자소송
행정주체 등의 권리주체

19 정답 ②

행정구제법 > 행정쟁송 > 행정소송 정답률 74%

| 정답해설 |

② **선택률74%** 건설허가처분이 있게 되면, 그 이전에 있었던 부지사전승인에 대한 사전결정의 소익은 상실된다.
판례 원자력법 제11조 제3항 소정의 부지사전승인제도의 취지 및 이에 터잡은 건설허가처분이 있는 경우, 선행의 부지사전승인처분의 취소를 구할 소의 이익은 없다. (대판 1998.9.4., 선고 97누19588)

| 오답해설 |

① **선택률15%** **판례** **소음·진동배출시설에 대한 설치허가가 취소된 후 그 배출시설이 어떠한 경위로든 철거되어 다시 복구 등을 통하여 배출시설을 가동할 수 없는 상태**라면 이는 배출시설 설치허가의 대상이 되지 아니하므로 외형상 설치허가취소행위가 잔존하고 있다고 하여도 특단의 사정이 없는 한 이제 와서 굳이 위 처분의 **취소를 구할 법률상의 이익이 없다**. (대판 2002.1.11., 선고 2000두2457)

③ **선택률9%** **판례** 법인세 과세표준과 관련하여 과세관청이 법인의 소득처분 상대방에 대한 소득처분을 경정하면서 증액과 감액을 동시에 한 결과 전체로서 소득처분금액이 감소된 경우, 법인이 소득금액변동통지의 취소를 구할 소의 이익이 없다. (대판 2012.4.13., 선고 2009두5510)

④ **선택률2%** **판례** 대집행계고처분 취소소송의 변론종결 전에 대집행영장에 의한 통지절차를 거쳐 사실행위로서 대집행의 실행이 완료된 경우에는 행위가 위법한 것이라는 이유로 손해배상이나 원상회복 등을 청구하는 것은 별론으로 하고 처분의 취소를 구할 법률상 이익은 없다. (대판 1993.6.8., 선고 93누6164)

20 정답 ③

행정구제법 > 행정쟁송 > 행정소송 정답률 72%

| 정답해설 |

③ **선택률72%** 제3자효 행정처분에서 행정심판의 인용재결은 원처분의 효력을 상실시켜 행정의 상대방에게 침익적 효과를 가져오는 재결로서 이에 비로소 권익을 침해당한 행정의 상대방은 재결에 대하여 당연히 항고소송을 청구할 수 있다.

| 오답해설 |

① **선택률2%** ② **선택률8%** 재결은 행정행위의 일종이다. 주체, 내용, 절차, 형식상의 요건을 충족하여야 적법하게 성립되고 발효될 수 있다. 따라서 권한 없는 행정심판위원회의 재결은 주체상의 하자로서 재결에 고유한 하자가 있는 경우이다.
판례 행정소송법 제19조에 의하면 행정심판에 대한 재결에 대하여도 그 재결 자체에 고유한 위법이 있음을 이유로 하는 경우에는 항고소송을 제기하여 그 취소를 구할 수 있고, 여기에서 말하는 **'재결 자체에 고유한 위법'이란 그 재결 자체에 주체, 절차, 형식 또는 내용상의 위법이 있는 경우를 의미**하는데, 행정심판청구가 부적법하지 않음에도 각하한 재결은 심판청구인의 실체심리를 받을 권리를 박탈한 것으로서 원처분에 없는 고유한 하자가 있는 경우에 해당하고, 따라서 위 재결은 취소소송의 대상이 된다. (대판 2001.7.27., 선고 99두2970)

④ **선택률18%** **판례** 재결에 대한 소송에서는 재결의 하자를 주장할 수 있으나, 원처분에 대한 소송에서는 재결의 하자를 주장할 수 없다. (대판 1996.2.13., 선고 95누8027)

21 정답 ③

일반행정작용법 > 행정정보공개와 개인정보 보호 > 정보공개 정답률 91%

| 정답해설 |

③ **선택률91%** 회의록에 기재된 발언자의 인적사항은 공개대상이 되지 않는다.
판례 학교환경위생구역 내 금지행위(숙박시설) 해제결정에 관한 학교환경위생정화위원회의 회의록에 기재된 발언내용에 대한 해당 발언자의 인적사항 부분에 관한 정보는 공공기관의 정보공개에 관한 법률 제7조 제1항 제5호 소정의 비공개대상에 해당한다. (대판 2003.8.22., 선고 2002두12946)

| 오답해설 |

① **선택률2%** **판례** 「정보공개법」의 입법 목적, 정보공개의 원칙, 위 비공개대상정보의 규정 형식과 취지 등을 고려하면, 법원 이외의 공공기관이 위 규정이 정한 **'진행 중인 재판에 관련된 정보'에 해당한다는 사유로 정보공개를 거부하기 위하여는 반드시 그 정보가 진행 중인 재판의 소송기록 그 자체에 포함된 내용의 정보일 필요는 없으나**, 재판에 관련된 일체의 정보가 그에 해당하는 것은 아니고 진행 중인 **재판의 심리 또는 재판결과에 구체적으로 영향을 미칠 위험이 있는 정보에 한정된다**고 할 것이다. (대판 2011.11.24., 선고 2009두19021)

② **선택률4%** **판례** 행정처분이 적법한가의 여부는 특별한 사정이 없는 한 처분 당시의 사유를 기준으로 판단하면 되는 것이고 처분청이 **처분 당시에 적시한 구체적 사실을 변경하지 아니하는 범위 안에서 단지 그 처분**

의 근거법령만을 추가변경하는 것은 새로운 처분사유의 추가라고 볼 수 없으므로 이와 같은 경우에는 처분청이 처분 당시에 적시한 구체적 사실에 대하여 처분 후에 추가변경한 법령을 적용하여 그 처분의 적법 여부를 판단하여도 무방하다. (대판 1988.1.19., 선고 87누603)

④ 선택률3% 판례 공공기관의 정보공개에 관한 법률상 비공개대상정보의 입법 취지에 비추어 살펴보면, 같은 법 제7조 제1항 제5호에서의 '감사·감독·검사·시험·규제·입찰계약·기술개발·인사관리·의사결정과정 또는 내부검토과정에 있는 사항'은 비공개대상정보를 예시적으로 열거한 것이라고 할 것이므로 **의사결정과정에 제공된 회의 관련 자료나 의사결정과정이 기록된 회의록 등은** 의사가 결정되거나 의사가 집행된 경우에는 더 이상 의사결정과정에 있는 사항 그 자체라고는 할 수 없으나, 의사결정과정에 있는 사항에 준하는 사항으로서 **비공개대상정보에 포함될 수 있다.** (대판 2003.8.22., 선고 2002두12946)

22

정답 ③

행정구제법 > 행정상 손해전보 > 국가배상 정답률 81%

| 정답해설 |

③ 선택률81% 판례 유흥주점에 감금된 채 윤락을 강요받으며 생활하던 **여종업원들이 유흥주점에 화재가 났을 때 미처 피신하지 못하고 유독가스에 질식해 사망한 사안**에서, 지방자치단체의 담당공무원이 위 유흥주점의 용도변경, 무허가영업 및 시설기준에 위배된 개축에 대하여 시정명령 등 **식품위생법상 취하여야 할 조치를 게을리한 직무상 의무위반행위와 위 종업원들의 사망 사이에 상당인과관계가 존재하지 않는다.** (대판 2008.4.10., 선고 2005다48994)

| 오답해설 |

① 선택률12% 판례 국·공립대학교원에 대한 재임용거부처분이 재량권을 일탈·남용한 것으로 평가되어 그것이 불법행위가 됨을 이유로 국·공립대학교원 임용권자에게 **손해배상책임을 묻기 위해서는 당해 재임용거부가 국·공립대학교원 임용권자의 고의 또는 과실로 인한 것이라는 점이 인정**되어야 한다. (대판 2011.1.27., 선고 2009다30946)

② 선택률6% 판례 **입법부가 법률로써 행정부에게 특정한 사항을 위임했음에도 불구하고 행정부가 정당한 이유 없이 이를 이행하지 않는다면 권력분립의 원칙과 법치국가 내지 법치행정의 원칙에 위배되는 것으로서 위법함과 동시에 위헌적인 것**이 되는바, … 따라서 행정부가 정당한 이유 없이 시행령을 제정하지 않은 것은 위 보수청구권을 침해하는 불법행위에 해당한다. (대판 2007.11.29., 선고 2006다3561)

④ 선택률1% 판례 국가배상책임에 있어 공무원의 가해행위는 법령을 위반한 것이어야 하고, **법령을 위반하였다 함은** 엄격한 의미의 법령위반뿐 아니라 인권존중·권력남용금지·신의성실과 같이 공무원으로서 마땅히 지켜야 할 준칙이나 규범을 지키지 아니하고 위반한 경우를 포함하여 **널리 그 행위가 객관적인 정당성을 결여하고 있음을 뜻하는 것**이므로, 경찰관이 범죄수사를 함에 있어 경찰관으로서 의당 지켜야 할 법규상 또는 조리상의 한계를 위반하였다면 이는 법령을 위반한 경우에 해당한다. (대판 2002.5.17., 선고 2000다22607)

23

정답 ②

일반행정작용법 > 행정행위 > 행정행위의 하자 정답률 74%

| 정답해설 |

② 선택률74% 필요적 행정심판전치주의는 취소소송과 부작위위법확인소송에 적용된다. 무효등확인소송에는 적용되지 않지만, 무효선언을 구하는 취소소송은 실질적인 내용이 무효확인에 있더라도 취소소송의 형식을 취하고 있는 한 취소소송의 요건을 충족하여야 한다. 따라서 무효선언적 의미의 취소소송은 제소기간이나 필요적 행정심판전치주의 등이 적용된다.

| 오답해설 |

① 선택률8% 사정재결과 사정판결은 무효인 하자에는 인정될 수 없다. 취소할 수 있는 행정행위에만 인정된다.

③ 선택률6% 판결의 간접강제력은 거부처분취소소송과 부작위위법확인소송에는 적용되지만 거부처분에 대한 무효등확인소송에는 적용되지 않는다. 무효등확인소송도 판결의 기속력에 의해 행정청은 이전신청에 대한 재처분의 의무가 있으나, 이를 행정청이 이행하지 아니하는 경우에 대해 판결의 간접강제력이 현행 「행정소송법」에 규정되어 있지 않다. 이에 대해 판결의 실효성에 문제가 있다는 지적이 있다.

④ 선택률12% 무효선언을 구하는 취소소송은 취소소송의 요건인 제소기간 등을 모두 갖추어야 한다.

더 알아보기 ▶ 무효와 취소의 구별실익

구분	무효	취소
선결문제	가능	• 위법성: 가능 • 효력: ×
제기요건 (제기기간이나, 예외적 행정심판전치주의)	× (무효선언을 구하는 취소소송 → ○)	단기 제소기간
사정판결(사정재결)	×	○
하자의 치유나 전환	• 전환: ○ • 치유: ×	• 전환: × • 치유: ○
하자의 승계	인정	• 선행정행위 + 후행정행위 = 하나의 법률효과: ○ • 선·후행정행위가 별개의 법률효과: ×
신뢰보호, 공무집행방해죄	×	○
공정력	×	○
불가쟁력	×	○

24

정답 ③

행정상 실효성 확보수단 > 행정강제 > 이행강제금 정답률 93%

| 정답해설 |

③ 선택률93% 시정명령의 이행기회가 제공되지 아니하였다가 뒤늦게 한꺼번에 이행강제금을 부과하는 행위는 위법으로서 무효에 해당된다는 것이 대법원의 입장이다.

판례 구 건축법상 이행강제금의 법적 성질 및 건축주 등이 장기간 시정명령을 이행하지 않았으나, 그 기간 중 행정청이 시정명령의 이행기회를 제공하지 않다가 뒤늦게 시정명령의 이행기회를 부여하였다면, 그 이행기회 제공을 전제로 한 1회분 이행강제금 외에 시정명령의 이행기회가 제공되지 아니한 과거의 기간에 대한 이행강제금 부과는 그 하자가 중대·명백하여 무효라 할 것이다. (대판 2016.7.14., 선고 2015두46598)

| 오답해설 |

① 선택률1% 판례 전통적으로 행정대집행은 대체적 작위의무에 대한 강제집행수단으로, 이행강제금은 부작위의무나 비대체적 작위의무에 대한 강제집행수단으로 이해되어 왔으나, 이는 이행강제금제도의 본질에서 오는 제약은 아니며, **이행강제금은 대체적 작위의무의 위반에 대하여도 부과될 수 있다.** 현행 **건축법상 위법건축물에 대한** 이행강제수단으로 대집행과 이행강제금이 인정되고 있는데, 양 제도는 각각의 장단점이 있으므로 행정청은 개별사건에 있어서 위반내용, 위반자의 시정의지 등을 감안하여 **대집행과 이행강제금을 선택적으로 활용할 수 있으며, 이처럼 그 합리적인 재량에 의해 선택하여 활용하는 이상 중첩적인 제재에 해당한다고 볼 수 없다.** (헌재결 2004.2.26., 2001헌바80)

② 선택률3% 판례 개발제한구역 내의 건축물에 대하여 허가를 받지 않고 한 용도변경행위에 대한 형사처벌과 건축법 제83조 제1항에 의한 시정명령 위반에 대한 이행강제금의 부과는 그 처벌 내지 제재대상이 되는 기본적 사실관계로서의 행위를 달리하며, 또한 그 보호법익과 목적에서도 차이가 있으므로 이중처벌에 해당한다고 할 수 없다. (대결 2005.8.19., 자 2005마30)

④ 선택률3% 판례 부동산 실권리자명의 등기에 관한 법률상 이행강제금은 소유권이전등기신청의무 불이행이라는 과거의 사실에 대한 제재인 과징금과 달리, 장기미등기자에게 등기신청의무를 이행하지 아니하면 이행강제금이 부과된다는 심리적 압박을 주어 의무의 이행을 간접적으로 강제하는 행정상의 간접강제 수단에 해당한다. 따라서 **장기미등기자가 이행강제금 부과 전에 등기신청의무를 이행하였다면** 이행강제금의 부과로써 이행을 확보하고자 하는 목적은 이미 실현된 것이므로 부동산실명법 제6조 제2항에 규정된 기간이 지나서 등기신청의무를 **이행한 경우라 하더라도 이행강제금을 부과할 수 없다.** (대판 2016.6.23., 선고 2015두36454)

25

정답 ③

일반행정작용법 > 행정절차 > 행정절차법 정답률 64%

| 정답해설 |

③ 선택률64% 보완을 '요구할 수 있다'가 아니라 '요구하여야 한다'가 옳은 내용이다.

법령 「행정절차법」 제17조(처분의 신청) ⑤ 행정청은 신청에 구비서류의 미비 등 흠이 있는 경우에는 보완에 필요한 상당한 기간을 정하여 지체 없이 신청인에게 보완을 요구하여야 한다.

| 오답해설 |

① 선택률13% ② 선택률5% ④ 선택률18% 각각 「행정절차법」 제17조 제1항, 제3항, 제7항의 규정의 내용이다.

법령 「행정절차법」 제17조(처분의 신청) ① 행정청에 처분을 구하는 신청은 문서로 하여야 한다. 다만, 다른 법령 등에 특별한 규정이 있는 경우와 행정청이 미리 다른 방법을 정하여 공시한 경우에는 그러하지 아니하다.

③ 행정청은 신청에 필요한 구비서류, 접수기관, 처리기간, 그 밖에 필요한 사항을 게시(인터넷 등을 통한 게시를 포함한다)하거나 이에 대한 편람을 갖추어 두고 누구나 열람할 수 있도록 하여야 한다.

⑦ 행정청은 신청인의 편의를 위하여 다른 행정청에 신청을 접수하게 할 수 있다. 이 경우 행정청은 다른 행정청에 접수할 수 있는 신청의 종류를 미리 정하여 공시하여야 한다.

2019 2019.12.21. 국방부(육·해·공군) 시행

9급 군무원 행정법(추가채용)

전체 난이도 및 합격선

전체 난이도	합격선
中	92점

기출총평

2019년 상반기와 다르게 수월한 문제가 출제되었다! (다시 군무원 시험의 특성을 회복했다)

군무원 시험의 특징을 잘 보여준 시험이었다. 군무원 시험에서 단골로 출제되는 통치행위나 공법과 사법의 구분, 비교적 짧은 선지, 한 단원에서 다수의 문항 출제 등은 군무원 시험의 일반적인 출제경향이다. 물론 난이도 조정을 통해 변별력을 가려 시험의 본질을 추구하긴 하였으나 상반기 시험에 비하면 수월하게 출제된 편이라고 할 수 있다. 비교적 최신 판례인 '주민등록번호 변경청구문제'를 제외하면 판례도 기출판례에서 벗어나지 않았다. 상대적으로 어렵게 느껴졌을 조직법상 지방자치에 관한 2문항은 행정학을 선택한 수험생들에게는 상당히 유리하였을 것이다. 출제빈도는 여전히 일반행정작용, 특히 행정행위에서 높았다. 그 외 일반적인 공무원 시험과는 달리 행정법 서론에서 6문항이 출제되었고, 행정구제법은 상대적으로 적게 출제되었다. 출제유형은 판례문제가 대부분이며, 「공공기관의 정보공개에 관한 법률」과 「개인정보 보호법」, 「행정절차법」의 법조문에 관한 문제도 4문항이었다. 반면, 손실보상이나 「질서위반행위규제법」, 「행정조사기본법」에서는 전혀 출제되지 않았다는 점이 특징적이다.

영역별 출제비중

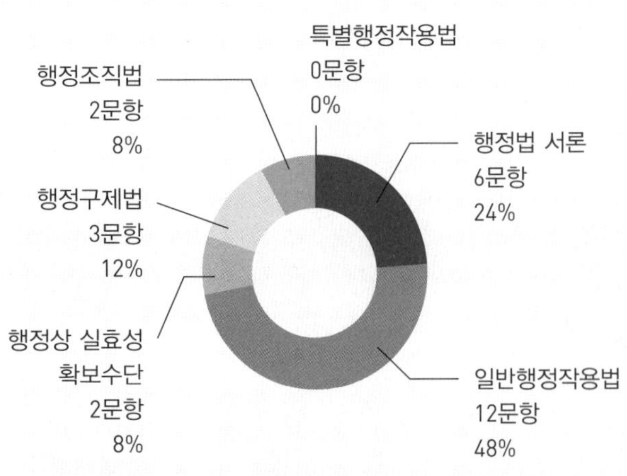

문항 분석

		카테고리	출제수	정답률
	1	일반행정작용법 > 행정행위 > 취소와 철회	13회	80%
	2	행정법 서론 > 행정법 관계 > 공사법 구분	8회	81%
	3	행정법 서론 > 행정법 > 법치행정	6회	66%
	4	일반행정작용법 > 비권력적 행정작용 > 공법상 계약	7회	74%
고난도 TOP2	5	행정법 서론 > 행정상 법률요건과 법률사실 > 시효	3회	41%
	6	행정법 서론 > 행정법 관계 > 행정주체	8회	57%
	7	일반행정작용법 > 비권력적 행정작용 > 행정지도	13회	94%
	8	행정법 서론 > 행정법 관계 > 행정주체	8회	84%
	9	행정법 서론 > 행정 > 통치행위	12회	82%
	10	일반행정작용법 > 행정절차 > 행정절차법	13회	86%
	11	행정조직법 > 자치행정조직법 > 주민투표	1회	72%
고난도 TOP1	12	행정상 실효성 확보수단 > 행정강제 > 행정대집행	15회	38%
	13	일반행정작용법 > 행정행위 > 행정행위의 내용	25회	61%
	14	일반행정작용법 > 행정입법 > 법규명령	17회	68%
	15	일반행정작용법 > 행정정보공개와 개인정보 보호 > 개인정보 보호	7회	79%
	16	행정조직법 > 자치행정조직법 > 지방자치	9회	72%
	17	일반행정작용법 > 행정정보공개와 개인정보 보호 > 정보공개	18회	76%
	18	일반행정작용법 > 행정정보공개와 개인정보 보호 > 개인정보 보호	7회	88%
고난도 TOP3	19	일반행정작용법 > 행정행위 > 행정행위의 내용	25회	43%
	20	행정상 실효성 확보수단 > 행정강제 > 행정대집행	15회	69%
	21	행정구제법 > 행정쟁송 > 행정소송	47회	74%
	22	행정구제법 > 행정쟁송 > 행정심판	28회	73%
	23	일반행정작용법 > 행정절차 > 행정절차법	13회	82%
	24	일반행정작용법 > 행정행위 > 행정행위의 내용	25회	80%
	25	행정구제법 > 행정쟁송 > 행정심판	28회	75%

※ 고난도 TOP1 은 해당 회차에서 정답률이 가장 낮은 문항입니다.

기출문제편 ▶ P.48									
01	③	02	③	03	④	04	①	05	②
06	③	07	③	08	①	09	③	10	④
11	③	12	①	13	③	14	②	15	④
16	②	17	④	18	④	19	①	20	②
21	①	22	③	23	②	24	②	25	②

01

정답 ③

일반행정작용법 > 행정행위 > 취소와 철회 정답률 80%

| 정답해설 |

③ **선택률80%** 취소나 철회는 행정청의 행정목적을 수행하기 위한 행정작용이다. 취소는 성립시 하자를 시정하는 목적의 행정작용이고, 철회는 새로운 사정에의 적용이라는 목적의 행정작용이다.

| 오답해설 |

① **선택률6%** 취소는 소급하여 효력을 소멸시키는 행위이다.

② **선택률6%** 철회는 장래에 향해 효력을 소멸시키는 행위이다.

④ **선택률8%** 취소나 철회 모두 법적 근거를 요하지 않는다.

더 알아보기 ▶ 「행정기본법」

제19조(적법한 처분의 철회) ① 행정청은 적법한 처분이 다음 각 호의 어느 하나에 해당하는 경우에는 그 처분의 전부 또는 일부를 장래를 향하여 철회할 수 있다.

1. 법률에서 정한 철회사유에 해당하게 된 경우
2. 법령 등의 변경이나 사정변경으로 처분을 더이상 존속시킬 필요가 없게 된 경우
3. 중대한 공익을 위하여 필요한 경우

② 행정청은 제1항에 따라 처분을 철회하려는 경우에는 철회로 인하여 당사자가 입게 될 불이익을 철회로 달성되는 공익과 비교·형량하여야 한다.

02

정답 ③

행정법 서론 > 행정법 관계 > 공사법 구분 정답률 81%

| 정답해설 |

③ **선택률81%** 국유재산 중 일반재산은 국가의 사물(私物)에 해당한다. 따라서 이에 대한 대부와 대부료 부과, 대부료 납입고지는 사법관계이다.

| 오답해설 |

① **선택률3%** 행정재산은 공물이다. 이에 대한 사용이나 수익의 허가는 행정처분으로서 특허(설권행위)에 해당한다.

② **선택률2%** 사립학교에 중학교 의무교육을 위탁하는 관계는 공법관계이다(행정사무 위탁).

④ **선택률14%** 산업단지 입주변경계약의 취소는 행정처분이라는 것이 대법원의 입장이다.

판례 산업단지관리공단의 지위, 입주계약 및 변경계약의 효과, 입주계약 및 변경계약 체결의무와 그 의무를 불이행한 경우의 형사적 내지 행정적 제재, 입주계약해지의 절차, 해지통보에 수반되는 법적 의무 및 그 의무를 불이행한 경우의 형사적 내지 행정적 제재 등을 종합적으로 고려하면, **입주변경계약 취소는 행정청인 관리권자로부터 관리업무를 위탁받은 산업단지관리공단이 우월적 지위에서 입주기업체들에게 일정한 법률상 효과를 발생하게 하는 것으로서 항고소송의 대상이 되는 행정처분에 해당한다.** (대판 2017.6.15., 선고 2014두46843)

군무원 VS 공무원 비교분석

행정상 법률관계에서 공법과 사법을 구분하는 내용은 군무원 시험에서 단골문제이다. 특히 일반재산의 대부, 대부료 부과와 행정재산의 사용 수익의 허가는 출제빈도가 아주 높다. 이는 공무원 시험에서는 출제빈도가 높지 않으나 간혹 출제되는 단원이다. 특히 국립의료원 위탁관리 용역운영계약은 공무원 시험에서 자주 출제되었다.

03

정답 ④

행정법 서론 > 행정법 > 법치행정 정답률 66%

| 정답해설 |

④ **선택률66%** 헌법재판소는 TV수신료 사건에서 중요사항유보설(의회유보설)의 입장을 취하였다.

판례 오늘날 법률유보원칙은 단순히 행정작용이 법률에 근거를 두기만 하면 충분한 것이 아니라, 국가공동체와 그 구성원에게 기본적이고도 중요한 의미를 갖는 영역, 특히 국민의 기본권실현과 관련된 영역에 있어서는 국민의 대표자인 입법자가 그 본질적 사항에 대해서 스스로 결정하여야 한다는 요구까지 내포하고 있다(의회유보원칙). 그런데 **텔레비전 방송수신료는** 대다수 국민의 재산권 보장의 측면이나 한국방송공사에게 보장된 방송자유의 측면에서 **국민의 기본권실현에 관련된 영역에 속하고, 수신료 금액의 결정은 납부의무자의 범위 등과 함께 수신료에 관한 본질적인 중요한 사항**이므로 국회가 스스로 행하여야 하는 사항에 속하는 것임에도 불구하고 한국방송공사법 제36조 제1항에서 국회의 결정이나 관여를 배제한 채 한국방송공사로 하여금 수신료금액을 결정해서 문화관광부장관의 승인을 얻도록 한 것은 법률유보원칙에 위반된다. (헌재결 1999.5.27., 98헌바70)

| 오답해설 |

① **선택률7%** 법률유보원칙은 침해유보설에 의해 기인하였다. 따라서 국민의 기본권침해에 대한 행정은 법률, 즉 의회에 의한 법률에 근거가 필요하다는 입장이므로 기본권 보장과 의회민주주의를 이념적 기초로 한다.

② **선택률13%** 법률우위는 행정보다 법률이 우위에 있음을 말하며, 법에 대한 체계의 문제이다(헌법 – 법률 – 명령 – 조례). 그러나 법률유보는 입법부가 법률로 규정한 행정이 아니면 특정영역에 있어서는 행정을 하여서는 안 된다는 원칙으로 입법과 행정의 관계에 중점을 둔 문제이다.

③ **선택률14%** 오늘날 법률유보에서 법률은 원칙적으로 의회에 의해서 제정된 법률이지만 법률의 형식을 딱히 요하는 것은 아니고, 법률에 근거가 있어야 함을 말할 뿐이므로 법률의 근거에 의한 명령의 형식도 허용된다.

군무원 VS 공무원 비교분석

공무원 시험에서 법률유보(법치주의)에 관한 문제는 대부분 판례에 대한 내용이고, 기본이론이나 이념을 묻는 문제는 찾기 힘들다. 그러나 군무원 시험에서는 선택지 중 일부에서 해당 문제와 같이 이념이나 연혁 또는 체계를 묻는 문제가 많이 출제된다. 물론 정답은 주로 판례에 있다. 따라서 공무원 수험생들이 군무원 시험을 준비하는 경우에는 법률유보(법치주의)에 관한 이념 등에 대해서도 유의하여야 한다.

04 정답 ①

일반행정작용법 > 비권력적 행정작용 > 공법상 계약 정답률 74%

| 정답해설 |

① 선택률74% 다수설에 의하면 사인과 사인간의 공법상 계약이지만, 대법원에 의하면 사법상 계약이다.

| 오답해설 |

② 선택률5% 공법상 계약의 일종이다.

③ 선택률5% 행정주체간의 공법상 계약은 일반적이다. 도로관리협정, 하천관리협정, 댐에 대한 수질관리협정 등이 이에 해당된다.

④ 선택률16% 행정주체와 사인간의 공법상 계약으로서 행정사무위탁계약이다.

05 고난도 TOP2 정답 ②

행정법 서론 > 행정상 법률요건과 법률사실 > 시효 정답률 41%

| 정답해설 |

② 선택률41% 행정상 법률관계에서 소멸시효는 사법관계를 포함하여 특별한 규정이 없으면 5년이다. 「공무원연금법」에 의한 급여를 받을 권리의 소멸시효도 5년이다.

법령 「공무원연금법」 제88조(시효) ① 이 법에 따른 급여를 받을 권리는 급여의 사유가 발생한 날부터 5년간 행사하지 아니하면 시효로 인하여 소멸한다.
② 잘못 납부한 기여금을 반환받을 권리는 퇴직급여 또는 퇴직유족급여의 지급 결정일부터 5년간 행사하지 아니하면 시효로 인하여 소멸한다.

| 오답해설 |

① 선택률45% 「국회법」 규정에 관한 내용이다. 국회의 회기일정은 초일을 산입하여 기산한다.

③ 선택률5% ④ 선택률9% 시효에 대해 특별한 규정이 없으면 「민법」을 준용한다.

06 정답 ③

행정법 서론 > 행정법 관계 > 행정주체 정답률 57%

| 정답해설 |

③ 선택률57% 강원도의회는 지방자치단체의 기관이다. 이는 행정주체가 아닌 기관이다.

| 오답해설 |

① 선택률8% 국가는 시원적인 행정주체이다.

② 선택률13% 「도시 및 주거환경정비법」에 따른 재개발조합은 설립에 대한 인가를 받음으로써 토지 등을 수용할 수 있는 행정주체가 된다.

④ 선택률22% 한국토지주택공사는 영조물법인으로서 행정주체이다.

07 정답 ③

일반행정작용법 > 비권력적 행정작용 > 행정지도 정답률 94%

| 정답해설 |

③ 선택률94% 「행정절차법」 제48조의 규정이다. 행정지도의 법적 성질은 비권력적 사실행위이며 이를 불이행하였다고 하여 불이익조치를 취할 수 없다.

| 오답해설 |

① 선택률2% 동법 제48조 제1항의 규정에 관한 내용이다.

② 선택률1% 동법 제50조의 규정에 관한 내용이다.

④ 선택률3% 동법 제51조의 규정에 관한 내용이다.

더 알아보기 ▶ 「행정절차법」

제6장 행정지도
제48조(행정지도의 원칙) ① 행정지도는 그 목적 달성에 필요한 최소한도에 그쳐야 하며, 행정지도의 상대방의 의사에 반하여 부당하게 강요하여서는 아니 된다.
② 행정기관은 행정지도의 상대방이 행정지도에 따르지 아니하였다는 것을 이유로 불이익한 조치를 하여서는 아니 된다.
제49조(행정지도의 방식) ① 행정지도를 하는 자는 그 상대방에게 그 행정지도의 취지 및 내용과 신분을 밝혀야 한다.
② 행정지도가 말로 이루어지는 경우에 상대방이 제1항의 사항을 적은 서면의 교부를 요구하면 그 행정지도를 하는 자는 직무 수행에 특별한 지장이 없으면 이를 교부하여야 한다.
제50조(의견제출) 행정지도의 상대방은 해당 행정지도의 방식·내용 등에 관하여 행정기관에 의견제출을 할 수 있다.
제51조(다수인을 대상으로 하는 행정지도) 행정기관이 같은 행정목적을 실현하기 위하여 많은 상대방에게 행정지도를 하려는 경우에는 특별한 사정이 없으면 행정지도에 공통적인 내용이 되는 사항을 공표하여야 한다.

08 정답 ①

행정법 서론 > 행정법 관계 > 행정주체 정답률 84%

| 정답해설 |

① 선택률84% 행정주체인 공공단체나 공무수탁사인은 행정객체도 될 수 있다.

| 오답해설 |

② 선택률8% 당사자소송의 피고는 국가나 공공단체 또는 권리주체가 될 수 있는 자가 되지만, 항고소송의 피고는 원칙적으로 행정청이다.

③ 선택률5% 공공단체에는 지방자치단체, 영조물법인, 공법상 사단법인(조합 등), 공법상 재단법인이 있다.
④ 선택률3% 공무수탁사인은 행정주체 중의 하나이다.

09

정답 ③

행정법 서론 > 행정 > 통치행위 정답률 82%

| 정답해설 |

③ 선택률82% 통치행위는 사법심사대상이 아니므로 법원에 의한 통제는 어렵다고 할 수 있으나, 국회에 의한 정치적 통제를 받는다. 따라서 통치행위를 판단하는 주체는 법원이지만, 통치행위의 당·부당을 판단하는 주체는 국회이다.

| 오답해설 |

① 선택률1% 통치행위라도 국민의 기본권 침해와 직접 관련이 되는 경우에는 헌법재판소 심판대상이 된다는 것이 헌법재판소의 입장이다.
② 선택률12% 서훈취소결정은 통치행위가 아니라는 것이 대법원의 입장이다.

판례 구 상훈법(2011.8.4., 법률 제10985호로 개정되기 전의 것) 제8조는 서훈취소의 요건을 구체적으로 명시하고 있고 절차에 관하여 상세하게 규정하고 있다. 그리고 서훈취소는 서훈수여의 경우와는 달리 이미 발생된 서훈대상자 등의 권리 등에 영향을 미치는 행위로서 관련 당사자에게 미치는 불이익의 내용과 정도 등을 고려하면 사법심사의 필요성이 크다. 따라서 기본권의 보장 및 법치주의의 이념에 비추어 보면, 비록 **서훈취소가 대통령이 국가원수로서 행하는 행위라고 하더라도 법원이 사법심사를 자제하여야 할 고도의 정치성을 띤 행위라고 볼 수는 없다.** (대판 2015.4.23., 선고 2012두26920)

④ 선택률5% 남북정상회담은 통치행위이다. 다만, 이를 위해서 대북송금한 행위는 통치행위가 아니다.

더 알아보기 ▶ ④ 참고 판례

원심은, 위 공소사실을 유죄로 인정하면서, 위 피고인들의 대북송금 행위 및 이에 수반된 각 행위들은 남북정상회담에 도움을 주기 위한 시급한 필요에서 비롯된 이른바 통치행위로서… 헌법상 통치행위에 대한 법리오해의 위법이 있다고 할 수 없다. (대판 2004.3.12., 선고 2003도7878)

군무원 VS 공무원 비교분석

공무원 시험에서 통치행위에 관한 문제가 출제되지 않은 것이 상당히 오래된 것 같다. 그러나 군무원 시험에서는 통치행위편에 대한 문제가 자주 출제된다. 이 문제는 기초적인 판례를 묻고 있으나 군무원 시험의 특성상 이론이나 학설, 개념을 묻는 경우도 있으니, 공무원 수험생들은 통치행위에 관한 이념이나 학설을 공부해야 한다.

10

정답 ④

일반행정작용법 > 행정절차 > 행정절차법 정답률 86%

| 정답해설 |

④ 선택률86% 침해적 행정처분을 함에 있어 청문이나 공청회를 실시하지 않으면 의견제출의 기회를 부여하여야 한다.

| 오답해설 |

① 선택률1% 행정청은 원칙적으로 의무를 부과하거나 권익을 제한하는 처분을 하는 경우에는 사전통지를 하여야 한다.
② 선택률3% 「행정절차법」 제21조에 규정되어 있다.

법령 「행정절차법」 제21조(처분의 사전통지) ④ 다음 각 호의 어느 하나에 해당하는 경우에는 제1항에 따른 통지를 하지 아니할 수 있다.
1. 공공의 안전 또는 복리를 위하여 긴급히 처분을 할 필요가 있는 경우
2. 법령 등에서 요구된 자격이 없거나 없어지게 되면 반드시 일정한 처분을 하여야 하는 경우에 그 자격이 없거나 없어지게 된 사실이 법원의 재판 등에 의하여 객관적으로 증명된 경우
3. 해당 처분의 성질상 의견청취가 현저히 곤란하거나 명백히 불필요하다고 인정될 만한 상당한 이유가 있는 경우

③ 선택률10% 법령상의 청문을 상대방과의 협약을 통해 배제할 수 없다.

판례 행정청이 당사자와 사이에 도시계획사업의 시행과 관련한 협약을 체결하면서 관계 법령 및 행정절차법에 규정된 청문의 실시 등 의견청취절차를 배제하는 조항을 두었다고 하더라도, 국민의 행정참여를 도모함으로써 행정의 공정성·투명성 및 신뢰성을 확보하고 국민의 권익을 보호한다는 행정절차법의 목적 및 청문제도의 취지 등에 비추어 볼 때, 위와 같은 협약의 체결로 청문의 실시에 관한 규정의 적용을 배제할 수 있다고 볼 만한 법령상의 규정이 없는 한, 이러한 협약이 체결되었다고 하여 청문의 실시에 관한 규정의 적용이 배제된다거나 청문을 실시하지 않아도 되는 예외적인 경우에 해당한다고 할 수 없다. (대판 2004.7.8., 선고 2002두8350)

11

정답 ③

행정조직법 > 자치행정조직법 > 주민투표 정답률 72%

| 정답해설 |

③ 선택률72% 지방자치단체의 장의 직권으로도 주민투표를 실시할 수 있다.

법령 「주민투표법」 제9조(주민투표의 실시요건) ① 지방자치단체의 장은 다음 각 호의 어느 하나에 해당하는 경우에는 주민투표를 실시할 수 있다. 이 경우 제1호 또는 제2호에 해당하는 경우에는 주민투표를 실시하여야 한다.
1. 주민이 제2항에 따라 주민투표의 실시를 청구하는 경우
2. 지방의회가 제5항에 따라 주민투표의 실시를 청구하는 경우
3. 지방자치단체의 장이 주민의 의견을 듣기 위하여 필요하다고 판단하는 경우

② 18세 이상 주민 중 제5조 제1항 각 호의 어느 하나에 해당하는 사람(같은 항 각 호 외의 부분 단서에 따라 주민투표권이 없는 사람은 제외한다. 이하 '주민투표청구권자'라 한다)은 주민투표청구권자 총수의 20분의 1 이상 5분의 1 이하의 범위에서 지방자치단체의 조례로 정하는 수 이상의 서명으로 그 지방자치단체의 장에게 주민투표의 실시를 청구할 수 있다.

| 오답해설 |

① 선택률 7% ② 선택률 7% 주민투표에 관하여 「지방자치법」은 법률로써 규정하도록 하였고, 이에 주민투표에 관하여는 「주민투표법」에 의한다.

④ 선택률 14% 중앙행정기관의 장은 지방자치단체의 장에게 주민투표의 실시를 청구할 수 있다.

법령 「주민투표법」 제8조(국가정책에 관한 주민투표) ① 중앙행정기관의 장은 지방자치단체를 폐지하거나 설치하거나 나누거나 합치는 경우 또는 지방자치단체의 구역을 변경하거나 주요시설을 설치하는 등 국가정책의 수립에 관하여 주민의 의견을 듣기 위하여 필요하다고 인정하는 때에는 주민투표의 실시구역을 정하여 관계 지방자치단체의 장에게 주민투표의 실시를 요구할 수 있다. 이 경우 중앙행정기관의 장은 미리 행정안전부장관과 협의하여야 한다.

12 고난도 TOP 1

정답 ①

행정상 실효성 확보수단 > 행정강제 > 행정대집행 정답률 38%

| 정답해설 |

① 선택률 38% 판례 법외 단체인 전국공무원노동조합의 지부가 당초 공무원 직장협의회의 운영에 이용되던 군청사시설인 사무실을 임의로 사용하자 지방자치단체장이 자진폐쇄 요청 후 「행정대집행법」에 따라 행정대집행을 실시하였다. (대판 2011.4.28., 선고 2007도7514)

| 오답해설 |

② 선택률 7% 부작위(금지)의무의 위반행위는 대집행대상이 되지 않는다. 대체적 작위의무로의 전환을 통해 가능하며, 부작위의무와 이에 대한 벌칙규정만으로 시정명령권이 당연히 도출되는 것은 아니다.

판례 주택건설촉진법 제38조 제2항은 공동주택 및 부대시설·복리시설의 소유자·입주자·사용자 등은 부대시설 등에 대하여 도지사의 허가를 받지 않고 사업계획에 따른 용도 이외의 용도에 사용하는 행위 등을 금지하고(정부조직법 제5조 제1항, 행정권한의 위임 및 위탁에 관한 규정 제4조에 따른 인천광역시 사무위임규칙에 의하여 위 허가권이 구청장에게 재위임되었다), 그 위반행위에 대하여 위 주택건설촉진법 제52조의2 제1호에서 1천만 원 이하의 벌금에 처하도록 하는 벌칙규정만을 두고 있을 뿐, **건축법 제69조 등과 같은 부작위의무 위반행위에 대하여 대체적 작위의무로 전환하는 규정을 두고 있지 아니하므로 위 금지규정으로부터 그 위반결과의 시정을 명하는 원상복구명령을 할 수 있는 권한이 도출되는 것은 아니라고 할 것**이다. (대판 1996.6.28., 선고 96누4374)

③ 선택률 16% 손실보상특례법상 협의취득시의 약정은 사법상 계약이다. 따라서 대집행대상이 아니다.

④ 선택률 39% 지장물의 자진철거 요청은 하명인 행정처분이 아니다. 따라서 상대방에 대한 의무 없이 이루어지는 대집행은 인정될 수 없다.

13

정답 ③

일반행정작용법 > 행정행위 > 행정행위의 내용 정답률 61%

| 정답해설 |

③ 선택률 61% 임용기간 만료통지는 준법률행위적 행정행위로서 통지이다. 나머지는 법률행위적 행정행위이다.

| 오답해설 |

① 선택률 13% 조세부과는 급부하명이다.

② 선택률 9% 사립학교 임원선임에 대한 승인은 인가이다.

④ 선택률 17% 공유수면매립면허는 특허이다.

14

정답 ②

일반행정작용법 > 행정입법 > 법규명령 정답률 68%

| 정답해설 |

② 선택률 68% 헌법에 규정된 위임입법형식은 예시적인 것으로 보는 것이 일반적 입장이며, 헌법재판소도 같은 견해이다.

판례 오늘날 의회의 **입법독점주의에서 (㉠ 입법중심주의)로 전환**하여 일정한 범위 내에서 행정입법을 허용하게 된 동기가 사회적 변화에 대응한 입법수요의 급증과 종래의 형식적 권력분립주의로는 현대사회에 대응할 수 없다는 기능적 권력분립론에 있다는 점 등을 감안하여 헌법 제40조와 헌법 제75조, 제95조의 의미를 살펴보면, 국회입법에 의한 수권이 입법기관이 아닌 행정기관에게 법률 등으로 구체적인 범위를 정하여 위임한 사항에 관하여는 당해 행정기관에게 법정립의 권한을 갖게 되고, 입법자가 규율의 형식도 선택할 수도 있다 할 것이므로, **헌법이 인정하고 있는 (㉡ 위임입법)의 형식은 (㉢ 예시적)인 것으로 보아야 할 것**이고, 그것은 법률이 행정규칙에 위임하더라도 그 행정규칙은 위임된 사항만을 규율할 수 있으므로, 국회입법의 원칙과 상치되지도 않는다. (헌재결 2004.10.28., 99헌바91)

| 오답해설 |

① 선택률 5% ③ 선택률 7% ④ 선택률 20%

군무원 VS 공무원 비교분석

이 문제는 어렵게 출제되었다. 일반적으로 판례문제를 괄호 넣기로 출제하는 경우에 괄호에는 그 판례의 핵심개념이나 용어를 묻는 경우가 대부분인데, 이 문제는 핵심개념인 '위임입법'과 '예시적'을 정답으로 주면서, 보기 드문 '입법중심주의'라는 용어를 출제하여 수험생에게 당혹감을 주려고 의도한 것으로 보인다. 사실, 자세히 보면 그리 어려운 문제가 아님에도 시험장에서는 어렵게 느껴졌을 것이다. 공무원 시험은 대부분의 문제가 판례 중심이고, 판례에서 어렵게 출제하려고 할 때에는 판례내용을 전부 서술하는 경우가 많은 것과는 상이한 부분이다.

15

정답 ④

일반행정작용법 > 행정정보공개와 개인정보 보호 > 개인정보 보호 정답률 79%

| 정답해설 |

④ 선택률79% 사실심 변론종결 전까지 법정손해배상청구로 변경할 수 있다.

법령 「개인정보 보호법」 제39조의2(법정손해배상의 청구) ① 제39조 제1항에도 불구하고 정보주체는 개인정보처리자의 고의 또는 과실로 인하여 개인정보가 분실·도난·유출·위조·변조 또는 훼손된 경우에는 300만원 이하의 범위에서 상당한 금액을 손해액으로 하여 배상을 청구할 수 있다. 이 경우 해당 개인정보처리자는 고의 또는 과실이 없음을 입증하지 아니하면 책임을 면할 수 없다.

② 법원은 제1항에 따른 청구가 있는 경우에 변론 전체의 취지와 증거조사의 결과를 고려하여 제1항의 범위에서 상당한 손해액을 인정할 수 있다.

③ 제39조에 따라 손해배상을 청구한 정보주체는 사실심(事實審)의 변론이 종결되기 전까지 그 청구를 제1항에 따른 청구로 변경할 수 있다.

| 오답해설 |

① 선택률4% 대법원에 의하면 주민번호 유출에 따른 변경청구는 정당한 신청권이라고 보아 이에 대한 거부행위는 처분이라고 한다.

판례 甲 등이 인터넷 포털사이트 등의 개인정보 유출사고로 자신들의 주민등록번호 등 개인정보가 불법 유출되자 이를 이유로 관할 구청장에게 주민등록번호를 변경해 줄 것을 신청하였으나 구청장이 '주민등록번호가 불법 유출된 경우 주민등록법상 변경이 허용되지 않는다'는 이유로 주민등록번호 변경을 거부하는 취지의 통지를 한 사안에서, 피해자의 의사와 무관하게 주민등록번호가 유출된 경우에는 조리상 주민등록번호의 변경을 요구할 신청권을 인정함이 타당하고, **구청장의 주민등록번호 변경신청 거부행위는 항고소송의 대상이 되는 행정처분에 해당한다.** (대판 2017.6.15., 선고 2013두2945)

② 선택률12% 필요한 최소한의 정보에는 동의를 요하지만 그 외의 정보에 대한 동의를 하지 않았음을 이유로는 재화나 서비스의 제공거부를 하여서는 안 된다.

③ 선택률5% 「개인정보 보호법」은 정보주체를 보호하고자 하는 법이다. 따라서 입증책임 등의 문제는 정보처리자에게 있다.

더 알아보기 ▶ 「개인정보 보호법」

제16조(개인정보의 수집 제한) ① 개인정보처리자는 제15조 제1항 각 호의 어느 하나에 해당하여 개인정보를 수집하는 경우에는 그 목적에 필요한 최소한의 개인정보를 수집하여야 한다. 이 경우 최소한의 개인정보 수집이라는 입증책임은 개인정보처리자가 부담한다.

② 개인정보처리자는 정보주체의 동의를 받아 개인정보를 수집하는 경우 필요한 최소한의 정보 외의 개인정보 수집에는 동의하지 아니할 수 있다는 사실을 구체적으로 알리고 개인정보를 수집하여야 한다.

③ 개인정보처리자는 정보주체가 필요한 최소한의 정보 외의 개인정보 수집에 동의하지 아니한다는 이유로 정보주체에게 재화 또는 서비스의 제공을 거부하여서는 아니 된다.

16

정답 ②

행정조직법 > 자치행정조직법 > 지방자치 정답률 72%

| 정답해설 |

② 선택률72% 「지방자치법」 등에서 지방자치단체장의 권한은 ㉠㉢㉤㉦이다.

㉠ 조례에 대한 재의요구권: 조례제정권은 지방의회에 있다. 그러나 지방자치단체장은 지방의회에 의해 제정된 조례를 다시 의결할 것을 지방의회에 요구할 수 있다.

㉢ 주민투표부의권: 지방자치단체의 장은 주민 또는 지방의회의 청구에 의하거나 직권에 의하여 주민투표를 실시할 수 있다.

㉤ 규칙제정권: 지방자치단체장의 권한이다.

㉦ 소속직원에 대한 임면 및 지휘감독: 소속직원의 임명과 면직 및 지휘감독은 지방자치단체장의 권한이다.

| 오답해설 |

① 선택률6% ③ 선택률16% ④ 선택률6% 나머지는 모두 지방의회의 권한이다.

㉡ 조례제정권: 지방의회의 권한이다.

㉣ 행정사무 감사 또는 조사 결과의 처리권: 행정사무의 감사나 조사는 지방의회가 한다. 따라서 이에 대한 결과의 처리권도 지방의회에 있다.

㉥ 청원의 수리와 처리의결권: 지방의회의 권한이다.

㉧ 예산의 심의와 확정에 대한 의결권: 예산의 심의 등의 의결은 지방의회의 권한이다.

더 알아보기 ▶ 「지방자치법」

제47조(지방의회의 의결사항) ① 지방의회는 다음 각 호의 사항을 의결한다.

1. 조례의 제정·개정 및 폐지
2. 예산의 심의·확정
3. 결산의 승인
4. 법령에 규정된 것을 제외한 사용료·수수료·분담금·지방세 또는 가입금의 부과와 징수
5. 기금의 설치·운용
6. 대통령령으로 정하는 중요 재산의 취득·처분
7. 대통령령으로 정하는 공공시설의 설치·처분
8. 법령과 조례에 규정된 것을 제외한 예산 외의 의무부담이나 권리의 포기
9. 청원의 수리와 처리
10. 외국 지방자치단체와의 교류·협력
11. 그 밖에 법령에 따라 그 권한에 속하는 사항

② 지방자치단체는 제1항 각 호의 사항 외에 조례로 정하는 바에 따라 지방의회에서 의결되어야 할 사항을 따로 정할 수 있다.

제118조(직원에 대한 임면권 등) 지방자치단체의 장은 소속 직원(지방의회의 사무직원은 제외한다)을 지휘·감독하고 법령과 조례·규칙으로 정하는 바에 따라 그 임면·교육훈련·복무·징계 등에 관한 사항을 처리한다.

17

정답 ④

일반행정작용법 > 행정정보공개와 개인정보 보호 > 정보공개 정답률 **76%**

| 정답해설 |

④ **선택률 76%** 제3자와 관련된 정보에 대하여 제3자의 비공개요청이 있다고 하여도 공공기관은 이에 구속되지 아니하며, 공개가 가능하다. 이에 대해 제3자는 이의신청이나 행정심판, 행정소송을 통해 구제가 가능하다.

| 오답해설 |

① **선택률 7%** 모든 국민은 정보공개청구권이 있다. 또한 정보공개청구 목적이 상대방을 괴롭힐 목적 등만 아니라면 제한이 없다.

② **선택률 9%** 정보공개를 신청하여 거부를 받은 경우, 그 자체만으로 소송을 청구할 수 있는 법률상 이익이 있다.

③ **선택률 8%** 사립대학교도 정보공개의무가 있는 공공기관에 해당된다. 이 경우 정보공개의 범위는 정부로부터 보조를 받는 범위에 국한되는 것도 아니다.

더 알아보기 ▶ 관련 판례

정보공개법 제9조 제1항은 "공공기관이 보유·관리하는 정보는 공개대상이 된다. 다만, 다음 각 호의 1에 해당하는 정보에 대하여는 이를 공개하지 아니할 수 있다."고 규정하고 있는바, 정보공개법의 입법 취지 및 위와 같은 규정 형식에 비추어 보면, 여기에서 말하는 공공기관이 보유·관리하는 정보라 함은 당해 공공기관이 작성하여 보유·관리하고 있는 정보뿐만 아니라 경위를 불문하고 당해 공공기관이 보유·관리하고 있는 모든 정보를 의미한다고 할 것이므로, **제3자와 관련이 있는 정보라고 하더라도 당해 공공기관이 이를 보유·관리하고 있는 이상 정보공개법 제9조 제1항 단서 각 호의 비공개사유에 해당하지 아니하면 정보공개의 대상이 되는 정보에 해당한다고 보아야 할 것이다.** 따라서 정보공개법 제11조 제3항이 "공공기관은 공개청구된 공개대상정보의 전부 또는 일부가 제3자와 관련이 있다고 인정되는 때에는 그 사실을 제3자에게 지체 없이 통지하여야 하며, 필요한 경우에는 그의 의견을 청취할 수 있다.", 제21조 제1항이 "제11조 제3항의 규정에 의하여 공개청구된 사실을 통지받은 제3자는 통지받은 날부터 3일 이내에 당해 공공기관에 대하여 자신과 관련된 정보를 공개하지 아니할 것을 요청할 수 있다."고 규정하고 있다고 하더라도, 이는 공공기관이 보유·관리하고 있는 정보가 제3자와 관련이 있는 경우 그 **정보공개 여부를 결정함에 있어 공공기관이 제3자와의 관계에서 거쳐야 할 절차를 규정한 것에 불과할 뿐, 제3자의 비공개요청이 있다는 사유만으로 정보공개법상 정보의 비공개사유에 해당한다고 볼 수 없다.** (대판 2008.9.25., 선고 2008두8680)

18

정답 ④

일반행정작용법 > 행정정보공개와 개인정보 보호 > 개인정보 보호 정답률 **88%**

| 정답해설 |

④ **선택률 88%** 개인정보자기결정권의 보호대상에 해당하는 개인정보는 이미 언론 등을 통해 공개된 정보나 공적 생활 등에서 형성된 정보도 포함된다.

판례 헌법 제10조의 인간의 존엄과 가치, 행복추구권과 헌법 제17조의 사생활의 비밀과 자유에서 도출되는 개인정보자기결정권은 자신에 관한 정보가 언제 누구에게 어느 범위까지 알려지고 또 이용되도록 할 것인지를 정보주체가 스스로 결정할 수 있는 권리이다. **개인정보자기결정권의 보호대상이 되는 개인정보는 개인의 신체, 신념, 사회적 지위, 신분 등과 같이 인격주체성을 특징짓는 사항으로서 개인의 동일성을 식별할 수 있게 하는 일체의 정보를 의미하며, 반드시 개인의 내밀한 영역에 속하는 정보에 국한되지 않고 공적 생활에서 형성되었거나 이미 공개된 개인정보까지도 포함한다.** (대판 2016.3.10., 선고 2012다105482)

| 오답해설 |

① **선택률 6%** 개인정보 보호대상인 개인정보는 살아 있는 개인만 그 대상이다. 죽은 자나 단체 등의 정보는 이 법에 의해 보호되는 정보가 아니다.

② **선택률 2%** 개인정보자기결정권은 자신의 정보를 어디에, 누구에게, 어느 부분까지 등에 대해 공개할지 여부를 스스로 결정할 수 있는 권리를 말한다.

③ **선택률 4%** 개인정보자기결정권 또는 익명표현의 자유 등의 기본권은 헌법 제37조 제2항의 기본권제한규정에 해당하는 권리이다. 일정한 경우에 제한될 수 있다.

군무원 VS 공무원 비교분석

공무원 시험에서는 「개인정보 보호법」의 출제빈도가 정보공개제도에 비해 상당히 낮으나, 군무원 시험에서는 비교적 출제빈도가 높은 단원이다. 이처럼 한 회당 2문항 정도 출제되거나 집중적으로 출제되는 경향은 공무원 시험에서는 찾아보기 어렵다. 따라서 공무원 시험을 위주로 준비한 수험생들은 유의하여야 한다.

19 고난도 TOP3

정답 ①

일반행정작용법 > 행정행위 > 행정행위의 내용 정답률 **43%**

| 정답해설 |

① **선택률 43%** 인·허가의제제도는 절차의 간소화를 위한 절차적 집중효제도이다. 따라서 주된 인·허가를 신청한 경우, 의제된 인·허가를 위한 다른 별도의 절차를 필요로 하지 않는다.

판례 지구단위계획결정이 의제되려면 주택법에 의한 관계행정청과의 협의절차 외에 국토계획법상 지구단위계획 입안을 위한 주민의견청취절차를 별도로 거칠 필요는 없다고 보아야 한다. (대판 2018.11.29., 선고 2016두38792)

| 오답해설 |

② **선택률 15%** 주택건설사업계획승인을 받음으로써 도로점용허가가 의제되는 경우에 당연히 점용료를 납부할 의무가 발생하는 것은 아니다.

판례 사업시행자가 주택건설사업계획승인을 받음으로써 도로점용허가가 의제된 경우에 관리청이 도로점용료를 부과하지 않아 그 점용료를 납부할 의무를 부담하지 않게 되었다고 하더라도 특별한 사정이 없는 한 사업시행자가 그 점용료 상당액을 법률상 원인 없이 부당이득하였다고 볼 수는 없다고 할 것이다. (대판 2013.6.13., 선고 2012다87010)

③ 선택률 11% 의제되는 인·허가를 이유로 주된 인·허가를 거부할 수 있다.

판례 공유수면점용허가를 필요로 하는 채광계획 인가신청에 대하여도, 공유수면 관리청이 재량적 판단에 의하여 공유수면점용을 허가 여부를 결정할 수 있고, 그 결과 공유수면점용을 허용하지 않기로 결정하였다면, 채광계획 인가관청은 이를 사유로 하여 채광계획을 인가하지 아니할 수 있는 것이다. (대판 2002.10.11., 선고 2001두151)

④ 선택률 31% 의제된 인·허가는 하나의 독립된 처분이다. 따라서 이해관계인은 의제된 인·허가에 하자가 있는 경우에 의제된 인·허가를 소송대상으로 삼아야 한다.

판례 주택건설사업계획승인처분에 따라 의제된 지구단위계획결정에 하자가 있음을 이해관계인이 다투고자 하는 경우, 주된 처분(주택건설사업계획승인처분)과 의제된 인·허가(지구단위계획결정) 중 의제된 인·허가를 항고소송의 대상으로 삼아야 한다. (대판 2018.11.29., 선고 2016두38792)

20

정답 ②

행정상 실효성 확보수단 > 행정강제 > 행정대집행 정답률 69%

| 정답해설 |

② 선택률 69% 과징금은 제재적 처분으로서 상대방의 고의나 과실은 원칙적으로 불문한다.

판례 구 여객자동차 운수사업법(2012.2.1., 법률 제11295호로 개정되기 전의 것) 제88조 제1항의 과징금부과처분은 제재적 행정처분으로서 여객자동차 운수사업에 관한 질서를 확립하고 여객의 원활한 운송과 여객자동차 운수사업의 종합적인 발달을 도모하여 공공복리를 증진한다는 행정목적의 달성을 위하여 행정법규 위반이라는 객관적 사실에 착안하여 가하는 제재이므로 반드시 현실적인 행위자가 아니라도 법령상 책임자로 규정된 자에게 부과되고 **원칙적으로 위반자의 고의·과실을 요하지 아니하나, 위반자의 의무 해태를 탓할 수 없는 정당한 사유가 있는 등의 특별한 사정이 있는 경우에는 이를 부과할 수 없다.** (대판 2014.10.15., 선고 2013두5005)

| 오답해설 |

① 선택률 13% 이행강제금은 원칙적으로 비대체적 작위의무나 부작위의무에 대한 강제집행의 수단이지만, 대체적 작위의무의 경우에도 대집행이 곤란한 경우에 가능하다. 대표적인 경우가 「건축법」이다.

③ 선택률 10% 대집행 요건이 충족된 경우에 대집행이 재량인지 여부가 다툼이 있으나, 일반적으로 재량이라고 보고 있다.

④ 선택률 8% 벌금(행정형벌)과 과징금의 병과는 이중처벌금지원칙에 반하지 않는다.

판례 구 부동산 실권리자명의 등기에 관한 법률(2007.5.11., 법률 제8418호로 개정되기 전의 것) 제5조에 규정된 과징금은 그 취지와 기능, 부과의 주체와 절차 등에 비추어 행정청이 명의신탁행위로 인한 불법적인 이익을 박탈하거나 위 법률에 따른 실명등기의무의 이행을 강제하기 위하여 의무자에게 부과·징수하는 것일 뿐 그것이 헌법 제13조 제1항에서 금지하는 국가형벌권 행사로서의 처벌에 해당한다고 할 수 없으므로 **위 법률에서 형사처벌과 아울러 과징금의 부과처분을 할 수 있도록 규정하고 있다 하더라도 이중처벌금지원칙에 위반한다고 볼 수 없다.** (대판 2007.7.12., 선고 2006두4554)

더 알아보기 ▶ 고의와 과실에 대한 문제

고의와 과실에 대한 문제는 최근 출제빈도가 높은 영역이므로 정리가 필요하다.

- 형벌: 고의 – 처벌 / 과실 – 처벌규정이 있으면 처벌
- 행정형벌: 고의 – 처벌 / 과실 – 처벌규정이 없어도, 관계법령의 종합적 해석을 통해 처벌의 해석가능성이 있으면 처벌
- 행정질서벌(과태료): 고의·과실 – 모두 부과(따라서 고의나 과실이 없으면 부과하지 않음)
- 제재적 처분(과징금 등): 고의·과실 – 원칙적으로 불문, 객관적 사실만으로 부과(단, 의무해태를 탓할 수 없는 정당한 사유시에는 고려)
- 가산세: 제재적 처분과 동일

21

정답 ①

행정구제법 > 행정쟁송 > 행정소송 정답률 74%

| 정답해설 |

① 선택률 74% 혁신도시 최종입지선정행위는 항고소송대상인 처분이 아니다.

판례 정부의 수도권 소재 공공기관의 지방이전시책을 추진하는 과정에서 도지사가 도 내 특정시를 공공기관이 이전할 혁신도시 최종입지로 선정한 행위는 대상이 되는 행정처분이 아니다. (대판 2007.11.15., 선고 2007두10198)

| 오답해설 |

② 선택률 10% 취소소송의 1심의 관할은 피고소재지 행정법원이다.

③ 선택률 5% 처분사유의 추가·변경은 처분서에 명시된 기본적인 사실관계의 동일성 범위 내에서만 법령의 추가나 처분사유의 구체화가 가능하다.

④ 선택률 11% 대법원에 의하면 사전심사결과의 통보는 권리나 의무에 구체적인 변화를 가져오는 처분이라 보기 어렵다고 한다.

더 알아보기 ▶ 재판관할

「행정소송법」 제9조(재판관할) ① 취소소송의 제1심 관할법원은 피고의 소재지를 관할하는 행정법원으로 한다.

② 제1항에도 불구하고 다음 각 호의 어느 하나에 해당하는 피고에 대하여 취소소송을 제기하는 경우에는 대법원소재지를 관할하는 행정법원에 제기할 수 있다.

1. 중앙행정기관, 중앙행정기관의 부속기관과 합의제행정기관 또는 그 장
2. 국가의 사무를 위임 또는 위탁받은 공공단체 또는 그 장

③ 토지의 수용 기타 부동산 또는 특정의 장소에 관계되는 처분 등에 대한 취소소송은 그 부동산 또는 장소의 소재지를 관할하는 행정법원에 이를 제기할 수 있다.

군무원 VS 공무원 비교분석

군무원·공무원 시험에서 행정소송의 중요성은 아무리 강조해도 지나치지 않다. 다만, 공무원 시험에서는 행정소송의 특정 부분을 하나의 문제로 출제하여 선택지 모두가 특정 영역의 내용으로 구성되는 경우가 많다.

반면, 군무원 시험에서는 이 문제처럼 하나의 문제에서 여러 영역을 같이 묻는 경우가 많다. 따라서 공무원 시험에서는 세세한 공부가 필요하다.

22

정답 ③

행정구제법 > 행정쟁송 > 행정심판 정답률 73%

| 정답해설 |

③ 선택률73% 행정심판도 간접강제인 배상제도가 있다. 거부처분 취소심판, 거부처분무효등확인심판, 거부처분의무이행심판, 부작위의무이행심판, 신청에 대한 처분이 절차 위반으로 취소된 경우에서 배상제도가 인정되고 있다.

| 오답해설 |

① 선택률5% 감사원의 처분과 부작위는 「행정심판법」 규정에 따라 감사원소속의 위원회에서 심리와 재결이 이루어진다.

② 선택률17% 인용재결이 이루어지게 되면 피청구인은 이에 기속되어 불복할 수 없다. 이 규정은 합헌이라는 것이 헌법재판소의 입장이다.

판례 **행정심판청구를 인용하는 재결이 행정청을 기속하도록 규정한 행정심판법(2010.1.25., 법률 제9968호로 전부개정된 것) 제49조 제1항(이하 '이 사건 법률조항'이라 한다)이 헌법 제101조 제1항, 제107조 제2항 및 제3항에 위배되는지 여부(소극)** 헌법 제101조 제1항과 제107조 제2항은 입법권 및 행정권으로부터 독립된 사법권의 권한과 심사범위를 규정한 것일 뿐이다. 헌법 제107조 제3항은 행정심판의 심리절차에서도 관계인의 충분한 의견진술 및 자료제출과 당사자의 자유로운 변론 보장 등과 같은 대심구조적 사법절차가 준용되어야 한다는 취지일 뿐, 사법절차의 심급제에 따른 불복할 권리까지 준용되어야 한다는 취지는 아니다. 그러므로 이 사건 법률조항은 헌법 제101조 제1항, 제107조 제2항 및 제3항에 위배되지 아니한다. (헌재결 2014.6.26., 2013헌바122)

④ 선택률5% 종래와 달리 행정심판의 청구는 피청구인인 행정청과 위원회를 통해 서면으로 청구할 수 있다.

더 알아보기 ▶ 「행정심판법」

제50조의2(위원회의 간접강제) ① 위원회는 피청구인이 제49조 제2항(제49조 제4항에서 준용하는 경우를 포함한다) 또는 제3항에 따른 처분을 하지 아니하면 청구인의 신청에 의하여 결정으로 상당한 기간을 정하고 **피청구인이 그 기간 내에 이행하지 아니하는 경우에는 그 지연기간에 따라 일정한 배상을 하도록 명하거나 즉시 배상을 할 것을 명할 수 있다.**
② 위원회는 사정의 변경이 있는 경우에는 당사자의 신청에 의하여 제1항에 따른 결정의 내용을 변경할 수 있다.
③ 위원회는 제1항 또는 제2항에 따른 결정을 하기 전에 신청 상대방의 의견을 들어야 한다.
④ 청구인은 제1항 또는 제2항에 따른 결정에 불복하는 경우 그 결정에 대하여 행정소송을 제기할 수 있다.
⑤ 제1항 또는 제2항에 따른 결정의 효력은 피청구인인 행정청이 소속된 국가·지방자치단체 또는 공공단체에 미치며, 결정서 정본은 제4항에 따른 소송제기와 관계없이 「민사집행법」에 따른 강제집행에 관하여는 집행권원과 같은 효력을 가진다. 이 경우 집행문은 위원장의 명에 따라 위원회가 소속된 행정청 소속 공무원이 부여한다.
⑥ 간접강제 결정에 기초한 강제집행에 관하여 이 법에 특별한 규정이 없는 사항에 대하여는 「민사집행법」의 규정을 준용한다. 다만, 「민사집행법」 제33조(집행문부여의 소), 제34조(집행문부여 등에 관한 이의신청), 제44조(청구에 관한 이의의 소) 및 제45조(집행문부여에 대한 이의의 소)에서 관할 법원은 피청구인의 소재지를 관할하는 행정법원으로 한다.

23

정답 ②

일반행정작용법 > 행정절차 > 행정절차법 정답률 82%

| 정답해설 |

② 선택률82% 행정입법예고기간은 특별한 사정이 없으면 40일이다. 단, 자치법규는 20일이다.

법령 **「행정절차법」 제43조(예고기간)** 입법예고기간은 예고할 때 정하되, 특별한 사정이 없으면 40일(자치법규는 20일) 이상으로 한다.

| 오답해설 |

① 선택률6% 대통령령은 총리령이나 부령과 달리 입법예고시에 국회 소관 상임위원회에 제출하여야 한다.

법령 **「행정절차법」 제42조(예고방법)** ② 행정청은 대통령령을 입법예고하는 경우 국회 소관 상임위원회에 이를 제출하여야 한다.

③ 선택률7% 입법예고가 있게 되면, 이에 누구든지 의견을 제출할 수 있다.

법령 **「행정절차법」 제44조(의견제출 및 처리)** ① 누구든지 예고된 입법안에 대하여 의견을 제출할 수 있다.

④ 선택률5% 입법예고시 관련 있는 기관 등이 알 수 있도록 하여야 한다.

법령 **「행정절차법」 제42조(예고방법)** ③ 행정청은 입법예고를 할 때에 입법안과 관련이 있다고 인정되는 중앙행정기관, 지방자치단체, 그 밖의 단체 등이 예고사항을 알 수 있도록 예고사항을 통지하거나 그 밖의 방법으로 알려야 한다.

24

정답 ②

일반행정작용법 > 행정행위 > 행정행위의 내용 정답률 80%

| 정답해설 |

② 선택률80% 해산명령은 하명으로서 의무부과이다.

| 오답해설 |

① 선택률5% 통지는 어떠한 사실을 국민에게 알리는 행위이지 의무를 부과하는 행위는 아니다.

③ 선택률14% 행정지도는 비권력적 사실행위로서 권장 등의 희망을 표시하는 행위이지 의무부과가 아니다.

④ 선택률1% 인가는 제3자들의 법률행위를 보충하는 행위이다.

25

정답 ②

행정구제법 > 행정쟁송 > 행정심판 정답률 75%

| 정답해설 |

② 선택률 75% 사정재결은 처분이 위법이나 부당함에도 이를 인용하는 것이 공공복리 등에 저해되어 기각하는 재결이다. 따라서 처분이나 부작위가 위법 또는 부당함을 적시하여야 한다.

| 오답해설 |

① 선택률 7% 사정재결의 개념을 올바르게 설명하고 있다.

③ 선택률 11% 무효는 처음부터 존속시켜 줄 처분의 효력이 없어 사정재결이나 판결이 적용되지 않는다.

④ 선택률 7% 사정판결의 경우 이익형량이 필요하다.

군무원 VS 공무원 비교분석

사정재결이나 사정판결은 판례의 내용을 묻는 경우보다 이처럼 논리나 개념 또는 적용되는 심판이나 소송의 종류를 묻는 문제로 많이 출제된다. 특히 군무원 시험은 특성상 선지가 길지 않고 기본적인 논리 중심의 문제가 출제된다. 하지만 공무원 시험에서는 사정판결이나 재결의 경우, 동일한 논리나 개념에 대한 문제라도 선지가 길고 문장의 해독을 어렵게 하는 경우가 많다. 특히 구제에서 심판과 소송의 차이점을 묻는 경향이 있음에 유의하여야 한다.

2019 2019.06.22. 국방부(육·해·공군) 시행

9급 군무원 행정법

전체 난이도 및 합격선

전체 난이도	합격선
上	84점

기출총평

선택지가 길어졌고, 난이도가 높아졌다.

"군무원 시험의 특징은 선택지가 짧고, 난이도가 평이한 편이다."라는 기존 평가를 무색하게 만든 시험이다. 평이한 문제들도 있었지만, 기존 기출문제를 위주로 이번 시험을 대비한 수험생은 2~3문제만으로 한 페이지를 채울 정도로 긴 선지와 높아진 난이도에 상당히 당황하였을 것이다. 시험의 목적상 변별력 확보를 염두에 두지 않을 수는 없으나 난이도 상(上)급에 해당하는 문항 수가 기존에 비하여 많았다. 특히 출제된 적 없는 판례를 길게 출제하여 체감난이도를 높게 하였다. 단원별 출제비중을 살펴보면 각론에서는 출제되지 않았고, 기존처럼 중요한 단원에서 많이 출제되었다(행정구제법 6문항). 새로운 유형인 사례형 등은 출제되지 않았으며, 판례에서 10문항, 법령에서 5문항이 출제되었다.

영역별 출제비중

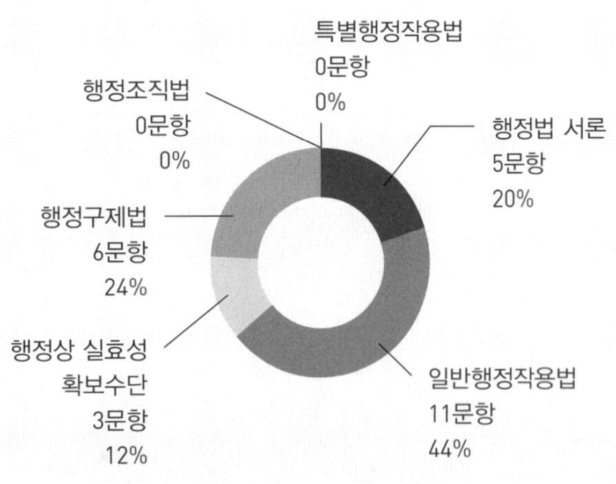

문항 분석

		카테고리	출제수	정답률
	1	일반행정작용법 > 행정정보공개와 개인정보 보호 > 정보공개	18회	76%
	2	행정법 서론 > 행정법 관계 > 행정법 관계	4회	74%
	3	행정법 서론 > 행정법 > 행정법의 일반원칙	19회	92%
	4	행정법 서론 > 행정법 관계 > 공사법 구분	8회	88%
	5	행정법 서론 > 행정법 관계 > 개인적 공권	6회	67%
	6	일반행정작용법 > 행정입법 > 법규명령	17회	74%
고난도 TOP3	7	일반행정작용법 > 행정행위 > 행정행위의 내용	25회	54%
	8	일반행정작용법 > 행정행위 > 부관	14회	72%
	9	일반행정작용법 > 행정행위 > 하자승계	6회	66%
	10	일반행정작용법 > 행정행위 > 행정행위의 종류	1회	94%
	11	일반행정작용법 > 비권력적 행정작용 > 공법상 계약	7회	73%
고난도 TOP1	12	일반행정작용법 > 그 밖의 행정작용 > 행정계획	11회	52%
	13	일반행정작용법 > 행정정보공개와 개인정보 보호 > 정보공개	18회	93%
	14	일반행정작용법 > 행정정보공개와 개인정보 보호 > 개인정보 보호	7회	89%
	15	행정상 실효성 확보수단 > 행정강제 > 직접강제	1회	87%
	16	행정법 서론 > 행정상 법률요건과 법률사실 > 부당이득	1회	78%
	17	행정상 실효성 확보수단 > 행정강제 > 행정대집행	15회	94%
	18	행정상 실효성 확보수단 > 행정벌 > 행정질서벌	10회	86%
	19	일반행정작용법 > 행정절차 > 행정입법예고	2회	57%
	20	행정구제법 > 행정상 손해전보 > 손해배상	12회	69%
	21	행정구제법 > 행정상 손해전보 > 손해배상	12회	84%
	22	행정구제법 > 행정쟁송 > 행정소송	47회	58%
	23	행정구제법 > 행정쟁송 > 행정소송	47회	63%
	24	행정구제법 > 행정쟁송 > 행정소송	47회	63%
고난도 TOP2	25	행정구제법 > 행정쟁송 > 행정심판	28회	53%

※ 고난도 TOP1 은 해당 회차에서 정답률이 가장 낮은 문항입니다.

기출문제편 ▶ P.53									
01	②	02	③	03	③	04	④	05	③
06	②	07	④	08	③	09	②	10	③
11	②	12	④	13	④	14	①	15	①
16	②	17	③	18	②	19	②	20	④
21	④	22	④	23	①	24	②	25	②

01

정답 ②

일반행정작용법 > 행정정보공개와 개인정보 보호 > 정보공개 — 정답률 76%

| 정답해설 |

② **선택률76%** 헌법소원심판의 대상이 되는 공권력의 행사로 볼 수 없다.

판례 피청구인이 청구인에 대한 형사재판이 확정된 후 그중 제1심 공판정심리의 녹음물을 폐기한 행위는 법원행정상의 구체적인 사실행위에 불과할 뿐 이를 헌법소원심판의 대상이 되는 공권력의 행사로 볼 수 없다. (헌재결 2012.3.29., 2010헌마599)

| 오답해설 |

① **선택률14%** '진행 중인 재판에 관련된 정보'에 해당한다는 사유로 정보공개를 거부하기 위하여는 진행 중인 재판의 심리나 재판결과에 구체적인 영향을 미칠 위험이 있는 정보에 한정한다는 것이 판례의 입장이다.

판례 법원 이외의 공공기관이 정보공개법 제9조 제1항 제4호에서 정한 **'진행 중인 재판에 관련된 정보'에 해당한다는 사유로 정보공개를 거부하기 위하여는 반드시 그 정보가 진행 중인 재판의 소송기록 자체에 포함된 내용일 필요는 없다.** 그러나 재판에 관련된 일체의 정보가 그에 해당하는 것은 아니고 진행 중인 재판의 심리 또는 재판결과에 구체적으로 영향을 미칠 위험이 있는 정보에 한정된다고 보는 것이 타당하다. (대판 2011.11.24., 선고 2009두19021)

③ **선택률9%** 한국방송공사는 정보공개의무가 있는 특수법인에 해당한다는 것이 대법원의 입장이다.

④ **선택률1%** 국민의 정보공개청구의 목적에는 제한이 없다. 판례에 의하면 상대방을 괴롭힐 목적이나 현저히 용납될 수 없는 부당한 이득을 취할 목적이 아니라면 제한 없이 청구가 가능하다.

더 알아보기 ▶ 정보공개의무를 가지는 특수법인

「공공기관의 정보공개에 관한 법률 시행령」 제2조 제4호의 '특별법에 따라 설립된 특수법인'이라고 해서 모두 정보공개의무를 가지는 것은 아니라는 것이 대법원의 입장이다.

• 한국방송공사

방송법이라는 특별법에 의하여 설립운영되는 **한국방송공사(KBS)는** 공공기관의 정보공개에 관한 법률 시행령 제2조 제4호의 '특별법에 의하여 설립된 특수법인'으로서 **정보공개의무가 있는 공공기관의 정보공개에 관한 법률 제2조 제3호의 '공공기관'에 해당한다.** (대판 2010.12.23., 선고 2008두13101)

• 한국증권업협회

'한국증권업협회'는 증권회사 상호간의 업무질서를 유지하고 유가증권의 공정한 매매거래 및 투자자보호를 위하여 일정 규모 이상인 증권회사 등으로 구성된 회원조직으로서, 증권거래법 또는 그 법에 의한 명령에 대하여 특별한 규정이 있는 것을 제외하고는 민법 중 사단법인에 관한 규정을 준용받는 점, 그 업무가 국가기관 등에 준할 정도로 공동체 전체의 이익에 중요한 역할이나 기능에 해당하는 공공성을 갖는다고 볼 수 없는 점 등에 비추어, **공공기관의 정보공개에 관한 법률 시행령 제2조 제4호의 '특별법에 의하여 설립된 특수법인'에 해당한다고 보기 어렵다.** (대판 2010.4.29., 선고 2008두5643)

02

정답 ③

행정법 서론 > 행정법 관계 > 행정법 관계 — 정답률 74%

| 정답해설 |

③ **선택률74%** 지하철공사가 근로자에 대하여 한 당연퇴직 조치는 위법하다.

판례 지하철공사의 근로자가 지하철 연장운행 방해행위로 유죄판결을 받았으나, 그 후 공사와 노조가 위 연장운행과 관련하여 조합간부 및 조합원의 징계를 최소화하며 해고자가 없도록 한다는 내용의 합의를 한 경우, 이는 적어도 해고의 면에서는 그 행위자를 면책하기로 한다는 합의로 풀이되므로, 공사가 취업규칙에 근거하여 위 근로자에 대하여 한 당연퇴직 조치는 위 면책합의에 배치된다. (대판 2007.10.25., 선고 2007두2067)

| 오답해설 |

① **선택률9%** 처분의 위법 여부는 처분시를 기준으로 판단한다. 따라서 부관의 위법 여부에 대한 판단도 처분시를 기준으로 판단하여야 한다. 처분시에 적법한 부관이라면 사후 법령이 개정되어 부관을 붙일 수 없게 되었다고 하더라도 처분의 효력이 소멸하거나 부당결부에 해당하는 것은 아니다.

판례 행정청이 **수익적 행정처분을 하면서 부가한 부담의 위법 여부는 처분 당시 법령을 기준으로 판단하여야 하고, 부담이 처분 당시 법령을 기준으로 적법하다면 처분 후 부담의 전제가 된 주된 행정처분의 근거법령이 개정됨으로써 행정청이 더이상 부관을 붙일 수 없게 되었다 하더라도 곧바로 위법하게 되거나 그 효력이 소멸하게 되는 것은 아니다.** 따라서 행정처분의 상대방이 수익적 행정처분을 얻기 위하여 행정청과 사이에 행정처분에 부가할 부담에 관한 협약을 체결하고 행정청이 수익적 행정처분을 하면서 협약상의 의무를 부담으로 부가하였으나 부담의 전제가 된 주된 행정처분의 근거법령이 개정됨으로써 행정청이 더이상 부관을 붙일 수 없게 된 경우에도 곧바로 협약의 효력이 소멸하는 것은 아니다. (대판 2009.2.12., 선고 2005다65500)

② **선택률6%** 위임명령이 근거가 없어 무효인 경우에도 사후 법개정으로 근거가 부여되면 그때부터 유효한 법규명령이 된다.

④ **선택률11%** 예방적 부작위청구소송(예방적 금지청구소송)은 권력분립에 의하여 허용되지 않는다.

군무원 VS 공무원 비교분석

일반적인 공무원 시험에서도 많이 볼 수 있는 종합적인 단원의 문제이며, 판례와 기본이론을 섞어서 출제한 문제이다. 그러나 이 문제는 일반적인 공무원 시험과 달리 선지가 길고, 정답에 해당하는 판례가 공법관계인 행정법 문제에 적절한지 여부도 의문스럽다. 군무원 시험의 특수성으로 인해 일반적인 단원 이외에서 이처럼 출제되는데, 일부 문항을 통해 출제난이도를 높이려는 의도로 보인다. 이러한 문제는 정답이 아닌 나머지 선지를 통해 정답을 찾아내는 방법으로 풀이하여야 한다.

03

정답 ③

행정법 서론 > 행정법 > 행정법의 일반원칙 정답률 **92%**

| 정답해설 |

③ **선택률 92%** 행정의 자기구속의 법리가 인정되기 위해서는 1회 이상의 행정이 있어야 하고, 재량인 행정이어야 하며, 적법해야 한다. 따라서 위법한 행정이 반복되었다면 자기구속의 법리가 인정되지 않는다.

| 오답해설 |

① **선택률 1%** 부관이 실질적 관련성이 없는 경우에는 위법한 부관이 된다. 따라서 부관은 부당결부에 해당되고 취소사유가 된다.

판례 지방자치단체장이 사업자에게 주택사업계획승인을 하면서 그 주택사업과는 실질적 관련성이 없는 토지를 기부채납하도록 하는 부관을 주택사업계획승인에 붙였다면, 그 부관은 부당결부금지원칙에 위반되어 위법하다. (대판 1997.3.11., 선고 96다49650)

② **선택률 2%** 재량준칙이 평등이나 신뢰보호에 의하여 자기구속의 법리가 되기 위해서는 반복적으로 시행되어 일반적인 관행이 이루어져야 한다. 따라서 재량준칙의 단순공표만으로는 자기구속의 법리가 형성되지 않는다.

④ **선택률 5%** 승합차는 제1종 보통면허로 운전하는 것이므로 제1종 보통면허와 제1종 대형면허, 원동기장치자전거면허를 취소할 수 있다. 즉, 제1종 보통면허와 중복되는 것은 취소된다.

판례 제1종 보통면허로 운전할 수 있는 차량의 음주운전은 당해 운전면허뿐만 아니라 제1종 대형면허로도 가능하고, 또한 제1종 대형면허나 제1종 보통면허의 취소에는 당연히 원동기장치자전거의 운전까지 금지하는 취지가 포함된 것이어서 이들 세 종류의 운전면허는 서로 관련된 것이라고 할 것이므로 제1종 보통면허로 운전할 수 있는 차량을 음주운전한 경우에 이와 관련된 면허인 제1종 대형면허와 원동기장치자전거면허까지 취소할 수 있는 것으로 보아야 한다. (대판 1994.11.25., 선고, 94누9672)

04

정답 ④

행정법 서론 > 행정법 관계 > 공사법 구분 정답률 **88%**

| 정답해설 |

④ **선택률 88%** 공법관계에 해당하는 것은 ㉡, ㉢, ㉤이다.

㉡ 행정재산의 사용수익허가는 공법관계에 해당한다. 행정재산-공물의 사용수익허가는 특허로서 행정행위이다.

㉢ 지방자치단체에 근무하는 청원경찰의 근무관계는 공법관계에 해당한다. 이는 특별권력관계이다.

㉤ 국유재산 무단점유자에 대한 변상금 부과처분은 공법관계에 해당한다. 이는 행정처분이며 기속행위이다.

| 오답해설 |

① **선택률 1%** ② **선택률 3%** ③ **선택률 8%**

㉠ 국유 일반재산에 대한 대부 및 대부료 납입고지는 사법관계에 해당한다.

주의 일반재산의 대부료 징수는 공법관계이다.

㉣ 창덕궁 등의 고궁 안내원의 채용계약은 사법관계에 해당한다.

㉥ 구 「예산회계법」상의 입찰보증금 국고귀속조치는 사법관계에 해당한다.

군무원 VS 공무원 비교분석

공법과 사법을 구분하는 문제가 공무원 시험에서도 출제되지만, 군무원 시험에서는 특별히 출제가 많이 된다. 특히 구 「예산회계법」상의 입찰보증금(=계약보증금), 일반재산의 대부 및 대부료의 납입고지, 국유재산 무단점유자에 대한 변상금 부과처분에 대한 내용은 출제빈도가 높다. 따라서 이와 관련된 판례 등을 숙지해야 한다.

05

정답 ③

행정법 서론 > 행정법 관계 > 개인적 공권 정답률 **67%**

| 정답해설 |

③ **선택률 67%** 협의의 행정개입청구권은 재량상태인 경우에서는 인정될 수 없고, 재량이 0으로 수축되는 경우에 비로소 발생한다.

판례 구 건축법(1999.2.8., 법률 제5895호로 개정되기 전의 것) 및 기타 관계 법령에 **국민이 행정청에 대하여 제3자에 대한 건축허가의 취소나 준공검사의 취소 또는 제3자 소유의 건축물에 대한 철거 등의 조치를 요구할 수 있다는 취지의 규정이 없고,** 같은 법 제69조 제1항 및 제70조 제1항은 각 조항 소정의 사유가 있는 경우에 시장·군수·구청장에게 건축허가 등을 취소하거나 건축물의 철거 등 필요한 조치를 명할 수 있는 권한 내지 권능을 부여한 것에 불과할 뿐, 시장·군수·구청장에게 그러한 의무가 있음을 규정한 것은 아니므로 위 조항들도 그 근거 규정이 될 수 없으며, 그 밖에 **조리상 이러한 권리가 인정된다고 볼 수도 없다.** (대판 1999.12.7., 선고 97누17568)

| 오답해설 |

① **선택률 4%** 권한행사가 재량으로 부여된 경우에도 권한행사를 하지 않는 것이 현저하게 불합리한 경우에는 재량의 일탈남용에 해당하여 위법하다.

판례 경찰관에게 권한을 부여한 취지와 목적에 비추어 볼 때 구체적인 사정에 따라 경찰관이 권한을 행사하여 필요한 조치를 취하지 아니하는 것이 현저하게 불합리하다고 인정되는 경우에는 그러한 권한의 불행사는 직무상의 의무를 위반한 것이 되어 위법하게 된다. (대판 2017.11.9., 선고 2017다228083)

② **선택률 15%** 사회보장수급권은 사회권으로서, 헌법적 근거규정만으로는 인정될 수 없고 개별적인 법률에 근거가 있어야 한다.

판례 **공무원연금수급권과 같은 사회보장수급권은** "모든 국민은 인간다운 생활을 할 권리를 가지고, 국가는 사회보장·사회복지의 증진에 노력할 의무를 진다."고 규정한 헌법 제34조 제1항 및 제2항으로부터 도출되는 사회적 기본권 중의 하나로서, 이는 국가에 대하여 적극적으로 급부를 요구하는 것이므로 **헌법 규정만으로는 이를 실현할 수 없어 법률에 의한 형성이 필요**하고, 그 구체적인 내용, 즉 수급요건, 수급권자의 범위 및 급여금액 등은 법률에 의하여 비로소 확정된다. (헌재결 2013.9.26., 2011헌바272)

④ 선택률 14% 행정소송은 주관적 소송이 원칙이므로 구체적인 권익침해가 없는 경우에는 소송을 청구할 수 없다. 따라서 침해적 처분의 상대방은 원고적격이 인정되지만, 수익적 처분의 상대방은 특별한 사정(예 부관이 붙어 있는 처분)이 없는 한 소송을 청구할 수 없다.

판례 행정처분에 있어서 불이익처분의 상대방은 직접 개인적 이익의 침해를 받은 자로서 원고적격이 인정되지만 수익처분의 상대방은 그의 권리나 법률상 보호되는 이익이 침해되었다고 볼 수 없으므로 달리 특별한 사정이 없는 한 취소를 구할 이익이 없다. (대판 1995.8.22., 선고 94누8129)

군무원 VS 공무원 비교분석

수험생이나 관계자 모두 2019년 상반기 군무원 행정법 시험에 대하여 일반공무원 수준의 난이도와 유형을 갖춘 문제라고 평한다. 이러한 평에 가장 부합하는 문제가 바로 이 문제이다. 선지가 길고, 선지 모두 판례에 대한 것이며, 헌법적 내용을 가미한 문제이다. 이런 스타일의 문항 수가 많아지고, 비전형적인 이질적 문항 수가 상당히 줄어들었으므로 군무원을 준비하는 수험생들도 일반공무원 수험생 수준으로 눈높이를 맞추어 학습하는 것이 바람직하다.

06

정답 ②

일반행정작용법 > 행정입법 > 법규명령 정답률 **74%**

| 정답해설 |

② 선택률 74% 법규명령의 조항이 위헌·위법이라고 판단된 경우, 당해 사건에 한하여 적용이 배제될 뿐이다. 구체적 규범통제방식에 의한다.

| 오답해설 |

① 선택률 5% 헌법재판소는 재량준칙이 평등이나 신뢰보호에 의해 대외적 구속력이 있다고 볼 수 있어 헌법소원의 대상이 된다.

판례 재량권 행사의 준칙인 규칙이 그 정한 바에 따라 되풀이 시행되어 행정관행이 이룩되게 되면 평등의 원칙이나 신뢰보호의 원칙에 따라 행정기관은 그 상대방에 대한 관계에서 그 규칙에 따라야 할 자기구속을 당하게 되는 경우에는 대외적인 구속력을 가지게 된다. (헌재결 1990.9.3., 90헌마13)

③ 선택률 10% 법규명령 등이 헌법 등에 위반되는 경우 대법원은 지체 없이 이를 행정안전부장관에게 통보하고 행정안전부장관은 지체 없이 이를 관보에 게재하여야 한다.

④ 선택률 11% 국민권익위원회는 법령 등에 대한 부패유발요인 여부를 검토하여 개선에 필요한 사항을 권고할 수 있다.

더 알아보기 ▶ 관련 법령

- **「행정소송법」 제6조(명령·규칙의 위헌판결 등 공고)** ① 행정소송에 대한 대법원 판결에 의하여 명령·규칙이 헌법 또는 법률에 위반된다는 것이 확정된 경우에는 대법원은 지체 없이 그 사유를 행정안전부장관에게 통보하여야 한다.
  ② 제1항의 규정에 의한 통보를 받은 행정안전부장관은 지체 없이 이를 관보에 게재하여야 한다.
- **「부패방지 및 국민권익위원회의 설치와 운영에 관한 법률」 제28조(법령 등에 대한 부패유발요인 검토)** ① 위원회는 다음 각 호에 따른 법령 등의 부패유발요인을 분석·검토하여 그 법령 등의 소관 기관의 장에게 그 개선을 위하여 필요한 사항을 권고할 수 있다.
  1. 법률·대통령령·총리령 및 부령
  2. 법령의 위임에 따른 훈령·예규·고시 및 공고 등 행정규칙
  3. 지방자치단체의 조례·규칙
  4. 「공공기관의 운영에 관한 법률」 제4조에 따라 지정된 공공기관 및 「지방공기업법」 제49조·제76조에 따라 설립된 지방공사·지방공단의 내부규정

  ② 제1항에 따른 부패유발요인 검토의 절차와 방법에 관하여 필요한 사항은 대통령령으로 정한다.

07 고난도 TOP3

정답 ④

일반행정작용법 > 행정행위 > 행정행위의 내용 정답률 **54%**

| 정답해설 |

④ 선택률 54% 토지거래허가는 강학상 인가로서 보충행위에 해당한다. 따라서 기본적 법률행위인 토지거래가 무효라면 그에 기한 토지거래허가도 '무효'에 해당한다.

| 오답해설 |

① 선택률 9% 토지거래허가는 토지거래라는 기본적인 법률행위를 보충하여 유효한 행위의 효력을 부여하는 보충행위이다.

② 선택률 30% 토지거래는 사인간의 사법상의 법률행위이다.

③ 선택률 7% 허가(보충행위로서의 허가)가 있기 이전의 토지거래는 유동적 상태의 무효에 해당하지만 허가를 받게 되면 확정적으로 유효가 된다.

08

정답 ③

일반행정작용법 > 행정행위 > 부관 정답률 **72%**

| 정답해설 |

③ 선택률 72% 운행일과 운행지역을 제한하는 허가 등은 법률효과의 일부배제에 해당한다.

| 오답해설 |

① 선택률 7% 부관은 행정행위의 효과를 제한하거나 의무를 부과하거나 보충하는 행정청의 종된 의사표시이다.

② 선택률 16% 부담은 독립 쟁송대상이 된다.

④ 선택률 5% 부관이 강학상의 개념이라면, 실무상으로는 조건 등의 표현이 일반적이다.

09

정답 ②

일반행정작용법 > 행정행위 > 하자승계 정답률 66%

| 정답해설 |

② **선택률66%** 하자승계의 논의의 전제는 ⓐ 선행정작용이나 후행정작용이 모두 항고쟁송의 대상인 처분이어야 한다. ⓑ 선행처분에 이미 불가쟁력이 발생하여 확정된 경우이어야 한다(불가쟁력이 발생하지 않은 경우에는 선처분에 대한 쟁송을 통해 구제가 가능함). ⓒ 선처분에는 하자가 있고, 후처분에는 하자가 없어야 한다. ⓓ 선행정처분이 무효가 아니어야 한다. 이러한 요건하에서 하자의 승계를 논의한다.

| 오답해설 |

① **선택률3%** 하자의 승계는 선행행위의 하자를 후행처분에 대한 쟁송을 통해 다투는 것으로, 이를 인정하면 국민의 권익구제에 도움이 된다.

③ **선택률10%** 과세처분과 강제징수는 각각 별개의 법효과를 목적으로 하여 하자승계가 인정되지 않는다. 다만, 강제징수에서는 하자의 승계를 인정한다.

④ **선택률21%** 전통적 견해에 의하면 선처분과 후처분이 결합하여 하나의 법효과를 가져오는 경우에는 하자가 승계되며, 각각 별개의 법효과를 가져오는 경우에는 하자승계가 부정된다.

더 알아보기 ▶ 관련 판례

선처분과 후처분이 각각 별개의 법효과를 가져오는 경우에는 전통적 견해에 의하면 하자승계가 부정된다. 그러나 예외적으로 각각의 법효과인 경우에도 수인의 한도를 초과한다거나 예측가능성이 없는 경우에는 하자의 승계를 인정한다.

- 위법한 개별공시지가결정에 대하여 그 정해진 시정절차를 통하여 시정하도록 요구하지 아니하였다는 이유로 위법한 개별공시지가를 기초로 한 과세처분 등 후행 행정처분에서 개별공시지가결정의 위법을 주장할 수 없도록 하는 것은 수인한도를 넘는 불이익을 강요하는 것으로서 국민의 재산권과 재판받을 권리를 보장한 헌법의 이념에도 부합하는 것이 아니라고 할 것이므로, **개별공시지가결정에 위법이 있는 경우에는 그 자체를 행정소송의 대상이 되는 행정처분으로 보아 그 위법 여부를 다툴 수 있음은 물론 이를 기초로 한 과세처분 등 행정처분의 취소를 구하는 행정소송에서도 선행처분인 개별공시지가결정의 위법을 독립된 위법사유로 주장할 수 있다고 해석함이 타당하다.** (대판 1994.1.25., 선고 93누8542)
- 표준지공시지가결정은 이를 기초로 한 수용재결 등과는 별개의 독립된 처분으로서 서로 독립하여 별개의 법률효과를 목적으로 하지만, (중략) 표준지공시지가결정이 위법한 경우에는 그 자체를 행정소송의 대상이 되는 행정처분으로 보아 그 위법 여부를 다툴 수 있음은 물론, **수용보상금의 증액을 구하는 소송에서도 선행처분으로서 그 수용대상 토지가격 산정의 기초가 된 비교 표준지공시지가결정의 위법을 독립한 사유로 주장할 수 있다.** (대판 2008.8.21., 선고 2007두13845)
- 甲을 친일반민족행위자로 결정한 친일반민족행위진상규명위원회의 최종발표(선행처분)에 따라 지방보훈지청장이 독립유공자 예우에 관한 법률 적용대상자로 보상금 등의 예우를 받던 甲의 유가족 乙 등에 대하여 독립유공자 예우에 관한 법률 적용배제자 결정(후행처분)을 한 사안에서, 선행처분의 후행처분에 대한 구속력을 인정할 수 없어 선행처분의 위법을 이유로 후행처분의 효력을 다툴 수 있다. (대판 2013.3.14., 선고 2012두6964)

10

정답 ③

일반행정작용법 > 행정행위 > 행정행위의 종류 정답률 94%

| 정답해설 |

③ **선택률94%** 행정의 자동화작용은 다수의 동종·동일한 행정행위를 발령하여야 하는 경우에 자동정보처리시설(자동기계장치)을 활용하여 행하는 것을 말한다. 예컨대, 자동감응장치에 의해 작동되는 교통신호기, 컴퓨터에 의한 학생의 학교배정, 세금 및 각종 공과금의 부과결정, 주차료 등 공공시설의 사용료결정 등을 들 수 있다. 행정의 자동기계결정의 법적 성질은 행정행위에 해당한다. 또한, 행정의 자동기계결정은 공무원이 작성한 프로그램에 의한 것이므로 그 프로그램과 자동기계결정은 행정규칙과 행정행위의 관계를 이루게 된다.

| 오답해설 |

① **선택률1%** 행정의 자동화작용도 일반행정작용과 마찬가지로 법률우위의 원칙과 행정법의 일반원칙에 부합되어야 한다.

② **선택률1%** 전산처리에 따른 채점이나 합격자결정, 교통신호등, 주차요금의 부과와 징수 등이 자동화작용에 해당한다.

④ **선택률4%** 교통신호의 고장으로 인한 손해는 행정작용으로서 손해배상의 대상이 된다.

군무원 VS 공무원 비교분석

행정의 자동화작용은 출제비중이 아주 낮은 단원이다. 공무원 시험 등 행정법이 시험과목으로 포함되는 다른 시험에서 거의 출제되지 않는다. 출제할 만한 쟁점이나 범주가 되지 않아 출제자들로부터 외면되고 있는 것 같으나, 군무원 시험은 이러한 예측을 벗어나는 경우가 종종 있다. 수험생은 반드시 25문항의 단원별 출제비중을 염두에 두어야 한다. 중요한 단원에서는 꼭 출제되지만, 중요하지 않은 단원에서도 출제될 수 있다는 것에 주의해야 한다.

11

정답 ②

일반행정작용법 > 비권력적 행정작용 > 공법상 계약 정답률 73%

| 정답해설 |

② **선택률73%** 계약직 공무원에 대한 채용계약해지는 행정처분이 아니므로 「행정절차법」을 준수하지 않아도 되며, 이유제시도 불필요하다.

판례 계약직 공무원에 관한 현행 법령의 규정에 비추어 볼 때, **계약직 공무원 채용계약해지의 의사표시는 일반공무원에 대한 징계처분과는 달라서 항고소송의 대상이 되는 처분 등의 성격을 가진 것으로 인정되지 아니하고,** 일정한 사유가 있을 때에 국가 또는 지방자치단체가 채용계약 관계의 한쪽 당사자로서 대등한 지위에서 행하는 의사표시로 취급되는 것으로 이해되므로, 이를 징계해고 등에서와 같이 그 징계사유에 한하여 효력 유무를 판단하여야 하거나, **행정처분과 같이 행정절차법에 의하여 근거와 이유를 제시하여야 하는 것은 아니다.** (대판 2002.11.26., 선고 2002두5948)

| 오답해설 |

① **선택률 7%** 판례 **행정관청이 토지거래계약신고에 관하여 공시된 기준지가를 기준으로 매매가격을 신고하도록 행정지도하여 왔고** 그 기준가격 이상으로 매매가격을 신고한 경우에는 거래신고서를 접수하지 않고 반려하는 것이 관행화되어 있다 하더라도 이는 법에 어긋나는 관행이라 할 것이므로 그와 같은 **위법한 관행에 따라 허위신고행위에 이르렀다고 하여 그 범법행위가 사회상규에 위배되지 않는 정당한 행위라고는 볼 수 없다.** (대판 1992.4.24., 선고 91도1609)

③ **선택률 12%** 판례 구 국가를 당사자로 하는 계약에 관한 법률상의 요건과 절차를 거치지 않고 체결한 국가와 사인간의 사법상 계약의 효력은 무효이다. (대판 2015.1.15., 선고 2013다215133)

④ **선택률 8%** 판례 **어업권면허에 선행하는 우선순위결정은** 행정청이 우선권자로 결정된 자의 신청이 있으면 어업권면허처분을 하겠다는 것을 약속하는 행위로서 **강학상 확약에 불과하고 행정처분은 아니므로,** 우선순위결정에 공정력이나 불가쟁력과 같은 효력은 인정되지 아니하며, 따라서 우선순위결정이 잘못되었다는 이유로 종전의 어업권면허처분이 취소되면 행정청은 종전의 우선순위결정을 무시하고 다시 우선순위를 결정한 다음 새로운 우선순위결정에 기하여 새로운 어업권면허를 할 수 있다. (대판 1995.1.20., 선고 94누6529)

12 고난도 TOP 1

정답 ④

일반행정작용법 > 그 밖의 행정작용 > 행정계획 | 정답률 52%

| 정답해설 |

④ **선택률 52%** 행정계획에 대하여 대법원은 직접적으로 정의한 바 있다.

판례 행정계획은 특정한 행정목표를 달성하기 위하여 행정에 관한 전문적·기술적 판단을 기초로 관련되는 행정수단을 종합·조정함으로써 장래의 일정한 시점에 일정한 질서를 실현하기 위하여 설정한 활동기준이나 그 설정행위를 말한다. (대판 2018.10.12., 선고 2015두50382)

| 오답해설 |

① **선택률 14%** 택지개발예정지구의 지정과 택지개발계획승인은 각각의 독립된 처분이다. 따라서 하자의 승계가 인정되지 않는다.

판례 **택지개발촉진법 제3조에 의한 건설교통부장관의 택지개발예정지구의 지정은** 그 처분의 고시에 의하여 개발할 토지의 위치, 면적과 그 행사가 제한되는 권리내용 등이 특정되는 처분인 반면에, 같은 법 제8조에 의한 건설교통부장관의 택지개발사업 시행자에 대한 택지개발계획의 승인은 당해 사업이 택지개발촉진법상의 택지개발사업에 해당함을 인정하여 시행자가 그 후 일정한 절차를 거칠 것을 조건으로 하여 일정한 내용의 수용권을 설정하여 주는 처분으로서 그 승인고시에 의하여 수용할 목적물의 범위가 확정되는 것이므로, 위 **두 처분은 후자가 전자의 처분을 전제로 한 것이기는 하나 각각 단계적으로 별개의 법률효과를 발생하는 독립한 행정처분**이어서 선행처분에 불가쟁력이 생겨 그 효력을 다툴 수 없게 된 경우에는 선행처분에 위법사유가 있다고 할지라도 그것이 당연무효 사유가 아닌 한 **선행처분의 하자가 후행처분에 승계되는 것은 아니다.** (대판 1996.3.22., 선고 95누10075)

② **선택률 13%** 행정계획이 위법한 경우에는 국가배상의 대상이 된다.

③ **선택률 21%** 비구속적 행정계획이라도 국민의 기본권에 영향을 주고 법령의 뒷받침에 의하여 실시될 것이 확실한 경우에는 헌법재판소 헌법소원대상이 된다.

판례 비구속적 행정계획안이나 행정지침이라도 국민의 기본권에 직접적으로 영향을 끼치고, 앞으로 법령의 뒷받침에 의하여 그대로 실시될 것이 틀림없을 것으로 예상될 수 있을 때에는 공권력행위로서 예외적으로 헌법소원의 대상이 될 수 있다. (헌재결 2000.6.1., 99헌마538)

더 알아보기 ▶ 행정계획은 강학상 개념이 아니며 「행정절차법」에도 규정됨

> **「행정절차법」 제40조의4(행정계획)** 행정청은 행정청이 수립하는 계획 중 국민의 권리·의무에 직접 영향을 미치는 계획을 수립하거나 변경·폐지할 때에는 관련된 여러 이익을 정당하게 형량하여야 한다.

13

정답 ④

일반행정작용법 > 행정정보공개와 개인정보 보호 > 정보공개 | 정답률 93%

| 정답해설 |

④ **선택률 93%** 정보공개청구권은 구체적인 권리로서 청구인이 정보공개를 청구하였다가 거부를 받은 것만으로도 법률상 이익을 침해당한 것에 해당한다. 별도의 법률상 이익침해를 요하는 것은 아니다.

| 오답해설 |

① **선택률 0%** 정보는 공공기관이 보유·작성하여 관리하는 문서 등을 말한다.

② **선택률 2%** 모든 국민은 자연인, 법인, 법인 아닌 사단이나 재단 등을 불문하고 정보공개청구권을 가진다.

③ **선택률 5%** 정보공개를 신청한 날로부터 20일이 경과하도록 응답이 없는 경우에는 20일이 경과한 날로부터 30일 이내에 이의신청을 할 수 있다.

더 알아보기 ▶ 「공공기관의 정보공개에 관한 법률」

> **제2조(정의)** 이 법에서 사용하는 용어의 뜻은 다음과 같다.
> 1. '정보'란 공공기관이 직무상 작성 또는 취득하여 관리하고 있는 문서(전자문서를 포함한다. 이하 같다) 및 전자매체를 비롯한 모든 형태의 매체 등에 기록된 사항을 말한다.
> 2. '공개'란 공공기관이 이 법에 따라 정보를 열람하게 하거나 그 사본·복제물을 제공하는 것 또는 「전자정부법」 제2조 제10호에 따른 정보통신망(이하 '정보통신망'이라 한다)을 통하여 정보를 제공하는 것 등을 말한다.
> 3. '공공기관'이란 다음 각 목의 기관을 말한다.
>   가. 국가기관
>   1) 국회, 법원, 헌법재판소, 중앙선거관리위원회
>   2) 중앙행정기관(대통령 소속 기관과 국무총리 소속 기관을 포함한다) 및 그 소속 기관
>   3) 「행정기관 소속 위원회의 설치·운영에 관한 법률」에 따른 위원회

나. 지방자치단체
다. 「공공기관의 운영에 관한 법률」 제2조에 따른 공공기관
라. 「지방공기업법」에 따른 지방공사 및 지방공단
마. 그 밖에 대통령령으로 정하는 기관

제5조(정보공개 청구권자) ① 모든 국민은 정보의 공개를 청구할 권리를 가진다.
② 외국인의 정보공개청구에 관하여는 대통령령으로 정한다.

제18조(이의신청) ① 청구인이 정보공개와 관련한 공공기관의 비공개 결정 또는 부분 공개결정에 대하여 불복이 있거나 정보공개청구 후 20일이 경과하도록 정보공개결정이 없는 때에는 공공기관으로부터 정보공개 여부의 결정 통지를 받은 날 또는 정보공개청구 후 20일이 경과한 날부터 30일 이내에 해당 공공기관에 문서로 이의신청을 할 수 있다.

14

정답 ①

일반행정작용법 > 행정정보공개와 개인정보 보호 > 개인정보 보호 정답률 **89%**

| 정답해설 |

① **선택률89%** '개인정보처리자'란 업무를 목적으로 개인정보파일을 운용하기 위하여 스스로 또는 다른 사람을 통하여 개인정보를 처리하는 공공기관, 법인, 단체 및 개인 등을 말한다. 따라서 공공기관이 아닌 법인이나 단체, 개인에 의해서 처리되는 개인정보를 포함한다.

| 오답해설 |

② **선택률3%** 개인정보는 살아 있는 개인의 정보를 말한다. 따라서 사자(死者)나 법인 등의 정보는 개인정보가 아니다.

③ **선택률6%** 개인정보의 보호에 대한 규정은 「행정절차법」 등을 포함하여 많은 법에서 규정하고 있다.

법령 **「행정절차법」 제14조(송달)** ⑤ 제4항에 따른 공고를 할 때에는 민감정보 및 고유식별정보 등 송달받을 자의 개인정보를 「개인정보 보호법」에 따라 보호하여야 한다.

④ **선택률2%** 「개인정보 보호법」은 정보주체를 위한 법이다. 따라서 개인정보처리자가 피해를 입힌 경우에는 개인정보처리자가 입증책임을 진다.

15

정답 ①

행정상 실효성 확보수단 > 행정강제 > 직접강제 정답률 **87%**

| 정답해설 |

① **선택률87%** 직접강제는 의무를 불이행한 상대방의 신체나 재산에 대하여 행정청이 물리적으로 실력을 행사하여 직접적으로 의무이행을 확보하는 수단이다. 선택지에서 말하는 비대체적 작위의무나 부작위의무에 대한 심리적 압박을 통한 간접적 의무이행 확보수단은 이행강제금이다.

| 오답해설 |

② **선택률4%** 행정강제를 위해서는 의무를 부과하는 법률과 별개로 개별적인 법적 근거가 필요하다. 일반적인 입장은 행정강제는 권력적 작용이고, 의무를 부과하는 행위와는 별개의 행위이므로 법적 근거도 별개로 필요하다고 한다.

③ **선택률3%** 행정대집행은 '계고 – 영장 – 실행 – 비용징수'의 단계로 구성된다.

④ **선택률6%** 독촉이나 계고처분은 준법률행위적 행정행위로서 의사의 통지에 해당한다.

16

정답 ②

행정법 서론 > 행정상 법률요건과 법률사실 > 부당이득 정답률 **78%**

| 정답해설 |

② **선택률78%** 대법원에 의하면 부당이득반환청구는 민사소송에 의한다.

판례 조세부과처분이 무효임을 전제로 하여 이미 납부한 세금의 반환을 청구하는 것은 민사상의 부당이득반환청구로서 민사소송절차에 따라야 한다. (대결 1991.2.6., 자 90프2)

| 오답해설 |

① **선택률6%** 부당이득에 관한 공법상의 일반적 규정은 없다. 따라서 특별한 규정이 없으면 「민법」을 준용한다. 특히 대법원은 국가와 국민 사이의 공법관계를 원인으로 한 부당이득의 경우에도 사법관계로서 민사소송에 의한다는 입장이다.

③ **선택률8%** 사유지의 무단사용은 법률상 원인 없이 타인의 재산 등에 대한 부당이득에 해당한다.

④ **선택률8%** 변상금부과나 과세처분 등이 무효인 경우에 이에 대한 납부행위가 이루어지면 부당이득에 해당한다. 다만, 취소사유인 경우에는 권한 있는 기관에 의하여 취소되기 이전에는 부당이득이 아니다.

17

정답 ③

행정상 실효성 확보수단 > 행정강제 > 행정대집행 정답률 **94%**

| 정답해설 |

③ **선택률94%** 대법원에 의하면 반복된 계고의 경우 제1차 계고만이 처분이며, 제2차·제3차 계고는 처분이 아니다.

판례 건물의 소유자에게 위법건축물을 일정기간까지 철거할 것을 명함과 아울러 불이행할 때에는 대집행한다는 내용의 철거대집행 계고처분을 고지한 후 이에 불응하자 다시 제2차·제3차 계고서를 발송하여 일정기간까지의 자진철거를 촉구하고 불이행하면 대집행을 한다는 뜻을 고지하였다면 행정대집행법상의 건물철거의무는 제1차 철거명령 및 계고처분으로서 발생하였고 **제2차·제3차의 계고처분은 새로운 철거의무를 부과한 것이 아니고, 다만 대집행기한의 연기통지에 불과하므로 행정처분이 아니다.** (대판 1994.10.28., 선고 94누5144)

| 오답해설 |

① **선택률1%** 강제집행은 의무를 부과하고 이를 불이행한 경우를 전제로 한다. 따라서 행정행위 중 의무를 부과하는 행정행위인 하명(명령적 행정행위)에서만 문제가 된다.

② 선택률2% 공법상 대체적 작위의무는 법령에 의하여 부과된 경우나, 행정청이 법령에 근거하여 처분을 통해 이루어진 의무이다.
④ 선택률3% 계고처분시 계고서에 대집행의 범위나 내용이 적시되어야 하는데, 대법원에 의하면 반드시 계고서에 의해서만 이루어질 필요는 없고, 계고 전후를 통해 상대방이 이를 인식할 수 있으면 된다고 한다.

18

정답 ②

행정상 실효성 확보수단 > 행정벌 > 행정질서벌 정답률 86%

| 정답해설 |

② 선택률86% 「질서위반행위규제법」 제8조는 위법성의 착오에 대하여 그 오인에 정당한 이유가 있는 때에 한하여서만 과태료를 부과하지 않는다고 규정하고 있다.
법령 「질서위반행위규제법」 제8조(위법성의 착오) 자신의 행위가 위법하지 아니한 것으로 오인하고 행한 질서위반행위는 그 오인에 정당한 이유가 있는 때에 한하여 과태료를 부과하지 아니한다.

| 오답해설 |

① 선택률3% 「질서위반행위규제법」은 고의나 과실이 없는 경우에는 부과하지 않는다. 따라서 고의나 과실에 대한 상대방의 주장이 있는 경우에는 고의나 과실에 대한 판단을 하여야 한다.
③ 선택률5% 과태료 부과의 경우에도 사전통지와 의견제출의 기회를 부여한다.
④ 선택률6% 과태료에 대한 불복은 행정소송을 청구할 수 없다. 과태료를 부과한 행정청에 60일 이내에 이의제기를 하는 방법에 의하는데, 이의제기를 하게 되면 과태료의 효력은 소멸된다.

더 알아보기 ▶ 「질서위반행위규제법」

제7조(고의 또는 과실) 고의 또는 과실이 없는 질서위반행위는 과태료를 부과하지 아니한다.
제16조(사전통지 및 의견 제출 등) ① 행정청이 질서위반행위에 대하여 과태료를 부과하고자 하는 때에는 미리 당사자(제11조 제2항에 따른 고용주 등을 포함한다. 이하 같다)에게 대통령령으로 정하는 사항을 통지하고, 10일 이상의 기간을 정하여 의견을 제출할 기회를 주어야 한다. 이 경우 지정된 기일까지 의견 제출이 없는 경우에는 의견이 없는 것으로 본다.
② 당사자는 의견 제출 기한 이내에 대통령령으로 정하는 방법에 따라 행정청에 의견을 진술하거나 필요한 자료를 제출할 수 있다.
③ 행정청은 제2항에 따라 당사자가 제출한 의견에 상당한 이유가 있는 경우에는 과태료를 부과하지 아니하거나 통지한 내용을 변경할 수 있다.
제20조(이의제기) ① 행정청의 과태료 부과에 불복하는 당사자는 제17조 제1항에 따른 과태료 부과 통지를 받은 날부터 60일 이내에 해당 행정청에 서면으로 이의제기를 할 수 있다.
② 제1항에 따른 이의제기가 있는 경우에는 행정청의 과태료 부과처분은 그 효력을 상실한다.
③ 당사자는 행정청으로부터 제21조 제3항에 따른 통지를 받기 전까지는 행정청에 대하여 서면으로 이의제기를 철회할 수 있다.

19

정답 ②

일반행정작용법 > 행정절차 > 행정입법예고 정답률 57%

| 정답해설 |

② 선택률57% 행정청은 대통령령을 입법예고하는 경우에는 국회 소관 상임위원회에 제출할 의무가 있다. 총리령이나 부령은 해당되지 않는다.
법령 「행정절차법」 제42조(예고방법) ② 행정청은 대통령령을 입법예고하는 경우 국회 소관 상임위원회에 이를 제출하여야 한다.

| 오답해설 |

① 선택률20% 「행정절차법」 총칙에 관한 규정이다. 감사원의 감사위원회결정사항은 「행정절차법」을 적용하지 않는다.
③ 선택률7% 「행정절차법」상의 신고는 자체완성적 신고를 규정하고 있다. 따라서 법이 정한 형식요건을 구비한 경우의 신고서가 행정청에 도달되면 신고의 효력이 발생한다(동법 제40조 제2항).
④ 선택률16% 신고서에 하자가 있는 경우에 행정청은 보완을 요구하고 이에 대한 보완이 없는 경우에는 이유를 밝혀 신고서를 되돌려 보내야 한다(동법 제40조 제4항).

더 알아보기 ▶ 「행정절차법」

제3조(적용범위) ① 처분, 신고, 확약, 위반사실 등의 공표, 행정계획, 행정상 입법예고, 행정예고 및 행정지도의 절차(이하 '행정절차'라 한다)에 관하여 다른 법률에 특별한 규정이 있는 경우를 제외하고는 이 법에서 정하는 바에 따른다.
② 이 법은 다음 각 호의 어느 하나에 해당하는 사항에 대하여는 적용하지 아니한다.
1. 국회 또는 지방의회의 의결을 거치거나 동의 또는 승인을 받아 행하는 사항
2. 법원 또는 군사법원의 재판에 의하거나 그 집행으로 행하는 사항
3. 헌법재판소의 심판을 거쳐 행하는 사항
4. 각급 선거관리위원회의 의결을 거쳐 행하는 사항
5. 감사원이 감사위원회의의 결정을 거쳐 행하는 사항
6. 형사(刑事), 행형(行刑) 및 보안처분 관계 법령에 따라 행하는 사항
7. 국가안전보장·국방·외교 또는 통일에 관한 사항 중 행정절차를 거칠 경우 국가의 중대한 이익을 현저히 해칠 우려가 있는 사항
8. 심사청구, 해양안전심판, 조세심판, 특허심판, 행정심판, 그 밖의 불복절차에 따른 사항
9. 「병역법」에 따른 징집·소집, 외국인의 출입국·난민인정·귀화, 공무원 인사 관계 법령에 따른 징계와 그 밖의 처분, 이해 조정을 목적으로 하는 법령에 따른 알선·조정·중재(仲裁)·재정(裁定) 또는 그 밖의 처분 등 해당 행정작용의 성질상 행정절차를 거치기 곤란하거나 거칠 필요가 없다고 인정되는 사항과 행정절차에 준하는 절차를 거친 사항으로서 대통령령으로 정하는 사항

군무원 VS 공무원 비교분석

「행정절차법」의 적용범위에 대하여 공무원 시험에서의 출제빈도는 매우 높다. 특히 최근에는 행정법 시험의 대세라 말할 수 있을 정도로 높은 출제빈도를 보이고 있다. 특히 공무원의 인사관계와 관련된 징계 등에 「행정절차법」 적용이 전면적으로 배제되는 것이 아니라, 절차를 거치는 것이 곤란하거나 거칠 필요가 없거나 준하는 절차를 거친 경우에만 배제된다는 내용이 많이 출제되고 있다. 그런데 그 부분과 「병역법」과 관련된 부분이 동일하다. 군무원 시험의 특성상 병역 등과 관련된 부분은 특별히 유의하여 공부해야 한다.

20

정답 ④

행정구제법 > 행정상 손해전보 > 손해배상 정답률 69%

| 정답해설 |

④ 선택률 69% 대법원에 의하면 행정청에 의하여 노선 인정 등이 없었다면 이를 영조물이라 할 수 없다.

판례 국가배상법 제5조 소정의 '공공의 영조물'이란 공유나 사유임을 불문하고 행정주체에 의하여 특정 공공의 목적에 공여된 유체물 또는 물적 설비를 의미하므로 사실상 군민의 통행에 제공되고 있던 도로 옆의 암벽으로부터 떨어진 낙석에 맞아 소외인이 사망하는 사고가 발생하였다고 하여도 동 사고지점 도로가 피고 군에 의하여 노선 인정 기타 공용개시가 없었으면 이를 영조물이라 할 수 없다. (대판 1981.7.7., 선고 80다2478)

| 오답해설 |

① 선택률 3% '영조물의 하자'라 함은 영조물의 완벽성의 결여를 말하는 것이 아니고, 영조물의 통상적 안전성이 결여된 상태를 말한다.

② 선택률 15% 판례 가변차로에 설치된 두 개의 신호등에서 서로 모순되는 신호가 들어오는 오작동이 발생하였고 그 고장이 현재의 기술수준상 부득이한 것이라고 가정하더라도 그와 같은 사정만으로 손해발생의 예견가능성이나 회피가능성이 없어 영조물의 하자를 인정할 수 없는 경우라고 단정할 수 없다. (대판 2001.7.27., 선고 2000다56822)

③ 선택률 13% 판례 소음 등 공해의 위험지역으로 이주하였을 때 위험의 존재를 인식하고 피해를 용인하면서 접근한 것으로 볼 수 있는 경우, 가해자의 면책을 인정할 수 있다. (대판 2015.10.15., 선고 2013다23914)

21

정답 ④

행정구제법 > 행정상 손해전보 > 손해배상 정답률 84%

| 정답해설 |

④ 선택률 84% 공무원의 직무 여부를 판단하는 기준은 공무원의 행위가 실제 직무였는지 여부나 공무원 개인의 주관적인 직무집행을 하고자 하는 의사가 있었는지 여부에 따라 판단하지 않고, 객관적 외형주의에 따라 판단한다.

| 오답해설 |

① 선택률 1% 「국가배상법」은 공무원의 직무상 불법행위에 의한 경우와 영조물의 설치 관리상의 하자에 대한 배상책임을 규정하고 있으나, 헌법 제29조 제1항은 공무원의 직무상 불법행위에 대한 배상책임만을 규정하고 있다.

② 선택률 5% 국가배상제도가 성립된 것은 행정법이 등장한 이후이며, 미국 등의 경우에는 1947년경에서야 인정되었다.

③ 선택률 10% 국가배상은 위법이 아닌 부당의 경우에는 인정될 수 없다. 따라서 재량행사가 부당에 그친 경우에는 국가배상이 부정된다.

더 알아보기 ▶ 국가배상의 역사적 배경

국가배상이 가장 먼저 등장하고 발전한 나라는 프랑스이다. 영국이나 미국은 '왕은 소추될 수 없다', '주권면책사상' 등에 의해 국가배상제도가 발전하지 못하다가 제도의 전환으로 1947년경에서야 비로소 등장하게 된다. 독일의 경우에는 위임이론에 의하여 국가는 배상에서 면책된다고 하였다가 비교적 근래에 대위책임, 자기책임 이론이 등장하게 되었다.

군무원 VS 공무원 비교분석

국가배상의 역사적 배경이나 이력을 묻는 문제는 공무원 시험에서는 찾아보기 어려운 유형이다. 25문항이 출제되는 군무원 시험의 특성상 공무원 시험과 달리 특정 단원에서 몰아치기 문제가 출제된다거나 어떤 제도의 역사적 배경을 묻는 문제가 종종 출제된다. 따라서 최근의 법제나 판례뿐만 아니라 제도의 역사적 배경에 대한 공부도 필요하다.

22

정답 ④

행정구제법 > 행정쟁송 > 행정소송 정답률 58%

| 정답해설 |

④ 선택률 58% 본안청구의 적법성 여부를 판단하는 요건심리는 법원의 직권심리를 원칙으로 한다. 다만, 당사자의 주장책임이 가미된다.

| 오답해설 |

① 선택률 5% 소송요건을 갖추지 못한 청구는 본안청구가 부적법하여 각하된다.

② 선택률 12% 원고적격 등에 대한 내용은 본안문제로서 승소 여부와는 상관없는 요건문제이다.

③ 선택률 25% 요건심리는 청구의 적법성 여부를 판단하는 심리로서 각하와 수리의 기준이 된다.

더 알아보기 ▶ 요건심리

요건심리는 본안청구의 적법성 여부를 판단하는 것을 말한다. 원칙적으로 직권심리에 의한다. 따라서 당사자의 주장이 없어도 법원은 직권으로 이를 심리하여야 하는데, 법원의 착오 등에 의하여 원고에게 불리하게 판단될 우려가 있는 경우에는 당사자의 주장책임이 가미된다.

요건문제로는 대상적격(처분성 여부), 원고적격, 협의의 소익, 피고적격, 관할법원, 제소기간의 준수 여부, 필요적 행정심판의 준수 여부, 모순된 중복소송인지 여부, 기판력 위반 여부 등이 해당된다. 이러한 요건의 불비는 사실심변론종결시까지 판단되며, 보완이 가능하다.

23

정답 ①

행정구제법 > 행정쟁송 > 행정소송 정답률 63%

| 정답해설 |

① **선택률 63%** 법령개정사실의 통보와 지급거부의 의사표시 모두 처분에 해당하지 않는다.

판례 [1] 공무원연금관리공단이 공무원연금법령의 개정사실과 퇴직연금 수급자가 퇴직연금 중 일부 금액의 지급정지대상자가 되었다는 사실을 통보한 경우, 위 통보가 항고소송의 대상이 되는 행정처분인지 여부(소극)
[2] 공무원연금관리공단이 퇴직연금 중 일부 금액에 대하여 지급거부의 의사표시를 한 경우, 그 의사표시가 항고소송의 대상이 되는 행정처분인지 여부(소극) 및 이 경우 미지급퇴직연금의 지급을 구하는 소송의 성격(=공법상 당사자소송) (대판 2004.7.8., 선고 2004두244)

| 오답해설 |

② **선택률 5%** 소송청구가 잘못된 경우, 법원으로서는 적법한 청구로 변경하도록 하여 소송을 진행하여야 한다.

판례 공법상의 법률관계에 관한 당사자소송에서는 그 법률관계의 한쪽 당사자를 피고로 하여 소송을 제기하여야 한다(행정소송법 제3조 제2호, 제39조). 다만, **원고가 고의 또는 중대한 과실 없이 당사자소송으로 제기하여야 할 것을 항고소송으로 잘못 제기한 경우에**, 당사자소송으로서의 소송요건을 결하고 있음이 명백하여 당사자소송으로 제기되었더라도 어차피 부적법하게 되는 경우가 아닌 이상, 법원으로서는 **원고가 당사자소송으로 소 변경을 하도록 하여 심리·판단하여야 한다.** (대판 2016.5.24., 선고 2013두14863)

③ **선택률 17%** **판례** 고용보험 및 산업재해보상보험의 보험료징수 등에 관한 법률 제4조, 제16조의2, 제17조, 제19조, 제23조의 각 규정에 의하면, 사업주가 당연가입자가 되는 고용보험 및 산재보험에서 보험료 납부의무 부존재확인의 소는 공법상의 법률관계 자체를 다투는 소송으로서 공법상 당사자소송이다. (대판 2016.10.13., 선고 2016다221658)

④ **선택률 15%** **판례** 지방자치단체가 보조금 지급결정을 하면서 일정 기한 내에 보조금을 반환하도록 하는 교부조건을 부가한 사안에서, 보조사업자에 대한 지방자치단체의 보조금반환청구는 행정소송법 제3조 제2호에 규정한 당사자소송의 대상이다. (대판 2011.6.9., 선고 2011다2951)

더 알아보기 ▶ 관련 판례

최근 이 문제와 관련한 당사자소송에 관한 중요한 판결이 있다. 법관의 명예퇴직수당 차액에 대한 미지급청구소송으로서, 지급거부가 처분인지 여부, 소송을 잘못 청구한 경우에 법원이 취하여야 할 태도, 법관의 명예퇴직수당의 산정방식의 평등원칙 위반 여부 등 중요한 내용이 많으므로 이에 대한 정리가 필요하다.

[1] 공법상의 법률관계에 관한 당사자소송에서는 그 법률관계의 한쪽 당사자를 피고로 하여 소송을 제기하여야 한다(행정소송법 제3조 제2호, 제39조). 다만, **원고가 고의 또는 중대한 과실 없이 당사자소송으로 제기하여야 할 것을 항고소송으로 잘못 제기한 경우에**, 당사자소송으로서의 소송요건을 결하고 있음이 명백하여 당사자소송으로 제기되었더라도 어차피 부적법하게 되는 경우가 아닌 이상, **법원으로서는 원고가 당사자소송으로 소 변경을 하도록 하여 심리·판단하여야 한다.**

[2] 명예퇴직수당 지급대상자의 결정과 수당액 산정 등에 관한 구 국가공무원법(2012.10.22., 법률 제11489호로 개정되기 전의 것) 제74조의2 제1항·제4항, 구 법관 및 법원공무원 명예퇴직수당 등 지급규칙(2011.1.31., 대법원규칙 제2320호로 개정되기 전의 것, 이하 '명예퇴직수당규칙'이라 한다) 제3조 제1항·제2항, 제7조, 제4조 [별표 1]의 내용과 취지 등에 비추어 보면, 명예퇴직수당은 명예퇴직수당 지급신청자 중에서 일정한 심사를 거쳐 피고가 명예퇴직수당 지급대상자로 결정한 경우에 비로소 지급될 수 있지만, 명예퇴직수당 지급대상자로 결정된 법관에 대하여 지급할 수당액은 명예퇴직수당규칙 제4조 [별표 1]에 산정 기준이 정해져 있으므로, 위 법관은 위 규정에서 정한 정당한 산정 기준에 따라 산정된 명예퇴직수당액을 수령할 구체적인 권리를 가진다. 따라서 위 법관이 이미 수령한 수당액이 위 규정에서 정한 정당한 명예퇴직수당액에 미치지 못한다고 주장하며 **차액의 지급을 신청함에 대하여 법원행정처장이 거부하는 의사를 표시했더라도, 그 의사표시는 명예퇴직수당액을 형성·확정하는 행정처분이 아니라** 공법상의 법률관계의 한쪽 당사자로서 지급의무의 존부 및 범위에 관하여 자신의 의견을 밝힌 것에 불과하므로 행정처분으로 볼 수 없다. 결국 명예퇴직한 법관이 미지급 명예퇴직수당액에 대하여 가지는 권리는 명예퇴직수당 지급대상자 결정 절차를 거쳐 명예퇴직수당규칙에 의하여 확정된 **공법상 법률관계에 관한 권리로서, 그 지급을 구하는 소송은 행정소송법의 당사자소송에 해당하며**, 그 법률관계의 당사자인 국가를 상대로 제기하여야 한다.

[3] 명예퇴직 제도의 재량성, 평등원칙에 관한 일반 법리와 법관의 명예퇴직수당액에 대한 산정 기준, 헌법상의 법관 임기제, 법관의 자진퇴직 및 군복무기간의 근속연수 가산에 따른 결과 등에 관한 여러 사정들을 종합하면, 명예퇴직수당 수급권의 형성에 관한 폭넓은 재량에 기초하여 구 법관 및 법원공무원 명예퇴직수당 등 지급규칙(2011.1.31., 대법원규칙 제2320호로 개정되기 전의 것) 제3조 제5항 본문에서 법관의 명예퇴직수당액에 대하여 **정년 잔여기간만을 기준으로 하지 아니하고 임기 잔여기간을 함께 반영하여 산정하도록 한 것이 합리적인 이유 없이 동시에 퇴직하는 법관들을 자의적으로 차별하는 것으로서 평등원칙에 위배된다고 볼 수 없다.** (대판 2016.5.24., 선고 2013두14863)

24

정답 ②

행정구제법 > 행정쟁송 > 행정소송 정답률 63%

| 정답해설 |

② **선택률 63%** 신청은 질서행정·복리행정상의 처분이나 재결을 포함하지만, 비권력적 사실행위나 사경제적 계약의 체결요구 등은 포함되지 않는다.

판례 형사본안사건에서 무죄가 선고되어 확정되었다면 형사소송법 제332조 규정에 따라 검사가 압수물을 제출자나 소유자 기타 권리자에게 환부하여야 할 의무가 당연히 발생한 것이고, 권리자의 환부신청에 대한 검사의 환부결정 등 어떤 처분에 의하여 비로소 환부의무가 발생하는 것은 아니므로 압수가 해제된 것으로 간주된 압수물에 대하여 피압수자나 기타 권리자가 민사소송으로 그 반환을 구함은 별론으로 하고 **검사가 피압수자의 압수물 환부신청에 대하여 아무런 결정이나 통지도 하지 아니하고 있다고 하더라도 그와 같은 부작위는 현행 행정소송법상의 부작위위법확인소송의 대상이 되지 아니한다.** (대판 1995.3.10., 선고 94누14018)

| 오답해설 |

① **선택률4%** 처분에 대한 부작위위법확인소송은 「행정소송법」에 규정되어 있으나, 처분의 작위의무확인소송은 법정 외 항고소송이다. 대법원은 이를 부정하고 있다.

③ **선택률26%** 법률상 이익이 있는 자는 청구가 가능하다. 부작위상태가 지속되고 있으면 의무이행심판을 전치한 경우가 아닌 한 제소기간은 적용되지 않는다.

④ **선택률7%** 부작위위법확인소송의 소송대상은 '부작위'이다. 따라서 소송진행 중에 행정청의 처분이 있게 되면 부작위가 존재하지 않아 소송은 각하된다.

25 고난도 TOP2

정답 ②

행정구제법 > 행정쟁송 > 행정심판 정답률 53%

| 정답해설 |

② **선택률53%** 청구의 변경은 서면으로 신청하여야 한다. 이 경우 피청구인과 참가인의 수만큼 청구변경신청서 부본을 함께 제출하여야 한다(「행정심판법」 제29조 제3항).

| 오답해설 |

① **선택률23%** '부작위'란 행정청이 당사자의 신청에 대하여 상당한 기간 내에 일정한 처분을 하여야 할 법률상 의무가 있는데도 처분을 하지 아니하는 것을 말한다(동법 제2조 제2호).

③ **선택률13%** 재결은 「행정심판법」 제23조에 따라 피청구인 또는 위원회가 심판청구서를 받은 날부터 60일 이내에 하여야 한다. 다만, 부득이한 사정이 있는 경우에는 위원장이 직권으로 30일을 연장할 수 있다(동법 제45조 제1항).

④ **선택률11%** 여러 명의 청구인이 공동으로 심판청구를 할 때에는 청구인들 중에서 3명 이하의 선정대표자를 선정할 수 있다(동법 제15조 제1항).

2018 2018.08.11. 국방부(육·해·공군) 시행

9급 군무원 행정법

I 전체 난이도 및 합격선

전체 난이도	합격선
中	92점

I 기출총평

행정법의 핵심 단원과 그 단원의 전형적인 문제 유형이 출제되었다.

'행정법 과목은 어떻게 출제하는 것이 모범'인지를 보여주는 전형적인 문제들이 출제되었다. 생소하거나 지엽적인 문제로 수험생을 당황시키는 문제 유형은 없었다. 통치행위부터 공물법까지, 출제되어야 할 단원에서 출제되어야 할 내용들이 고르게 출제되었다. 다른 해[年]와 차이가 있다면 판례의 문항 수가 늘었다는 것과 행정소송에서의 문항 수가 비교적 적었다는 점, 선지의 길이가 길어졌다는 점이다. 각론에서는 공무원법과 공물법에서 출제되었으나 평이한 난이도였다. 2018년도 시험은 마치 10여 년 전의 일반행정직 9급 기출을 보고 있는 듯하다.

I 영역별 출제비중

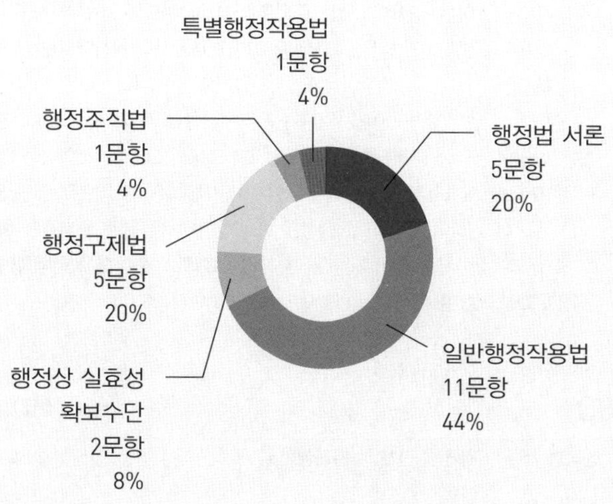

I 문항 분석

		카테고리	출제수	정답률
	1	행정법 서론 > 행정 > 통치행위	12회	93%
	2	행정법 서론 > 행정법 > 행정법의 일반원칙	19회	70%
	3	행정법 서론 > 행정법 관계 > 불가쟁력	3회	89%
	4	행정법 서론 > 행정상 법률요건과 법률사실 > 사인의 공법행위	13회	89%
	5	행정법 서론 > 행정상 법률요건과 법률사실 > 사인의 공법행위	13회	84%
고난도 TOP 1	6	일반행정작용법 > 행정입법 > 법규명령	17회	50%
	7	일반행정작용법 > 행정입법 > 행정규칙	8회	74%
	8	일반행정작용법 > 행정행위 > 인·허가의제	1회	84%
	9	일반행정작용법 > 행정행위 > 부관	14회	86%
	10	일반행정작용법 > 행정행위 > 하자승계	6회	85%
	11	일반행정작용법 > 행정행위 > 취소와 철회	13회	64%
	12	일반행정작용법 > 비권력적 행정작용 > 행정지도	13회	72%
	13	일반행정작용법 > 그 밖의 행정작용 > 행정계획	11회	94%
	14	일반행정작용법 > 행정정보공개와 개인정보 보호 > 정보공개	18회	95%
	15	행정상 실효성 확보수단 > 행정강제 > 행정대집행	15회	81%
	16	행정상 실효성 확보수단 > 행정강제 > 이행강제금	4회	72%
	17	일반행정작용법 > 행정절차 > 청문	3회	86%
	18	일반행정작용법 > 행정절차 > 처분절차	8회	67%
	19	행정구제법 > 행정상 손해전보 > 국가배상	12회	65%
	20	행정구제법 > 행정상 손해전보 > 손실보상	19회	79%
	21	행정구제법 > 행정쟁송 > 행정심판	28회	91%
고난도 TOP 2	22	행정구제법 > 행정쟁송 > 행정심판	28회	55%
	23	행정구제법 > 행정쟁송 > 행정소송	47회	63%
고난도 TOP 3	24	행정조직법 > 공무원법 > 공무원의 징계 등	2회	56%
	25	특별행정작용법 > 급부행정법 > 공물법	8회	65%

※ 고난도 TOP 1 은 해당 회차에서 정답률이 가장 낮은 문항입니다.

기출문제편 ▶ P.59									
01	②	02	①	03	①	04	④	05	②
06	①	07	②	08	②	09	③	10	①
11	②	12	③	13	④	14	④	15	②
16	③④	17	④	18	③	19	①	20	②
21	①	22	②	23	①	24	①	25	③

01

정답 ②

행정법 서론 > 행정 > 통치행위 정답률 93%

| 정답해설 |

② **선택률93%** 헌법재판소는 이라크 파병결정에 대하여 통치행위라고 인정하였다.

판례 국군(자이툰부대)을 이라크에 파병하기로 한 결정의 위헌 확인 사건에서 국군의 외국에의 파병결정은 그 성격상 국방 및 외교에 관련된 고도의 정치적 결단을 요하는 문제로서, 헌법과 법률이 정한 절차를 지켜 이루어진 것임이 명백하므로, 대통령과 국회의 판단은 존중되어야 한다. (헌재결 2004.4.29., 2003헌마814)

| 오답해설 |

① **선택률3%** 남북정상회담은 통치행위에 해당하지만 남북정상회담을 위해 북측에 송금한 행위는 통치행위가 아니라는 것이 대법원의 입장이다.

판례 남북정상회담의 개최과정에서 재정경제부장관에게 신고하지 아니하거나 통일부장관의 협력사업 승인을 얻지 아니한 채 북한 측에 사업권의 대가 명목으로 송금한 행위 자체는 헌법상 법치국가의 원리와 법 앞에 평등원칙 등에 비추어 볼 때 사법심사의 대상이 된다. (대판 2004.3.26., 선고 2003도7878)

③ **선택률2%** 대통령의 서훈취소결정은 통치행위가 아니라는 것이 대법원의 입장이다.

판례 서훈취소는 서훈수여의 경우와는 달리 이미 발생된 서훈대상자 등의 권리 등에 영향을 미치는 행위로서 관련 당사자에게 미치는 불이익의 내용과 정도 등을 고려하면 사법심사의 필요성이 크다. 따라서 기본권의 보장 및 법치주의의 이념에 비추어 보면, 비록 **서훈취소가 대통령이 국가원수로서 행하는 행위라고 하더라도 법원이 사법심사를 자제하여야 할 고도의 정치성을 띤 행위라고 볼 수는 없다.** (대판 2015.4.23., 선고 2012두26920)

④ **선택률2%** 계엄선포나 이의 확대가 국헌문란의 목적이었다면 이는 범죄행위로서 사법심사대상이 된다.

판례 비상계엄의 선포나 확대가 국헌문란의 목적을 달성하기 위하여 행하여진 경우에는 법원은 그 자체가 범죄행위에 해당하는지의 여부에 관하여 심사할 수 있다. (대판 1997.4.17., 선고 96도3376)

군무원 VS 공무원 비교분석

군무원 시험에서 거의 매년 출제되는 내용인 통치행위 문제이다. 일반행정직 시험에서도 출제되지 않는 것은 아니나 출제빈도에서 많은 차이가 있다. 일반행정직 시험을 준비하였던 수험생들이라면 통치행위 단원에 주의를 기울일 필요가 있다.

02

정답 ①

행정법 서론 > 행정법 > 행정법의 일반원칙 정답률 70%

| 정답해설 |

① **선택률70%** 신뢰보호의 선행조치를 판단하는 기준은 실질적인 지위나 임무, 구체적인 경위를 통해 상대방에게 신뢰를 부여하면 충분하다.

판례 행정청의 공적 견해표명이 있었는지의 여부를 판단하는 데 있어 반드시 행정조직상의 형식적인 권한분장에 구애될 것은 아니고 담당자의 조직상의 지위와 임무, 당해 언동을 하게 된 구체적인 경우 및 그에 대한 상대방의 신뢰가능성에 비추어 실질에 의하여 판단하여야 한다. (대판 1997.9.12., 선고 96누18380)

| 오답해설 |

② **선택률11%** 「행정절차법」에 행정지도원칙으로 과잉금지원칙을 규정하고 있다.

법령 「행정절차법」 제48조(행정지도의 원칙) ① 행정지도는 그 목적 달성에 필요한 최소한도에 그쳐야 하며, 행정지도의 상대방의 의사에 반하여 부당하게 강요하여서는 아니 된다.

③ **선택률2%** 다수설은 자기구속의 법리에 대한 근거를 평등에서 찾고 있으나, 대법원과 헌법재판소는 평등이나 신뢰보호에서 찾고 있다.

판례 행정규칙이 법령의 규정에 의하여 행정관청에 법령의 구체적 내용을 보충할 권한을 부여한 경우 또는 **재량권 행사의 준칙인 규칙이 그 정한 바에 따라 되풀이 시행되어 행정관행이 이룩되게 되면, 평등의 원칙이나 신뢰보호의 원칙에 따라 행정기관은 그 상대방에 대한 관계에서 그 규칙에 따라야 할 자기구속을 당하게 되고, 그러한 경우에는 대외적인 구속력을 가지게 된다** 할 것이다. (헌재결 1990.9.3., 90헌마13)

④ **선택률17%** 부당결부금지원칙을 비롯한 법의 일반원칙을 위반한 행위는 주로 취소사유로 보고 있다.

판례 **지방자치단체장이 사업자에게 주택사업계획승인을 하면서 그 주택사업과는 아무런 관련이 없는 토지를 기부채납하도록 하는 부관을 주택사업계획승인에 붙인 경우, 그 부관은 부당결부금지의 원칙에 위반되어 위법하지만,** 지방자치단체장이 승인한 사업자의 주택사업계획은 상당히 큰 규모의 사업임에 반하여, 사업자가 기부채납한 토지 가액은 그 100분의 1 상당의 금액에 불과한 데다가, 사업자가 그동안 그 부관에 대하여 아무런 이의를 제기하지 아니하다가 지방자치단체장이 업무착오로 기부채납한 토지에 대하여 보상협조요청서를 보내자 그때서야 비로소 부관의 하자를 들고 나온 사정에 비추어 볼 때 부관의 하자가 **중대하고 명백하여 당연무효라고는 볼 수 없다.** (대판 1997.3.11., 선고 96다49650)

03

정답 ①

행정법 서론 > 행정법 관계 > 불가쟁력 정답률 89%

| 정답해설 |

① **선택률89%** 불가쟁력은 쟁송기간이 경과되어 더이상 쟁송을 제기할 수 없음을 의미하는 것이지, 행정청이 취소나 철회 또는 변경이 불가하다는 것은 아니다.

| 오답해설 |

② **선택률3%** 불가쟁력은 행정쟁송을 제기할 수 없다는 것으로서 행

정심판이나 행정소송을 청구하지 못하여 확정되는 것이지 손해전보를 할 수 없다는 의미는 아니다.

③ 선택률3% 불가쟁력은 상대방이나 이해관계인, 즉 국민이 쟁송을 청구할 수 없다는 것이다. 행정청과는 무관한 내용이다.

④ 선택률5% 불가변력은 특정 처분에만 인정되지만, 불가쟁력은 원칙적으로 무효가 아닌 모든 처분에 인정된다.

04

정답 ④

행정법 서론 > 행정상 법률요건과 법률사실 > 사인의 공법행위 정답률 89%

| 정답해설 |

④ 선택률89% 「행정절차법」에 규정된 자기완결적 신고의 경우에는 신고 없이 한 행위에 대하여 주로 개별법에 과태료부과대상으로 삼고 있으나, 신고 없이 이루어진 행위에 대한 효력은 일반적으로 유효로 인정한다.

| 오답해설 |

① 선택률1% 자기완결적 신고의 경우에는 행정청의 수리를 요하지 않으므로 신고서가 행정청에 도달됨으로써 효력이 발생한다.

② 선택률1% 판례 적법한 형식적 요건을 갖춰 신고서를 제출하면 공무원은 이를 거부할 수 없다. (대판 1999.4.27., 선고 97누6780)

③ 선택률9% 판례 행정관청에 대한 신고는 일정한 법률사실 또는 법률관계에 관하여 관계 행정관청에 일방적인 통고를 하는 것을 뜻하는 것으로 법령에 별도의 규정이 있거나 다른 특별한 사정이 없는 한 행정관청에 대한 통고로써 그치는 것이고, 그에 대한 행정관청의 반사적 결정을 기다릴 필요가 없는 것인바, 구 수산업법(1995.12.30., 법률 제5131호로 개정되기 전의 것), 구 수산업법 시행령(1996.12.13., 대통령령 제15241호로 개정되기 전의 것), 구 수산제조업의 허가 등에 관한 규칙(1997.4.23., 해양수산부령 제19호 수산물가공업허가 등에 관한 규칙으로 개정되기 전의 것)의 각 규정에도 수산제조업의 신고를 하고자 하는 자는 그 규칙에서 정한 양식에 따른 수산제조업 신고서에 주요 기기의 명칭·수량 및 능력에 관한 서류, 제조공정에 관한 서류를 첨부하여 시장·군수·구청장에게 제출하면 되고, 시장·군수·구청장에게 수산제조업 신고에 대한 실질적인 검토를 허용하고 있다고 볼 만한 규정을 두고 있지 아니하고 있으므로, **수산제조업의 신고를 하고자 하는 자가 그 신고서를 구비서류까지 첨부하여 제출한 경우 시장·군수·구청장으로서는 형식적 요건에 하자가 없는 한 수리하여야 할 것이고,** 나아가 관할 관청에 신고업의 신고서가 제출되었다면 담당공무원이 법령에 규정되지 아니한 **다른 사유를 들어 그 신고를 수리하지 아니하고 반려하였다고 하더라도, 그 신고서가 제출된 때에 신고가 있었다고 볼 것이다.** (대판 1999.12.24., 선고 98다57419 · 57426)

더 알아보기 ▶ 관련 판례

주택건설촉진법 제38조 제2항 단서, 공동주택관리령 제6조 제1항 및 제2항, 공동주택관리규칙 제4조 및 제4조의2의 각 규정들에 의하면, 공동주택 및 부대시설·복리시설의 소유자·입주자·사용자 및 관리주체가 건설부령이 정하는 경미한 사항으로서 **신고대상인 건축물의 건축행위를 하고자 할 경우에는 그 관계 법령에 정해진 적법한 요건을 갖춘 신고만을 하면 그와 같은 건축행위를 할 수 있고, 행정청의 수리처분 등 별단의 조처를 기다릴 필요가 없다**고 할 것이며, 또한 이와 같은 신고를 받은 행정청으로서는 그 신고가 같은 법 및 그 시행령 등 관계 법령에 신고만으로 건축할 수 있는 경우에 해당하는 여부 및 그 구비서류 등이 갖추어져 있는지 여부 등을 심사하여 그것이 법규정에 부합하는 이상 이를 수리하여야 하고, 같은 **법 규정에 정하지 아니한 사유를 심사하여 이를 이유로 신고수리를 거부할 수는 없다.** (대판 1999.4.27., 선고 97누6780)

05

정답 ②

행정법 서론 > 행정상 법률요건과 법률사실 > 사인의 공법행위 정답률 84%

| 정답해설 |

② 선택률84% 사인의 공법행위에서는 비진의 의사표시가 「민법」상 무효인 것과 달리 유효이다.

판례 군인사정책상 필요에 의하여 복무연장지원서와 전역(여군의 경우 면역임)지원서를 동시에 제출하게 한 방침에 따라 위 양 지원서를 함께 제출한 이상, 그 취지는 복무연장지원의 의사표시를 우선으로 하되, 그것이 받아들여지지 아니하는 경우에 대비하여 원에 의하여 전역하겠다는 조건부 의사표시를 한 것이므로 그 전역지원의 의사표시도 유효한 것으로 보아야 한다. 위 **전역지원의 의사표시가 진의 아닌 의사표시라 하더라도 그 무효에 관한 법리를 선언한 민법 제107조 제1항 단서의 규정은 그 성질상 사인의 공법행위에는 적용되지 않는다 할 것이므로 그 표시된 대로 유효한 것으로 보아야 한다.** (대판 1994.1.11., 선고 93누10057)

| 오답해설 |

① 선택률4% 항거할 수 없는 강박에 따른 사직원 제출은 무효이다.

③ 선택률10% 사인의 공법행위는 안정성과 확실성 등을 위해 원칙적으로 부관을 붙일 수 없다.

④ 선택률2% 사인의 공법행위도 원칙적으로 행위능력이나 의사능력을 필요로 한다.

06 고난도 TOP1

정답 ①

일반행정작용법 > 행정입법 > 법규명령 정답률 50%

| 정답해설 |

① 선택률50% 행정입법은 입법작용으로서 일반적·추상적 규범을 정립하는 행위이다. 구체적·개별적인 규율행위는 행정행위로서 집행작용이다.

| 오답해설 |

② 선택률6% 조례가 일반적이고 추상적인 성질을 갖지 않고 행정의 개입 없이 그 자체로서 주민의 권리나 의무에 직접 영향을 미치는 경우에는 처분성을 갖는다.

판례 조례가 집행행위의 개입 없이도 그 자체로서 직접 국민의 구체적인 권리의무나 법적 이익에 영향을 미치는 등의 법률상 효과를 발생하는 경우, 그 조례는 항고소송의 대상이 되는 행정처분에 해당한다. (대판 1996.9.20., 선고 95누8003)

③ 선택률21% 위임명령의 경우에는 법규적 사항에 대해 행정부에 입법권을 부여하는 행위로서 국민이 대강 예측할 수 있을 정도의 구체적인 위임이어야 한다. 포괄적인 위임은 무효이다.

④ **선택률 23%** 법률의 위임에 따라 제정된 법규명령은 상위법이 폐지되면 근거규정을 상실하게 되어 법규명령도 실효된다.

군무원 VS 공무원 비교분석

이 문제의 정답은 종래 일반행정직 시험에서 출제되었던 문제와 동일하며 다른 선택지도 그 문제와 유사하다. 비단 이 문제뿐만은 아니며, 다른 문제들도 기존의 공무원 시험(최근 유형은 아님)과 유사하므로 기존의 일반행정직 9급 공무원 기출문제를 풀어보는 것도 방법이 될 수 있다.

07

정답 ②

일반행정작용법 > 행정입법 > 행정규칙 정답률 74%

| 정답해설 |

② **선택률 74%** 고시의 법적 성질은 일률적이지 않고 다양한 성질을 갖는다는 것이 헌법재판소의 입장이다.

판례 고시 또는 공고의 법적 성질은 일률적으로 판단될 것이 아니라 고시에 담긴 내용에 따라 구체적인 경우마다 달리 결정된다고 보아야 한다. 즉, **고시가 일반·추상적 성격을 가질 때는 법규명령 또는 행정규칙에 해당하지만, 고시가 구체적인 규율의 성격을 갖는다면 행정처분에 해당한다.** 이 사건 국세청고시는 특정 사업자를 납세병마개 제조자로 지정하였다는 행정처분의 내용을 모든 병마개 제조자에게 알리는 통지수단에 불과하므로, 청구인의 이 사건 국세청고시에 대한 헌법소원심판청구는 고시 그 자체가 아니라 고시의 실질적 내용을 이루는 국세청장의 위 납세병마개 제조자 지정처분에 대한 것으로 해석함이 타당하다. (헌재결 1998.4.30., 97헌마141)

| 오답해설 |

① **선택률 5%** 시행령에 규정된 처분기준은 법규명령에 해당되고 '상한액'을 규정한 것이라는 것이 대법원의 입장이다.

판례 **구 청소년 보호법(1999.2.5., 법률 제5817호로 개정되기 전의 것) 제49조 제1항·제2항에 따른 같은 법 시행령(1999.6.30., 대통령령 제16461호로 개정되기 전의 것) 제40조 [별표 6]의 위반행위의 종별에 따른 과징금 처분기준은 법규명령이기는 하나** 모법의 위임규정의 내용과 취지 및 헌법상의 과잉금지의 원칙과 평등의 원칙 등에 비추어 같은 유형의 위반행위라 하더라도 그 규모나 기간, 사회적 비난 정도, 위반행위로 인하여 다른 법률에 의하여 처벌받은 다른 사정, 행위자의 개인적 사정 및 위반행위로 얻은 불법이익의 규모 등 여러 요소를 종합적으로 고려하여 사안에 따라 적정한 과징금의 액수를 정하여야 할 것이므로 **그 수액은 정액이 아니라 최고한도액이다.** (대판 2001.3.9., 선고 99두5207)

③ **선택률 17%** 법령보충규칙은 상위법의 위임에 따라 상위법의 위임 범위 내에서 법규명령으로 인정된다. 따라서 위임의 근거를 상실하면 더이상 법규의 효력을 갖지 못한다.

판례 구 주택건설촉진법 제33조의6 제6항의 위임에 의하여 건설교통부장관의 '고시' 형식으로 되어 있는 '주택건설공사 감리비지급기준'이 이를 건설교통부령으로 정하도록 한 구 주택법이 시행된 이후에는 대외적인 구속력이 있는 법규명령으로서 효력이 없다. (대판 2012.7.5., 선고 2010다72076)

④ **선택률 4%** 법령보충규칙은 상위법과 결합하여 상위법의 일부가 됨으로써 법규적 효력을 갖는다.

판례 이른바 법령보충적 행정규칙이라도 그 자체로서 직접적인 대외적 구속력을 갖는 것은 아니다. 즉, 상위법령과 결합하여 일체가 되는 한도 내에서 상위법령의 일부가 됨으로써 대외적 구속력이 발생되는 것일 뿐 그 행정규칙 자체는 대외적 구속력을 갖는 것은 아니라 할 것이다. (헌재결 2004.10.28., 99헌바91)

08

정답 ②

일반행정작용법 > 행정행위 > 인·허가의제 정답률 84%

| 정답해설 |

② **선택률 84%** 인·허가의제제도는 주된 인·허가를 통해 다른 행정기관의 인·허가가 의제되어 권한의 변동을 가져오므로 법적 근거 없이는 불가하다.

| 오답해설 |

① **선택률 3%** 일반적인 건축신고와 달리 인·허가의제로서의 건축신고는 수리를 요하는 신고이고, 실체적 심사를 한다는 것이 대법원의 입장이다.

판례 인·허가의제 효과를 수반하는 건축신고는 일반적인 건축신고와는 달리, 특별한 사정이 없는 한 행정청이 그 실체적 요건에 관한 심사를 한 후 수리하여야 하는 이른바 '수리를 요하는 신고'로 보는 것이 옳다. (대판 2011.1.20., 선고 2010두14954)

③ **선택률 2%** 인·허가의제제도는 법적 근거가 필요하고 관계기관과 협의를 거쳐야 한다.

④ **선택률 11%** 의제되는 인·허가는 주된 인·허가처분의 성립요소일 뿐 독립된 처분은 아니다. 따라서 의제되는 인·허가에 하자가 있어도 주된 인·허가에 대한 소송을 통해 의제되는 인·허가를 다투어야 한다.

더 알아보기 ▶ 인·허가의제제도와 관련된 필수 판례

- **건축불허가처분을 하면서 건축불허가 사유 외에 형질변경불허가 사유나 농지전용불허가 사유를 들고 있는 경우, 그 건축불허가처분에 관한 쟁송에서 형질변경불허가 사유나 농지전용불허가 사유에 관하여도 다툴 수 있는지 여부(적극)** 및 별개의 형질변경불허가처분이나 농지전용불허가처분에 관한 쟁송을 제기하지 아니하였을 때 형질변경불허가 사유나 농지전용불허가 사유에 관하여 불가쟁력이 발생하는 것은 아니다. (대판 2001.1.16., 선고 99두10988)
- **건축불허가처분을 하면서** 그 처분 사유로 건축불허가 사유뿐만 아니라 구 소방법(2003.5.29., 법률 제6916호로 개정되기 전의 것) 제8조 제1항에 따른 **소방서장의 건축부동의 사유를 들고 있다고 하여 그 건축불허가처분 외에 별개로 건축부동의처분이 존재하는 것이 아니므로,** 그 건축불허가처분을 받은 사람은 그 건축불허가처분에 관한 쟁송에서 건축법상의 건축불허가 사유뿐만 아니라 소방서장의 부동의 사유에 관하여도 다툴 수 있다. (대판 2004.10.15., 선고 2003두6573)
- 주된 인허가에 관한 사항을 규정하고 있는 법률에서 주된 인허가가 있으면 다른 법률에 의한 인허가를 받은 것으로 의제한다는 규정을 둔 경우, **주된 인허가가 있으면 다른 법률에 의하여 인허가를 받았음을 전제로 하는 그 다른 법률의 모든 규정들이 적용되는 것은 아니다.** (대판 2016.11.24., 선고 2014두47686)

09

정답 ③

일반행정작용법 > 행정행위 > 부관 정답률 **86%**

| 정답해설 |

③ **선택률86%** 대법원에 의하면 재량행위에는 법에 근거가 없어도 특별한 사정이 없는 한 부관을 붙일 수 있으나, 기속행위에는 부관을 붙일 수 없고 이를 위반하고 부관을 붙이면 무효이다.

판례 일반적으로 기속행위나 기속적 재량행위에는 부관을 붙일 수 없고 가사 부관을 붙였다 하더라도 이는 무효이다. (대판 1995.6.13., 선고 94다56883)

| 오답해설 |

① **선택률7%** 성질상 부당하게 짧은 기한은 갱신기간, 즉 허가조건의 존속기간으로 본다.

판례 일반적으로 행정처분에 효력기간이 정하여져 있는 경우에는 그 기간의 경과로 그 행정처분의 효력은 상실되고, 다만 허가에 붙은 기한이 **그 허가된 사업의 성질상 부당하게 짧은 경우에는** 이를 그 허가 자체의 존속기간이 아니라 **그 허가조건의 존속기간**으로 보아 그 기한이 도래함으로써 그 조건의 개정을 고려한다는 뜻으로 해석할 수는 있지만, 그와 같은 경우라 하더라도 그 허가기간이 연장되기 위하여는 그 종기가 도래하기 전에 그 허가기간의 연장에 관한 신청이 있어야 하며, 만일 그러한 연장신청이 없는 상태에서 허가기간이 만료하였다면 그 허가의 효력은 상실된다. (대판 2007.10.11., 선고 2005두12404)

② **선택률4%** 부관 중 부담만이 독립된 쟁송이 가능하고, 나머지 부관은 주된 행정행위로부터 분리될 수 없어 독립된 소송대상이 될 수 없다.

④ **선택률3%** 사후부관에 대하여 대법원은 제한긍정설의 입장이다. 즉, 원칙적으로 사후부관을 부정하지만 일정한 경우에 한하여 인정하고 있다.

판례 행정처분에 이미 부담이 부가되어 있는 상태에서 그 의무의 범위 또는 변경하는 부관의 사후변경은 법률에 명문규정이 있거나 그 변경이 미리 유보되어 있는 경우 또는 상대방의 동의가 있는 경우에 한하여 허용되는 것이 원칙이지만, 사정변경으로 인하여 당초에 부담을 부가한 목적을 달성할 수 없게 된 경우에도 그 목적달성에 필요한 범위 내에서 예외적으로 허용된다. (대판 1997.5.30., 선고 97누2627)

10

정답 ①

일반행정작용법 > 행정행위 > 하자승계 정답률 **85%**

| 정답해설 |

① **선택률85%** 개별공시지가 결정과 과세처분은 각각 별개의 법효과가 발생하는 경우이지만, 수인의 한도를 초과하였고 예측가능성이 없다는 이유로 하자승계가 인정된다.

판례 당해 결정은 이해관계인에게 개별적으로 고지되는 것도 아니고, 또한 관계인으로서는 이러한 개별공시지가가 자신에게 유리 또는 불리하게 적용될 것인지도 알기 어려운 것으로서, 이러한 사정하에서 관계인이 그 쟁송기간 내에 당해 처분을 다투지 않았다고 하여 이를 기초로 한 과세처분 등 **후행처분에서 그 위법을 주장할 수 없도록 하는 것은 관계인에게 수인한도를 넘는 불이익을 강요하는 것**이므로, 이러한 경우에는 관계인은 개별공시지가 결정과 과세처분은 서로 독립하여 별개의 법률효과를 목적으로 하는 것임에도 불구하고, 개별공시지가가 결정에 위법이 있는 경우에는 그 자체를 행정소송의 대상이 되는 행정처분으로 보아, 그 위법 여부를 다툴 수 있음은 물론 이를 기초로 한 **과세처분 등 행정처분의 취소를 구하는 행정소송에서도 선행처분인 개별공시지가 결정의 위법을 독립된 위법사유로 주장할 수 있다.** (대판 1994.1.25., 선고 93누8542; 대판 1998.3.13., 선고 96누6059)

| 오답해설 |

② **선택률4%** 직위해제처분과 징계처분 사이는 각각 별개의 법효과를 가져오는 관계로서 하자승계가 부정된다.

판례 구 경찰공무원법 제50조 제1항에 의한 직위해제처분과 같은 제3항에 의한 면직처분은 후자가 전자의 처분을 전제로 한 것이기는 하나 각각 단계적으로 별개의 법률효과를 발생하는 행정처분이어서 선행직위해제처분의 위법사유가 면직처분에는 승계되지 아니한다 할 것이므로 선행된 직위해제처분의 위법사유를 들어 면직처분의 효력을 다툴 수는 없다. (대판 1984.9.11., 선고 84누191)

③ **선택률4%** 종전 상이등급 결정과 상이등급 개정 여부에 관한 결정 사이에는 하자승계가 부정된다.

판례 종전 상이등급 결정과 이후에 이루어진 상이등급 개정 여부에 관한 결정이 동일한 행정목적을 달성하기 위하여 단계적인 일련의 절차로 연속하여 행하여지는 것으로서, 서로 결합하여 하나의 법률효과를 발생시키는 관계에 있다고 볼 수 없다. 따라서 종전 상이등급 결정에 불가쟁력이 생겨 효력을 다툴 수 없게 된 경우 종전 상이등급 결정의 하자가 중대·명백하여 당연무효가 아닌 이상, 그 하자를 들어 이후에 이루어진 상이등급 개정 여부에 관한 결정의 효력을 다툴 수 없다. (대판 2015.12.10., 선고 2015두46505)

④ **선택률7%** 도시·군계획시설 결정과 실시계획인가 사이는 하자승계가 부정된다. 선행처분과 후행처분이 각각 별개의 법효과이고 선행처분에 이미 불가쟁력이 발생한 경우에 하자승계가 부정된다는 것이 판례의 입장이다.

판례 도시·군계획시설 결정과 실시계획인가는 도시·군계획시설사업을 위하여 이루어지는 단계적 행정절차에서 별도의 요건과 절차에 따라 별개의 법률효과를 발생시키는 독립적인 행정처분이다. 그러므로 선행처분인 도시·군계획시설 결정에 하자가 있더라도 그것이 당연무효가 아닌 한 원칙적으로 후행처분인 실시계획인가에 승계되지 않는다. (대판 2017.7.18., 선고 2016두49938)

군무원 VS 공무원 비교분석

하자승계에 관한 판례 문제는 일반행정직 시험에서 자주 출제되는 내용으로 근래에 들어서는 이러한 단답형 문제뿐만 아니라 장문의 문제도 자주 출제되고 있다. 군무원 시험에서도 최근 하자승계에 대한 출제빈도가 높아지고 있는데, 다만 단답형 문제가 주를 이룬다. 하지만 긴 문장 형태의 문제에 대비하여 하자승계에 대한 전제와 개념을 이해해 두어야 한다.

11

정답 ②

일반행정작용법 > 행정행위 > 취소와 철회 정답률 64%

| 정답해설 |

② 선택률 64% 취소는 성립 당시에 이미 위법이나 부당이 있어서 이를 적법으로 시정하는 행정작용이다. 따라서 행정의 상대방 등에 의해 쟁송취소가 이루어지는 경우에 취소는 손해배상이 문제가 된다. 반면, 철회는 성립 당시에는 하자가 없었으나 새로운 사정으로 장래에 향해 처분의 효력을 소멸시키는 것으로서 주로 손실보상이 문제된다.

| 오답해설 |

① 선택률 4% 철회는 법령에 특별한 규정이 없는 한 감독청에게는 권한이 없다. 처분청이 철회권을 가지고 있다.

③ 선택률 29% 수익적 처분이라도 법적 근거 없이 취소나 철회가 가능하다. 하지만 제한이 있다.

④ 선택률 3% 수익적 처분은 신뢰보호의 원칙이나 비례의 원칙에 의해 제한을 받는다.

12

정답 ③

일반행정작용법 > 비권력적 행정작용 > 행정지도 정답률 72%

| 정답해설 |

③ 선택률 72% 일반적으로 행정지도에는 손해배상이 인정되기 어렵다. 「국가배상법」상의 직무에는 포함되지만 지도의 임의성으로 인하여 지도와 피해 사이에 인과관계를 입증하기 어려워 주로 국가배상이 곤란하다. 제시된 선지의 경우에는 한계를 일탈하지 않은 적법한 지도로서 손해배상책임이 발생하지 않는다.

판례 행정지도가 강제성을 띠지 않은 비권력적 작용으로서 행정지도의 한계를 일탈하지 아니하였다면, 그로 인하여 상대방에게 어떤 손해가 발생하였다 하더라도 행정기관은 그에 대한 손해배상책임이 없다. (대판 2008.9.25., 선고 2006다18228)

| 오답해설 |

① 선택률 10% 행정지도는 비권력적 사실행위로서 법률유보원칙이 적용되지 않는다.

② 선택률 7% 행정지도는 비권력적 사실행위에 불과하지만 일정한 경우에 헌법소원대상이 될 수 있다.

판례 **교육인적자원부장관의 대학총장들에 대한 이 사건 학칙시정요구는** 고등교육법 제6조 제2항, 동법 시행령 제4조 제3항에 따른 것으로서 그 법적 성격은 대학총장의 임의적인 협력을 통하여 사실상의 효과를 발생시키는 행정지도의 일종이지만, 그에 따르지 않을 경우 일정한 불이익조치를 예정하고 있어 사실상 상대방에게 그에 따를 의무를 부과하는 것과 다를 바 없으므로 **단순한 행정지도로서의 한계를 넘어 규제적·구속적 성격을 상당히 강하게 갖는 것으로서 헌법소원의 대상이 되는 공권력의 행사라고 볼 수 있다.** (헌재결 2003.6.26., 2002헌마337·2003헌마7)

④ 선택률 11% 행정지도는 일반적으로 비권력적 성질과 사실행위적 성질로 항고소송대상인 처분이 아니다.

판례 **세무당국이 소외 회사에 대하여 원고와의 주류거래를 일정기간 중지하여 줄 것을 요청한 행위는** 권고 내지 협조를 요청하는 권고적 성격의 행위로서 소외 회사나 원고의 법률상의 지위에 직접적인 법률상의 변동을 가져오는 **행정처분이라고 볼 수 없는 것이므로 항고소송의 대상이 될 수 없다.** (대판 1980.10.27., 선고 80누395)

13

정답 ④

일반행정작용법 > 그 밖의 행정작용 > 행정계획 정답률 94%

| 정답해설 |

④ 선택률 94% 일반적으로 행정계획에 대하여 국민에게는 정당한 신청권이 없고 이에 대한 신청은 항고소송대상인 처분이 되지 못한다. 그러나 대법원은 일부 예외적으로 신청권을 인정하는 경우가 있다.

판례 도시계획구역 내 토지 등을 소유하고 있는 주민으로서는 입안권자에게 도시계획입안을 요구할 수 있는 법규상 또는 조리상의 신청권이 있다고 할 것이고, 이러한 신청에 대한 거부행위는 항고소송의 대상이 되는 행정처분에 해당한다. (대판 2004.4.28., 선고 2003두1806)

| 오답해설 |

① 선택률 2% 주로 행정계획에 대한 법령은 공백규정인 경우가 많다. 이에 행정청은 이에 대한 형성의 자유를 가지고 계획을 수립하여 다른 일반적인 법령보다 많은 재량을 가진다.

② 선택률 2% 계획은 종류와 내용이 매우 다양하고 상이한바 모든 종류의 계획에 적합한 하나의 법적 성격을 부여한다는 것은 불가능하다. 따라서 행정계획의 법적 성질은 그 근거법과 관련하여 개별적으로 판단되어야 할 것이다.

③ 선택률 2% 판례 비구속적 행정계획안이나 행정지침이라도 국민의 기본권에 직접적으로 영향을 끼치고, 앞으로 법령의 뒷받침에 의하여 그대로 실시될 것이 틀림없을 것으로 예상될 수 있을 때에는, 공권력 행위로서 예외적으로 헌법소원의 대상이 될 수 있다. (헌재결 2000.6.1., 99헌마538)

더 알아보기 ▶ 행정계획과 헌법소원

2012년도와 2013년도 **대학교육역량강화사업 기본계획**은 대학교육역량 강화 지원사업을 추진하기 위한 국가의 기본방침을 밝히고 국가가 제시한 일정 요건을 충족하여 높은 점수를 획득한 대학에 대하여 지원금을 배분하는 것을 내용으로 하는 행정계획일 뿐, 위 계획에 따를 의무를 부과하는 것은 아니다. 총장직선제를 개선하지 않을 경우 지원금을 받지 못하게 될 가능성이 있어 대학들이 이 계획에 구속될 여지가 있다 하더라도, 이는 사실상의 구속에 불과하고 이에 따르지 여부는 전적으로 대학의 자율에 맡겨져 있다. 더구나 총장직선제를 개선하려면 학칙이 변경되어야 하므로, 계획 자체만으로는 대학의 구성원인 청구인들의 법적 지위나 권리의무에 어떠한 영향도 미친다고 보기 어렵다. 따라서 2012년도와 2013년도 계획 부분은 **헌법소원의 대상이 되는 공권력 행사에 해당하지 아니한다.** (헌재결 2016.10.27., 2013헌마576)

14

정답 ④

일반행정작용법 > 행정정보공개와 개인정보 보호 > 정보공개　　정답률 95%

| 정답해설 |

④ **선택률95%** 거부처분에 대한 취소소송에 인용확정판결이 있으면 행정청은 판결의 기속력에 의하여 이전의 신청에 대해 재처분의 의무가 있다. 따라서 정보공개청구의 경우에도 거부처분에 대한 인용확정판결이 있음에도 재처분이 없다면 간접강제가 가능하다.

| 오답해설 |

① **선택률0%** 「공공기관의 정보공개에 관한 법률」상 모든 국민은 정보공개청구권이 있다.

법령 「공공기관의 정보공개에 관한 법률」 제5조(정보공개 청구권자)
① 모든 국민은 정보의 공개를 청구할 권리를 가진다.

② **선택률1%** 정보공개청구권은 구체적인 권리로서 그에 대한 거부는 그 자체로서 법률상 이익이 있다.

판례 국민의 정보공개청구권은 법률상 보호되는 구체적인 권리이므로, 공공기관에 대하여 정보의 공개를 청구하였다가 공개거부처분을 받은 청구인은 행정소송을 통하여 그 공개거부처분의 취소를 구할 법률상의 이익이 있다. (대판 2003.3.11., 선고 2001두6425)

③ **선택률4%** **판례** 국민의 정보공개청구권은 법률상 보호되는 구체적인 권리이므로, 공공기관에 대하여 정보의 공개를 청구하였다가 공개거부처분을 받은 청구인은 행정소송을 통하여 그 공개거부처분의 취소를 구할 법률상의 이익이 있고, **공개청구의 대상이 되는 정보가 이미 다른 사람에게 공개되어 널리 알려져 있다거나 인터넷 등을 통하여 공개되어 인터넷 검색 등을 통하여 쉽게 알 수 있다는 사정만으로는 소의 이익이 없다거나 비공개결정이 정당화될 수 없다.** (대판 2010.12.23., 선고 2008두13101)

군무원 VS 공무원 비교분석

군무원 시험이 상당히 변화하고 있음을 보여주는 문제이다. 두 단원을 결합한 문제 유형은 일반행정직 시험에서는 가끔 출제되지만, 군무원 시험에서는 생소한 유형이다. 따라서 군무원 시험만 준비하는 수험생들도 종래의 문제 유형에 집착하는 태도보다는 조금 더 심도 있는 준비가 필요하다.

15

정답 ②

행정상 실효성 확보수단 > 행정강제 > 행정대집행　　정답률 81%

| 정답해설 |

② **선택률81%** 대집행에서 계고는 준법률행위적 행정행위로서 통지에 해당한다. 이는 의사의 통지로서 항고소송대상이 된다.

| 오답해설 |

① **선택률8%** 대법원에 의하면 대집행 계고와 의무부과행위는 동시에 1장으로 할 수 있고, 1장으로 해도 두 가지 요건이 모두 충족된 것이라고 한다.

판례 계고서라는 명칭의 1장의 문서로서 일정기간 내에 위법건축물의 자진철거를 명함과 동시에 그 소정기한 내에 자진철거를 하지 아니할 때에는 대집행할 뜻을 미리 계고한 경우라도 건축법에 의한 철거명령과 행정대집행법에 의한 계고처분은 독립하여 있는 것으로서 각 그 요건이 충족되었다고 볼 것이다. (대판 1992.6.12., 선고 91누13564)

③ **선택률6%** 대집행요건이 충족된 경우에 반드시 대집행이 필요한지 여부에 대하여 학설에 대립이 있으나 일반적으로 재량으로 보고 있다.

④ **선택률5%** 대집행비용은 행정청이 부담하지 않고 의무자로부터 징수한다.

16

정답 ③④

행정상 실효성 확보수단 > 행정강제 > 이행강제금　　정답률 72%

| 정답해설 |

③ **선택률23%** 이행강제금은 「행정기본법」 제31조에 일반적 규정을 두고 있다.

판례 「행정기본법」 제31조(이행강제금의 부과) ① 이행강제금 부과의 근거가 되는 법률에는 이행강제금에 관한 다음 각 호의 사항을 명확하게 규정하여야 한다. 다만, 제4호 또는 제5호를 규정할 경우 입법목적이나 입법취지를 훼손할 우려가 크다고 인정되는 경우로서 대통령령으로 정하는 경우는 제외한다.

④ **선택률72%** 「건축법」상 이행강제금은 종래에는 「비송사건절차법」에 의한 구제방법을 특별히 규정하여 그에 따라 구제가 이루어졌으나, 최근에 해당 규정이 삭제되어 구제에 관한 특별한 규정이 없어졌다. 따라서 구제는 「행정소송법」상 항고소송방식에 따른다.

| 오답해설 |

① **선택률2%** 이행강제금은 제재가 아닌 강제에 해당되어 의무불이행상태가 계속되고 있다면 반복적으로 부과할 수 있다.

② **선택률3%** 이행강제금은 본래 비대체적 작위의무와 부작위의무에 부과하는 강제인데, 「건축법」 등에는 대체적 작위의무에도 부과가 가능하도록 규정하고 있다.

17

정답 ④

일반행정작용법 > 행정절차 > 청문　　정답률 86%

| 정답해설 |

④ **선택률86%** 「행정절차법」 규정에 의해 사전통지를 하였으나 당사자가 의견진술의 기회를 포기하겠다는 의사표시를 명백히 하면 의견청취를 하지 않는다. 청문도 포함된다.

| 오답해설 |

① **선택률5%** 「행정절차법」 이외의 법에서 청문을 하도록 규정하고 있다면 예외적인 경우를 제외하고는 청문을 하여야 한다.

② **선택률5%** 출제 당시에는 인허가 등이 취소되는 처분의 경우 상대방이 의견제출기한 내에 청문의 실시를 요청하면 청문을 하였으나, 현재는 「행정절차법」의 개정으로 상대방의 신청 여부와 상관없이 인허가 등의 취소처분에는 청문을 실시하여야 한다.

③ **선택률4%** 행정청이 필요하다고 인정하는 경우에는 청문을 실시한다.

더 알아보기 ▶ 「행정절차법」

> **제22조(의견청취)** ① 행정청이 처분을 할 때 다음 각 호의 어느 하나에 해당하는 경우에는 청문을 한다.
> 1. 다른 법령 등에서 청문을 하도록 규정하고 있는 경우
> 2. 행정청이 필요하다고 인정하는 경우
> 3. 다음 각 목의 처분을 하는 경우
>   가. 인허가 등의 취소
>   나. 신분·자격의 박탈
>   다. 법인이나 조합 등의 설립허가의 취소

18

정답 ③

일반행정작용법 > 행정절차 > 처분절차 정답률 67%

| 정답해설 |

③ 선택률67% [판례] 건축법상의 공사중지명령에 대한 사전통지를 하고 의견제출의 기회를 준다면 많은 액수의 손실보상금을 기대하여 공사를 강행할 우려가 있다는 사정이 사전통지 및 의견제출절차의 예외사유에 해당하지 아니한다. (대판 2004.5.28., 선고 2004두1254)

| 오답해설 |

① 선택률7% [판례] 신청에 따른 처분이 이루어지지 아니한 경우에는 아직 당사자에게 권익이 부과되지 아니하였으므로 특별한 사정이 없는 한 신청에 대한 거부처분이라고 하더라도 직접 당사자의 권익을 제한하는 것은 아니어서 **신청에 대한 거부처분을 여기에서 말하는 '당사자의 권익을 제한하는 처분'에 해당한다고 할 수 없는 것이어서 처분의 사전통지대상이 된다고 할 수 없다.** (대판 2003.11.28., 선고 2003두674)

② 선택률9% [판례] 군인사법령에 의하여 진급예정자명단에 포함된 자에 대하여 의견제출의 기회를 부여하지 아니한 채 진급선발을 취소하는 처분을 한 것이 절차상 하자가 있어 위법하다. (대판 2007.9.21., 선고 2006두20631)

④ 선택률17% [판례] 행정절차법 제2조 제4호가 행정절차법의 당사자를 행정청의 처분에 대하여 직접 그 상대가 되는 당사자로 규정하고, **도로법 제25조 제3항이 도로구역을 결정하거나 변경할 경우 이를 고시에 의하도록 하면서,** 그 도면을 일반인이 열람할 수 있도록 한 점 등을 종합하여 보면, 도로구역을 변경한 이 사건 **처분은 행정절차법 제21조 제1항의 사전통지나 제22조 제3항의 의견청취의 대상이 되는 처분은 아니라고 할 것이다.** (대판 2008.6.12., 선고 2007두1767)

군무원 VS 공무원 비교분석

> 이 문제는 판례 문제이다. 군무원 시험에서 선택지 모두 판례로 구성된 경우는 일반적인 다른 행정법 시험과 달리 드문 유형의 문제이다. 군무원 시험의 양상이 점점 변하고 있음을 보여주고 있다. 군무원 시험만 준비하는 수험생들은 기존의 문제 유형에서 탈피하여 판례에도 중점을 두어야 한다.

19

정답 ①

행정구제법 > 행정상 손해전보 > 국가배상 정답률 65%

| 정답해설 |

① 선택률65% 「국가배상법」 제5조는 「민법」 제758조의 공작물책임과 달리 점유자 면책규정을 두고 있지 않아 국가 등의 소유물에 한정하지 않고, 국가 등이 어떤 경위로든 사실상 지배하고 있는 임차물이나 영치물 등의 경우에도 포함이 된다.

| 오답해설 |

② 선택률27% 「국가배상법」 제5조는 제2조와 달리 무과실책임원칙으로서 관리자의 고의나 과실은 고려되지 않는다.

③ 선택률6% 설치·관리자나 비용부담자가 서로 다른 경우에 피해자는 선택적 청구를 할 수 있다.

④ 선택률2% '영조물의 하자'란 영조물의 통상적인 안전성 결여를 말하는 것이지 완벽성 결여를 문제삼는 것은 아니다.

20

정답 ②

행정구제법 > 행정상 손해전보 > 손실보상 정답률 79%

| 정답해설 |

② 선택률79% 사업시행자에게 이주대책의 수립과 실시의무를 부과하고 있는 그 자체만으로 아파트 분양권 등의 수분양권이 발생하는 것이 아니라 사업시행자가 이주대책 계획을 수립하고 이를 공고하여 신청자의 신청을 확인하고 결정함으로써 비로소 수분양권이 발생한다는 것이 대법원의 입장이다(이주대책 실시범위나 이주대책 대상자 선정이 재량이라는 점을 유의하여야 함).

[판례] 공공용지의 취득 및 손실보상에 관한 특례법 제8조 제1항이 사업시행자에게 이주대책의 수립·실시의무를 부과하고 있다고 하더라도 그 규정 자체만에 의하여 이주자에게 사업시행자가 수립한 이주대책상의 택지분양권이나 아파트 입주권 등을 받을 수 있는 구체적인 권리(수분양권)가 직접 발생하는 것이라고는 볼 수 없고, **사업시행자가 이주대책에 관한 구체적인 계획을 수립하여 이를 해당자에게 통지 내지 공고한 후, 이주자가 수분양권을 취득하기를 희망하여 이주대책에 정한 절차에 따라 사업시행자에게 이주대책 대상자 선정신청을 하고 사업시행자가 이를 받아들여 이주대책 대상자로 확인·결정하여야만 비로소 구체적인 수분양권이 발생하게 된다.** (대판 1995.10.12., 선고 94누11279)

| 오답해설 |

① 선택률2% [판례] 이주대책은 헌법 제23조 제3항에 규정된 정당한 보상에 포함되는 것이라기보다는 이에 부가하여 이주자들에게 종전의 생활상태를 회복시키기 위한 생활보상의 일환으로서 국가의 정책적인 배려에 의하여 마련된 제도라고 볼 것이다. 따라서 이주대책의 실시 여부는 입법자의 입법정책적 재량의 영역에 속한다. (헌재결 2006.2.23., 2004헌마19)

③ 선택률10% 잔여지 수용청구권은 형성적 권리로서 행정청의 응답을 요하지 않고 이에 대한 불복은 결국 보상금증감청구소송으로 진행된다.

[판례] 구 공익사업을 위한 토지 등의 취득 및 보상에 관한 법률(2007.10.17., 법률 제8665호로 개정되기 전의 것) 제74조 제1항에 규정되어 있는 잔여지 수용청구권은 손실보상의 일환으로 토지소유자에게 부여되는 권

리로서 그 요건을 구비한 때에는 잔여지를 수용하는 토지수용위원회의 재결이 없더라도 그 청구에 의하여 수용의 효과가 발생하는 형성권적 성질을 가지므로, **잔여지 수용청구를 받아들이지 않은 토지수용위원회의 재결에 대하여 토지소유자가 불복하여 제기하는 소송은 위 법 제85조 제2항에 규정되어 있는 '보상금의 증감에 관한 소송'에 해당하여 사업시행자를 피고로 하여야 한다.** (대판 2010.8.19., 선고 2008두822)

④ **선택률 9%** 이주대책은 사업시행자의 재량의 영역이라서 법정이주대책대상자에게는 당연 실시하여야 하지만, 그 외의 자들에게도 시혜적으로 이주대책을 실시할 수 있다.

판례 공익사업의 시행자는 법정이주대책대상자를 포함하여 그 밖의 이해관계인에게까지 대상자를 넓혀 이주대책 수립 등을 시행할 수 있다. 시혜적으로 시행되는 이주대책 수립 등의 경우, 대상자의 범위나 그들에 대한 이주대책 수립 등의 내용을 어떻게 정할 것인지에 관하여 사업시행자에게 폭넓은 재량이 있다. (대판 2015.8.27., 선고 2012두26746)

21

정답 ①

행정구제법 > 행정쟁송 > 행정심판 　정답률 91%

| 정답해설 |

① **선택률 91%** 사정재결에 대한 내용이다. 행정심판위원회는 행정심판청구가 이유 있어(처분이 위법하거나 부당한 경우) 이를 인용하게 되면 공공복리를 크게 위배할 경우 특수한 기각을 할 수 있는데, 이를 '사정재결'이라고 한다.

| 오답해설 |

② **선택률 4%** 인용재결은 청구를 인용하는 것을 말한다.

③ **선택률 1%** 각하재결은 청구를 적법하게 하지 못하여 심판 자체를 하지 않는 것을 말한다.

④ **선택률 4%** 기각재결은 단순히 처분이 적법하고 타당하여 청구를 기각하는 것을 말한다.

22 고난도 TOP 2

정답 ②

행정구제법 > 행정쟁송 > 행정심판 　정답률 55%

| 정답해설 |

② **선택률 55%** 형성력은 행정심판위원회의 재결에 의해 처분의 효력이 발생하거나 변경하거나 소멸하는 효력으로서 적극처분에 대한 취소변경심판의 인용재결에 인정되는 효력이다. 따라서 기각재결에는 인정될 수 없다. 사정재결은 기각재결의 일종으로서 형성력을 갖지 못한다.

| 오답해설 |

① **선택률 5%** 행정심판의 재결은 준사법적 작용의 일종인 행정처분으로서 불가변력의 효력이 발생한다.

③ **선택률 27%** 의무이행심판에는 직접 강제력이 있어서 이행명령재결에 피청구인인 행정청이 처분을 하지 않으면 행정심판위원회가 직접 처분을 할 수 있다.

④ **선택률 13%** 기속력은 재결의 취지에 행정청이나 관계행정청이 구속되는 것으로서 인용재결에만 인정되는 효력이다.

23

정답 ①

행정구제법 > 행정쟁송 > 행정소송 　정답률 63%

| 정답해설 |

① **선택률 63%** 토지대장은 토지소유자의 실체적 권리와 밀접한 관계를 가지고 있으므로 직권말소행위는 항고소송의 대상인 처분에 해당한다.

판례 토지대장은 토지에 대한 공법상의 규제, 개발부담금의 부과대상, 지방세의 과세대상, 공시지가의 산정, 손실보상가액의 산정 등 토지행정의 기초자료로서 공법상의 법률관계에 영향을 미칠 뿐만 아니라, 토지에 관한 소유권보존등기 또는 소유권이전등기를 신청하려면 이를 등기소에 제출해야 하는 점 등을 종합해 보면, 토지대장은 토지의 소유권을 제대로 행사하기 위한 전제요건으로서 토지소유자의 실체적 권리관계에 밀접하게 관련되어 있으므로, 이러한 **토지대장을 직권으로 말소한 행위는 국민의 권리관계에 영향을 미치는 것으로서 항고소송의 대상이 되는 행정처분에 해당한다.** (대판 2013.10.24., 선고 2011두13286)

| 오답해설 |

② **선택률 4%** 한국마사회의 조교사나 기수면허 부여 또는 이를 취소하는 행위는 사법상의 법률관계일 뿐 공법상의 처분은 아니다.

판례 **한국마사회가 조교사 또는 기수의 면허를 부여하거나 취소하는 것은** 경마를 독점적으로 개최할 수 있는 지위에서 우수한 능력을 갖추었다고 인정되는 사람에게 경마에서의 일정한 기능과 역할을 수행할 수 있는 자격을 부여하거나 이를 박탈하는 것에 지나지 아니하므로, 이는 국가 기타 행정기관으로부터 위탁받은 **행정권한의 행사가 아니라 일반 사법상의 법률관계에서 이루어지는 단체 내부에서의 징계 내지 제재처분이다.** (대판 2008.1.31., 선고 2005두8269)

③ **선택률 4%** 「병역법」상의 군의관의 신체등위판정은 단순한 사실행위일뿐 항고소송대상인 처분이라 할 수 없다.

판례 병역법상 신체등위판정은 행정청이라고 볼 수 없는 군의관이 하도록 되어 있으며, 그 자체만으로 바로 병역법상의 권리의무가 정하여지는 것이 아니라 그에 따라 지방병무청장이 병역처분을 함으로써 비로소 병역의무의 종류가 정하여지는 것이므로 항고소송의 대상이 되는 행정처분이라 보기 어렵다. (대판 1993.8.27., 선고 93누3356)

④ **선택률 29%** 수도권매립지관리공사의 입찰참가자격 제한조치는 국가나 지방자치단체에 의해서 이루어진 것이 아니므로 처분이 아니다.

판례 **수도권매립지관리공사가 甲에게 입찰참가자격을 제한하는 내용의 부정당업자제재처분**을 하자, 甲이 제재처분의 무효확인 또는 취소를 구하는 행정소송을 제기하면서 제재처분의 효력신청을 한 사안에서, 수도권매립지관리공사는 행정소송법에서 정한 행정청 또는 그 소속기관이거나 그로부터 제재처분의 권한을 위임받은 공공기관에 해당하지 않으므로, 수도권매립지관리공사가 한 위 제재처분은 **행정소송의 대상이 되는 행정처분이 아니라** 단지 甲을 자신이 시행하는 입찰에 참가시키지 않겠다는 뜻의 **사법상의 효력을 가지는 통지에 불과하다.** (대결 2010.11.26., 자 2010무137)

24 고난도 TOP3 정답 ①

행정조직법 > 공무원법 > 공무원의 징계 등 정답률 56%

| 정답해설 |

① **선택률56%** 불문경고조치는 징계처분은 아니더라도 항고소송대상인 처분이라는 것이 법원의 입장이다.

판례 **행정규칙에 의한 '불문경고조치'가 비록 법률상의 징계처분은 아니지만** 위 처분을 받지 아니하였다면 차후 다른 징계처분이나 경고를 받게 될 경우 징계감경사유로 사용될 수 있었던 표창공적의 사용가능성을 소멸시키는 효과와 1년 동안 인사기록카드에 등재됨으로써 그동안은 장관표창이나 도지사표창 대상자에서 제외시키는 효과 등이 있다는 이유로 **항고소송의 대상이 되는 행정처분에 해당한다.** (대판 2002.7.26., 선고 2001두3532)

| 오답해설 |

② **선택률14%** 뇌물의 수수행위에 따른 해임처분은 위법이 아니라는 것이 대법원의 입장이다.

판례 경찰공무원이 그 단속의 대상이 되는 신호 위반자에게 먼저 적극적으로 돈을 요구하고 다른 사람이 볼 수 없도록 돈을 접어 건네주도록 전달방법을 구체적으로 알려주었으며 동승자에게 신고시 범칙금처분을 받게 된다는 등 비위신고를 막기 위한 말까지 하고 금품을 수수한 경우, 비록 그 **받은 돈이 1만 원에 불과하더라도 위 금품수수행위를 징계사유로 하여 당해 경찰공무원을 해임처분한 것은 징계재량권의 일탈·남용이 아니다.** (대판 2006.12.21., 선고 2006두16274)

③ **선택률25%** 공무원이 되기 이전의 행위도 공무원이 된 이후 공무원의 체면이나 위신을 손상시킨다면 징계의 대상이 된다는 것이 대법원의 입장이다.

판례 **국가공무원으로 임용되기 전의 행위는 구 국가공무원법 제78조 제2항·제3항의 경우 외에는 원칙적으로 재직 중의 징계사유로 삼을 수 없다 할 것이나, 비록 임용 전의 행위라 하더라도 이로 인하여 임용 후의 공무원의 체면 또는 위신을 손상하게 된 경우에는 위 제1항 제3호의 징계사유로 삼을 수 있다**고 보아야 할 것인바, 원고가 장학사 또는 공립학교 교사로 임용해 달라는 등의 인사청탁과 함께 금 1,000만 원을 제3자를 통하여 서울시 교육감에게 전달함으로써 뇌물을 공여하였고, 그 후 공립학교 교사로 임용되어 재직 중 검찰에 의하여 위 뇌물공여죄로 수사를 받다가 기소되기에 이르렀으며 그와 같은 사실이 언론기관을 통하여 널리 알려졌다면, 비록 위와 같은 뇌물을 공여한 행위는 공립학교 교사로 임용되기 전이었더라도 그 때문에 임용 후의 공립학교 교사로서의 체면과 위신이 크게 손상되었다고 하지 않을 수 없으므로 이를 징계사유로 삼은 것은 정당하다. (대판 1990.5.22., 선고 89누7368)

④ **선택률5%** 결격자의 임용은 무효이다.

판례 임용 당시 공무원임용 결격사유가 있었다면 비록 국가의 과실에 의하여 임용결격자임을 밝혀내지 못하였다 하더라도 그 임용행위는 당연무효로 보아야 한다. (대판 1987.4.14., 선고 86누459)

25 정답 ③

특별행정작용법 > 급부행정법 > 공물법 정답률 65%

| 정답해설 |

③ **선택률65%** 도로점용허가 등에 따른 공물의 특별사용은 반드시 독점적이고 배타적 성질만 갖는 것은 아니다. 도로에 대하여 일반인들의 일반사용과 병존하는 경우도 있다.

판례 도로의 특별사용은 반드시 독점적·배타적인 것이 아니라 그 사용목적에 따라서는 도로의 일반사용과 병존이 가능한 경우도 있고, 이러한 경우에는 도로점용 부분이 동시에 일반공중의 교통에 공용되고 있다고 하여 도로점용이 아니라고 말할 수 없다. (대판 1998.9.22., 선고 96누7342)

| 오답해설 |

① **선택률18%** 행정재산은 사법상의 거래대상이 되지 않는다. 따라서 착오에 의한 매매였다고 해도 무효이다.

판례 행정재산은 공유물로서 이른바 사법상의 거래의 대상이 되지 아니하는 불융통물이므로 이러한 행정재산을 관재당국이 모르고 매각처분하였다 할지라도 그 매각처분은 무효이다. (대판 1967.6.27., 선고 67다806)

② **선택률7%** 공물에 대한 공용폐지는 적법한 의사표시가 있어야 한다. 따라서 의사표시가 없었다면 비록 공물의 본래 용도에 따라 사용되고 있지 못하다고 해서 그를 두고 의사표시가 있다고 볼 수 없다.

판례 공용폐지의 의사표시는 명시적 의사표시뿐 아니라 묵시적 의사표시여도 무방하나 적법한 의사표시여야 하고, 행정재산이 본래의 용도에 제공되지 않는 상태에 놓여 있다는 사실만으로 관리청의 이에 대한 공용폐지의 의사표시가 있었다고 볼 수 없으며, 행정재산에 관하여 체결된 것이기 때문에 무효인 매매계약을 가지고 적법한 공용폐지의 의사표시가 있었다고 볼 수도 없다. (대판 1996.5.28., 선고 95다52383)

④ **선택률10%** 국유재산무단점유자에 대한 변상금부과처분은 항고소송대상인 처분이다.

판례 구 국유재산법 제51조 제1항에 의한 **국유재산의 무단점유자에 대한 변상금부과는** 대부나 사용, 수익허가 등을 받은 경우에 납부하여야 할 대부료 또는 사용료 상당액 외에도 그 징벌적 의미에서 국가 측이 일방적으로 그 2할 상당액을 추가하여 변상금을 징수토록 하고 있으며 그 체납시에는 국세징수법에 의하여 강제징수토록 하고 있는 점 등에 비추어 보면 그 **부과처분은 관리청이 공권력을 가진 우월적 지위에서 행하는 것으로서 행정처분이라고 보아야 하고,** 그 부과처분에 의한 변상금징수권은 공법상의 권리로서 사법상의 채권과는 그 성질을 달리하므로 국유재산의 무단점유자에 대하여 국가가 민법상의 부당이득금반환청구를 하는 경우 국유재산법 제51조 제1항이 적용되지 않는다. (대판 1992.4.14., 선고 91다42197)

2017 2017.07.01. 국방부(육·해·공군) 시행

9급 군무원 행정법

I 전체 난이도 및 합격선

전체 난이도	합격선
中	92점

I 기출총평

군무원 행정법에서는 병역과 관련된 문제가 출제된다.

다른 직렬의 행정법 시험과 달리 정보공개제도에서 2문항, 행정대집행에서 2문항, 「행정절차법」에서 2문항이 출제되었는데 이러한 점은 군무원만의 특징이라고 할 수 있다. 행정소송에서는 4문항이 출제되었는데, 그중에서도 무효등확인소송과 부작위위법확인소송을 묻는 문제는 지금까지와는 다른 생소한 유형이다. 특히, 「병역법」 관련 문제가 출제되었는데, 이는 군무원 시험에서만 볼 수 있는 문제라고 할 수 있다. 또한 행정청과 관련된 문제를 병무청장으로 연결하여 「병역법」의 일부를 물었다는 점도 주목할 만한 부분이다. 두 문항이 고득점을 좌우하는 문제였을 것이다.

I 영역별 출제비중

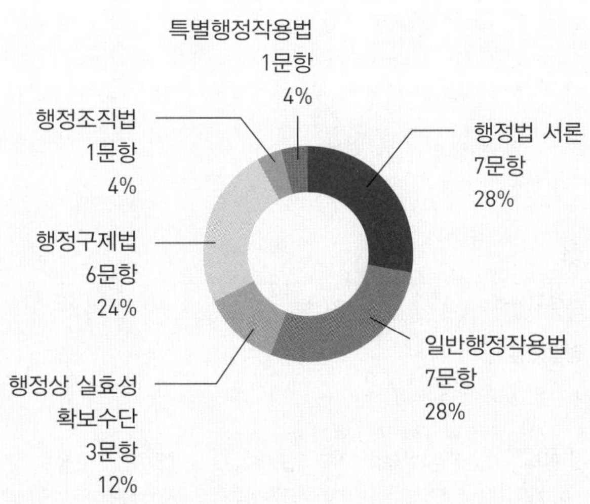

I 문항 분석

	카테고리	출제수	정답률
1	행정법 서론 > 행정 > 통치행위	12회	85%
2	행정법 서론 > 행정법 > 행정법의 일반원칙	19회	92%
3	행정법 서론 > 행정법 관계 > 행정주체	8회	63%
4	행정법 서론 > 행정법 관계 > 특별권력관계	5회	68%
고난도 TOP2 5	행정법 서론 > 행정상 법률요건과 법률사실 > 시효	3회	55%
6	행정법 서론 > 행정상 법률요건과 법률사실 > 사인의 공법행위	13회	69%
7	일반행정작용법 > 행정입법 > 법규명령	17회	80%
8	일반행정작용법 > 행정행위 > 부관	14회	79%
9	일반행정작용법 > 행정행위 > 하자승계	6회	92%
10	일반행정작용법 > 행정정보공개와 개인정보 보호 > 정보공개	18회	95%
11	일반행정작용법 > 행정정보공개와 개인정보 보호 > 정보공개	18회	83%
12	행정상 실효성 확보수단 > 행정강제 > 행정대집행	15회	94%
13	행정상 실효성 확보수단 > 행정강제 > 행정대집행	15회	87%
14	행정상 실효성 확보수단 > 행정벌 > 행정질서벌	10회	76%
15	일반행정작용법 > 행정절차 > 처분절차	8회	79%
16	일반행정작용법 > 행정절차 > 청문	3회	79%
17	행정구제법 > 행정상 손해전보 > 손해배상	12회	81%
18	행정구제법 > 행정상 손해전보 > 손실보상	19회	69%
19	행정구제법 > 행정쟁송 > 피고적격	1회	77%
20	행정구제법 > 행정쟁송 > 소송요건	1회	79%
고난도 TOP1 21	행정구제법 > 행정쟁송 > 부작위위법확인소송	3회	48%
22	행정구제법 > 행정쟁송 > 판결의 효력	1회	79%
고난도 TOP3 23	행정조직법 > 공무원법 > 국가공무원법	6회	61%
24	특별행정작용법 > 군사행정법 > 병역법	2회	90%
25	행정법 서론 > 행정법 관계 > 행정주체	8회	66%

※ 고난도 TOP1 은 해당 회차에서 정답률이 가장 낮은 문항입니다.

기출문제편 ▶ P.64									
01	③	02	④	03	①	04	④	05	②
06	③	07	①	08	④	09	②	10	②
11	①	12	③	13	④	14	③	15	①
16	③	17	①	18	①	19	②	20	②
21	③	22	②	23	①	24	①	25	②

01

정답 ③

행정법 서론 > 행정 > 통치행위 정답률 **85%**

| 정답해설 |

③ **선택률 85%** 계엄선포는 대통령의 국가긴급권으로서 통치행위에 해당한다.

판례 1964년 한일국교정상화를 반대하는 6·3사태 수습을 위한 대통령의 계엄선포행위는 고도의 정치적·군사적 성격을 지니고 있는 행위로서 그것이 누구나 일견 헌법이나 법률에 위반되는 것이 명백하게 인정될 수 있는 것이라면 몰라도 그렇지 아니한 이상 당연무효라고 단정할 수 없다. … **계엄선포의 당·부당을 판단할 권한과 같은 것은 오로지 정치기관인 국회만이 가지고 있다 할 것이다.** (대판 1964.7.21., 선고 64초3)

| 오답해설 |

① **선택률 9%** 행정법원은 사면권 행사를 통치행위로 인정하고 있다. 또한 이는 일반적인 입장이기도 하다.

② **선택률 4%** 대통령의 서훈취소결정은 통치행위가 아니라는 것이 대법원의 입장이다.

④ **선택률 2%** 통치행위라도 국민의 기본권 침해와 직접 관련되는 경우에는 헌법재판소의 심판대상이 된다는 것이 헌법재판소의 입장이다.

더 알아보기 ▶ 참고 판례

대통령의 긴급재정·경제명령은 국가긴급권의 일종으로서 고도의 정치적 결단에 의하여 발동되는 행위이고 그 결단을 존중하여야 할 필요성이 있는 행위라는 의미에서 이른바 통치행위에 속한다고 할 수 있으나, 통치행위를 포함하여 모든 국가작용은 국민의 기본권적 가치를 실현하기 위한 수단이라는 한계를 반드시 지켜야 하는 것이고, 헌법재판소는 헌법의 수호와 국민의 기본권 보장을 사명으로 하는 국가기관이므로 비록 **고도의 정치적 결단에 의하여 행해지는 국가작용이라고 할지라도 그것이 국민의 기본권 침해와 직접 관련되는 경우에는 당연히 헌법재판소의 심판대상이 된다.** (헌재결 1996.2.29., 93헌마186)

군무원 VS 공무원 비교분석

군무원 시험에서 통치행위는 출제빈도가 높은 단원이다. 특히 판례와 관련하여 출제가 자주 되고 있고, 헌법재판소의 긴급재정·경제명령 사건에서 국민의 기본권 침해 관련시 헌법재판소의 심판대상이 된다는 내용은 상당히 중요하다.

02

정답 ④

행정법 서론 > 행정법 > 행정법의 일반원칙 정답률 **92%**

| 정답해설 |

④ **선택률 92%** ㉠은 「행정절차법」과 「행정기본법」상 신뢰보호원칙에 대한 규정이고, ㉡은 「경찰관 직무집행법」상의 비례원칙에 대한 규정이다.

법령 **「행정절차법」 제4조(신의성실 및 신뢰보호)** ① 행정청은 직무를 수행할 때 신의(信義)에 따라 성실히 하여야 한다.

② 행정청은 법령 등의 해석 또는 행정청의 관행이 일반적으로 국민들에게 받아들여졌을 때에는 공익 또는 제3자의 정당한 이익을 현저히 해칠 우려가 있는 경우를 제외하고는 새로운 해석 또는 관행에 따라 소급하여 불리하게 처리하여서는 아니 된다.

법령 **「행정기본법」 제12조(신뢰보호의 원칙)** ① 행정청은 공익 또는 제3자의 이익을 현저히 해칠 우려가 있는 경우를 제외하고는 행정에 대한 국민의 정당하고 합리적인 신뢰를 보호하여야 한다.

법령 **「경찰관 직무집행법」 제1조(목적)** ① 이 법은 국민의 자유와 권리 및 모든 개인이 가지는 불가침의 기본적 인권을 보호하고 사회공공의 질서를 유지하기 위한 경찰관(경찰공무원만 해당한다. 이하 같다)의 직무 수행에 필요한 사항을 규정함을 목적으로 한다.

② 이 법에 규정된 경찰관의 직권은 그 직무 수행에 필요한 최소한도에서 행사되어야 하며 남용되어서는 아니 된다.

| 오답해설 |

① **선택률 2%** ② **선택률 1%** ③ **선택률 5%**

군무원 VS 공무원 비교분석

신뢰보호원칙에 대한 규정은 이 문제의 「행정절차법」 이외에 「행정기본법」, 「국세기본법」이나 「행정심판법」에서도 찾아볼 수 있다. 비례원칙은 「경찰관 직무집행법」 이외에도 헌법 제37조 제2항과 「행정규제기본법」, 「행정기본법」, 「행정절차법」상의 행정지도원칙에서 찾아볼 수 있는데, 「행정절차법」상의 행정지도원칙의 비례원칙은 출제빈도가 높다. 신뢰보호의 근거규정은 군무원 시험 외의 일반공무원 시험에서도 자주 출제되는 영역이다.

03

정답 ①

행정법 서론 > 행정법 관계 > 행정주체 정답률 **63%**

| 정답해설 |

① **선택률 63%** 대법원 판례는 소득세의 원천징수의무자를 공무수탁사인으로 인정하고 있지 않다.

판례 **원천징수의무자는 소득세법 제142조 및 제143조의 규정에 의하여 자동적으로 확정되는 세액을 수급자로부터 징수하여 과세관청에 납부하여야 할 의무를 부담**하고 있으므로, … 그의 원천징수행위는 법령에서 규정된 징수 및 납부의무를 이행하기 위한 것에 불과한 것이지, **공권력의 행사로서의 행정처분을 한 경우에 해당하지 아니한다.** (대판 1990.3.23., 선고 89누4789)

| 오답해설 |

② **선택률 1%** 공무수탁사인은 행정주체이고 행정청의 지위를 갖게 된다. 따라서 공무수탁사인의 처분은 행정쟁송의 대상이 되는 행정처분이다.

③ **선택률 34%** 교육법상의 사립대학 총장은 학위를 수여하는 업무를 교육부로부터 위탁받아 행하는 것으로서 공무수탁사인이 된다. 그러나 시립대학 총장은 행정청이라서 행정주체가 될 수 없다.

④ **선택률 2%** 공무수탁사인의 행위에 대한 국가배상 여부에 대하여 「국가배상법」에 그 규정이 있다.

법령 「국가배상법」 제2조(배상책임) ① 국가나 지방자치단체는 공무원 또는 **공무를 위탁받은 사인**(이하 '공무원'이라 한다)이 직무를 집행하면서 고의 또는 과실로 법령을 위반하여 타인에게 손해를 입히거나, 「자동차손해배상 보장법」에 따라 손해배상의 책임이 있을 때에는 이 법에 따라 그 손해를 배상하여야 한다. 다만, 군인·군무원·경찰공무원 또는 예비군대원이 전투·훈련 등 직무 집행과 관련하여 전사(戰死)·순직(殉職)하거나 공상(公傷)을 입은 경우에 본인이나 그 유족이 다른 법령에 따라 재해보상금·유족연금·상이연금 등의 보상을 지급받을 수 있을 때에는 이 법 및 「민법」에 따른 손해배상을 청구할 수 없다.

더 알아보기 ▶ 공무수탁사인의 종류

- 학위를 수여하는 사립대학 총장
- 선박 항해 중의 경찰사무 호적사무를 집행하는 선장·항공기의 기장
- 토지수용에 있어서 사업시행자
- 사인 또는 사법인이 그의 직원으로부터 소득세를 원천징수하는 소득세의 원천징수의무자(최근 유력설과 판례는 부정)
- 사인이 별정우체국의 지정을 받아 체신업무를 수행하는 별정우체국장
- 강제집행을 행하는 집행관
- 공증사무를 수행하는 공증인
- 교정업무를 위탁받은 민간교도소
- 공무를 수행(직업에 대한 규제법규를 제정, 등록업무를 수행, 위법한 영업활동을 한 회원에 대한 제재처분을 내리는 등)하는 변호사협회와 의사협회와 같은 직업별 협회
- 건축공사에 관한 조사, 검사 및 확인 업무를 행하는 건축사 등

04 정답 ④

행정법 서론 > 행정법 관계 > 특별권력관계 정답률 **68%**

| 정답해설 |

④ **선택률 68%** 취학아동의 입학에 의한 특별권력관계 성립은 의무적 동의에 의한 것이고, 나머지는 임의적 동의에 의한 것이다.

| 오답해설 |

① **선택률 9%** 군무원 채용관계는 특별권력관계의 성립원인 중 상대방의 임의적 동의에 의한 경우이다.

② **선택률 1%** 국공립대학교 입학은 영조물 이용관계로서 특별권력관계에 해당한다. 임의적 동의에 의한 성립이다.

③ **선택률 22%** 국공립도서관 이용관계도 국공립대학교 입학과 마찬가지이다. 영조물 이용관계로서 특별권력관계이고 임의적 동의에 의한 성립이다.

05 고난도 TOP2 정답 ②

행정법 서론 > 행정상 법률요건과 법률사실 > 시효 정답률 **55%**

| 정답해설 |

② **선택률 55%** 공법상 부당이득반환청구권이 대법원 판결에 의하면 사권이라 하지만, 국가와 사인의 관계에 대한 시효제도는 특별한 규정이 없는 한 공법관계나 사법관계를 불문하고 5년을 원칙으로 한다.

| 오답해설 |

① **선택률 6%** **판례** 구 예산회계법 제98조에 의하여 법령의 규정에 의한 납입고지는 시효의 중단사유가 되고, 이러한 납입고지에 의한 시효의 중단은 그 납입고지에 의한 부과처분이 추후 취소되더라도 그 효력이 상실되지 않는다. (대판 1999.4.9., 선고 98두6982)

③ **선택률 21%** 과세처분에 따른 부당이득의 경우에는 취소가 되지 않으면 당연무효가 아닌 한 부당이득이 발생할 수 없다. 따라서 과세처분에 대한 취소소송청구는 부당이득반환청구의 시효중단 효력이 발생한다.

④ **선택률 18%** 국가배상청구권은 시효가 3년이다.

더 알아보기 ▶ 소청구와 소멸시효의 중단

소멸시효는 객관적으로 권리가 발생하여 그 권리를 행사할 수 있는 때로부터 진행하고 그 권리를 행사할 수 없는 동안만은 진행하지 아니하는데, 여기서 권리를 행사할 수 없는 경우라 함은 그 권리행사에 법률상의 장애사유가 있는 경우를 말한다. 변상금 부과처분에 대한 취소소송이 진행 중이라도 그 부과권자로서는 위법한 처분을 스스로 취소하고 그 하자를 보완하여 다시 적법한 부과처분을 할 수도 있는 것이어서 그 권리행사에 법률상의 장애사유가 있는 경우에 해당한다고 할 수 없으므로, 그 **처분에 대한 취소소송이 진행되는 동안에도 그 부과권의 소멸시효가 진행된다.** (대판 2006.2.10., 선고 2003두5686)

06 정답 ③

행정법 서론 > 행정상 법률요건과 법률사실 > 사인의 공법행위 정답률 **69%**

| 정답해설 |

③ **선택률 69%** 대법원 판례에 의하면 골프장 이용료 변경신고는 수리를 요하지 않는 신고라 한다. 일반적으로 신고를 통해 공익 등을 해치지 않는 경우에는 수리불요신고로 본다.

판례 체육시설의 설치·이용에 관한 법률상 골프연습장 이용료 변경신고는 행정청의 수리행위를 요하지 않는다. (대결 1993.7.6., 자 93마635)

| 오답해설 |

① **선택률 19%** **판례** 예탁금회원제 골프장의 회원을 모집하고자 하는 자의 시·도지사 등에 대한 회원모집계획서 제출은 수리를 요하는 신고에서의 신고에 해당하며, 시·도지사 등의 검토결과 통보는 수리행위로서 행정처분에 해당한다. (대판 2009.2.26., 선고 2006두16243)

② **선택률 8%** **판례** 시장·군수 또는 구청장은 골재선별·세척 또는 파쇄 신고에 대하여 실질적인 요건을 심사하여 신고를 수리하거나 거부할 수 있다고 할 것이다. (대판 2009.6.11., 선고 2008두18021)

④ **선택률4%** | 판례 | 구 노인복지법 제33조 제2항에 의한 유료노인복지주택의 설치신고를 받은 행정관청으로서는 그 유료노인복지주택의 시설 및 운영기준이 위 법령에 부합하는지와 아울러 그 유료노인복지주택이 적법한 입소대상자에게 분양되었는지와 설치신고 당시 **부적격자들이 입소하고 있지는 않은지 여부까지 심사하여 그 신고의 수리 여부를 결정할 수 있다.** (대판 2007.1.11., 선고 2006두14537)

07

정답 ①

일반행정작용법 > 행정입법 > 법규명령 정답률 80%

| 정답해설 |

① **선택률80%** 법령보충적 규칙은 상위법령의 위임 아래 위임범위 내에서 상위법령을 보충하는 내용의 규범을 제정하는 것이라서 행정규칙 자체만으로는 대외적 구속력이 있는 법규명령이 될 수는 없다. 상위법과 결합하여 상위법령을 보충함으로써 대외적 구속력이 있는 법규명령이 된다.

| 판례 | 이른바 법령보충적 행정규칙이라도 그 자체로서 직접적인 대외적 구속력을 갖는 것은 아니다. 즉, 상위법령과 결합하여 일체가 되는 한도 내에서 상위법령의 일부가 됨으로써 대외적 구속력이 발생되는 것일 뿐 그 행정규칙 자체는 대외적 구속력을 갖는 것은 아니라 할 것이다. (헌재결 2004.10.28., 99헌바91)

| 오답해설 |

② **선택률3%** 법규명령에 대한 헌법재판소의 심판가능성 여부에 대해 대법원은 헌법 제107조 제1항과 제2항을 근거로 부정하고 있으나, 헌법재판소는 국민의 기본권 구제에 흠결을 보완하기 위해 헌법재판소가 개입할 수 있다는 입장이다.

③ **선택률2%** 헌법 제107조 제2항의 규정에 대한 내용이다. 법규명령에 대한 심사권은 모든 법원에 있으나 대법원이 최종심사권을 가지고 있다.

④ **선택률15%** 법규명령은 행정부의 입법행위로서 일반적·추상적 규범이다. 구체적인 법률관계에 영향을 주지 않아 원칙적으로 처분성이 인정되기 어렵다.

08

정답 ④

일반행정작용법 > 행정행위 > 부관 정답률 79%

| 정답해설 |

④ **선택률79%** 법정부관은 부관이 아니다. 부관은 행정청이 행정처분을 함에 있어서 일방적으로 내용을 결정하거나 협의하여 협약 형식에 따라 부과하는 것이지, 법에 의해 정해지는 것이 아니다.

| 오답해설 |

① **선택률10%** 무효인 부담을 이행한 사법상 법률행위는 무효인 부관에 의해 구속을 받지 않아 당연무효라고 볼 수 없다.

② **선택률6%** 기속행위에 붙은 부관은 무효라는 것이 대법원의 입장이다.

③ **선택률5%** 법률효과 일부배제는 법이 부여한 효과를 배제하는 부관으로서 법에 근거가 있어야만 비로소 가능한 부관이다.

더 알아보기 ▶ 위법한 부관을 이행한 사법상 법률행위

위법한 부관을 이행한 사법상 법률행위에 대한 이해를 요한다. 군무원이나 일반행정직렬을 불문하고 저자가 강의 등을 통해 수험생에게 질문을 많이 받는 판례이다.

1. 부관이 유효한 경우에는 부관 구속설

기부채납의 부관이 당연무효이거나 취소되지 않은 상태에서 그 부관으로 인하여 증여계약의 중요 부분에 착오가 있음을 이유로 증여계약을 취소할 수 있는지 여부(소극)

⇨ 토지소유자가 토지형질변경행위허가에 붙은 기부채납의 부관에 따라 토지를 국가나 지방자치단체에 기부채납(증여)한 경우, 기부채납의 부관이 당연무효이거나 취소되지 아니한 이상 토지소유자는 위 부관으로 인하여 증여계약의 중요 부분에 착오가 있음을 이유로 증여계약을 취소할 수 없다. (대판 1999.5.25., 선고 98다53134)

2. 부관이 무효이거나 취소된 경우에는 부관 비구속설

행정처분에 붙은 부담인 부관이 무효가 되면 그 부담의 이행으로 한 사법상 법률행위도 당연히 무효가 되는지 여부(소극) 및 행정처분에 붙은 부담인 부관이 제소기간 도과로 불가쟁력이 생긴 경우에도 그 부담의 이행으로 한 사법상 법률행위의 효력을 다툴 수 있는지 여부(적극)

⇨ 행정처분에 부담인 부관을 붙인 경우 부관의 무효화에 의하여 본체인 행정처분 자체의 효력에도 영향이 있게 될 수는 있지만, 그 처분을 받은 사람이 **부담의 이행으로 사법상 매매 등의 법률행위를 한 경우에는 그 부관은 특별한 사정이 없는 한 법률행위를 하게 된 동기 내지 연유로 작용하였을 뿐**이므로 이는 법률행위의 취소사유가 될 수 있음은 별론으로 하고 **그 법률행위 자체를 당연히 무효화하는 것은 아니다.** 또한, 행정처분에 붙은 부담인 부관이 제소기간의 도과로 확정되어 이미 불가쟁력이 생겼다면 그 하자가 중대하고 명백하여 당연무효로 보아야 할 경우 외에는 누구나 그 효력을 부인할 수 없을 것이지만, 부담의 이행으로서 하게 된 사법상 매매 등의 법률행위는 부담을 붙인 행정처분과는 어디까지나 별개의 법률행위이므로 그 부담의 불가쟁력의 문제와는 별도로 법률행위가 사회질서 위반이나 강행규정에 위반되는지 여부 등을 따져보아 그 법률행위의 유효 여부를 판단하여야 한다. (대판 2009.6.25., 선고 2006다18174)

09

정답 ②

일반행정작용법 > 행정행위 > 하자승계 정답률 92%

| 정답해설 |

② **선택률92%** 각각 별개의 법 효과임에도 수인의 한도를 초과하였고, 예측가능성이 없다는 이유로 예외적으로 하자를 승계한 판례 중의 하나이다.

| 판례 | **개별공시지가결정은 이를 기초로 한 과세처분 등과는 별개의 독립된 처분으로서 서로 독립하여 별개의 법률효과를 목적으로 하는 것이나.** 개별공시지가는 이를 토지소유자나 이해관계인에게 개별적으로 고지하도록 되어 있는 것이 아니어서 토지소유자 등이 개별공시지가결정 내용을 알고 있었다고 전제하기도 곤란할 뿐만 아니라 결정된 개별공시지가가 자신에게 유리하게 작용될 것인지 또는 불이익하게 작용될 것인지 여부를

쉽사리 예견할 수 있는 것도 아니며, 더욱이 장차 어떠한 과세처분 등 구체적인 불이익이 현실적으로 나타나게 되었을 경우에 비로소 권리구제의 길을 찾는 것이 우리 국민의 권리의식임을 감안하여 볼 때 토지소유자 등으로 하여금 결정된 개별공시지가를 기초로 하여 장차 과세처분 등이 이루어질 것에 대비하여 항상 토지의 가격을 주시하고 개별공시지가결정이 잘못된 경우 정해진 시정절차를 통하여 이를 시정하도록 요구하는 것은 부당하게 높은 주의의무를 지우는 것이라고 아니할 수 없고, 위법한 개별공시지가결정에 대하여 그 정해진 시정절차를 통하여 시정하도록 요구하지 아니하였다는 이유로 위법한 개별공시지가를 기초로 한 과세처분 등 후행 행정처분에서 개별공시지가결정의 위법을 주장할 수 없도록 하는 것은 수인한도를 넘는 불이익을 강요하는 것으로서 국민의 재산권과 재판받을 권리를 보장한 헌법의 이념에도 부합하는 것이 아니라고 할 것이므로, **개별공시지가결정에 위법이 있는 경우에는 그 자체를 행정소송의 대상이 되는 행정처분으로 보아 그 위법 여부를 다툴 수 있음은 물론 이를 기초로 한 과세처분 등 행정처분의 취소를 구하는 행정소송에서도 선행처분인 개별공시지가결정의 위법을 독립된 위법사유로 주장할 수 있다**고 해석함이 타당하다. (대판 1994.1.25., 선고 93누8542)

| 오답해설 |

① 선택률2% 판례 구 경찰공무원법 제50조 제1항에 의한 **직위해제처분과 같은 제3항에 의한 면직처분은 후자가 전자의 처분을 전제로 한 것이기는 하나 각각 단계적으로 별개의 법률효과를 발생하는 행정처분**이어서 선행 직위해제처분의 위법사유가 면직처분에는 승계되지 아니한다 할 것이므로 **선행된 직위해제처분의 위법사유를 들어 면직처분의 효력을 다툴 수는 없다.** (대판 1984.9.11., 선고 84누191)

③ 선택률3% 판례 보충역 편입처분에 하자가 있다고 할지라도 그것이 당연무효라고 볼만한 특단의 사정이 없는 한 그 위법을 이유로 공익근무요원 소집처분의 효력을 다툴 수 없다. (대판 2002.12.10., 선고 2001두5422)

④ 선택률3% 판례 종전 상이등급결정과 이후에 이루어진 상이등급 개정 여부에 관한 결정이 동일한 행정목적을 달성하기 위하여 단계적인 일련의 절차로 연속하여 행하여지는 것으로서, 서로 결합하여 하나의 법률효과를 발생시키는 관계에 있다고 볼 수 없다. 따라서 **종전 상이등급결정에 불가쟁력이 생겨 효력을 다툴 수 없게 된 경우 종전 상이등급결정의 하자가 중대·명백하여 당연무효가 아닌 이상, 그 하자를 들어 이후에 이루어진 상이등급 개정 여부에 관한 결정의 효력을 다툴 수 없다.** (대판 2015.12.10., 선고 2015두46505)

10

정답 ②

일반행정작용법 > 행정정보공개와 개인정보 보호 > 정보공개 정답률 95%

| 정답해설 |

② 선택률95% 전자적 형태의 정보에 대하여 전자적 형태로 공개를 신청하는 경우 현저히 곤란한 경우를 제외하고는 청구인의 요청에 따라야 한다.

법령 「공공기관의 정보공개에 관한 법률」 제15조(정보의 전자적 공개) ① 공공기관은 전자적 형태로 보유·관리하는 정보에 대하여 청구인이 전자적 형태로 공개하여 줄 것을 요청하는 경우에는 그 정보의 성질상 현저히 곤란한 경우를 제외하고는 청구인의 요청에 따라야 한다.

| 오답해설 |

① 선택률2% 대법원 판례는 상대를 괴롭힐 목적의 정보공개청구는 인정할 수 없다는 입장이다.

판례 구 공공기관의 정보공개에 관한 법률(2004.1.29., 법률 제7127호로 전문 개정되기 전의 것)의 목적, 규정 내용 및 취지에 비추어 보면 정보공개청구의 목적에 특별한 제한이 없으므로, **오로지 상대방을 괴롭힐 목적으로 정보공개를 구하고 있다는 등의 특별한 사정이 없는 한 정보공개의 청구가 신의칙에 반하거나 권리남용에 해당한다고 볼 수 없다.** (대판 2006.8.24., 선고 2004두2783)

③ 선택률2% 이미 공개되어 인터넷 검색 등을 통해 알 수 있는 정보라도 이에 대한 거부는 취소를 구할 법률상 이익이 있다.

④ 선택률1% 반드시 원본일 필요는 없다.

판례 공공기관의 정보공개에 관한 법률상 공개청구의 대상이 되는 정보란 공공기관이 직무상 작성 또는 취득하여 현재 보유·관리하고 있는 문서에 한정되는 것이기는 하나, 그 문서가 반드시 원본일 필요는 없다. (대판 2006.5.25., 선고 2006두3049)

11

정답 ①

일반행정작용법 > 행정정보공개와 개인정보 보호 > 정보공개 정답률 83%

| 정답해설 |

① 선택률83%

㉠ 정보공개청구를 받은 날부터 10일 이내에 정보공개 여부를 결정한다.

㉡ 정보공개청구일로부터 20일이 경과하도록 아무런 결정이 없을 경우에는 불복이 가능하다.

㉢㉣ 비공개 결정이나 20일이 경과하도록 아무런 결정이 없으면 30일 이내에 이의신청이 가능하고 이에 대해 공공기관은 7일 이내에 결정을 하여야 한다.

| 오답해설 |

② 선택률6% ③ 선택률3% ④ 선택률8%

더 알아보기 ▶「공공기관의 정보공개에 관한 법률」

제11조(정보공개 여부의 결정) ① 공공기관은 제10조에 따라 정보공개의 청구를 받으면 그 청구를 받은 날부터 10일 이내에 공개 여부를 결정하여야 한다.

제18조(이의신청) ① 청구인이 정보공개와 관련한 공공기관의 비공개 결정 또는 부분 공개결정에 대하여 불복이 있거나 정보공개청구 후 20일이 경과하도록 정보공개결정이 없는 때에는 공공기관으로부터 정보공개 여부의 결정 통지를 받은 날 또는 정보공개청구 후 20일이 경과한 날부터 30일 이내에 해당 공공기관에 문서로 이의신청을 할 수 있다.

③ 공공기관은 이의신청을 받은 날부터 7일 이내에 그 이의신청에 대하여 결정하고 그 결과를 청구인에게 지체 없이 문서로 통지하여야 한다. 다만, 부득이한 사유로 정하여진 기간 이내에 결정할 수 없을 때에는 그 기간이 끝나는 날의 다음 날부터 기산하여 7일의 범위에서 연장할 수 있으며, 연장 사유를 청구인에게 통지하여야 한다.

12

정답 ③

행정상 실효성 확보수단 > 행정강제 > 행정대집행 정답률 94%

| 정답해설 |

③ 선택률94% 취소소송을 청구하여도 처분의 효력이나 집행이나 절차는 정지되지 않는다. 따라서 취소소송만으로는 부족하고 집행정지를 통해서 임시구제를 받을 수 있다.

| 오답해설 |

① 선택률2% 취소소송을 청구하는 것은 옳지만, 임시처분은 권력분립원칙상 항고소송에서는 인정될 수 없다. 다만, 행정심판에서는 가능하지만 집행정지로 목적 달성이 이루어질 수 있는 경우에는 인정될 수 없는 보충성의 원칙이 적용되므로 행정심판에서도 임시처분은 인정될 가능성이 적다.

② 선택률2% 철거명령은 행정청의 구체적인 처분이라서 부작위위법확인소송의 대상이 될 수 없다.

④ 선택률2% 의무이행심판은 거부처분이나 일정한 신청에 대한 행정청의 무응답(부작위)을 대상으로 한다. 따라서 철거명령에 대한 의무이행심판은 적절한 청구가 아니다.

더 알아보기 ▶「행정소송법」

제23조(집행정지) ① 취소소송의 제기는 처분 등의 효력이나 그 집행 또는 절차의 속행에 영향을 주지 아니한다.
② 취소소송이 제기된 경우에 처분 등이나 그 집행 또는 절차의 속행으로 인하여 생길 회복하기 어려운 손해를 예방하기 위하여 긴급한 필요가 있다고 인정할 때에는 본안이 계속되고 있는 법원은 당사자의 신청 또는 직권에 의하여 처분 등의 효력이나 그 집행 또는 절차의 속행의 전부 또는 일부의 정지(이하 '집행정지'라 한다)를 결정할 수 있다. 다만, 처분의 효력정지는 처분 등의 집행 또는 절차의 속행을 정지함으로써 목적을 달성할 수 있는 경우에는 허용되지 아니한다.

군무원 VS 공무원 비교분석

군무원 시험의 특성상 짧은 선지로 출제되었으나, 소송에서의 권익구제와 임시구제에 대한 핵심을 묻는 문제라고 할 수 있다. 다른 일반행정직 시험에서는 선지가 장문으로 출제되는 경향이 있지만 핵심적 요소는 동일하다.

13

정답 ④

행정상 실효성 확보수단 > 행정강제 > 행정대집행 정답률 87%

| 정답해설 |

④ 선택률87% 대법원 판례에 의하면 불법건축물에 의해 공원의 미관이 더 나아지고 공원의 관리가 용이해졌으며, 신도들이 당해 교회가 아니면 예배를 드릴 장소가 없다고 하더라도 그런 이유로 방치하면 공권력이 무력해진다고 하여 대집행이 가능하다고 한다.

판례 개발제한구역 및 도시공원에 속하는 임야상에 신축된 위법건축물인 대형 교회건물의 합법화가 불가능한 경우, **교회건물의 건축으로 공원미관조성이나 공원관리 측면에서 유리하고 철거될 경우 막대한 금전적 손해를 입게 되며 신자들이 예배할 장소를 잃게 된다는 사정을 고려하더라도 위 교회건물의 철거의무의 불이행을 방치함은 심히 공익을 해한다고 보아야 한다.** (대판 2000.6.23., 선고 98두3112)

| 오답해설 |

① 선택률11% 헬기의 안전한 이착륙을 위해 허가 없이 증축된 경우에는 대집행 계고처분은 위법하다는 것이 대법원의 입장이다.

판례 건물옥상 헬리포트 부분의 방수공사를 하면서 헬기 이착륙 등의 안전을 위하여 건물외곽과 수평을 이루도록 허가 없이 증축한 경우 증축부분에 대한 철거대행계고처분이 위법하다. (대판 1990.12.7., 선고 90누5405)

② 선택률1% 「건축법」 위반의 정도가 경미하여 심히 공익을 해하지 아니한 것으로 본 경우에 해당한다.

판례 **건축허가 면적보다 0.02m² 정도 초과하여 이웃의 대지를 침범한 경우에**, 이정도의 위반만으로는 주위의 미관을 해칠 우려가 없을 뿐 아니라 이를 대집행으로 철거할 경우 많은 비용이 드는 반면에 공익에는 별 도움이 되지 아니하고, 도로교통·방화·보안·위생·도시미관 및 공해예방 등의 공익을 크게 해친다고 볼 수도 없기 때문에, **철거를 위한 계고처분은 그 요건을 갖추지 못한 것으로 위법하며 취소를 면할 수 없다.** (대판 1991.3.12., 선고 90누10070)

③ 선택률1% 대집행이 안 된다는 것이 판례이다.

판례 원고주택의 위 창문을 통하여 위 인접주택의 실내를 들여다볼 수는 없고, 다만 정원 등 마당 부분을 들여다볼 수 있어 위 건물 부분의 증축으로 인근주민의 사생활의 평온을 침해할 우려가 있게 되었다고 볼 수 있으나 그 정도로는 종전의 상태에 비하여 그 침해의 정도가 크게 증대되었다고는 볼 수 없고, 위 **건물 부분은 기존 주택의 추녀 범위 내에서 벽체를 약간 돌출시킨 것에 불과하여 주위 미관상으로도 문제점이 없으며 그 외에 도로교통, 방화, 위생, 공해예방 등의 공익에 영향을 주지 아니하는 사실 등을 인정**한 다음, 비록 원고가 이 사건 건물 부분에 대한 철거의무를 불이행하고 있다고 하여도 **그 불이행을 방치함이 심히 공익을 해한다고 볼 수 없다.** (대판 1991.8.27., 선고 91누5136)

14

정답 ③

행정상 실효성 확보수단 > 행정벌 > 행정질서벌 정답률 76%

| 정답해설 |

③ 선택률76% 과태료에 대한 시효는 5년이다.

법령 「질서위반행위규제법」 제15조(과태료의 시효) ① 과태료는 행정청의 과태료 부과처분이나 법원의 과태료 재판이 확정된 후 5년간 징수하지 아니하거나 집행하지 아니하면 시효로 인하여 소멸한다.
② 제1항에 따른 소멸시효의 중단·정지 등에 관하여는 「국세기본법」 제28조를 준용한다.

| 오답해설 |

① 선택률5% 위법에 대한 착오가 정당한 이유가 있는 경우에는 부과하지 않는다.

② 선택률8% 신분에 의한 질서위반행위에 신분이 없는 자가 가담한 경우에도 질서위반행위는 성립된다. 다만, 신분에 의한 과태료의 가중이나 감경·면제의 효과는 신분이 없는 자에게는 없다.

④ 선택률11% 과태료도 사전통지와 의견제출의 기회를 부여하여야 한다.

더 알아보기 ▶ 「질서위반행위규제법」

제8조(위법성의 착오) 자신의 행위가 위법하지 아니한 것으로 오인하고 행한 질서위반행위는 그 오인에 정당한 이유가 있는 때에 한하여 과태료를 부과하지 아니한다.

제12조(다수인의 질서위반행위 가담) ① 2인 이상이 질서위반행위에 가담한 때에는 각자가 질서위반행위를 한 것으로 본다.

② 신분에 의하여 성립하는 질서위반행위에 신분이 없는 자가 가담한 때에는 신분이 없는 자에 대하여도 질서위반행위가 성립한다.

③ 신분에 의하여 과태료를 감경 또는 가중하거나 과태료를 부과하지 아니하는 때에는 그 신분의 효과는 신분이 없는 자에게는 미치지 아니한다.

제16조(사전통지 및 의견제출 등) ① 행정청이 질서위반행위에 대하여 과태료를 부과하고자 하는 때에는 미리 당사자(제11조 제2항에 따른 고용주 등을 포함한다. 이하 같다)에게 대통령령으로 정하는 사항을 통지하고, 10일 이상의 기간을 정하여 의견을 제출할 기회를 주어야 한다. 이 경우 지정된 기일까지 의견제출이 없는 경우에는 의견이 없는 것으로 본다.

② 당사자는 의견제출 기한 이내에 대통령령으로 정하는 방법에 따라 행정청에 의견을 진술하거나 필요한 자료를 제출할 수 있다.

③ 행정청은 제2항에 따라 당사자가 제출한 의견에 상당한 이유가 있는 경우에는 과태료를 부과하지 아니하거나 통지한 내용을 변경할 수 있다.

15

정답 ①

일반행정작용법 > 행정절차 > 처분절차 정답률 79%

| 정답해설 |

① 선택률79% 거부처분은 대법원 판결에 의하면 권익을 제한하거나 의무를 부과하는 처분이 아니라서 사전통지의 대상이 아니라고 한다.

| 오답해설 |

② 선택률4% 통고처분은 재량이다. 따라서 통고처분사건이라 하더라도 통고처분 없이 행정청은 즉시고발할 수 있다.

③ 선택률14% 신청에 대한 내용을 모두 인정하는 행정처분의 경우에는 상대방이 이유제시를 요청하여도 이유제시를 하여야 할 의무가 없다.

법령 「행정절차법」 제23조(처분의 이유제시) ① 행정청은 처분을 할 때에는 다음 각 호의 어느 하나에 해당하는 경우를 제외하고는 당사자에게 그 근거와 이유를 제시하여야 한다.

1. 신청 내용을 모두 그대로 인정하는 처분인 경우
2. 단순·반복적인 처분 또는 경미한 처분으로서 당사자가 그 이유를 명백히 알 수 있는 경우
3. 긴급히 처분을 할 필요가 있는 경우

② 행정청은 제1항 제2호 및 제3호의 경우에 처분 후 당사자가 요청하는 경우에는 그 근거와 이유를 제시하여야 한다.

④ 선택률3% 수익적 처분의 직권취소의 경우에는 성립 당시 이미 위법·부당의 하자가 있어 이를 적법으로 시정하는 행위라서 법적 근거 없이 취소할 수 있다. 다만, 신뢰보호와 비례원칙의 제한은 있다.

군무원 VS 공무원 비교분석

일반행정직 시험이나 군무원 시험을 막론하고 '신청에 대한 거부처분'이 사전통지 대상이 아님을 묻는 문제는 출제빈도가 아주 높다. 또한 다른 선지, 즉 이유제시 문제나 취소의 법적 근거에 대한 문제 또한 행정법 시험에는 어떠한 직렬 및 다른 자격증 시험을 불문하고 출제빈도가 높은 부분이니 철저히 정리해야 한다.

16

정답 ③

일반행정작용법 > 행정절차 > 청문 정답률 79%

| 정답해설 |

③ 선택률79% 법령상의 청문은 행정청이 상대방과 합의하에 배제할 수 없다.

| 오답해설 |

① 선택률3% 주의해야 하는 문제이다. 「행정절차법」의 개정에 의해 인허가 등의 취소에는 당사자 등의 신청과 상관없이 청문을 하여야 한다.

법령 「행정절차법」 제22조(의견청취) ① 행정청이 처분을 할 때 다음 각 호의 어느 하나에 해당하는 경우에는 청문을 한다.

1. 다른 법령 등에서 청문을 하도록 규정하고 있는 경우
2. 행정청이 필요하다고 인정하는 경우
3. 다음 각 목의 처분을 하는 경우
   가. 인허가 등의 취소
   나. 신분·자격의 박탈
   다. 법인이나 조합 등의 설립허가의 취소

② 선택률12% 청문은 10일 전에 사전통지하여야 한다.

④ 선택률6% 청문주재자로 소속 공무원이 규정되어 있다.

법령 「행정절차법」 제28조(청문주재자) ① 행정청은 소속 직원 또는 대통령령으로 정하는 자격을 가진 사람 중에서 청문주재자를 공정하게 선정하여야 한다.

더 알아보기 ▶ 상대방과 협약을 통한 청문배제 가능성 여부

행정청이 당사자와 사이에 도시계획사업의 시행과 관련한 협약을 체결하면서 관계 법령 및 행정절차법에 규정된 청문의 실시 등 의견청취절차를 배제하는 조항을 두었다고 하더라도, 국민의 행정참여를 도모함으로써 행정의 공정성·투명성 및 신뢰성을 확보하고 국민의 권익을 보호한다는 행정절차법의 목적 및 청문제도의 취지 등에 비추어 볼 때, 위와 같은 협약의 체결로 청문의 실시에 관한 규정의 적용을 배제할 수 있다고 볼 만한 법령상의 규정이 없는 한, 이러한 협약이 체결되었다고 하여 청문의 실시에 관한 규정의 적용이 배제된다거나 청문을 실시하지 않아도 되는 예외적인 경우에 해당한다고 할 수 없다. (대판 2004.7.8., 선고 2002두8350)

17

정답 ①

행정구제법 > 행정상 손해전보 > 손해배상 정답률 81%

| 정답해설 |

① 선택률81% 구청 공무원의 시영아파트 입주권 매매행위는 「국가배상법」상의 직무행위가 아니다.

판례 **구청 공무원 甲이** 주택정비계장으로 부임하기 이전에 그의 처 등과 공모하여 乙에게 무허가건물철거 **세입자들에 대한 시영아파트 입주권 매매행위를 한 경우** 이는 甲이 개인적으로 저지른 행위에 불과하고 당시 근무하던 세무과에서 수행하던 지방세 부과, 징수 등 본래의 직무와는 관련이 없는 행위로서 **외형상으로도 직무범위 내에 속하는 행위라고 볼 수 없다.** (대판 1993.1.15., 선고 92다8514)

| 오답해설 |

② 선택률11% 공무원의 허위 아파트 입주권 부여대상 확인을 믿고 아파트 입주권을 매입한 경우, 공무원의 허위 확인행위와 매수인의 손해 사이의 상당인과관계를 인정하였다.

판례 서울특별시 소속 건설담당직원이 무허가건물이 철거되면 그 소유자에게 시영아파트 입주권이 부여될 것이라고 허위의 확인을 하여 주었기 때문에 그 소유자와의 사이에 처음부터 그 이행이 불가능한 아파트 입주권 매매계약을 체결하여 매매대금을 지급한 경우, 매수인이 입은 손해는 그 아파트 입주권 매매계약이 유효한 것으로 믿고서 출연한 매매대금으로서 이는 **매수인이 시영아파트 입주권을 취득하지 못함으로 인하여 발생한 것이 아니라 공무원의 허위의 확인행위로 인하여 발생된 것으로 보아야 하므로, 공무원의 허위 확인행위와 매수인의 손해 발생 사이에는 상당인과관계가 있다.** (대판 1996.11.29., 선고 95다21709)

③ 선택률6% 의용소방대원은 「국가배상법」상의 공무원이 아니다.

판례 의용소방대는 국가기관이라 할 수 없음은 물론이고 군에 예속된 기관이라고 할 수도 없으니 의용소방대원이 소방호수를 교환받기 위하여 소방대장의 승인을 받고 위 의용소방대가 보관 사용하는 차량을 운전하고 가다가 운전사고가 발생하였다면 이를 군의 사무집행에 즈음한 행위라고 볼 수 없다. (대판 1975.11.25., 선고 73다1896)

④ 선택률2% 군인과 군무원은 이중배상금지 규정에 따라 배상이 제한된다. 군무원 등의 이중배상금지 규정은 군무원 시험에서 중요한 부분을 차지한다.

법령 「국가배상법」 제2조(배상책임) ① (전략) 다만, 군인·군무원·경찰공무원 또는 예비군대원이 전투·훈련 등 직무 집행과 관련하여 전사(戰死)·순직(殉職)하거나 공상(公傷)을 입은 경우에 본인이나 그 유족이 다른 법령에 따라 재해보상금·유족연금·상이연금 등의 보상을 지급받을 수 있을 때에는 이 법 및 「민법」에 따른 손해배상을 청구할 수 없다.

18

정답 ①

행정구제법 > 행정상 손해전보 > 손실보상 정답률 69%

| 정답해설 |

① 선택률69% 개발이익을 배제하는 것이 정당한 보상이다. 즉, 당해 사업을 시행하지 않았다는 전제로 보상금을 산정하는 것이 정당한 보상이다.

판례 헌법 제23조 제3항에서 규정한 '정당한 보상'이란 원칙적으로 피수용재산의 객관적인 재산 가치를 완전하게 보상하여야 한다는 완전보상을 뜻하는 것이지만, **공익사업의 시행으로 인한 개발이익은 완전보상의 범위에 포함되는 피수용토지의 객관적 가치 내지 피수용자의 손실이라고는 볼 수 없다.** (헌재결 1991.2.11., 90헌바17·18; 1995.4.20., 93헌바20)

| 오답해설 |

② 선택률3% 생활보상의 대표적인 것이 이주대책이다.

판례 구 공공용지의 취득 및 손실보상에 관한 특례법(2002.2.4., 법률 제6656호로 폐지) 제8조 제1항은 "사업시행자는 공공사업의 시행에 필요한 토지 등을 제공함으로 인하여 생활근거를 상실하게 되는 자(이하 '이주자'라고 한다)를 위하여 대통령령이 정하는 바에 따라 이주대책을 수립 실시한다."고 규정하고 있는바, 위 특례법상의 **이주대책은** 공공사업의 시행에 필요한 토지 등을 제공함으로 인하여 생활의 근거를 상실하게 되는 이주자들을 위하여 사업시행자가 '기본적인 생활시설이 포함된' 택지를 조성하거나 그 지상에 주택을 건설하여 이주자들에게 이를 '그 투입비용 원가만의 부담하에' 개별 공급하는 것으로서, 그 본래의 취지에 있어 이주자들에 대하여 종전의 생활상태를 원상으로 회복시키면서 동시에 인간다운 생활을 보장하여 주기 위한 **이른바 생활보상의 일환으로 국가의 적극적이고 정책적인 배려에 의하여 마련된 제도**라 할 것이다. (대판 2003.7.25., 선고 2001다57778)

③ 선택률8% 판례는 원칙적으로 손실보상청구권을 사권으로 본다.

④ 선택률20% 「징발법」 규정의 내용이다.

법령 「징발법」 제20조(보상 제외) 징발물이 국유재산 또는 공유재산인 경우에는 제19조에도 불구하고 보상을 하지 아니한다.

더 알아보기 ▶ 희생보상청구

> 일부 수험생들의 문제 복원을 살펴보면 일부 선택지에 희생보상청구권에 대한 문제가 출제되었다고 하나, 확인이 곤란하여 생략하기로 한다. 다만, 독일법상의 희생보상청구에 대한 인정 여부에 대하여 어느 학자의 학설(다수설의 일부)을 그대로 인용하여 본다. "희생보상청구제도라 함은 행정기관의 적법한 공권력 행사에 의해 비재산적 법익이 침해되어 발생한 손실에 대한 보상제도이다. 이 제도는 독일의 관습법인 희생보상청구권에 근거를 두고 있다. 생각컨대, 독일의 전통적인 관습법인 희생보상청구제도는 우리나라에는 없으며 희생보상청구권 이론에 의하지 않고는 비재산적 법익에 대한 손실보상이 불가능한 것도 아니므로 희생보상청구권의 우리나라에의 직접 도입은 타당하지 않다." (박균성, 『행정법론』, 박영사, p.846)

19

정답 ②

행정구제법 > 행정쟁송 > 피고적격 정답률 77%

| 정답해설 |

② 선택률77% 내부위임의 경우에는 위임자 명의로 처분을 하는 것이 원칙이다. 따라서 적법한 절차와 형식에 따라 처분한 경우라면 위임기관인 서울지방경찰청장이 피고이다. 다시 말해서, 내부위임이 아니라 단순한 위임이었다면 수임청이 피고가 되어 서초경찰서장이 피고가 된다. 그런데 내부위임이었으므로 서초경찰서장은 자신의 명의로 처분을 하여서는 아니 되고, 위임청인 서울지방경찰청장의 명의로 처분을 하여야 한다. 따라서 피고는 서울지방경찰청장이 되고, 만약에 내부위임임에도 불구하고 서

초경찰서장이 자신의 명의로 처분을 하였다면 이는 무효인 처분에 해당되어 피고는 명의자인 서초경찰서장이 된다.

| 오답해설 |

① 선택률3% ③ 선택률1% ④ 선택률19%

군무원 VS 공무원 비교분석

피고에 대한 문제는 일반행정직 시험이든, 군무원 시험이든 행정법과 관련된 시험에서는 출제빈도가 높다. 특히 내부위임과 관련된 경우에는 정리가 필요하다.

20

정답 ②

행정구제법 > 행정쟁송 > 소송요건 정답률 79%

| 정답해설 |

② 선택률79% 소송요건은 사실심 변론종결시를 기준으로 판단된다. 따라서 사실심 변론종결시까지 치유가 인정될 수 있다.

| 오답해설 |

① 선택률11% 행정심판재결은 행정행위(준법률행위적 행정행위로서 확인)로서 공정력 등의 효력을 가지지만 법원의 판결은 행정작용으로서의 효력을 가지지 못하고, 행정심판재결은 기판력을 가지지 못하지만 법원의 판결은 기판력이 있다.

③ 선택률6% 임시처분에 관하여 「행정심판법」에는 규정되어 있으나, 권력분립의 원칙상 행정소송은 임시처분을 할 수 없다.

④ 선택률4% 행정심판전치주의는 종래 필요적이었으나, 최근에는 원칙적으로 임의적 전치주의이다. 따라서 행정심판 없이도 소송을 청구할 수 있다.

21 고난도 TOP1

정답 ③

행정구제법 > 행정쟁송 > 부작위위법확인소송 정답률 48%

| 정답해설 |

③ 선택률48% 부작위위법확인소송은 취소소송 중 집행정지, 집행부정지, 처분변경에 따른 소의 변경 등이 적용되지 않는다. 제소기간은 취소소송을 준용하도록 되어 있고, 필요적 행정심판전치주의도 준용규정이 있다.

구분	취소소송	무효등 확인소송	부작위위법 확인소송	당사자소송
재판 관할	○	○	○	○
피고적격	○	○	○	×
공동소송	○	○	○	○
사건의 이송	○	○	○	○
취소소송의 대상	○	○	○	×
집행부정지의 원칙	○	○	×	×
행정심판전치주의	○	×	○	×
피고의 경정	○	○	○	○
직권심리	○	○	○	○
소송참가	○	○	○	○
사정판결	○	×	×	×
소의 변경	○	○	○ (단, 처분변경에 따른 변경은 ×)	○
제소기간의 제한	○	×	○ (의무이행심판의 경우)	×
제3자에 의한 재심청구	○	○	○	×
판결의 기속력	○	○	○	○
확정판결의 대세적 효력	○	○	○	×
행정심판기록 제출명령	○	○	○	○

| 오답해설 |

① 선택률13% ② 선택률24% ④ 선택률15%

군무원 VS 공무원 비교분석

해당 단원의 문제는 모든 시험에서 자주 출제된다. 위에 제시된 표는 참고 정도로 확인하면 된다. 이를 암기하려 하면 더욱 어려워지므로 충분한 이해를 통해 학습해야 하는 단원이다.

22

정답 ②

행정구제법 > 행정쟁송 > 판결의 효력 정답률 79%

| 정답해설 |

② 선택률79% 소송의 당사자나 동일시할 수 있는 자 또는 후소법원은 확정판결에 모순되는 주장이나 모순되는 판단을 할 수 없다. 이를 '기판력'이라 한다.

| 오답해설 |

① 선택률3% 판결의 구속력(기속력)은 인용확정판결에 행정청이나 관계행정청이 이에 구속되는 효력을 말한다.

③ 선택률14% 불가쟁력은 판결에 불복하는 경우에 일정기간(14일) 이내에 항소나 상고를 할 수 있고, 그 기간이 경과되면 더이상 불복이 허용되지 않는 것을 말한다.

④ 선택률4% 형성력은 적극처분 취소소송의 인용판결에 행정청이 별도의 처분 없이 소송대상인 처분이 소멸되는 효력을 말한다.

더 알아보기 ▶ 판결의 효력

판결의 효력에는 불가쟁력, 자박력(선고법원 자신도 자신의 판결을 스스로 변경하거나 취소할 수 없는 효력), 형성력, 기속력, 기판력, 집행력(국가배상을 통한 간접강제력) 등이 있다. 이러한 판결의 효력은 출제빈도가 높으므로 재결의 효력과의 비교 등을 통해 확실히 정리하고 이해해야 한다(관련 내용은 본 해설의 분량상 생략하나, 반드시 학습해 두도록 함).

23 고난도 TOP3 정답 ①

행정조직법 > 공무원법 > 국가공무원법 정답률 **61%**

| 정답해설 |

① **선택률61%** 시보 임용기간에는 공무원의 신분보장이 이루어지지 않는다.

법령 「국가공무원법」 제29조(시보 임용) ③ 시보 임용기간 중에 있는 공무원이 근무성적·교육훈련성적이 나쁘거나 이 법 또는 이 법에 따른 명령을 위반하여 공무원으로서의 자질이 부족하다고 판단되는 경우에는 제68조와 제70조에도 불구하고 면직시키거나 면직을 제청할 수 있다. 이 경우 구체적인 사유 및 절차 등에 필요한 사항은 대통령령 등으로 정한다.

| 오답해설 |

② **선택률16%** 5급 공무원을 신규 채용하는 경우에는 1년, 6급 이하의 공무원을 신규 채용하는 경우에는 6개월간 각각 시보(試補)로 임용한다.

법령 「국가공무원법」 제29조(시보 임용) ① 5급 공무원(제4조 제2항에 따라 같은 조 제1항의 계급 구분이나 직군 및 직렬의 분류를 적용하지 아니하는 공무원 중 5급에 상당하는 공무원을 포함한다. 이하 같다)을 신규 채용하는 경우에는 1년, 6급 이하의 공무원을 신규 채용하는 경우에는 6개월간 각각 시보(試補)로 임용하고 그 기간의 근무성적·교육훈련성적과 공무원으로서의 자질을 고려하여 정규 공무원으로 임용한다. 다만, 대통령령 등으로 정하는 경우에는 시보 임용을 면제하거나 그 기간을 단축할 수 있다.

③ **선택률13%** 성실의 의무에 관하여 「국가공무원법」에 규정이 있다.

법령 「국가공무원법」 제56조(성실 의무) 모든 공무원은 법령을 준수하며 성실히 직무를 수행하여야 한다.

④ **선택률10%** 휴직한 기간, 직위해제기간 및 징계에 따른 정직이나 감봉처분을 받은 기간은 제1항의 시보 임용기간에 넣어 계산하지 아니한다.

24 정답 ①

특별행정작용법 > 군사행정법 > 병역법 정답률 **90%**

| 정답해설 |

① **선택률90%** 예체능 특기자 등에 대한 특례 등을 인정하고 있다.

법령 「병역법」 제33조의7(예술·체육요원의 편입) ① 병무청장은 다음 각 호의 어느 하나에 해당하는 사람 중 대통령령으로 정하는 예술·체육 분야의 특기를 가진 사람으로서 문화체육관광부장관이 추천한 사람을 예술·체육요원으로 편입할 수 있다. 이 경우 제1호부터 제3호까지에 해당하는 사람은 보충역에 편입한다.

1. 현역병 입영 대상자
2. 현역병으로 복무(제21조 및 제25조에 따라 복무 중인 사람을 포함한다) 중인 사람
3. 승선근무예비역으로 복무 중인 사람
4. 사회복무요원 소집대상인 보충역
5. 보충역으로 복무(사회복무요원, 공중보건의사, 병역판정검사전담의사, 공익법무관, 공중방역수의사, 전문연구요원 및 산업기능요원으로 복무하는 것을 말한다) 중인 사람

② 예술·체육요원의 편입에 필요한 사항은 대통령령으로 정한다.

| 오답해설 |

② **선택률2%** 강제징집이 원칙이지만 일부 지원에 의한 경우도 인정된다.

③ **선택률4%** 국방의 의무는 병역의 의무를 포함하여 민방위나 예비군도 해당된다.

④ **선택률4%** 신체등위판정은 사실행위로서 권리나 의무의 변동을 가져오지 못한다. 따라서 처분이 아니라는 것이 대법원의 입장이다.

판례 징병검사시의 신체등위판정이 행정처분인지 여부
병역법상 신체등위판정은 행정청이라고 볼 수 없는 군의관이 하도록 되어 있으며, 그 자체만으로 바로 병역법상의 권리의무가 정하여지는 것이 아니라 그에 따라 지방병무청장이 병역처분을 함으로써 비로소 병역의무의 종류가 정하여지는 것이므로 **항고소송의 대상이 되는 행정처분이라 보기 어렵다.** (대판 1993.8.27., 선고 93누3356)

25 정답 ②

행정법 서론 > 행정법 관계 > 행정주체 정답률 **66%**

| 정답해설 |

② **선택률66%**

㉢ 장관소속의 청장이나 국무총리소속의 처장은 행정입법을 할 수 없다.

| 오답해설 |

① **선택률12%** ③ **선택률15%** ④ **선택률7%**

㉠ 병역징집의 주체는 국가이다. 지방자치단체 등은 병역징집을 할 수 없다.

㉡ 병무청장의 현역병 입영명령처분 등으로 병역자원의 권리나 의무에 변화가 발생한다.

㉣ 병무청장은 국방부소속의 행정기관이다.

ENERGY

무엇이든 넓게 경험하고 파고들어
스스로를 귀한 존재로 만들어라.

– 세종대왕

2016 2016.07.02. 국방부(육·해·공군) 시행

9급 군무원 행정법

Ⅰ 전체 난이도 및 합격선

전체 난이도	합격선
下	96점

Ⅰ 기출총평

중요 단원에서 다수 문항이 출제되었다.

기속과 재량에서 2문항, 행정절차에서 2문항, 행정심판에서 2문항 등이 출제되어 출제위원이 중요하다고 판단하는 단원에서는 일반공무원 시험 대비 더 많은 문항이 출제되었다. 이러한 특징 외에는 전반적으로 평이한 문제들이었다. 마치 행정법은 만점을 받아가라고 말하는 것처럼 쉽고 편안한 난이도였다. 다른 시험들과 달리 25문항이기 때문에 한 단원에서 출제되는 문항 수가 많을 수는 있지만 각론이 출제범위에 포함되었기 때문에 비중으로 본다면 그렇게 많은 것은 아니다. 각론에서는 공무원 징계에 대한 문제가 1문항만 출제되었고 선지도 짧아서 난이도는 높지 않았다.

Ⅰ 영역별 출제비중

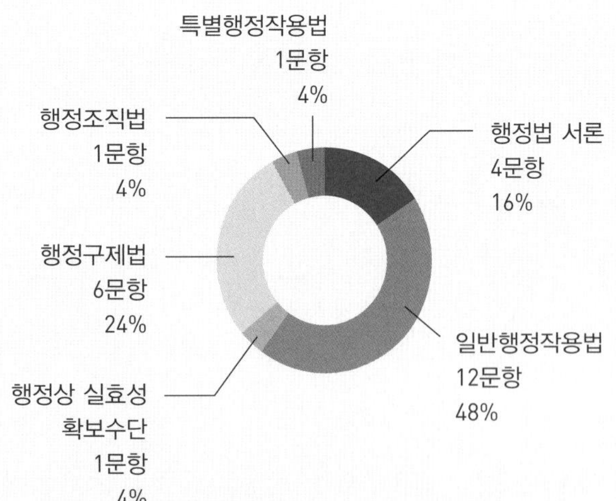

Ⅰ 문항 분석

		카테고리	출제수	정답률
	1	행정법 서론 > 행정 > 통치행위	12회	96%
	2	행정법 서론 > 행정법 관계 > 공사법 구분	8회	65%
	3	행정법 서론 > 행정법 관계 > 개인적 공권	6회	92%
	4	행정법 서론 > 행정법 관계 > 특별권력관계	5회	80%
	5	일반행정작용법 > 행정입법 > 위임입법의 한계	1회	83%
	6	일반행정작용법 > 행정행위 > 기속과 재량	10회	95%
	7	일반행정작용법 > 행정행위 > 기속과 재량	10회	76%
고난도 TOP1	8	일반행정작용법 > 행정행위 > 행정행위의 효력	14회	52%
	9	일반행정작용법 > 행정행위 > 행정행위의 하자	9회	81%
	10	일반행정작용법 > 행정행위 > 취소와 철회	13회	69%
	11	일반행정작용법 > 비권력적 행정작용 > 공법상 계약	7회	77%
	12	일반행정작용법 > 그 밖의 행정작용 > 행정계획	11회	98%
	13	일반행정작용법 > 행정정보공개와 개인정보 보호 > 정보공개	18회	90%
	14	일반행정작용법 > 행정절차 > 행정절차법	13회	정답 없음
고난도 TOP2	15	일반행정작용법 > 행정절차 > 처분절차	8회	59%
고난도 TOP3	16	일반행정작용법 > 행정쟁송 > 행정심판	28회	60%
	17	행정구제법 > 행정쟁송 > 행정소송	47회	87%
	18	행정구제법 > 행정쟁송 > 행정소송	47회	64%
	19	행정구제법 > 행정상 손해전보 > 손해배상	12회	78%
	20	행정상 실효성 확보수단 > 행정벌 > 행정질서벌	10회	74%
	21	특별행정작용법 > 재무행정법 > 조세행정	2회	81%
	22	행정구제법 > 행정상 손해전보 > 손실보상	19회	71%
	23	행정구제법 > 행정쟁송 > 행정심판	28회	67%
	24	행정구제법 > 행정쟁송 > 행정소송	47회	83%
	25	행정조직법 > 공무원법 > 국가공무원법	6회	83%

※ 고난도 TOP1 은 해당 회차에서 정답률이 가장 낮은 문항입니다.

기출문제편 ▶ P.69									
01	③	02	③	03	②	04	①	05	④
06	②	07	③	08	①	09	②	10	④
11	①	12	④	13	④	14	정답 없음	15	③
16	③	17	②	18	③	19	④	20	①
21	③	22	④	23	①	24	④	25	④

01

정답 ③

행정법 서론 > 행정 > 통치행위 정답률 96%

| 정답해설 |

③ **선택률 96%** 남북정상회담은 통치행위이지만, 대북송금행위는 사법심사의 대상이 된다.

판례 남북정상회담의 개최과정에서 재정경제부장관에게 신고하지 아니하거나 통일부장관의 협력사업승인을 얻지 아니한 채 북한 측에 사업권의 대가 명목으로 송금한 행위 자체는 헌법상 법치국가의 원리와 법 앞에 평등원칙 등에 비추어 볼 때 사법심사의 대상이 된다. (대판 2004.3.26., 선고 2003도7878)

| 오답해설 |

① **선택률 1%** 남북정상회담은 통치행위에 해당한다.

판례 남북정상회담의 개최는 고도의 정치적 성격을 지니고 있는 행위라 할 것이므로 특별한 사정이 없는 한 그 당부를 심판하는 것은 사법권의 내재적·본질적 한계를 넘어서는 것이 되어 적절하지 못하다. (대판 2004.3.26., 선고 2003도7878)

② **선택률 1%** 헌법재판소는 통치행위(고도의 정치적 행위)라도 국민의 기본권 침해와 직접 관련되는 경우에는 헌법재판소의 심사대상이라고 한다.

판례 헌법재판소는 헌법의 수호와 국민의 기본권 보장을 사명으로 하는 국가기관이므로 비록 고도의 정치적 결단에 의하여 행해지는 국가작용이라고 할지라도 그것이 국민의 기본권 침해와 직접 관련되는 경우에는 당연히 헌법재판소의 심판대상이 된다. (헌재결 1996.2.29., 93헌마186)

④ **선택률 2%** 국헌문란 목적의 계엄선포 확대는 범죄행위로서 사법심사의 대상이 된다.

판례 비상계엄의 선포나 확대가 국헌문란의 목적을 달성하기 위하여 행하여진 경우에는 법원은 그 자체가 범죄행위에 해당하는지의 여부에 관하여 심사할 수 있다. (대판 1997.4.17., 선고 96도3376)

02

정답 ③

행정법 서론 > 행정법 관계 > 공사법 구분 정답률 65%

| 정답해설 |

③ **선택률 65%** 국유재산의 무단점유자에 대하여 구 「국유재산법」 제51조 제1항·제4항·제5항에 의한 변상금 부과·징수권의 행사와 별도로 민사상 부당이득반환청구의 소를 제기할 수 있다.

판례 국유재산의 무단점유자에 대한 변상금 부과는 공권력을 가진 우월적 지위에서 행하는 행정처분이고, 그 부과처분에 의한 변상금 징수권은 공법상의 권리인 반면, 민사상 부당이득반환청구권은 국유재산의 소유자로서 가지는 사법상의 채권이다. 또한 변상금은 부당이득 산정의 기초가 되는 대부료나 사용료의 120%에 상당하는 금액으로서 부당이득금과 액수가 다르고, 이와 같이 할증된 금액의 변상금을 부과·징수하는 목적은 국유재산의 사용·수익으로 인한 이익의 환수를 넘어 국유재산의 효율적인 보존·관리라는 공익을 실현하는 데 있다. 그리고 대부 또는 사용·수익허가 없이 국유재산을 점유하거나 사용·수익하였지만 변상금 부과처분은 할 수 없는 때에도 민사상 부당이득반환청구권은 성립하는 경우가 있으므로, 변상금 부과·징수의 요건과 민사상 부당이득반환청구권의 성립 요건이 일치하는 것도 아니다. 이처럼 구 국유재산법(2009.1.30., 법률 제9401호로 전부 개정되기 전의 것, 이하 같다) 제51조 제1항·제4항·제5항에 의한 **변상금 부과·징수권은 민사상 부당이득반환청구권과 법적 성질을 달리하므로, 국가는 무단점유자를 상대로 변상금 부과·징수권의 행사와 별도로 국유재산의 소유자로서 민사상 부당이득반환청구의 소를 제기할 수 있다.** (대판 2014.7.16., 선고 2011다76402)

| 오답해설 |

① **선택률 3 %** ② **선택률 11%** 국유재산 무단점유자에 대한 변상금 부과는 행정처분이고 기속행위라는 것이 대법원의 입장이다.

판례 국유 잡종재산을 대부하여 달라는 원고들의 신청을 피고가 거부한 것은 항고소송의 대상이 되는 행정처분이 아니므로 행정소송으로 그 취소를 구할 수 없다. … 그리고 **변상금 징수의 요건은 국유재산법 제51조 제1항에 명백히 규정되어 있으므로 변상금을 징수할 것인가는 처분청의 재량을 허용하지 않는 기속행위이고,** 여기에 재량권 일탈·남용의 문제는 생길 여지가 없다. (대판 1998.9.22., 선고 98두7602)

④ **선택률 21%** 변상금 부과처분에 대해 취소소송을 청구한다고 해도 부과권의 징수에 대한 장애가 있다고 할 수 없어 시효는 중단되지 않는다.

03

정답 ②

행정법 서론 > 행정법 관계 > 개인적 공권 정답률 92%

| 정답해설 |

② **선택률 92%** 영업의 양도나 양수로 인한 지위승계는 포괄적인 승계가 이루어지므로, 양도인의 법 위반을 이유로 양수인에 대한 제재나 강제를 할 수 있다.

| 오답해설 |

① **선택률 2%** 일신전속적 권리는 상속이나 매매, 양도의 대상이 될 수 없다.

판례 국가유공자 등 예우 및 지원에 관한 법률(이하 '법'이라 한다)에 의하여 국가유공자와 유족으로 등록되어 보상금을 받고, 교육보호 등 각종 보호를 받을 수 있는 권리는 법이 정하는 바에 따른 요건을 갖춘 자로서, 보훈심사위원회의 심의·의결을 거친 국가보훈처장의 결정에 의하여 등록이 결정된 자에게 인정되는 권리이다. 그러나 그 권리는 국가유공자와 유족에 대한 응분의 예우와 국가유공자에 준하는 군경 등에 대한 지원을 행함으로써 이들의 생활안정과 복지향상을 도모하기 위하여 당해 개인에게 부여되는 **일신전속적인 권리여서 다른 사람에게 양도하거나 압류할 수 없으며 이를 담보로 제공할 수 없고**(법 제19조), 보상금 등을 받을 유족 또는 가족의 범위에 관하여 별도로 규정하고 있으며(법 제5조), 연금을 받을 유족의 범위와 순위에 관하여도 별도로 규정하고 있는 점(법 제12조, 제13조) 등에 비추어 보면, **상속의 대상도 될 수 없다.** (대판 2010.9.30., 선고 2010두12262)

③ **선택률3%** 공권은 공익적 성질을 가져서 포기할 수 없는 경우가 많다. 이를테면 소권, 투표권, 선거권, 고소권 등이 해당된다.

④ **선택률3%** 사권은 일반적으로 시효가 10년이지만 개인적 공권의 신속한 확정을 위해 공권은 원칙적으로 시효가 5년이다.

군무원 VS 공무원 비교분석

일반적인 행정공무원 시험에서 개인적 공권 단원에 대한 출제는 구체적인 판례를 묻는 경향을 보이나, 군무원 시험은 대부분 선택지가 짧아서 주로 공권의 특징 정도를 묻는 데 그친다. 따라서 공권에 대한 개념과 특징을 중점적으로 공부해 두어야 한다.

04 정답 ①

행정법 서론 > 행정법 관계 > 특별권력관계 정답률 **80%**

| 정답해설 |

① **선택률80%** 전통적 특별권력관계론에 의하면 법치를 적용하지 않고(법률유보는 적용되지 않고 포괄적 지배권 행사), 사법심사도 배제하는 관계를 말한다.

| 오답해설 |

② **선택률12%** 공무원에 대한 징계로서 면직은 특별권력관계 소멸원인으로서 일방적 배제에 해당한다.

③ **선택률5%** 전통적인 특별권력관계의 특성은 오늘날 거의 사라졌다고 본다. 법률유보 역시도 적용되고 있고, 사법심사도 가능하다.

④ **선택률3%** 법률우위원칙은 예외 없이 적용되는 원칙이다. 당연히 특별권력관계에서도 적용된다.

군무원 VS 공무원 비교분석

군무원 시험의 특수성에 가장 부합되는 단원 중의 일부가 특별권력관계이다. 군무원 시험을 제외한 다른 일반적인 시험에서는 출제빈도가 현저히 낮다. 일반행정직렬과 달리 수험생들은 특별권력관계의 성립과 소멸, 특별권력관계의 내용과 최근 관계의 변천에 대한 학습이 필요하다.

05 정답 ④

일반행정작용법 > 행정입법 > 위임입법의 한계 정답률 **83%**

| 정답해설 |

④ **선택률83%** 급부행정에 대한 법규는 처벌법규나 조세법규의 침익적인 경우보다 완화된 위임이 가능하다.

| 오답해설 |

① **선택률5%** 조례에 대한 위임은 자치법적 사항에 대한 경우 포괄적인 위임도 가능하다.

② **선택률7%** 공공단체에 대한 자치법적 사항을 위임하는 경우 주민의 권리나 의무에 관한 사항을 조례로서 정할 수 있으나, 국민의 권리나 의무에 관한 본질적 사항은 국회가 법률로서 제정하여야 한다.

③ **선택률5%** 법규명령으로의 위임이 포괄적인지 여부는 종합적으로 판단한다.

더 알아보기 ▶ 참고 판례

법률이 공법적 단체 등의 정관에 자치법적 사항을 위임한 경우에는 헌법 제75조가 정하는 포괄적인 위임입법의 금지는 원칙적으로 적용되지 않는다고 봄이 상당하고, 그렇다 하더라도 그 사항이 국민의 권리·의무에 관련되는 것일 경우에는 적어도 국민의 권리·의무에 관한 기본적이고 본질적인 사항은 국회가 정하여야 한다. (대판 2007.10.12., 선고 2006두14476)

06 정답 ②

일반행정작용법 > 행정행위 > 기속과 재량 정답률 **95%**

| 정답해설 |

② **선택률95%** 허가는 원칙적으로 기속행위로서 요건을 충족한 신청에 대하여 거부할 수 없으나, 중대한 공익과 관련된 경우에는 허가를 거부할 수 있다.

판례 구 대기환경보전법(2011.7.21., 법률 제10893호로 개정되기 전의 것, 이하 같다) 제2조 제9호, 제23조 제1항·제5항·제6항, 같은 법 시행령(2010.12.31., 대통령령 제22601호로 개정되기 전의 것, 이하 같다) 제11조 제1항 제1호, 제12조, 같은 법 시행규칙 제4조, [별표 2]와 같은 배출시설 설치허가와 설치제한에 관한 규정들의 문언과 그 체제·형식에 따르면 환경부장관은 배출시설 설치허가 신청이 구 대기환경보전법 제23조 제5항에서 정한 허가 기준에 부합하고 구 대기환경보전법 제23조 제6항, 같은 법 시행령 제12조에서 정한 허가제한사유에 해당하지 아니하는 한 원칙적으로 허가를 하여야 한다. 다만, 배출시설의 설치는 국민건강이나 환경의 보전에 직접적으로 영향을 미치는 행위라는 점과 대기오염으로 인한 국민건강이나 환경에 관한 위해를 예방하고 대기환경을 적정하고 지속가능하게 관리·보전하여 모든 국민이 건강하고 쾌적한 환경에서 생활할 수 있게 하려는 구 대기환경보전법의 목적(제1조) 등을 고려하면, 환경부장관은 같은 법 시행령 제12조 각 호에서 정한 사유에 준하는 사유로서 환경 기준의 유지가 곤란하거나 주민의 건강·재산, 동식물의 생육에 심각한 위해를 끼칠 우려가 있다고 인정되는 등 **중대한 공익상의 필요가 있을 때에는 허가를 거부할 수 있다고 보는 것이 타당하다.** (대판 2013.5.9., 선고 2012두22799)

| 오답해설 |

① **선택률2%** 재량행위는 기속행위와 달리 법원이 일정한 결론을 도출하여 행정청의 실제행정과 부합되는지 여부에 대한 심사를 하지 않고 재량의 일탈이나 남용 여부만 심사할 뿐이다.

③ **선택률2%** 귀화허가는 특허로서 재량행위에 해당한다.

④ **선택률1%** 개별적인 사건 하나하나를 구체적으로 판단하여 종합적 기준에 의해 재량과 기속을 구분한다는 것이 대법원의 입장이다.

07

정답 ③

일반행정작용법 > 행정행위 > 기속과 재량 정답률 76%

| 정답해설 |

③ 선택률76% 구「전염병예방법」제54조의2 제2항에 따른 예방접종으로 인한 질병, 장애 또는 사망의 인정 여부 결정이 보건복지부장관의 재량에 속한다.

판례 특정인에게 권리나 이익을 부여하는 이른바 수익적 행정처분은 법령에 특별한 규정이 없는 한 재량행위이고, 구 전염병예방법(2009.12.29., 법률 제9847호 감염병의 예방 및 관리에 관한 법률로 전부 개정되기 전의 것. 이하 '구 전염병예방법'이라 한다) 제54조의2 제2항에 의하여 보건복지가족부장관에게 예방접종으로 인한 질병, 장애 또는 사망(이하 '장애 등'이라 한다)의 인정 권한을 부여한 것은, **예방접종과 장애 등 사이에 인과관계가 있는지를 판단하는 것은 고도의 전문적 의학 지식이나 기술이 필요한 점과 전국적으로 일관되고 통일적인 해석이 필요한 점을 감안한 것으로 역시 보건복지가족부장관의 재량에 속하는 것이므로**, 인정에 관한 보건복지가족부장관의 결정은 가능한 한 존중되어야 한다. (대판 2014.5.16., 선고 2014두274)

| 오답해설 |

① 선택률3% 재량은 법률의 효과에서 행정의 결정과 선택의 자유가 부여된 것으로 본다.

② 선택률14% 판단여지설에서도 요건의 불확정개념은 사법심사가 된다는 입장이다. 그러나 일부에 대하여 행정청에 판단여지를 부여하여 불확정개념의 본질이 훼손되지 아니하도록 하자는 입장이다.

④ 선택률7% 우리 대법원은 판단여지에 대하여 소극적인 입장이다. 교과서검정사건에서 판결문의 내용은 판단여지로 해석될 수 있는 것이었으나 용어는 재량이라고 하여 판단여지와 재량을 구분하고 있지 않다.

더 알아보기 ▶ 참고 판례

행정행위가 그 재량성의 유무 및 범위와 관련하여 이른바 기속행위 내지 기속재량행위와 재량행위 내지 자유재량행위로 구분된다고 할 때, **그 구분은 당해 행위의 근거가 된 법규의 체재·형식과 그 문언, 당해 행위가 속하는 행정 분야의 주된 목적과 특성, 당해 행위 자체의 개별적 성질과 유형 등을 모두 고려하여 판단하여야 하고**, 이렇게 구분되는 양자에 대한 사법심사는, 전자의 경우 그 법규에 대한 원칙적인 기속성으로 인하여 법원이 사실인정과 관련 법규의 해석·적용을 통하여 일정한 결론을 도출한 후 그 결론에 비추어 행정청이 한 판단의 적법 여부를 독자의 입장에서 판정하는 방식에 의하게 되나, 후자의 경우 행정청의 재량에 기한 공익판단의 여지를 감안하여 법원은 독자의 결론을 도출함이 없이 당해 행위에 재량권의 일탈·남용이 있는지 여부만을 심사하게 되고, 이러한 재량권의 일탈·남용 여부에 대한 심사는 사실오인, 비례·평등의 원칙 위배, 당해 행위의 목적 위반이나 동기의 부정 유무 등을 그 판단대상으로 한다. (대판 2001.2.9., 선고 98두17593)

08 고난도 TOP1

정답 ①

일반행정작용법 > 행정행위 > 행정행위의 효력 정답률 52%

| 정답해설 |

① 선택률52% 행정행위의 효력은 행정처분이 당연무효가 아니거나 취소되지 않은 경우에 발생하는 효력으로서 일단 취소된다면 더 이상 행정행위의 효력은 발생하지 않는다.

| 오답해설 |

② 선택률13% 처분의 공정력에 의해서 처분이 당연무효이거나 취소되지 않는 한 부당이득이 발생하지 않는다.

판례 과세처분이 당연무효라고 볼 수 없는 한 과세처분에 취소할 수 있는 위법사유가 있다 하더라도 그 과세처분은 행정행위의 공정력 또는 집행력에 의하여 그것이 적법하게 취소되기 전까지는 유효하다 할 것이므로, 민사소송절차에서 그 과세처분의 효력을 부인할 수 없다. (대판 1999.8.20., 선고 99다20179)

③ 선택률2% 무효인 처분은 처음부터 효력이 발생하지 않아 공정력·불가쟁력·불가변력 등의 효력이 없다.

④ 선택률33% 특정 처분에 대해서는 불가변력이 발생한다.

09

정답 ②

일반행정작용법 > 행정행위 > 행정행위의 하자 정답률 81%

| 정답해설 |

② 선택률81% 행정처분이 있은 이후 근거법이 헌법재판소로부터 위헌결정을 받게 되면, 원칙적으로 취소사유에 해당될 뿐 무효가 될 수는 없어서, 근거법의 위헌을 이유로 한 무효등확인소송에 대하여 법원은 심리하지 않고 '기각'한다.

판례 어느 행정처분에 대하여 그 행정처분의 근거가 된 법률이 위헌이라는 이유로 무효확인청구의 소가 제기된 경우에는 다른 특별한 사정이 없는 한 법원으로서는 그 법률이 위헌인지 여부에 대하여는 판단할 필요 없이 그 무효확인청구를 기각하여야 한다. (대판 1994.10.28., 선고 92누9463)

| 오답해설 |

① 선택률8% 음주운전을 단속한 경찰관은 자신의 명의로 처분을 할 수 없다. 이는 무권한에 해당하여 무효이다.

판례 음주운전을 단속한 경찰관 명의로 행한 운전면허정지처분의 효력(무효)

운전면허에 대한 정지처분 권한은 경찰청장으로부터 경찰서장에게 권한위임된 것이므로 음주운전자를 적발한 단속 경찰관으로서는 관할 경찰서장의 명의로 운전면허정지처분을 대행처리할 수 있을지는 몰라도 자신의 명의로 이를 할 수는 없다 할 것이므로, **단속 경찰관이 자신의 명의로 운전면허 행정처분통지서를 작성·교부하여 행한 운전면허정지처분은** 비록 그 처분의 내용·사유·근거 등이 기재된 서면을 교부하는 방식으로 행하여졌다고 하더라도 **권한 없는 자에 의하여 행하여진 점에서 무효의 처분에 해당한다.** (대판 1997.5.16., 선고 97누2313)

③ 선택률3% 중대명백설을 원칙으로 하나, 헌법재판소는 명백성 보충요건설을 취한 예외적인 경우도 있다.

판례 법률에 근거하여 행정처분이 발하여진 후에 헌법재판소가 그 행정처분의 근거가 된 법률을 위헌으로 결정하였다면 결과적으로 행정처분은 법률의 근거가 없이 행하여진 것과 마찬가지가 되어 하자가 있는 것이 되나, 하자 있는 행정처분이 당연무효가 되기 위하여는 그 하자가 중대할 뿐만 아니라 명백한 것이어야 하는데, 일반적으로 법률이 헌법에 위반된다는 사정이 헌법재판소의 위헌결정이 있기 전에는 객관적으로 명백한 것이라고 할 수는 없으므로 **헌법재판소의 위헌결정 전에 행정처분의 근거되는 당해 법률이 헌법에 위반된다는 사유는 특별한 사정이 없는 한 그 행정처분의 취소소송의 전제가 될 수 있을 뿐 당연무효사유는 아니라고 봄이 상당하다.** (대판 1994.10.28., 선고 92누9463)

④ 선택률 8% 처분의 근거법이 헌법재판소로부터 위헌결정을 받았는데도 그 처분을 집행하기 위한 작용이나 집행을 유지하기 위한 작용을 한다면 이는 헌법재판소 위헌결정의 기속력에 반하여 허용할 수 없고 무효에 해당한다.

판례 구 택지소유상한에 관한 법률(1998.9.19., 법률 제5571호로 폐지) 제30조는 "부담금의 납부의무자가 독촉장을 받고 지정된 기한까지 부담금 및 가산금 등을 완납하지 아니한 때에는 건설교통부장관은 국세체납처분의 예에 의하여 이를 징수할 수 있다."고 규정함으로써 국세징수법 제3장의 체납처분규정에 의하여 체납 택지초과소유부담금을 강제징수할 수 있었으나, 1999.4.29. 같은 법 전부에 대한 위헌결정으로 위 제30조 규정 역시 그날로부터 효력을 상실하게 되었고, **나아가 위헌법률에 기한 행정처분의 집행이나 집행력을 유지하기 위한 행위는 위헌결정의 기속력에 위반되어 허용되지 않는다고 보아야 한다.** (대판 2002.8.23., 선고 2001두2959)

군무원 VS 공무원 비교분석

행정행위의 하자는 시험의 직렬에 상관없이 자주 출제된다. 특히 처분의 근거법이 위헌결정을 받을 경우에 처분의 효력과 그 처분의 집행을 위한 작용에 대한 효과를 명확하게 구분하고 있어야 한다.

10 정답 ④

일반행정작용법 > 행정행위 > 취소와 철회 정답률 69%

| 정답해설 |

④ 선택률 69% 행정청에 의한 직권취소는 취소되는 처분과 별도의 행정청에 의한 행정처분으로서 「행정절차법」상의 처분절차를 준수하여 사전통지나 의견청취 등의 절차를 준수하여야 한다.

| 오답해설 |

① 선택률 4% 불가쟁력은 일정기간이 경과되면 행정의 상대방이나 이해관계인이 더이상 불복할 수 없음을 의미할 뿐 행정기관과는 무관하다. 행정기관은 하자 있는 행정처분에 대해서 불가쟁력과 상관없이 직권취소가 가능하다.

② 선택률 13% 부담적(침익적) 처분의 취소의 취소는 다시 부담적 처분의 효력을 되살려 국민에게 불이익을 부여하므로 허용하지 않는다.

판례 국세기본법 제26조 제1호는 부과의 취소를 국세납부의무 소멸사유의 하나로 들고 있으나, 그 부과의 취소에 하자가 있는 경우의 부과의 취소의 취소에 대하여는 법률이 명문으로 그 취소요건이나 그에 대한 불복절차에 대하여 따로 규정을 둔 바도 없으므로, 설사 부과의 취소에 위법사유가 있다고 하더라도 당연무효가 아닌 한 일단 유효하게 성립하여 부과처분을 확정적으로 상실시키는 것이라고 할 것이다. 그러므로 **과세관청은 부과의 취소를 다시 취소함으로써 원부과처분을 소생시킬 수는 없고** 납세의무자에게 종전의 과세대상에 대한 납부의무를 지우려면 다시 법률에서 정한 부과절차에 좇아 동일한 내용의 새로운 처분을 하는 수밖에 없는 것이다. (대판 1995.3.10., 선고 94누7027)

③ 선택률 14% 취소에 대하여 법적 근거가 불요하다는 견해가 일반적이다. 취소는 성립 당시의 하자를 적법으로 시정하는 행위로서 그 자체가 법치주의를 구현하는 행위이다. 따라서 법적 근거 없이 취소가 가능하다고 한다.

11 정답 ①

일반행정작용법 > 비권력적 행정작용 > 공법상 계약 정답률 77%

| 정답해설 |

① 선택률 77% 공법상 계약은 공법적 효과 발생을 목적으로 한 복수 당사자 사이의 반대 방향 의사표시의 합치를 말한다. 동일한 방향인 것은 공법상 합동행위에 해당한다.

| 오답해설 |

② 선택률 9% 공법상 계약은 법률유보가 적용되지 않는다. 비권력적 행정작용이고 상대방의 동의를 요하는 행위라는 점이 그 이유이다.

③ 선택률 8% 공법상 계약에 대해서는 「행정절차법」에 규정이 없으므로 계약의 해제나 해지에 관하여 「행정절차법」이 적용되지 않는다. 공법상 계약은 「행정기본법」에 규정되어 있다.

④ 선택률 6% 공법상 계약은 비권력적 작용이라서 권력적 행정에 적용되는 공정력 등의 공권력이 없다.

12 정답 ④

일반행정작용법 > 그 밖의 행정작용 > 행정계획 정답률 98%

| 정답해설 |

④ 선택률 98% 공익에 해가 가지 않을 정도의 경미한 하자 정도라면 무조건 취소되지는 않는다.

판례 학교법인의 수익용 기본재산으로 등록되어 있고 농과대학과 장애자를 위한 특수학교의 실습지로 이용되고 있는 토지에 대한 **주택건설사업승인처분에 재량권의 일탈·남용의 위법이 없으며, 공익성의 면에서 비교하더라도 학교용지로 사용하는 것이 공익성이 크다고 할 수 없다.** (대판 1992.11.10., 선고 92누1162)

| 오답해설 |

① 선택률 0% 행정계획에 있어서 이익형량을 전혀 하지 않은 경우에 이는 형량의 해태로서 위법하다.

② 선택률 0% 형량을 함에 있어 마땅히 포함되어야 할 사항을 결여하면 이는 형량의 흠결로서 위법하다.

③ 선택률 2% 형량을 모두 하였다고 해도 객관성이나 공정성이 결여되면 이는 오형량으로서 위법하다.

13

정답 ④

일반행정작용법 > 행정정보공개와 개인정보 보호 > 정보공개 정답률 **90%**

| 정답해설 |

④ **선택률 90%** 법률에는 일정한 경우 외국인에 대하여 정보공개청구를 인정하고 있고, 시행령에 청구할 수 있는 구체적 규정이 있다. 학술·연구를 위해 일시적으로 체류하는 외국인은 「공공기관의 정보공개에 관한 법률」과 시행령상 정보공개를 청구할 수 있다.

| 오답해설 |

① **선택률 4%** 법령 「공공기관의 정보공개에 관한 법률」 제18조(이의신청) ③ 공공기관은 이의신청을 받은 날부터 7일 이내에 그 이의신청에 대하여 결정하고 그 결과를 청구인에게 지체 없이 문서로 통지하여야 한다. 다만, 부득이한 사유로 정하여진 기간 이내에 결정할 수 없는 때에는 그 기간이 끝나는 날의 다음 날부터 기산하여 7일의 범위에서 연장할 수 있으며, 연장사유를 청구인에게 통지하여야 한다.

② **선택률 4%** 동법 제19조 제2항의 내용이다.

③ **선택률 2%** 동법 제9조 제1항 제8호에 규정되어 있다.

더 알아보기 ▶ 「공공기관의 정보공개에 관한 법률」 및 동 시행령

> **「공공기관의 정보공개에 관한 법률」 제5조(정보공개 청구권자)** ① 모든 국민은 정보의 공개를 청구할 권리를 가진다.
> ② 외국인의 정보공개청구에 관하여는 대통령령으로 정한다.
> **「공공기관의 정보공개에 관한 법률 시행령」 제3조(외국인의 정보공개 청구)** 법 제5조 제2항에 따라 정보공개를 청구할 수 있는 외국인은 다음 각 호의 어느 하나에 해당하는 자로 한다.
> 1. 국내에 일정한 주소를 두고 거주하거나 학술·연구를 위하여 일시적으로 체류하는 사람
> 2. 국내에 사무소를 두고 있는 법인 또는 단체

14

정답 없음(단, 출제 당시의 정답은 ④)

일반행정작용법 > 행정절차 > 행정절차법 정답률 **정답 없음**

| 오답해설 |

④ **선택률 62%** 출제 당시에는 ㉢, ㉣이 명문규정이 있는 경우였으나, 현재 「행정절차법」이 개정됨에 따라 ㉡도 이에 포함된다.
㉢ 고지규정은 「행정절차법」 제26조에 규정되어 있다.
㉣ 온라인공청회는 동법 제38조의2에 규정되어 있다.

① **선택률 7%** ② **선택률 15%** ③ **선택률 16%**
㉠ 철회 및 직권취소는 현행 「행정절차법」에는 규정되어 있지 않아 비판의 대상이 되기도 한다.
㉡ 행정계획은 출제 당시에는 규정이 없었으나, 「행정절차법」이 개정됨에 따라 동법 제40조의4에 규정되어 있다.
㉤ 공법상 계약은 「행정절차법」에 규정되어 있지 않다.

군무원 VS 공무원 비교분석

> 행정작용 중 「행정절차법」에 규정되어 있는 것이 무엇인지는 직렬과 상관없이 행정법 시험에서 중요한 내용이다. '처(처분), 신(신고), 확(확약), 공(위반사실의 공표), 계(행정계획), 입(행정입법예고), 예(행정예고), 지(행정지도)' 이렇게 첫 글자를 따서 암기하도록 한다.

15 고난도 TOP2

정답 ③

일반행정작용법 > 행정절차 > 처분절차 정답률 **59%**

| 정답해설 |

③ **선택률 59%** '의견청취'에는 청문, 공청회, 의견제출이 있다. 의견제출과 청문·공청회는 별개의 개념이다.

| 오답해설 |

① **선택률 4%** 전자문서방식에 의한 처분은 당사자 등의 동의가 있는 경우 또는 당사자가 전자문서로 처분을 신청한 경우에 가능하다.

② **선택률 15%** 「행정절차법」 제29조에 규정되어 있다.

④ **선택률 22%** 일반처분인 도로구역변경고시는 고시 이전에 이미 공람절차를 거쳤으므로 의견청취 대상이 아니라는 것이 판례의 입장이다.
판례 행정절차법 제2조 제4호가 행정절차법의 당사자를 행정청의 처분에 대하여 직접 그 상대가 되는 당사자로 규정하고, 도로법 제25조 제3항이 도로구역을 결정하거나 변경할 경우 이를 고시에 의하도록 하면서, 그 도면을 일반인이 열람할 수 있도록 한 점 등을 종합하여 보면, **도로구역을 변경한 이 사건 처분은 행정절차법 제21조 제1항의 사전통지나 제22조 제3항의 의견청취의 대상이 되는 처분은 아니라고 할 것이다.** (대판 2008. 6.12., 선고 2007두1767)

16 고난도 TOP3

정답 ③

행정구제법 > 행정쟁송 > 행정심판 정답률 **60%**

| 정답해설 |

③ **선택률 60%** 행정심판과 항고소송은 법률상 이익이 있는 자가 제기할 수 있다.
법령 **「행정심판법」 제13조(청구인 적격)** ① 취소심판은 처분의 취소 또는 변경을 구할 법률상 이익이 있는 자가 청구할 수 있다. 처분의 효과가 기간의 경과, 처분의 집행, 그 밖의 사유로 소멸된 뒤에도 그 처분의 취소로 회복되는 법률상 이익이 있는 자의 경우에도 또한 같다.

| 오답해설 |

① **선택률 10%** 법령 **「행정심판법」 제28조(심판청구의 방식)** ① 심판청구는 서면으로 하여야 한다.

② **선택률 18%** 법령 **「행정심판법」 제30조(집행정지)** ① 심판청구는 처분의 효력이나 그 집행 또는 절차의 속행(續行)에 영향을 주지 아니한다.

④ **선택률 12%** 청구에 이유가 있다고 해도 이를 인용하는 것이 중대한 공공복리 등을 해할 경우에는 청구를 기각할 수 있다.

17

정답 ②

행정구제법 > 행정쟁송 > 행정소송 정답률 **87%**

| 정답해설 |

② **선택률 87%** 공익근무요원으로서 소집해제가 있었으므로 거부처분에 대한 소익은 없다.

판례 공익근무요원 소집해제신청을 거부한 후에 원고가 계속하여 공익근무요원으로 복무함에 따라 복무기간 만료를 이유로 소집해제처분을 한 경우, 원고가 입게 되는 권리와 이익의 침해는 소집해제처분으로 해소되었으므로 위 거부처분의 취소를 구할 소의 이익이 없다. (대판 2005.5.13., 선고 2004두4369)

| 오답해설 |

① **선택률 7%** 판례 현역입영대상자가 입영한 후에 현역병입영통지처분의 취소를 구할 소송상의 이익이 있다. (대판 2003.12.26., 선고 2003두1875)

③ **선택률 1%** 가중처벌에 대한 규정이 있다면 처분의 효력이 소멸된 후라도 그 처분의 효력에 대하여 취소를 구할 법률상 이익이 있다.

④ **선택률 5%** 판례 교육법 시행령 제72조, 서울대학교학칙 제37조 제1항 소정의 학생의 입학시기에 관한 규정이나 대학학생정원령 제2조 소정의 입학정원에 관한 규정은 학사운영 등 교육행정을 원활하게 수행하기 위한 행정상의 필요에 의하여 정해놓은 것으로서 어느 학년도의 합격자는 반드시 당해 연도에만 입학하여야 한다고 볼 수 없으므로 원고들이 불합격처분의 취소를 구하는 이 사건 소송계속 중 **당해 연도의 입학시기가 지났더라도 당해 연도의 합격자로 인정되면 다음 연도의 입학시기에 입학할 수도 있다고 할 것**이고, 피고의 위법한 처분이 있게 됨에 따라 당연히 합격하였어야 할 원고들이 불합격 처리되고 불합격되었어야 할 자들이 합격한 결과가 되었다면 원고들은 입학정원에 들어가는 자들이라고 하지 않을 수 없다고 할 것이므로 **원고들로서는 피고의 불합격처분의 적법 여부를 다툴 만한 법률상의 이익이 있다고 할 것이다.** (대판 1990.8.28., 선고 89누8255)

18

정답 ③

행정구제법 > 행정쟁송 > 행정소송 정답률 **64%**

| 정답해설 |

③ **선택률 64%** 적법한 소송이 아니라는 것이 대법원의 입장이다.

판례 **공정거래위원회가 부당한 공동행위를 한 사업자에게 과징금 부과처분(선행처분)을 한 뒤, 다시 자진신고 등을 이유로 과징금 감면처분(후행처분)을 한 경우, 선행처분의 취소를 구하는 소가 적법한지 여부(소극)**

공정거래위원회가 부당한 공동행위를 행한 사업자로서 구 독점규제 및 공정거래에 관한 법률(2013.7.16., 법률 제11937호로 개정되기 전의 것) 제22조의2에서 정한 자진신고자나 조사협조자에 대하여 과징금 부과처분(이하 '선행처분'이라 한다)을 한 뒤, 독점규제 및 공정거래에 관한 법률 시행령 제35조 제3항에 따라 다시 자진신고자 등에 대한 사건을 분리하여 자진신고 등을 이유로 한 과징금 감면처분(이하 '후행처분'이라 한다)을 하였다면, 후행처분은 자진신고 감면까지 포함하여 처분 상대방이 실제로 납부하여야 할 최종적인 과징금액을 결정하는 종국적 처분이고, **선행처분은 이러한 종국적 처분을 예정하고 있는 일종의 잠정적 처분으로서 후행처분이 있을 경우 선행처분은 후행처분에 흡수되어 소멸한다.** 따라서 위와 같은 경우에 선행처분의 취소를 구하는 소는 이미 효력을 잃은 처분의 취소를 구하는 것으로 부적법하다. (대판 2015.2.12., 선고 2013두987)

| 오답해설 |

① **선택률 11%** ② **선택률 12%** 증액경정처분이 있으면 종전 처분은 증액경정처분에 흡수되어 소멸하고, 증액경정처분만이 쟁송대상이 된다.

판례 구 개발이익환수에 관한 법률(1997.8.30., 법률 제5409호로 개정되기 전의 것) 제10조 제1항 단서에 따른 개발부담금의 감액정산은 당초 부과처분과 다른 별개의 처분이 아니라 그 감액변경처분에 해당하고, 감액정산처분 후 다시 **증액경정처분이 있는 경우에는 감액정산처분에 의하여 취소되지 아니한 부분에 해당하는 당초 부과처분은 증액경정처분에 흡수되어 소멸하고 증액경정처분만이 쟁송의 대상이 되며**, 이때 증액경정처분의 위법사유뿐만 아니라 당초 부과처분 중 감액정산처분에 의하여 취소되지 아니한 부분의 위법사유도 다툴 수 있다. (대판 2001.6.26., 선고 99두11592)

④ **선택률 13%** 감액경정처분에도 기존 처분의 잔여분에 대해 불복하는 경우, 소송대상은 당초 원처분에 해당되어 제소기간을 준수하였는지 여부도 당초처분을 기준으로 하여 판단한다.

판례 과세관청이 조세부과처분을 한 뒤에 그 불복절차과정에서 국세청장이나 국세심판소장으로부터 그 일부를 취소하도록 하는 결정을 받고 이에 따라 당초 부과처분의 일부를 취소·감액하는 내용의 경정결정을 한 경우 위 경정처분은 당초 부과처분과 별개 독립의 과세처분이 아니라 그 실질은 당초 부과처분의 변경이고, 그에 의하여 세액의 일부 취소라는 납세자에게 유리한 효과를 가져오는 처분이라 할 것이므로 그 경정결정으로도 아직 취소되지 않고 남아 있는 부분이 위법하다고 하여 다투는 경우에는 **항고소송의 대상이 되는 것은 당초의 부과처분 중 경정결정에 의하여 취소되지 않고 남은 부분이 된다 할 것이고, 경정결정이 항고소송의 대상이 되는 것은 아니라 할 것이므로, 이 경우 제소기간을 준수하였는지 여부도 당초처분을 기준으로 하여 판단하여야 할 것**이다. (대판 1991.9.13., 선고 91누391)

더 알아보기 ▶ 감액처분과 증액처분의 불복에 따른 소송대상

이 문제는 복원이 잘 되지 않아 문장이 매끄럽지 못해 저자가 응용하여 제시한 문제이다. 감액처분과 증액처분의 불복에 따른 소송대상에 관한 문제는 자주 출제되는 부분이다. 위의 오답해설과 정답에 관한 판례를 잘 숙지해 두어야 한다. 다만, 다음에 제시되는 판례와는 구분을 하여야 한다.

- **행정청이 과징금 부과처분을 한 후 부과처분의 하자를 이유로 감액처분을 한 경우, 감액된 부분에 대한 부과처분 취소청구가 적법한지 여부(소극)**

  행정처분을 한 처분청은 처분에 하자가 있는 경우에는 별도의 법적 근거가 없더라도 스스로 이를 취소하거나 변경할 수 있는바, 과징금 부과처분에서 행정청이 납부의무자에 대하여 부과처분을 한 후 부과처분의 하자를 이유로 과징금의 액수를 감액하는 경우에 감액처분은 감액된 과징금 부분에 관하여만 법적 효과가 미치는 것으로서 당초 부과처분과 별개 독립의 과징금 부과처분이 아니라 실질은 당초 부과처분의 변경이고, 그에 의하여 과징금의 일부취소라는 납부의무자에게 유리한 결과를 가져오는 처분이므로 당초 부과처분이 전부 실효되는 것은 아니다. 따라서 **감액처분에 의하여 감액된 부분에 대한 부과처분취소청구는 이미 소멸하고 없는 부분에 대한 것으로서 소의 이익이 없어 부적법**하다. (대판 2017.1.12., 선고 2015두2352)

19

정답 ④

행정구제법 > 행정상 손해전보 > 손해배상 정답률 78%

| 정답해설 |

④ 선택률 78% 「국가배상법」 제5조의 영조물책임은 무과실책임이라서 교통사고 원인이 될 수 있는 돌멩이로 교통사고가 발생하였다면 도로의 점유관리자가 불가항력적 사유를 입증하지 못한다면 국가배상책임을 면하지 못한다.

판례 편도 2차선 도로의 1차선상에 교통사고의 원인이 될 수 있는 크기의 돌멩이가 방치되어 있는 경우, 도로의 점유·관리자가 그에 대한 관리 가능성이 없다는 입증을 하지 못하는 한 이는 도로의 관리·보존상의 하자에 해당한다. (대판 1998.2.10., 선고 97다32536)

| 오답해설 |

① 선택률 4% 재정적 제약은 면책사유가 될 수 없다. 다만, 참작사유에 해당할 뿐이다.

판례 영조물 설치의 하자라 함은 영조물의 축조에 불완전한 점이 있어 영조물 자체가 통상 갖추어야 할 안전성을 갖추지 못한 상태에 있음을 말한다고 할 것인바, … 영조물 설치의 하자 유무는 객관적 견지에서 본 안전성의 문제이고, 재정사정이나 … 안전성을 요구하는 데 대한 정도 문제로서의 참작사유에는 해당할지언정 안전성을 결정지을 절대적 요건에는 해당하지 아니한다고 할 것이다. (대판 1967.2.21., 선고 66다1723)

② 선택률 5% 「국가배상법」상의 영조물은 국가나 지방자치단체의 소유물에 한하지 않는다. 어떤 경위로든 국가 등이 사실상 관리하거나 점유하고 있는 그 자체로서 영조물책임이 발생한다.

판례 국가배상법 제5조 제1항 소정의 '공공의 영조물'이라 함은 국가 또는 지방자치단체에 의하여 특정 공공의 목적에 공여된 유체물 내지 물적 설비를 지칭하며, 특정 공공의 목적에 공여된 물이라 함은 일반공중의 자유로운 사용에 직접적으로 제공되는 공공용물에 한하지 아니하고, 행정주체 자신의 사용에 제공되는 공용물도 포함하며 **국가 또는 지방자치단체가 소유권, 임차권 그밖의 권한에 기하여 관리하고 있는 경우뿐만 아니라 사실상의 관리를 하고 있는 경우도 포함한다.** (대판 1995.1.24., 선고 94다45302)

③ 선택률 13% 「국가배상법」 제5조는 제2조의 공무원책임과 달리 고의나 과실을 문제삼지 않는 무과실책임원칙이다.

군무원 VS 공무원 비교분석

위 문제는 공물에 대한 문제가 출제되었다고 하여 복원되었으나, 실제는 「국가배상법」 제5조에 관한 문제에 해당한다. 군무원 시험에서는 일반행정직 시험보다 각론에 대한 문제, 특히 공물에 관한 문제가 자주 출제되는데 기출문제를 분석해 보면 주로 총론에서 살펴봤던 내용들이 주를 이룬다. 따라서 총론에서 공물과 관련된 부분의 공부를 충분히 해야 한다.

20

정답 ①

행정상 실효성 확보수단 > 행정벌 > 행정질서벌 정답률 74%

| 정답해설 |

① 선택률 74% 「질서위반행위규제법」 제7조에 의하면 고의 또는 과실이 없는 질서위반행위는 과태료를 부과하지 아니한다.

| 오답해설 |

② 선택률 9% 과태료는 항고소송의 대상인 처분이 아니다. 과태료에 불복하는 경우 상대방은 행정소송을 청구할 수 없고 과태료를 부과한 행정청에 이의제기를 할 수 있다.

③ 선택률 11% 법원에서의 과태료에 관한 재판은 검사의 명령에 따라 집행된다.

④ 선택률 6% 일반적인 항고소송에서의 관할(피고소재지)과 달리 당사자주소지가 관할이 된다.

더 알아보기 ▶ 「질서위반행위규제법」

제7조(고의 또는 과실) 고의 또는 과실이 없는 질서위반행위는 과태료를 부과하지 아니한다.

제20조(이의제기) ① 행정청의 과태료 부과에 불복하는 당사자는 제17조 제1항에 따른 과태료 부과 통지를 받은 날부터 60일 이내에 해당 행정청에 서면으로 이의제기를 할 수 있다.

② 제1항에 따른 이의제기가 있는 경우에는 행정청의 과태료 부과처분은 그 효력을 상실한다.

③ 당사자는 행정청으로부터 제21조 제3항에 따른 통지를 받기 전까지는 행정청에 대하여 서면으로 이의제기를 철회할 수 있다.

제42조(과태료 재판의 집행) ① 과태료 재판은 검사의 명령으로써 집행한다. 이 경우 그 명령은 집행력 있는 집행권원과 동일한 효력이 있다.

21

정답 ③

특별행정작용법 > 재무행정법 > 조세행정 정답률 81%

| 정답해설 |

③ 선택률 81% 과세처분의 세액산출근거(이유제시)의 하자는 상대방이 이를 알고 납세했다거나 이를 알고 쟁송에 이르렀다고 해도 치유될 수 없다.

판례 세액산출근거가 기재되지 아니한 납세고지서에 의한 부과처분은 강행법규에 위반하여 취소대상이 된다 할 것이므로 이와 같은 하자는 납세의무자가 전심절차에서 이를 주장하지 아니하였거나, 그 후 부과된 세금을 자진납부하였다거나, 또는 조세채권의 소멸시효기간이 만료되었다 하여 치유되는 것이라고는 할 수 없다. (대판 1985.4.9., 선고 84누431)

| 오답해설 |

① 선택률 2% 행정선례법상의 비과세관행이 성립되기 위해서는 상당기간의 비과세관행(객관적 요소)과 법적 확신(주관적 요소)이 있어야 하며, 비과세관행에 관한 행정선례법이 「국세기본법」에 규정이 있다.

② 선택률10% 「행정조사기본법」 제3조의 규정에 관한 내용이다. 단, 제4조(행정조사의 기본원칙), 제5조(행정조사의 근거) 및 제28조(정보통신수단을 통한 행정조사)는 제3조 제2항 각 호의 사항에 대하여 적용한다.

④ 선택률7% 세무조사결정은 확인에 해당하는 행정행위로 보아야 한다.

판례 그에 앞서 세무조사결정에 대하여 다툼으로써 분쟁을 조기에 근본적으로 해결할 수 있는 점 등을 종합하면, 세무조사결정은 납세의무자의 권리·의무에 직접 영향을 미치는 공권력의 행사에 따른 행정작용으로서 항고소송의 대상이 된다. (대판 2011.3.10., 선고 2009두23617, 23624)

22

정답 ④

행정구제법 > 행정상 손해전보 > 손실보상 정답률 71%

| 정답해설 |

④ 선택률71% 민간사업자도 토지수용을 하고 보상을 할 수 있는 주체가 될 수 있고, 이에 대해 헌법재판소는 합헌결정을 한 바 있다.

판례 민간기업이 도시계획시설사업의 시행자로서 도시계획시설사업에 필요한 토지 등을 수용할 수 있도록 규정한 구 국토의 계획 및 이용에 관한 법률 제95조 제1항의 '도시계획시설사업의 시행자' 중 '제86조 제7항'의 적용을 받는 부분(이하 '이 사건 수용조항'이라 한다)이 헌법 제23조 제3항 소정의 공공필요성 요건을 결여하거나 과잉금지원칙을 위반하여 재산권을 침해한다고 볼 수 없다. [헌재결 2011.6.30., 2008헌바166, 2011헌바35(병합)]

| 오답해설 |

① 선택률6% 재산권 자체에 내재된 사회적 제약은 손실보상의 대상이 될 수 없다. 특별한 희생이어야 한다.

② 선택률6% 위법한 행정으로부터 침해를 받는 경우에는 손해배상의 대상이다.

③ 선택률17% 비재산적 침해인 생명이나 신체 침해의 경우에는 손실보상의 대상이 아니다.

23

정답 ①

행정구제법 > 행정쟁송 > 행정심판 정답률 67%

| 정답해설 |

① 선택률67% 행정심판에 불복하는 경우에는 행정소송을 통해 구제가 가능할 뿐, 다시 행정심판을 청구할 수는 없다.

법령 「행정심판법」 제51조(행정심판 재청구의 금지) 심판청구에 대한 재결이 있으면 그 재결 및 같은 처분 또는 부작위에 대하여 다시 행정심판을 청구할 수 없다.

| 오답해설 |

② 선택률10% 기속력은 피청구인이 재결에 따라야 함을 의미하며 인용재결에만 발생하는 효력이다.

③ 선택률11% 「행정심판법」 규정에 의하면 임시처분은 집행정지로 목적 달성이 곤란한 경우에만 인정되는 원칙이다.

④ 선택률12% 행정심판의 재결도 준법률행위적 행정행위로서 처분이다. 따라서 공정력 등의 효력을 갖는다.

24

정답 ④

행정구제법 > 행정쟁송 > 행정소송 정답률 83%

| 정답해설 |

④ 선택률83% 판결의 간접강제에 대한 효력은 거부처분취소소송과 부작위위법확인소송에만 적용될 뿐 무효등확인소송에는 적용될 수 없다.

| 오답해설 |

① 선택률5% 소송비용은 원칙적으로 패소자가 부담한다. 다만, 사정판결이나 소송진행 중 처분변경에 의한 각하나 기각의 경우에는 승소 측인 행정청이 부담한다.

② 선택률6% 사정판결은 취소할 수 있는 행정처분에만 해당되어 무효등확인소송이나 부작위위법확인소송에는 적용되지 않는다.

③ 선택률6% 중앙노동위원회의 처분에 대한 항고소송의 피고는 다른 합의제행정청의 피고와 달리 중앙노동위원회장이 된다.

더 알아보기 ▶ 처분의 위법성 판단시점

최근의 여러 시험에서 「행정소송법」의 출제빈도가 높다. 특히 대법원에서 관련된 판례가 나오게 되면 몇 년 지나지 않아 출제가 되고는 한다. 이 중 처분의 위법성 판단시점에 대한 판례는 중요하므로 다음의 판례를 반드시 숙지하여야 한다.

- 항고소송에서 행정처분의 적법 여부는 특별한 사정이 없는 한 행정처분 당시를 기준으로 판단하여야 한다. 여기서 행정처분의 위법 여부를 판단하는 기준시점에 관하여 판결시가 아니라 처분시라고 하는 의미는 행정처분이 있을 때의 법령과 사실상태를 기준으로 하여 위법 여부를 판단하며 처분 후 법령의 개폐나 사실상태의 변동에 영향을 받지 않는다는 뜻이지 처분 당시 존재하였던 자료나 행정청에 제출되었던 자료만으로 위법 여부를 판단한다는 의미는 아니다. 그러므로 처분 당시의 사실상태 등에 관한 증명은 사실심변론종결 당시까지 할 수 있고, 법원은 행정처분 당시 행정청이 알고 있었던 자료뿐만 아니라 사실심변론종결 당시까지 제출된 모든 자료를 종합하여 처분 당시 존재하였던 객관적 사실을 확정하고 그 사실에 기초하여 처분의 위법 여부를 판단할 수 있다. (대판 2017.4.7., 선고 2014두37122)

25

정답 ④

행정조직법 > 공무원법 > 국가공무원법 정답률 83%

| 정답해설 |

④ 선택률83% 계약직 공무원의 감봉 등 징계처분은 공무원의 신분을 지니고 있는 이상 「지방공무원법」 등에 의하지 않고는 행할 수 없다.

판례 근로기준법 등의 입법 취지, 지방공무원법과 지방공무원징계 및 소청규정의 여러 규정에 비추어 볼 때, 채용계약상 특별한 약정이 없는 한, 지방계약직 공무원에 대하여 지방공무원법, 지방공무원징계 및 소청규정에 정한 징계절차에 의하지 않고서는 보수를 삭감할 수 없다고 봄이 상당하다. (대판 2008.6.12., 선고 2006두16328)

| 오답해설 |

① 선택률3% 대법원에 의하면 각각 별개의 처분으로서 하자가 승계되지 않는다는 입장이다.

판례 구 경찰공무원법 제50조 제1항에 의한 직위해제처분과 같은 제3항에 의한 면직처분은 후자가 전자의 처분을 전제로 한 것이기는 하나 각각 단계적으로 별개의 법률효과를 발생하는 행정처분이어서 선행 직위해제처분의 위법사유가 면직처분에는 승계되지 아니한다 할 것이므로 선행된 직위해제처분의 위법사유를 들어 면직처분의 효력을 다툴 수는 없다. (대판 1984.9.11., 선고 84누191)

② 선택률4% 공무원의 징계 등의 처분에 「행정절차법」이 배제되는 것은 「행정절차법」을 거치기 곤란하거나, 거칠 필요가 없거나, 준하는 절차를 가지고 있는 경우에 해당될 뿐이고, 전면적으로 배제되는 것은 아니다.

③ 선택률10% 「국가공무원법」 제16조 제1항의 내용으로서 필요적 행정심판전치주의를 말한다.

2015 2015.07.04. 국방부(육·해·공군) 시행

9급 군무원 행정법

I 전체 난이도 및 합격선

전체 난이도	합격선
中	92점

I 기출총평

무난하고 평이하며, 편안하게 풀 수 있는 문제가 다수 출제되었다.

평이한 문제 유형으로 출제되었지만 역시 군무원 시험의 특수성이 그대로 드러났다고 볼 수 있었다. 즉, 행정입법에서 3문항, 행정소송에서 5문항(다른 공무원 시험에서도 행정소송의 문항 수는 많은 편이다), 행정계획에서 2문항, 기속과 재량에서 2문항 등 중요한 단원이 집중적으로 출제되었다. 이 외에는 기존에 중요하다고 강조되었던 개념들과 판례들이 그대로 출제되었고 선지의 길이도 짧아서 실제 시험장에서도 어렵지 않게 느껴졌을 것이다. 각론에서는 지방자치와 공물법이 출제되었다.

I 영역별 출제비중

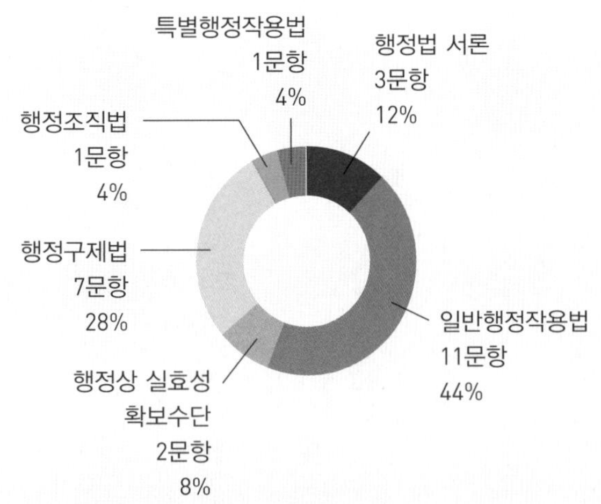

I 문항 분석

		카테고리	출제수	정답률
	1	행정법 서론 > 행정 > 통치행위	12회	97%
	2	행정법 서론 > 행정법 관계 > 공사법 구분	8회	90%
	3	행정법 서론 > 행정법 관계 > 행정개입청구권	3회	76%
	4	일반행정작용법 > 행정입법 > 법규명령	17회	73%
	5	일반행정작용법 > 행정입법 > 법규명령	17회	68%
고난도 TOP3	6	일반행정작용법 > 행정입법 > 행정입법의 통제	1회	60%
	7	일반행정작용법 > 행정행위 > 기속과 재량	10회	86%
	8	일반행정작용법 > 행정행위 > 기속과 재량	10회	78%
고난도 TOP2	9	일반행정작용법 > 행정행위 > 행정행위의 내용	25회	59%
	10	일반행정작용법 > 행정행위 > 부관	14회	94%
	11	일반행정작용법 > 그 밖의 행정작용 > 행정계획	11회	79%
	12	일반행정작용법 > 그 밖의 행정작용 > 행정계획	11회	86%
	13	일반행정작용법 > 행정정보공개와 개인정보 보호 > 정보공개	18회	91%
	14	행정상 실효성 확보수단 > 행정강제 > 이행강제금	4회	91%
	15	일반행정작용법 > 행정절차 > 처분절차	8회	72%
	16	행정상 실효성 확보수단 > 행정강제 > 행정대집행	15회	96%
	17	행정구제법 > 행정쟁송 > 행정심판	28회	78%
	18	행정구제법 > 행정쟁송 > 행정심판	28회	72%
	19	행정구제법 > 행정쟁송 > 처분	5회	83%
	20	행정구제법 > 행정쟁송 > 처분	5회	84%
	21	행정구제법 > 행정쟁송 > 행정소송	47회	63%
	22	행정구제법 > 행정쟁송 > 행정소송	47회	80%
고난도 TOP1	23	행정구제법 > 행정쟁송 > 행정소송	47회	48%
	24	행정조직법 > 자치행정조직법 > 지방자치	9회	63%
	25	특별행정작용법 > 급부행정법 > 공물법	8회	69%

※ 고난도 TOP1 은 해당 회차에서 정답률이 가장 낮은 문항입니다.

기출문제편 ▶ P.74									
01	③	02	①	03	③	04	①	05	①
06	②	07	④	08	③	09	①	10	③
11	②③	12	②	13	④	14	③	15	①
16	④	17	③	18	③	19	②	20	③
21	③	22	①	23	②	24	②	25	②

01

정답 ③

행정법 서론 > 행정 > 통치행위 정답률 97%

| 정답해설 |

③ 선택률 97% 남북정상회담은 통치행위가 맞다. 그러나 대북송금행위는 사법심사의 대상이 된다는 것이 대법원의 입장이다.

판례 남북정상회담의 개최과정에서 재정경제부장관에게 신고하지 아니하거나 통일부장관의 협력사업 승인을 얻지 아니한 채 북한 측에 사업권의 대가 명목으로 송금한 행위 자체는 헌법상 법치국가의 원리와 법 앞에 평등원칙 등에 비추어 볼 때 사법심사의 대상이 된다. (대판 2004.3.26., 선고 2003도7878)

| 오답해설 |

① 선택률 1% 이라크파병결정은 통치행위에 해당한다. 헌법재판소는 국군(자이툰부대)을 이라크에 파병하기로 한 결정의 위헌 확인 사건에서 국군의 외국에의 파병결정은 그 성격상 국방 및 외교에 관련된 고도의 정치적 결단을 요하는 문제로서, 헌법과 법률이 정한 절차를 지켜 이루어진 것임이 명백하므로, 대통령과 국회의 판단은 존중되어야 한다고 한다.

② 선택률 1% 헌법재판소는 통치행위를 인정하면서도 국민의 기본권 침해와 직접 관련되는 경우에는 헌법재판소의 심판대상이 된다고 한다.

판례 헌법재판소는 헌법의 수호와 국민의 기본권 보장을 사명으로 하는 국가기관이므로, **비록 고도의 정치적 결단에 의하여 행해지는 국가작용이라고 할지라도 그것이 국민의 기본권 침해와 직접 관련되는 경우에는 당연히 헌법재판소의 심판대상이 될 수 있다.** (헌재결 2004.10.21., 2004헌마554·566)

④ 선택률 1% 계엄선포가 국헌문란 목적으로 행해진 경우에는 범죄행위에 해당한다.

판례 비상계엄의 선포나 확대가 국헌문란의 목적을 달성하기 위하여 행하여진 경우에는 법원은 그 자체가 범죄행위에 해당하는지의 여부에 관하여 심사할 수 있다. (대판 1997.4.17., 선고 96도3376)

02

정답 ①

행정법 서론 > 행정법 관계 > 공사법 구분 정답률 90%

| 정답해설 |

① 선택률 90% 국유잡종재산(현 일반재산)의 대부행위는 공물이 아닌 사물(私物)에 해당되어 사법관계에 해당한다.

판례 국유재산법 제31조, 제32조 제3항, 산림법 제75조 제1항의 규정 등에 의하여 국유잡종재산에 관한 관리 처분의 권한을 위임받은 기관이 **국유잡종재산을 대부하는 행위는 국가가 사경제 주체로서 상대방과 대등한 위치에서 행하는 사법상의 계약**이고, 행정청이 공권력의 주체로서 상대방의 의사 여하에 불구하고 일방적으로 행하는 행정처분이라고 볼 수 없으며, 국유잡종재산에 관한 대부료의 납부고지 역시 사법상의 이행청구에 해당하고, 이를 행정처분이라고 할 수 없다. (대판 2000.2.11., 선고 99다61675)

| 오답해설 |

② 선택률 3% 전기나 전화가입 등의 관계는 사법관계에 해당한다. 그러나 상하수도 이용관계는 공기업에 의한 공급이 아니라 지방자치단체에 의해 이루어지는 공행정 업무에 해당하여 공법관계이다. 또한 단전이나 단전화는 처분성이 부정되어 민사소송을 통한 구제방법에 의하지만, 단수처분은 항고소송대상인 처분성이 인정된다.

③ 선택률 1% 청원경찰관계는 특별권력관계로서 공법관계이다.

④ 선택률 6% 입찰참가자격 제한 조치는 국가나 지방자치단체에 의해 이루어지는 경우에는 행정처분으로서 공법관계에 해당하지만, 공기업에 의해서 이루어지는 경우에는 사법관계이다.

더 알아보기 ▶ 일반재산의 대부관계

- 일반재산의 대부관계는 사법관계이지만 이의 징수는 강제징수로서 공법관계이다.
- 국유 일반재산의 대부료 등의 지급을 민사소송의 방법으로 구할 수 있는지 여부(원칙적 소극)
  국유재산법 제42조 제1항, 제73조 제2항 제2호에 따르면, 국유 일반재산의 관리·처분에 관한 사무를 위탁받은 자는 국유 일반재산의 대부료 등이 납부기한까지 납부되지 아니한 경우에는 국세징수법 제23조와 같은 법의 체납처분에 관한 규정을 준용하여 대부료 등을 징수할 수 있다. 이와 같이 **국유 일반재산의 대부료 등의 징수에 관하여는 국세징수법 규정을 준용한 간이하고 경제적인 특별구제절차가 마련되어 있으므로, 특별한 사정이 없는 한 민사소송의 방법으로 대부료 등의 지급을 구하는 것은 허용되지 아니한다.** (대판 2014.9.4., 선고 2014다203588)

03

정답 ③

행정법 서론 > 행정법 관계 > 행정개입청구권 정답률 76%

| 정답해설 |

③ 선택률 76% 재량이 0으로 수축된 경우에 행정개입청구권이 발생하며(기속에서는 물론 가능함), 이에 대한 권리는 사전적으로 의무이행소송(현재 우리나라에는 없음), 사후적으로 손해배상소송으로 구체화된다.

| 오답해설 |

① 선택률 4% 행정개입청구권은 기속에서 인정되고, 재량행위는 재량이 0으로 수축되는 경우에는 인정될 수 있다.

② 선택률 7% 행정개입청구권이 사전적으로 의무이행소송을 통해 구체적으로 구현될 수 있으나, 우리의 경우 권력분립을 이유로 의무이행소송이 없어 완벽하게 구현되기는 곤란하다.

④ **선택률 13%** 무하자재량행사청구권은 형식적·절차적 권리의 성질을 갖고 있으나, 행정개입청구권은 특정 처분을 요하는 실질적·실체적 권리의 성질을 갖고 있다.

더 알아보기 ▶ 정당한 신청권

지방자치단체장이 공장시설을 신축하는 회사에 대하여 사업승인 내지 건축허가 당시 부가하였던 조건을 이행할 때까지 신축공사를 중지하라는 명령을 한 경우, 위 회사에게는 중지명령의 원인사유가 해소되었음을 이유로 당해 공사중지명령의 해제를 요구할 수 있는 권리가 조리상 인정된다. (대판 2007.5.11., 선고 2007두1811)

군무원 VS 공무원 비교분석

최근의 출제경향을 살펴보면 군무원 시험을 제외한 대부분의 시험은 단순 암기문제를 탈피하여 이해를 요하는 사례문제가 적지 않게 출제되고 있다. 이에 맞추어 수험생들의 공부 방식도 이해 중심의 학습으로 바뀌어야 하는데, 행정개입청구권은 그러한 사례를 출제하기 적절한 내용이다. 따라서 군무원 시험과 다른 시험을 같이 준비하는 수험생이라면 이 부분에 대한 심도 있는 이해가 필요하다. 행정개입청구권의 핵심 포인트는 '재량의 0으로 수축'이다.

04

정답 ①

일반행정작용법 > 행정입법 > 법규명령 정답률 **73%**

| 정답해설 |

① **선택률 73%** 법규명령은 위임명령과 집행명령으로 나뉜다. 위임명령은 상위법령의 구체적인 위임이 있어야 제정이 가능하지만, 집행명령은 상위법령의 집행을 위한 절차나 형식을 제정함에 그치므로 상위법의 위임 없이 헌법적 근거로 제정할 수 있다.

| 오답해설 |

② **선택률 5%** 처벌규정은 급부행정영역보다 위임이 좀 더 구체적이어야 하고 엄격하다.

③ **선택률 11%** 위임명령은 상위법령이 법 개정으로 위임의 근거가 상실되면 폐지된다.

④ **선택률 11%** 총리령과 부령은 법제처심사로써 족하지만, 대통령령의 경우에는 법제처심사와 국무회의심의 절차를 모두 준수하여야 한다.

05

정답 ①

일반행정작용법 > 행정입법 > 법규명령 정답률 **68%**

| 정답해설 |

① **선택률 68%** 하위법령을 제정하는 경우 반드시 상위법에서의 위임관계를 명시하여야 하는 것은 아니다.

판례 **법령의 위임관계는 반드시 하위법령의 개별조항에서 위임의 근거가 되는 상위법령의 해당 조항을 구체적으로 명시하고 있어야만 하는 것은 아니라고 할 것**이므로, 같은 법 시행규칙 제5조가 같은 법 시행령 제8조 제3항과의 위임관계를 위와 같이 명시하고 있다고 하여 같은 법 시행규칙의 다른 규정에서 같은 법 시행령 제8조 제3항의 위임에 기하여 풍속영업의 운영에 관하여 필요한 사항을 따로 정하는 것을 배제하는 취지는 아니라고 할 것이어서 (후략) (대판 1999.12.24., 선고 99두5658)

| 오답해설 |

② **선택률 10%** 법규명령의 제정은 대통령령(시행령)에 의한 경우만 인정되는 것은 아니고, 총리령이나 부령(시행규칙)으로도 위임이 가능하다.

③ **선택률 9%** 구 「공공용지의 취득 및 손실보상에 관한 특례법」 제4조 제5항의 소정의 항목에 대한 예시적 위임이 인정되었다.

판례 토지수용법 제51조, 공공용지의 취득 및 손실보상에 관한 특례법 제4조 제5항 등의 규정취지에 비추어 볼 때, 토지수용법 제57조의2에 의하여 준용되는 위 특례법 제4조 제5항에 열거하여, **건설부령으로 평가방법 보상액 산정방법 및 기준 등을 정할 수 있도록 위임한 항목들은 제한적·한정적인 것이 아니라 예시적인 것에 불과하여 거기에 열거되지 아니한 손실에 대하여도 보상액 산정방법과 기준 등을 상위법규에 위반되지 아니한 이상 건설부령으로 정할 수 있다.** (대판 1994.1.28., 선고 93누17218)

④ **선택률 13%** 국회전속사항이라도 중요사항만 법률로서 제정되면, 세부적인 사항은 명령 등으로 위임이 가능하다.

06 고난도 TOP3

정답 ②

일반행정작용법 > 행정입법 > 행정입법의 통제 정답률 **60%**

| 정답해설 |

② **선택률 60%** 법률이나 대통령령이 규정하고 있어 행정입법이 필요한 경우에도 행정입법을 하지 않았다면 이는 헌법에 위반된다.

판례 보건복지부장관이 의료법과 대통령령의 위임에 따라 치과전문의자격 시험제도를 실시할 수 있도록 시행규칙을 개정하거나 필요한 조항을 신설하는 등 제도적 조치를 마련하지 아니하는 부작위는 청구인들의 기본권을 침해하는 것으로서 헌법에 위반된다. (헌재결 1998.7.16., 96헌마246)

| 오답해설 |

① **선택률 14%** 위임이 있어 유효인 법규명령도 이후 법 개정으로 근거규정을 상실하게 되면 무효인 법규명령이 된다.

③ **선택률 9%** 부작위위법확인소송은 항고소송의 하나로서 행정처분에 대한 부작위가 대상이지 행정입법은 항고소송대상이 될 수 없다.

④ **선택률 17%** 법령 「국회법」 제98조의2(대통령령 등의 제출 등) ① 중앙행정기관의 장은 법률에서 위임한 사항이나 법률을 집행하기 위하여 필요한 사항을 규정한 대통령령·총리령·부령·훈령·예규·고시 등이 제정·개정 또는 폐지되었을 때에는 10일 이내에 이를 국회 소관 상임위원회에 제출하여야 한다. 다만, 대통령령의 경우에는 입법예고를 할 때(입법예고를 생략하는 경우에는 법제처장에게 심사를 요청할 때를 말한다)에도 그 입법예고안을 10일 이내에 제출하여야 한다.

더 알아보기 ▶ **행정입법부작위와 그 구제**

1. 의의
'행정입법부작위'라 함은 행정기관이 명령을 제정·개정 또는 폐지하여야 할 법적인 의무가 있음에도 불구하고 정당한 이유 없이 이를 하지 않는 것을 의미하며, 행정입법부작위가 인정되기 위해서는 ㉠ 행정기관에게 명령을 제정하거나 개폐할 법적인 의무가 있고, ㉡ 상당한 기간이 지났음에도 불구하고 이를 이행하지 않았어야 한다.

2. 구제
- 항고소송의 가능성: 판례는 행정입법부작위는 성질상 부작위위법확인소송의 대상이 아니라고 판시하고 있다.
  - 행정소송은 구체적 사건에 대한 법률상 분쟁을 법에 의하여 해결함으로써 법적 안정성을 기하자는 것이므로 부작위위법확인소송의 대상이 될 수 있는 것은 구체적 권리의무에 관한 분쟁이어야 하고 **추상적인 법령에 관한 제정의 여부 등은 그 자체로서 국민의 구체적인 권리의무에 직접적인 변동을 초래하는 것이 아니어서 그 소송의 대상이 될 수 없다.** (대판 1992.5.8., 선고 91누11261)
- 헌법소원의 가능성: 2001헌마718에서는 입법부작위도 '공권력의 행사나 불행사'에 해당되므로 당연히 헌법소원의 대상이 된다고 판결하였다.
  - 구 군법무관임용법 제5조 제3항 및 군법무관임용 등에 관한 법률 제6조가 군법무관의 봉급과 그 밖의 보수를 법관 및 검사의 예에 준하여 지급하도록 하는 대통령령을 제정할 것을 규정하였는데, 대통령이 지금까지 해당 대통령령을 제정하지 않는 것이 청구인들(군법무관들)의 기본권을 침해한 것으로써 헌법에 위반된다. (헌재결 2004.2.26., 2001헌마718)
  - 치과의사로서 전문의가 되고자 하는 자는 대통령령이 정하는 수련을 거쳐 보건복지부장관의 자격인정을 받아야 하고 전문의의 자격인정 및 전문과목에 관하여 필요한 사항은 대통령령으로 정하는바, 위 대통령령인 '규정' 제2조의2 제2호는 치과전문의의 전문과목을 '구강악안면외과·치과보철과·치과교정과·소아치과·치주과·치과보존과·구강내과·구강악안면방사선과·구강병리과 및 예방치과'로 정하고, 제17조에서는 전문의자격의 인정에 관하여 '일정한 수련과정을 이수한 자로서 전문의자격시험에 합격'할 것을 요구하고 있는데도, '시행규칙'이 위 규정에 따른 개정입법 및 새로운 입법을 하지 않고 있는 것은 진정입법부작위에 해당하므로 이 부분에 대한 심판청구는 청구기간의 제한을 받지 않는다. (헌재결 1998.7.16., 96헌마246)
- 국가배상 여부: **입법부가 법률로써 행정부에게 특정한 사항을 위임했음에도 불구하고 행정부가 정당한 이유 없이 이를 이행하지 않는다면 권력분립의 원칙과 법치국가 내지 법치행정의 원칙에 위배되는 것으로서 위법함과 동시에 위헌적인 것**이 되는바, 구 군법무관임용법 제5조 제3항과 군법무관임용 등에 관한 법률 제6조가 군법무관의 보수를 법관 및 검사의 예에 준하도록 규정하면서 그 구체적 내용을 시행령에 위임하고 있는 이상, 위 법률의 규정들은 군법무관의 보수의 내용을 법률로써 일차적으로 형성한 것이고, 위 법률들에 의해 상당한 수준의 보수청구권이 인정되는 것이므로, 위 보수청구권은 단순한 기대이익을 넘어서는 것으로서 법률의 규정에 의해 인정된 재산권의 한 내용이 되는 것으로 봄이 상당하고, 따라서 행정부가 정당한 이유 없이 시행령을 제정하지 않은 것은 위 보수청구권을 침해하는 불법행위에 해당한다. (대판 2007.11.29., 선고 2006다3561)

07

정답 ④

일반행정작용법 > 행정행위 > 기속과 재량 정답률 **86%**

| 정답해설 |

④ **선택률 86%** 행정벌 중 행정형벌을 부과할 것인지 아니면 행정질서벌인 과태료를 부과할 것인지는 입법정책적 재량에 해당한다.

판례 **어떤 행정법규 위반행위에 대하여 이를 단지 간접적으로 행정상의 질서에 장해를 줄 위험성이 있음에 불과한 경우로 보아 행정질서벌인 과태료를 과할 것인가, 아니면 직접적으로 행정목적과 공익을 침해한 행위로 보아 행정형벌을 과할 것인가**, 그리고 행정형벌을 과할 경우 그 법정형의 형종과 형량을 어떻게 정할 것인가는, 당해 위반행위가 위의 어느 경우에 해당하는가에 대한 법적 판단을 그르친 것이 아닌 한 그 **처벌내용은 기본적으로 입법권자가 제반사정을 고려하여 결정할 입법재량에 속하는 문제**이다. (헌재결 1997.8.21., 93헌바51; 헌재결 1997.4.24., 95헌마90)

| 오답해설 |

① **선택률 2%** 재량행위에 대한 사법심사에서 법원은 일정한 결론을 도출하지 않고 재량의 일탈이나 남용 여부만 심사할 뿐이다.

② **선택률 2%** 재량과 일탈을 구분하는 기준은 종합설이다. 그러나 법령의 문언이나 성격 등을 종합적으로 판단하여 구분하면 효과재량설에 근접한다고 본다.

③ **선택률 10%** 판례는 교과서 검정을 재량행위로 판단하였다.

더 알아보기 ▶ **재량과 기속의 사법심사 방식 차이**

행정행위를 **기속행위**와 재량행위로 구분하는 경우 양자에 대한 사법심사는, 전자의 경우 그 법규에 대한 원칙적인 기속성으로 인하여 **법원이 사실인정과 관련 법규의 해석·적용을 통하여 일정한 결론을 도출한 후 그 결론에 비추어 행정청이 한 판단의 적법 여부를 독자의 입장에서 판정하는 방식에 의하게 되나,** 후자의 경우 행정청의 재량에 기한 공익판단의 여지를 감안하여 법원은 독자의 결론을 도출함이 없이 당해 행위에 재량권의 일탈·남용이 있는지 여부만을 심사하게 되고 이러한 재량권의 일탈·남용 여부에 대한 심사는 사실오인, 비례·평등의 원칙 위배 등을 그 판단 대상으로 한다. (대판 2007.5.31., 선고 2005두1329)

08

정답 ③

일반행정작용법 > 행정행위 > 기속과 재량 정답률 **78%**

| 정답해설 |

③ **선택률 78%** 어떤 행정행위가 재량이라면 그의 기준설정 역시 행정청의 재량이다.

판례 **자동차운수사업법에 의한 개인택시운송사업면허는 특정인에게 권리나 이익을 부여하는 행정행위로서 법령에 특별한 규정이 없으면 행정청의 재량에 속하는 것**이고, 그 면허를 위하여 정하여진 순위 내에서의 운전경력 인정방법에 관한 **기준설정 역시 행정청의 재량**이므로, 그 설정된 기준이 객관적으로 합리적이 아니라거나 타당하지 않다고 보이지 않는 이상 이에 기하여 운전경력을 산정한 것을 위법하다고 할 수 없다. (대판 1995.4.14., 선고 93누16253)

| 오답해설 |

① 선택률8% 처분의 이유제시는 상대방에 대한 설득기능과 쟁송제기의 편의를 제공하는 기능뿐 아니라 행정의 투명성과 객관성을 높여주고, 재량을 통제하는 기능을 갖는다.

② 선택률3% 신뢰보호대상이 될 수 없어 행정처분에 재량의 일탈이나 남용이 없다는 것이 대법원의 입장이다.

판례 생물학적 동등성 시험자료 일부가 조작되었음을 이유로 해당 의약품의 회수 및 폐기를 명한 사안에서, 그 행정처분으로 제약회사가 입게 될 경제적 손실이라는 불이익과 생물학적 동등성이 사전에 제대로 확인되지 않은 의약품이 유통되어 국민건강이 침해될 수 있는 위험을 예방하기 위한 공익상의 필요를 단순 비교하기 어려운 점 등에 비추어, 위 처분이 재량권을 일탈·남용하여 위법하다고 볼 수 없다고 한 사례 (대판 2008.11.13., 선고 2008두8628)

④ 선택률11% 면허신청에 대한 순위에 해당함에도 이를 따르지 않았다면 위법이라는 것이 대법원의 입장이다.

판례 행정청이 어떤 면허신청에 대하여 이미 설정된 면허기준을 구체적으로 적용함에 있어서 그 해석상 당해 신청이 면허발급의 우선순위에 해당함이 명백함에도 불구하고 이를 제외시켜 면허거부처분을 하였다면, 특별한 사정이 없는 한, 그 거부처분은 재량권을 남용한 위법한 처분이다. (대판 1997.9.26., 선고 97누8878)

09 고난도 TOP2

정답 ①

일반행정작용법 > 행정행위 > 행정행위의 내용 정답률 59%

| 정답해설 |

① 선택률59% 도시환경정비사업조합설립인가는 단순히 사인들의 조합설립을 보충하는 행위가 아니라, 인가로서 조합설립을 통해 사업을 시행할 수 있는 행정주체 지위를 부여하는 설권행위라는 것이 대법원의 입장이다.

| 오답해설 |

② 선택률4% 귀화허가는 포괄적인 신분을 설정하는 인위적인 지위 형성으로서 강학상 특허이다. 따라서 재량에 해당한다.

③ 선택률25% 건축허가는 명령적 행정행위로서 강학상 허가에 해당한다.

④ 선택률12% 법률행위만이 인가대상이며, 사실행위나 준법률행위는 인가대상이 되지 않는다.

더 알아보기 ▶ 참고 판례

행정청이 도시정비법 등 관련 법령에 근거하여 행하는 조합설립인가처분은 단순히 사인들의 조합설립행위에 대한 보충행위로서의 성질을 갖는 것에 그치는 것이 아니라 법령상 요건을 갖출 경우 도시정비법상 주택재건축사업을 시행할 수 있는 권한을 갖는 행정주체(공법인)로서의 지위를 부여하는 일종의 설권적 처분의 성격을 갖는다고 보아야 한다. (대판 2009.10.15., 선고 2009다30427)

10

정답 ③

일반행정작용법 > 행정행위 > 부관 정답률 94%

| 정답해설 |

③ 선택률94% 재량에는 법적 근거가 없어도 부관을 붙일 수 있으나, 기속에는 법령에 근거가 있다거나 법령의 해석상 가능한 경우를 제외하고는 부관을 붙이면 무효라는 것이 대법원의 입장이다.

판례 건축허가를 하면서 일정 토지를 기부채납하도록 하는 내용의 허가조건은 부관을 붙일 수 없는 기속행위 내지 기속적 재량행위인 건축허가에 붙인 부담이거나 또는 법령상 아무런 근거가 없는 부관이어서 무효이다. (대판 1995.6.13., 선고 94다56883)

| 오답해설 |

① 선택률2% 철회권이 유보된 경우에 중대공익 등의 사유 없이 유보된 사실만으로 당해 처분을 취소할 수 있는 것은 아니다.

② 선택률2% 주된 행정행위의 효력의 발생이나 소멸을 장래의 불확실한 사실에 의존하는 것을 조건이라 하는데, 효력이 발생하는 부관은 정지조건이고 효력이 소멸하는 부관은 해제조건이다.

④ 선택률2% 부관 중 부담은 주된 처분의 작위·부작위·수인·급부의 의무를 부과하는 부관으로서 그 자체로서 처분성을 갖고 있어 독립하여 쟁송이나 제재·강제가 가능하다.

11

정답 ②③(단, 출제 당시의 정답은 ②)

일반행정작용법 > 그 밖의 행정작용 > 행정계획 정답률 79%

| 정답해설 |

② 선택률73% 행정계획은 종합적 성질을 갖는다. 대법원은 일부 행정계획에 처분적 성질을 인정하고 있다. 예를 들어, 도시계획결정, 사업시행계획, 관리처분계획 등이다.

③ 선택률6% 문제가 출제될 당시에는 「행정절차법」에 행정계획에 관한 규정을 두고 있지 않았지만 현재 개정되어 제40조의4에 그 규정을 두고 있다.

법령 「행정절차법」 제40조의4(행정계획) 행정청은 행정청이 수립하는 계획 중 국민의 권리·의무에 직접 영향을 미치는 계획을 수립하거나 변경·폐지할 때에는 관련된 여러 이익을 정당하게 형량하여야 한다.

| 오답해설 |

① 선택률9% 정당한 조리상의 신청권이 인정된 사례이다.

판례 당해 문화재의 보존 가치 외에도 보호구역의 지정이 재산권 행사에 미치는 영향 등을 고려하도록 규정하고 있는 점 등과 헌법상 개인의 재산권 보장의 취지에 비추어 보면, **문화재보호구역 내에 있는 토지소유자 등으로서는 위 보호구역의 지정해제를 요구할 수 있는 법규상 또는 조리상의 신청권이 있다고 할 것**이고, 이러한 신청에 대한 **거부행위는 항고소송의 대상이 되는 행정처분**에 해당한다. (대판 2004.4.27., 선고 2003두8821)

④ 선택률12% 형성의 자유가 인정되어도 법으로부터 자유로운 행정은 아니다. 행정계획에 대한 수립에 있어 형량명령원리에 의하여 통제될 수 있다.

12 정답 ②

일반행정작용법 > 그 밖의 행정작용 > 행정계획 정답률 86%

| 정답해설 |

② 선택률86% 도시기본계획은 일반 국민이나 행정기관을 구속하는 효력이 없다.

판례 구 도시계획법 제10조의2 소정의 도시기본계획은 직접적 구속력이 없으며 처분에 해당하지 않는다. (대판 2002.10.11., 선고 2000두8226)

| 오답해설 |

① 선택률8% 비구속적 행정계획도 국민의 기본권과 관련이 있고 시행될 것이 분명하면 헌법소원대상이 된다는 것이 헌법재판소의 입장이다.

판례 비구속적 행정계획안이나 행정지침이라도 국민의 기본권에 직접적으로 영향을 끼치고, 앞으로 법령의 뒷받침에 의하여 그대로 실시될 것이 틀림없을 것으로 예상될 수 있을 때에는, 공권력행위로서 예외적으로 헌법소원의 대상이 될 수 있다. (헌재결 2000.6.1., 99헌마538)

③ 선택률4% 계획재량은 행정청에 형성의 자유를 부여하게 되는바 재량의 범위가 넓어 불확정개념의 사용이 더 많다.

④ 선택률2% 일반적인 행정법규가 조건과 결과의 모형이라면 행정계획은 목적프로그램으로서 정언명령에 해당한다.

13 정답 ④

일반행정작용법 > 행정정보공개와 개인정보 보호 > 정보공개 정답률 91%

| 정답해설 |

④ 선택률91% 보안관찰 관련 통계자료는 국가의 안전보장과 관련된 정보로서, 공개될 경우 국가의 중대한 이익을 해할 우려가 있어 비공개대상정보에 해당한다.

판례 이 사건 정보는 공공기관의 정보공개에 관한 법률(이하 '법'이라 한다) 제7조 제1항 제2호 소정의 공개될 경우 국가안전보장·국방·통일·외교관계 등 국가의 중대한 이익을 해할 우려가 있는 정보, 또는 제3호 소정의 공개될 경우 국민의 생명·신체 및 재산의 보호 기타 공공의 안전과 이익을 현저히 해할 우려가 있다고 인정되는 정보에 해당한다고 할 것이다. (대판 2004.3.26., 선고 2002두6583)

| 오답해설 |

① 선택률1% 헌법재판소에 의하면 정보공개청구권의 헌법상 근거를 알 권리에서 찾고 있다.

판례 헌법 제21조에 규정된 표현의 자유와 자유민주주의적 기본질서를 천명하고 있는 헌법 전문, 제1조, 제4조의 해석상 국민의 정부에 대한 일반적 정보공개를 구할 권리(청구적 기본권)로서 인정되는 '알 권리'를 침해한 것이고 위 열람·복사 민원의 처리는 법률의 제정이 없더라도 불가능한 것이 아니다. (헌재결 1989.9.4., 88헌마22)

② 선택률5% 정보공개를 청구하는 자는 청구정보의 범위에 대하여 사회일반인의 관점으로 특정될 수 있을 정도여야 한다는 것이 판례의 입장이다.

판례 공공기관의 정보공개에 관한 법률 제10조 제1항 제2호는 정보의 공개를 청구하는 자는 정보공개청구서에 '공개를 청구하는 정보의 내용' 등을 기재할 것을 규정하고 있는바, 청구대상정보를 기재함에 있어서는 사회일반인의 관점에서 청구대상정보의 내용과 범위를 확정할 수 있을 정도로 특정함을 요한다. (대판 2007.6.1., 선고 2007두2555)

③ 선택률3% 지방자치단체도 정보공개에 관한 조례를 제정할 수 있다. 청주시 정보공개조례 등이 대표적이다.

14 정답 ③

행정상 실효성 확보수단 > 행정강제 > 이행강제금 정답률 91%

| 정답해설 |

③ 선택률91% 이행강제금은 일신전속적인 비대체적 작위의무의 불이행에 대한 강제에 해당되어 상대방이 사망하게 되면 종료된다는 것이 대법원의 입장이다.

판례 구 건축법(2005.11.8., 법률 제7696호로 개정되기 전의 것)상의 이행강제금은 구 건축법의 위반행위에 대하여 시정명령을 받은 후 시정기간 내에 당해 시정명령을 이행하지 아니한 건축주 등에 대하여 부과되는 간접강제의 일종으로서 그 **이행강제금 납부의무는** 상속인 기타의 사람에게 승계될 수 없는 **일신전속적인 성질의 것**이므로 이미 사망한 사람에게 이행강제금을 부과하는 내용의 처분이나 결정은 당연무효이고, **이행강제금을 부과받은 사람의 이의에 의하여 비송사건절차법에 의한 재판절차가 개시된 후에 그 이의한 사람이 사망한 때에는 사건 자체가 목적을 잃고 절차가 종료한다.** (대결 2006.12.8., 자 2006마470)

| 오답해설 |

① 선택률4% 종래 「건축법」상의 이행강제금에 대한 불복은 「건축법」 규정에 의해 이의제기가 있게 되면 법원의 「비송사건절차법」에 따라 재판이 있었으나 이러한 규정이 삭제가 되어 이제는 항고소송대상인 처분이 되었다.

② 선택률4% 이행강제금은 강제에 해당하는 것이지 제재인 처벌이 아니므로, 의무이행이 있을 때까지 반복부과가 가능하다. 「건축법」은 1년에 2회, 총 5회까지 가능하다고 규정하고 있다.

④ 선택률1% 이행강제금은 의무자 스스로 의무이행을 강제하는 간접적 수단이다.

더 알아보기 ▶ 이행강제금

이행강제금은 비대체적 작위의무나 부작위의무처럼 일신전속적 성질의 의무가 대상이 되지만, 헌법재판소나 대법원에 의하면 대체적 작위의무 불이행에 대해서도 대집행이 성질상 곤란한 경우에는 이행강제금이 가능할 수 있다고 한다. 직접적 강제수단에는 대집행, 직접강제, 강제징수, 즉시강제가 있다.

군무원 VS 공무원 비교분석

최근 군무원 시험에서 이행강제금에 대한 출제빈도가 증가하고 있다. 특히 「건축법」상의 이행강제금은 이행강제금 중 가장 대표적인 것으로서 다른 이행강제금과의 차별적인 부분(대체적 작위의무가 대상이 된다는 점, 항고소송대상인 처분이라는 점 등)에 대한 정리가 필요하다.

15

정답 ①

일반행정작용법 > 행정절차 > 처분절차 정답률 72%

| 정답해설 |

① **선택률72%** 사전통지에 대하여 「행정절차법」은 원칙적으로 당사자에게 의무를 부과하거나 권익을 제한하는 처분의 경우에 당사자 등에게 사전통지를 하도록 규정하고 있으나 일부 예외적 규정을 두고 있다.

법령 「행정절차법」 제21조(처분의 사전통지) ④ 다음 각 호의 어느 하나에 해당하는 경우에는 제1항에 따른 통지를 하지 아니할 수 있다.

1. 공공의 안전 또는 복리를 위하여 긴급히 처분을 할 필요가 있는 경우
2. 법령 등에서 요구된 자격이 없거나 없어지게 되면 반드시 일정한 처분을 하여야 하는 경우에 그 자격이 없거나 없어지게 된 사실이 법원의 재판 등에 의하여 객관적으로 증명된 경우
3. 해당 처분의 성질상 의견청취가 현저히 곤란하거나 명백히 불필요하다고 인정될 만한 상당한 이유가 있는 경우

| 오답해설 |

② **선택률8%** 동법 제2조의 '청문'이란 행정청이 어떠한 처분을 하기 전에 당사자 등의 의견을 직접 듣고 증거를 조사하는 절차를 말한다.

③ **선택률11%** 이유제시의 경우, 구체적인 사실관계나 법적 관계, 재량행사의 근거를 제시하여야 한다.

④ **선택률9%** 신청에 대한 내용을 모두 인용하는 처분은 법규정에 의해 이유제시를 하지 않아도 된다.

16

정답 ④

행정상 실효성 확보수단 > 행정강제 > 행정대집행 정답률 96%

| 정답해설 |

④ **선택률96%** 제2차, 제3차 계고는 처분이 아니다.

판례 시장이 무허가건물소유자인 원고들에게 일정기간까지 철거할 것을 명함과 아울러 불이행할 때에는 대집행한다는 내용의 철거대집행계고처분을 고지한 후 원고들이 불응하자 다시 2차 계고서를 발송하여 일정기간까지의 자진철거를 촉구하고 불이행하면 대집행을 한다는 뜻을 고지하였다면 원고들의 행정대집행법상의 건물철거의무는 제1차 철거명령 및 계고처분으로써 발생하였고 **제2차의 계고처분은 원고들에게 새로운 철거의무를 부과하는 것이 아니고 다만 대집행기한의 연기통지에 불과하므로 행정처분이 아니다.** (대판 1991.1.25., 선고 90누5962)

| 오답해설 |

① **선택률2%** 대집행은 철거하명에 불가쟁력을 요하지 않는다. 따라서 철거하명에 대한 불복기간이 종료되지 않았다고 해도 대집행의 요건이 충족되면 대집행이 가능하다.

② **선택률2%** 대집행은 의무를 부과한 처분청이 주체가 된다. 따라서 감독청은 주체가 될 수 없다. 다만, 실제로 이를 실행하는 제3자는 실행자의 지위를 가지게 될 뿐 주체라고 하지는 않는다.

③ **선택률0%** 대집행의 요건충족에 대한 입증책임은 행정청에 있다는 것이 판례의 입장이다.

판례 건축법에 위반하여 건축한 것이어서 철거의무가 있는 건물이라 하더라도 그 철거의무를 대집행하기 위한 계고처분을 하려면 다른 방법으로는 이행의 확보가 어렵고 불이행을 방치함이 심히 공익을 해하는 것으로 인정될 때에 한하여 허용되고 이러한 요건의 주장·입증책임은 처분행정청에 있다. (대판 1996.10.11., 선고 96누8086)

더 알아보기 ▶ 대집행의 요건

- 대체적 작위의무를 불이행할 것
- 다른 방법으로 목적달성이 곤란할 것
- 의무불이행을 방치함이 심히 공익을 해칠 것

위와 같은 요건이 대집행의 요건에 해당한다. 이에 대한 요건이 모두 충족된 경우에 행정청은 대집행을 해야 하는지 여부에 대하여 다툼이 있으나 재량으로 보는 것이 일반적이며, 최근 기출문제 또한 재량으로 문제를 풀어야만 하는 것으로 출제된 바 있다. 이러한 요건충족에 대한 입증책임은 행정청에 있다.

군무원 VS 공무원 비교분석

"행정법 시험에서 출제자가 빼놓을 수 없는 출제주제는?"이라는 질문에 답한다면 당연히 행정소송에서의 처분성과 행정대집행이다. 군무원의 업무 특성상 행정대집행은 업무 관련성이 떨어져 출제빈도가 낮았으나, 최근에는 그 출제빈도가 높아지고 있다. 일반적인 공무원 시험을 준비하는 수험생은 큰 문제가 없겠으나, 군무원만 준비하는 수험생은 행정대집행에 더 관심을 기울여 학습해야 할 것이다.

17

정답 ③

행정구제법 > 행정쟁송 > 행정심판 정답률 78%

| 정답해설 |

③ **선택률78%** 우리나라 「행정심판법」에는 취소심판, 무효등확인심판, 의무이행심판이 있다. 부작위위법확인심판은 존재하지 않는다. 부작위에 대해 의무이행심판을 청구하여 구제가 가능하고, 소송에서는 부작위위법확인소송이 있다.

| 오답해설 |

① **선택률6%** 대통령의 처분과 부작위, 행정심판의 재결은 행정심판 대상이 아니다.

② **선택률12%** 의무이행심판은 거부처분과 부작위를 대상으로 하여 집행정지가 인정될 수 없다.

④ **선택률4%** 「행정심판법」에는 항고심판에 대한 규정을 두고 있다.

18

정답 ③

행정구제법 > 행정쟁송 > 행정심판 정답률 72%

| 정답해설 |

③ **선택률72%** 재결의 기속력은 인용재결에만 있다. 기각재결에는 기속력이 없어서 행정청은 이에 구속되지 않고 직권으로 심판대상인 처분을 취소할 수 있다. 기속력을 확보하기 위한 적절한 방법으로 위원회의 직접 처분이 있다.

법령 「행정심판법」 제50조(위원회의 직접 처분) ① 위원회는 피청구인이 제49조 제3항에도 불구하고 처분을 하지 아니하는 경우에는 당사자가 신청하면 기간을 정하여 서면으로 시정을 명하고 그 기간에 이행하지 아니하면 직접 처분을 할 수 있다. 다만, 그 처분의 성질이나 그 밖의 불가피한 사유로 위원회가 직접 처분을 할 수 없는 경우에는 그러하지 아니하다.

| 오답해설 |

① **선택률1%** 재결은 준법률행위적 행정행위인 확인에 해당하는 준사법적 작용이다. 행정심판위원회가 청구된 사안에 대해 행하는 판단작용이다.

② **선택률3%** 불이익변경금지제도를 말한다. 행정심판위원회는 원처분보다 불이익한 재결을 할 수 없다.

④ **선택률24%** 불고불리원칙을 말한다. 행정심판위원회는 청구된 사항 이외의 것에 대하여 심리할 수도 없고 판단할 수도 없다.

더 알아보기 ▶ 「행정심판법」

제47조(재결의 범위) ① 위원회는 심판청구의 대상이 되는 처분 또는 부작위 외의 사항에 대하여는 재결하지 못한다.
② 위원회는 심판청구의 대상이 되는 처분보다 청구인에게 불리한 재결을 하지 못한다.

19

정답 ②

행정구제법 > 행정쟁송 > 처분 정답률 83%

| 정답해설 |

② **선택률83%** 어업권 우선순위결정은 강학상 확약으로서 다수설에 의하면 항고쟁송대상인 처분이지만, 대법원은 처분이 아니라고 한다.

| 오답해설 |

① **선택률10%** 문책경고, 불문경고, 경고의결 등은 처분이다.

판례 금융기관의 임원에 대한 금융감독원장의 문책경고는 그 상대방에 대한 직업선택의 자유를 직접 제한하는 효과를 발생하게 하는 등 상대방의 권리의무에 직접 영향을 미치는 행위로서 항고소송의 대상이 되는 행정처분에 해당한다. (대판 2005.2.17., 선고 2003두14765)

③ **선택률5%** 건축주 명의변경신고는 수리를 요하는 신고에 해당하므로 이에 대한 수리와 수리거부는 항고소송대상인 처분이다.

④ **선택률2%** 처분성이 인정되는 판례이고 다른 판례와 혼동이 많은 판례로서 그 구분이 명확히 필요하다.

판례 토지소유자가 지적법 제17조 제1항, 같은 법 시행규칙 제20조 제1항 제1호의 규정에 의하여 1필지의 일부가 소유자가 다르게 되었음을 이유로 토지분할을 신청하는 경우, 1필지의 토지를 수필로 분할하여 등기하려면 반드시 같은 법이 정하는 바에 따라 분할절차를 밟아 지적공부에 각 필지마다 등록되어야 하고 이러한 절차를 거치지 아니하는 한 1개의 토지로서 등기의 목적이 될 수 없기 때문에 만약 이러한 토지분할신청을 거부한다면 토지소유자는 자기소유 부분을 등기부에 표창할 수 없고 처분도 할 수 없게 된다는 점을 고려할 때, **지적 소관청의 위와 같은 토지분할신청에 대한 거부행위는 국민의 권리관계에 영향을 미친다고 할 것이므로 항고소송의 대상이 되는 처분으로 보아야 한다.** (대판 1993.3.23., 선고 91누8968)

더 알아보기 ▶ 어업권 우선순위결정

확약과 관련된 어업권 우선순위결정은 출제빈도가 높은 부분이다. 확약의 법적 성질에 대한 대법원의 입장이 담겨 있기 때문이다. 판례는 어업권 우선순위결정 사건에서 확약은 처분이 아니며 따라서 공정력 등의 효력이 없다는 입장을 취했다.

- 어업권면허에 선행하는 우선순위결정은 행정청이 우선권자로 결정된 자의 신청이 있으면 어업권면허처분을 하겠다는 것을 약속하는 행위로서 강학상 확약에 불과하고 행정처분은 아니므로, 우선순위결정에 공정력이나 불가쟁력과 같은 효력은 인정되지 아니하며, 따라서 우선순위결정이 잘못되었다는 이유로 종전의 어업권면허처분이 취소되면 행정청은 종전의 우선순위결정을 무시하고 다시 우선순위를 결정한 다음 새로운 우선순위결정에 기하여 새로운 어업권면허를 할 수 있다. (대판 1995.1.20., 선고 94누6529)

20

정답 ③

행정구제법 > 행정쟁송 > 처분 정답률 84%

| 정답해설 |

③ **선택률84%** 공매결정과 이의 통지는 행정 내부의 결정에 불과하고 아직은 국민의 권리나 의무에 변동이 없다. 따라서 처분이 아니다. 다만, 공매결정과 통지 없는 공매는 위법이라서 공매처분에 대한 소송에서 공매결정과 통지의 하자를 다툴 수 있다.

판례 **한국자산공사가 당해 부동산을 인터넷을 통하여 재공매(입찰)하기로 한 결정 자체는 내부적인 의사결정에 불과하여 항고소송의 대상이 되는 행정처분이라고 볼 수 없고,** 또한 한국자산공사의 공매통지는 공매의 요건이 아니라 공매사실 자체를 체납자에게 알려주는 데 불과한 것으로서, 통지의 상대방의 법적 지위나 권리·의무에 직접 영향을 주는 것이 아니라고 할 것이므로 이것 역시 행정처분에 해당한다고 할 수 없다. (대판 2007.7.27., 선고 2006두8464)

| 오답해설 |

① **선택률3%** 행정처분이라는 것이 대법원의 입장이다.

판례 부과처분을 위한 과세관청의 질문조사권이 행해지는 **세무조사결정이 있는 경우** 납세의무자는 세무공무원의 과세자료 수집을 위한 질문에 대답하고 검사를 수인하여야 할 법적 의무를 부담하게 되는 점 등을 종합하면, 세무조사결정은 납세의무자의 권리·의무에 직접 영향을 미치는 공권력의 행사에 따른 행정작용으로서 **항고소송의 대상이 된다.** (대판 2011.3.10., 선고 2009두23617·23624 병합)

② 선택률 10% 판례 지방경찰청장이 횡단보도를 설치하여 보행자 통행 방법 등을 규제하는 것은 행정청이 특정사항에 대하여 부담을 명하는 행위이고, 이는 국민의 권리·의무에 직접 관계가 있는 행위로서 행정처분이다. (대판 2000.10.27., 선고 98두8964)

④ 선택률 3% 서울교육대학은 국공립학교로서 영조물에 해당하고 이에 대한 재학생의 관계는 특별권력관계이다. 따라서 퇴학처분 등의 징계행위는 행정처분이다.

군무원 VS 공무원 비교분석

처분성을 묻는 문제는 어느 행정법 시험에서든 필수로 출제된다. 출제되었던 문제가 반복되어 출제되는 경우가 많기 때문에 기출된 처분은 암기를 요한다.

21

정답 ③

행정구제법 > 행정쟁송 > 행정소송 정답률 63%

| 정답해설 |

③ 선택률 63% 처분조례는 처분의 성질을 갖는 조례로서 항고쟁송대상이 된다. 이 경우 피고는 지방자치단체장이다.

| 오답해설 |

① 선택률 9% 세무서는 국세를 담당하는 곳이다. 따라서 지방세에 대한 취소소송의 피고는 지방자치단체장이 된다.

② 선택률 17% 성업공사(현 한국자산관리공사)는 공무수탁사인으로서 행정주체이자 행정청이다.

④ 선택률 11% 공정거래위원회는 합의제 행정청으로서 그 자체가 피고가 된다. 따라서 피고는 공정거래위원회이다.

22

정답 ①

행정구제법 > 행정쟁송 > 행정소송 정답률 80%

| 정답해설 |

① 선택률 80% 공법상 계약에 대한 분쟁은 당사자소송에 해당한다. 서울시립무용단원에 대한 일방적인 해촉에 대한 소송은 당사자소송에 해당한다.

판례 지방자치법 제9조 제2항 제5호 라목 및 마목 등의 규정에 의하면, 서울특별시립무용단원의 공연 등 활동은 지방문화 및 예술을 진흥시키고자 하는 서울특별시의 공공적 업무수행의 일환으로 이루어진다고 해석될 뿐 아니라, 그 단원으로 위촉되기 위하여는 일정한 능력요건과 자격요건을 요하고, 계속적인 재위촉이 사실상 보장되며, 공무원연금법에 따른 연금을 지급받고, 단원의 복무규율이 정해져 있으며, 정년제가 인정되고, 일정한 해촉사유가 있는 경우에만 해촉되는 등 서울특별시립무용단원이 가지는 지위가 공무원과 유사한 것이라면, **서울특별시립무용단 단원의 위촉은 공법상의 계약이라고 할 것이고, 따라서 그 단원의 해촉에 대하여는 공법상의 당사자소송으로 그 무효확인을 청구할 수 있다.** (대판 1995.12.22., 선고 95누4636)

| 오답해설 |

② 선택률 7% 부당이득반환청구소송은 대법원에 의하면 사권에 해당된다고 하여 민사소송에 의한다.

③ 선택률 7% 공무원연금관리공단의 급여결정은 처분에 해당되어 항고소송대상이 된다.

판례 구 공무원연금법(1995.12.29., 법률 제5117호로 개정되기 전의 것) 제26조 제1항, 제80조 제1항, 공무원연금법 시행령 제19조의2의 각 규정을 종합하면, 같은 법 소정의 급여는 급여를 받을 권리를 가진 자가 당해 공무원이 소속하였던 기관장의 확인을 얻어 신청하는 바에 따라 공무원연금관리공단이 그 지급결정을 함으로써 그 구체적인 권리가 발생하는 것이므로, **공무원연금관리공단의 급여에 관한 결정은 국민의 권리에 직접 영향을 미치는 것이어서 행정처분에 해당**하고, 공무원연금관리공단의 급여결정에 불복하는 자는 공무원연금급여재심위원회의 심사결정을 거쳐 공무원연금관리공단의 급여결정을 대상으로 행정소송을 제기하여야 한다. (대판 1996.12.6., 선고 96누6417)

④ 선택률 6% 국유임야의 대부행위는 사법관계로서 민사소송에 의한다.

23 고난도 TOP 1

정답 ②

행정구제법 > 행정쟁송 > 행정소송 정답률 48%

| 정답해설 |

② 선택률 48% 법령에 의한 신청권만 인정되는 것은 아니고, 조리상 정당한 신청권에 의한 신청도 인정된다.

판례 부작위위법확인소송은 처분의 신청을 한 자로서 부작위의 위법의 확인을 구할 법률상 이익이 있는 자만이 제기할 수 있다 할 것이며 이를 통하여 구하는 행정청의 응답행위는 행정소송법 제2조 제1항 제1호 소정의 처분에 관한 것이라야 하므로 당사자가 행정청에 대하여 어떠한 행정행위를 하여 줄 것을 신청하지 아니하였거나 그러한 신청을 하였더라도 당사자가 행정청에 대하여 그러한 **행정행위를 하여 줄 것을 요구할 수 있는 법규상 또는 조리상의 권리를 갖고 있지 아니하든지** 또는 행정청이 당사자의 신청에 대하여 거부처분을 한 경우에는 원고적격이 없거나 항고소송의 대상인 위법한 부작위가 있다고 볼 수 없어 그 부작위위법확인의 소는 부적법하다고 할 것이다. (대판 1992.6.9., 선고 91누11278)

| 오답해설 |

① 선택률 16% 부작위위법확인소송은 처분이 없으므로 효력을 존속시킬 공익이 존재하지 않아 사정판결이 인정될 수 없다.

③ 선택률 24% 부작위위법확인소송은 처분이 없으므로 위법을 확인하는 기준시는 처분시가 아니라 변론종결시가 된다.

④ 선택률 12% 행정소송에서 입증책임은 법률요건분류설에 의해 각자 자신에게 유리한 것을 입증한다. 부작위의 정당화사유는 행정청에 유리한 것으로 행정청에 입증책임이 있다.

24

정답 ②

행정조직법 > 자치행정조직법 > 지방자치 정답률 63%

| 정답해설 |

② 선택률 63% 지방자치단체의 조례는 관보나 인터넷을 통해 공포하지 않고, 공보를 통해 20일 이내에 공포한다.

| 오답해설 |

① 선택률 3% 「지방자치법」 제29조 규정에 관한 내용이다.

③ 선택률 18% 법령 「지방자치법」 제192조 제3항(지방의회 의결의 재의와 제소) 제1항 또는 제2항의 요구에 대하여 재의의 결과 재적의원 과반수의 출석과 출석의원 3분의 2 이상의 찬성으로 전과 같은 의결을 하면 그 의결사항은 확정된다.

④ 선택률 16% 동법 제32조 제8항의 규정이다.

25

정답 ②

특별행정작용법 > 급부행정법 > 공물법 정답률 69%

| 정답해설 |

② 선택률 69% 행정재산이 공용폐지되어 취득시효대상이 되기 위해서는 취득시효기간 동안 계속해서 일반재산 상태이어야 한다.

판례 국유재산법상 국유재산에 대한 취득시효가 완성되기 위해서는 그 국유재산이 취득시효기간 동안 계속하여 시효취득의 대상이 될 수 있는 일반재산이어야 하고, 행정재산이 기능을 상실하여 본래의 용도에 제공되지 않는 상태에 있더라도 곧바로 취득시효의 대상이 되는 일반재산이 되는 것은 아니다. (대판 2010.11.25., 선고 2010다58957)

| 오답해설 |

① 선택률 21% 판례 공유수면으로서 자연공물인 바다의 일부가 매립에 의하여 토지로 변경된 경우에 다른 공물과 마찬가지로 공용폐지가 가능하다고 할 것이며, 이 경우 공용폐지의 의사표시는 명시적 의사표시뿐만 아니라 묵시적 의사표시도 무방하다. (대판 2009.12.10., 선고 2006다87538)

③ 선택률 6% 판례 국가 또는 공공단체의 소유재산으로서 그 행정목적을 위하여 공용되어 있는 부동산은 공용폐지처분이 없는 한 취득시효완성으로 인한 소유권취득의 대상이 될 수 없다. (대판 1974.2.12., 선고 73다557)

④ 선택률 4% 판례 **행정재산이 기능을 상실하여 본래의 용도에 제공되지 않는 상태에 있다 하더라도 관계 법령에 의하여 용도폐지가 되지 아니한 이상 당연히 취득시효의 대상이 되는 일반재산이 되는 것은 아니고,** 공용폐지의 의사표시는 묵시적인 방법으로도 가능하나 행정재산이 본래의 용도에 제공되지 않는 상태에 있다는 사정만으로는 묵시적인 공용폐지의 의사표시가 있다고 볼 수도 없다. (대판 2010.11.25., 선고 2010다58957)

2014 2014.07.05. 국방부(육·해·공군) 시행

9급 군무원 행정법

I 전체 난이도 및 합격선

전체 난이도	합격선
下	96점

I 기출총평

전체적으로 쉬웠으나, 변별력 확보용 문제는 있었다.

행정법의 기초 단원인 행정법 서론에서 무려 10문항이나 출제되었다. 그중 행정법의 일반원칙에서 4문항이 출제되었는데 이는 행정법의 기초를 충실하게 학습하였는지를 묻기 위한 문제이다. 군무원 시험이 아니면 찾아볼 수 없는 특이점이라고 할 수 있다. 단원뿐만 아니라 문제의 내용으로도, 기본적인 것들이 출제되었다. 그러나 변별력을 주기 위한 문제도 2문항 있었는데, 그중 하나가 '다음 중 행정상 법률관계가 공법관계인 것은 몇 개인가'라는 문제이다. 하나의 선지만 헷갈려도 틀릴 수 있기 때문에 이러한 유형의 문제는 어렵다고 느낄 수 있다. 각론에서는 공물법을 묻는 문항이 출제되었다.

I 영역별 출제비중

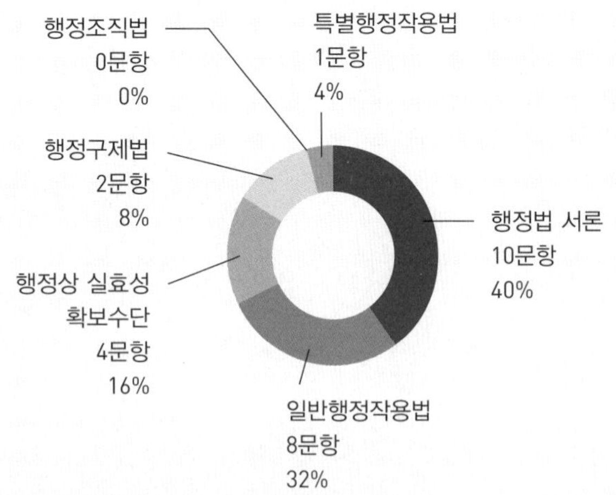

I 문항 분석

		카테고리	출제수	정답률
	1	행정법 서론 > 행정 > 행정의 개념	2회	71%
고난도 TOP3	2	행정법 서론 > 행정 > 통치행위	12회	60%
	3	행정법 서론 > 행정법 > 행정법의 일반원칙	19회	96%
	4	행정법 서론 > 행정법 > 행정법의 일반원칙	19회	74%
	5	행정법 서론 > 행정법 > 행정법의 일반원칙	19회	84%
	6	행정법 서론 > 행정법 > 행정법의 일반원칙	19회	91%
고난도 TOP2	7	행정법 서론 > 행정법 관계 > 공법관계	6회	59%
	8	행정법 서론 > 행정법 관계 > 행정개입청구권	3회	86%
	9	행정법 서론 > 행정법 관계 > 특별권력관계	5회	75%
	10	일반행정작용법 > 행정입법 > 법규명령	17회	94%
	11	행정법 서론 > 행정법 관계 > 불가쟁력	3회	94%
	12	일반행정작용법 > 행정행위 > 행정행위의 내용	25회	81%
	13	일반행정작용법 > 행정행위 > 부관	14회	97%
	14	일반행정작용법 > 행정행위 > 하자승계	6회	85%
	15	일반행정작용법 > 비권력적 행정작용 > 행정지도	13회	95%
	16	일반행정작용법 > 그 밖의 행정작용 > 행정계획	11회	86%
고난도 TOP1	17	행정상 실효성 확보수단 > 행정강제 > 행정대집행	15회	55%
	18	행정상 실효성 확보수단 > 행정강제 > 강제징수	4회	75%
	19	행정상 실효성 확보수단 > 행정강제 > 강제징수	4회	74%
	20	행정상 실효성 확보수단 > 행정강제 > 즉시강제	3회	73%
	21	일반행정작용법 > 행정절차 > 처분절차	8회	73%
	22	행정구제법 > 행정상 손해전보 > 국가배상	12회	73%
	23	행정구제법 > 행정쟁송 > 행정소송	47회	76%
	24	일반행정작용법 > 행정행위 > 취소와 철회	13회	79%
	25	특별행정작용법 > 급부행정법 > 공물법	8회	76%

※ 고난도 TOP1 은 해당 회차에서 정답률이 가장 낮은 문항입니다.

기출문제편 ▶ P.80

01	③	02	③	03	①	04	②	05	①
06	④	07	②	08	①	09	①	10	②
11	②	12	③	13	②	14	①	15	③
16	②	17	①	18	②	19	③	20	②
21	①	22	④	23	④	24	②	25	④

01

정답 ③

행정법 서론 > 행정 > 행정의 개념 정답률 71%

| 정답해설 |

③ 선택률71% 대통령의 대법원장 임명은 행정기관의 행정업무이다.

| 오답해설 |

① 선택률16% 통고처분은 형식적 의미의 행정이나 실질적으로는 사법업무이다.

② 선택률6% 소청심사위원회의 재결은 형식적 의미의 행정이나 실질적으로는 사법에 해당한다.

④ 선택률7% 대통령령 등의 법규명령의 제정은 형식적 의미의 행정이나 실질적으로는 입법에 해당한다.

02 고난도 TOP3

정답 ③

행정법 서론 > 행정 > 통치행위 정답률 60%

| 정답해설 |

③ 선택률60% 계엄선포는 통치행위로 인정받았다. 다만, 계엄선포나 확대가 국헌문란 등을 목적으로 하는 경우에는 범죄행위로서 사법심사의 대상이 될 수 있다.

판례 1979년 10·26사태를 수습하기 위해 선포한 대통령의 비상계엄선포행위

대통령의 계엄선포행위는 고도의 정치적·군사적 성격을 띠는 행위라고 할 것이어서, 그 선포의 당·부당을 판단할 권한은 헌법상 계엄해제요구권이 있는 국회만이 가지고 있다 할 것이고 그 선포가 당연무효의 경우라면 모르되, **사법기관인 법원이 계엄선포의 요건구비나, 선포의 당·부당을 심사하는 것은 사법권의 내재적인 본질적 한계를 넘어서는 것이 되어 적절한 바가 못 된다.** (대판 1979.12.7., 자 79초70 재정)

주의 비상계엄선포나 확대가 국헌문란의 목적을 달성하기 위하여 행하여진 경우에는 법원은 그 자체가 범죄행위에 해당하는지의 여부에 관하여 심사할 수 있다. (대판 1997.4.17., 선고 96도3376)

| 오답해설 |

① 선택률12% 통치행위는 사법부에 의해서 이루어질 수 없다. 고도의 정치성에 관한 행위라서 정치적 중립을 지켜야 하는 사법부는 통치행위를 할 수 없고, 입법부와 행정부에 의해서 이루어지는 행위이다.

② 선택률24% 통치행위라도 정치적 책임으로부터 자유로울 수 없다.

④ 선택률4% 남북정상회담은 통치행위에 해당하지만 대북송금행위는 사법심사대상이 된다.

03

정답 ①

행정법 서론 > 행정법 > 행정법의 일반원칙 정답률 96%

| 정답해설 |

① 선택률96% 부당결부금지의 원칙과 관련된 내용이다. 행정청은 공권력을 행사함에 있어서 실질적인 관련이 없는 행정을 하여서는 아니 된다. 이러한 행정법의 일반원칙을 위반하면 취소사유에 해당한다.

판례 지방자치단체장이 사업자에게 주택사업계획승인을 하면서 그 주택사업과는 아무런 관련이 없는 토지를 기부채납하도록 하는 부관을 주택사업계획승인에 붙인 경우, 그 부관은 부당결부금지의 원칙에 위반되어 위법하다. (대판 1997.3.11., 선고 96다49650)

| 오답해설 |

② 선택률1% 평등의 원칙은 헌법 제11조에 규정된 원칙으로서 주로 자기구속의 법리와 관계한다.

③ 선택률2% 신뢰보호의 원칙은 행정청의 공적 견해에 대한 보호가치가 있는 사인의 신뢰를 보호하자는 원칙으로서 법적 안정성에 기인하여 인정되는 원칙이다.

④ 선택률1% 과잉금지의 원칙은 비례의 원칙이라고도 하며, 행정목적을 달성하기 위하여 적절한 행정수단을 이용하여야 한다는 원칙으로서 행정법의 일반원칙이다.

04

정답 ②

행정법 서론 > 행정법 > 행정법의 일반원칙 정답률 74%

| 정답해설 |

② 선택률74% 음주운전에 따른 운전면허 취소는 결코 비례원칙의 위반이라 할 수 없다는 것이 대법원의 입장이다.

판례 다른 차량의 통행을 원활히 하기 위해 승용차를 주차목적으로 자신의 집 앞 약 6미터를 운행하였다 하여도 이는 도로교통법상의 음주운전에 해당하고, 이미 음주운전으로 적발되어 면허정지처분을 받은 적이 있는데도 혈중알코올농도 0.182%의 만취상태에서 운전한 것이라면, 교통사고가 발생하지 않았고 운전승용차로 서적을 판매하여 가족의 생계를 책임져야 한다는 사정을 고려하더라도 운전면허 취소처분은 위법하다고 볼 수 없다. (대판 1996.9.6., 선고 96누5995)

| 오답해설 |

① 선택률9% 석유판매업영업정지처분에 대하여 비례의 원칙을 위반하였다고 본 사례이다.

판례 주유소 영업의 양도인이 등유가 섞인 유사휘발유를 판매한 바를 모르고 이를 양수한 석유판매영업자에게 전 운영자인 양도인의 위법사유를 들어 사업정지기간 중 최장기인 6월의 사업정지에 처한 영업정지처분이 석유사업법에 의하여 실현시키고자 하는 공익목적의 실현보다는 양수인이 입게 될 손실이 훨씬 커서 재량권을 일탈한 것으로서 위법하다고 본 사례 (대판 1992.2.25., 선고 91누13106)

③ 선택률8% 판례 공무원의 요정출입 금지를 명한 국무총리의 훈령은 카바레, 빠, 요정 등 유흥영업장소에서의 유흥에는 일반적으로 과대한 비용이 소요되므로 그러한 요정에 출입하는 공무원은 대개 직무상의 부정한 청탁과 관련되어 향응을 받는 것이라는 국민의 의혹을 살 우려가 있다

하여 이를 금지하는 것이므로 이와 같은 훈령을 어기고 요정을 출입하는 행위는 공무원의 품위를 손상하는 행위에 해당된다. 그러나 **단 1회의 요정출입행위만으로서는 공무원의 신분을 보유할 수 없을 정도로 공무원의 품위를 손상한 것이라고 볼 수 없으므로 당해 공무원의 신분을 박탈하는 파면에 처한 처분은 재량권의 범위를 넘어선 위법한 처분이다.** (서울고등법원 1967.1.12., 선고 66구329)

④ **선택률 9%** 판례 청소년유해매체물로 결정·고시된 만화인 사실을 모르고 있던 도서대여업자가 그 고시일로부터 8일 후에 청소년에게 그 만화를 대여한 것을 사유로 그 도서대여업자에게 금 700만 원의 과징금이 부과된 경우, 그 과징금부과처분은 재량권을 일탈·남용한 것으로서 위법하다. (대판 2001.7.27., 선고 99두9490)

05

정답 ①

행정법 서론 > 행정법 > 행정법의 일반원칙 정답률 **84%**

| 정답해설 |

① **선택률 84%** 다수학설은 평등의 원칙을 근거로 하나, 대법원이나 헌법재판소는 평등의 원칙이나 신뢰보호의 원칙을 근거로 한다.

판례 헌법재판소의 입장

행정규칙이 법령의 규정에 의하여 행정관청에 법령의 구체적 내용을 보충할 권한을 부여한 경우 또는 재량권 행사의 준칙인 규칙이 규정한 바에 따라 되풀이 시행되어 행정관행이 이룩되게 되면 **평등의 원칙이나 신뢰보호의 원칙에 따라 행정기관은 그 상대방에 대한 관계에서 그 규칙에 따라야 할 자기구속을 당하게 되고, 그러한 경우에는 대외적인 구속력을 가지게 된다 할 것이다.** (헌재결 1990.9.3., 90헌마13)

판례 대법원의 입장

상급행정기관이 하급행정기관에 대하여 업무처리지침이나 법령의 해석적용에 관한 기준을 정하여 발하는 이른바 '행정규칙이나 내부지침'은 일반적으로 행정조직 내부에서만 효력을 가질 뿐 대외적인 구속력을 갖는 것은 아니므로 행정처분이 그에 위반하였다고 하여 그러한 사정만으로 곧바로 위법하게 되는 것은 아니다. 다만, **재량권 행사의 준칙인 행정규칙이 그 정한 바에 따라 되풀이 시행되어 행정관행이 이루어지게 되면 평등의 원칙이나 신뢰보호의 원칙에 따라 행정기관은 그 상대방에 대한 관계에서 그 규칙에 따라야 할 자기구속을 받게 되므로, 이러한 경우에는 특별한 사정이 없는 한 그를 위반하는 처분은 평등의 원칙이나 신뢰보호의 원칙에 위배되어 재량권을 일탈·남용한 위법한 처분이 된다.** (대판 2009.12.24., 선고 2009두7967)

| 오답해설 |

② **선택률 9%** ③ **선택률 2%** ④ **선택률 5%**

군무원 VS 공무원 비교분석

재량준칙의 대외적 구속력에 관한 문제는 최근 다른 시험에서도 출제빈도가 높다. 대부분의 문제는 대외적 구속력에 대한 요건을 묻고 있는데(1회 이상의 행정이 있을 것 / 재량일 것 / 적법한 경우일 것), 특히 위법에서 자기구속에 의한 법규성이 인정되고 있는지 여부를 묻는 경우가 주를 이룬다.

06

정답 ④

행정법 서론 > 행정법 > 행정법의 일반원칙 정답률 **91%**

| 정답해설 |

④ **선택률 91%** 병무청 총무과 민원팀장의 민원봉사차원의 안내는 신뢰보호의 요건인 공적 견해표명으로 인정할 수 없다는 것이 대법원의 입장이다.

판례 병무청 담당부서의 담당공무원에게 공적 견해의 표명을 구하는 정식의 서면질의 등을 하지 아니한 채 총무과 민원팀장에 불과한 공무원이 민원봉사차원에서 상담에 응하여 안내한 것을 신뢰한 경우, 신뢰보호의 원칙이 적용되지 않는다. (대판 2003.12.26., 선고 2003두1875)

| 오답해설 |

① **선택률 4%** 헌법재판소의 위헌결정은 행정청의 사인에 대한 공적 견해표명이라 할 수 없다.

판례 헌법재판소의 위헌결정은 행정청이 개인에 대하여 신뢰의 대상이 되는 공적인 견해를 표명한 것이라고 할 수 없으므로 헌법재판소의 위헌결정에 관련한 개인의 행위에 대하여는 신뢰보호의 원칙이 적용되지 아니한다. (대판 2003.6.27., 선고 2002두6965)

② **선택률 3%** 담당공무원의 형질변경허가에 대한 답변은 신뢰보호의 공적 견해에 해당한다.

판례 종교법인이 도시계획구역 내 생산녹지로 답인 토지에 대하여 종교회관 건립을 이용목적으로 하는 토지거래계약의 허가를 받으면서 담당공무원이 관련 법규상 허용된다 하여 이를 신뢰하고 건축준비를 하였으나 그 후 당해 지방자치단체장이 다른 사유를 들어 토지형질변경허가신청을 불허가한 것이 신뢰보호원칙에 반한다. (대판 1997.9.12., 선고 96누18380)

③ **선택률 2%** 적정통보를 한 이후 다른 이유를 들어 거부하는 행위는 신뢰보호원칙에 반한다는 것이 대법원의 입장이다.

판례 폐기물처리업에 대하여 관할 관청의 사전 적정통보를 받고 막대한 비용을 들여 허가요건을 갖춘 다음 허가신청을 하였음에도 청소업자의 난립으로 효율적인 청소업무의 수행에 지장이 있다는 이유로 한 불허가처분이 신뢰보호의 원칙에 반하여 재량권을 남용한 위법한 처분이다. (대판 1998.5.8., 선고 98두4061)

07 고난도 TOP2

정답 ②

행정법 서론 > 행정법 관계 > 공법관계 정답률 **59%**

| 정답해설 |

② **선택률 59%** 행정상 공법관계인 것은 ㉡, ㉢, ㉤, ㉧ 총 4개이다.

㉡ 수도요금 징수관계: 지방자치단체에 의해 부여되는 급부행정으로서 공법관계에 해당한다.

㉢ 국유재산의 무단점유자에 대한 변상금 부과: 공권력 행사로서 항고소송대상인 처분에 해당한다.

㉤ 청원경찰관의 근무관계: 특별권력관계에 해당하므로 공법관계에 해당한다.

㉧ 공무원연금관리공단의 급여결정에 따른 관계: 대법원에 의하면 행정처분에 해당하고, 항고소송대상이다.

| 오답해설 |

① 선택률 15% ③ 선택률 23% ④ 선택률 3%

㉠, ㉣, ㉥, ㉦은 사법관계이다.

㉠ 체비지 매각관계: 공익사업을 위해 마련한 토지를 매각하는 행위로서 사법관계이다.

㉣ 지방채 모집: 지방정부의 채권과 관련된 행위로서 사경제활동인 국고관계이다.

㉥ 공공용지의 협의취득관계: 손실보상에 대한 협의취득에 대하여 다수설은 사인과 사인간의 공법상 계약이라 보는 반면, 대법원은 사법상 계약으로 본다.

㉦ 전화가입계약·해지관계: 영조물법인에 의한 전화공급계약은 사법관계이고 이에 대한 해지관계도 사법관계에 해당한다.

08

정답 ①

행정법 서론 > 행정법 관계 > 행정개입청구권 정답률 86%

| 정답해설 |

① 선택률 86% 협의의 행정개입청구권에 대한 설명이다. 행정개입청구권은 행정청의 의무가 기속으로 규정되어 있거나, 재량인 경우에도 재량이 0으로 수축되어 행정청의 재량이 소멸된 경우에 행정청에 자신의 권익을 위해 제3자에게 일정한 처분을 요청할 수 있는 권리를 말한다. 우리나라는 일반적으로 인정하고 있으나 권력분립원칙에 의해 의무이행소송이 없어 완벽하게 행정개입청구권을 실현하지는 못하는 실정이다.

| 오답해설 |

② 선택률 1% 계획보장청구권과는 무관한 내용이다. 계획보장청구권은 신뢰보호와 관련된 권리이다. 우리나라는 원칙적으로 계획에 대한 청구권은 인정하지 않는다.

③ 선택률 8% 무하자재량행사청구권은 재량에서 행정청에 재량의 적법한 한계의 준수를 요구하는 형식적·절차적 권리이다.

④ 선택률 5% 행정행위발급청구권은 자신의 권익을 위해 자신에게 특정처분을 요청하는 권리이다.

09

정답 ①

행정법 서론 > 행정법 관계 > 특별권력관계 정답률 75%

| 정답해설 |

① 선택률 75% 국민에 대한 조세부과처분은 특별권력관계가 아니라 일반국민을 상대로 한 권력관계이다.

| 오답해설 |

② 선택률 5% 공무원의 정직관계는 공법상 근무관계로서 특별권력관계에 해당한다.

③ 선택률 14% 취학아동의 초등학교 입학은 영조물이용관계로서 특별권력관계에 해당한다.

④ 선택률 6% 전염병 환자의 강제입원은 영조물이용관계로서 특별권력관계에 해당한다.

더 알아보기 ▶ 공법상 특별권력관계의 종류

- 공법상 근무관계
  공법상의 근무관계는 포괄적인 근무의무를 내용으로 하는 윤리적 관계로서 국가와 국가공무원, 국가와 병사관계 등이 있다.
- 공법상 영조물이용관계
  영조물은 국가 등이 공공복리를 위하여 관리·경영하는 시설로서 그 시설을 이용하는 모든 관계를 말하는 것이 아니라 윤리적 성격을 가진 것만을 말한다. 즉, 국·공립학생의 재학관계, 국·공립박물관·도서관이용관계, 교도소수감관계, 전염병 환자의 재원관계 등이 있다.
- 공법상 특별감독관계
  국가적 목적을 위하여 국가와 특별한 법률관계를 가짐으로써 국가로부터 특별한 감독을 받는 관계를 말한다. 즉, 국가와 공공단체, 국가와 공무수탁사인 등이 있다.
- 공법상 사단관계
  조합원에 대한 특별한 권력을 가지는 관계로서 공공조합과 조합원과의 관계 등이 있다.

10

정답 ②

일반행정작용법 > 행정입법 > 법규명령 정답률 94%

| 정답해설 |

② 선택률 94% 집행명령은 상위법을 집행하기 위한 절차와 형식을 제정할 뿐 새로운 입법, 국민의 권리나 의무에 관한 사항은 제정할 수 없는 한계를 가지고 있다.

| 오답해설 |

① 선택률 1% 법규명령이 별도의 집행 없이 국민의 권리나 의무 또는 법적 지위에 영향을 미치는 경우에는 처분성이 인정되어 항고소송대상이 된다. 이를 소위 '처분법규'라 한다.

③ 선택률 2% 구법에 근거가 없어 무효인 법규명령이라도 사후 근거법이 마련되면 그때부터 유효한 법규명령이 된다.

④ 선택률 3% 행정규칙은 원칙적으로 대외적 구속력이 인정될 수 없으나, 법령보충규칙이나 재량준칙에 대해 법규성이 인정되기도 한다.

11

정답 ②

행정법 서론 > 행정법 관계 > 불가쟁력 정답률 94%

| 정답해설 |

② 선택률 94% 불가쟁력은 쟁송기간이 경과하면 처분의 상대방이나 이해관계인은 처분의 하자가 있더라도 처분의 하자가 무효가 아닌 한 쟁송을 제기하거나 (특별한 규정이 없는 한) 변경을 구할 수 없는 것을 말한다. 처분청이나 감독청과는 무관하여 불가쟁력이 발생한 경우라도 행정청은 직권취소가 가능하다. 또한 처분의 상대방은 손해배상을 청구할 수 있다.

| 오답해설 |

① 선택률1% 무효인 행정행위는 공정력, 확정력, 강제력 등의 효력이 인정되지 않는다.

③ 선택률3% 불가쟁력이 발생한 처분은 확정되어 법령에 특별한 규정이 있거나 해석상 가능한 경우가 아니라면 상대방이나 이해관계인이 변경신청을 할 수 없다.

④ 선택률2% 불가쟁력은 상대방이나 이해관계인에 대한 구속력이고, 불가변력은 처분청에 대한 구속력에 해당되어 서로 무관하다.

군무원 VS 공무원 비교분석

불가쟁력 등의 행정법 관계의 특질은 행정법의 기초가 되는 내용이다. 일반행정직, 군무원 시험 여부를 불문하고 기본 개념을 충실하게 잡아야 한다. 군무원 시험에서는 주로 개념을 묻는 문제 중심으로 출제되고, 기타 시험에서는 그 개념을 기본으로 한 응용문제의 출제가 주를 이룬다.

12

정답 ③

일반행정작용법 > 행정행위 > 행정행위의 내용 정답률 81%

| 정답해설 |

③ 선택률81% 하명은 명령적 행정행위로서 자연적 자유에 대한 작위·부작위·수인·급부의무를 부과하는 행위이다. 이에 대해 처분의 상대방이 위반하거나 불이행하는 경우에는 제재나 강제의 대상이 되나 효력은 유효로 인정된다.

| 오답해설 |

① 선택률2% 하명을 포함한 위법한 처분으로 국민이 피해를 받으면 손해배상을 청구할 수 있다.

② 선택률6% 하명은 특정인을 상대로 처분할 수 있지만, 법규로도 가능하며 불특정 다수인을 상대로 한 일반처분 형식도 가능하다(예 통행금지).

④ 선택률11% 하명의 대상은 주로 사실행위(예 통행금지)이지만 법률행위가 되는 경우(예 무기매매금지)도 있다.

13

정답 ②

일반행정작용법 > 행정행위 > 부관 정답률 97%

| 정답해설 |

② 선택률97% 법령에 근거가 있거나 법령 해석상 가능한 경우를 제외하고는 기속행위 내지 기속적 재량행위에 부관을 붙이면 무효라는 것이 일반적이며 대법원의 입장이다.

판례 건축허가를 하면서 일정 토지를 기부채납하도록 하는 내용의 허가조건은 부관을 붙일 수 없는 기속행위 내지 기속적 재량행위인 건축허가에 붙인 부담이거나 또는 법령상 아무런 근거가 없는 부관이어서 무효이다. (대판 1995.6.13., 선고 94다56883)

| 오답해설 |

① 선택률0% 부관은 주된 행정행위의 의사표시에 주된 행정행위의 효력을 제한하거나 보충하거나 의무를 부과하기 위하여 행정청이 일방적으로 내용을 정하거나 상대방과 협의하여 협약형식으로 부과하는 종된 의사표시이다.

③ 선택률1% 부담은 그 자체가 독립된 행정처분의 성질을 갖는다. 따라서 부관 중 부담은 독립하여 쟁송도 가능하고 독립하여 제재나 강제도 가능하다.

④ 선택률2% 원칙적으로 사후부관은 허용되지 않지만 법령에 근거가 있거나, 처분 당시에 미리 유보한 경우나, 부담이나 상대방의 동의가 있거나, 사정변경의 경우에는 필요한 범위 내에서 사후부관이 가능하다.

더 알아보기 ▶ 사후부관 관련 판례

행정처분에 이미 부담이 부가되어 있는 상태에서 그 의무의 범위 또는 변경하는 부관의 사후변경은 **법률에 명문규정이 있거나 그 변경이 미리 유보되어 있는 경우** 또는 **상대방의 동의**가 있는 경우에 한하여 허용되는 것이 원칙이지만, **사정변경으로 인하여 당초에 부담을 부가한 목적을 달성할 수 없게 된 경우**에도 그 **목적달성에 필요한 범위 내에서 예외적으로 허용된다.** (대판 1997.5.30., 선고 97누2627)

군무원 VS 공무원 비교분석

모든 행정법 시험에서 사후부관은 출제빈도가 높다. 특히 관련된 판례를 주의하여야 하므로 위의 '더 알아보기'의 판례를 알아두어야 한다.

14

정답 ①

일반행정작용법 > 행정행위 > 하자승계 정답률 85%

| 정답해설 |

① 선택률85% '하자승계'란 선행처분에 하자가 있으나 이를 토대로 행정청이 후행처분을 하였을 경우에 선행처분의 하자를 이유로 하자 없는 후행처분에 대하여 쟁송을 제기하는 것을 말한다. 따라서 선행행위와 후행행위는 모두 항고쟁송대상인 처분을 전제로 하고, 선행처분이 무효인 경우에는 당연히 하자가 승계되어 하자승계는 논의되지 못한다.

| 오답해설 |

② 선택률4% 하자승계의 논의는 다음과 같은 전제가 필요하다. 첫 번째, 선후행위가 모두 행정처분일 것, 두 번째, 선행처분에 불가쟁력이 발생할 것, 세 번째, 선행처분이 무효가 아닐 것이다. 선행처분이 무효에 해당된다면 불가쟁력이 발생하지 않아 언제라도 쟁송을 제기할 수 있어 하자승계를 논의할 필요가 없다. 또한 선행처분이 무효인 경우에는 하자가 당연히 승계된다.

③ 선택률6% 과세처분과 강제징수 사이에는 각각 별개의 법효과가 발생하여 하자가 승계되지 않는다. 다만, 강제징수는 '독촉 – 압류 – 공매 – 청산'이 결합하여 하나의 법효과를 가져오는 행정작용이다. 독촉의 하자는 후행처분에 승계된다.

④ 선택률5% 대법원은 각각 별개의 법효과인데도 예외적으로 하자승계를 인정하였다. 개별공시지가결정과 과세처분은 서로 독립하여 별개의 법률효과를 목적으로 하는 것임에도 불구하고, 개별공시지가결정에 위법이 있는 경우에는 그 자체를 행정소송의

대상이 되는 행정처분으로 보아, 그 위법 여부를 다툴 수 있음은 물론, 이를 기초로 한 과세처분 등 행정처분의 취소를 구하는 행정소송에서도 선행처분인 개별공시지가결정의 위법을 독립된 위법사유로 주장할 수 있다.

15

정답 ③

일반행정작용법 > 비권력적 행정작용 > 행정지도 정답률 95%

| 정답해설 |

③ **선택률 95%** 행정지도는 일정한 형식을 요하지 않는다. 다만, 말로 이루어지는 경우에 상대방이 서면교부를 요구하면 이에 응하여야 한다.

| 오답해설 |

① **선택률 2%** 행정지도의 임의성의 원칙을 말한다.

② **선택률 1%** 행정지도 실명제를 말한다.

④ **선택률 2%** 행정지도의 방식이나 내용에 대한 의견제출을 말한다. 주의할 점은 사전통지는 「행정절차법」에 규정되어 있지 않다는 점이다.

더 알아보기 ▶ 「행정절차법」상 행정지도의 원칙과 방식

> 제6장 행정지도
>
> **제48조(행정지도의 원칙)** ① 행정지도는 그 목적 달성에 필요한 최소한도에 그쳐야 하며, 행정지도의 상대방의 의사에 반하여 부당하게 강요하여서는 아니 된다.
>
> ② 행정기관은 행정지도의 상대방이 행정지도에 따르지 아니하였다는 것을 이유로 불이익한 조치를 하여서는 아니 된다.
>
> **제49조(행정지도의 방식)** ① 행정지도를 하는 자는 그 상대방에게 그 행정지도의 취지 및 내용과 신분을 밝혀야 한다.
>
> ② 행정지도가 말로 이루어지는 경우에 상대방이 제1항의 사항을 적은 서면의 교부를 요구하면 그 행정지도를 하는 자는 직무 수행에 특별한 지장이 없으면 이를 교부하여야 한다.
>
> **제50조(의견제출)** 행정지도의 상대방은 해당 행정지도의 방식·내용 등에 관하여 행정기관에 의견제출을 할 수 있다.
>
> **제51조(다수인을 대상으로 하는 행정지도)** 행정기관이 같은 행정목적을 실현하기 위하여 많은 상대방에게 행정지도를 하려는 경우에는 특별한 사정이 없으면 행정지도에 공통적인 내용이 되는 사항을 공표하여야 한다.

16

정답 ②

일반행정작용법 > 그 밖의 행정작용 > 행정계획 정답률 86%

| 정답해설 |

② **선택률 86%** 행정계획에 대한 입안과 결정에 있어 이익형량을 하지 않거나(형량의 해태), 형량을 하였으나 주요 형량을 누락시킨 경우이거나(형량의 흠결), 객관성과 공정성이 결여된 경우에는(오형량) 위법이라는 것이 일반적인 입장이며 대법원의 태도이다.

| 오답해설 |

① **선택률 6%** 취소사유에 해당한다는 것이 대법원의 입장이다.

판례 도시계획의 수립에 있어서 도시계획법 제16조의2 소정의 공청회를 열지 아니하고 공공용지의 취득 및 손실보상에 관한 특례법 제8조 소정의 이주대책을 수립하지 아니하였더라도 이는 절차상의 위법으로서 취소사유에 불과하고 그 하자가 도시계획결정 또는 도시계획사업시행인가를 무효라고 할 수 있을 정도로 중대하고 명백하다고는 할 수 없으므로 이러한 위법을 선행처분인 도시계획결정이나 사업시행인가 단계에서 다투지 아니하였다면 그 쟁송기간이 이미 도과한 후인 수용재결단계에 있어서는 도시계획수립행위의 위와 같은 위법을 들어 재결처분의 취소를 구할 수는 없다고 할 것이다. (대판 1990.1.23., 선고 87누947)

③ **선택률 3%** 행정계획은 계획법령의 특성상 요건과 효과규정이 공백으로 되어 있어 행정주체에게 계획의 입안이나 결정시 형성의 자유가 부여되어 있다.

④ **선택률 5%** 관리처분계획은 항고쟁송대상인 행정처분이다.

17 고난도 TOP 1

정답 ①

행정상 실효성 확보수단 > 행정강제 > 행정대집행 정답률 55%

| 정답해설 |

① **선택률 55%** ㉢ 공유재산 대부계약의 해지에 따른 지상물 철거의무만이 대집행의 대상이 된다.

판례 공유재산 대부계약의 해지에 따른 원상회복으로 행정대집행의 방법에 의하여 그 지상물을 철거시킬 수 있는지 여부(적극)

대부계약이 적법하게 해지된 이상 그 점유자의 공유재산에 대한 점유는 정당한 이유 없는 점유라 할 것이고, 따라서 지방자치단체의 장은 지방재정법 제85조에 의하여 행정대집행의 방법으로 그 지상물을 철거시킬 수 있다. (대판 2001.10.12., 선고 2001두4078)

| 오답해설 |

② **선택률 34%** ③ **선택률 8%** ④ **선택률 3%**

㉠ 장례식장의 사용중지의무는 부작위의무에 해당되어 대집행대상이 되지 못한다. 대집행의 대상은 대체적 작위의무에 한한다.

판례 **'장례식장 사용중지의무'**가 원고 이외의 '타인이 대신'할 수도 없고, 타인이 대신하여 '행할 수 있는 행위'라고도 할 수 없는 비대체적 **부작위의무에 대한 것이므로 대집행의 대상이 아니다.** (대판 2005.9.28., 선고 2005두7464)

㉡ 도시공원시설의 매점의 퇴거 및 점유배제는 사람에 대한 실력행사에 해당되어 대집행대상이 될 수 없다.

판례 매점에 대한 점유자의 점유를 배제하고 그 점유이전을 받는 데 있다고 할 것인데, 이러한 의무는 그것을 강제적으로 실현함에 있어 직접적인 실력행사가 필요한 것이지 대체적 작위의무에 해당하는 것은 아니어서 직접강제의 방법에 의하는 것은 별론으로 하고 행정대집행법에 의한 대집행의 대상이 되는 것은 아니다. (대판 1998.10.23., 선고 97누157)

㉣ 구 「공공용지의 취득 및 손실보상에 관한 특례법」상의 협의취득의 약정은 사법상 계약에 해당되어 대집행의 대상이 될 수 없다.

판례 구 공공용지의 취득 및 손실보상에 관한 특례법(2002.2.4., 법률 제6656호 공익사업을 위한 토지 등의 취득 및 보상에 관한 법률 부칙 제2조로 폐지)에 의한 협의취득시 건물소유자가 협의취득대상

건물에 대하여 약정한 철거의무는 공법상 의무가 아닐 뿐만 아니라, 공익사업을 위한 토지 등의 취득 및 보상에 관한 법률 제89조에서 정한 행정대집행법의 대상이 되는 '이 법 또는 이 법에 의한 처분으로 인한 의무'에도 해당하지 아니하므로 **위 철거의무에 대한 강제적 이행은 행정대집행법상 대집행의 방법으로 실현할 수 없다.** (대판 2006.10.13., 선고 2006두7096)

더 알아보기 ▶ 관련 판례

건물의 점유배제를 목적으로 하는 행정대집행이나, 퇴거목적의 행정대집행은 「행정대집행법」상의 요건을 충족하지 못하여 행정대집행의 대상이되지 않는다. 그러나 최근 대법원 판례에 의하면 철거목적의 대집행 과정에서 철거의무자가 점유자인 경우에는 강제퇴거조치를 취할 수 있고, 이 경우 별도의 권원이 필요하지 않으며, 경찰관의 도움을 받을 수 있다고 하니 주의를 요한다.

- 건물의 점유자가 철거의무자일 때에는 건물철거의무에 퇴거의무도 포함되어 있는 것이어서 별도로 퇴거를 명하는 집행권원이 필요하지 않다. 행정청이 행정대집행의 방법으로 건물철거의무의 이행을 실현할 수 있는 경우에는 **건물철거 대집행 과정에서 부수적으로 건물의 점유자들에 대한 퇴거조치를 할 수 있고,** 점유자들이 적법한 행정대집행을 위력을 행사하여 방해하는 경우 형법상 공무집행방해죄가 성립하므로, 필요한 경우에는 경찰관 직무집행법에 근거한 위험발생 방지조치 또는 형법상 공무집행방해죄의 범행방지 내지 현행범체포의 차원에서 경찰의 도움을 받을 수도 있다. (대판 2017.4.28., 선고 2016다213916)

군무원 VS 공무원 비교분석

최신 판례는 군무원 시험보다는 일반행정직 시험에서 출제빈도가 높았다. 하지만 늘 강조하는 것처럼 군무원 시험의 출제경향을 10여 년 전과 비교해보면 조금씩 변화가 있었고, 지금의 문제는 10여 년 전의 문제와는 출제경향에서 상당히 차이가 있다. 따라서 이러한 점을 감안해 볼 때 관련된 최신 판례도 반드시 학습해야 할 것이다. 특히나 기존과 상당한 차이를 보이는 판례의 경우는 더 그렇다. 위의 '더 알아보기'의 관련 판례를 숙지하길 바란다.

18

정답 ②

행정상 실효성 확보수단 > 행정강제 > 강제징수 정답률 75%

| 정답해설 |

② **선택률75%** 강제징수는 행정의 상대방이 행정청의 급부의무부과에 대한 불이행에 대하여 강제력을 행사하여 의무이행을 강제하는 강제집행이다. 제시된 의무불이행에 대한 의무자에 대한 신체나 재산에 실력을 행사하여 의무를 이행시키는 행위는 직접강제이다.

| 오답해설 |

① **선택률8%** 의무이행확보수단은 크게 강제와 제재로 분류될 수 있는데, 강제는 현재의 의무불이행에 대하여 행정청이 의무를 집행하는 행위라면, 제재는 과거 의무위반에 대해 벌을 가하는 과벌행위이다.

③ **선택률14%** 과징금은 원칙적으로 경제법상의 위반자에게 부과되었던 것인데, 최근에는 변형된 과징금으로 정지나 취소, 철회를 갈음하여 과징금을 부과하기도 한다.

④ **선택률3%** 공급거부는 단수·단전·단전화 등의 급부행정을 중단하는 행위로서, 단수는 처분성을 인정받고 있음을 유의하여야 한다.

19

정답 ③

행정상 실효성 확보수단 > 행정강제 > 강제징수 정답률 74%

| 정답해설 |

③ **선택률74%** 대법원은 독촉 없는 압류에 대하여 당연무효라고 볼 수 없다는 입장이다.

판례 납세의무자가 세금을 납부기한까지 납부하지 아니하기 때문에 과세청이 그 징수를 위하여 참가압류처분에 이른 것이라면 참가압류처분에 앞서 독촉절차를 거치지 아니하였고 또 참가압류조서에 납부기한을 잘못 기재한 잘못이 있다고 하더라도 이러한 위법사유만으로는 참가압류처분을 무효로 할 만큼 중대하고도 명백한 하자라고 볼 수 없다. (대판 1992.3.10., 선고 91누6030)

| 오답해설 |

① **선택률11%** 공매결정과 이에 대한 통지는 처분이 아니다.

② **선택률5%** 공매는 행정처분이며, 공법상 대리에 해당한다.

④ **선택률10%** 매각은 경쟁입찰방식에 의함이 원칙이나 수의계약도 가능하다. 이때 수의계약은 사법상 계약에 해당한다.

20

정답 ②

행정상 실효성 확보수단 > 행정강제 > 즉시강제 정답률 73%

| 정답해설 |

② **선택률73%** 즉시강제에 대하여 영장이 필요하다는 견해, 불요하다는 견해, 절충설 등 견해의 대립이 있으나, 헌법재판소에 의하면 사전영장은 불요하다는 입장이다.

판례 이 사건 법률조항(구 음반·비디오물 및 게임물에 관한 법률 제24조 제4항)은 앞에서 본 바와 같이 **급박한 상황에 대처하기 위한 것으로서 그 불가피성과 정당성이 충분히 인정되는 경우이므로, 이 사건 법률조항이 영장 없는 수거를 인정한다고 하더라도 이를 두고 헌법상 영장주의에 위배되는 것으로는 볼 수 없고,** 위 구 음반·비디오물 및 게임물에 관한 법률 제24조 제4항에서 관계공무원이 당해 게임물 등을 수거한 때에는 그 소유자 또는 점유자에게 수거증을 교부하도록 하고 있고, 동조 제6항에서 수거 등 처분을 하는 관계공무원이나 협회 또는 단체의 임·직원은 그 권한을 표시하는 증표를 지니고 관계인에게 이를 제시하도록 하는 등의 절차적 요건을 규정하고 있으므로, 이 사건 법률조항이 적법절차의 원칙에 위배되는 것으로 보기도 어렵다. (헌재결 2002.10.31., 2000헌가12)

| 오답해설 |

① **선택률2%** 즉시강제는 의무부과와 불이행을 전제로 하지 않고 목전에 급박한 위해제거를 목적으로 신체나 재산에 물리적 실력행사를 통해 행정결과를 실현시키는 행위이다. 주로 침익적 성질에 해당하고 권력적 사실행위에 해당한다.

③ 선택률 9% 즉시강제는 권력적 사실행위로서 처분성이 인정될 수 있으나 장기적으로 실행되는 경우를 제외하고는 주로 단시간에 종결되어 소익이 없는 경우가 대부분이다.

④ 선택률 16% 재산보다 인신이 우선한다. 따라서 재산의 위해제거를 위해 인신에 침해나 구속을 가하는 행위는 비례원칙에 위반된다.

더 알아보기 ▶ 구 「사회안전법」 제11조 소정의 동행보호규정이 사전영장주의를 규정한 헌법 규정에 반하는지 여부(소극)

사전영장주의는 인신보호를 위한 헌법상의 기속원리이기 때문에 인신의 자유를 제한하는 모든 국가작용의 영역에서 존중되어야 하지만, 헌법 제12조 제3항 단서도 사전영장주의의 예외를 인정하고 있는 것처럼 사전영장주의를 고수하다가는 도저히 행정목적을 달성할 수 없는 지극히 예외적인 경우에는 형사절차에서와 같은 예외가 인정되므로, **구 사회안전법(1989.6.16., 법률 제4132호에 의해 '보안관찰법'이란 명칭으로 전문 개정되기 전의 것) 제11조 소정의 동행보호규정은 재범의 위험성이 현저한 자를 상대로 긴급히 보호할 필요가 있는 경우에 한하여 단기간의 동행보호를 허용한 것으로서 그 요건을 엄격히 해석하는 한, 동 규정 자체가 사전영장주의를 규정한 헌법 규정에 반한다고 볼 수는 없다.** (대판 1997.6.13., 선고 96다56115)

21

정답 ①

일반행정작용법 > 행정절차 > 처분절차 정답률 73%

| 정답해설 |

① 선택률 73% 행정청은 청문에서 개진된 의견이 상당한 이유가 있으면 처분시 반영하지만 상당한 이유 여부는 행정청의 판단 몫이다. 관련 판례에서는 청문에서 개진된 의견에 대하여 처분청이 이에 구속되지 않고, 다만 청문을 의견개진의 기회제공 의미로 이해한다고 한다.

| 오답해설 |

② 선택률 16% 청문은 비공개가 원칙이지만 공개할 수도 있다.

법령 「행정절차법」 제30조(청문의 공개) 청문은 당사자가 공개를 신청하거나 청문주재자가 필요하다고 인정하는 경우 공개할 수 있다. 다만, 공익 또는 제3자의 정당한 이익을 현저히 해칠 우려가 있는 경우에는 공개하여서는 아니 된다.

③ 선택률 5% 청문을 위반한 처분은 위법하며 취소사유라는 것이 판례의 입장이다.

판례 행정청이 침해적 행정처분을 함에 즈음하여 청문을 실시하지 않아도 되는 예외적인 경우에 해당하지 않는 한 반드시 청문을 실시하여야 하고, 그 절차를 결여한 처분은 위법한 처분으로서 취소사유에 해당한다. (대판 2001.4.13., 선고 2000두3337)

④ 선택률 6% 청문주재자의 제척·기피·회피의 경우는 「행정절차법」에 규정되어 있다.

법령 「행정절차법」 제29조(청문주재자의 제척·기피·회피) ① 청문주재자가 다음 각 호의 어느 하나에 해당하는 경우에는 청문을 주재할 수 없다.

1. 자신이 당사자 등이거나 당사자 등과 「민법」 제777조 각 호의 어느 하나에 해당하는 친족관계에 있거나 있었던 경우
2. 자신이 해당 처분과 관련하여 증언이나 감정(鑑定)을 한 경우
3. 자신이 해당 처분의 당사자 등의 대리인으로 관여하거나 관여하였던 경우
4. 자신이 해당 처분업무를 직접 처리하거나 처리하였던 경우
5. 자신이 해당 처분업무를 처리하는 부서에 근무하는 경우. 이 경우 부서의 구체적인 범위는 대통령령으로 정한다.

② 청문주재자에게 공정한 청문 진행을 할 수 없는 사정이 있는 경우 당사자 등은 행정청에 기피신청을 할 수 있다. 이 경우 행정청은 청문을 정지하고 그 신청이 이유가 있다고 인정할 때에는 해당 청문주재자를 지체 없이 교체하여야 한다.

③ 청문주재자는 제1항 또는 제2항의 사유에 해당하는 경우에는 행정청의 승인을 받아 스스로 청문의 주재를 회피할 수 있다.

22

정답 ④

행정구제법 > 행정상 손해전보 > 국가배상 정답률 73%

| 정답해설 |

④ 선택률 73% 한미행정협약에 의해 미군부대 카투사 소속군인의 공무수행이나 시설 등에 의한 피해 역시 「국가배상법」에 의한 배상이 이루어진다.

판례 미군부대 소속 선임하사관이 공무차 개인소유차를 운전하고 출장을 갔다가 퇴근하기 위하여 집으로 운행하던 중 사고가 발생한 경우 위 차량의 운전행위가 국가배상법 제2조 소정의 직무집행행위에 속하는지 여부(적극)

한미행정협정에 의하여 적용되는 국가배상법 제2조 소정의 '공무원이 그 직무를 집행함에 당하여'라고 함은 직무의 범위 내에 속하거나 직무와 밀접한 관련이 있는 것이라고 객관적으로 보이는 행위를 함에 당하여라고 해석하여야 할 것인바, **미군부대 소속 선임하사관이 소속부대장의 명에 따라 공무차 예하부대로 출장을 감에 있어 부대에 공용차량이 없었던 까닭에 개인소유의 차량을 빌려 직접 운전하여 예하부대에 가서 공무를 보고나자 퇴근시간이 되어서 위 차량을 운전하여 집으로 운행하던 중 교통사고가 발생하였다면 위 선임하사관의 위 차량의 운행은 실질적·객관적으로 그가 명령받은 위 출장명령을 수행하기 위한 직무와 밀접한 관련이 있는 것이라고 보아야 한다.** (대판 1988.3.22., 선고 87다카1163)

판례 한미간의 상호방위조약 제4조에 의한 시설과 구역 및 대한민국에서의 합중국 군대의 지위에 관한 협정의 시행에 관한 민사특례법 제2조 제2항에 의하면 미군부대가 점유관리하는 공작물의 하자로 인하여 한국정부 이외의 제3자에게 손해를 끼친 때에는 한국정부가 국가배상법에 따라 그 손해를 배상하여야 한다. (대판 1970.9.29., 선고 70다1938)

| 오답해설 |

① 선택률 1% 손해배상은 「국가배상법」 규정에 의해 공무원의 직무상 불법행위와 영조물의 설치나 관리상의 하자에 따른 국가나 지방자치단체의 배상을 말한다.

② 선택률 14% 헌법은 배상의 주체를 국가나 공공단체로 규정하고 있으나 「국가배상법」은 배상주체를 국가나 지방자치단체로 한정하여 규정하고 있다. 따라서 지방자치단체 이외의 공공단체로부터 피해를 받은 국민은 「민법」에 따라 배상을 받게 된다.

③ 선택률 12% 대법원에 의하면 공무원의 범위는 「국가공무원법」이나 「지방공무원법」상의 공무원에 한정되지 않고 폭넓게 인정하고 있어, 일시적이나 한정적인 공무수행의 경우에도 인정하고 있다. 시 청소차운전수나 전입신고에 확인도장을 찍는 통장에 대해서도 공무원으로 인정하였다. 그러나 의용소방대원(소방대원이 아닌 민간 협력단체), 시영버스(국고관계)운전수는 공무원으로 인정하지 않았다.

23

정답 ④

행정구제법 > 행정쟁송 > 행정소송 정답률 76%

| 정답해설 |

④ 선택률 76% 무효등확인소송에서 입증책임은 피고에 있다는 것이 다수설의 입장이나, 대법원은 원고에게 있다는 입장이다.

판례 행정처분의 당연무효를 주장하여 그 무효확인을 구하는 행정소송에 있어서는 원고에게 그 행정처분이 무효인 사유를 주장·입증할 책임이 있다. (대판 1992.3.10., 선고 91누6030)

| 오답해설 |

① 선택률 14% 판례에 따르면, 소송요건은 사실심 변론종결시뿐 아니라 상고심까지 필요로 한다. (대판 2000.11.10., 선고 2000두7155; 대판 2006.7.28., 선고 2004두6716)

② 선택률 3% 처분사유의 추가나 변경은 사실심 변론종결시까지 사실관계의 동일성 범위 내에서 인정된다.

③ 선택률 7% 취소소송에서 입증책임은 민사소송절차에 따라 법률요건분류설이 적용된다. 각자 자신에게 유리한 것을 입증하는 것이다. 따라서 처분의 위법에 대한 입증책임은 원고가, 처분의 적법에 대한 입증책임은 피고가 부담한다.

24

정답 ②

일반행정작용법 > 행정행위 > 취소와 철회 정답률 79%

| 정답해설 |

② 선택률 79% 철회는 수익적 처분이 대상일지라도 별도의 법적 근거 없이 가능하다. 철회제도는 처분이 성립할 당시 유효적법하게 이루어지게 된 경우라도 장래에 예측하지 못한 상황이 발생하여 행정목적 달성에 저해가 되는 경우 탄력적인 행정목적을 위해 처분의 효력을 없앨 수 있도록 하였다. 따라서 법에 근거가 없어도 철회할 수 있다는 것이 일반적인 입장이다.

| 오답해설 |

① 선택률 10% 철회(또는 취소)의 취소(또는 철회)는 대상이 수익적 처분일 경우에는 가능하나, 그 대상이 침익적 처분일 경우에는 허용되지 않는다. 그러나 그 대상을 특정하지 않고 출제되는 경우에는 철회도 행정청에 의해 이루어지는 처분의 일종으로서 하자가 있다면 행정행위의 하자론에 의해 취소나 철회될 수 있다고 답하는 것이 옳다.

③ 선택률 5% 수익적 처분의 취소나 철회는 비례원칙이 적용된다.

④ 선택률 6% 감독청에게는 철회의 권한이 주어져 있지 않다.

군무원 VS 공무원 비교분석

어느 시험이든 행정법 시험이라면 대부분 출제되는 내용이 취소와 철회이다. 공통적으로 법적 근거 여부와 취소의 제한사유는 아무리 강조해도 지나침이 없다. 다만, 일반행정직 시험과 달리 군무원 시험은 관련된 판례보다는 기본에 충실하여 학습·준비하는 것이 좋다.

25

정답 ④

특별행정작용법 > 급부행정법 > 공물법 정답률 76%

| 정답해설 |

④ 선택률 76% 공물이 사실상 용도에 맞게 사용되지 않는다고 해도, 명시적·묵시적인 공용폐지로 인정되는 것은 아니다.

| 오답해설 |

① 선택률 4% 공물은 행정목적을 위해 이용되는 물건을 말한다.

② 선택률 3% 국유재산 중 공물은 취득시효가 인정되지 않으나 일반재산은 공물이 아닌 사물(私物)이라서 취득시효의 대상이 된다.

③ 선택률 17% 자연공물의 성립은 행정주체의 의사를 필요로 하지 않고 일정한 형태를 갖추면 인정된다.

2013 2013.06.29. 국방부(육·해·공군) 시행

9급 군무원 행정법

| 전체 난이도 및 합격선

전체 난이도	합격선
中	92점

| 기출총평

관계 법령을 알아야 풀 수 있는 문제가 출제되었다.

행정법의 문제 유형은 크게 '기본 개념(이론), 관련 판례, 관계 법령' 3가지 정도로 나눌 수 있다. 2013년의 일반 공무원 시험에서 판례 문제가 주를 이뤘다면 군무원 시험은 기본 개념이나 관계 법령을 묻는 유형의 문제가 대부분으로 관계 법령에서만 6문항이 출제되었다. 「행정절차법」 2문항, 「행정심판법」, 「공익사업을 위한 토지 등의 취득 및 보상에 관한 법률」, 「공공기관의 정보공개에 관한 법률」, 「질서위반행위규제법」이 그것이다. 법령 문항은 대체적으로 난이도가 높지 않아 어렵지 않게 풀 수 있었을 것이다. 다만, 생소한 단원이 하나 출제되었는데, 행정사법(行政私法)을 묻는 문항이다. 이러한 문항은 다른 시험에서는 거의 찾아볼 수 없다.

| 영역별 출제비중

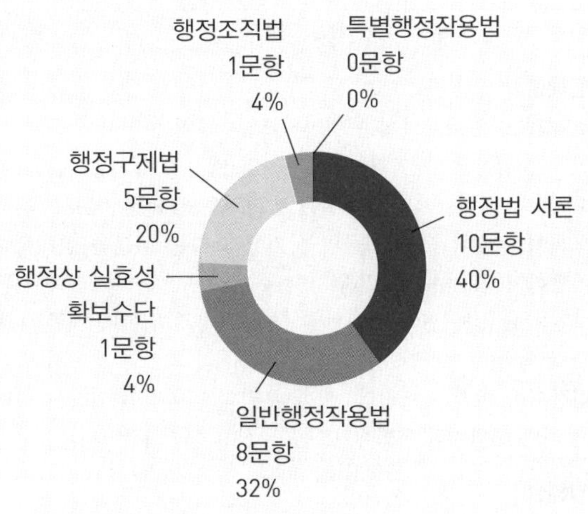

| 문항 분석

		카테고리	출제수	정답률
	1	행정법 서론 > 행정 > 행정의 개념	2회	85%
	2	행정법 서론 > 행정 > 행정의 의의	3회	65%
고난도 TOP2	3	행정법 서론 > 행정법 > 법치행정	6회	44%
	4	행정법 서론 > 행정법 > 법치행정	6회	90%
고난도 TOP3	5	행정법 서론 > 행정법 > 행정법의 일반원칙	19회	51%
	6	행정법 서론 > 행정법 > 행정법의 의의	1회	97%
	7	행정법 서론 > 행정법 > 행정법의 법원	9회	53%
	8	행정법 서론 > 행정상 법률요건과 법률사실 > 사무관리	1회	63%
	9	행정법 서론 > 행정법 관계 > 공법관계	6회	53%
	10	행정법 서론 > 행정상 법률요건과 법률사실 > 사인의 공법행위	13회	90%
	11	일반행정작용법 > 행정입법 > 법규명령	17회	80%
	12	일반행정작용법 > 행정행위 > 행정행위의 특성	1회	79%
	13	일반행정작용법 > 행정행위 > 취소와 철회	13회	56%
	14	일반행정작용법 > 비권력적 행정작용 > 행정지도	13회	66%
	15	일반행정작용법 > 행정정보공개와 개인정보 보호 > 정보공개	18회	96%
	16	행정상 실효성 확보수단 > 행정벌 > 행정질서벌	10회	95%
	17	행정구제법 > 행정상 손해전보 > 국가배상	12회	92%
	18	일반행정작용법 > 비권력적 행정작용 > 행정지도	13회	96%
	19	일반행정작용법 > 행정절차 > 행정절차법	13회	58%
	20	행정구제법 > 행정쟁송 > 행정심판	28회	94%
	21	행정구제법 > 행정상 손해전보 > 생활보상(이주대책)	1회	79%
고난도 TOP1	22	일반행정작용법 > 비권력적 행정작용 > 행정사법	1회	38%
	23	행정구제법 > 행정상 손해전보 > 손해배상	12회	82%
	24	행정구제법 > 행정쟁송 > 행정소송	47회	80%
	25	행정조직법 > 자치행정조직법 > 지방자치	9회	72%

※ 고난도 TOP1 은 해당 회차에서 정답률이 가장 낮은 문항입니다.

기출문제편 ▶ P.85									
01	④	02	④	03	③	04	③	05	④
06	③	07	①	08	①	09	④	10	②
11	④	12	④	13	②	14	①	15	④
16	①	17	②	18	②	19	④	20	④
21	②	22	①	23	④	24	②	25	②

01

정답 ④

행정법 서론 > 행정 > 행정의 개념 정답률 85%

| 정답해설 |

④ **선택률85%** 추상적 사안에 대한 규율행위는 입법행위에 해당한다. 입법은 국민의 권리나 의무에 관한 일반적·추상적 규율을 말하고, 행정은 국민이나 주민에 대한 권리·의무에 관한 개별적·구체적 규율을 말한다.

| 오답해설 |

① **선택률4%** 행정은 행정주체에 의한 작용이다. 또한 행정은 공익실현을 목적으로 한다.

② **선택률5%** 행정은 사회형성 작용이다. 형성이란 발생이나 변경이나 소멸을 의미한다.

③ **선택률6%** 행정은 다양한 형식에 따라 이루어지는 행위이다.

더 알아보기 ▶ 행정의 개념적 징표

1. E.Forsthoff의 개념 징표설
   "행정은 정의할 수는 없고, 다만 묘사될 수 있을 뿐이다."
2. 행정의 개념적 징표
   - 행정은 공익을 실현하는 작용이다(가장 핵심적인 징표이다).
   - 행정주체에 의한 활동 작용이다.
   - 다양한 행위형식에 의하여 행하여진다.
   - 사회의 공동생활을 대상으로 하는 사회형성적 작용이다.
   - 개별적·구체적 사안에 대한 규율을 행한다.
   - 법적 구속을 받으면서도 광범위한 활동의 자유가 인정된다.
   - 적극적이고 미래지향적인 작용이다.

02

정답 ④

행정법 서론 > 행정 > 행정의 의의 정답률 65%

| 정답해설 |

④ **선택률65%** 형식적 의미에서 행정이 아닌 것은 입법부(국회)의 행위나 사법부(법원)의 행위이고, 이 중 실질적으로는 행정에 속하는 것은 입법부의 행정업무나 사법부의 행정업무이다. 선지 중에서 국회사무총장의 직원임명이 이에 해당한다.

| 오답해설 |

① **선택률17%** 행정심판재결은 행정기관인 행정심판위원회의 사법작용이다. 따라서 형식적 의미의 행정, 실질적 의미의 사법에 해당한다.

② **선택률13%** 법무부장관의 귀화허가는 법무부장관이 행정부에 해당하고 귀화허가도 행정처분이므로, 형식적이든 실질적이든 모두 행정이다.

③ **선택률5%** 토지수용위원회의 토지수용재결은 토지수용위원회가 지방소속이든 중앙소속이든 행정청이고 또한 토지수용재결은 법률행위적 행정행위로서 대리에 해당하여 형식적이든 실질적이든 모두 행정이다.

03 고난도 TOP2

정답 ③

행정법 서론 > 행정법 > 법치행정 정답률 44%

| 정답해설 |

③ **선택률44%** 전부유보설은 행정의 모든 영역이 법률에 근거하여야 한다는 입장으로서 의회민주주의, 행정의 자의방지 등이 목적이다. 따라서 행정작용에서의 모든 작용이 의회가 제정한 법률에 의하여야 한다는 입장으로 행정의 위축이 불가피하고 현대행정에 맞지 않으며, 권력분립원칙에 부합되지 않는다는 비판을 받는다.

| 오답해설 |

① **선택률1%** 신침해유보설은 국민의 권리를 제한하거나 의무를 부과하는 침해행정은 일반권력관계뿐 아니라 특별권력관계에서도 적용되어야 한다는 입장이다.

② **선택률53%** 중요사항유보설(= 본질성설)은 국민의 권리나 의무에 관한 중요사항은 의회가 제정한 법률에 근거하여야 한다는 입장이다.

④ **선택률2%** 권력행정유보설은 일방적인 명령이나 강제의 경우에는 법적 근거가 필요하다는 입장이다.

04

정답 ③

행정법 서론 > 행정법 > 법치행정 정답률 90%

| 정답해설 |

③ **선택률90%** 전부유보설은 행정의 모든 영역은 법률에 근거를 요한다는 입장으로서, 의회민주주의와 행정의 자의방지를 목적으로 한다. 그러나 침해유보설과 반대되는 입장은 아니다. 침해유보설이 행정작용 중 법률의 근거를 요하는 부분을 침해행정에 국한하여 법률유보의 범위가 너무 적고, 오늘날의 기본권관과 부합되지 않는 면이 있어서 이를 해결하기 위한 견해로서 여러 가지 학설이 등장한 것이고 그중 하나의 학설일 뿐이지 반대적 입장이라 하기는 어렵다. 또한 우리의 일반적인 입장도 아니다(우리의 대법원과 헌법재판소는 본질성설의 입장이다).

| 오답해설 |

① **선택률2%** 침해유보설은 Otto Mayer(오토 마이어)에 의해 주장된 견해로서 행정작용 중 침해행정만 법률의 근거를 요한다는 입장이다. 당시에 강조되었던 기본권인 자유권이 강조된 견해이다.

② **선택률6%** 급부행정유보설은 침해행정은 물론이고 급부행정도 법률에 근거를 두어 사회권과 평등권을 법률을 통해 구현하고자 하는 견해이다.

④ 선택률 2% 중요사항유보설은 행정작용 중 본질적인 사항만 법률에 근거를 요한다는 입장으로서 중요사항의 본질에 대하여 의회가 어느 정도까지는 제정을 하여야 하고, 위임할 수 없다는 의회유보설과 연결된다.

군무원 VS 공무원 비교분석

중요사항유보설은 최근 여러 시험에서 판례를 묻는 문제가 빈도 높게 출제되고 있다. 따라서 이론뿐 아니라 관련된 판례까지 파악하고 있어야 한다. 중요사항유보설은 의회유보설로 발전하여 행정작용이 법률에 근거를 두기만 하면 되는 것은 아니고, 중요사항의 본질적인 사항의 내용까지는 국민의 대표기관인 국회가 법률의 형식으로 어느 정도까지는 규정하여야 하여 규율의 정도와 명확성을 강조하고 있는 입장이다.

05 고난도 TOP3

정답 ④

행정법 서론 > 행정법 > 행정법의 일반원칙 정답률 51%

| 정답해설 |

④ 선택률 51% '필요성의 원칙'이란 행정목적을 달성할 수 있는 행정수단들 중 최소침해 수단을 이용하여야 한다는 것이다. 음식점 영업허가 신청에 대해 부관으로도 행정목적이 가능하고, 신청에 대한 거부도 행정목적이 가능하다면 그중 최소침해를 가져오는 부담을 이용하여야 한다.

| 오답해설 |

① 선택률 14% 적합성의 원칙은 행정목적을 달성할 수 있는 행정작용이어야 한다는 의미이다. 주어진 내용은 과잉금지원칙 전반에 대한 내용이다.

② 선택률 10% 필요성은 행정목적을 달성할 수 있는 여러 수단 중에서 가장 필요한 최소침해 수단의 행정작용이어야 한다는 의미이다. 주어진 내용은 적합성의 원칙에 해당된다.

③ 선택률 25% 상당성의 원칙은 협의의 비례원칙으로서, 행정수단이 최소침해 수단이라도 이를 통해 얻을 공익과 잃게 될 사익간의 형량을 통해 얻을 공익이 커야 한다는 원칙을 말한다. 주어진 내용은 필요성의 원칙에 대한 내용이다.

06

정답 ③

행정법 서론 > 행정법 > 행정법의 의의 정답률 97%

| 정답해설 |

③ 선택률 97% Otto Mayer(오토 마이어)의 '헌법은 변해도 행정법은 변하지 않는다.'는 말의 의미는 헌법은 이념과 가치로서 나아가고자 하는 정치적 성질을 가지고 있고, 행정법은 수단과 기술적인 것으로서 비정치적인 성질임을 의미하는 표현으로서, 오늘날에도 헌법과 행정법의 관계를 잘 표현하는 문장이라 할 수 있다. 그러나 헌법이 변하면 일정한 시차를 두고 행정법이 변한다는 것이 오늘날의 일반적인 입장이다.

| 오답해설 |

① 선택률 0% 헌법의 이념을 구체적으로 실현하는 의미로서의 행정법은 헌법의 하위법으로서 헌법이념의 실현에 이바지하는 수단을 말한다.

② 선택률 1% 헌법은 법률의 내용 합헌성을 요구하고 있다. 헌법의 제 이념과 원리에 반하는 내용의 법률은 위헌이다.

④ 선택률 2% 헌법이 한 나라의 모든 통치구조를 규정하고 있는 전체법이라면, 행정법은 통치권의 일부인 행정만 다루는 분과법이다.

군무원 VS 공무원 비교분석

헌법과 행정법의 관계는 일반적인 행정법 시험에서는 출제되지 않는다. 그러나 군무원 시험에서는 앞 단원에서의 출제빈도가 높다. 따라서 일반행정직 9급을 공부하였던 수험생들은 소홀히 했던 앞 단원을 정리해 두는 것이 좋겠다.

07

정답 ①

행정법 서론 > 행정법 > 행정법의 법원 정답률 53%

| 정답해설 |

① 선택률 53% 국가간에 이루어진 조약은 헌법보다는 하위법이다. 따라서 헌법과 같은 효력이라는 점은 잘못된 기술이다. 국제법도 행정법의 법원이다.

| 오답해설 |

② 선택률 6% 행정법은 행정의 조직·작용·구제에 관한 국내공법이다. '행정법'이라는 단일법전은 없으나 행정법의 실체적 일반법인 「행정기본법」과 절차상의 일반법인 「행정절차법」은 있다.

③ 선택률 8% 영미법계는 판례(선례구속성)를 행정법의 법원으로 인정하지만, 대륙법계(독일, 프랑스 등)는 부정하고 있다.

④ 선택률 33% 국제법은 국내에서 효력을 발하기 위한 조건으로 일정한 절차나 형식을 요하지 않는다. 국제법(일반적으로 승인된 국제법규)은 국내법 또는 명령과 동위의 효력으로서 하위국내법이 국제법을 위반하게 되면 무효에 해당된다. 대표적인 예로서 우수농산물학교급식안조례는 GATT에 위반되어 무효라는 것이 대법원의 입장이다.

판례 학교급식을 위해 국내 우수농산물을 사용하는 자에게 식재료나 구입비의 일부를 지원하는 것 등을 내용으로 하는 지방자치단체의 조례안이 '1994년 관세 및 무역에 관한 일반협정'(General Agreement on Tariffs and Trade 1994)에 위반되어 그 효력이 없다. (대판 2005.9.9., 선고 2004추10)

더 알아보기 ▶ 조약의 효력

97헌가14 판례에서, 우리 헌법재판소와 국내 헌법학계의 통설은 조약의 효력이 헌법보다 하위에 있고, 또 국내법과 같은 효력을 가지므로 법률처럼 규범통제 대상이 되며, 조약의 성질에 따라 법률의 효력을 갖는 것은 헌법재판소가, 명령·규칙의 성질을 갖는 것은 대법원이 최종적으로 심사하게 된다고 한다.

08

정답 ①

행정법 서론 > 행정상 법률요건과 법률사실 > 사무관리 정답률 63%

| 정답해설 |

① **선택률63%** 공무원의 착오에 의한 사유지의 도로편입은 공법상 부당이득에 해당한다.

| 오답해설 |

② **선택률16%** 사무관리의 종류 중 국가에 의한 강제관리에 해당한다.

③ **선택률10%** 사무관리의 종류 중 보호관리에 해당한다.

④ **선택률11%** 사무관리에 해당한다. 이는 사인의 역무제공이다.

09

정답 ④

행정법 서론 > 행정법 관계 > 공법관계 정답률 53%

| 정답해설 |

④ **선택률53%** 국·공유재산인 행정재산(공용재산, 공공용재산, 보존재산)의 관리나 공기업 관리는 비권력적 관계인 관리관계로서 공법관계(전래적 공법)에 해당한다. 따라서 이에 대한 분쟁은 행정소송의 하나인 당사자소송에 의하도록 한다.

| 오답해설 |

① **선택률13%** 대륙법계는 공법과 사법의 2원화에 의해 행정상 법률관계를 공법관계와 사법관계로 분리하여 공법관계에는 행정법을 적용하고 행정소송에 의한 분쟁해결을, 사법관계에는 사법을 적용하고 민사소송에 의한 분쟁해결을 제시하여 행정상 법률관계의 체계화가 이루어진다. 반면, 공법과 사법의 일원화체계를 기본으로 하고 있는 영미법은 20세기에 들어와 행정기능의 확대에 의하여 비로소 행정상 법률관계에 대한 개념이 형성된다.

② **선택률12%** 권력관계는 본래적 공법관계로서 원칙적으로 사법적용이 배제된다. 분쟁은 행정소송 중 항고소송에 의한다.

③ **선택률22%** 관리관계는 원칙적으로 공물이나 공기업 관리행위로서 사법(私法)이 적용되나, 공공성이나 윤리성이 인정되는 경우에는 공법적으로 전환되어(전래적 공법) 이에 대한 분쟁은 행정소송 중 당사자소송에 의한다.

10

정답 ②

행정법 서론 > 행정상 법률요건과 법률사실 > 사인의 공법행위 정답률 90%

| 정답해설 |

② **선택률90%** 인·허가의제 효과를 수반하는 건축신고는 단순한 건축신고와 달리 실체적 심사를 통한 수리를 요하는 신고에 해당한다.

판례 (전략) 따라서 인·허가의제 효과를 수반하는 건축신고는 일반적인 건축신고와는 달리, 특별한 사정이 없는 한 행정청이 그 실체적 요건에 관한 심사를 한 후 수리하여야 하는 이른바 '수리를 요하는 신고'로 보는 것이 옳다. (대판 2011.1.20., 선고 2010두14954)

| 오답해설 |

① **선택률1%** 영업자지위승계신고는 수리를 요하는 신고이다. 수리를 요하는 신고에서 행정청의 수리는 수동적인 인식의 표시로서 준법률행위적 행정행위에 해당한다.

③ **선택률6%** 자기완결적 신고는 행정청의 응답을 요하지 않고 요건을 구비한 신고로서 법적 효력이 완성되는 신고에 해당한다. 따라서 이에 대한 거부는 항고소송대상인 처분이라 할 수 없다. 다만, 건축신고의 수리거부는 처분성을 인정받음을 유의하여야 한다.

④ **선택률3%** 수리를 요하는 신고의 경우에도 원칙적으로 형식적 요건심사에 한한다.

군무원 VS 공무원 비교분석

군무원 시험은 주로 앞 단원의 출제비중(행정의 의미, 통치행위, 행정법의 일반원칙, 특별권력관계 등)이 높고, 일반행정직 시험은 주로 뒤 단원의 출제비중(행정행위의 하자, 의무이행확보수단, 행정구제 등)이 높다. 군무원 시험과 일반행정직 시험에서 동일하게 출제가 많이 이루어지는 영역은 사인의 공법행위, 행정입법, 행정행위, 행정소송 등이 될 것이다. 그중 사인의 공법행위에서는 '신고'의 출제빈도가 높다. 특히 건축신고는 판례가 계속 출제되고 있어 많은 수험생들이 혼란스러워 한다. 건축신고에 대하여 다음과 같이 정리를 해 두어야 한다.

- 건축신고: 수리를 요하지 않는 신고(자기완결적 신고, 단, 다른 자기완결적 신고와 달리 수리거부행위는 항고소송대상인 처분이다)
- 인·허가의제로서의 건축신고: 수리를 요하는 신고(행정요건적 신고, 단, 다른 수리를 요하는 신고와 달리 실체적 요건심사를 한다)

11

정답 ④

일반행정작용법 > 행정입법 > 법규명령 정답률 80%

| 정답해설 |

④ **선택률80%** 법규명령의 위법성에 대하여 국민이 직접 통제할 수 있는 제도는 없으나, 여론이나 언론·시위·집회 등을 통한 간접적인 통제방법은 인정된다.

| 오답해설 |

① **선택률3%** 「국회법」 제98조의2 규정에 의하여 법규명령이나 행정규칙의 제정 등을 할 경우에는 국회 소관 상임위원회에 제출할 수 있도록 하고 있다.

② **선택률2%** 대통령령의 제정은 법제처 심사와 국무회의 심의를, 총리령과 부령의 제정은 법제처 심사절차를 거쳐야 한다.

③ **선택률15%** 국회에 의한 직접적 통제로는 동의권, 승인권, 의회에 의한 소멸권유보제도 등이 있으나 우리의 경우에는 동의권은 없고, 긴급명령에 대한 승인권은 있다. 한편, 「국회법」 제98조의2 규정을 직접적 통제로 볼 것인지에 대하여는 다툼이 있다.

12

정답 ④

일반행정작용법 > 행정행위 > 행정행위의 특성 정답률 79%

| 정답해설 |

④ 선택률79% 행정행위에 의해 부과된 의무를 행정의 상대방 등이 불이행하거나 위반하는 경우에는 제재나 강제가 가능하지만, 이를 위해서는 별도의 법적 근거를 필요로 한다. 법적 근거 없이 강제하는 것은 불가능하다.

| 오답해설 |

① 선택률3% 행정행위는 권력적 법적 행위(권력을 이용하여 국민의 권리나 의무에 법적 효과를 발생시키는 행위)이므로 원칙적으로 법적 근거를 필요로 한다.

② 선택률2% 행정행위는 행정처분에 하자가 있어도 일단 유효성을 인정받는다.

③ 선택률16% 행정행위의 불가쟁력에 대한 설명이다.

더 알아보기 ▶ 출제빈도가 높은 부분의 정리

- **의무를 부과한 법을 근거로 행정청이 자력으로 강제집행을 할 수 있는지 여부**
  종래는 의무를 부과한 법적 근거로 동시에 강제집행이 가능하다는 견해가 일반적이었으나, 의무를 부과하는 행위와 이에 대한 강제집행의 행위는 서로 별개의 행위이고, 강제집행이 권력적 작용이라서 의무이행을 목적으로 하는 강제집행은 의무를 부과하는 법적 근거와 별도의 법적 근거가 필요하다는 것이 최근의 일반적인 입장이다.
- **공정력과 구성요건적 효력의 구분**
  처분은 무효가 아닌 한 권한 있는 기관이 취소할 때까지는 일단 유효성을 인정받아 구속력을 갖는다. 이에 대한 근거는 처분의 상대방이나 이해관계인은 능률행정과 법적 안정성, 행정쟁송제도의 존재를 근거로 하나, 다른 국가기관(다른 행정기관이나 민·형사법원 등)은 권한의 상호존중이나 권력분립을 근거로 하여 구속된다. 따라서 상대방 등이나 국가기관이 구속되는 이유가 상이하므로 다른 용어를 사용하여야 한다는 견해가 협의의 공정력설로서 공정력과 구성요건적 효력의 개념을 구분하여 정의한다.

13

정답 ②

일반행정작용법 > 행정행위 > 취소와 철회 정답률 56%

| 정답해설 |

② 선택률56% 철회권유보의 부관이 붙은 처분의 경우, 철회권유보 사유가 발생하였다고 해도 철회의 일반요건은 충족되어야 한다. 그러나 일반요건 중 신뢰보호대상은 되지 않는다.

판례 본건에 있어서 피고가 1958.11.7. 원고에게 부여한 침몰선박 '화환'의 해철노양 허가에 '허가일로부터 3개월 이내에 완전 해철노양하여야 한다', '허가일 내에 해철노양을 완료치 못하거나 해무청장의 지시에 위반이 있을 때는 본 허가를 취소한다'라는 부관이 있음은 원판결의 판시상 명백한바 원판결에 의하여 인정된 본건 선박 '화환'의 침몰 개소와 해철노양 작업의 성질상 위의 기한은 그 기한이 옴으로써 본건 허가의 효력이 당연히 소멸한다는 취지가 아닐 뿐만 아니라 '화환'의 해철노양 작업이 천연된 것은 위에서 설명한 바와 같은 침몰 개소의 악조건과 피고가 원고에게 대하여 그 작업 중지를 명함으로써 원고는 1959.3.19. 이후 그 작업을 중지한 것에 기인한 것임이 원판결의 판시상 명백하므로 **이와 같은 경우 본건 허가에 '허가일 내에 해철노양을 완료치 못한 때는 허가를 취소한다'라는 부관이 있다는 이유로 피고가 본건 허가를 취소한 것은 취소할 공익상의 필요 없이 취소권을 행사하여 취소권을 남용한 것이라고 하지 아니할 수 없다.** (대판 1962.2.22., 선고 4293행상42)

| 오답해설 |

① 선택률4% 취소와 달리 철회의 경우에 감독청은 권한이 없다.

③ 선택률20% 수익적 처분의 취소나 철회는 법적 근거 없이 가능하지만 신뢰보호와 비례원칙에 의해 제한된다.

④ 선택률20% 철회는 철회되는 행정처분과 별개의 독립된 행정처분이다. 따라서 철회에 하자가 있는 경우에는 취소나 무효사유가 된다.

더 알아보기 ▶ 행정행위의 철회

'행정행위의 철회'란 아무런 하자 없이 완전 유효하게 성립한 행정행위가 성립 후 그 효력을 더이상 존속시킬 수 없는 새로운 사정의 발생으로 인하여 행정청이 직권으로 그 효력을 장래에 향하여 소멸시키는 독립한 행정행위를 말한다. 철회는 학문상 용어이며, 실정법상으로는 취소와 철회를 명백히 구별하여 사용하지 않고 대개 '취소'라는 용어를 사용한다. 철회는 기존의 적법한 행정행위가 현재·장래의 우월한 공익에 부합되지 않을 경우 새로운 상황에 맞도록 바로잡는 기능을 발휘한다.

14

정답 ①

일반행정작용법 > 비권력적 행정작용 > 행정지도 정답률 66%

| 정답해설 |

① 선택률66% 대표적인 규제적 성격의 행정지도에 해당한다.

| 오답해설 |

② 선택률29% 조정적 행정지도에 해당한다.

③ 선택률4% ④ 선택률1% 촉진·조성적 행정지도에 해당한다.

더 알아보기 ▶ 행정지도의 기능에 의한 분류

- **규제적 행정지도**
  물가억제를 위한 권고, 공해방지를 위한 규제, 자연보호를 위한 오물투기제한, 위범방지를 위한 행정지도 등이 해당한다.
- **조정적 행정지도**
  노사간 협의 알선·조정, 기계공업시설의 계열화 권고, 과다경쟁방지, 수출입 품목조정 등이 해당한다.
- **촉진·조성적 행정지도**
  생활개선지도, 중소기업의 합리화지도, 기술·정보·지식의 제공 또는 조언, 영농지도, 장학지도 등이 해당한다.

15

정답 ④

일반행정작용법 > 행정정보공개와 개인정보 보호 > 정보공개 정답률 96%

| 정답해설 |

④ 선택률96% 공무원의 성명과 직위는 비공개 대상이 아니다.

법령 「공공기관의 정보공개에 관한 법률」 제9조(비공개 대상 정보) ① 공공기관이 보유·관리하는 정보는 공개 대상이 된다. 다만, 다음 각 호의 어느 하나에 해당하는 정보는 공개하지 아니할 수 있다.

6. 해당 정보에 포함되어 있는 성명·주민등록번호 등 「개인정보 보호법」 제2조 제1호에 따른 개인정보로서 공개될 경우 사생활의 비밀 또는 자유를 침해할 우려가 있다고 인정되는 정보. 다만, 다음 각 목에 열거한 사항은 제외한다.

가. 법령에서 정하는 바에 따라 열람할 수 있는 정보

나. 공공기관이 공표를 목적으로 작성하거나 취득한 정보로서 사생활의 비밀 또는 자유를 부당하게 침해하지 아니하는 정보

다. 공공기관이 작성하거나 취득한 정보로서 공개하는 것이 공익이나 개인의 권리 구제를 위하여 필요하다고 인정되는 정보

라. **직무를 수행한 공무원의 성명·직위**

마. 공개하는 것이 공익을 위하여 필요한 경우로서 법령에 따라 국가 또는 지방자치단체가 업무의 일부를 위탁 또는 위촉한 개인의 성명·직업

| 오답해설 |

① 선택률1% 법령 「공공기관의 정보공개에 관한 법률」 제11조(정보공개 여부의 결정) ① 공공기관은 제10조에 따라 정보공개의 청구를 받으면 그 청구를 받은 날부터 10일 이내에 공개 여부를 결정하여야 한다.

② 선택률1% 법령 「공공기관의 정보공개에 관한 법률」 제4조(적용 범위) ③ 국가안전보장에 관련되는 정보 및 보안 업무를 관장하는 기관에서 국가안전보장과 관련된 정보의 분석을 목적으로 수집하거나 작성한 정보에 대해서는 이 법을 적용하지 아니한다.

③ 선택률2% 법령 「공공기관의 정보공개에 관한 법률」 제9조(비공개 대상 정보) ① 공공기관이 보유·관리하는 정보는 공개 대상이 된다. 다만, 다음 각 호의 어느 하나에 해당하는 정보는 공개하지 아니할 수 있다.

8. 공개될 경우 부동산 투기, 매점매석 등으로 특정인에게 이익 또는 불이익을 줄 우려가 있다고 인정되는 정보

16

정답 ①

행정상 실효성 확보수단 > 행정벌 > 행정질서벌 정답률 95%

| 정답해설 |

① 선택률95% 고의나 과실이 없는 행위에 대하여 과태료를 부과하지 않는다. 즉, 고의나 과실이 있는 경우에는 과태료를 부과한다.

법령 「질서위반행위규제법」 제7조(고의 또는 과실) 고의 또는 과실이 없는 질서위반행위는 과태료를 부과하지 아니한다.

| 오답해설 |

② 선택률1% 법령 「질서위반행위규제법」 제12조(다수인의 질서위반행위 가담) ① 2인 이상이 질서위반행위에 가담한 때에는 각자가 질서위반행위를 한 것으로 본다.

② 신분에 의하여 성립하는 질서위반행위에 신분이 없는 자가 가담한 때에는 신분이 없는 자에 대하여도 질서위반행위가 성립한다.

③ 신분에 의하여 과태료를 감경 또는 가중하거나 과태료를 부과하지 아니하는 때에는 그 신분의 효과는 신분이 없는 자에게는 미치지 아니한다.

③ 선택률2% 법령 「질서위반행위규제법」 제15조(과태료의 시효) ① 과태료는 행정청의 과태료 부과처분이나 법원의 과태료 재판이 확정된 후 5년간 징수하지 아니하거나 집행하지 아니하면 시효로 인하여 소멸한다.

④ 선택률2% 법령 「질서위반행위규제법」 제8조(위법성의 착오) 자신의 행위가 위법하지 아니한 것으로 오인하고 행한 질서위반행위는 그 오인에 정당한 이유가 있는 때에 한하여 과태료를 부과하지 아니한다.

17

정답 ②

행정구제법 > 행정상 손해전보 > 국가배상 정답률 92%

| 정답해설 |

② 선택률92% 행정행위에 의한 국가배상은 민사법원에서 처분의 위법 여부 판단이 선결문제이다. 따라서 처분의 위법·적법 여부는 공정력과 상관이 없어 민사법원에서 처분의 위법 여부를 판단할 수 있고, 해당 처분이 위법에 해당되는 경우 행정법원에서 처분이 취소되지 않았다고 해도 국가배상을 인용할 수 있다.

| 오답해설 |

① 선택률1% 외국인에 대하여 상호보증주의를 취하고 있어 모든 외국인이 국가배상을 받는 것은 아니다.

법령 「국가배상법」 제7조(외국인에 대한 책임) 이 법은 외국인이 피해자인 경우에는 해당 국가와 상호 보증이 있을 때에만 적용한다.

③ 선택률3% 생명·신체 침해에 따른 국가배상은 양도나 압류가 제한된다.

법령 「국가배상법」 제4조(양도 등 금지) 생명·신체의 침해로 인한 국가배상을 받을 권리는 양도하거나 압류하지 못한다.

④ 선택률4% 「국가배상법」 제2조 제1항 단서규정에 의하여 보상을 받으면 배상을 받을 수 없다.

더 알아보기 ▶ 관련 판례

최근 대법원 판례에 의하면 군인 등의 2중배상 금지에 해당되는 자가 우선 국가배상을 신청하여 배상을 지급받게 된 이후 연금 등의 보상을 신청하자 이를 거부한 사건에서, 사안의 해당 법규에는 보상을 받으면 배상을 받지 못한다는 규정은 있으나 배상을 먼저 받고 보상을 신청한 경우에 보상을 지급하지 않는다는 규정이 없다면서 위법하다고 판시하였다.

- 군인·군무원·경찰공무원 또는 향토예비군대원이 전투·훈련 등 직무집행과 관련하여 공상을 입는 등의 이유로 보훈보상자법이 정한 보훈보상대상자 요건에 해당하여 보상금 등 보훈급여금을 지급받을 수 있을 때에는 국가배상법 제2조 제1항 단서에 따라 국가를 상대로 국가배상을 청구할 수 없다.
- 국가배상법 제2조 제1항 단서가 보훈보상자법 등에 의한 보상을 받을 수 있는 경우 국가배상법에 따른 손해배상청구를 하지 못한다는 것을 넘어 국가배상법상 손해배상금을 받은 경우 보훈보상자법상 보상금 등 보훈급여금의 지급을 금지하는 것으로 해석하기는 어려운 점 등에 비추어, 국가보훈처장은 국가배상법에 따라 손해배상을 받았다

는 사정을 들어 보상금 등 보훈급여금의 지급을 거부할 수 없다. (대판 2017.2.3., 선고 2015두60075)

군무원 VS 공무원 비교분석

군무원은 「국가배상법」 제2조 제1항의 단서조항에 해당되는 직업이다. 따라서 이 단원은 군무원과 직접적으로 관련성이 있다. 해당 조항은 최근 헌법 개헌을 통해 삭제하고자 했던 부분으로서 학자들 사이에서 악법으로 일컬어지고 있다. 따라서 최근 일반행정직 시험에서는 주로 출제되고 있지 않지만(2017년에 9급 공무원 시험에 출제된 바가 있기는 하나 그 외에는 출제된 적이 거의 없다) 군무원의 직업적 특성상 개헌이 이루어져 삭제될 때까지 군무원을 준비하는 수험생은 법 개정이나 관련 판례, 판례 변경 등에 각별한 관심을 갖고 있어야 한다.

18

정답 ②

일반행정작용법 > 비권력적 행정작용 > 행정지도　정답률 96%

| 정답해설 |

② 선택률96% 행정지도에 따르지 않았다는 이유로 조치한 불이익처분은 위법하다. 법리적으로 부당결부금지원칙에 위반된다.

| 오답해설 |

① 선택률2% 「행정절차법」 규정에 따라 동일한 내용의 행정지도는 공표한다.

③ 선택률1% 행정지도는 임의성의 원칙에 따라 부당하게 강요할 수 없다.

④ 선택률1% 행정지도 실명제에 대한 내용이다.

더 알아보기 ▶ 「행정절차법」상 행정지도원칙과 방식

「행정절차법」상 행정지도원칙과 방식은 출제빈도가 높은 단원이다. 자주 보아 익숙해지도록 하여야 한다.

제6장 행정지도

제48조(행정지도의 원칙) ① 행정지도는 그 목적 달성에 필요한 최소한도에 그쳐야 하며, 행정지도의 상대방의 의사에 반하여 부당하게 강요하여서는 아니 된다.

② 행정기관은 행정지도의 상대방이 행정지도에 따르지 아니하였다는 것을 이유로 불이익한 조치를 하여서는 아니 된다.

제49조(행정지도의 방식) ① 행정지도를 하는 자는 그 상대방에게 그 행정지도의 취지 및 내용과 신분을 밝혀야 한다.

② 행정지도가 말로 이루어지는 경우에 상대방이 제1항의 사항을 적은 서면의 교부를 요구하면 그 행정지도를 하는 자는 직무 수행에 특별한 지장이 없으면 이를 교부하여야 한다.

제50조(의견제출) 행정지도의 상대방은 해당 행정지도의 방식·내용 등에 관하여 행정기관에 의견제출을 할 수 있다.

제51조(다수인을 대상으로 하는 행정지도) 행정기관이 같은 행정목적을 실현하기 위하여 많은 상대방에게 행정지도를 하려는 경우에는 특별한 사정이 없으면 행정지도에 공통적인 내용이 되는 사항을 공표하여야 한다.

19

정답 ④

일반행정작용법 > 행정절차 > 행정절차법　정답률 58%

| 정답해설 |

④ 선택률58% 처분기준의 설정과 공표는 원칙적으로 하여야 하지만, 예외적으로 법 규정에 따라 하지 않을 수 있다.

법령 「행정절차법」 제20조(처분기준의 설정·공표) ① 행정청은 필요한 처분기준을 해당 처분의 성질에 비추어 되도록 구체적으로 정하여 공표하여야 한다. 처분기준을 변경하는 경우에도 또한 같다.

② 「행정기본법」 제24조에 따른 인허가의제의 경우 관련 인허가 행정청은 관련 인허가의 처분기준을 주된 인허가 행정청에 제출하여야 하고, 주된 인허가 행정청은 제출받은 관련 인허가의 처분기준을 통합하여 공표하여야 한다. 처분기준을 변경하는 경우에도 또한 같다.

③ 제1항에 따른 처분기준을 공표하는 것이 해당 처분의 성질상 현저히 곤란하거나 공공의 안전 또는 복리를 현저히 해치는 것으로 인정될 만한 상당한 이유가 있는 경우에는 처분기준을 공표하지 아니할 수 있다.

④ 당사자 등은 공표된 처분기준이 명확하지 아니한 경우 해당 행정청에 그 해석 또는 설명을 요청할 수 있다. 이 경우 해당 행정청은 특별한 사정이 없으면 그 요청에 따라야 한다.

| 오답해설 |

① 선택률19% 이유제시에 대한 예외가 있다.

법령 「행정절차법」 제23조(처분의 이유제시) ① 행정청은 처분을 할 때에는 다음 각 호의 어느 하나에 해당하는 경우를 제외하고는 당사자에게 그 근거와 이유를 제시하여야 한다.

1. 신청 내용을 모두 그대로 인정하는 처분인 경우
2. 단순·반복적인 처분 또는 경미한 처분으로서 당사자가 그 이유를 명백히 알 수 있는 경우
3. 긴급히 처분을 할 필요가 있는 경우

② 행정청은 제1항 제2호 및 제3호의 경우에 처분 후 당사자가 요청하는 경우에는 그 근거와 이유를 제시하여야 한다.

② 선택률12% 「행정절차법」 제33조 제1항 규정이다.

③ 선택률11% 행정예고기간은 예고 내용의 성격 등을 고려하여 정하되, 20일 이상으로 한다. 다만, 행정목적을 달성하기 위하여 긴급한 필요가 있는 경우에는 행정예고기간을 단축할 수 있다. 이 경우 단축된 행정예고기간은 10일 이상으로 한다.

20

정답 ④

행정구제법 > 행정쟁송 > 행정심판　정답률 94%

| 정답해설 |

④ 선택률94% 의무이행심판은 사정재결을 할 수 있으나, 무효는 존치시킬 처분의 효력이 없어 무효등확인심판에서는 사정재결이 허용되지 않는다.

법령 「행정심판법」 제44조(사정재결) ① 위원회는 심판청구가 이유가 있다고 인정하는 경우에도 이를 인용(認容)하는 것이 공공복리에 크게 위배된다고 인정하면 그 심판청구를 기각하는 재결을 할 수 있다. 이 경우 위원회는 재결의 주문(主文)에서 그 처분 또는 부작위가 위법하거나 부당하다는 것을 구체적으로 밝혀야 한다.

② 위원회는 제1항에 따른 재결을 할 때에는 청구인에 대하여 상당한 구제방법을 취하거나 상당한 구제방법을 취할 것을 피청구인에게 명할 수 있다.
③ 제1항과 제2항은 무효등확인심판에는 적용하지 아니한다.

| 오답해설 |

① **선택률 0%** 「행정심판법」 제36조 제1항의 규정내용이다.

법령 「행정심판법」 제36조(증거조사) ① 위원회는 사건을 심리하기 위하여 필요하면 직권으로 또는 당사자의 신청에 의하여 다음 각 호의 방법에 따라 증거조사를 할 수 있다.

1. 당사자나 관계인(관계 행정기관 소속 공무원을 포함한다. 이하 같다)을 위원회의 회의에 출석하게 하여 신문(訊問)하는 방법
2. 당사자나 관계인이 가지고 있는 문서·장부·물건 또는 그 밖의 증거자료의 제출을 요구하고 영치(領置)하는 방법
3. 특별한 학식과 경험을 가진 제3자에게 감정을 요구하는 방법
4. 당사자 또는 관계인의 주소·거소·사업장이나 그 밖의 필요한 장소에 출입하여 당사자 또는 관계인에게 질문하거나 서류·물건 등을 조사·검증하는 방법

② **선택률 2%** 행정심판청구는 처분이 있음을 안 날로부터 90일(불변기간)(단, 천재지변, 전쟁, 사변, 불가항력은 그 사유가 소멸한 날로부터 국내 14일, 국외 30일) 내에 청구하여야 한다. 행정심판은 처분이 있었던 날로부터는 180일 이내에 청구하여야 하는데, 정당한 사유가 있는 경우에 이는 연장할 수 있다.

③ **선택률 4%** 동법 제14조의 규정에 관한 내용이다.

21

정답 ②

행정구제법 > 행정상 손해전보 > 생활보상(이주대책) 정답률 79%

| 정답해설 |

② **선택률 79%** 헌법재판소에 의하면 생활보상은 국가의 정책적 배려에 해당하여 생활보상에 대한 입법자의 입법행위는 재량이라고 본다.

판례 **이주대책은 헌법 제23조 제3항에 규정된 정당한 보상에 포함되는 것이라기보다는 이에 부가하여 이주자들에게 종전의 생활상태를 회복시키기 위한 생활보상의 일환으로서 국가의 정책적 배려에 의하여 마련된 제도라고 볼 것이다.** 따라서 이주대책의 실시 여부는 입법자의 입법정책적 재량의 영역에 속하므로 공익사업을 위한 토지 등의 취득 및 보상에 관한 법률 시행령 제40조 제3항 제3호가 이주대책의 대상자에서 세입자를 제외하고 있는 것이 세입자의 재산권을 침해하는 것이라 볼 수 없다. (헌재결 2006.2.23., 2004헌마19)

| 오답해설 |

① **선택률 6%** 공법상의 당사자소송이어야 한다는 것이 대법원의 입장이다.

판례 구 공익사업을 위한 토지 등의 취득 및 보상에 관한 법률(2007.10.17., 법률 제8665호로 개정되기 전의 것) 제2조, 제78조에 의하면, 세입자는 사업시행자가 취득 또는 사용할 토지에 관하여 임대차 등에 의한 권리를 가진 관계인으로서, 같은 법 시행규칙 제54조 제2항 본문에 해당하는 경우에는 주거이전에 필요한 비용을 보상받을 권리가 있다. 그런데 이러한 주거이전비는 당해 공익사업 시행지구 안에 거주하는 세입자들의 조기이주를 장려하여 사업추진을 원활하게 하려는 정책적인 목적과 주거이전으로 인하여 특별한 어려움을 겪게 될 세입자들을 대상으로 하는 사회보장적인 차원에서 지급되는 금원의 성격을 가지므로, 적법하게 시행된 공익사업으로 인하여 이주하게 된 **주거용 건축물 세입자의 주거이전비 보상청구권은 공법상의 권리이고, 따라서 그 보상을 둘러싼 쟁송은 민사소송이 아니라 공법상의 법률관계를 대상으로 하는 행정소송에 의하여야 한다.** (대판 2008.5.29., 선고 2007다8129)

③ **선택률 9%** 강행규정이라는 것이 대법원의 입장이다.

판례 세입자에 대한 주거이전비는 공익사업 시행으로 인하여 생활 근거를 상실하게 되는 세입자를 위하여 사회보장적 차원에서 지급하는 금원으로 보아야 하므로, 사업시행자의 세입자에 대한 주거이전비 지급의무를 정하고 있는 공익사업법 시행규칙 제54조 제2항은 당사자 합의 또는 사업시행자 재량에 의하여 적용을 배제할 수 없는 강행규정이라고 보아야 한다. (대판 2011.7.14., 선고 2011두3685)

④ **선택률 6%** 이주대책을 수립하여야만 비로소 수분양권이 발생한다.

판례 사업시행자가 이주대책에 관한 구체적인 계획을 수립하여 이를 해당자에게 통지 내지 공고한 후, 이주자가 수분양권을 취득하기를 희망하여 이주대책에 정한 절차에 따라 사업시행자에게 이주대책대상자 선정신청을 하고 사업시행자가 이를 받아들여 이주대책대상자로 확인·결정하여야만 비로소 구체적인 수분양권이 발생하게 된다. (대판 1994.5.24., 선고 92다35783)

더 알아보기 ▶ 이주대책과 관련된 빈출 판례

다음의 판례는 이주대책과 관련하여 출제빈도가 높은 판례이다.

- '공익사업을 위한 관계 법령에 의한 고시 등이 있은 날' 당시 건축물의 용도가 주거용인 건물을 의미한다고 해석되므로, 그 당시 주거용 건물이 아니었던 건물이 그 이후에 주거용으로 용도 변경된 경우에는 건축 허가를 받았는지 여부에 상관없이 수용재결 내지 협의계약 체결 당시 주거용으로 사용된 건물이라 할지라도 이주대책대상이 되는 주거용 건축물이 될 수 없다. (대판 2009.2.26., 선고 2007두13340)

22 고난도 TOP 1

정답 ①

일반행정작용법 > 비권력적 행정작용 > 행정사법 정답률 38%

| 정답해설 |

① **선택률 38%** 행정주체가 공행정을 수행함에 있어, 공법적 형식이나 사법적 형식이 선택될 수 있는 상황에서 사법(私法) 형식을 선택한 경우에 행정법 원리를 일정 부분 가미하자는 이론이다.

| 오답해설 |

② **선택률 10%** 행정사법은 사법관계로 행정이 이루어지는 경우에 공법적 규율을 가미하자는 이론이다.

③ **선택률 36%** 경찰행정과 조세행정은 권력적 행정작용으로서 사법적 형식의 행정이 곤란한 영역이다.

④ **선택률 16%** 행정사법의 목적은 경제적 수익이 아니다. 공행정에 대한 사적자치의 향유를 일정 부분 제한하자는 이론이다. 물론 사법관계로 여겨지고 있다.

23

정답 ④

행정구제법 > 행정상 손해전보 > 손해배상 정답률 82%

| 정답해설 |

④ **선택률82%** 법관의 재판행위는 「국가배상법」상의 직무에는 포함되지만 국가배상은 부정되었다.

판례 **법관의 재판에 법령의 규정을 따르지 아니한 잘못이 있다 하더라도 이로써 바로 그 재판상 직무행위가 국가배상법 제2조 제1항에서 말하는 위법한 행위로 되어 국가의 손해배상책임이 발생하는 것은 아니고,** 그 국가배상책임이 인정되려면 당해 법관이 위법 또는 부당한 목적을 가지고 재판을 하였다거나 법이 법관의 직무수행상 준수할 것을 요구하고 있는 기준을 현저하게 위반하는 등 법관이 그에게 부여된 권한의 취지에 명백히 어긋나게 이를 행사하였다고 인정할 만한 특별한 사정이 있어야 한다. (대판 2003.7.11., 선고 99다24218)

| 오답해설 |

① **선택률3%** 어떤 경위로든 국가 등이 지배하고 있는 그 자체로서 「국가배상법」상의 영조물에 포함된다.

판례 국가배상법 제5조 제1항 소정의 '공공의 영조물'이라 함은 국가 또는 지방자치단체에 의하여 특정 공공의 목적에 공여된 유체물 내지 물적 설비를 말하며, 국가 또는 지방자치단체가 소유권, 임차권 그 밖의 권한에 기하여 관리하고 있는 경우뿐만 아니라 사실상의 관리를 하고 있는 경우도 포함된다. (대판 1998.10.23., 선고 98다17381)

② **선택률9%** 인과관계가 인정되어 국가배상이 이루어졌던 사건이다.

판례 국가배상법 제2조 소정의 '공무원이 그 직무를 집행함에 당하여'라고 함은 직무의 범위 내에 속한 행위이거나 직무수행의 수단으로써 또는 직무행위에 부수하여 행하여지는 행위로서 직무와 밀접한 관련이 있는 것도 포함되는바, 육군중사가 자신의 개인 소유 오토바이 뒷좌석에 같은 부대 소속 군인을 태우고 다음 날부터 실시예정인 훈련에 대비하여 사전 정찰차 훈련지역 일대를 살피고 귀대하던 중 교통사고가 일어났다면, 그가 비록 **개인 소유의 오토바이를 운전한 경우라 하더라도 실질적·객관적으로 위 운전행위는 그에게 부여된 훈련지역의 사전정찰임무를 수행하기 위한 직무와 밀접한 관련이 있다고 보아야 한다.** (대판 1994.5.27., 선고 94다6741)

③ **선택률6%** 위법이 고의나 과실을 보장하지 않는다. 위법에 고의나 과실이 없다면 국가배상은 곤란하다.

판례 **어떠한 행정처분이 후에 항고소송에서 취소되었다고 할지라도 그 기판력에 의하여 당해 행정처분이 곧바로 공무원의 고의 또는 과실로 인한 것으로서 불법행위를 구성한다고 단정할 수는 없는 것**이고, 그 행정처분의 담당공무원이 보통 일반의 공무원을 표준으로 하여 볼 때 객관적 주의의무를 결하여 그 행정처분이 객관적 정당성을 상실하였다고 인정될 정도에 이른 경우에 국가배상법 제2조 소정의 국가배상책임의 요건을 충족하였다고 봄이 상당할 것이다. (대판 2000.5.12., 선고 99다70600)

24

정답 ②

행정구제법 > 행정쟁송 > 행정소송 정답률 80%

| 정답해설 |

② **선택률80%** 허가신청에 대한 거부는 처분에 해당한다(거부가 항고소송대상인 처분요건을 구비한 경우: 정당한 신청권에 의한 신청 / 공권력 행사 / 구체적 침해). 따라서 거부처분 취소심판, 거부처분 취소소송, 거부처분에 대한 의무이행심판을 통해 구제가 가능하다.

| 오답해설 |

① **선택률5%** 우리의 경우 권력분립원칙에 반하는 의무이행소송은 인정되지 않는다. 당사자소송은 처분 등을 원인으로 하는 법률관계나 기타 공법상의 법률관계에 대한 소송이다. 거부처분에는 맞지 않는다.

③ **선택률6%** 거부처분은 부작위에 해당되지 않아 부작위위법확인소송 대상이 될 수 없다. 다만, 무효등확인소송은 가능할 수 있다.

④ **선택률9%** 거부처분은 소극적 처분으로서 처분의 전후에 변화가 없다. 따라서 거부처분에 대한 손해배상은 사실상 어렵다고 볼 수 있다.

25

정답 ②

행정조직법 > 자치행정조직법 > 지방자치 정답률 72%

| 정답해설 |

② **선택률72%** 고유사무나 단체위임사무에 대해서는 제정이 가능하나, 원칙적으로 기관위임사무에 대해서는 제정할 수 없다. 다만, 개별 법령으로부터 구체적인 위임이 있는 경우에 한하여 조례로 제정이 가능할 수 있다.

판례 지방자치법 제22조, 제9조에 의하면, 지방자치단체가 조례를 제정할 수 있는 사항은 지방자치단체의 고유 사무인 자치사무와 개별 법령에 의하여 지방자치단체에 위임된 단체위임사무에 한하고, 국가사무가 지방자치단체의 장에게 위임되거나 상위 지방자치단체의 사무가 하위 지방자치단체의 장에게 위임된 기관위임사무에 관한 사항은 원칙적으로 조례의 제정범위에 속하지 않는다. (대판 2016.12.29., 선고 2013추142)

판례 기관위임사무에 있어서도 그에 관한 개별 법령에서 일정한 사항을 조례로 정하도록 위임하고 있는 경우에는 지방자치단체의 자치조례 제정권과 무관하게 이른바 위임조례를 정할 수 있다고 하겠으나 이때에도 그 내용은 개별 법령이 위임하고 있는 사항에 관한 것으로서 개별 법령의 취지에 부합하는 것이라야만 하고, 그 범위를 벗어난 경우에는 위임조례로서의 효력도 인정할 수 없다. (대판 1999.9.17., 선고 99추30)

| 오답해설 |

① **선택률17%** 지방자치단체는 기본권을 향유할 수 있는 국민이 아니므로 헌법소원을 청구할 수 없다.

판례 헌법재판소법 제68조 제1항은 "공권력의 행사 또는 불행사로 인하여 기본권을 침해받은 자는 헌법소원의 심판을 청구할 수 있다."고 규정하고 있다. 여기서 기본권을 침해받은 자는 헌법소원을 청구할 수 있다는 것은 곧 기본권의 주체라야만 헌법소원을 청구할 수 있고, 기본권의 주체가 아닌 자는 헌법소원을 청구할 수 없다는 것을 의미하는 것이다. 기본권

보장규정인 헌법 제2장의 제목이 '국민의 권리와 의무'이고 그 제10조 내지 제39조에서 "모든 국민은 …… 권리를 가진다."고 규정하고 있으므로 **국민만이 기본권의 주체라 할 것이다. 그러므로 공권력의 행사자인 국가나 국가기관 또는 국가조직의 일부나 공법인이나 그 기관은 기본권의 '수범자'이지 기본권의 주체가 아니다.** 그러므로 국가기관 또는 국가조직의 일부나 공법인이나 그 기관은 헌법소원을 적법하게 청구할 수 없다. (헌재결 1995.9.28., 92헌마23)

③ **선택률 9%** 자치법적 사항에 대한 조례로의 위임은 법률과 같이 포괄위임금지원칙이 적용되지 않는다.

판례 조례의 제정권자인 지방의회는 선거를 통해서 그 지역적인 민주적 정당성을 지니고 있는 주민의 대표기관이고 헌법이 지방자치단체에 포괄적인 자치권을 보장하고 있는 취지로 볼 때, 조례에 대한 법률의 위임은 법규명령에 대한 법률의 위임과 같이 반드시 구체적으로 범위를 정하여야 할 필요가 없으며 포괄적인 것으로 족하다. (헌재결 1995.4.20., 92헌마264 · 279)

④ **선택률 2%** 조례에 의해 부여되는 기관의 구성원 임명에 대해서는 동의를 받도록 할 수 있다.

판례 **지방자치단체장의 기관구성원 임명 · 위촉권한이 조례에 의하여 비로소 부여되는 경우는 조례에 의하여 단체장의 임명권한에 견제나 제한을 가하는 규정을 둘 수 있다**고 할 것이나 상위 법령에서 단체장에게 기관구성원 임명 · 위촉권한을 부여하면서도 임명 · 위촉권의 행사에 대한 의회의 동의를 받도록 하는 등의 견제나 제약을 규정하고 있거나 그러한 제약을 조례 등에서 할 수 있다고 규정하고 있지 아니하는 (후략) (대판 1993.2.9., 선고 92추93)

2012 2012.06.30. 국방부(육·해·공군) 시행

9급 군무원 행정법

I 전체 난이도 및 합격선

전체 난이도	합격선
下	96점

I 기출총평

쉬운 문제와 어려운 문제가 9.5 : 0.5 비율로 출제되었다.

생소한 문항이 1문항 출제된 것을 제외하고는 어려운 문제도 없었고 고민을 해야 할 문제도 출제되지 않았다. 한 번에 답이 보이는 수준의 문제들이었고 출제된 단원의 문항 배정 또한 특이하다고 할 만한 부분 없이 보통 수준이었다. 문제 유형 역시 2문항의 법령 문제를 제외하고는 기초적인 판례와 개념을 묻는 문제였고, 다만 생소한 개념인 「청원법」에 대한 문제가 출제되었다. 행정구제로서 청원을 묻는 문제는 행정법 시험에서는 거의 출제되지 않고 있고, 헌법 제26조 규정에 의한 청원권은 주로 헌법에서 다루는 영역이다. 각론에서는 1문항도 출제되지 않았다.

I 영역별 출제비중

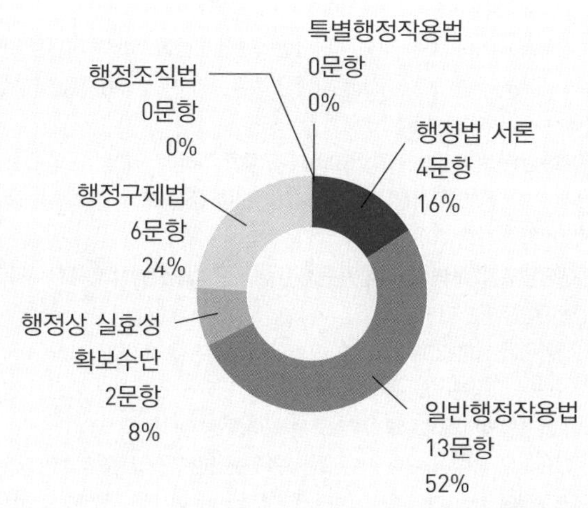

I 문항 분석

		카테고리	출제수	정답률
	1	행정법 서론 > 행정법 > 행정법의 일반원칙	19회	88%
	2	행정법 서론 > 행정법 > 행정법의 법원	9회	90%
	3	행정법 서론 > 행정법 관계 > 행정주체	8회	79%
	4	행정법 서론 > 행정상 법률요건과 법률사실 > 사인의 공법행위	13회	71%
	5	일반행정작용법 > 행정입법 > 긴급명령 등	1회	82%
	6	일반행정작용법 > 행정입법 > 행정규칙	8회	81%
	7	일반행정작용법 > 행정입법 > 법규명령	17회	75%
	8	일반행정작용법 > 행정행위 > 기속과 재량	10회	68%
	9	일반행정작용법 > 행정행위 > 행정행위의 내용	25회	80%
	10	일반행정작용법 > 행정행위 > 행정행위의 내용	25회	82%
	11	일반행정작용법 > 행정행위 > 행정행위의 내용	25회	73%
	12	일반행정작용법 > 행정행위 > 부관	14회	82%
	13	일반행정작용법 > 행정행위 > 행정행위의 하자	9회	78%
고난도 TOP2	14	일반행정작용법 > 행정행위 > 실효	1회	54%
	15	일반행정작용법 > 행정행위 > 확약	5회	90%
	16	일반행정작용법 > 비권력적 행정작용 > 행정지도	13회	81%
	17	행정상 실효성 확보수단 > 행정강제 > 행정대집행	15회	93%
	18	행정상 실효성 확보수단 > 행정벌 > 행정질서벌	10회	78%
고난도 TOP3	19	행정구제법 > 청원법 > 청원의 수리	1회	63%
	20	일반행정작용법 > 행정절차 > 행정절차법	13회	78%
	21	행정구제법 > 행정상 손해전보 > 손해배상	12회	85%
	22	행정구제법 > 행정상 손해전보 > 손실보상	19회	78%
고난도 TOP1	23	행정구제법 > 행정쟁송 > 행정심판	28회	39%
	24	행정구제법 > 행정쟁송 > 행정심판	28회	68%
	25	행정구제법 > 행정쟁송 > 행정소송	47회	88%

※ 고난도 TOP1 은 해당 회차에서 정답률이 가장 낮은 문항입니다.

기출문제편 ▶ P.90									
01	①	02	②	03	①	04	③	05	②
06	②	07	③	08	③	09	③	10	②
11	①	12	③	13	②	14	①	15	③④
16	③	17	①	18	④	19	④	20	②
21	③	22	③	23	①	24	②	25	④

01

정답 ①

행정법 서론 > 행정법 > 행정법의 일반원칙 정답률 88%

| 정답해설 |

① **선택률88%** 과잉금지원칙 중 적합성(목적달성에 적합한 수단일 것), 필요성(목적달성을 할 수 있는 여러 수단 중 필요한 최소침해 수단일 것), 상당성(최소침해 수단이라도 얻게 되는 공익과 사익간의 형량을 통해 얻게 되는 공익이 커야 할 것) 중 어느 하나라도 위반하면 위법한 처분이 된다.

| 오답해설 |

② **선택률6%** 필요성은 행정목적을 달성할 수 있는 여러 수단 중 필요한 최소침해 수단으로 행정작용을 하여야 한다는 원칙으로서, 대체수단의 존재를 전제로 한 원칙이다.

③ **선택률3%** 적합성은 목적달성에 부합하는 행정이면 된다. 적정성은 이러한 비례원칙을 충족한 행정을 의미한다.

④ **선택률3%** 과잉금지원칙은 일반적으로 헌법(제37조 제2항)의 원칙으로 본다.

군무원 VS 공무원 비교분석

최근의 일반행정직 시험에서는 행정법의 일반원칙을 묻는 경우에 관련된 판례를 넣어 선택지를 구성하는 것이 보통이나, 군무원 시험에서는 관련 판례보다는 개념을 명확히 파악하고 있는지에 대한 문제가 주를 이룬다. 그러나 군무원 시험에서도 행정법의 일반원칙과 관련된 기본적인 판례들은 반드시 숙지하고 있어야 한다. 군무원을 포함하여 행정법 시험은 판례를 묻는 문제가 출제되는 추세를 보이고 있기 때문이다.

02

정답 ②

행정법 서론 > 행정법 > 행정법의 법원 정답률 90%

| 정답해설 |

② **선택률90%** 북한은 외국이라 볼 수 없으므로 북한과의 합의서는 국제법인 조약이 아니다. 그러나 법적 구속력이 없는 것은 아니다.

판례 **남북 사이의 화해와 불가침 및 교류협력에 관한 합의서는** 남북관계가 '나라와 나라 사이의 관계가 아닌 통일을 지향하는 과정에서 잠정적으로 형성되는 특수관계'임을 전제로, 조국의 평화적 통일을 이룩해야 할 공동의 정치적 책무를 지는 남북한 당국이 특수관계인 남북관계에 관하여 채택한 합의문서로서, 남북한 당국이 각기 정치적인 책임을 지고 상호간에 그 성의 있는 이행을 약속한 것이기는 하나 법적 구속력이 있는 것은 아니어서 이를 **국가간의 조약 또는 이에 준하는 것으로 볼 수 없고, 따라서 국내법과 동일한 효력이 인정되는 것도 아니다.** (대판 1999.7.23., 선고 98두14525)

| 오답해설 |

① **선택률1%** 조약은 국제법이지만 국내 행정법원이 될 수 있다. 또한 국제법을 국내법과 동일한 효력으로 인정하는 우리의 경우에는 특별한 절차나 형식이 없다고 해도 국제법이 국내에서 발효될 수 있다.

③ **선택률5%** 조약은 국내법과 동일한 효력을 인정받아 법률과 동위의 효력일 경우에는 헌법재판소에 의해서 위헌 여부가 심사될 수 있고, 명령과 동위의 효력일 경우에는 법원이 위헌이나 위법 여부를 심사할 수 있다.

④ **선택률4%** 국내 법원에 제소할 수 없다는 것이 대법원의 입장이다.

판례 위 협정은 국가와 국가 사이의 권리·의무관계를 설정하는 국제협정으로, 그 내용 및 성질에 비추어 이와 관련한 법적 분쟁은 위 WTO 분쟁해결기구에서 해결하는 것이 원칙이고, 사인에 대하여는 위 협정의 직접 효력이 미치지 아니한다고 보아야 할 것이므로, 위 협정에 따른 회원국 정부의 반덤핑부과처분이 WTO 협정위반이라는 이유만으로 사인이 직접 국내 법원에 회원국 정부를 상대로 그 처분의 취소를 구하는 소를 제기하거나 위 협정위반을 처분의 독립된 취소사유로 주장할 수는 없다. (대판 2009.1.30., 선고 2008두17936)

더 알아보기 ▶ 「남북관계 발전에 관한 법률」

제4장 남북합의서 체결

제21조(남북합의서의 체결·비준) ① 대통령은 남북합의서를 체결·비준하며, 통일부장관은 이와 관련된 대통령의 업무를 보좌한다.

② 대통령은 남북합의서를 비준하기에 앞서 국무회의의 심의를 거쳐야 한다.

③ 국회는 국가나 국민에게 중대한 재정적 부담을 지우는 남북합의서 또는 입법사항에 관한 남북합의서의 체결·비준에 대한 동의권을 가진다.

④ 대통령이 이미 체결·비준한 남북합의서의 이행에 관하여 단순한 기술적·절차적 사항만을 정하는 남북합의서는 남북회담대표 또는 대북특별사절의 서명만으로 발효시킬 수 있다.

제22조(남북합의서의 공포) 제21조의 규정에 의하여 국회의 동의 또는 국무회의의 심의를 거친 남북합의서는 「법령 등 공포에 관한 법률」의 규정에 따라 대통령이 공포한다.

제23조(남북합의서의 효력범위 등) ① 남북합의서는 남한과 북한 사이에 한하여 적용한다.

② 대통령은 남북관계에 중대한 변화가 발생하거나 국가안전보장, 질서유지 또는 공공복리를 위하여 필요하다고 판단될 경우에는 기간을 정하여 남북합의서의 효력의 전부 또는 일부를 정지시킬 수 있다.

③ 대통령은 국회의 체결·비준 동의를 얻은 남북합의서에 대하여 제2항의 규정에 따라 그 효력을 정지시키고자 하는 때에는 국회의 동의를 얻어야 한다.

제24조(남북합의서 위반행위의 금지) ① 누구든지 다음 각 호에 해당하는 행위를 하여 국민의 생명·신체에 위해를 끼치거나 심각한 위험을 발생시켜서는 아니 된다.

1. 군사분계선 일대에서의 북한에 대한 확성기 방송
2. 군사분계선 일대에서의 북한에 대한 시각매개물(게시물) 게시
3. 전단 등 살포

② 통일부장관은 제1항 각 호에서 금지된 행위를 예방하기 위하여 필요한 경우에는 관계 중앙행정기관의 장 또는 지방자치단체의 장에게 협조를 요청할 수 있다. 이 경우 관계 중앙행정기관의 장 또는 지방자치단체의 장은 특별한 사유가 없으면 협조하여야 한다.

03

정답 ①

행정법 서론 > 행정법 관계 > 행정주체 정답률 79%

| 정답해설 |

① 선택률 79% 대법원에 의하면 소득세원천징수의무자는 행정주체의 지위에 해당하지 않는다.

판례 원천징수의무자는 소득세법 제142조 및 제143조의 규정에 의하여 자동적으로 확정되는 세액을 소급자로부터 징수하여 과세관청에 납부하여야 할 의무를 부담하고 있으므로, **원천징수의무자가 비록 관세관청과 같은 행정청이더라도 그의 원천징수행위는** 법령에서 규정된 징수 및 납부의무를 이행하기 위한 것에 불과한 것이지, **공권력의 행사로서의 행정처분을 한 경우에 해당하지 아니한다.** (대판 1990.3.23., 선고 89누4789)

| 오답해설 |

② 선택률 8% 국방부장관은 행정청이다. 행정주체의 의사를 결정하여 이를 외부에 표시하는 행정기관을 행정청이라 한다.

③ 선택률 6% 사립대학교 총장이 학위를 수여하는 행위는 국가기관으로부터 위임받은 행정업무를 수행하는 것으로서 공행정작용이고 행정주체의 지위에 해당한다.

④ 선택률 7% 수원시는 기초자치단체에 해당되어(2022.1.13.부터는 특례시인 기초자치단체) 팔달구는 행정주체가 아니다. 특별시나 광역시 등에 소속된 자치구가 행정주체에 해당한다.

04

정답 ③

행정법 서론 > 행정상 법률요건과 법률사실 > 사인의 공법행위 정답률 71%

| 정답해설 |

③ 선택률 71% 사인의 공법행위는 행정행위와 더불어 공법적 효과가 발생하지만, 사인의 행위로서 공정력 등의 공권력을 가질 수는 없다.

| 오답해설 |

① 선택률 8% 사인의 신청행위에 하자가 있는 경우에 행정청은 지체없이 상당기간을 부여하여 보완을 요구하여야 한다.

② 선택률 18% 행정행위와 달리 사인의 공법행위는 안정성을 위해 부관을 붙일 수 없다.

④ 선택률 3% 행정법 전반에서 효력발생은 도달주의가 적용된다.

군무원 VS 공무원 비교분석

다른 시험에서 사인의 공법행위는 일반적으로 신고에 대한 것이 주된 출제 유형이다. 특히 신고와 관련된 판례를 묻는 경향이 강하나, 군무원 시험에서는 사인의 공법행위의 기본적인 개념에 대한 문제가 주를 이루므로 기본에 충실하자.

05

정답 ②

일반행정작용법 > 행정입법 > 긴급명령 등 정답률 82%

| 정답해설 |

② 선택률 82% 긴급명령 등은 대통령의 국가긴급권으로서 행정입법에 해당한다. 긴급명령 등은 발령 후 국회에 보고하고 승인을 얻어야 하는바, 승인이 거절되면 거절되는 순간부터(소급하지 않고) 효력이 소멸한다.

| 오답해설 |

① 선택률 3% 헌법재판소는 긴급재정·경제명령을 통치행위라고 판시한 바 있다.

③ 선택률 1% 통치행위라도 국민의 기본권 침해와 직접 관련되는 경우에는 헌법재판소의 심판대상이 된다. 따라서 통치행위도 일정한 한계가 있다.

④ 선택률 14% 긴급명령 등은 국회로부터 승인을 얻어 국회가 제정한 법률과 동위의 효력을 갖게 된다.

06

정답 ②

일반행정작용법 > 행정입법 > 행정규칙 정답률 81%

| 정답해설 |

② 선택률 81% 시행령상의 처분기준은 법규명령이라는 것이 대법원의 입장이다. 「청소년 보호법 시행령」에 규정된 과징금부과기준은 법규명령이고 부과금액은 상한액이라 한다.

판례 구 청소년 보호법(1999.2.5., 법률 제5817호로 개정되기 전의 것) 제49조 제1항·제2항에 따른 같은 법 시행령(1999.6.30., 대통령령 제16461호로 개정되기 전의 것) 제40조 [별표 6]의 **'위반행위의 종별에 따른 과징금처분기준'은 법규명령**이기는 하나 모법의 위임규정의 내용과 취지 및 헌법상의 과잉금지의 원칙과 평등의 원칙 등에 비추어 같은 유형의 위반행위라 하더라도 그 규모나 기간·사회적 비난 정도·위반행위로 인하여 다른 법률에 의하여 처벌받은 다른 사정·행위자의 개인적 사정 및 위반행위로 얻은 불법이익의 규모 등 여러 요소를 **종합적으로 고려하여 사안에 따라 적정한 과징금의 액수를 정하여야 할 것이므로 그 수액은 정액이 아니라 최고한도액이다.** (대판 2001.3.9., 선고 99두5207)

| 오답해설 |

① 선택률 8% 행정규칙도 헌법재판소에 의하여 통제될 수 있다는 것이 헌법재판소의 입장이다.

③ 선택률 5% 행정규칙의 법적 성질에 대하여 일반적인 입장이나 판례는 법규성을 부정하고 있다.

④ 선택률 6% 행정규칙은 법규가 아니라서 상위법의 위임 없이 제정할 수 있다.

더 알아보기 ▶ 행정규칙에 대한 심사

행정규칙에 대한 헌재의 심사에 대하여 헌법재판소는 긍정하는 입장이다. 아래 판례는 서울대학교 입시모집전형에 대한 사건인데, 이 사건을 행정계획으로 보는 입장도 있다.

• 법령의 직접적인 위임에 따라 위임행정기관이 그 법령을 시행하는데 필요한 구체적 사항을 정한 것이면, 그 제정형식은 비록 **법규명령**

이 아닌 고시·훈령·예규 등과 같은 행정규칙이더라도 그것이 상위 법령의 위임한계를 벗어나지 아니하는 한, 상위법령과 결합하여 대외적인 구속력을 갖는 법규명령으로서 기능하게 된다고 보아야 할 것인바, 청구인이 **법령과 예규의 관계규정으로 말미암아 직접 기본권 침해를 받았다면 이에 대하여 바로 헌법소원심판을 청구할 수 있다.** (헌재결 1992.6.26., 91헌마25)

군무원 VS 공무원 비교분석

군무원 시험에서 해당 내용은 일반행정직 시험에 비해 단순한 문장으로 출제된다. 보통 일반행정직 시험에서 해당 내용은 판례 중심으로 장문으로 구성되어 있다. 따라서 다른 직렬의 시험까지 준비하는 수험생의 경우에는 단순한 문장 중심에서 벗어나 판례 해석에도 중점을 두고 공부하여야 한다.

07

정답 ③

일반행정작용법 > 행정입법 > 법규명령 정답률 75%

| 정답해설 |

③ **선택률 75%** 위임명령의 근거법이 법원에서 위헌 등의 판단을 받게 되면 그에 따른 위임명령은 당연무효가 된다. 위임명령은 상위법의 위임을 근거로 하여 제정되는 것이라서 근거규정이 소멸되면 위임명령도 소멸된다.

| 오답해설 |

① **선택률 9%** 대법원은 부령형식(시행규칙)으로 정해진 처분기준(행정규칙)은 행정규칙으로 보고, 대통령령(시행령)으로 정해진 처분기준(행정규칙)은 법규명령으로 본다.

② **선택률 7%** 위임명령은 상위법의 근거로 제정되는 것이므로 상위법을 위반하는 경우 하자 있는 법규명령으로서 무효이다.

④ **선택률 9%** 행정규칙은 공포를 요하지 않는다. 어떤 방법이든 수명기관에 도달됨으로써 효력을 발하게 된다.

더 알아보기 ▶ 법규명령형식의 행정규칙

대법원은 시행령에 규정된 처분기준은 법규명령으로, 시행규칙에 규정된 처분기준은 행정규칙으로 보는 경향이 있다. 그런데 예외적으로 다음의 두 가지는 법규명령으로 보았으므로 유의하여야 한다.

- 구 여객자동차 운수사업법 시행규칙(2000.8.23., 건설교통부령 제259호로 개정되기 전의 것) 제31조 제2항 제1호·제2호·제6호는 구 여객자동차 운수사업법(2000.1.28., 법률 제6240호로 개정되기 전의 것) 제11조 제4항의 위임에 따라 시외버스운송사업의 사업계획변경에 관한 절차, 인가기준 등을 구체적으로 규정한 것으로서, 대외적인 구속력이 있는 법규명령이라고 할 것이고, 그것을 행정청 내부의 사무처리준칙을 규정한 행정규칙에 불과하다고 할 수는 없다. (대판 2006.6.27., 선고 2003두4355)
- 공익사업을 위한 토지 등의 취득 및 보상에 관한 법률(이하 '공익사업법'이라 한다) 제68조 제3항은 협의취득의 보상액 산정에 관한 구체적 기준을 시행규칙에 위임하고 있고, 위임 범위 내에서 공익사업을 위한 토지 등의 취득 및 보상에 관한 법률 시행규칙 제22조는 토지에 건축물 등이 있는 경우에는 건축물 등이 없는 상태를 상정하여 토지를 평가하도록 규정하고 있는데, 이는 비록 행정규칙의 형식이나 공익사업법의 내용이 될 사항을 구체적으로 정하여 내용을 보충하는 기능을 갖는 것이므로, 공익사업법 규정과 결합하여 대외적인 구속력을 가진다. (대판 2012.3.29., 선고 2011다104253)

08

정답 ③

일반행정작용법 > 행정행위 > 기속과 재량 정답률 68%

| 정답해설 |

③ **선택률 68%** 재량에 대한 사법심사 규정은 현행 「행정소송법」에 규정되어 있다.

법령 「행정소송법」 제27조(재량처분의 취소) 행정청의 재량에 속하는 처분이라도 재량권의 한계를 넘거나 그 남용이 있는 때에는 법원은 이를 취소할 수 있다.

| 오답해설 |

① **선택률 13%** 단순한 재량위반은 부당에 그치지만, 재량의 일탈이나 남용의 경우에는 위법하여 사법심사대상이 된다.

② **선택률 2%** 공유수면매립면허는 강학상 특허에 해당되어 행정청의 재량이다. 따라서 법정 요건을 구비한 경우라도 행정청은 공익을 이유로 거부할 수 있다.

④ **선택률 17%** 행정청에 재량이 부여되면 공익에 대한 행사를 성실히 하여야 할 의무가 주어진다. 이를 불행사하거나 불성실하게 행사하는 경우에는 재량의 불행사·해태로서 일탈·남용에 해당하여 위법하다.

09

정답 ③

일반행정작용법 > 행정행위 > 행정행위의 내용 정답률 80%

| 정답해설 |

③ **선택률 80%** 토지거래허가는 강학상 인가에 해당한다. 기본적인 법률행위인 잠정적인 토지거래를 국가가 보충하여 제3자의 법률행위인 토지거래를 유효로 하는 행위이다.

| 오답해설 |

① **선택률 7%** 어업권은 인위적인 권리나 능력, 법률상의 지위를 부여하는 설권행위로서 강학상 특허에 해당한다.

② **선택률 4%** 행려병사자의 유류품 매각은 공법상 대리에 해당하는 것으로서 행려병사자 관리와 혼동이 없어야 한다. 행려병사자의 보호나 관리는 사무관리에 해당한다.

④ **선택률 9%** 여권의 발급은 의문이나 다툼이 없는 사안에 대한 인식의 표시로서 공증에 해당한다.

10

정답 ②

일반행정작용법 > 행정행위 > 행정행위의 내용 정답률 82%

| 정답해설 |

② **선택률 82%** 대물적 행정행위는 허가를 포함하여 이전이나 승계를 인정한다. 대인적 행정행위는 행정행위의 기준이 사람의 자격이나 능력을 기준으로 하여 일신전속적 성질을 가지고 있다. 따라서 대인적 처분은 승계가 허용되지 않는다.

| 오답해설 |

① **선택률 4%** 허가는 일반적·상대적 금지를 해제하여 자연적 자유를 회복하는 행위로서 법령에 특별히 규정이 있거나 공익과 관련된 경우가 아닌 한 기속을 원칙으로 한다.

③ **선택률 11%** 허가는 출원 없는 허가가 가능하다(예 통행금지 해제 등). 또한 출원과 다른 수정허가도 가능하다(예 3층 건축허가 신청 → 5층 건축허가 등).

④ **선택률 3%** 허가는 자연적 자유를 회복하는 행정작용이다. 특허처럼 인위적인 권리 등을 부여하는 행위는 아니다.

더 알아보기 ▶ 허가·특허·인가 비교

구분	허가	특허	인가
개념	일반적·상대적 금지를 해제하여 자연적 자유회복	특정상대방에게 새로운 권리, 능력, 포괄적 법률상의 지위를 설정하는 행위	제3자의 법률행위를 보충하여 유효하게 완성시켜 주는 보충행위
성질	명령적 행정행위	형성적 행정행위	형성적 행정행위
기속·재량	기속행위	재량행위	기속행위가 원칙(재량행위도 가능)
출원	필요(필수요건 ×)	필요	필요
수정	수정허가 ○	수정특허 ×	수정인가 ×
형식	• 처분형식 ○(일반처분도 가능) • 법규형식 ×	• 처분형식 ○ • 법규형식 ○	• 처분형식 ○ • 법규형식 ×
상대방	특정인·불특정인(일반처분)	특정인	특정인
효과	공법적으로만 발생	공법적·사법적 발생	공법적·사법적 발생
적법·유효요건	적법요건(처벌 ○, 행위는 유효)	유효요건(처벌 ×, 행위는 무효)	유효요건(처벌 ×, 행위는 무효)
이전성	대물적 허가 ○	대물적 특허 ○	이전 불가
대상	사실행위(원칙), 법률행위(공법·사법행위)	법률행위(공권·사권)	법률행위(공법·사법행위)
감독	소극적 감독	적극적 감독	–
실례	• 대인적 허가: 운전면허 • 대물적 허가: 건축허가 • 혼합적 허가: 전당포영업허가 • 군정허가: 요새지출입허가 • 경찰허가: 야간통행금지해제 • 규제허가: 사치품수입허가 • 재정허가: 양조업면허	• 어업면허 • 도로·하천점용허가 • 광업허가 • 궤도사업면허 • 공유수면매립면허 • 토지수용사업인정 • 귀화허가 • 자동차운송사업면허 • 공무원 임명 • 석유정제업허가	• 토지거래허가 • 특허기업운임인상승인 • 공공조합설립인가 • 지방채기채승인 • 비영리법인설립인가 • 특허기업사업양도인가 • 공공조합 정관승인 • 사립대설립인가 • 농지매매허가 • 하천사용권 양도인가 • 학교법인의 임원에 대한 감독청의 취임승인처분 • 매립준공인가
공통점	• 법률행위적 행정행위 • 실정법상 허가·특허·인가·면허·인허 등으로 용어 혼용 • 쌍방적 행정행위(단, 허가에는 예외가 있음) • 불요식행위임이 원칙 • 수익적 행정행위 • 원칙적으로 부관 가능(허가명령서·특허명령서, 다만 인가의 경우 제한되는 경우 있음) • 모두 취소·철회가 가능하지만 특히 조리법상 제한을 받음 • 모두 국가에 의한 감독을 받음(다만, 정도에 있어서 차이가 있음)		

11

정답 ①

일반행정작용법 > 행정행위 > 행정행위의 내용 정답률 73%

| 정답해설 |

① **선택률 73%** 인가의 대상이 되는 기본행위는 법률행위에 한한다. 사실행위나 준법률행위는 인가의 대상이 될 수 없다.

| 오답해설 |

② **선택률 8%** 인가대상이 무효이면 이에 따른 인가도 당연무효이다.

③ **선택률 12%** 수정허가는 가능하지만 수정인가나 수정특허는 허용되지 않는다.

④ **선택률 7%** 신청시 법령과 처분시 법령이 상이한 경우, 정당한 사유 없이 심사가 지연된 경우가 아니라면 처분시 법령에 의한다.

더 알아보기 ▶ 기본적인 법률행위의 하자와 인가의 효력

- **기본적인 법률행위**: 무효 → 인가를 받은 경우(기본적인 법률행위·인가는 무효)
- **기본적인 법률행위**: 취소 → 인가를 받은 경우[기본적인 법률행위는 취소, 인가는 일단 유효(공정력)]
- **기본적인 법률행위**: 유효 → 인가를 받지 못한 경우(무인가로서 기본적인 법률행위는 무효)

12

정답 ③

일반행정작용법 > 행정행위 > 부관 정답률 82%

| 정답해설 |

③ **선택률82%** 대법원은 수익적 행정처분의 경우에는 법률의 근거가 없어도 행정청이 일방적으로 부관의 내용을 정하여 부관을 붙일 수 있고, 상대방과 협의하여 협약형식으로 내용을 정하여 부관을 붙일 수 있다고 본다.

판례 **수익적 행정행위에 있어서는 법령에 특별한 규정이 없다고 하더라도 그 부관으로서 부담을 붙일 수 있으나,** 그러한 부담은 비례의 원칙, 부당결부금지의 원칙에 위반되지 않아야 적법하다. … 그 주택사업과는 아무런 관련이 없는 토지를 기부채납하도록 한 부관을 주택사업계획승인에 붙인 경우 그 부관은 부당결부금지의 원칙에 위반되어 위법하다지만, … 부관의 하자가 중대하고 명백하여 당연무효라고는 볼 수 없다. (대판 1997.3.11., 선고 96다49650)

| 오답해설 |

① **선택률4%** 부관은 행정행위의 효력을 제한하거나, 의무를 부과하거나, 보충하기 위하여 행정청이 부과하는 종된 의사표시로서 행정의 적정성과 신축성·탄력성을 부여하고 법령의 흠결을 보완하는 등의 기능을 가지고 있다.

② **선택률6%** 부관은 법률에 근거 없이 가능하지만, 법률효과의 일부배제만은 법률이 부여한 효과를 행정청이 배제하는 것이라서 법률의 근거를 요한다.

④ **선택률8%** 대법원은 이 사건에서 철회권유보라고 판결하였다.

판례 행정청이 종교단체에 대하여 기본재산전환인가를 함에 있어 인가조건을 부가하고 그 불이행시 인가를 취소할 수 있도록 한 경우, 인가조건의 의미는 철회권을 유보한 것이다. (대판 2003.5.30., 선고 2003다6422)

13

정답 ②

일반행정작용법 > 행정행위 > 행정행위의 하자 정답률 78%

| 정답해설 |

② **선택률78%** 임용결격자에 대한 임용은 무효에 해당된다. 비록, 이를 임용권자의 과실로 밝혀내지 못하였다고 해도 임용은 무효에 해당한다.

판례 **임용권자의 과실에 의한 임용결격자에 대한 경찰공무원 임용행위의 효력(무효)**

경찰공무원법에 규정되어 있는 경찰관임용 결격사유는 경찰관으로 임용되기 위한 절대적인 소극적 요건으로서 임용 당시 경찰관임용 결격사유가 있었다면 비록 임용권자의 과실에 의하여 임용결격자임을 밝혀내지 못하였다 하더라도 그 임용행위는 당연무효로 보아야 한다. (대판 2005.7.28., 선고 2003두469)

| 오답해설 |

① **선택률2%** 행정청의 무권한행위는 무효에 해당한다.

③ **선택률7%** 주로 절차법을 위반한 경우에는 취소사유에 해당한다.

판례 **납세고지서에 관한 법령 규정들은 강행규정으로서 이들 법령이 요구하는 기재사항 중 일부를 누락시킨 하자가 있는 경우 이로써 그 부과처분은 위법**하게 되지만, 이러한 납세고지서 작성과 관련한 하자는 그 고지서가 납세의무자에게 송달된 이상 과세처분의 본질적 요소를 이루는 것은 아니어서 과세처분의 취소사유가 됨은 별론으로 하고 **당연무효의 사유로는 되지 아니한다.** (대판 1998.6.26., 선고 96누12634)

④ **선택률13%** 내부위임의 경우에는 위임의 사실을 외부에 표시하지 않는 것으로서 위임청 명의로 수임청이 처분을 하여야 한다. 따라서 수임청이 자신의 명의로 처분을 하였다면 무권한행위로서 무효에 해당한다.

14 고난도 TOP2

정답 ①

일반행정작용법 > 행정행위 > 실효 정답률 54%

| 정답해설 |

① **선택률54%** 정지조건부 처분에서 정지조건의 성취는 행정청의 별도 처분 없이 처분의 효력이 발생하는 경우에 해당한다. 해제조건부 처분에서 해제조건의 성취가 실효사유이다.

| 오답해설 |

② **선택률23%** 행정행위의 목적달성에 해당하고, 실효사유이다.

③ **선택률19%** 목적물의 멸실에 의한 처분의 목적달성에 해당하고, 실효사유에 해당한다.

④ **선택률4%** 대인적 처분에 있어서 상대방의 사망은 행정청의 별도 처분 없이 당연히 처분의 효력이 소멸한다.

15

정답 ③④(단, 출제 당시의 정답은 ④)

일반행정작용법 > 행정행위 > 확약 정답률 90%

| 정답해설 |

④ **선택률81%** 확약은 본처분권을 가진 행정청이면 그 처분에 대한 작위나 부작위에 대한 약속이 가능하다. 본처분권포함설이 확약에 대한 일반적인 입장이다. 별도의 법적 근거를 요하지 않는다.

③ **선택률9%** 출제 당시의 일반적 견해는 확약은 일정한 형식을 요하지 않아 말이나 문서 등으로 가능하다는 입장이었으나 개정된 「행정절차법」에는 확약에 관하여 문서형식을 규정하고 있다.

법령 「행정절차법」 제40조의2(확약) ② 확약은 문서로 하여야 한다.

| 오답해설 |

① **선택률3%** 확약의 실효사유로, 확약의 배경이었던 사실이나 법률관계에 변경이 있고 이를 행정청이 미리 예측하지 못하였고 이를 미리 예측하였다면 확약하지 않았을 것이라고 판단되는 경우에는 실효된다.

② **선택률7%** 확약에 대한 이론적 근거는 신뢰보호설, 본처분권포함설이 있는데, 본처분권포함설이 일반적인 입장이다.

군무원 VS 공무원 비교분석

어느 시험이든 확약에서의 문제는 동일한 내용(확약의 처분성 여부, 법적 근거 여부, 확약에 대한 실효 등)이 출제된다. 다만, 문장의 구성방식에 차이를 두는데 군무원 시험에서는 단순문장 구조이고, 일반적인 다른 직렬의 시험에서는 동어를 반복하는 장문의 구조를 판례로 구현하여 해석에 어려움을 준다. 따라서 다른 직렬을 병행 준비하는 수험생은 해당 내용의 판례에 좀 더 주의를 기울여야 한다.

16

정답 ③

일반행정작용법 > 비권력적 행정작용 > 행정지도 정답률 81%

| 정답해설 |

③ **선택률81%** 행정지도가 한계를 일탈하지 않게 이루어진 경우라면 이를 위법이라 할 수 없다. 비록 상대방에게 피해가 발생하였다고 하나 국가배상은 곤란하다 할 것이다.

판례 한계를 일탈하지 않은 행정지도로 인하여 상대방에게 손해가 발생한 경우, 행정기관이 손해배상책임을 지는지 여부(소극)
행정지도가 강제성을 띠지 않은 비권력적 작용으로서 행정지도의 한계를 일탈하지 아니하였다면, 그로 인하여 상대방에게 어떤 손해가 발생하였다 하더라도 행정기관은 그에 대한 손해배상책임이 없다. (대판 2008.9.25., 선고 2006다18228)

| 오답해설 |

① **선택률4%** 위법한 지도에 따른 행위가 위법인 경우 위법성이 조각되지 않는다.

판례 토지의 매매대금을 허위로 신고하고 계약을 체결하였다면 이는 계약예정금액에 대하여 허위의 신고를 하고 토지 등의 거래계약을 체결한 것으로서 구 국토이용관리법(1993.8.5., 법률 제4572호로 개정되기 전의 것) 제33조 제4호에 해당한다고 할 것이고, **행정관청이 국토이용관리법 소정의 토지거래계약신고에 관하여 공시된 기준시가를 기준으로 매매가격을 신고하도록 행정지도를 하여 그에 따라 허위신고를 한 것이라 하더라도** 이와 같은 행정지도는 법에 어긋나는 것으로서 그와 같은 행정지도나 관행에 따라 허위신고행위에 이르렀다고 하여도 이것만 가지고서는 **그 범법행위가 정당화될 수 없다**. (대판 1994.6.14., 선고 93도3247)

② **선택률11%** 행정지도에 대하여 「행정절차법」에 관련 규정을 두고 있다.

④ **선택률4%** 행정지도는 비록 비권력적 작용이지만 헌법소원을 인정한 바 있다.

판례 교육인적자원부장관의 대학총장들에 대한 이 사건 학칙시정요구는 고등교육법 제6조 제2항, 동법 시행령 제4조 제3항에 따른 것으로서 **그 법적 성격은 대학총장의 임의적인 협력을 통하여 사실상의 효과를 발생시키는 행정지도의 일종이지만**, 그에 따르지 않을 경우 일정한 불이익조치를 예정하고 있어 사실상 상대방에게 그에 따를 의무를 부과하는 것과 다를 바 없으므로 **단순한 행정지도로서의 한계를 넘어 규제적·구속적 성격을 상당히 강하게 갖는 것으로서 헌법소원의 대상이 되는 공권력의 행사라고 볼 수 있다**. (헌재결 2003.6.26., 2002헌마337·2003헌마7)

17

정답 ①

행정상 실효성 확보수단 > 행정강제 > 행정대집행 정답률 93%

| 정답해설 |

① **선택률93%** 1차 계고는 처분성이 인정되어 항고소송대상이 되지만 이후의 2차·3차 계고는 단순한 계고의 연기에 불과할 뿐, 처분성이 인정되지 않는다.

판례 제1차로 철거명령 및 계고처분을 한 데 이어 제2차로 계고서를 송달하였음에도 불응함에 따라 대집행을 일부 실행한 후 철거의무자의 연기원을 받아들여 나머지 부분을 철거를 진행하지 않고 있다가 연기기한이 지나자 다시 제3차로 철거명령 및 대집행계고를 한 경우, **제3차의 철거명령 및 대집행계고는 취소소송의 대상이 되는 독립된 행정처분으로 볼 수 없다**. (대판 2000.2.22., 선고 98두4665)

| 오답해설 |

② **선택률2%** 계고와 영장은 원칙적으로 생략할 수 없으나 법률에 다른 규정이 있거나(「건축법」 제85조), 비상시 또는 위험이 절박한 경우에 있어서 계고를 통지할 여유가 없을 때에는 생략할 수 있다.

③ **선택률2%** 대법원에 의하면 조례에 의해 군수가 읍·면에 대집행 권한을 위임할 경우 읍·면에 의해서도 대집행이 가능하다고 한다.

판례 군수가 군사무위임조례의 규정에 따라 무허가 건축물에 대한 철거대집행사유를 하부행정기관인 읍·면에 위임하였다면, 읍·면장에게는 관할구역 내의 무허가 건축물에 대하여 그 철거대집행을 위한 계고처분을 할 권한이 있다. (대판 1997.2.14., 선고 96누15428)

④ **선택률3%** 대집행의 실행이 완료되면 더이상 소익이 없어 계고처분에 대한 소송은 '각하'된다.

판례 계고처분에 기한 대집행의 실행이 이미 사실행위로서 완료되었다면, 계고처분이나 대집행의 실행행위 자체의 무효 확인 또는 취소를 구할 법률상 이익은 없다. (대판 1995.7.28., 선고 95누2623)

18

정답 ④

행정상 실효성 확보수단 > 행정벌 > 행정질서벌 정답률 78%

| 정답해설 |

④ **선택률78%** 과태료는 항고소송대상인 처분이 아니라서 불복의 경우에는 이의제기를 할 수 있다. 이 경우에 과태료의 효력은 소멸한다.

법령 「질서위반행위규제법」 제20조(이의제기) ① 행정청의 과태료 부과에 불복하는 당사자는 제17조 제1항에 따른 과태료 부과 통지를 받은 날부터 60일 이내에 해당 행정청에 서면으로 이의제기를 할 수 있다.
② 제1항에 따른 이의제기가 있는 경우에는 행정청의 과태료 부과처분은 그 효력을 상실한다.

| 오답해설 |

① **선택률14%** 자신의 행위가 위법하지 아니한 것으로 오인하고 행한 질서위반행위는 그 오인에 정당한 이유가 있는 때에 한하여 과태료를 부과하지 아니한다.

② **선택률1%** **법령** 「질서위반행위규제법」 제12조(다수인의 질서위반행위 가담) ① 2인 이상이 질서위반행위에 가담한 때에는 각자가 질서위반행위를 한 것으로 본다.

③ **선택률7%** **법령** 「질서위반행위규제법」 제15조(과태료의 시효) ① 과태료는 행정청의 과태료 부과처분이나 법원의 과태료 재판이 확정된 후 5년간 징수하지 아니하거나 집행하지 아니하면 시효로 인하여 소멸한다.

19 고난도 TOP3 정답 ④

행정구제법 > 청원법 > 청원의 수리 정답률 63%

| 정답해설 |

④ **선택률 63%** 「청원법」 규정에 의해 청원이 가능한 사안이다.

법령 「청원법」 제5조(청원사항) 국민은 다음 각 호의 어느 하나에 해당하는 사항에 대하여 청원기관에 청원할 수 있다.

1. 피해의 구제
2. 공무원의 위법·부당한 행위에 대한 시정이나 징계의 요구
3. 법률·명령·조례·규칙 등의 제정·개정 또는 폐지
4. 공공의 제도 또는 시설의 운영
5. 그 밖에 청원기관의 권한에 속하는 사항

| 오답해설 |

① **선택률 8%** 재판 등의 불복절차가 진행 중인 경우에는 청원이 허용되지 않는다.

② **선택률 21%** 허위사실로 타인에게 형사처분이나 징계를 받게 할 목적 역시 청원이 허용되지 않는다.

③ **선택률 8%** 사인간의 관계는 국가기관의 행위가 아니어서 청원대상이 될 수 없다.

더 알아보기 ▶ 「청원법」

제6조(청원 처리의 예외) 청원기관의 장은 청원이 다음 각 호의 어느 하나에 해당하는 경우에는 처리를 하지 아니할 수 있다. 이 경우 사유를 청원인(제11조 제3항에 따른 공동청원의 경우에는 대표자를 말한다)에게 알려야 한다.

1. 국가기밀 또는 공무상 비밀에 관한 사항
2. 감사·수사·재판·행정심판·조정·중재 등 다른 법령에 의한 조사·불복 또는 구제절차가 진행 중인 사항
3. 허위의 사실로 타인으로 하여금 형사처분 또는 징계처분을 받게 하는 사항
4. 허위의 사실로 국가기관 등의 명예를 실추시키는 사항
5. 사인간의 권리관계 또는 개인의 사생활에 관한 사항
6. 청원인의 성명, 주소 등이 불분명하거나 청원내용이 불명확한 사항

20 정답 ②

일반행정작용법 > 행정절차 > 행정절차법 정답률 78%

| 정답해설 |

② **선택률 78%** 행정청은 처분을 함에 있어 처분의 구체적인 사유를 제시하여야 한다. 「행정절차법」상의 예외규정에 해당하지 않음에도 이유제시를 하지 않았다면 실체적인 하자가 없다고 해도 그 자체로서 위법하여 취소사유에 해당된다.

판례 면허의 취소처분에는 그 근거가 되는 법령이나 취소권 유보의 부관 등을 명시하여야 함은 물론 처분을 받은 자가 어떠한 위반사실에 대하여 당해 처분이 있었는지를 알 수 있을 정도로 사실을 적시할 것을 요하며, 이와 같은 취소처분의 근거와 위반사실의 적시를 빠뜨린 하자는 피처분자가 처분 당시 그 취지를 알고 있었다거나 그 후 알게 되었다 하여도 치유될 수 없다고 할 것인바, 세무서장인 피고가 주류도매업자인 원고에 대하여 한 이 사건 일반주류도매업면허취소통지에 "상기 주류도매장은 무면허 주류판매업자에게 주류를 판매하여 주세법 제11조 및 국세법사무처리규정 제26조에 의거 지정조건위반으로 주류판매면허를 취소합니다."라고만 되어 있어서 **원고의 영업기간과 거래상대방 등에 비추어 원고가 어떠한 거래행위로 인하여 이 사건 처분을 받았는지 알 수 없게 되어 있다면 이 사건 면허취소처분은 위법하다.** (대판 1990.9.11., 선고 90누1786)

| 오답해설 |

① **선택률 4%** 「행정절차법」은 절차법으로서 절차규정에 충실하다. 그러나 신뢰보호원칙이나 행정지도원칙 등에 대하여 미약하게나마 실체적 규정을 일부 두고 있다.

③ **선택률 6%** 「행정절차법」에 행정계획, 확약에 대해 규정을 두고 있다.

④ **선택률 12%** 정보통신망을 통한 송달규정이 있다. 당사자 등이 동의하는 경우에 한하여 정보통신망 수단을 이용한 송달이 가능하고, 이 경우 당사자 등의 컴퓨터에 입력되는 순간에 송달의 효력을 인정하고 있다.

21 정답 ③

행정구제법 > 행정상 손해전보 > 손해배상 정답률 85%

| 정답해설 |

③ **선택률 85%** 공익근무요원은 헌법이나 「국가배상법」뿐 아니라 대법원 판례에서도 배제하고 있다. 군무원, 예비군, 경찰공무원, 군인이 이중배상금지대상에 포함된다.

판례 **공익근무요원은 병역법 제2조 제1항 제9호, 제5조 제1항의 규정에 의하면** 국가기관 또는 지방자치단체의 공익목적수행에 필요한 경비·감시·보호 또는 행정업무 등의 지원과 국제협력 또는 예술·체육의 육성을 위하여 소집되어 공익분야에 종사하는 사람으로서 보충역에 편입되어 있는 자이기 때문에, 소집되어 **군에 복무하지 않는 한 군인이라고 말할 수 없으므로**, 비록 병역법 제75조 제2항이 공익근무요원으로 복무 중 순직한 사람의 유족에 대하여 국가유공자등 예우 및 지원에 관한 법률에 따른 보상을 하도록 규정하고 있다고 하여도, **공익근무요원이 국가배상법 제2조 제1항 단서의 규정에 의하여 국가배상법상 손해배상청구가 제한되는 군인·군무원·경찰공무원 또는 향토예비군대원에 해당한다고 할 수 없다.** (대판 1997.3.28., 선고 97다4036)

| 오답해설 |

① **선택률 2%** ② **선택률 11%** ④ **선택률 2%**

법령 헌법 제29조 ② 군인·군무원·경찰공무원 기타 법률이 정하는 자가 전투·훈련 등 직무집행과 관련하여 받은 손해에 대하여는 법률이 정하는 보상 외에 국가 또는 공공단체에 공무원의 직무상 불법행위로 인한 배상은 청구할 수 없다.

법령 「국가배상법」 제2조(배상책임) ① 국가나 지방자치단체는 공무원 또는 공무를 위탁받은 사인(이하 '공무원'이라 한다)이 직무를 집행하면서 고의 또는 과실로 법령을 위반하여 타인에게 손해를 입히거나, 「자동차손해배상 보장법」에 따라 손해배상의 책임이 있을 때에는 이 법에 따라 그 손해를 배상하여야 한다. 다만, 군인·군무원·경찰공무원 또는 예비군대원이 전투·훈련 등 직무집행과 관련하여 전사(戰死)·순직(殉職)하거나 공상(公傷)을 입은 경우에 본인이나 그 유족이 다른 법령에 따라 재해보상금·유족연금·상이연금 등의 보상을 지급받을 수 있을 때에는 이 법 및 「민법」에 따른 손해배상을 청구할 수 없다.

판례 현역병으로 입영하여 소정의 군사교육을 마치고 전임이 되어 전투경찰순경으로 임용된 자는 군인으로서의 신분을 상실하고 전투경찰순경의 신분을 취득한다 할 것이므로 전투경찰순경은 국가배상법 제2조 제1항 단서 소정의 '경찰공무원'에 해당한다고 보았다. (대판 1995.3.24., 선고 94다25414)

22

정답 ③

행정구제법 > 행정상 손해전보 > 손실보상 정답률 78%

| 정답해설 |

③ 선택률 78% 표준공시지가를 보상액 산정기준으로 삼아 산정하는 것은 헌법 제23조 제3항의 정당보상원칙에 반하지 않는다.

판례 **수용대상토지의 보상가격을 정함에 있어 표준지공시지가를 기준으로** 비교한 금액이 수용대상토지의 수용사업 인정 전의 개별공시지가보다 적은 경우가 있다고 하더라도, 이것만으로 지가공시 및 토지 등의 평가에 관한 법률 제9조, 토지수용법 제46조가 정당한 보상원리를 규정한 헌법 제23조 제3항에 위배되어 **위헌이라고 할 수는 없다.** (대판 2001.3.27., 선고 99두7968)

| 오답해설 |

① 선택률 10% 보상방법은 원칙적으로 사전보상·개별불·일시불을 원칙으로 하나, 예외적으로 사후보상(이자를 책임지고 물가상승분을 고려하여야 함), 일괄불, 분할불도 가능할 수 있다.

② 선택률 7% 개발이익배제제도는 합헌이라는 것이 헌법재판소의 입장이다.

판례 구 토지수용법 제46조 제2항 및 지가공시 및 토지 등의 평가에 관한 법률 제10조 제1항 제1호의 위헌 여부(공시지가에 의한 보상이 정당보상의 원칙에 위배되는지 여부)

구 토지수용법 제46조 제2항 및 지가공시 및 토지 등의 평가에 관한 법률 제10조 제1항 제1호가 **토지수용으로 인한 손실보상액의 산정을 공시지가를 기준으로 하되 개발이익을 배제하고, 공시기준일부터 재결시까지의 시점보상을 인근토지의 가격변동률과 도매물가상승률 등에 의하여 행하도록 규정한 것은** 헌법 제23조 제3항에 규정한 정당보상의 원리에 위배되는 것이 아니며, 또한 위 **헌법 조항의 법률유보를 넘어섰다거나 과잉금지의 원칙에 위배되었다고 볼 수 없다.** (헌재결 1995.4.20., 93헌바20·66, 94헌바4·9, 95헌바6)

④ 선택률 5% 미래의 기대이익은 보상대상이 아니다.

23 고난도 TOP 1

정답 ①

행정구제법 > 행정쟁송 > 행정심판 정답률 39%

| 정답해설 |

① 선택률 39% 당사자에게 공정한 심리나 의결을 기대하기 어려운 사정이 있을 경우에 기피신청을 할 수 있다. 회피는 본인 스스로가 배제하는 것이다.

법령 「행정심판법」 제10조(위원의 제척·기피·회피) ② 당사자는 위원에게 공정한 심리·의결을 기대하기 어려운 사정이 있으면 위원장에게 기피신청을 할 수 있다.

| 오답해설 |

② 선택률 8% 당사자는 구술심리를 신청할 수 있다.

③ 선택률 18% 당사자는 심판청구서 등에서 주장한 사실을 보충하고 보충서면을 제출할 수 있다.

④ 선택률 35% 당사자는 증거조사를 신청할 수 있다.

더 알아보기 ▶「행정심판법」

제33조(주장의 보충) ① 당사자는 심판청구서·보정서·답변서·참가신청서 등에서 주장한 사실을 보충하고 다른 당사자의 주장을 다시 반박하기 위하여 필요하면 위원회에 보충서면을 제출할 수 있다. 이 경우 다른 당사자의 수만큼 보충서면 부본을 함께 제출하여야 한다.

제36조(증거조사) ① 위원회는 사건을 심리하기 위하여 필요하면 직권으로 또는 당사자의 신청에 의하여 다음 각 호의 방법에 따라 증거조사를 할 수 있다.

1. 당사자나 관계인(관계 행정기관 소속 공무원을 포함한다. 이하 같다)을 위원회의 회의에 출석하게 하여 신문(訊問)하는 방법
2. 당사자나 관계인이 가지고 있는 문서·장부·물건 또는 그 밖의 증거자료의 제출을 요구하고 영치(領置)하는 방법
3. 특별한 학식과 경험을 가진 제3자에게 감정을 요구하는 방법
4. 당사자 또는 관계인의 주소·거소·사업장이나 그 밖의 필요한 장소에 출입하여 당사자 또는 관계인에게 질문하거나 서류·물건 등을 조사·검증하는 방법

제40조(심리의 방식) ① 행정심판의 심리는 구술심리나 서면심리로 한다. 다만, 당사자가 구술심리를 신청한 경우에는 서면심리만으로 결정할 수 있다고 인정되는 경우 외에는 구술심리를 하여야 한다.

24

정답 ②

행정구제법 > 행정쟁송 > 행정심판 정답률 68%

| 정답해설 |

② 선택률 68% 행정심판재결은 준법률행위적 행정행위로서 확인에 해당한다. 따라서 행정행위가 갖는 효력을 모두 갖는데, 공정력·확정력·구속력(기속력) 등의 효력이 인정된다.

| 오답해설 |

① 선택률 3% 행정심판의 대상은 개괄주의로서 법에 규정된 사항에 대해서만 심판청구를 할 수 있는 것이 아니다. 그러나 대통령의 처분과 부작위, 행정심판의 재결은 행정심판대상이 아니다.

③ 선택률 14% 서울시 소속 행정청(예 서울시 종로구청 등)에 의한 처분은 서울시 행정심판위원회에서 심리재결한다.

④ 선택률 15% 자연인·법인, 법인 아닌 사단·재단도 대표자 등이 있는 경우에는 그 사단·재단 이름으로 청구할 수 있다.

25

정답 ④

행정구제법 > 행정쟁송 > 행정소송 정답률 88%

| 정답해설 |

④ 선택률88% 사정판결이 일종의 기각판결인 점은 바른 설명이나, 소송비용은 승소 측인 피고 행정청이 부담한다.

| 오답해설 |

① 선택률4% 처분의 위법 여부를 판단하는 시점은 처분시에 해당된다. 따라서 처분 이후의 사실이나 법령의 개폐에 의해 영향받지 않는다. 다만, 처분시에 존재하였던 자료 등만으로 처분의 위법 여부를 판단한다는 의미는 아니다.

판례 **행정소송에서 행정처분의 위법 여부는 행정처분이 행하여졌을 때의 법령과 사실상태를 기준으로 하여 판단하여야 하고, 처분 후 법령의 개폐나 사실상태의 변동에 의하여 영향을 받지는 않으므로,** 난민 인정 거부처분의 취소를 구하는 취소소송에서도 그 거부처분을 한 후 국적국의 정치적 상황이 변화하였다고 하여 처분의 적법 여부가 달라지는 것은 아니다. (대판 2008.7.24., 선고 2007두3930)

② 선택률3% 판결에서 간접강제는 거부처분취소소송과 부작위위법확인소송에서만 인정되는 효력이다.

③ 선택률5% 판결의 효력 중 '자박력(불가변력)'이란 선고법원 자신도 자신의 판결에 대해 취소나 변경을 할 수 없는 것을 말한다.

더 알아보기 ▶ 처분의 위법성 판단시점과 관련된 최근의 주요 판결

항고소송에서 행정처분의 적법 여부는 특별한 사정이 없는 한 행정처분 당시를 기준으로 판단하여야 한다. 여기서 행정처분의 위법 여부를 판단하는 기준시점에 관하여 판결시가 아니라 처분시라고 하는 의미는 행정처분이 있을 때의 법령과 사실상태를 기준으로 하여 위법 여부를 판단하며, 처분 후 법령의 개폐나 사실상태의 변동에 영향을 받지 않는다는 뜻이지 처분 당시 존재하였던 자료나 행정청에 제출되었던 자료만으로 위법 여부를 판단한다는 의미는 아니다. 그러므로 처분 당시의 사실상태 등에 관한 증명은 사실심 변론종결 당시까지 할 수 있고, **법원은 행정처분 당시 행정청이 알고 있었던 자료뿐만 아니라 사실심 변론종결 당시까지 제출된 모든 자료를 종합하여 처분 당시 존재하였던 객관적 사실을 확정하고 그 사실에 기초하여 처분의 위법 여부를 판단할 수 있다.** (대판 2017.4.7., 선고 2014두37122)

2011 2011.06.25. 국방부(육·해·공군) 시행

9급 군무원 행정법

I 전체 난이도 및 합격선

전체 난이도	합격선
中	92점

I 기출총평

하나의 기본 개념에 대해 두 번 묻는 문제가 출제되었다.

하나의 기본 개념을 가지고 2가지의 다른 방식으로 문제를 출제했다는 것은 일반적인 출제 유형이라고 보기 어려운데, 2011년 시험에서는 행정법의 기본적인 개념(공정력)을 가지고 두 문항을 출제하였다. 주로 단답식의 문제가 많았고 모든 문제의 풀이가 수월하였다. 또한 행정행위 단원 문제가 7문항으로, 압도적으로 많이 출제되었다. 다른 해[年]보다 판례 문제도 많은 편이다. 따라서 공정력 문제를 제외하면 다른 일반적인 행정법 시험과 유사한 형식의 출제였다고 볼 수 있다. 각론에서는 지방자치를 묻는 문항이 있었으나 굳이 각론을 공부하지 않아도 되는 수준의 문제였다.

I 영역별 출제비중

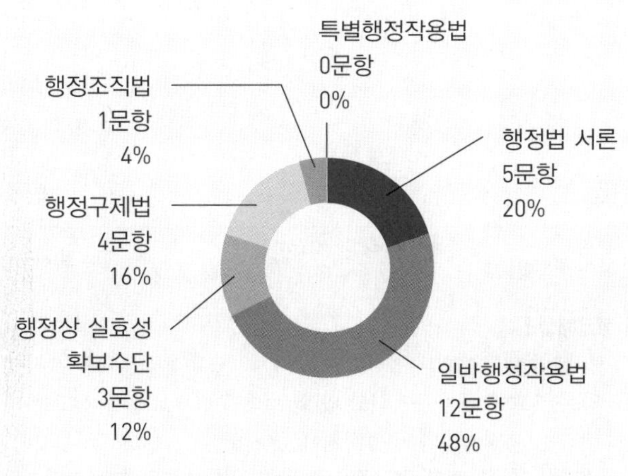

I 문항 분석

		카테고리	출제수	정답률
	1	행정법 서론 > 행정 > 행정의 분류	1회	83%
	2	행정법 서론 > 행정법 > 법치행정	6회	84%
	3	행정법 서론 > 행정법 > 행정법의 특징	2회	77%
	4	행정법 서론 > 행정상 법률요건과 법률사실 > 사인의 공법행위	13회	64%
	5	일반행정작용법 > 행정입법 > 행정규칙	8회	93%
	6	일반행정작용법 > 행정입법 > 법규명령	17회	78%
고난도 TOP2	7	일반행정작용법 > 행정행위 > 행정행위의 내용	25회	47%
	8	일반행정작용법 > 행정행위 > 부관	14회	87%
	9	일반행정작용법 > 행정행위 > 행정행위의 효력	14회	정답 없음
	10	일반행정작용법 > 행정행위 > 구성요건적 효력	1회	86%
고난도 TOP1	11	일반행정작용법 > 행정행위 > 취소와 철회	13회	44%
	12	일반행정작용법 > 행정행위 > 취소와 철회	13회	76%
	13	행정법 서론 > 행정법 > 행정법의 일반원칙	19회	60%
	14	일반행정작용법 > 행정행위 > 행정행위의 하자	9회	60%
	15	일반행정작용법 > 비권력적 행정작용 > 행정지도	13회	88%
	16	일반행정작용법 > 행정정보공개와 개인정보 보호 > 정보공개	18회	95%
	17	행정상 실효성 확보수단 > 행정강제 > 행정대집행	15회	89%
	18	행정상 실효성 확보수단 > 행정강제 > 행정조사	5회	69%
	19	행정상 실효성 확보수단 > 행정벌 > 행정질서벌	10회	69%
	20	일반행정작용법 > 행정절차 > 처분절차	8회	84%
	21	행정구제법 > 행정상 손해전보 > 국가배상	12회	73%
	22	행정구제법 > 행정쟁송 > 입증책임	1회	76%
	23	행정구제법 > 행정쟁송 > 행정소송	47회	73%
	24	행정구제법 > 행정쟁송 > 행정심판	28회	78%
고난도 TOP3	25	행정조직법 > 자치행정조직법 > 지방자치	9회	59%

※ 고난도 TOP1 은 해당 회차에서 정답률이 가장 낮은 문항입니다.

기출문제편 ▶ P.95									
01	②	02	③	03	②	04	②	05	④
06	③	07	②	08	③	09	정답 없음	10	①
11	①	12	③	13	④	14	④	15	②
16	③	17	④	18	①	19	③	20	②
21	③	22	②	23	①	24	③	25	④

01

정답 ②

행정법 서론 > 행정 > 행정의 분류 정답률 83%

| 정답해설 |

② **선택률 83%** 조달행정은 내용(또는 목적)에 의한 분류로서 행정목적을 위해 필요한 인적·물적 수단을 취득하고 이를 관리하는 행정이다. 예를 들어, 공무원 채용이나 경찰차 구입 등이 해당된다.

| 오답해설 |

① **선택률 2%** 국가행정은 국가가 직접 자신의 기관을 통하여 행하는 행정을 말한다.

③ **선택률 12%** 위임행정은 국가나 공공단체가 자신의 사무를 다른 공공단체나 사인에게 위임 또는 위탁하여 처리하는 행정을 말한다.

④ **선택률 3%** 자치행정은 지방자치단체나 공공단체가 주체가 되어 행하는 행정을 말한다.

군무원 VS 공무원 비교분석

일반적인 공무원 시험에서는 찾아볼 수 없는 첫 단원 문제이다. 대부분 너무 쉬워서 소홀히 하는 경우가 많다. 그러나 군무원 시험에서는 앞 단원의 출제빈도가 상당히 높은 편이므로 앞 단원의 기초적인 내용을 정리해 둘 필요가 있다.

02

정답 ③

행정법 서론 > 행정법 > 법치행정 정답률 84%

| 정답해설 |

③ **선택률 84%** 헌법재판소에 의하면 교육제도에 관한 기본방침인 중학교 의무교육의 실시 여부 자체 및 의무교육 연한은 중요사항이다.

판례 오늘날처럼 복잡다기한 사회의 다양성을 충족하기 위한 요구에 대하여 국회가 신속하게 조목조목 상세한 법률로 규정하는 것은 현실적으로 기대하기 어려우므로, 이 사건 청구의 원인이 된 **중학교 의무교육처럼 그 실시 여부 및 연한과 같은 교육제도 수립의 본질적 내용은 반드시 법률로 규정되어야 할 기본적 사항**이라 하겠으나, 그 실시시기 및 범위 등은 국가의 재정여건과 (후략) (헌재결 2001.10.25., 2001헌마113)

| 오답해설 |

① **선택률 1%** 법률우위원칙은 행정의 전 영역에 적용되는 원칙이다. 법률유보원칙이 행정의 일정영역에 제한적으로 적용된다.

② **선택률 12%** 병의 복무기간은 중요사항에 해당한다. 이는 국회가 법률로써 제정한다.

판례 병의 복무기간은 국방의무의 본질적 내용에 관한 것이어서 이는 반드시 법률로 정하여야 할 입법사항에 속한다. (대판 1985.2.28., 선고 85초13)

④ **선택률 3%** 오늘날에도 법률의 법규창조력은 적용되지만, 행정부도 상위법령으로부터 직접적이고 구체적인 위임을 받게 되면 그의 범위 내에서 법규제정이 가능하다.

03

정답 ②

행정법 서론 > 행정법 > 행정법의 특징 정답률 77%

| 정답해설 |

② **선택률 77%** 신의성실의 원칙은 행정법에도 당연히 적용되는 원칙이기는 하지만 「민법」 제2조에 규정을 두고 있는 법의 일반원칙이다. 「행정절차법」 제4조에도 규정이 있다.

| 오답해설 |

① **선택률 8%** 공정력은 행정행위에만 인정되는 행정법의 고유한 특징이다.

③ **선택률 9%** 행정강제제도는 행정의무를 상대방이 이행하지 않는 경우에 법원의 힘을 빌리지 않고 자력으로 강제하는 제도로서, 다른 법 영역에서는 찾아보기 어려운 행정법의 고유한 특징이다.

④ **선택률 6%** 행정처분에 대하여 법원에 의한 불복절차 이전에 행정청에 심판기구를 두어 신속하고 경제적인 구제절차를 두고 있다. 이러한 행정심판제도는 다른 법 영역에서는 찾아보기 어려운 행정법의 특수성이다.

군무원 VS 공무원 비교분석

행정법의 고유한 속성을 묻는 문제는 최근 일반행정직 시험에서도 간혹 출제된다. 어려운 문제는 아니지만 행정법학의 전반적인 이해를 가늠하는 문제이다. 출제자 입장에서는 출제하기에도 어렵지 않으면서 행정법학에 대한 이해도를 판단하는 좋은 유형이라 생각하여 출제의 부담이 적을 것이라 생각된다. 전반적인 정리를 해 두어야 한다.

04

정답 ②

행정법 서론 > 행정상 법률요건과 법률사실 > 사인의 공법행위 정답률 64%

| 정답해설 |

② **선택률 64%** 「행정절차법」상의 신고에 대한 규정은 수리를 요하지 않는 신고에 대해 규정하고 있다. 수리를 필요로 하는 신고에 대해서는 「행정기본법」에 규정되어 있다.

법령 「행정기본법」 제34조(수리 여부에 따른 신고의 효력) 법령 등으로 정하는 바에 따라 행정청에 일정한 사항을 통지하여야 하는 신고로서 법률에 신고의 수리가 필요하다고 명시되어 있는 경우(행정기관의 내부업무처리 절차로서 수리를 규정한 경우는 제외한다)에는 행정청이 수리하여야 효력이 발생한다.

| 오답해설 |

① **선택률 11%** 비진의의사표시는 「민법」에서는 무효로 취급하고 있으나, 공법에서는 형식주의에 입각하여 유효로 인정한다.

③ **선택률 10%** 사인의 공법행위에는 원칙적으로 행정의 안정성 등을 위해 부관을 붙일 수 없다.

④ **선택률 15%** 수리를 요하는 신고의 경우에도 원칙적으로 당해 법상의 요건심사에 한정된다.

판례 주민들의 거주지 이동에 따른 **주민등록전입신고에 대하여 행정청이 이를 심사하여 그 수리를 거부할 수는 있다**고 하더라도, 그러한 행위는 자칫 헌법상 보장된 국민의 거주·이전의 자유를 침해하는 결과를 가져올 수도 있으므로, 시장·군수 또는 구청장의 **주민등록전입신고 수리 여부에 대한 심사는 주민등록법의 입법 목적의 범위 내에서 제한적으로 이루어져야 한다.** (대판 2009.6.18., 선고 2008두10997)

더 알아보기 ▶ 「행정절차법」

제40조(신고) ② 제1항에 따른 신고가 다음 각 호의 요건을 갖춘 경우에는 **신고서가 접수기관에 도달된 때에 신고의무가 이행된 것으로 본다.**
1. 신고서의 기재사항에 흠이 없을 것
2. 필요한 구비서류가 첨부되어 있을 것
3. 그 밖에 법령 등에 규정된 형식상의 요건에 적합할 것

05

정답 ④

일반행정작용법 > 행정입법 > 행정규칙 정답률 **93%**

| 정답해설 |

④ **선택률 93%** 법령보충규칙은 상위법의 위임에 따라 위임받은 범위 내에서 상위법과 결합하여 대외적 구속력을 갖게 될 뿐 위임범위를 벗어났다거나 위임의 근거를 상실하게 되면 대외적 구속력은 소멸한다.

판례 행정 각부의 장이 정하는 고시가 비록 법령에 근거를 둔 것이라고 하더라도 그 규정 내용이 법령의 위임범위를 벗어난 것일 경우에는 법규명령으로서의 대외적 구속력을 인정할 여지는 없다. (대결 2006.4.28., 자 2003마715) (농림부고시인 농산물원산지 표시요령 제4조 제2항의 규정 내용이 근거법령인 구 농수산물품질관리법 시행규칙에 의해 고시로써 정하도록 위임된 사항에 해당한다고 할 수 없어 법규명령으로서 대외적 구속력을 가질 수 없다고 한 사례)

| 오답해설 |

① **선택률 3%** 헌법에 명시된 위임입법 형식에 대하여 예시규정으로 볼 것인지 열거규정으로 볼 것인지를 두고 다툼이 있으나 헌법재판소는 예시규정으로 본다.

판례 **헌법이 인정하고 있는 위임입법의 형식은 예시적인 것으로 보아야 할 것이고, 그것은 법률이 행정규칙에 위임하더라도 그 행정규칙은 위임된 사항만을 규율할 수 있으므로, 국회입법의 원칙과 상치되지도 않는다.** 다만, 형식의 선택에 있어서 규율의 밀도와 규율영역의 특성이 개별적으로 고찰되어야 할 것이고, 그에 따라 입법자에게 상세한 규율이 불가능한 것으로 보이는 영역이라면 행정부에게 필요한 보충을 할 책임이 인정되고 극히 전문적인 식견에 좌우되는 영역에서는 행정기관에 의한 구체화의 우위가 불가피하게 있을 수 있다. 그러한 영역에서 행정규칙에 대한 위임입법이 제한적으로 인정될 수 있다. (헌재결 2004.10.28., 99헌바91)

② **선택률 2%** 법규적인 내용을 고시 등의 행정규칙으로 위임을 하는 경우에는 위임내용에 제한이 있다는 것이 헌법재판소 입장이다.

판례 재산권 등과 같은 기본권을 제한하는 작용을 하는 법률이 입법위임을 할 때에는 대통령령·총리령·부령 등 법규명령에 위임함이 바람직하고, 금융감독위원회의 **고시와 같은 형식으로 입법위임을 할 때에는** 적어도 행정규제기본법 제4조 제2항 단서에서 정한 바와 같이 법령이 **전문적·기술적 사항이나 경미한 사항으로서 업무의 성질상 위임이 불가피한 사항에 한정**된다 할 것이고, 그러한 사항이라 하더라도 **포괄위임금지의 원칙상 법률의 위임은 반드시 구체적·개별적으로 한정된 사항에 대하여 행하여져야 한다.** (헌재결 2004.10.28., 99헌바91)

③ **선택률 2%** 죄형법정주의 원칙에 의해 처벌규정의 위임이 문제될 수 있으나 범죄구성요건의 구체적 기준과 벌칙의 상한 등의 범위를 법률로 정한 뒤 세부적인 사항에 대해 명령 등으로 위임할 수 있다는 것이 일반적인 입장이다.

판례 죄형법정주의와 위임입법의 한계의 요청상 처벌법규를 위임하기 위하여는 첫째, 특히 긴급한 필요가 있거나 미리 법률로써 자세히 정할 수 없는 부득이한 사정이 있는 경우에 한정되어야 하며, 둘째, **이러한 경우일지라도 법률에서 범죄의 구성요건은 처벌대상 행위가 어떠한 것일 것이라고 예측할 수 있을 정도로 구체적으로 정해야 하며,** 셋째, 형벌의 종류 및 그 상한과 폭을 명백히 규정하여야 한다. (헌재결 1995.10.6., 93헌바62)

06

정답 ③

일반행정작용법 > 행정입법 > 법규명령 정답률 **78%**

| 정답해설 |

③ **선택률 78%** 입법예고기간은 40일 이상이다. 다만, 자치입법의 경우에는 20일 이상으로 한다.

법령 「행정절차법」 제43조(예고기간) 입법예고기간은 예고할 때 정하되, 특별한 사정이 없으면 40일(자치법규는 20일) 이상으로 한다.

| 오답해설 |

① **선택률 3%** 법규명령은 법규의 효력을 갖기 때문에 법이 갖고 있는 형식을 모두 갖추어야 한다. 문서형식, 서명, 날인 등을 갖추지 않으면 형식상의 하자가 된다.

② **선택률 5%** 「행정절차법」 제42조 제2항의 규정으로서 국회 소관 상임위원회에 제출할 의무가 있다.

④ **선택률 14%** 동법 제41조 제1항과 제3항의 규정이다.

07 고난도 TOP2

정답 ②

일반행정작용법 > 행정행위 > 행정행위의 내용 정답률 **47%**

| 정답해설 |

② **선택률 47%** 건축허가는 강학상 허가에 해당한다. 이는 법률행위적 행정행위로서 명령적 행정행위이고, 자연적 자유를 회복하는 행위이다. 나머지는 모두 형성적 행정행위에 해당한다.

| 오답해설 |

① **선택률 6%** 도로점용허가는 강학상 특허에 해당한다. 법률행위적 행정행위로서 형성적 행정행위이다.

③ **선택률 15%** 토지거래허가는 강학상 인가에 해당한다. 법률행위적 행정행위로서 형성적 행정행위이다.

④ **선택률 32%** 공매처분은 공법상 대리에 해당한다. 법률행위적 행정행위로서 형성적 행정행위이다.

군무원 VS 공무원 비교분석

문항의 난이도 자체는 높지 않으며, 군무원 시험에서는 이러한 수준의 문제가 출제되는 경우가 많다. 그러나 막상 정답률을 체크해 보면 예상 밖의 정답률이 나오기도 하는데, 이는 수험생들이 출제의도를 혼동하는 경우가 많기 때문이다. 따라서 문제를 정확하게 파악하는 습관이 필요하다.

08

정답 ③

일반행정작용법 > 행정행위 > 부관 정답률 87%

| 정답해설 |

③ **선택률 87%** 부담이 무효인 경우 이에 따라 이루어진 사법상의 증여계약(법률행위)은 부관에 구속되지 않아 무효라 할 수 없다.

판례 **행정처분에 부담인 부관을 붙인 경우** 부관의 무효화에 의하여 본체인 행정처분 자체의 효력에도 영향이 있게 될 수는 있지만, **그 처분을 받은 사람이 부담의 이행으로 사법상 매매 등의 법률행위를 한 경우에는 그 부관은 특별한 사정이 없는 한 법률행위를 하게 된 동기 내지 연유로 작용하였을 뿐**이므로 이는 법률행위의 취소사유가 될 수 있음은 별론으로 하고 그 법률행위 자체를 **당연히 무효화하는 것은 아니다.** (대판 2009.6.25., 선고 2006다18174)

| 오답해설 |

① **선택률 6%** 조건은 장래의 성취 불확실한 사실에 처분의 효력이 발생(정지조건)하거나, 효력의 소멸(해제조건)이 이루어지는 부관을 말한다.

② **선택률 2%** 기한의 종기는 도래가 확실한 사실에 의해 처분의 효력이 소멸되는 것을 말하고, 행정청의 별도 처분 없이 당연히 효력이 소멸한다.

④ **선택률 5%** 부담은 본체의 효력을 발생시키거나 소멸시키는 부관이 아니다. 부담의 이행 여부와 상관 없이 본체 효력은 발생한다.

09

정답 없음(단, 출제 당시의 정답은 ④)

일반행정작용법 > 행정행위 > 행정행위의 효력 정답률 정답 없음

| 오답해설 |

④ **선택률 61%** 출제 당시에는 공정력에 대한 명문의 규정이 없었으나 최근 새롭게 제정된 「행정기본법」에 공정력에 관한 내용을 규정하고 있다.

법령 「행정기본법」 제15조(처분의 효력) 처분은 권한이 있는 기관이 취소 또는 철회하거나 기간의 경과 등으로 소멸되기 전까지는 유효한 것으로 통용된다. 다만, 무효인 처분은 처음부터 그 효력이 발생하지 아니한다.

① **선택률 2%** 공정력은 무효인 행정처분에는 인정되지 않고, 취소인 행정처분에만 인정되는 효력이라서 비행정행위에는 인정되지 않는다.

② **선택률 19%** 소송에서의 입증책임은 그 처분의 위법이나 적법에 관한 문제이다. 따라서 처분의 효력을 잠정적으로 인정하는 공정력과 입증책임은 무관하여 행정소송에서의 입증책임은 「민사소송법」상의 법률요건분류설에 의한다.

③ **선택률 18%** 집행부정지에 대한 이론적 근거로 공정력설과 입법정책설이 있으나, 일반적으로 입법정책설을 따른다.

10

정답 ①

일반행정작용법 > 행정행위 > 구성요건적 효력 정답률 86%

| 정답해설 |

① **선택률 86%** 행정청의 처분에 비록 하자가 있더라도 당연무효가 아닌 한 권한 있는 기관이 이를 취소할 때까지는 상대방이나 다른 국가기관이 일단 유효라고 인정하는 효력을 구성요건적 효력(공정력이라 하는 견해도 있음)이라 한다.

| 오답해설 |

② **선택률 2%** 불가쟁력은 행정청의 처분에 당연무효가 아닌 한 하자가 있더라도 일정기간이 경과하면 더이상 상대방이나 이해관계인은 쟁송을 제기할 수 없는 형식적 확정력을 말한다.

③ **선택률 10%** 불가변력은 행정기관이 특정처분에 대하여 하자가 있다거나 새로운 사정이 발생하여도 취소나 변경을 스스로 할 수 없는 효력을 말한다.

④ **선택률 2%** 자력강제력은 의무를 부과한 행정을 상대방이 이행하지 않은 경우에 행정청이 자력을 이용하여 이를 강제하는 효력으로서, 의무이행 확보수단과 관계한다.

더 알아보기 ▶ 공정력과 구성요건적 효력의 구분

이 둘을 구분하고자 하는 입장에 의하면 행정처분이 비록 하자가 있다고 해도 당연무효가 아니라면 권한 있는 기관에 의해 취소될 때까지는 일단 유효의 효력이 인정된다는 점에서는 양자의 효력이 동일하다고 한다. 다만, 상대방이나 이해관계인이 이에 구속되는 이유는 능률행정이나 법적 안정성, 또는 쟁송제도의 존재 등을 근거로 삼으나, 다른 국가기관이 이에 구속되는 이유는 권력분립이나 권한의 상호존중을 근거로 삼아 양자가 서로 달라 동일한 용어로 사용될 수 없어 구분이 필요하다고 한다. 그래서 **공정력은 처분의 상대방이나 이해관계인이 구속되는 효력, 구성요건적 효력은 다른 국가기관이 구속되는 효력이라 하여 구분하고 있고 오늘날 일반적인 입장이다.**

11 고난도 TOP1

정답 ①

일반행정작용법 > 행정행위 > 취소와 철회 정답률 44%

| 정답해설 |

① **선택률 44%** 영업정지처분 등의 침익적·부담적 처분을 취소하는 것은 국민에게 수익적 효과를 부여하는 행위로서 취소권의 제한 없이 행정청은 취소를 할 수 있다.

| 오답해설 |

② **선택률 21%** 과세처분의 취소는 취소로서 확정되고 이를 다시 취소하여 원처분을 다시 살릴 수 없다. 따라서 과세처분의 취소는 취소권이 제한된다.

③ **선택률 11%** 귀화허가는 포괄적인 신분설정행위로서 후행 법률관계의 안정성을 위해 취소가 제한된다.

④ **선택률 24%** 확인은 준사법적인 작용으로 불가변력이 발생하여 취소권이 제한된다.

12

정답 ③

일반행정작용법 > 행정행위 > 취소와 철회 정답률 **76%**

| 정답해설 |

③ **선택률 76%** 철회권유보사유는 신뢰보호를 배제하는 기능을 가지고 있으나, 비례원칙 등의 공익 등의 사유가 없으면 철회할 수 없다.

| 오답해설 |

① **선택률 1%** 철회권자는 처분청만이다. 감독청은 철회권자가 될 수 없다.

② **선택률 18%** 수익적 처분의 취소나 철회는 취소사유나 철회사유가 있으면 취소·철회가 가능하지만 법적 근거는 별도로 필요없다. 다만, 신뢰보호나 비례원칙에 의해 제한될 수 있다.

④ **선택률 5%** 행정청에 직권취소사유가 있다고 해도 국민에게는 직권취소 신청권이 없다.

판례 산림법령에는 채석허가처분을 한 처분청이 산림을 복구한 자에 대하여 복구설계서승인 및 복구준공통보를 한 경우 그 취소신청과 관련하여 아무런 규정을 두고 있지 않고, 원래 행정처분을 한 처분청은 그 처분에 하자가 있는 경우에는 원칙적으로 별도의 법적 근거가 없더라도 스스로 이를 직권으로 취소할 수 있지만, 그와 같이 **직권취소를 할 수 있다는 사정만으로 이해관계인에게 처분청에 대하여 그 취소를 요구할 신청권이 부여된 것으로 볼 수는 없으므로,** 처분청이 위와 같이 법규상 또는 조리상의 신청권이 없이 한 이해관계인의 복구준공통보 등의 취소신청을 거부하더라도, 그 거부행위는 항고소송의 대상이 되는 처분에 해당하지 않는다. (대판 2006.6.30., 선고 2004두701)

13

정답 ④

행정법 서론 > 행정법 > 행정법의 일반원칙 정답률 **60%**

| 정답해설 |

④ **선택률 60%** 실권의 법리는 행정청이 상대방의 위법을 알고 이에 대한 취소권을 행사할 수 있음에도 이를 장기간 방치하여 상대방으로 하여금 위법상태의 존속을 신뢰하게 하였다면 취소권 등을 행사할 수 없는 원칙을 말한다. 이는 신의칙에서 파생된 원칙이라는 것이 대법원의 입장이다.

판례 원고의 행정행위 위반이 있은 후 장기간에 걸쳐 아무런 행정조치가 없이 3년이 지난 후에 이를 이유로 운전면허를 취소하는 것은, 행정청이 그간 별다른 행정조치를 하지 않은 것을 믿은 신뢰의 이익과 법적 안정성을 빼앗는 매우 가혹한 것이라 할 것이다. (대판 1987.9.8., 선고 87누373)

| 오답해설 |

① **선택률 12%** 실권의 법리는 판례를 통해 인정된 원리이다. 「행정절차법」에는 규정이 없다.

② **선택률 18%** 행정청이 행정서사허가에 하자가 있음을 취소처분을 하기 직전에 알았으므로 이는 실권의 법리가 적용되지 않는다.

판례 행정서사업무허가를 행한 뒤 20년이 다 되어 허가를 취소하였더라도, 그 취소사유를 행정청이 모르는 상태에 있다가 취소처분이 있기 직전에 알았다면, 실권의 법리가 적용되지 않고 그 취소는 정당하다. (대판 1988.4.27., 선고 87누915)

③ **선택률 10%** 실권의 법리는 권력관계 및 비권력적 관계에 모두 적용된다는 것이 대법원의 입장이다.

판례 **실권 또는 실효의 법리는 법의 일반원리인 신의성실의 원칙에 바탕을 둔 파생원칙인 것이므로 공법관계 가운데 관리관계는 물론이고 권력관계에도 적용되어야 함을 배제할 수는 없다** 하겠으나, 그것은 본래 권리행사의 기회가 있음에도 불구하고 권리자가 장기간에 걸쳐 그의 권리를 행사하지 아니하였기 때문에 의무자인 상대방은 이미 그의 권리를 행사하지 아니할 것으로 믿을 만한 정당한 사유가 있게 되거나 행사하지 아니할 것으로 추인케 할 경우에 새삼스럽게 그 권리를 행사하는 것이 신의성실의 원칙에 반하는 결과가 될 때 그 권리행사를 허용하지 않는 것을 의미한다. (대판 1988.4.27., 선고 87누915)

더 알아보기 ▶ 실권의 법리에 대한 대법원 입장

실권의 법리는 신의칙에서 파생된 원칙이다.

1. 실권 또는 실효의 법리는 신의성실의 원칙에 바탕을 둔 파생적인 원리로서 이는 본래 권리행사의 기회가 있음에도 불구하고 권리자가 장기간에 걸쳐 그 권리를 행사하지 아니하였기 때문에 의무자인 상대방이 이미 그의 권리를 행사하지 아니할 것으로 믿을 만한 정당한 사유가 있게 됨으로써 새삼스럽게 그 권리를 행사하는 것이 신의성실의 원칙에 위반되는 결과가 될 때 그 권리행사를 허용하지 않는 것을 의미한다. (대판 2005.7.15., 선고 2003다46963)
2. 실권과 관련된 다른 판례
   - 택시운송사업면허취소 → 1년 10개월은 부정된 사건
     택시운송사업면허취소(철회에 해당) 사유에 해당하지만 1년 10개월간 철회권을 행사하지 아니한 경우에 그 기간 동안 별다른 행정조치가 없었다고 신뢰의 이익을 주장할 수는 없으며, 또한 재량권의 범위를 일탈한 것으로 보기도 어렵다. (대판 1989.6.27., 선고 88누6283)
   - 허위의 고등학교 졸업증명서를 제출하는 사위의 방법에 의한 하사관 지원의 하자를 이유로 하사관 임용일로부터 33년이 경과한 후에 행정청이 행한 하사관 및 준사관 임용취소처분이 적법하다. (대판 2002.2.5., 선고 2001두5286)

14

정답 ④

일반행정작용법 > 행정행위 > 행정행위의 하자 정답률 **60%**

| 정답해설 |

④ **선택률 60%** 하자승계는 선처분의 하자를 이유로 하자 없는 후행처분에 대하여 쟁송을 제기할 수 있는지에 대한 문제로서 무효는 당연히 하자가 승계되어 하자승계를 논의하지 않는다.

| 오답해설 |

① **선택률 6%** 처분의 근거법이 헌법재판소에 의해 사후 위헌결정을 받게 되면 그 처분은 중대한 하자라고 할 수 있으나 명백한 하자라고 할 수 없어 당연무효라고 할 수 없다.

② **선택률 19%** 하자치유의 시간적 허용범위는 쟁송제기 이전까지만이다.

판례 세액산출근거가 누락된 납세고지서에 의한 과세처분의 **하자의 치유를 허용하려면 늦어도 과세처분에 대한 불복 여부의 결정 및 불복신청에 편의를 줄 수 있는 상당한 기간 내**에 하여야 한다고 할 것이므로 위 과세처분에 대한 전심절차가 모두 끝나고 상고심의 계류 중에 세액산출근거의 통지가 있었다고 하여 이로써 위 과세처분의 하자가 치유되었다고는 볼 수 없다. (대판 1984.4.10., 선고 83누393)

③ **선택률 15%** 수익적 처분의 취소의 경우 이미 처분의 성립 당시에 위법 등의 하자가 있어 이를 적법하게 시정하고자 취소를 행하는 것으로서 그 자체가 법치주의의 구현이다. 따라서 수익적 처분의 취소의 경우 별도의 법적 근거를 요하는 것은 아니다. 다만, 신뢰보호나 비례원칙 등의 제한은 있다.

군무원 VS 공무원 비교분석

처분의 근거법률이 위헌결정을 받은 경우와 관련된 문제는 최근 행정법에서 소위 Hot한 영역이다. 중대·명백설을 원칙으로 하는 대법원과 헌법재판소의 판결, 위헌결정의 효력이 미치는 사건의 범위는 반드시 이해를 요하는 내용이다. 또한 관련하여 아래 '더 알아보기'의 헌법재판소의 예외적 판례(명백성보충요건설 관련)도 인지하고 있어야 한다.

더 알아보기 ▶ 헌법재판소의 예외적 판례(명백성보충요건설 관련)

행정처분의 집행이 이미 종료되었고 그것이 번복될 경우 법적 안정성을 크게 해치게 되는 경우에는 후에 행정처분의 근거가 된 법규가 헌법재판소에서 위헌으로 선고된다고 하더라도 그 행정처분이 **당연무효가 되지는 않음이 원칙이라고 할 것이나**, 행정처분 자체의 효력이 쟁송기간 경과 후에도 존속 중인 경우, 특히 그 처분이 위헌법률에 근거하여 내려진 것이고 그 행정처분의 목적달성을 위하여서는 후행 행정처분이 필요한데 **후행 행정처분은 아직 이루어지지 않은 경우와 같이 그 행정처분을 무효로 하더라도 법적 안정성을 크게 해치지 않는 반면에 그 하자가 중대하여 그 구제가 필요한 경우에 대하여서는 그 예외를 인정하여 이를 당연무효사유로 보아서 쟁송기간 경과 후에라도 무효확인을 구할 수 있는 것이라고 봐야 할 것이다.** (헌재결 1994.6.30., 92헌바23)

15

정답 ②

일반행정작용법 > 비권력적 행정작용 > 행정지도 정답률 88%

| 정답해설 |

② **선택률 88%** 행정지도는 일정한 형식을 요하지 않는다. 다만, 문서로 상대방이 요청해 오는 경우에 문서방식에 의한다.

법령 「행정절차법」 제49조(행정지도의 방식) ① 행정지도를 하는 자는 그 상대방에게 그 행정지도의 취지 및 내용과 신분을 밝혀야 한다.
② 행정지도가 말로 이루어지는 경우에 상대방이 제1항의 사항을 적은 서면의 교부를 요구하면 그 행정지도를 하는 자는 직무 수행에 특별한 지장이 없으면 이를 교부하여야 한다.

| 오답해설 |

① **선택률 4%** 행정지도에 따르지 않는다는 이유로 불이익한 조치를 취할 수 없다.

③ **선택률 3%** 「행정절차법」 제49조 제1항에 규정된 내용이다. 행정지도를 하는 자는 행정지도의 취지·내용·신분을 밝혀야 한다.

④ **선택률 5%** 동법 제48조 제1항의 규정에 관한 내용이다.

법령 「행정절차법」 제48조(행정지도의 원칙) ① 행정지도는 그 목적 달성에 필요한 최소한도에 그쳐야 하며, 행정지도의 상대방의 의사에 반하여 부당하게 강요하여서는 아니 된다.
② 행정기관은 행정지도의 상대방이 행정지도에 따르지 아니하였다는 것을 이유로 불이익한 조치를 하여서는 아니 된다.

16

정답 ③

일반행정작용법 > 행정정보공개와 개인정보 보호 > 정보공개 정답률 95%

| 정답해설 |

③ **선택률 95%** 제3자가 공공기관에 자신의 정보공개를 하여서는 안 된다는 요청을 하여도 이는 구속력이 없다. 따라서 공공기관은 정보공개를 할 수 있으며, 제3자는 이에 이의신청이나 행정심판, 행정소송청구를 통해 구제가 가능하다.

법령 「공공기관의 정보공개에 관한 법률」 제21조(제3자의 비공개 요청 등) ① 제11조 제3항에 따라 공개청구된 사실을 통지받은 제3자는 그 통지를 받은 날부터 3일 이내에 해당 공공기관에 대하여 자신과 관련된 정보를 공개하지 아니할 것을 요청할 수 있다.
② 제1항에 따른 비공개 요청에도 불구하고 공공기관이 공개결정을 할 때에는 공개결정이유와 공개 실시일을 분명히 밝혀 지체 없이 문서로 통지하여야 하며, 제3자는 해당 공공기관에 문서로 이의신청을 하거나 행정심판 또는 행정소송을 제기할 수 있다. 이 경우 이의신청은 통지를 받은 날부터 7일 이내에 하여야 한다.

| 오답해설 |

① **선택률 1%** 사립학교도 정보공개의무가 있는 공공기관에 해당한다. 대법원에 의하면 국가로부터 일정한 지원이 있어 정보공개의무가 있으나, 정보공개범위는 지원범위에 국한되지 않는다고 한다.

② **선택률 1%** 외국인도 정보공개청구권이 있다.

법령 「공공기관의 정보공개에 관한 법률」 제5조(정보공개 청구권자)
① 모든 국민은 정보의 공개를 청구할 권리를 가진다.
② 외국인의 정보공개청구에 관하여는 대통령령으로 정한다.

「공공기관의 정보공개에 관한 법률 시행령」 제3조(외국인의 정보공개청구) 법 제5조 제2항에 따라 정보공개를 청구할 수 있는 외국인은 다음 각 호의 어느 하나에 해당하는 자로 한다.

1. 국내에 일정한 주소를 두고 거주하거나 학술·연구를 위하여 일시적으로 체류하는 사람
2. 국내에 사무소를 두고 있는 법인 또는 단체

④ **선택률 3%** 「공공기관의 정보공개에 관한 법률」 제17조 제1항의 규정에 관한 내용이다.

더 알아보기 ▶ 관련 판례

공공기관이 보유·관리하고 있는 정보가 제3자와 관련이 있는 경우, 제3자가 비공개를 요청하였다고 하여 공공기관의 정보공개에 관한 법률상 정보의 비공개사유에 해당한다고 볼 수는 없다. (대판 2008.9.25., 선고 2008두8680)

17

정답 ④

행정상 실효성 확보수단 > 행정강제 > 행정대집행 정답률 **89%**

| 정답해설 |

④ **선택률89%** 즉시강제에 영장 필요의 여부에 대한 다툼이 있으나 헌법재판소에 의하면 영장 없이 가능하다는 입장이다.

판례 이 사건의 법률조항(구 음반·비디오물 및 게임물에 관한 법률 제24조 제4항)은 앞에서 본 바와 같이 **급박한 상황에 대처하기 위한 것으로서 그 불가피성과 정당성이 충분히 인정되는 경우이므로, 이 사건 법률조항이 영장 없는 수거를 인정한다고 하더라도 이를 두고 헌법상 영장주의에 위배되는 것으로는 볼 수 없고**, 위 구 음반·비디오물 및 게임물에 관한 법률 제24조 제4항에서 관계공무원이 당해 게임물 등을 수거한 때에는 그 소유자 또는 점유자에게 수거증을 교부하도록 하고 있고, 동조 제6항에서 수거 등 처분을 하는 관계공무원이나 협회 또는 단체의 임·직원은 그 권한을 표시하는 증표를 지니고 관계인에게 이를 제시하도록 하는 등의 절차적 요건을 규정하고 있으므로, 이 사건 법률조항이 적법절차의 원칙에 위배되는 것으로 보기도 어렵다. (헌재결 2002.10.31., 2000헌가12)

| 오답해설 |

① **선택률2%** 토지나 건물의 인도의무는 사람에 대한 강제퇴거로서 신체에 실력을 행사하는 행위이다. 따라서 행정대집행대상이 될 수 없다.

판례 **도시공원시설인 매점의 관리청이 그 공동점유자 중의 1인에 대하여 소정의 기간 내에 위 매점으로부터 퇴거하고 이에 부수하여 그 판매시설물 및 상품을 반출하지 아니할 때에는** 이를 대집행하겠다는 내용의 계고처분은 그 주된 목적이 매점의 원형을 보존하기 위하여 점유자가 설치한 불법시설물을 철거하고자 하는 것이 아니라, 매점에 대한 점유자의 점유를 배제하고 그 점유이전을 받는 데 있다고 할 것인데, 이러한 의무는 그것을 강제적으로 실현함에 있어 직접적인 실력행사가 필요한 것이지 대체적 작위의무에 해당하는 것은 아니어서 직접강제의 방법에 의하는 것은 별론으로 하고 **행정대집행법에 의한 대집행의 대상이 되는 것은 아니다.** (대판 1998.10.23., 선고 97누157)

② **선택률7%** 「건축법」상 이행강제금에 대하여 종전 규정에 의하면 「비송사건절차법」에 의한 구제방법이었으나 그 규정이 삭제되어 이제는 항고소송대상인 처분이 되었다.

③ **선택률2%** 행정대집행에 소요된 비용은 의무자로부터 징수한다.

판례 대한주택공사가 구 대한주택공사법(2009.5.22., 법률 제9706호 한국토지주택공사법 부칙 제2조로 폐지) 및 구 대한주택공사법 시행령(2009.9.21., 대통령령 제21744호 한국토지주택공사법 시행령 부칙 제2조로 폐지)에 의하여 대집행권한을 위탁받아 공무인 대집행을 실시하기 위하여 지출한 비용은 **행정대집행법 절차에 따라 국세징수법의 예에 의하여 징수할 수 있음**에도 (후략) (대판 2011.9.8., 선고 2010다48240)

더 알아보기 ▶ 참고 판례

사전영장주의는 인신보호를 위한 헌법상의 기속원리이기 때문에 인신의 자유를 제한하는 모든 국가작용의 영역에서 존중되어야 하지만, 헌법 제12조 제3항 단서도 사전영장주의의 예외를 인정하고 있는 것처럼 사전영장주의를 고수하다가는 도저히 행정목적을 달성할 수 없는 지극히 예외적인 경우에는 형사절차에서와 같은 예외가 인정되므로, 구 사회안전법 제11조 소정의 동행보호규정은 재범의 위험성이 현저한 자를 상대로 긴급히 보호할 필요가 있는 경우에 한하여 단기간의 동행보호를 허용한 것으로서 그 요건을 엄격히 해석하는 한, 동 규정 자체가 사전영장주의를 규정한 헌법규정에 반한다고 볼 수는 없다. (대판 1997.6.13., 선고 96다56115)

군무원 VS 공무원 비교분석

2011년도 군무원 시험의 유형과 출제방식이 2023년에도 동일하게 적용될 것이라는 생각은 위험하다. 시험의 출제 유형은 계속해서 조금씩 변화하였는데, 이제는 그 차이를 확연히 느낄 수 있다. 따라서 이 단원의 핵심 키워드는 잡아야 하지만(시간이 지나도 핵심은 동일함) 출제 스타일과 문장의 길이를 이 문제에 맞추어 예상하면 안 된다. 군무원 시험 이외의 다른 직렬까지 준비하는 수험생은 말할 필요도 없고 군무원 시험을 준비하는 수험생들도 이 단원에서는 조금 더 깊이 있게 학습하여야 한다.

18

정답 ①

행정상 실효성 확보수단 > 행정강제 > 행정조사 정답률 **69%**

| 정답해설 |

① **선택률69%** 「행정조사기본법」을 적용하지 않는 사항에 대하여서도 행정조사기본원칙, 법령의 근거, 정보통신망을 통한 행정조사는 동법을 적용한다.

| 오답해설 |

② **선택률1%** 행정조사는 공동조사를 하여 조사가 중복되지 않도록 하여야 한다.

법령 **「행정조사기본법」 제4조(행정조사의 기본원칙)** ③ 행정기관은 유사하거나 동일한 사안에 대하여는 공동조사 등을 실시함으로써 행정조사가 중복되지 아니하도록 하여야 한다.

③ **선택률12%** 행정조사의 주기는 정기조사원칙에 수시조사를 가미하고 있다.

법령 **「행정조사기본법」 제7조(조사의 주기)** 행정조사는 법령 등 또는 행정조사운영계획으로 정하는 바에 따라 정기적으로 실시함을 원칙으로 한다. 다만, 다음 각 호 중 어느 하나에 해당하는 경우에는 수시조사를 할 수 있다.

1. 법률에서 수시조사를 규정하고 있는 경우
2. 법령 등의 위반에 대하여 혐의가 있는 경우
3. 다른 행정기관으로부터 법령 등의 위반에 관한 혐의를 통보 또는 이첩받은 경우
4. 법령 등의 위반에 대한 신고를 받거나 민원이 접수된 경우
5. 그 밖에 행정조사의 필요성이 인정되는 사항으로서 대통령령으로 정하는 경우

④ 선택률18% 자료 등을 영치하는 경우에는 대리인 등이 입회하여야 한다.

법령 「행정조사기본법」 제13조(자료 등의 영치) ① 조사원이 현장조사 중에 자료·서류·물건 등(이하 이 조에서 '자료 등'이라 한다)을 영치하는 때에는 조사대상자 또는 그 대리인을 입회시켜야 한다.

② 조사원이 제1항에 따라 자료 등을 영치하는 경우에 조사대상자의 생활이나 영업이 사실상 불가능하게 될 우려가 있는 때에는 조사원은 자료 등을 사진으로 촬영하거나 사본을 작성하는 등의 방법으로 영치에 갈음할 수 있다. 다만, 증거인멸의 우려가 있는 자료 등을 영치하는 경우에는 그러하지 아니하다.

더 알아보기 ▶ 「행정조사기본법」

제3조(적용범위) ① 행정조사에 관하여 다른 법률에 특별한 규정이 있는 경우를 제외하고는 이 법으로 정하는 바에 따른다.

② 다음 각 호의 어느 하나에 해당하는 사항에 대하여는 이 법을 적용하지 아니한다.

1. 행정조사를 한다는 사실이나 조사내용이 공개될 경우 국가의 존립을 위태롭게 하거나 국가의 중대한 이익을 현저히 해칠 우려가 있는 국가안전보장·통일 및 외교에 관한 사항
2. 국방 및 안전에 관한 사항 중 다음 각 목의 어느 하나에 해당하는 사항
   가. 군사시설·군사기밀보호 또는 방위사업에 관한 사항
   나. 「병역법」·「예비군법」·「민방위기본법」·「비상대비에 관한 법률」·「재난관리자원의 관리 등에 관한 법률」에 따른 징집·소집·동원 및 훈련에 관한 사항 〈2024.1.18. 시행〉
3. 「공공기관의 정보공개에 관한 법률」 제4조 제3항의 정보에 관한 사항
4. 「근로기준법」 제101조에 따른 근로감독관의 직무에 관한 사항
5. 조세·형사·행형 및 보안처분에 관한 사항
6. 금융감독기관의 감독·검사·조사 및 감리에 관한 사항
7. 「독점규제 및 공정거래에 관한 법률」, 「표시·광고의 공정화에 관한 법률」, 「하도급거래 공정화에 관한 법률」, 「가맹사업거래의 공정화에 관한 법률」, 「방문판매 등에 관한 법률」, 「전자상거래 등에서의 소비자보호에 관한 법률」, 「약관의 규제에 관한 법률」 및 「할부거래에 관한 법률」에 따른 공정거래위원회의 법률위반행위 조사에 관한 사항

③ 제2항에도 불구하고 제4조(행정조사의 기본원칙), 제5조(행정조사의 근거) 및 제28조(정보통신수단을 통한 행정조사)는 제2항 각 호의 사항에 대하여 적용한다.

19

정답 ③

행정상 실효성 확보수단 > 행정벌 > 행정질서벌 정답률 69%

| 정답해설 |

③ 선택률69% 질서위반행위의 성립과 과태료처분은 행위시의 법률에 따른다.

| 오답해설 |

① 선택률11% 고의나 과실이 없는 행위에 대하여는 과태료를 부과하지 않고, 고의나 과실이 있어야 부과한다. 특히, 과실에 과태료를 부과한다는 점을 유의하여야 한다.

② 선택률18% 「질서위반행위규제법」은 속지주의·속인주의·기국주의에 의해 우리의 선박이나 항공기 안에서의 외국인에게도 적용된다.

④ 선택률2% 오인에 정당한 이유가 있어야만 부과하지 않음을 유의하여야 한다.

군무원 VS 공무원 비교분석

「질서위반행위규제법」은 일반적인 행정법 시험에 자주 출제되는 단원이다. 다만, 군무원 시험에서는 「질서위반행위규제법」의 제1장 총칙과 제2장 질서위반행위의 성립 내용이 주로 출제되므로 두 부분을 중점적으로 학습하여야 할 것이다.

20

정답 ②

일반행정작용법 > 행정절차 > 처분절차 정답률 84%

| 정답해설 |

② 선택률84% 온라인공청회는 공청회와 병행하여서만 가능하다.

법령 「행정절차법」 제38조의2(온라인공청회) ① 행정청은 제38조에 따른 공청회와 병행하여서만 정보통신망을 이용한 공청회(이하 '온라인공청회'라 한다)를 실시할 수 있다.

② 제1항에도 불구하고 다음 각 호의 어느 하나에 해당하는 경우에는 온라인공청회를 단독으로 개최할 수 있다.

1. 국민의 생명·신체·재산의 보호 등 국민의 안전 또는 권익보호 등의 이유로 제38조에 따른 공청회를 개최하기 어려운 경우
2. 제38조에 따른 공청회가 행정청이 책임질 수 없는 사유로 개최되지 못하거나 개최는 되었으나 정상적으로 진행되지 못하고 무산된 횟수가 3회 이상인 경우
3. 행정청이 널리 의견을 수렴하기 위하여 온라인공청회를 단독으로 개최할 필요가 있다고 인정하는 경우. 다만, 제22조 제2항 제1호 또는 제3호에 따라 공청회를 실시하는 경우는 제외한다.

| 오답해설 |

① 선택률2% 「행정절차법」 제2조 제6호의 용어정의에 대한 규정이다.

③ 선택률8% 의견청취(청문, 공청회, 의견제출)의 일반적인 절차로서 청문이나 공청회를 하지 않는 침익적 처분에는 의견제출의 기회가 제공된다(동법 제22조 제3항).

④ 선택률6% 의견제출은 서면이나 말 또는 정보통신망을 통해 가능하다(동법 제27조 제1항).

21

정답 ③

행정구제법 > 행정상 손해전보 > 국가배상 정답률 73%

| 정답해설 |

③ 선택률73% 공무원의 부작위가 국가배상이 되기 위하여 성문의 법령에 공무원의 작위의무가 반드시 규정될 필요는 없다. 조리상 공무원의 부작위가 국가배상의 대상이 될 수 있다.

판례 **여기서 '법령에 위반하여'라고 하는 것이** 엄격하게 형식적 의미의 법령에 명시적으로 공무원의 작위의무가 규정되어 있는데도 이를 위반하는 경우만을 의미하는 것은 아니고, 국민의 생명, 신체, 재산 등에

대하여 절박하고 중대한 위험상태가 발생하였거나 발생할 우려가 있어서 국민의 생명, 신체, 재산 등을 보호하는 것을 본래적 사명으로 하는 국가가 초법규적·일차적으로 그 위험 배제에 나서지 아니하면 국민의 생명, 신체, 재산 등을 보호할 수 없는 경우에는 **형식적 의미의 법령에 근거가 없더라도 국가나 관련 공무원에 대하여 그러한 위험을 배제할 작위의무를 인정할 수 있을 것**이나, (후략) (대판 2005.6.10., 선고 2002다53995)

| 오답해설 |

① **선택률3%** 「국가배상법」상의 공무원은 「국가공무원법」이나 「지방공무원법」상의 공무원을 포함하여 넓게 인정되고 있는데, 대법원에 의하면 일시적·한정적인 공무수행자의 경우에도 「국가배상법」상의 공무원에 포함될 수 있다고 한다.

② **선택률3%** 국가배상은 공무원의 위법에 고의나 과실이 있어야 인정될 수 있는 것이라서 항고소송에서 처분이 취소되는 등의 인용이 있었다고 해도 고의나 과실까지 당연히 인정되는 것은 아니다.

④ **선택률21%** 공무원의 직무가 결과적으로 위법하다고 해도 행정규칙을 준수한 것이라면 고의나 과실이 없어 국가배상은 곤란하다.

더 알아보기 ▶ 관련 판례

> **어떠한 행정처분이 후에 항고소송에서 취소되었다고 할지라도 그 기판력에 의하여 당해 행정처분이 곧바로 공무원의 고의 또는 과실로 인한 것으로서 불법행위를 구성한다고 단정할 수는 없는 것**이고, 그 행정처분의 담당공무원이 보통 일반의 공무원을 표준으로 하여 볼 때 **객관적 주의의무를 결하여 그 행정처분이 객관적 정당성을 상실하였다고 인정될 정도에 이른 경우에 비로소 국가배상법 제2조 소정의 국가배상책임의 요건을 충족**하였다고 봄이 상당할 것이며, 이때에 객관적 정당성을 상실하였는지 여부는 피침해이익의 종류 및 성질, 침해행위가 되는 행정처분의 태양 및 그 원인, 행정처분의 발동에 대한 피해자 측의 관여의 유무, 정도 및 손해의 정도 등 제반사정을 종합하여 손해의 전보책임을 국가 또는 지방자치단체에게 부담시켜야 할 실질적인 이유가 있는지 여부에 의하여 판단하여야 한다. (대판 2003.11.27., 선고 2001다33789)

22

정답 ②

행정구제법 > 행정쟁송 > 입증책임 정답률 **76%**

| 정답해설 |

② **선택률76%** 무효등확인소송의 입증책임에 대하여 학설의 다툼이 있다. 피고에게 입증책임이 있다고 보는 것이 다수학자들의 일반적인 입장이나, 대법원은 원고에게 입증책임이 있다고 본다.

참 암기방법: 무효등확인소송 꽃이 피었습니다. 원판대로
→ 피었습니다: 피고 – 다수설/ 원판: 원고 – 판례

| 오답해설 |

① **선택률5%** 공정력은 행정행위의 효력을 인정하는 것이 일반적인 입장이다. 따라서 처분의 위법이나 적법에 대한 입증책임과는 상관이 없다.

③ **선택률8%** 「민사소송법」상의 법률요건분류설에 의하면 각자 자신에게 유리한 것을 입증한다. 따라서 처분의 적법에 대한 요건사실은 피고가 입증하고, 처분의 위법에 대한 입증책임은 원고에게 있다.

④ **선택률11%** 사정판결의 필요성에 대한 입증책임은 피고인 행정청에 있다.

23

정답 ①

행정구제법 > 행정쟁송 > 행정소송 정답률 **73%**

| 정답해설 |

① **선택률73%** 처분의 무효확인을 구하는 취소소송은 비록 그 처분이 무효에 해당한다고 해도 취소소송의 형식을 빌려 청구하였으므로 취소소송의 요건을 갖추어야 하며, 취소소송의 요건(**예** 제소기간, 필요적 행정심판전치 등)을 갖추지 못하였다면 각하된다.

| 오답해설 |

② **선택률17%** 「행정소송법」 제43조의 국가를 상대로 하는 당사자소송의 경우에는 가집행선고를 할 수 없다는 규정이 위헌결정을 받아 공공단체는 물론 국가를 상대로 한 당사자소송의 경우도 가집행선고가 가능하다.

판례 동일한 성격인 공법상 금전지급 청구소송임에도 피고가 누구인지에 따라 가집행선고를 할 수 있는지 여부가 달라진다면 상대방 소송 당사자인 원고로 하여금 불합리한 차별을 받도록 하는 결과가 된다. 재산권의 청구가 공법상 법률관계를 전제로 한다는 점만으로 국가를 상대로 하는 당사자소송에서 국가를 우대할 합리적인 이유가 있다고 할 수 없고, 집행가능성 여부에 있어서도 국가와 지방자치단체 등이 실질적인 차이가 있다고 보기 어렵다는 점에서, 심판대상조항은 국가가 당사자소송의 피고인 경우 가집행의 선고를 제한하여, 국가가 아닌 공공단체 그 밖의 권리주체가 피고인 경우에 비하여 합리적인 이유 없이 차별하고 있으므로 평등원칙에 반한다. (헌재결 2022.2.24., 2020헌가12)

③ **선택률8%** 부작위위법확인소송은 처분이 없어 사실상 제소기간이 적용될 수 없다. 다만, 의무이행심판 등의 심판을 전치하고 난 이후에는 재결서를 송달받은 날로부터 기산하여 제소기간이 적용된다.

④ **선택률2%** 취소소송이나 무효등확인소송에서 처분의 위법 여부를 판단하는 시점은 처분시가 된다. 그러나 부작위위법확인소송은 처분이 없어서 변론종결시나 판결시로 판단한다.

더 알아보기 ▶ 처분의 위법성 여부와 관련된 판례

> **항고소송에서 행정처분의 적법 여부는 특별한 사정이 없는 한 행정처분 당시를 기준으로 하여 판단해야** 하는바, 여기서 행정처분의 위법 여부를 판단하는 기준시점에 관하여 판결시가 아니라 처분시라고 하는 의미는 행정처분의 위법 여부를 판단할 때 처분 후 법령의 개폐나 사실상태의 변동에 영향을 받지 않는다는 뜻이지 처분 당시 존재하였던 자료나 행정청에 제출되었던 자료만으로 위법 여부를 판단한다는 의미는 아니므로, 처분 당시의 사실상태 등에 관한 증명은 사실심 변론종결 당시까지 할 수 있고, 법원은 행정처분 당시 행정청이 알고 있었던 자료뿐만 아니라 **사실심 변론종결 당시까지 제출된 모든 자료를 종합하여 처분 당시 존재하였던 객관적 사실을 확정하고 그 사실에 기초하여 처분의 위법 여부를 판단**할 수 있다. (대판 2014.10.30., 선고 2012두25125)

군무원 VS 공무원 비교분석

처분의 위법성 여부를 묻는 문제는 최근 들어 여러 시험에서 자주 출제되는 영역이다. 근래에 관련된 판례가 등장하여서 그러한 것이므로 앞서 제시한 '더 알아보기' 판례의 내용을 잘 이해해 두어야 한다.

24

정답 ③

행정구제법 > 행정쟁송 > 행정심판 　정답률 78%

| 정답해설 |

③ 선택률 78% 현행 「행정소송법」에 규정된 항고소송(취소소송, 무효등확인소송, 부작위위법확인소송) 외의 항고소송(예 의무이행소송, 예방적 금지소송)을 인정할 수 있는지에 대하여 다툼이 있다. 이에 대해 다수설은 긍정하고 있으나 대법원은 부정하고 있다. 따라서 우리는 법정항고소송 이외의 항고소송은 없다고 보아야 한다.

판례 행정소송법상 행정청이 일정한 처분을 하지 못하도록 그 부작위를 구하는 청구는 허용되지 않는 부적법한 소송이다. (대판 2006.5.25., 선고 2003두11988)

| 오답해설 |

① 선택률 15% 「행정심판법」 규정상 심판청구에 대한 안내가 없었다면(= 불고지) 상대방이 처분을 현실적으로 알았다고 해도 처분이 있은 날로부터 180일이 기산된다.

② 선택률 4% 「행정심판법」 규정에 의하면 행정심판에 불복하는 경우 다시 행정심판을 청구할 수는 없고, 행정소송으로 불복할 수 있다.

법령 「행정심판법」 제51조(행정심판 재청구의 금지) 심판청구에 대한 재결이 있으면 그 재결 및 같은 처분 또는 부작위에 대하여 다시 행정심판을 청구할 수 없다.

④ 선택률 3% 권한이 승계된 경우에는 승계된 이후의 행정청이 피고가 된다.

법령 「행정소송법」 제13조(피고적격) ① 취소소송은 다른 법률에 특별한 규정이 없는 한 그 처분 등을 행한 행정청을 피고로 한다. 다만, 처분 등이 있은 뒤에 그 처분 등에 관계되는 권한이 다른 행정청에 승계된 때에는 이를 승계한 행정청을 피고로 한다.

25 고난도 TOP3

정답 ④

행정조직법 > 자치행정조직법 > 지방자치 　정답률 59%

| 정답해설 |

④ 선택률 59% 감사청구한 주민은 주민소송을 청구할 수 있다.

법령 「지방자치법」 제22조(주민소송) ① 제21조 제1항에 따라 공금의 지출에 관한 사항, 재산의 취득·관리·처분에 관한 사항, 해당 지방자치단체를 당사자로 하는 매매·임차·도급 계약이나 그 밖의 계약의 체결·이행에 관한 사항 또는 지방세·사용료·수수료·과태료 등 공금의 부과·징수를 게을리한 사항을 **감사청구한 주민은 다음 각 호의 어느 하나에 해당하는 경우에 그 감사청구한 사항과 관련이 있는 위법한 행위나 업무를 게을리한 사실에 대하여 해당 지방자치단체의 장(해당 사항의 사무처리에 관한 권한을 소속기관의 장에게 위임한 경우에는 그 소속기관의 장을 말한다. 이하 이 조에서 같다)을 상대방으로 하여 소송을 제기할 수 있다.**

| 오답해설 |

① 선택률 10% 읍·면·동은 지방자치단체가 아니다. 광역자치단체로서 특·광·도(제주, 세종 포함)가 있고, 기초자치단체로서 시·군·구가 있다.

② 선택률 27% 주민은 일정한 경우에 조례제정과 개폐청구가 가능하다.

법령 「지방자치법」 제19조(조례의 제정과 개정·폐지 청구) ① **주민은 지방자치단체의 조례를 제정하거나 개정하거나 폐지할 것을 청구할 수 있다.**

② 조례의 제정·개정 또는 폐지 청구의 청구권자·청구대상·청구요건 및 절차 등에 관한 사항은 따로 법률로 정한다.

③ 선택률 4% 주민은 일정한 경우에 주민감사청구도 가능하다.

법령 「지방자치법」 제21조(주민의 감사청구) ① **지방자치단체의 18세 이상의 주민으로서** 다음 각 호의 어느 하나에 해당하는 사람(「공직선거법」 제18조에 따른 선거권이 없는 사람은 제외한다. 이하 이 조에서 '18세 이상의 주민'이라 한다)은 시·도는 300명, 제198조에 따른 인구 50만 이상 대도시는 200명, 그 밖의 시·군 및 자치구는 150명 이내에서 그 지방자치단체의 조례로 정하는 수 이상의 18세 이상의 주민이 연대 서명하여 그 지방자치단체와 그 장의 권한에 속하는 **사무의 처리가 법령에 위반되거나 공익을 현저히 해친다고 인정되면 시·도의 경우에는 주무부장관에게, 시·군 및 자치구의 경우에는 시·도지사에게 감사를 청구할 수 있다.**

1. 해당 지방자치단체의 관할 구역에 주민등록이 되어 있는 사람
2. 「출입국관리법」 제10조에 따른 영주(永住)할 수 있는 체류자격 취득일 후 3년이 경과한 외국인으로서 같은 법 제34조에 따라 해당 지방자치단체의 외국인등록대장에 올라 있는 사람

2010 2010.06.26. 국방부(육·해·공군) 시행

9급 군무원 행정법

ㅣ전체 난이도 및 합격선

전체 난이도	합격선
中	92점

ㅣ기출총평

일부 단원에 편중되지 않고 다양한 단원에서 평이한 문제들이 출제되었다.

군무원 시험의 대부분은 앞부분 영역(행정법 서론, 일반행정작용법)의 출제비중이 높다. 그러나 2010년도는 그렇지 않았다. 보통 빠지지 않고 출제되는 행정법의 일반원칙, 통치행위에서 1문항도 출제되지 않았으며, 행정법 서론부터 행정구제법까지 다양한 단원이 평범한 난이도로 출제되었다. 생소한 내용이나 특이한 유형의 문제도 없었고 단답형 문제와 장문형 문제도 없었다. 1~2줄 길이의 적당한 문장에 대해 맞고 틀림을 심플하게 묻는 유형이었으며, 기본적인 판례를 묻는 몇 문항을 제외하면 개념에 대한 문제였다. 또한 각론에서는 출제되지 않았다.

ㅣ영역별 출제비중

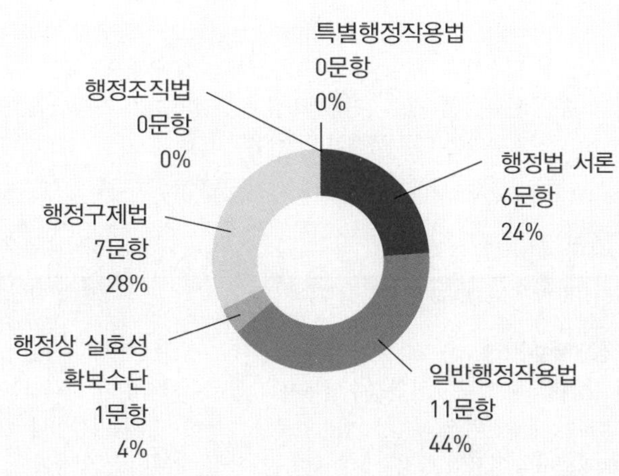

ㅣ문항 분석

		카테고리	출제수	정답률
	1	행정법 서론 > 행정법 > 행정법의 특징	2회	89%
	2	행정법 서론 > 행정법 > 법치행정	6회	64%
	3	행정법 서론 > 행정법 관계 > 공법관계	6회	92%
	4	행정법 서론 > 행정법 관계 > 행정주체	8회	91%
	5	행정법 서론 > 행정법 관계 > 개인적 공권	6회	83%
	6	행정법 서론 > 행정상 법률요건과 법률사실 > 사인의 공법행위	13회	85%
	7	일반행정작용법 > 행정입법 > 법규명령	17회	94%
	8	일반행정작용법 > 행정행위 > 행정행위의 개념	2회	84%
	9	일반행정작용법 > 행정행위 > 행정행위의 효력	14회	89%
	10	일반행정작용법 > 행정행위 > 행정행위의 내용	25회	72%
	11	일반행정작용법 > 행정행위 > 행정행위의 내용	25회	85%
	12	일반행정작용법 > 행정행위 > 확약	5회	89%
	13	일반행정작용법 > 비권력적 행정작용 > 공법상 계약	7회	86%
고난도 TOP2	14	일반행정작용법 > 비권력적 행정작용 > 행정지도	13회	58%
	15	일반행정작용법 > 그 밖의 행정작용 > 행정계획	11회	81%
	16	일반행정작용법 > 행정정보공개와 개인정보 보호 > 정보공개	18회	83%
	17	행정상 실효성 확보수단 > 행정강제 > 행정대집행	15회	92%
	18	일반행정작용법 > 행정절차 > 행정입법예고	2회	84%
	19	행정구제법 > 행정상 손해전보 > 손해배상	12회	84%
	20	행정구제법 > 행정상 손해전보 > 손실보상	19회	75%
	21	행정구제법 > 행정상 손해전보 > 손실보상	19회	81%
고난도 TOP1	22	행정구제법 > 행정쟁송 > 행정소송	47회	49%
고난도 TOP3	23	행정구제법 > 행정쟁송 > 행정소송	47회	63%
	24	행정구제법 > 행정쟁송 > 처분	5회	71%
	25	행정구제법 > 행정쟁송 > 행정소송	47회	91%

※ 고난도 TOP1 은 해당 회차에서 정답률이 가장 낮은 문항입니다.

기출문제편 ▶ P.100									
01	③	02	②	03	①	04	③	05	①
06	②	07	①	08	①	09	③	10	④
11	②	12	③	13	①	14	①	15	①
16	②	17	④	18	④	19	①	20	③
21	④	22	①	23	③	24	③	25	①

01

정답 ③

행정법 서론 > 행정법 > 행정법의 특징 정답률 **89%**

| 정답해설 |

③ **선택률89%** 행정법은 국제법이 아니지만 국제법은 행정법이 될 수 있다. 우리 헌법에 의해 조약 등의 국제법은 국내법과 동일한 효력으로 인정되고 있어 별도의 절차나 형식이 없더라도 국제법이 국내에서 발효될 수 있다.

| 오답해설 |

① **선택률2%** '행정법'이라는 이름의 단일법전은 없으나 「행정기본법」과 「행정절차법」을 마련하여 행정법의 실체적·절차적 일반규정을 두고 있다.

② **선택률8%** 행정법은 국민의 의사에 반하여 획일적이고 강행적으로 행하는 경우가 많아 국민의 예측가능성을 위해 성문법을 원칙으로 한다.

④ **선택률1%** 행정법은 그 자체가 목적이 아니고 헌법의 이념과 가치를 실현하는 수단적인 성질을 가지고 있다.

02

정답 ②

행정법 서론 > 행정법 > 법치행정 정답률 **64%**

| 정답해설 |

② **선택률64%** 재량이 법에 근거하여 법이 허용한 범위 내에서 행사되는 경우도 있으나, 법령에 근거가 없는 경우 법률유보의 범위가 아닌 행정영역에서는 법령을 위반하지 않는 범위 내에서 재량을 행사할 수 있다.

| 오답해설 |

① **선택률2%** TV수신료 결정은 중요사항으로 법률에 근거를 요한다는 입장이다. 단, 수신료 징수업무는 중요사항이 아님을 유의하여야 한다.

③ **선택률4%** 법률의 법규창조력은 오늘날 오직 의회의 법률로서만 법규창조를 말하는 것은 아니다. 상위법률로부터 구체적인 범위를 위임받은 경우 행정부도 법규제정권이 있다.

④ **선택률30%** 의회유보설은 중요사항이 단순히 법률로서 규정되면 되는 것이 아니라 중요사항의 본질적인 사항까지는 법률로서 규정되어야 한다는 규정의 정도(밀도)를 강조하는 입장이다.

판례 오늘날 **법률유보원칙은** 단순히 행정작용이 법률에 근거를 두기만 하면 충분한 것이 아니라, 국가공동체와 그 구성원에게 기본적이고도 중요한 의미를 갖는 영역, 특히 **국민의 기본권 실현과 관련된 영역에 있어서는 국민의 대표자인 입법자가 그 본질적 사항에 대해서 스스로 결정하여야 한다는 요구까지 내포하고 있다**(의회유보원칙). (헌재결 1999.5.27., 98헌바70)

군무원 VS 공무원 비교분석

법치행정 영역에서 일반적인 행정법 시험은 법률유보와 관련된 최근의 판례 중심으로 출제되고 있으나, 군무원 시험은 법치행정의 각 영역에 대한 기본적인 이론과 개념을 묻는 문제가 대부분 출제된다. 이 차이를 유의하여 공부하여야 한다.

03

정답 ①

행정법 서론 > 행정법 관계 > 공법관계 정답률 **92%**

| 정답해설 |

① **선택률92%** 국유재산무단점유자에 대한 변상금 부과처분은 항고소송대상인 행정처분이다. 대법원에 의하면 기속행위에 해당한다.

판례 이러한 변상금의 부과는 관리청이 공유재산 중 일반재산과 관련하여 사경제 주체로서 상대방과 대등한 위치에서 사법상 계약인 대부계약을 체결한 후 그 이행을 구하는 것과 달리 관리청이 공권력의 주체로서 상대방의 의사를 묻지 않고 일방적으로 행하는 행정처분에 해당한다. (후략) (대판 2013.1.24., 선고 2012다79828)

| 오답해설 |

② **선택률3%** 행정법에 흠결이 발생하면 유사한 공법을 적용하여 우선 해결하나, 공법이 없는 경우에는 사법을 유추적용하여 해결한다.

③ **선택률4%** 권력관계는 본래적 공법관계로서 원칙적으로 사법을 적용하지 않는다. 다만, 신의성실이나 권리남용금지 등 법의 일반원칙이나 법의 기술적인 약속들은 적용된다.

④ **선택률1%** 구체적인 사건의 쟁송에 있어서 어느 소송절차로 행하여야 할 것인가를 결정하기 위하여 우선적으로 공법과 사법의 구별이 필요하다(재판관할 및 소송절차 결정의 필요). 즉, 행정소송은 관할법원·제소기간·제소절차 판결의 대세효 등에 있어서 민사소송과는 다른 특례가 인정된다.

04

정답 ③

행정법 서론 > 행정법 관계 > 행정주체 정답률 **91%**

| 정답해설 |

③ **선택률91%** 소득세원천징수의무자는 공무수탁사인이 아니라는 것이 대법원의 입장이다. 행정업무를 수행하는 행정기관이나 주체로서의 자율적 행정결정을 행하는 주체는 아니라는 입장이다.

판례 **원천징수의무자는** 소득세법 제142조 및 제143조의 규정에 의하여 자동적으로 확정되는 세액을 소급자로부터 징수하여 과세관청에 납부하여야 할 의무를 부담하고 있으므로 원천징수의무자가 비록 과세관청과 같은 행정청이라도 그의 **원천징수행위는 법령에서 규정된 징수 및 납부의무를 이행하기 위한 것에 불과한 것이지, 공권력의 행사로서의 행정처분을 한 경우에 해당하지 아니한다.** (대판 1990.3.23., 선고 89누4789)

| 오답해설 |

① **선택률2%** 별정우체국장은 공무수탁사인이고, 행정주체로 인정된다.

② **선택률4%** 행정업무를 사인에게 위탁처리하기 위해서는 법적 근거가 필요하다. 따라서 위탁 여부는 입법재량이다.

④ **선택률3%** 국가는 국가가 존재하는 순간부터 행정주체로서의 지위를 갖는다.

더 알아보기 ▶ 위임·위탁의 법적 근거

국가가 자신의 임무를 그 스스로 수행할 것인지 아니면 그 임무의 기능을 민간부문으로 하여금 수행하게 할 것인지 하는 문제 판단에 관하여는 입법자에게 광범위한 입법재량 내지 형성의 자유가 인정된다. (헌재결 2007.6.28., 2004헌마262)

05

정답 ①

행정법 서론 > 행정법 관계 > 개인적 공권 　정답률 83%

| 정답해설 |

① **선택률83%** 개인적 공권이라도 공권의 공익적 성격으로부터 포기를 제한할 수 있음(포기할 수 없음)이 원칙이다(예 봉급청구권, 선거권, 소권, 고소권 등). 그러나 불행사는 가능하다.

| 오답해설 |

② **선택률8%** 헌법상 기본권을 직접 근거로 공권을 주장할 수 있는 경우로는 변호인 접견권 등의 구체성을 지니고 있는 경우나, 자유권, 평등권, 재산과 관련된 권리이고, 사회권이나 청구권 등을 근거로 한 공권은 주장할 수 없다고 한다.

③ **선택률1%** 개인적 공권 중 일부는 법령의 규정에 의해 양도나 압류가 제한되는데, 대표적인 예로는 신체나 생명 침해에 따른 국가배상의 경우 등이다.

④ **선택률8%** 뷜러의 주장과 달리 최근에는 소송제도의 개괄주의에 의해 청구권능은 불요하다는 것이 일반적이다.

더 알아보기 ▶ 부제소특약에 대한 판례

- **지방자치단체장이** 도매시장법인의 대표이사에 대하여 위 지방자치단체장이 개설한 농수산물도매시장의 도매시장법인으로 다시 지정함에 있어서 그 **지정조건으로 '지정기간 중이라도 개설자가 농수산물 유통정책의 방침에 따라 도매시장법인 이전 및 지정취소 또는 폐쇄 지시에도 일체 소송이나 손실보상을 청구할 수 없다.'라는 부관을 붙였으나,** 그중 부제소특약에 관한 부분은 당사자가 임의로 처분할 수 없는 공법상의 권리관계를 대상으로 하여 사인의 국가에 대한 공권인 **소권을 당사자의 합의로 포기하는 것으로서 허용될 수 없다.** (대판 1998.8.21., 선고 98두8919)
- **헌법 제32조 제1항이 규정하는 근로의 권리는 사회적 기본권으로서 국가에 대하여 직접 일자리를 청구하거나 일자리에 갈음하는 생계비의 지급청구권을 의미하는 것이 아니라** 고용증진을 위한 사회적·경제적 정책을 요구할 수 있는 권리에 그치며, 근로의 권리로부터 국가에 대한 직접적인 직장존속청구권이 도출되는 것도 아니다. 나아가 근로자가 **퇴직급여를 청구할 수 있는 권리도 헌법상 바로 도출되는 것이 아니라 퇴직급여법 등 관련 법률이 구체적으로 정하는 바에 따라 비로소 인정**될 수 있는 것이므로 계속근로기간 1년 미만인 근로자가 퇴직급여를 청구할 수 있는 권리가 헌법 제32조 제1항에 의하여 보장된다고 보기는 어렵다. (헌재결 2011.7.28., 2009헌마408)

06

정답 ②

행정법 서론 > 행정상 법률요건과 법률사실 > 사인의 공법행위 　정답률 85%

| 정답해설 |

② **선택률85%** 자기완결적 신고(= 수리불요신고)는 행정청에 적법한 요건을 갖춘 신고서가 도달됨으로써 효력이 발생하는 것이고, 행정청의 수리를 요하지 않는다.

| 오답해설 |

① **선택률2%** 대법원에 의하면 수리를 요하는 신고의 경우에도 반드시 신고필증이 필요한 것은 아니라고 한다.

③ **선택률9%** 수리를 필요로 하는 신고의 경우에 원칙적으로 형식적 요건심사에 그친다. 다만, 예외적으로 실체적 심사를 하여야 하는 경우도 있다.

④ **선택률4%** 사인의 공법행위가 행정행위의 전제로 작용한 경우에는 사인의 공법행위의 하자가 행정행위에 영향을 주지만 사인의 공법행위가 행정행위에 단순동기로 작용한 경우에는 사인의 공법행위의 하자가 행정행위에 아무런 영향을 주지 않는다.

더 알아보기 ▶ 납골당설치 신고와 신고필증

- **납골당설치 신고가 '수리를 요하는 신고'인지 여부(적극) 및 수리행위에 신고필증 교부 등 행위가 필요한지 여부(소극)**
  구 장사 등에 관한 법률(2007.5.25., 법률 제8489호로 전부 개정되기 전의 것, 이하 '구 장사법'이라 한다) 제14조 제1항, 구 장사 등에 관한 법률 시행규칙(2008.5.26., 보건복지가족부령 제15호로 전부 개정되기 전의 것) 제7조 제1항 [별지 제7호 서식]을 종합하면, **납골당설치 신고는 이른바 '수리를 요하는 신고'라 할 것**이므로, 납골당설치 신고가 구 장사법 관련 규정의 모든 요건에 맞는 신고라 하더라도 신고인은 곧바로 납골당을 설치할 수는 없고, 이에 대한 행정청의 수리처분이 있어야만 신고한 대로 납골당을 설치할 수 있다. 한편 **수리란 신고를 유효한 것으로 판단하고 법령에 의하여 처리할 의사로 이를 수령하는 수동적 행위이므로 수리행위에 신고필증 교부 등 행위가 꼭 필요한 것은 아니다.** (대판 2011.9.8., 선고 2009두6766)
- **파주시장이 종교단체 납골당설치 신고를 한 甲 교회에, '구 장사 등에 관한 법률에 따라 필요한 시설을 설치하고 유골을 안전하게 보관할 수 있는 설비를 갖추어야 하며 관계법령에 따른 허가 및 준수 사항을 이행하여야 한다'는 취지의 납골당설치 신고사항 이행통지를 한 사안에서, 파주시장이 甲 교회에 이행통지를 함으로써 납골당설치 신고수리를 하였다고 보는 것이 타당하고, 이를 수리처분과 별도로 항고소송대상이 되는 다른 처분으로 볼 수 없다고 한 사례**
  파주시장이 종교단체 납골당설치 신고를 한 甲 교회에, '구 장사 등에 관한 법률(2007.5.25., 법률 제8489호로 전부 개정되기 전의 것, 이하 '구 장사법'이라 한다) 등에 따라 필요한 시설을 설치하고 유골을 안전하게 보관할 수 있는 설비를 갖추어야 하며 관계법령에 따른 허가 및 준수 사항을 이행하여야 한다'는 내용의 **납골당설치 신고사항 이행통지를 한 사안에서, 이행통지는** 납골당설치 신고에 대하여 파주시장이 납골당설치 요건을 구비하였음을 확인하고 구 장사법령상 납골당설치 기준, 관계법령상 허가 또는 신고 내용을 고지하면서 신고한 대로 납골당 시설을 설치하도록 한 것이므로, 파주시장이 甲 교회에 이행통지를 함으로써 **납골당설치 신고수리를 하였다고 보는 것이 타당**하고, 이 행통지가 새로이 甲 교회 또는 관계자들의 법률상 지위에 변동을 일으키지는 않으므로 이를 수리처분과 별도로 항고소송대상이 되는 다른 처분으로 볼 수 없다고 한 사례 (대판 2011.9.8., 선고 2009두6766)

- **납골당 설치장소에서 500m 내에 20호 이상의 인가가 밀집한 지역에 거주하는 주민들의 경우, 납골당이 누구에 의하여 설치되는지와 관계없이 납골당 설치에 대하여 환경이익 침해 또는 침해 우려가 있는 것으로 사실상 추정되어 원고적격이 인정되는지 여부(적극)**

  구 장사 등에 관한 법률(2007.5.25., 법률 제8489호로 전부 개정되기 전의 것) 제14조 제3항, 구 장사 등에 관한 법률 시행령(2008.5.26., 대통령령 제20791호로 전부 개정되기 전의 것) 제13조 제1항 [별표 3]에서 납골묘, 납골탑, 가족 또는 종중·문중 납골당 등 사설납골시설의 설치장소에 제한을 둔 것은, 이러한 사설납골시설을 인가가 밀집한 지역 인근에 설치하지 못하게 함으로써 주민들의 쾌적한 주거, 경관, 보건위생 등 생활환경상의 개별적 이익을 직접적·구체적으로 보호하려는 데 취지가 있으므로, 이러한 **납골시설 설치장소에서 500m 내에 20호 이상의 인가가 밀집한 지역에 거주하는 주민들은 납골당 설치에 대하여 환경상 이익 침해를 받거나 받을 우려가 있는 것으로 사실상 추정된다.** 다만, 사설납골시설 중 종교단체 및 재단법인이 설치하는 납골당에 대하여는 그와 같은 설치 장소를 제한하는 규정을 명시적으로 두고 있지 않지만, 종교단체나 재단법인이 설치한 납골당이라 하여 납골당으로서 성질이 가족 또는 종중, 문중 납골당과 다르다고 할 수 없고, 인근 주민들이 납골당에 대하여 가지는 쾌적한 주거, 경관, 보건위생 등 생활환경상의 이익에 차이가 난다고 볼 수 없다. 따라서 납골당 설치장소에서 500m 내에 20호 이상의 인가가 밀집한 지역에 거주하는 주민들에게는 납골당이 누구에 의하여 설치되는지를 따질 필요없이 납골당 설치에 대하여 환경이익 침해 또는 침해 우려가 있는 것으로 사실상 추정되어 **원고적격이 인정된다고 보는 것이 타당하다.** (대판 2011.9.8., 선고 2009두6766)

군무원 VS 공무원 비교분석

사인의 공법행위는 2010년뿐만 아니라 거의 매년 출제되는 내용이다. 군무원 시험은 다른 시험들과 달리 사인의 공법행위의 특성보다 특히 신고에 대한 문제가 많다. 자기완결적 신고와 행정요건적 신고에 대한 기본이론을 정리해 두어야 한다. 군무원 이외의 시험을 준비하는 수험생은 사인의 공법행위의 특성과 관련된 판례에 더 중점을 두어야 한다.

07

정답 ①

일반행정작용법 > 행정입법 > 법규명령 정답률 **94%**

| 정답해설 |

① **선택률94%** 헌법에 명시된 위임입법형식은 예시규정에 해당하여 법규적인 사항을 고시 등의 행정규칙으로 위임해도 위헌이라 할 수 없다는 것이 헌법재판소의 입장이다. 다만, 위임 내용은 전문적인 사항, 경미한 사항 등 위임이 불가피한 것 등으로 제한하고 있다.

판례 **헌법이 인정하고 있는 위임입법의 형식은 예시적인 것으로 보아야 할 것이고, 그것은 법률이 행정규칙에 위임하더라도 그 행정규칙은 위임된 사항만을 규율할 수 있으므로, 국회입법의 원칙과 상치되지도 않는다.** 다만, 형식의 선택에 있어서 규율의 밀도와 규율영역의 특성이 개별적으로 고찰되어야 할 것이고, 그에 따라 입법자에게 상세한 규율이 불가능한 것으로 보이는 영역이라면 행정부에게 필요한 보충을 할 책임이 인정되고 극히 전문적인 식견에 좌우되는 영역에서는 행정기관에 의한 구체화의 우위가 불가피하게 있을 수 있다. 그러한 영역에서 행정규칙에 대한 위임입법이 제한적으로 인정될 수 있다. (헌재결 2004.10.28., 99헌바91)

| 오답해설 |

② **선택률1%** 대법원은 대통령령으로 규정된 처분기준은 법규명령으로, 총리령이나 부령으로 규정된 처분기준은 행정규칙으로 보는 경향이다.

③ **선택률2%** 법규명령에 대하여 헌법소원이 불가능하다는 것이 대법원의 입장이고, 가능하다는 것이 헌법재판소의 입장이다.

판례 명령·규칙 그 자체에 의한 직접적인 기본권 침해 여부가 문제되었을 경우 그 방법의 효력을 직접 다투는 것을 소송물로 하여 일반법원에 구제할 수 있는 절차는 존재하지 아니하므로 다른 구제절차를 거칠 것 없이 바로 헌법소원심판을 청구할 수 있는 것이다. (헌재결 1990.10.15., 89헌마178)

④ **선택률3%** 법규명령에 대한 위임은 포괄위임금지원칙이 적용된다. 국민이 대강 예측할 수 있을 만큼의 구체적인 위임이 필요하다.

더 알아보기 ▶ 부령으로 정한 재량권 행사의 기준을 법규명령으로 본 대법원 판례(예외적 판례)

- 구 여객자동차 운수사업법 시행규칙 제31조 제2항 제1호·제2호·제6호는 구 여객자동차 운수사업법 제11조 제4항의 위임에 따라 시외버스운송사업의 사업계획변경에 관한 절차, 인가기준 등을 구체적으로 규정한 것으로서, 대외적인 구속력이 있는 법규명령이라고 할 것이고, 그것을 행정청 내부의 사무처리준칙을 규정한 행정규칙에 불과하다고 할 수는 없다. (대판 2006.6.27., 선고 2003두4355)
- 공익사업을 위한 토지 등의 취득 및 보상에 관한 법률 제68조 제3항의 위임에 따라 협의취득의 보상액 산정에 관한 구체적 기준을 정하고 있는 공익사업을 위한 토지 등의 취득 및 보상에 관한 법률 시행규칙 제22조가 대외적인 구속력을 가지는지 여부(적극) (대판 2012.3.29., 선고 2011다104253)

08

정답 ①

일반행정작용법 > 행정행위 > 행정행위의 개념 정답률 84%

| 정답해설 |

① 선택률84% 행정행위는 행정청에 의한 공법행위로서 구체적인 법효과를 발생시키는 권력적 단독행위와 그 거부 또는 그에 준하는 행정작용이고, 처분의 상대방은 반드시 개별적인 경우만은 아니다. 불특정다수인을 대상으로 하는 일반처분도 행정행위가 된다.

| 오답해설 |

② 선택률5% 대법원은 석유판매업을 대물적 행정행위로 본다(관련법이 혼합적 행정행위로 해석될 수 있어 논란이 있음).

③ 선택률10% 재량은 행정청이 행정을 함에 있어서 선택가능성이 주어져 있는 경우이고, 기속은 선택가능성이 없는 경우이다.

④ 선택률1% 행정의 자동화작용도 행정행위가 될 수 있다(예 교통신호등).

09

정답 ③

일반행정작용법 > 행정행위 > 행정행위의 효력 정답률 89%

| 정답해설 |

③ 선택률89% 공정력은 행정처분의 하자가 당연무효가 아니라면 권한 있는 기관에 의해서 취소될 때까지는 일단 유효성을 인정하는 효력으로서 상대방이나 이해관계인이 이에 구속되는 효력을 말한다. 또한 다른 국가기관이 이에 따르는 효력은 구성요건적 효력이라 한다. 공정력은 무효에서는 인정되지 않는다.

| 오답해설 |

① 선택률1% 불가쟁력은 상대방이나 이해관계인이 처분의 하자가 있다고 해도 무효만 아니라면 쟁송기간이 경과할 경우 쟁송을 제기할 수 없는 효력이다. 불가변력과는 상관이 없다.

② 선택률4% 불가쟁력은 단순히 처분에 대한 쟁송기간이 경과되어 더이상 다툴 수 없음을 의미하는 것이지, 그 처분의 적법성을 보장하는 것은 아니라서 불가쟁력이 발생한 이후에도 상대방은 국가배상을 청구할 수 있고, 민사법원도 그 처분의 위법 여부를 심사하여 국가배상에 대한 인용이 가능하다.

④ 선택률6% 불가변력에 대한 설명이다.

10

정답 ④

일반행정작용법 > 행정행위 > 행정행위의 내용 정답률 72%

| 정답해설 |

④ 선택률72% 강학상 허가는 원칙적으로 출원(신청)이 필요하다. 그러나 출원 없는 허가(예 통행금지해제 등)나 출원과 다른 허가(= 수정허가, 예 3층 건축허가신청 → 5층 건축허가)도 가능하다.

| 오답해설 |

① 선택률13% 하명을 비롯한 명령적 행정행위는 이를 위반하는 경우에 제재나 강제대상은 되지만, 위반한 행위의 효력은 유효로 인정된다.

② 선택률9% 강학상 허가는 원칙으로 기속이다. 다만, 일부 중대 공익과 관련된 경우 등에는 거부가 가능하다.

③ 선택률6% 토지거래허가는 강학상 보충행위인 인가에 해당한다.

군무원 VS 공무원 비교분석

행정행위를 묻는 문제는 군무원 시험이든 일반행정직 시험이든 자주 출제되는 내용이다. 특히 허가·특허·인가 단원은 행정행위 내용의 핵심 단원이므로 기본적인 이론은 물론이고, 해당 판례까지 숙지하고 있어야 한다.

11

정답 ②

일반행정작용법 > 행정행위 > 행정행위의 내용 정답률 85%

| 정답해설 |

② 선택률85% 도로점용허가는 강학상 특허(설권행위)에 해당한다. 행정재산의 사용이나 수익허가에 해당하는 것이다.

| 오답해설 |

① 선택률7% 약사·의사·한의사면허는 강학상 허가에 해당한다.

③ 선택률5% 하천점용허가는 행정재산의 사용·수익허가로서 강학상 특허에 해당한다.

④ 선택률3% 귀화허가는 강학상 특허에 해당한다. 인위적인 법률상의 지위를 형성시키는 행위이다.

12

정답 ③

일반행정작용법 > 행정행위 > 확약 정답률 89%

| 정답해설 |

③ 선택률89% 어업권 우선순위결정은 강학상 확약에 불과하여 행정행위가 아니므로, 공정력 등의 효력이 인정될 수 없다는 것이 대법원의 입장이다.

판례 **어업권면허에 선행하는 우선순위결정은 행정청이 우선권자로 결정된 자의 신청이 있으면 어업권면허처분을 하겠다는 것을 약속하는 행위로서 강학상 확약에 불과하고 행정처분은 아니므로, 우선순위결정에 공정력이나 불가쟁력과 같은 효력은 인정되지 아니하며,** 따라서 우선순위결정이 잘못되었다는 이유로 종전의 어업권면허처분이 취소되면 행정청은 종전의 우선순위결정을 무시하고 다시 우선순위를 결정한 다음 새로운 우선순위결정에 기하여 새로운 어업권면허를 할 수 있다. (대판 1995.1.20., 선고 94누6529)

| 오답해설 |

① 선택률5% 판례 자동차운송사업 양도양수계약에 기한 양도양수인가 신청에 대하여 피고 **시장이 내인가를 한 후 위 내인가에 기한 본인가신청이 있었으나 자동차운송사업 양도양수인가신청서가 합의에 의한 정당한 신청서라고 할 수 없다는 이유로 위 내인가를 취소한 경우,** 위 내인가의

법적 성질이 행정행위의 일종으로 볼 수 있든 아니든 그것이 행정청의 상대방에 대한 의사표시임이 분명하고, 피고가 위 내인가를 취소함으로써 다시 본인가에 대하여 따로이 인가 여부의 처분을 한다는 사정이 보이지 않는다면 위 **내인가취소를 인가신청을 거부하는 처분으로 보아야 할 것이다.** (대판 1991.6.28., 선고 90누4402)

② **선택률 2%** 확약에 종기가 있는 경우 종기 도래로써 당연히 효력이 소멸한다.

④ **선택률 4%** 법령이 행정청에 대하여 본처분을 할 수 있는 권한을 부여한 경우에는 특히 반대의 규정이 없는 한 본처분에 관한 확약의 권한도 함께 주어진 것으로 볼 수 있다.

13

정답 ①

일반행정작용법 > 비권력적 행정작용 > 공법상 계약 정답률 86%

| 정답해설 |

① **선택률 86%** 「행정절차법」에 공법상 계약에 대한 규정은 없다. 처분, 신고, 확약, 위반시설 등의 공표, 행정계획, 행정입법예고, 행정예고, 행정지도에 대한 규정을 두고 있을 뿐이다.

| 오답해설 |

② **선택률 5%** 공법상 계약은 주로 계약내용이 정해진 형식으로 되어 있어 사적 자치가 제한을 받고 있다. 이러한 계약을 부합계약이라 한다.

③ **선택률 6%** 계약직 공무원에 대한 계약의 해지는 항고쟁송대상인 처분이 아니다. 당사자소송에 의하여야 한다는 것이 대법원의 입장이다.

④ **선택률 3%** 공법상 계약은 당사자소송에 의한다.

더 알아보기 ▶ 계약직 공무원의 계약해제

> 계약직 공무원에 대한 채용계약해지와 의사표시 유효 여부를 판단함에 있어 이를 일반직 공무원에 대한 징계처분과 같이 보아야 하는지 여부(소극)
> 계약직 공무원에 관한 현행 법령의 규정에 비추어 볼 때, **계약직 공무원 채용계약해지의 의사표시는 일반 공무원에 대한 징계처분과는 달라서 항고소송의 대상이 되는 처분 등의 성격을 가진 것으로 인정되지 아니하고**, 일정한 사유가 있을 때에 국가 또는 지방자치단체가 채용계약 관계의 한쪽 당사자로서 대등한 지위에서 행하는 의사표시로 취급되는 것으로 이해되므로, 이를 징계해고 등에서와 같이 그 징계사유에 한하여 효력 유무를 판단하여야 하거나, **행정처분과 같이 행정절차법에 의하여 근거와 이유를 제시하여야 하는 것은 아니다.** (대판 2002.11.26., 선고 2002두5948)

14 고난도 TOP2

정답 ①

일반행정작용법 > 비권력적 행정작용 > 행정지도 정답률 58%

| 정답해설 |

① **선택률 58%** 「국가배상법」상의 직무에는 권력작용·비권력작용(국고작용 제외), 작위·부작위, 법적 행위·사실행위, 입법작용·사법작용 등이 모두 포함된다. 행정지도는 비권력적 사실행위로서 「국가배상법」상의 직무에 해당되지만 일반적으로 지도의 임의성으로 인해 지도와 피해간의 인과관계를 입증하기 어려워 국가배상이 사실상 어려운 경우가 많다. 그러나 「국가배상법」상의 직무에는 포함된다.

| 오답해설 |

② **선택률 4%** 행정지도에 대해 현행 「행정절차법」에 규정이 있다.

③ **선택률 37%** 행정지도는 법적 구속력은 없으나 사실상의 구속력은 있다.

④ **선택률 1%** 행정지도도 국민의 권리에 침해를 줄 수 있는 경우라면 헌법소원의 대상이 될 수 있다.

더 알아보기 ▶ 행정지도의 헌법소원 가능성 여부

> 교육인적자원부장관의 대학총장들에 대한 이 사건 학칙시정요구는 고등교육법 제6조 제2항, 동법 시행령 제4조 제3항에 따른 것으로서 그 **법적 성격은 대학총장의 임의적인 협력을 통하여 사실상의 효과를 발생시키는 행정지도의 일종이지만**, 그에 따르지 않을 경우 일정한 불이익조치를 예정하고 있어 사실상 상대방에게 그에 따를 의무를 부과하는 것과 다를 바 없으므로 **단순한 행정지도로서의 한계를 넘어 규제적·구속적 성격을 상당히 강하게 갖는 것으로서 헌법소원의 대상이 되는 공권력의 행사라고 볼 수 있다.** (헌재결 2003.6.26., 2002헌마337·2003헌마7)

15

정답 ①

일반행정작용법 > 그 밖의 행정작용 > 행정계획 정답률 81%

| 정답해설 |

① **선택률 81%** 행정계획에 대한 법적 성질에 대하여 일반적인 입장은 복수성설을 취하고 있다. 즉, 처분적 성질도 있고, 입법적 성질도 있고, 독자적인 성질도 있다는 것이다. 대법원은 행정계획의 처분성을 인정한 사례가 있다(예 도시계획결정, 사업시행계획 등).

| 오답해설 |

② **선택률 5%** 일반적인 행정법규는 조건프로그램(가언명령)이고 요건과 효과가 법령에 규정되어 있어 법령에 규정된 범위 내에서 재량행사를 할 수 있다. 그러나 계획법규는 목적프로그램(정언명령)의 형식으로 되어 있고, 요건과 효과가 공백으로 규정되어 있어 행정청에 형성의 자유를 부여하고 있어 실체적인 재량통제가 곤란한 경우가 많다.

③ **선택률 5%** 행정계획, 특히 장기적 행정계획이 잘못되거나 사정변경으로 행정목적 달성이 어렵다고 판단되는 경우에는 계획을 수정하여 변경하는 것이 공익을 위해 도움이 되겠지만 이를 믿은 국민의 신뢰보호와 충돌이 발생하는 경우가 많다.

④ **선택률 9%** 행정계획도 일정한 한계가 있다. 계획을 수립하기 위해서 공익과 공익, 공익과 사익, 사익과 사익간의 충분한 형량이 있어야 하는데, 이러한 형량 없이 계획이 수립되거나(형량의 해태), 주요형량을 누락시킨 경우이거나(형량의 흠결), 공정성이 결여된 형량(오형량)인 경우에는 위법이 된다. 형량의 문제는 비례원칙과 관련된 문제이다.

16

정답 ②

일반행정작용법 > 행정정보공개와 개인정보 보호 > 정보공개 정답률 83%

| 정답해설 |

② **선택률83%** 「공공기관의 정보공개에 관한 법률 시행령」상 공공기관에 사립학교도 포함하고 있다. 이에 대해 위법이 없다는 것이 판례의 입장이다.

법령 「공공기관의 정보공개에 관한 법률 시행령」 제2조(공공기관의 범위) 「공공기관의 정보공개에 관한 법률」(이하 '법'이라 한다) 제2조 제3호 마목에서 '대통령령으로 정하는 기관'이란 다음 각 호의 기관 또는 단체를 말한다.

1. 「유아교육법」, 「초·중등교육법」, 「고등교육법」에 따른 각급 학교 또는 그 밖의 다른 법률에 따라 설치된 학교
2. 삭제
3. 「지방자치단체 출자·출연 기관의 운영에 관한 법률」 제2조 제1항에 따른 출자기관 및 출연기관
4. 특별법에 따라 설립된 특수법인
5. 「사회복지사업법」 제42조 제1항에 따라 국가나 지방자치단체로부터 보조금을 받는 사회복지법인과 사회복지사업을 하는 비영리법인
6. 제5호 외에 「보조금 관리에 관한 법률」 제9조 또는 「지방재정법」 제17조 제1항 각 호 외의 부분 단서에 따라 국가나 지방자치단체로부터 연간 5천만 원 이상의 보조금을 받는 기관 또는 단체. 다만, 정보공개 대상 정보는 해당 연도에 보조를 받은 사업으로 한정한다.

| 오답해설 |

① **선택률4%** 정보공개는 문서로 청구하거나 말로써 청구할 수 있다. 또한 문서로 청구하는 경우에는 일정한 양식을 갖추어야 한다.

법령 「공공기관의 정보공개에 관한 법률」 제10조(정보공개의 청구방법) ① 정보의 공개를 청구하는 자(이하 '청구인'이라 한다)는 해당 정보를 보유하거나 관리하고 있는 공공기관에 다음 각 호의 사항을 적은 정보공개 청구서를 제출하거나 말로써 정보의 공개를 청구할 수 있다.

1. 청구인의 성명·생년월일·주소 및 연락처(전화번호·전자우편주소 등을 말한다. 이하 이 조에서 같다). 다만, 청구인이 법인 또는 단체인 경우에는 그 명칭, 대표자의 성명, 사업자등록번호 또는 이에 준하는 번호, 주된 사무소의 소재지 및 연락처를 말한다.
2. 청구인의 주민등록번호(본인임을 확인하고 공개 여부를 결정할 필요가 있는 정보를 청구하는 경우로 한정한다)
3. 공개를 청구하는 정보의 내용 및 공개방법

③ **선택률9%** 정보공개청구권자는 모든 국민과 일정한 요건을 갖춘 외국인이다. 이해관계가 있는 자에 한정되지 않는다.

④ **선택률4%** 정보공개를 청구받은 공공기관은 청구받은 날로부터 10일 이내에 공개 여부를 결정하여야 한다.

법령 「공공기관의 정보공개에 관한 법률」 제11조(정보공개 여부의 결정) ① 공공기관은 제10조에 따라 정보공개의 청구를 받으면 그 청구를 받은 날부터 10일 이내에 공개 여부를 결정하여야 한다.

17

정답 ④

행정상 실효성 확보수단 > 행정강제 > 행정대집행 정답률 92%

| 정답해설 |

④ **선택률92%** 건물의 인도나 명도의무는 사람에 대한 강제로서 퇴거조치를 통해 행정목적이 달성된다. 따라서 점유배제를 목적으로 하는 경우로서 행정대집행대상이 아니다.

| 오답해설 |

① **선택률1%** 1차 계고는 처분이다. 그러나 2차·3차 계고는 단순한 계고의 연기에 불과하다는 것이 대법원의 입장이다.

② **선택률3%** 처분청만이 대집행 주체이다. 감독청은 대집행을 할 수 없다.

③ **선택률4%** '계고+영장+실행+비용징수'는 하나의 법효과를 가져오는 행정이다. 따라서 계고에 하자가 있는 경우에는 영장통지에 하자가 승계된다.

18

정답 ④

일반행정작용법 > 행정절차 > 행정입법예고 정답률 84%

| 정답해설 |

④ **선택률84%** 「행정절차법」 제40조의4에서 행정계획의 일반적 규정을 두고 있고 또한 동법 제46조 규정에 의해 행정계획은 행정예고대상이 된다.

법령 「행정절차법」 제46조(행정예고) ① 행정청은 정책, 제도 및 계획(이하 '정책 등'이라 한다)을 수립·시행하거나 변경하려는 경우에는 이를 예고하여야 한다. 다만, 다음 각 호의 어느 하나에 해당하는 경우에는 예고를 하지 아니할 수 있다.

1. 신속하게 국민의 권리를 보호하여야 하거나 예측이 어려운 특별한 사정이 발생하는 등 긴급한 사유로 예고가 현저히 곤란한 경우
2. 법령 등의 단순한 집행을 위한 경우
3. 정책 등의 내용이 국민의 권리·의무 또는 일상생활과 관련이 없는 경우
4. 정책 등의 예고가 공공의 안전 또는 복리를 현저히 해칠 우려가 상당한 경우

| 오답해설 |

① **선택률4%** 단순한 상위법령의 집행을 위한 경우에는 입법예고를 하지 아니할 수 있다.

법령 「행정절차법」 제41조(행정상 입법예고) ① 법령 등을 제정·개정 또는 폐지(이하 '입법'이라 한다)하려는 경우에는 해당 입법안을 마련한 행정청은 이를 예고하여야 한다. 다만, 다음 각 호의 어느 하나에 해당하는 경우에는 예고를 하지 아니할 수 있다.

1. 신속한 국민의 권리 보호 또는 예측 곤란한 특별한 사정의 발생 등으로 입법이 긴급을 요하는 경우
2. 상위법령 등의 단순한 집행을 위한 경우
3. 입법내용이 국민의 권리·의무 또는 일상생활과 관련이 없는 경우
4. 단순한 표현·자구를 변경하는 경우 등 입법내용의 성질상 예고의 필요가 없거나 곤란하다고 판단되는 경우
5. 예고함이 공공의 안전 또는 복리를 현저히 해칠 우려가 있는 경우

② **선택률 1%** 대통령령은 다른 총리령이나 부령과 달리 입법예고시 국회 소관 상임위원회에 제출할 의무가 있다.

법령 「행정절차법」 제42조(예고방법) ① 행정청은 입법안의 취지, 주요 내용 또는 전문(全文)을 다음 각 호의 구분에 따른 방법으로 공고하여야 하며, 추가로 인터넷, 신문 또는 방송 등을 통하여 공고할 수 있다.

1. 법령의 입법안을 입법예고하는 경우: 관보 및 법제처장이 구축·제공하는 정보시스템을 통한 공고
2. 자치법규의 입법안을 입법예고하는 경우: 공보를 통한 공고

② 행정청은 대통령령을 입법예고하는 경우 국회 소관 상임위원회에 이를 제출하여야 한다.

③ **선택률 11%** 행정예고기간은 20일 이상으로 한다. 다만, 행정목적을 달성하기 위하여 긴급한 필요가 있는 경우에는 행정예고기간을 단축할 수 있다. 이 경우 단축된 행정예고기간은 10일 이상으로 한다(동법 제46조 제3항·제4항).

19

정답 ①

행정구제법 > 행정상 손해전보 > 손해배상 정답률 84%

| 정답해설 |

① **선택률 84%** 시영버스운전사는 국고관계에 있어 「국가배상법」상의 직무에 포함되지 않으며, 의용소방대원은 「소방법」에 의해 설치된 소방대원이 아니므로 「국가배상법」상 공무원으로 인정할 수 없다는 것이 대법원의 입장이다.

㉠ 시영버스운전사

판례 국가 또는 공공단체라 할지라도 공권력의 행사가 아니고 순전히 대등한 지위에서 사경제의 주체로 활동하였을 경우에는 그 손해배상의 책임에 국가배상법의 규정이 적용될 수 없으므로, 시영버스사고에 대하여 시는 본조에 의한 책임을 지고 그 운전사가 시의 별정직 공무원이라 하여 결론을 달리하지 않는다. (대판 1969.4.22., 선고 68다2225)

㉢ 의용소방대원

판례 소방법에 의하여 시, 읍에 설치한 의용소방대는 국가기관이라 할 수 없으니 그 대원의 직무수행과정의 불법행위에 대하여 국가는 그 배상책임이 없다. (대판 1966.11.22., 선고 66다1501)

| 오답해설 |

② **선택률 2%** ③ **선택률 4%** ④ **선택률 10%**

㉡ 전입신고 확인인을 찍는 통장

판례 주민등록법 제14조와 같은 법 시행령 제7조의2 등에 의하면 주민등록 전입신고를 하여야 할 신고의무자가 전입신고를 할 경우에는 신고서에 관할이장(시에 있어서는 통장)의 확인인을 받아 제출하도록 규정되어 있는 점 등에 비추어 보면 **통장이 전입신고서에 확인인을 찍는 행위는 공무를 위탁받아 실질적으로 공무를 수행하는 것이라고 보아야 하므로, 통장은 그 업무범위 내에서는 국가배상법 제2조 소정의 공무원에 해당**한다. (대판 1991.7.9., 선고 91다5570)

㉣ 미군부대 카투사

판례 **미군부대 소속 선임하사관이** 소속부대장의 명에 따라 공무차 예하부대로 출장을 감에 있어 부대에 공용차량이 없었던 까닭에 개인소유의 차량을 빌려 직접 운전하여 예하부대에 가서 **공무를 보고 나자 퇴근시간이 되어서 위 차량을 운전하여 집으로 운행하던 중 교통사고가 발생하였다면 위 선임하사관의 위 차량의 운행은 실질적·객관적으로 그가 명령받은 위 출장명령을 수행하기 위한 직무와 밀접한 관련이 있는 것**이라고 보아야 한다. (대판 1988.3.22., 선고 87다카1163)

㉤ 교통할아버지

판례 지방자치단체가 '교통할아버지 봉사활동 계획'을 수립한 후 관할 동장으로 하여금 '교통할아버지'를 선정하게 하여 어린이 보호, 교통안내, 거리질서 확립 등의 공무를 위탁하여 집행하게 하던 중 **'교통할아버지'로 선정된 노인이 위탁받은 업무범위를 넘어 교차로 중앙에서 교통정리를 하다가 교통사고를 발생시킨 경우, 지방자치단체가 국가배상법 제2조 소정의 배상책임을 부담한다.** (대판 2001.1.5., 선고 98다39060)

20

정답 ③

행정구제법 > 행정상 손해전보 > 손실보상 정답률 75%

| 정답해설 |

③ **선택률 75%** 헌법재판소에 의하면 개발제한구역의 설정으로 지가가 하락한 경우에도 해당 지역을 종전 목적으로 사용할 수 있어 특별한 희생으로 볼 수 없다고 한다. 따라서 보상을 요하지 않는다.

| 오답해설 |

① **선택률 7%** 헌법 제23조 제3항의 정당보상은 상당보상설과 완전보상설 중 완전보상설이 다수설과 판례의 입장이다.

② **선택률 11%** 「공익사업을 위한 토지 등의 취득 및 보상에 관한 법률」의 규정 내용이다.

법령 「공익사업을 위한 토지 등의 취득 및 보상에 관한 법률」 제30조(재결 신청의 청구) ① 사업인정고시가 된 후 협의가 성립되지 아니하였을 때에는 토지소유자와 관계인은 대통령령으로 정하는 바에 따라 서면으로 사업시행자에게 재결을 신청할 것을 청구할 수 있다.

② 사업시행자는 제1항에 따른 청구를 받았을 때에는 그 청구를 받은 날부터 60일 이내에 대통령령으로 정하는 바에 따라 관할 토지수용위원회에 재결을 신청하여야 한다. 이 경우 수수료에 관하여는 제28조 제2항을 준용한다.

④ **선택률 7%** 보상은 사전보상·개별보상·일시보상이 원칙이다.

더 알아보기 ▶ 목적위배설 – 헌법재판소 입장

1. 「도시계획법」 제21조에 대한 위헌소원
   - 개발제한구역 지정으로 인하여 토지를 종래의 목적으로도 사용할 수 없거나 또는 더이상 법적으로 허용된 토지이용의 방법이 없기 때문에 실질적으로 토지의 사용·수익의 길이 없는 경우에는 토지소유자가 수인해야 하는 사회적 제약의 한계를 넘는 것으로 보아야 한다.
   - **개발제한구역의 지정으로 인한 개발가능성의 소멸과 그에 따른 지가의 하락이나 지가상승률의 상대적 감소는 토지소유자가 감수해야 하는 사회적 제약의 범주에 속하는 것으로 보아야 한다.** 자신의 토지를 장래에 건축이나 개발목적으로 사용할 수 있으리라는 기대가능성이나 신뢰 및 이에 따른 지가상승의 기회는 원칙적으로 재산권의 보호범위에 속하지 않는다. 구역지정 당시의 상태대로 토지를 사용·수익·처분할 수 있는 이상, 구역지정에 따른 단순한 토지이용의 제한은 원칙적으로 재산권에 내재하는 사회적 제약의 범주를 넘지 않는다.

• 도시계획법 제21조에 의한 재산권의 제한은 개발제한구역으로 지정된 토지를 원칙적으로 지정 당시의 지목과 토지현황에 의한 이용방법에 따라 사용할 수 있는 한, 재산권에 내재하는 사회적 제약을 비례의 원칙에 합치하게 합헌적으로 구체화한 것이라고 할 것이나, **종래의 지목과 토지현황에 의한 이용방법에 따른 토지의 사용도 할 수 없거나 실질적으로 사용·수익을 전혀 할 수 없는 예외적인 경우에도 아무런 보상없이 이를 감수하도록 하고 있는 한, 비례의 원칙에 위반되어 당해 토지소유자의 재산권을 과도하게 침해하는 것으로서 헌법에 위반된다.** (헌재결 1998.12.24., 97헌바78)

2. 구 「토지수용법」 제48조 제1항에서 정한 '종래의 목적'과 '사용하는 것이 현저히 곤란한 때'의 의미

구 토지수용법(1999.2.8., 법률 제5909호로 개정되기 전의 것) 제48조 제1항에서 규정한 '종래의 목적'이라 함은 수용재결 당시에 당해 잔여지가 현실적으로 사용되고 있는 구체적인 용도를 의미하고, '사용하는 것이 현저히 곤란한 때'라고 함은 물리적으로 사용하는 것이 곤란하게 된 경우는 물론 사회적·경제적으로 사용하는 것이 곤란하게 된 경우, 즉 **절대적으로 이용 불가능한 경우만이 아니라 이용은 가능하나 많은 비용이 소요되는 경우를 포함한다.** (대판 2005.1.28., 선고 2002두4679)

군무원 VS 공무원 비교분석

개발제한구역 지정에 보상금 지급규정이 없는 것에 대한 헌법재판소의 판결은 어떤 직렬의 행정법 시험이든지 출제빈도가 높은 내용이다. 관련 판례를 숙지하여야 하고 '분리이론'에 대한 이론과 접목시켜 이해하여야 한다.

21

정답 ④

행정구제법 > 행정상 손해전보 > 손실보상 — 정답률 81%

| 정답해설 |

④ 선택률81% 손실보상은 현금보상을 원칙으로 한다. 다만, 현물보상도 가능할 수 있다.

| 오답해설 |

① 선택률3% 손해배상과 달리 손실보상은 적법한 공권력 행사에 따른 재산상의 침해에 대한 보상이다.

② 선택률8% 사업시행자가 보상함을 원칙으로 한다.

③ 선택률8% 개별적으로 지급함을 원칙으로 한다. 다만, 보상시기를 달리하는 토지에 토지소유자가 일괄지급을 요청해 오면 일괄지급도 가능하다.

22 고난도 TOP1

정답 ①

행정구제법 > 행정쟁송 > 행정소송 — 정답률 49%

| 정답해설 |

① 선택률49% 부작위와 거부처분은 집행정지대상이 되지 않으나, 적극처분은 그 처분의 무효·취소와 상관없이 집행정지대상이 된다.

| 오답해설 |

② 선택률12% 집행정지는 소송의 진행을 전제로 한 임시구제이다. 따라서 소송의 적법한 청구를 전제로 한다.

③ 선택률25% 법에는 규정이 없으나 대법원에 의하면 집행정지가 악용될 수 있는 점을 고려하여 이유없음이 명백하지 않아야 인정될 수 있다고 한다.

④ 선택률14% 집행정지결정·불허가결정에 불복하여 즉시항고가 가능하다.

군무원 VS 공무원 비교분석

일반행정직 시험에서 한때 자주 출제되었던 부분이 집행정지와 무효·취소의 구분이다. 지금은 조금 덜 출제되기는 하지만 여전히 중요한 부분임을 부정할 수 없다. 특히 군무원 시험은 비교적 단순한 출제 유형이 많아 무효·취소를 구분하는 개념을 묻기에 적절하다. 초심자들은 사정판결과 혼동하는 경우가 많으므로 주의를 요한다.

23 고난도 TOP3

정답 ③

행정구제법 > 행정쟁송 > 행정소송 — 정답률 63%

| 정답해설 |

③ 선택률63% 「행정심판법」과 달리 「행정소송법」에는 제소기간에 대한 불고지나 오고지규정을 두고 있지 않다.

| 오답해설 |

① 선택률4% 행정심판전치주의는 종전에 필요적 전치주의였으나 최근에는 원칙적으로 임의적 전치주의이다. 그러나 일부 아직도 개별법에 의해 필요적 행정심판전치주의(「국가공무원법」, 「국세기본법」 등)에 해당되는 처분도 있다.

② 선택률31% 기판력은 사실심변론종결시를 기준으로 한다. 따라서 사실심변론종결 이후 사유를 들어 모순된 주장이나 모순된 판단은 허용된다.

④ 선택률2% 도롱뇽은 법률관계의 한쪽 당사자가 될 수 없는 자연물에 해당하여 원고적격이 될 수 없다는 것이 대법원의 입장이다.

더 알아보기 ▶ 관련 판례

도롱뇽은 천성산 일원에 서식하고 있는 도롱뇽목 도롱뇽과에 속하는 양서류로서 자연물인 도롱뇽 또는 그를 포함한 자연 그 자체로서는 소송을 수행할 당사자능력을 인정할 수 없다고 한 원심의 판단을 수긍한 사례 (대결 2006.6.2., 자 2004마1148·1149)

24

정답 ③

행정구제법 > 행정쟁송 > 처분 — 정답률 71%

| 정답해설 |

③ 선택률71% 해양수산부장관의 해양 항만 명칭결정은 국민의 구체적인 권리나 의무에 변동을 일으키는 처분이 아니다.

판례 해양수산부장관의 항만 명칭결정은 국민의 권리의무나 법률상 지위에 직접적인 법률적 변동을 일으키는 행위가 아니므로 항고소송의 대상이 되는 행정처분이 아니다. (대판 2008.5.29., 선고 2007두23873)

| 오답해설 |

① **선택률23%** 소득세 원천징수의무자인 법인에 대한 소득금액변동통지는 항고소송대상인 처분이다.

판례 소득금액변동통지는 원천징수의무자인 법인의 납세의무에 직접 영향을 미치는 과세관청의 행위로서, 항고소송의 대상이 되는 조세행정처분이라고 봄이 상당하다. (대판 2006.4.20., 선고 2002두1878)

② **선택률4%** 건축계획심의신청은 행정계획에 대한 청구가 아닌 본인의 건축에 대한 심의를 신청한 것으로서 이의 거부는 건축을 할 수 없는 상태에 해당되어 처분에 해당된다.

판례 건축계획심의신청에 대한 반려처분이 항고소송의 대상이 되는 행정처분에 해당한다고 한 사례 (대판 2007.10.11., 선고 2007두1316)

④ **선택률2%** 지목변경신청 반려행위는 국민의 권리나 의무에 직접적 영향을 주는 행정처분이다.

판례 토지소유자는 지목을 토대로 토지의 사용·수익·처분에 일정한 제한을 받게 되는 점 등을 고려하면, 지목은 토지소유권을 제대로 행사하기 위한 전제요건으로서 토지소유자의 실체적 권리관계에 밀접하게 관련되어 있으므로 **지적공부 소관청의 지목변경신청 반려행위는 국민의 권리관계에 영향을 미치는 것으로서 항고소송의 대상이 되는 행정처분에 해당한다.** (대판 2004.4.22., 선고 2003두9015)

더 알아보기 ▶ 처분성과 관련된 중요 판례

1. 신설되는 항만의 명칭결정 등의 취소를 구하는 소송에 대하여 지방자치단체들이 제3자 소송참가신청을 한 사안에서, 그 소송결과에 따라 침해되는 법률상 이익이 없어 위 신청이 부적법하다. (대판 2008.5.29., 선고 2007두23873)
2. 소득금액변동통지에 대한 최근 판례는 처분성이 부정된 사례가 있으나 사안은 동일하지 않다. 소득금액변동통지를 누구를 대상으로 했는지에 따라 처분성 여부가 좌우된다. 두 판례를 꼭 구분하여야 한다.
   - 소득금액변동통지의 처분성 여부와 법률상 이익
     - 과세관청의 소득처분에 따른 소득금액변동통지가 항고소송의 대상이 되는 조세행정처분인지 여부(적극)
       과세관청의 소득처분과 그에 따른 소득금액변동통지가 있는 경우 원천징수의무자인 법인은 소득금액변동통지서를 받은 날에 그 통지서에 기재된 소득의 귀속자에게 당해 소득금액을 지급한 것으로 의제되어 그때 원천징수하는 소득세의 납세의무가 성립함과 동시에 확정되고, 원천징수의무자인 법인으로서는 소득금액변동통지서에 기재된 소득처분의 내용에 따라 원천징수세액을 그다음 달 10일까지 관할 세무서장 등에게 납부하여야 할 의무를 부담하며, 만일 이를 이행하지 아니하는 경우에는 가산세의 제재를 받게 됨은 물론이고 형사처벌까지 받도록 규정되어 있는 점에 비추어 보면, **소득금액변동통지는 원천징수의무자인 법인의 납세의무에 직접 영향을 미치는 과세관청의 행위로서, 항고소송의 대상이 되는 조세행정처분이라고 봄이 상당하다.** (대판 2006.4.20., 선고 2002두1878)
   - 소득귀속자에 대한 통지
     - 구 소득세법 시행령 제192조 제1항 단서에 따른 소득의 귀속자에 대한 소득금액변동통지가 항고소송의 대상이 되는 행정처분인지 여부(소극)
       구 소득세법 시행령(2008.2.22., 대통령령 제20618호로 개정되기 전의 것) 제192조 제1항 단서에 따른 **소득의 귀속자에 대한 소득금액변동통지는 원천납세의무자인 소득귀속자의 법률상 지위에 직접적인 법률적 변동을 가져오는 것이 아니므로, 항고소송의 대상이 되는 행정처분이라고 볼 수 없다.**
     - 소득처분에 따른 소득의 귀속자가 법인에 대한 소득금액변동통지의 취소를 구할 법률상 이익이 있는지 여부(소극)
       원천징수의무자에 대한 소득금액변동통지는 원천납세의무의 존부나 범위와 같은 원천납세의무자의 권리나 법률상 지위에 어떠한 영향을 준다고 할 수 없으므로 소득처분에 따른 소득의 귀속자는 법인에 대한 소득금액변동통지의 취소를 구할 법률상 이익이 없다. (대판 2015.3.26., 선고 2013두9267)

25

정답 ①

행정구제법 > 행정쟁송 > 행정소송 정답률 91%

| 정답해설 |

① **선택률91%** 불합격처분에 대한 소송계속 중 입학시기가 경과하였다면 소송을 통해 불합격처분을 취소하여야 다음 입학시기에 입학이 가능하므로 소익이 있다.

판례 대학입학고사 불합격처분의 취소를 구하는 소송계속 중 당해 연도의 입학시기가 지나고 입학정원에 못 들어가게 된 경우 불합격처분의 적법 여부를 다툴 만한 법률상의 이익이 있다. (대판 1990.8.28., 선고 89누8255)

| 오답해설 |

② **선택률1%** 다른 교도소로 이송되었다고 해도 여전히 권익침해가 해소되지 않았으므로 소익이 있다.

판례 수형자의 영치품에 대한 사용신청 불허처분 후 수형자가 다른 교도소로 이송되었다 하더라도 수형자의 권리와 이익의 침해 등이 해소되지 않은 점 등에 비추어, 위 영치품 사용신청 불허처분의 취소를 구할 이익이 있다. (대판 2008.2.14., 선고 2007두13203)

③ **선택률5%** 이른바 '전임강사임용처분 취소사건'으로, 대학생들의 학습권 침해를 인정하지 않아 원고적격을 부정한 판례이다.

판례 대학생들이 전공이 다른 교수를 임용함으로써 학습권을 침해당하였다는 이유를 들어 교수임용처분의 취소를 구할 소의 이익이 없다. (대판 1993.7.27., 선고 93누8139)

④ **선택률3%** 후임이사 선임권에 대한 소익이 있다는 것이 판례의 입장이다.

판례 학교법인 임원취임승인의 취소처분 후 그 임원의 임기가 만료되고 구 사립학교법 제22조 제2호 소정의 임원결격사유기간마저 경과한 경우 또는 위 취소처분에 대한 취소소송 제기 후 임시이사가 교체되어 새로운 임시이사가 선임된 경우, 위 취임승인취소처분 및 당초의 임시이사선임처분의 취소를 구할 소의 이익이 있다. (대판 2007.7.19., 선고 2006두19297)

2009 2009.06.27. 국방부(육·해·공군) 시행

9급 군무원 행정법

I 전체 난이도 및 합격선

전체 난이도	합격선
中	92점

I 기출총평

행정법이 단순암기와 동시에 이해를 필요로 하는 과목임을 보여주는 문제가 출제되었다.

일반적인 행정법 시험 기준에 알맞은 단원, 난이도, 유형이 적절하게 구성되어 출제되었다. 전체적인 난이도는 중(中)으로 볼 수 있는데, 선지는 짧지만 고민하게 만드는 문제와 기초적인 개념을 묻는 문제의 문항 수가 비슷하다. 특이한 점은 특별히 이해를 하지 않아도 되는 단순암기, 즉 날짜를 묻는 문제를 출제하면서도 반대로 철저한 이해를 요하는 행정개입청구권이 출제되었다는 것이다. 특히 행정개입청구권에 대한 문제는 단순암기로는 해결할 수 없는 '사례형'으로 출제되었다. 출제가 드물고 다소 생소한 수용적 침해 관련 문제도 있었으며 각론에서는 출제되지 않았다.

I 영역별 출제비중

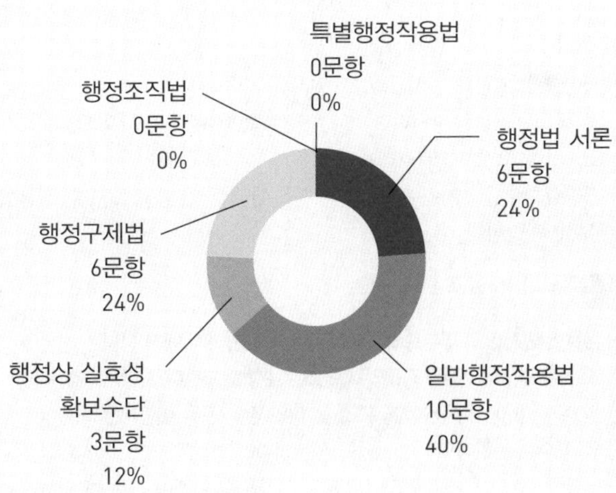

I 문항 분석

		카테고리	출제수	정답률
	1	행정법 서론 > 행정 > 행정의 의의	3회	76%
	2	행정법 서론 > 행정법 > 행정법의 일반원칙	19회	69%
	3	행정법 서론 > 행정법 관계 > 공법관계	6회	90%
	4	행정법 서론 > 행정상 법률요건과 법률사실 > 시효	3회	87%
	5	행정법 서론 > 행정법 관계 > 행정개입청구권	3회	77%
	6	일반행정작용법 > 행정입법 > 법규명령	17회	70%
	7	일반행정작용법 > 행정행위 > 행정행위의 개념	2회	91%
고난도 TOP2	8	일반행정작용법 > 행정행위 > 기속과 재량	10회	55%
	9	일반행정작용법 > 행정행위 > 행정행위의 내용	25회	86%
	10	일반행정작용법 > 행정행위 > 부관	14회	88%
	11	일반행정작용법 > 행정행위 > 하자승계	6회	83%
	12	일반행정작용법 > 행정행위 > 취소와 철회	13회	84%
	13	일반행정작용법 > 비권력적 행정작용 > 행정지도	13회	90%
	14	행정상 실효성 확보수단 > 행정벌 > 가산세	1회	81%
	15	행정상 실효성 확보수단 > 행정강제 > 행정대집행	15회	83%
	16	행정상 실효성 확보수단 > 행정벌 > 행정질서벌	10회	89%
	17	일반행정작용법 > 행정절차 > 행정절차법	13회	93%
	18	일반행정작용법 > 행정절차 > 처분절차	8회	85%
	19	행정법 서론 > 행정법 관계 > 개인적 공권	6회	72%
	20	행정구제법 > 행정상 손해전보 > 손해배상	12회	92%
고난도 TOP3	21	행정구제법 > 행정상 손해전보 > 손실보상	19회	62%
고난도 TOP1	22	행정구제법 > 행정상 손해전보 > 손실보상	19회	54%
	23	행정구제법 > 행정쟁송 > 행정심판	28회	80%
	24	행정구제법 > 행정쟁송 > 부작위위법확인소송	3회	82%
	25	행정구제법 > 행정쟁송 > 행정소송	47회	75%

※ 고난도 TOP1 은 해당 회차에서 정답률이 가장 낮은 문항입니다.

기출문제편 ▶ P.105									
01	②	02	①	03	④	04	④	05	①
06	①	07	①	08	②	09	③	10	②
11	①	12	④	13	①	14	③	15	②
16	②	17	①②	18	④	19	①	20	①
21	④	22	③	23	③	24	③	25	②

01

정답 ②

행정법 서론 > 행정 > 행정의 의의 정답률 **76%**

| 정답해설 |

② **선택률76%** 대법원규칙 제정은 형식적 의미의 사법이나, 실질적으로는 입법행위이다.

| 오답해설 |

① **선택률3%** 행정은 사법(司法)작용과 달리 적극적이고 능동적인 국가작용이며, 구체적 규율행위이다. 추상적 규율은 입법이다.

③ **선택률20%** 통치행위에 대한 직접적인 규정은 없다. 헌법 제64조 제4항은 통치행위를 엿볼 수 있는 근거규정일 뿐이다.

④ **선택률1%** 행정법은 행정의 조직·작용·구제에 관한 공법으로서 통일된 법전은 없다.

더 알아보기 ▶ 행정의 개념적 징표

- 공익을 실현하는 작용이다(가장 핵심적인 징표).
- 행정주체에 의한 활동작용이다.
- 다양한 행위형식에 의하여 행하여진다.
- 사회의 공동생활을 대상으로 하는 사회형성적 작용이다.
- 개별적·구체적 사안에 대한 규율을 행한다.
- 법적 구속을 받으면서도 광범위한 활동의 자유가 인정된다.
- 적극적이고 미래지향적인 작용이다.

02

정답 ①

행정법 서론 > 행정법 > 행정법의 일반원칙 정답률 **69%**

| 정답해설 |

① **선택률69%** 신뢰보호원칙의 요건은 행정청의 선행조치, 귀책사유 없음, 보호가치 있음, 선행조치에 따른 인과관계 있는 처리 등이다. 이때 행정청의 선행조치는 공적 견해표명을 요하는데, 그 공적 견해표명이 무효에 해당하지 않으면 적법이 아니라도 신뢰보호대상이 된다.

| 오답해설 |

② **선택률2%** 행정청의 공권력 행사에 실질적으로 관련 없는 반대급부를 부과하는 경우에는 부당결부금지원칙에 위반된다.

판례 지방자치단체장이 사업자에게 주택사업계획승인을 하면서 그 주택사업과는 아무런 관련이 없는 토지를 기부채납하도록 하는 부관을 주택사업계획승인에 붙인 경우, 그 부관은 부당결부금지의 원칙에 위반되어 위법하다. (대판 1997.3.11., 선고 96다49650)

③ **선택률12%** 대법원에 의하면 실권의 법리는 권력관계·관리관계에 적용되며 신의성실원칙에서 파생된 것이라 한다.

판례 **실권 또는 실효의 법리는 신의성실의 원칙에 바탕을 둔 파생적인 원리로서** 이는 본래 권리행사의 기회가 있음에도 불구하고 권리자가 장기간에 걸쳐 그 권리를 행사하지 아니하였기 때문에 의무자인 상대방이 이미 그의 권리를 행사하지 아니할 것으로 믿을 만한 정당한 사유가 있게 됨으로써 새삼스럽게 그 권리를 행사하는 것이 신의성실의 원칙에 위반되는 결과가 될 때 그 권리행사를 허용하지 않는 것을 의미한다. (대판 2005.7.15., 선고 2003다46963)

④ **선택률17%** 상대방의 사실은폐 등에 의한 사위의 수익적 처분의 취소에는 귀책사유가 있어 신뢰보호를 주장할 수 없다.

판례 개인의 귀책사유라 함은 행정청의 견해표명의 하자가 상대방 등 관계자의 **사실은폐나 기타 사위의 방법에 의한 신청행위 등 부정행위에 기인한 것이거나 그러한 부정행위가 없더라도 하자가 있음을 알았거나 중대한 과실로 알지 못한 경우 등을 의미한다고 해석함이 상당하고, 귀책사유의 유무는 상대방과 그로부터 신청행위를 위임받은 수임인 등 관계자 모두를 기준으로 판단하여야 한다.** (대판 2008.1.17., 선고 2006두10931)

03

정답 ④

행정법 서론 > 행정법 관계 > 공법관계 정답률 **90%**

| 정답해설 |

④ **선택률90%** 국유잡종재산(현 일반재산)에 대한 대부와 대부료 부과행위는 사법관계에 해당한다. 행정재산에 대한 사용·수익허가는 공법관계이다.

| 오답해설 |

① **선택률6%** 손실보상청구권은 다수설에 의하면 공권이고 당사자소송에 의하여야 하는데, 대법원은 사법관계로서 민사소송에 의하여야 한다고 한다. 다만, 몇몇 예외적인 판례가 있음을 유의하여야 한다. 그중 대표적인 사례가 「하천법」 관련 손실보상청구권이다.

② **선택률2%** 판례 서울특별시립무용단 단원의 위촉은 지방계약직 공무원에 대한 공법상 계약이며 이에 해촉에 대한 소송은 당사자소송이다. (대판 1995.12.22., 선고 95누4636)

③ **선택률2%** 단수처분은 권력적 사실행위로서 항고소송대상인 처분에 해당한다.

더 알아보기 ▶ 참고 판례

공유 일반재산의 대부료와 연체료를 납부기한까지 내지 아니한 경우에도 공유재산 및 물품 관리법 제97조 제2항에 의하여 지방세 체납처분의 예에 따라 이를 징수할 수 있다. 이와 같이 공유 일반재산의 대부료의 징수에 관하여도 지방세 체납처분의 예에 따른 간이하고 경제적인 특별한 구제절차가 마련되어 있으므로, **특별한 사정이 없는 한 민사소송으로 공유 일반재산의 대부료의 지급을 구하는 것은 허용되지 아니한다.** (대판 2017.4.13., 선고 2013다207941)

군무원 VS 공무원 비교분석

군무원 시험에서 일반행정직 시험보다 월등하게 많이 출제되는 문제가 공법관계와 사법관계를 구분하는 문제이다. 일반행정직 시험에서는 공법과 사법의 구분을 넘어 행정소송과 연결시켜 사안의 쟁송형태를 묻는 문제로 발전하였다. 그러나 군무원 시험에서는 공법관계와 사법관계의 단순 구분이면 충분하다. 다른 직렬과 함께 준비하는 수험생은 공법관계에서도 권력관계인지, 관리관계인지를 구분하여 항고소송과 당사자소송으로 연결시켜 학습해야 한다.

04

정답 ④

행정법 서론 > 행정상 법률요건과 법률사실 > 시효 정답률 87%

| 정답해설 |

④ 선택률87% 예정공물(준공물)을 포함하여 공물은 시효로써 취득할 수 없다. 일반재산은 취득시효가 적용된다.

판례 도로구역이 결정·고시되어 공사가 진행 중인 경우에 위 구역 내에 있지만 아직 공사가 진행되지 아니한 국유토지(예정공물)는 시효취득의 대상이 되지 않는다. (대판 1994.5.10., 선고 93다23442)

| 오답해설 |

① 선택률5% 특별권력관계의 내용에는 명령권(행정규칙과 직무명령)과 징계권(주로 신분적 이익박탈에 그침)이 있다.

② 선택률2% 공법상 기산제도는 특별한 규정이 없으면 「민법」을 따르도록 되어 있다. 원칙적으로 초일불산입이다.

③ 선택률6% 판례 (중략) 이 취지는 그 금전급부의 발생 원인이 공법상의 것이든 사법상의 것임을 가리지 아니하고 지방자치단체의 권리나 동단체에 대한 권리는 다른 법률에 이보다 짧은 기간의 소멸시효의 규정이 있는 경우 외에는 모두 소멸시효기간을 5년으로 한다는 것이다. (대판 1995.2.28., 선고 94다42020)

더 알아보기 ▶ 헌법재판소의 위헌결정

구 국유재산법 제5조 제2항(국유잡종재산도 시효취득의 대상에서 제외)은 동법의 국유재산 중 공물(행정재산과 보존재산)의 시효취득을 배제하는 것은 긍정되나 사물인 잡종재산에 대하여도 시효취득을 배제하는 것은 국가와 사인을 차별하는 것으로 평등원칙에 위반된다. [헌재결 1992.10.1., 92헌가6·7(병합)]

군무원 VS 공무원 비교분석

일반행정직 9급 시험은 행정법의 총론 부분만 시험범위에 포함되지만, 군무원은 각론 부분도 시험범위에 포함된다. 그러나 군무원 각론은 일반행정직 7급과 같은 유형의 문제라고 보기는 어렵다(최근의 일부 「병역법」 등은 제외). 따라서 각론을 총론과 연결하여 출제할 수 있는 단원이 나오면 유사하게 출제된다. 대표적인 단원이 '시효' 단원이다. 각론의 공물법과 연결하여 취득시효를 출제하는 경향이 있다.

05

정답 ①

행정법 서론 > 행정법 관계 > 행정개입청구권 정답률 77%

| 정답해설 |

① 선택률77% 행정개입청구권은 행정청의 결정재량에서 위법한 부작위에 대한 행정의 개입을 요청하는 권리이다. 단, 유의하여야 할 것은 재량이 0으로 수축되어 위험이 촉박해 있어야 한다는 점이다.

| 오답해설 |

② 선택률17% 무하자재량행사청구권은 주로 선택재량에서 재량의 하자 없는 행사를 요청하는 형식적·절차적 권리에 해당한다. 재량이 0으로 수축되면 행정개입청구권으로 전환된다.

③ 선택률5% 결과제거청구권은 위법한 행정의 결과로 야기된 물권적 침해나 비재산적인 인격적 침해에 대한 구제방법이다.

④ 선택률1% 부당이득반환청구권은 법률상 원인 없이 타인의 재산이나 노무를 취하고 이에 부당한 이득을 얻어 타인에게 피해를 입힌 경우에 피해자 등이 청구할 수 있는 권리이다.

더 알아보기 ▶ 행정개입청구권이 인정된 경우

1. 사인의 경찰개입청구권을 정면으로 인정한 것은 아니나, 대법원은 경찰관의 부작위로 인한 손해에 대하여 국가배상책임을 인정하고 있다.
   - '1·21 사태시에 무장공비가 출현하여 그 공비와 격투 중에 있는 가족구성원인 청년이 위협을 받고 있던 경우에, 다른 가족구성원이 경찰에 세 차례나 출동을 요청하였음에도 불구하고 즉시 출동하지 않아 사살된 사건'에서 행정청의 부작위로 인한 손해에 대하여 국가의 손해배상책임을 인정하였다. (김신조무장공비사건, 대판 1971.4.6., 선고 71다124)
2. 피해자로부터 범죄신고와 함께 신변보호요청을 받은 경찰관의 보호의무 위반을 인정한 사례이다.
   - 가해자가 피해자를 살해하기 직전까지 오랜 기간에 걸쳐 원한을 품고 집요하게 피해자를 괴롭혀 왔고, 이후에도 피해자의 생명·신체에 계속 위해를 가할 것이 명백하여 피해자의 신변이 매우 위험한 상태에 있어 피해자가 살해되기 며칠 전 범죄신고와 함께 신변보호를 요청하고 가해자를 고소한 경우, 범죄신고와 함께 신변보호요청을 받은 파출소 소속 경찰관들이나 고소장 접수에 따라 피해자를 조사한 지방경찰청 담당경찰관은 사태의 심각성을 깨달아 수사를 신속히 진행하여 가해자의 소재를 파악하는 등 조치를 취하고, 피해자에 대한 범죄의 위험이 일상적인 수준으로 감소할 때까지 피해자의 신변을 특별히 보호해야 할 의무가 있다. (대판 1998.5.26., 선고 98다11635)

06

정답 ①

일반행정작용법 > 행정입법 > 법규명령 정답률 70%

| 정답해설 |

① **선택률70%** 상위법에서 위임이 있었다고 해도 상위법만으로도 법집행이 가능한 경우에는 행정입법부작위는 문제되지 않는다.

| 오답해설 |

② **선택률11%** 행정입법부작위는 부작위위법확인소송의 대상이 될 수 없다. 부작위위법확인소송은 항고소송으로서 처분과 처분의 부작위만 문제될 뿐이다.

판례 행정소송은 구체적인 사건에 대한 법률상 분쟁을 법에 의하여 해결함으로써 법적 안정성을 기하자는 것이므로 부작위위법확인소송의 대상이 될 수 있는 것은 구체적 권리·의무에 관한 분쟁이어야 하고 추상적인 법령에 관한 제정의 여부 등은 그 자체로서 국민의 구체적인 권리·의무에 직접적인 변동을 초래하는 것이 아니어서 행정소송의 대상이 될 수 없다. (대판 1992.5.8., 선고 91누11261)

③ **선택률5%** 행정입법부작위에 대해 헌법소원을 인정하고 있다.

④ **선택률14%** 국회의 입법책임은 국민 전체에 대한 정치적 책임으로서 국가배상이 부정되지만 행정입법부작위는 국가배상이 가능하다.

판례 구 군법무관임용법(1976.3.3., 법률 제1904호로 개정되어 2000.12.26., 법률 제6291호로 전문 개정되기 전의 것) 제5조 제3항과 군법무관임용 등에 관한 법률(2000.12.26., 법률 제6291호로 개정된 것) 제6조가 **군법무관의 보수를 법관 및 검사의 예에 준하도록 규정하면서 그 구체적 내용을 시행령에 위임하고 있는 이상**, 위 법률의 규정들은 군법무관의 보수의 내용을 법률로써 일차적으로 형성한 것이고, 위 법률들에 의해 상당한 수준의 보수청구권이 인정되는 것이므로, 위 보수청구권은 단순한 기대이익을 넘어서는 것으로서 법률의 규정에 의해 인정된 재산권의 한 내용이 되는 것으로 봄이 상당하고, 따라서 **행정부가 정당한 이유 없이 시행령을 제정하지 않은 것은 위 보수청구권을 침해하는 불법행위에 해당한다.** (대판 2007.11.29., 선고 2006다3561)

더 알아보기 ▶ 관련 판례

- 대통령이 법률의 명시적 위임에도 불구하고 지금까지 해당 시행령을 제정하지 않아 그러한 보수청구권이 보장되지 않고 있다면 그러한 입법부작위는 정당한 이유 없이 청구인들의 재산권을 침해하는 것으로써 헌법에 위반된다. (헌재결 2004.2.26., 2001헌마718)
- 치과의사로서 전문의가 되고자 하는 자는 대통령령이 정하는 수련을 거쳐 보건복지부장관의 자격인정을 받아야 하고 전문의의 자격인정 및 전문과목에 관하여 필요한 사항은 대통령령으로 정하는바, 위 대통령령인 '규정' 제2조의2 제2호는 치과전문의의 전문과목을 '구강악안면외과·치과보철과·치과교정과·소아치과·치주과·치과보존과·구강내과·구강악안면방사선과·구강병리과 및 예방치과'로 정하고, 제17조에서는 전문의자격의 인정에 관하여 '일정한 수련과정을 이수한 자로서 전문의자격시험에 합격'할 것을 요구하고 있는데도, **'시행규칙'이 위 규정에 따른 개정입법 및 새로운 입법을 하지 않고 있는 것은 진정입법부작위에 해당하므로 이 부분에 대한 심판청구는 청구기간의 제한을 받지 않는다.** (헌재결 1998.7.16., 96헌마246)

07

정답 ①

일반행정작용법 > 행정행위 > 행정행위의 개념 정답률 91%

| 정답해설 |

① **선택률91%** 군의관의 신체등위판정은 항고소송대상인 처분이 아니다. 사실행위에 불과하다.

판례 병역법상 신체등위판정은 행정청이라고 볼 수 없는 군의관이 하도록 되어 있으며, 그 자체만으로 바로 병역법상의 권리의무가 정하여지는 것이 아니라 그에 따라 지방병무청장이 병역처분을 함으로써 비로소 병역의무의 종류가 정하여지는 것이므로 항고소송의 대상이 되는 행정처분이라 보기 어렵다. (대판 1993.8.27., 선고 93누3356)

| 오답해설 |

② **선택률4%** 공법상 계약이나 공법상 합동행위는 권력적 작용에 해당하지 않아 항고소송대상인 행정행위가 아니다.

③ **선택률4%** 일반처분도 항고소송대상인 처분이다.

④ **선택률1%** 고시형식으로 되어 있어도 국민의 권리나 의무에 변동을 일으키는 경우에는 항고소송대상인 처분이다.

판례 고시 또는 공고의 법적 성질은 일률적으로 판단될 것이 아니라 고시에 담겨진 내용에 따라 구체적인 경우마다 달리 결정된다고 보아야 한다. 즉, 고시가 일반·추상적 성격을 가질 때는 법규명령 또는 행정규칙에 해당하지만, **고시가 구체적인 규율의 성격을 갖는다면 행정처분에 해당한다.** (헌재결 1998.4.30., 97헌마141)

08 고난도 TOP2

정답 ②

일반행정작용법 > 행정행위 > 기속과 재량 정답률 55%

| 정답해설 |

② **선택률55%** 대법원은 판단여지를 긍정한 사례가 없다. 교과서검정 사건에서 판결문의 내용은 판단여지인 것으로 해석될 수 있는 여지를 두었으나 재량이라고 판시하였다.

판례 문교부장관이 시행하는 검정은 그 책을 교과용 도서로 쓰게 할 것인가 아닌가를 정하는 것일 뿐 그 책을 출판하는 것을 막는 것은 아니나, 현행 교육제도하에서의 **중·고등학교 교과용 도서를 검정함**에 있어서 심사는 원칙적으로 오기, 오식 기타 객관적으로 명백한 잘못, 제본 기타 기술적 사항에만 그쳐야 하는 것은 아니고, 그 저술한 내용이 교육에 적합한 여부까지를 심사할 수 있다고 하여야 한다. **법원이 위 검정에 관한 처분의 위법 여부를 심사함에 있어서는 문교부장관과 동일한 입장에 서서 어떠한 처분을 하여야 할 것인가를 판단하고 그것과 동 처분과를 비교하여 당부를 논하는 것은 불가하고, 문교부장관이 관계법령과 심사기준에 따라서 처분을 한 것이라면 그 처분은 유효한 것이고,** 그 처분이 현저히 부당하거나 또는 재량권의 남용에 해당된다고 볼 수밖에 없는 특별한 사정이 있는 때가 아니면 동 처분을 취소할 수 없다. (대판 1988.11.8., 선고 86누618)

| 오답해설 |

① **선택률8%** 기속과 재량은 법원에서 사법심사하는 방식에 차이가 있는데, 재량은 기속과 달리 법원이 일정한 결론을 도출하지 못하고 재량의 일탈이나 남용 여부만 심사대상이라고 한다.

판례 한편, 행정행위를 **기속행위**와 재량행위로 구분하는 경우 양자에 대한 사법심사는, 전자의 경우 그 법규에 대한 원칙적인 기속성으로 인하여 **법원이 사실인정과 관련 법규의 해석·적용을 통하여 일정한 결론을 도출한 후 그 결론에 비추어 행정청이 한 판단의 적법 여부를 독자의 입장에서 판정하는 방식에 의하게 되나**, 후자의 경우 행정청의 재량에 기한 공익판단의 여지를 감안하여 법원은 독자의 결론을 도출함이 없이 당해 행위에 재량권의 일탈·남용이 있는지 여부만을 심사하게 되고 이러한 재량권의 일탈·남용 여부에 대한 심사는 사실오인, 비례·평등의 원칙 위배 등을 그 판단대상으로 한다. (대판 2007.5.31., 선고 2005두1329)

③ **선택률33%** 요건재량설은 요건의 충족 여부에 대하여 법규규정에 따라 기속과 재량을 구분하려는 입장이고, 효과재량설은 성질에 따라 효과에 기속과 재량을 구분하려는 입장이다.

④ **선택률4%** 판단여지설은 요건에 불확정 개념이 사용된 경우에 대하여 모두 사법심사를 하여서는 아니 되고, 경험적·기술적인 사항만 사법심사를 하고 나머지 정책적 영역이나 전문적 영역, 가치개념 등에 대하여 행정청에 판단여지를 부여하자는 입장이다.

09

정답 ③

일반행정작용법 > 행정행위 > 행정행위의 내용 정답률 **86%**

| 정답해설 |

③ **선택률86%** 대법원에 의하면 재단법인의 정관변경승인은 인가에 해당된다고 한다.

판례 인가는 기본행위인 재단법인의 정관변경에 대한 법률상의 효력을 완성시키는 보충행위로서 그 기본이 되는 정관변경 결의에 하자가 있을 때에는 그에 대한 인가가 있었다 하여도 기본행위인 정관변경 결의가 유효한 것으로 될 수 없으므로 **기본행위인 정관변경 결의가 적법 유효하고 보충행위인 인가처분** 자체에만 하자가 있다면 그 인가처분의 무효나 취소를 주장할 수 있지만, 인가처분에 하자가 없다면 기본행위에 하자가 있다 하더라도 따로 그 기본행위의 하자를 다투는 것은 별론으로 하고 기본행위의 무효를 내세워 바로 그에 대한 행정청의 인가처분의 취소 또는 무효확인을 소구할 법률상의 이익이 없다 할 것이다. (대판 1996.5.16., 선고 95누4810)

| 오답해설 |

① **선택률2%** 귀화허가는 특허인 설권행위이다.

② **선택률8%** 발명특허는 준법률행위적 행정행위로서 확인이다.

④ **선택률4%** 개인택시, 회사택시, 시외버스 등의 면허는 특허인 설권행위이다.

10

정답 ②

일반행정작용법 > 행정행위 > 부관 정답률 **88%**

| 정답해설 |

② **선택률88%** 대법원에 의하면 부관 중 부담만이 독립쟁송대상이 될 뿐, 나머지는 독립된 쟁송대상이 되지 않는다고 한다. 나머지 부관은 전체쟁송을 제기하여 전체취소를 하거나 부관 없는 처분으로 변경청구를 한 이후 행정청에 거부가 있을시 거부에 대한 소송을 청구하여야 한다. 부관 그 자체만을 독립된 쟁송대상으로 할 수 없는 것이 원칙이나 부담의 경우에는 부담 그 자체로서 행정쟁송의 대상이 될 수 있다.

판례 행정행위의 부관은 행정행위의 일반적인 효력이나 효과를 제한하기 위하여 의사표시의 주된 내용에 부가되는 종된 의사표시이지 그 자체로서 직접 법적 효과를 발생하는 독립된 처분이 아니므로 현행 행정쟁송제도 아래서는 **부관 그 자체만을 독립된 쟁송의 대상으로 할 수 없는 것이 원칙이나**, 행정행위의 부관 중에서도 행정행위에 부수하여 그 행정행위의 상대방에게 일정한 의무를 부과하는 행정청의 의사표시인 **부담의 경우에는 다른 부관과는 달리 행정행위의 불가분적인 요소가 아니고 그 존속이 본체인 행정행위의 존재를 전제로 하는 것일 뿐이므로 부담 그 자체로서 행정쟁송의 대상이 될 수 있다.** (대판 1992.1.21., 선고 91누1264)

| 오답해설 |

① **선택률2%** 대법원은 법령에 규정이 있거나 법령의 해석상 부관이 가능한 경우를 제외하고는 기속에 부관을 붙이면 무효라는 입장이다.

판례 일반적으로 기속행위나 기속재량행위에는 부관을 붙일 수 없고, 가사 부관을 붙였다 하더라도 무효이다. (대판 1995.6.13., 선고 94다56883)

③ **선택률7%** 법정부관은 부관이 아니다. 따라서 부관의 한계가 동일하게 적용되지 않는다. 다만, 한계가 없는 것은 아니고 상위법령을 위반할 수 없는 한계는 있다.

판례 위 '가'항의 고시에 정한 허가기준에 따라 보존음료수 제조업의 허가에 붙인 전량수출 또는 주한외국인에 대한 판매에 한한다는 내용의 조건은 이른바 **법정부관으로서 행정청의 의사에 기하여 붙이는 본래의 의미에서의 행정행위의 부관은 아니므로, 이와 같은 법정부관에 대하여는 행정행위에 부관을 붙일 수 있는 한계에 관한 일반적인 원칙이 적용되지는 않는다.** (대판 1994.3.8., 선고 92누1728)

④ **선택률3%** 숙박업허가에 윤락을 알선할 경우에 취소하겠다는 부관은 철회권유보에 해당한다. 철회권유보사유가 발생할 경우에 행정청은 공익상의 사유와 형량을 통해 철회 여부를 결정한다.

11 정답 ①

일반행정작용법 > 행정행위 > 하자승계 정답률 83%

| 정답해설 |

① **선택률83%** 개별공시지가결정과 과세처분(양도소득세부과)은 각각 별개의 법효과를 목적으로 하지만, 대법원에 의하면 수인한도를 초과하였고 예측가능성이 없다고 하여 하자승계를 인정하였다.

판례 당해 결정은 이해관계인에게 개별적으로 고지되는 것도 아니고, 또한 **관계인으로서는 이러한 개별공시지가가 자신에게 유리 또는 불리하게 적용될 것인지도 알기 어려운 것으로서,** 이러한 사정하에서 관계인이 그 쟁송기간 내에 당해 처분을 다투지 않았다고 하여 이를 기초로 한 과세처분 등 후행처분에서 그 위법을 주장할 수 없도록 하는 것은 **관계인에 수인한도를 넘는 불이익을 강요하는 것**이므로, 이러한 경우에는 관계인은 개별공시지가결정과 과세처분은 서로 독립하여 별개의 법률효과를 목적으로 하는 것임에도 불구하고, 개별공시지가가 결정에 위법이 있는 경우에는 그 자체를 행정소송의 대상이 되는 행정처분으로 보아, 그 위법 여부를 다툴 수 있음은 물론 이를 기초로 한 과세처분 등 행정처분의 취소를 구하는 행정소송에서도 선행처분인 개별공시지가 결정의 위법을 독립된 위법사유로 주장할 수 있다. (대판 1994.1.25., 선고 93누8542; 대판 1998.3.13., 선고 96누6059)

| 오답해설 |

② **선택률7%** 공무원의 직위해제처분과 면직처분 사이에는 각각 별개의 법효과를 목적으로 하여 하자승계를 부정하였다.

③ **선택률5%** 하자승계의 전제는 선행처분에 하자가 있고 이 하자는 이미 불가쟁력이 발생하여 쟁송을 제기할 수 없고, 그 처분은 무효가 아닌 경우를 조건으로 한다.

④ **선택률5%** 표준공시지가결정과 토지수용재결의 경우에도 각각 별개의 법효과를 목적으로 하나 하자승계를 인정한 판례이다.

판례 따라서 표준지공시지가결정에 위법한 경우에는 그 자체를 행정소송의 대상이 되는 행정처분으로 보아 그 위법 여부를 다툴 수 있음은 물론, 수용보상금의 증액을 구하는 소송에서도 선행처분으로서 그 수용대상 토지가격 산정의 기초가 된 비교표준지공시지가결정의 위법을 독립된 사유로 주장할 수 있다. (대판 2008.8.21., 선고 2007두13845)

더 알아보기 ▶ 참고 판례

원고가 이 사건 토지를 매도한 이후에 그 양도소득세 산정의 기초가 되는 1993년도 개별공시지가결정에 대하여 한 재조사청구에 따른 (감액)조정결정을 통지받고서도 더이상 다투지 아니한 경우까지 선행처분인 개별공시지가결정의 불가쟁력이나 구속력이 수인한도를 넘는 가혹한 것이거나 예측불가능하다고 볼 수 없어, 위 개별공시지가 결정의 위법을 이 사건 과세처분의 위법사유로 주장할 수 없다. (대판 1998.3.13., 선고 96누6059)

12 정답 ④

일반행정작용법 > 행정행위 > 취소와 철회 정답률 84%

| 정답해설 |

④ **선택률84%** 취소나 철회 모두 법적 근거 없이 가능하다. 취소는 성립 당시 하자를 적법하게 시정하는 행위로서 법적 근거가 필요없으며, 철회는 장래에 예측하지 못할 사태에 대비하고자 만든 제도로서 철회사유가 있으면 철회할 수 있을 뿐 법적 근거는 필요없다.

| 오답해설 |

① **선택률3%** 취소는 성립 당시의 하자로써 소급하여 효력이 소멸하지만, 철회는 성립 당시에 하자가 없었으므로 소급하지 않는다.

② **선택률6%** 취소는 성립 당시 하자가 원인이 되어 주로 손해배상이 문제가 되지만, 철회는 주로 손실보상이 문제가 된다. 예를 들어, 중대공익 등의 사유로 적법한 처분을 취소하는 경우 등이 이에 해당된다.

③ **선택률7%** 철회는 감독청에게는 권한이 없다. 한편, 취소에 관하여는 다툼이 있다.

더 알아보기 ▶ 취소와 철회의 비교

구분	취소	철회
원인	성립 당시의 위법·부당 (원시적 하자)	성립 당시의 유효성립이나 새로운 사정발생 (후발적 사유)
효과	소급효원칙 (직권취소는 상대방의 귀책사유 없는 한 장래효)	장래효
기관	• 직권취소: 처분청, 감독청(判) • 쟁송취소: 처분청, 행정심판위원회, 수소법원	처분청
절차	• 직권취소: 특별한 절차 없음 • 쟁송취소: 「행정심판법」, 「행정소송법」	특별한 절차 없음
손해전보	손해배상	손실보상
목적	원시적 하자 시정	변화하는 사정에 적합
공통점	• 행정청에 의해 소멸되는 행정행위와 별개의 독립된 행정행위 • 수익적 행위의 경우 제한이 따름 • 취소·철회 모두 취소가 인정됨 • 실정법상 혼용되고 있음	

13

정답 ①

일반행정작용법 > 비권력적 행정작용 > 행정지도 정답률 **90%**

| 정답해설 |

① **선택률90%** 행정지도에 대하여 헌법소원을 인정한 사례가 있다. 교육부장관의 대학총장들에 대한 학칙시정요구는 행정지도에 해당하지만 불이익이 예견되어 있어 헌법소원대상이라는 것이 헌법재판소의 입장이다.

판례 행정지도에 대한 헌법재판소의 헌법소원대상 가능성
교육인적자원부장관의 대학총장들에 대한 이 사건 학칙시정요구는 고등교육법 제6조 제2항, 동법 시행령 제4조 제3항에 따른 것으로서 그 **법적 성격은 대학총장의 임의적인 협력을 통하여 사실상의 효과를 발생시키는 행정지도의 일종이지만**, 그에 따르지 않을 경우 일정한 불이익조치를 예정하고 있어 사실상 상대방에게 그에 따를 의무를 부과하는 것과 다를 바 없으므로 **단순한 행정지도로서의 한계를 넘어 규제적·구속적 성격을 상당히 강하게 갖는 것으로서 헌법소원의 대상이 되는 공권력의 행사라고 볼 수 있다.** (헌재결 2003.6.26., 2002헌마337·2003헌마7)

| 오답해설 |

② **선택률2%** 행정지도는 비권력적 사실행위로, 항고소송대상이 되지 않는다.

판례 **세무당국이 소외 회사에 대하여 원고와의 주류거래를 일정기간 중지하여 줄 것을 요청**한 행위는 권고 내지 협조를 요청하는 권고적 성격의 행위로서 소외 회사나 원고의 법률상의 지위에 직접적인 법률상의 변동을 가져오는 행정처분이라고 볼 수 없는 것이므로 항고소송의 대상이 될 수 없다. (대판 1980.10.27., 선고 80누395)

③ **선택률5%** 행정지도에 대하여 「행정절차법」에 규정을 두고 있다.

④ **선택률3%** 행정지도를 따르지 않았다는 것을 이유로 불이익한 조치를 취할 수 없다.

더 알아보기 ▶ 「행정절차법」

제6장 행정지도
제48조(행정지도의 원칙) ① 행정지도는 그 목적 달성에 필요한 최소한도에 그쳐야 하며, 행정지도의 상대방의 의사에 반하여 부당하게 강요하여서는 아니 된다.
② 행정기관은 행정지도의 상대방이 행정지도에 따르지 아니하였다는 것을 이유로 불이익한 조치를 하여서는 아니 된다.
제49조(행정지도의 방식) ① 행정지도를 하는 자는 그 상대방에게 그 행정지도의 취지 및 내용과 신분을 밝혀야 한다.
② 행정지도가 말로 이루어지는 경우에 상대방이 제1항의 사항을 적은 서면의 교부를 요구하면 그 행정지도를 하는 자는 직무 수행에 특별한 지장이 없으면 이를 교부하여야 한다.
제50조(의견제출) 행정지도의 상대방은 해당 행정지도의 방식·내용 등에 관하여 행정기관에 의견제출을 할 수 있다.
제51조(다수인을 대상으로 하는 행정지도) 행정기관이 같은 행정목적을 실현하기 위하여 많은 상대방에게 행정지도를 하려는 경우에는 특별한 사정이 없으면 행정지도에 공통적인 내용이 되는 사항을 공표하여야 한다.

군무원 VS 공무원 비교분석

행정법은 다른 과목과 달리 실무와 조금 더 관련된 과목이다. 따라서 출제자는 실무와 관련된 영역을 출제하는 것이 미덕이다. 일반행정직 공무원 시험에서 행정지도는 실무 관련성이 높고 「행정절차법」에도 규정되어 있어 출제빈도가 높아야 하지만, 난도가 낮아 변별력 확보에 도움이 되지 않는다는 판단 때문인지 그다지 많이 출제되지는 않는다. 하지만 군무원 시험은 일반행정직 공무원 시험보다 난도가 낮아 출제에 제약을 받지 않는데다 언급한 바와 같이 「행정절차법」에 규정이 있어 출제에 부담이 없다.

14

정답 ③

행정상 실효성 확보수단 > 행정벌 > 가산세 정답률 **81%**

| 정답해설 |

③ **선택률81%** 가산세는 본세 확정 이전에도 부과할 수 있는 독립된 세금이다. 또한 가산세는 고의나 과실을 요건으로 하지 않는다. 다만, 정당한 사유가 있는 경우에 한하여 고의나 과실이 없는 경우에는 가산세를 부과하지 않는다.

판례 본세의 산출세액이 없다 하더라도 가산세만 독립하여 부과·징수할 수 있다. (대판 2007.3.15., 선고 2005두12725)

판례 **세법상 가산세는** 과세권의 행사 및 조세채권의 실현을 용이하게 하기 위하여 납세자가 정당한 사유 없이 법에 규정된 신고·납세 등 각종 의무를 위반한 경우 법이 정하는 바에 의하여 부과하는 **행정상의 제재로서 납세자의 고의·과실은 고려되지 아니하고**, 법령의 부지·착오 등은 그 의무의 위반을 탓할 수 없는 정당한 사유에 해당하지 아니한다. (대판 2011.5.13., 선고 2008두12986)

| 오답해설 |

① **선택률15%** 통고처분은 항고소송대상인 처분이 아니다. 따라서 통고처분에 불복하는 경우에는 범칙금을 이행하지 않으면 될 뿐이다.

판례 도로교통법 제118조에서 규정하는 경찰서장의 통고처분은 행정소송의 대상이 되는 행정처분이 아니므로 그 처분의 취소를 구하는 소송은 부적법하다. (대판 1995.6.29., 선고 95누4674)

② **선택률1%** 본래의 과징금은 경제법을 위반한 경우에 경제법을 위반하여 얻어진 경제적 이득을 환수할 목적으로 부과하였으나 최근 변형된 과징금의 경우에는 영업정지나 철회·취소에 갈음하여 과징금을 부과하는 경우가 있다. 대표적인 법이 「여객자동차 운수사업법」, 「약사법」 등이다.

④ **선택률3%** 이행강제금은 본래 비대체적 작위의무와 부작위의무에 부과되었는데, 헌법재판소에 의하면 대체적 작위의무에도 성질상 대집행이 곤란한 경우에는 이행강제금을 부과할 수 있다고 한다.

더 알아보기 ▶ 대체적 작위의무와 이행강제금

> **전통적으로 행정대집행은 대체적 작위의무에 대한 강제집행수단으로, 이행강제금은 부작위의무나 비대체적 작위의무에 대한 강제집행수단으로 이해되어 왔으나, 이는 이행강제금제도의 본질에서 오는 제약은 아니며, 이행강제금은 대체적 작위의무의 위반에 대하여도 부과될 수 있다.** 현행 건축법상 위법건축물에 대한 이행강제수단으로 대집행과 이행강제금(제83조 제1항)이 인정되고 있는데, 양 제도는 각각의 장단점이 있으므로 행정청은 개별사건에 있어서 위반내용, 위반자의 시정의지 등을 감안하여 **대집행과 이행강제금을 선택적으로 활용할 수 있으며,** 이처럼 그 합리적인 재량에 의해 선택하여 활용하는 이상 **중첩적인 제재에 해당한다고 볼 수 없다.** (헌재결 2004.2.26., 2001헌바80)

15

정답 ②

행정상 실효성 확보수단 > 행정강제 > 행정대집행 정답률 **83%**

| 정답해설 |

② **선택률83%** 행정대집행은 공법상의 대체적 작위의무를 불이행한 경우만 원칙적으로 대상이 될 뿐, 부작위의무나 비대체적 작위의무 등은 행정대집행의 대상이 되지 않는다. 소방도로상의 불법광고물의 제거는 대체적 작위의무로서 행정대집행의 대상이 된다.

| 오답해설 |

① **선택률14%** 도시공원시설인 매점의 점유배제를 목적으로 하는 경우에는 사람에 대한 퇴거를 목적으로 하는 것이라서 행정대집행의 대상이 되지 않는다.

판례 도시공원시설인 매점의 관리청이 그 공동점유자 중의 1인에 대하여 소정의 기간 내에 위 매점으로부터 퇴거하고 이에 부수하여 그 판매 시설물 및 상품을 반출하지 아니할 때에는 이를 대집행하겠다는 내용의 계고처분은 그 주된 목적이 매점의 원형을 보존하기 위하여 점유자가 설치한 불법시설물을 철거하고자 하는 것이 아니라, **매점에 대한 점유자의 점유를 배제하고 그 점유이전을 받는 데 있다고 할 것**인데, 이러한 의무는 **그것을 강제적으로 실현함에 있어 직접적인 실력행사가 필요한 것이지 대체적 작위의무에 해당하는 것은 아니어서** 직접강제의 방법에 의하는 것은 별론으로 하고 **행정대집행법에 의한 대집행의 대상이 되는 것은 아니다.** (대판 1998.10.23., 선고 97누157)

③ **선택률1%** 장례식장 사용중지의무는 부작위의무에 해당하므로 행정대집행의 대상이 되지 않는다.

판례 '**장례식장 사용중지의무**'가 원고 이외의 '타인이 대신'할 수도 없고, 타인이 대신하여 '행할 수 있는 행위'라고도 할 수 없는 비대체적 **부작위의무에 대한 것이므로 대집행의 대상이 아니다.** (대판 2005.9.28., 선고 2005두7464)

④ **선택률2%** 토지나 건물의 인도·명도의무 역시 사람에 대한 퇴거로서 점유배제를 목적으로 하는 경우이다. 따라서 행정대집행의 대상이 되지 않는다.

판례 피수용자 등이 기업자에 대하여 부담하는 **수용대상 토지의 인도의무에 관한 구 토지수용법** 제63조, 제64조, 제77조 규정에서의 '인도'에는 명도도 포함되는 것으로 보아야 하고, 이러한 명도의무는 그것을 강제적으로 실현하면서 직접적인 실력행사가 필요한 것이지 **대체적 작위의무라고 볼 수 없으므로 특별한 사정이 없는 한 행정대집행법에 의한 대집행의 대상이 될 수 있는 것이 아니다.** (대판 2005.8.19., 선고 2004다2809)

군무원 VS 공무원 비교분석

> 행정대집행은 모든 직렬의 행정법 시험에서 출제빈도가 아주 높은 내용이다. 특히 대집행의 요건 중 공법상 대체적 작위의무 불이행에 해당되는지 여부와 부작위의무를 위반한 경우 별도의 법적 근거 없이 시정명령권이 도출될 수 있는지 여부에 대하여는 최근 들어 부쩍 출제가 많이 되고 있다.

16

정답 ②

행정상 실효성 확보수단 > 행정벌 > 행정질서벌 정답률 **89%**

| 정답해설 |

② **선택률89%** **법령** 「질서위반행위규제법」 제7조(고의 또는 과실) 고의 또는 과실이 없는 질서위반행위는 과태료를 부과하지 아니한다.

| 오답해설 |

① **선택률6%** 「질서위반행위규제법」 제6조의 규정에 관한 내용이다.

③ **선택률4%** 동법 제8조의 규정에 관한 내용이다.

④ **선택률1%** 동법 제12조 제1항의 규정에 관한 내용이다.

17

정답 ①②(단, 출제 당시의 정답은 ②)

일반행정작용법 > 행정절차 > 행정절차법 정답률 **93%**

| 정답해설 |

② **선택률83%** 「행정절차법」에 공법상 계약에 대한 규정은 없다. 공법상 계약에 관한 규정은 「행정기본법」에 있다.

① **선택률10%** 출제 당시에는 청문시에만 문서열람과 복사청구가 가능하였으나 현재 「행정절차법」의 개정으로 의견제출시에도 문서열람 등이 가능하다.

법령 「행정절차법」 제37조(문서의 열람 및 비밀유지) ① 당사자 등은 의견제출의 경우에는 처분의 사전통지가 있는 날부터 의견제출기한까지, 청문의 경우에는 청문의 통지가 있는 날부터 청문이 끝날 때까지 행정청에 해당 사안의 조사결과에 관한 문서와 그 밖에 해당 처분과 관련되는 문서의 열람 또는 복사를 요청할 수 있다. 이 경우 행정청은 다른 법령에 따라 공개가 제한되는 경우를 제외하고는 그 요청을 거부할 수 없다.

| 오답해설 |

③ **선택률4%** 행정청간의 협조와 상호응원 등에 관한 규정이 있다.

④ **선택률3%** 「행정절차법」에는 신의성실과 신뢰보호뿐만 아니라 행정지도원칙으로 과잉금지에 대한 규정도 있다.

18

정답 ④

일반행정작용법 > 행정절차 > 처분절차 정답률 85%

| 정답해설 |

④ 선택률85% 청문사전통지기간은 10일 전이고, 공청회사전통지기간은 14일 전이다. 행정예고기간은 행정입법예고와 달리 20일 이상이다.

법령 「행정절차법」 제21조(처분의 사전통지) ② 행정청은 청문을 하려면 **청문이 시작되는 날부터 10일 전까지** 제1항 각 호의 사항을 당사자 등에게 통지하여야 한다. 이 경우 제1항 제4호부터 제6호까지의 사항은 청문 주재자의 소속·직위 및 성명, 청문의 일시 및 장소, 청문에 응하지 아니하는 경우의 처리방법 등 청문에 필요한 사항으로 갈음한다.

법령 「행정절차법」 제38조(공청회 개최의 알림) 행정청은 공청회를 개최하려는 경우에는 **공청회 개최 14일 전까지 다음 각 호의 사항을 당사자 등에게 통지하고** 관보, 공보, 인터넷 홈페이지 또는 일간신문 등에 공고하는 등의 방법으로 널리 알려야 한다. 다만, 공청회 개최를 알린 후 예정대로 개최하지 못하여 새로 일시 및 장소 등을 정한 경우에는 공청회 개최 7일 전까지 알려야 한다.

법령 「행정절차법」 제46조(행정예고) ③ **행정예고기간은** 예고 내용의 성격 등을 고려하여 정하되, **20일 이상**으로 한다.

④ 제3항에도 불구하고 행정목적을 달성하기 위하여 긴급한 필요가 있는 경우에는 행정예고기간을 단축할 수 있다. 이 경우 단축된 행정예고기간은 10일 이상으로 한다.

| 오답해설 |

① 선택률8% ② 선택률5% ③ 선택률2%

군무원 VS 공무원 비교분석

「행정절차법」상 기간을 묻는 문제는 다른 시험에서는 그다지 많이 출제되지 않는다. 하지만 군무원 시험에서는 다른 행정법 시험의 유형과 달리 기간을 묻는 문제가 많이 출제되므로 암기가 필요하다.

19

정답 ①

행정법 서론 > 행정법 관계 > 개인적 공권 정답률 72%

| 정답해설 |

① 선택률72% 담배 일반소매인으로 지정되어 영업 중인 기존업자의 이익은 법률상 보호되는 이익이다.

판례 담배 일반소매인의 지정기준으로서 일반소매인의 영업소간에 일정한 거리제한을 두고 있는 것은 담배유통구조의 확립을 통하여 국민의 건강과 관련되고 국가 등의 주요 세원이 되는 담배산업 전반의 건전한 발전 도모 및 국민경제에의 이바지라는 공익목적을 달성하고자 함과 동시에 일반소매인간의 과당경쟁으로 인한 불합리한 경영을 방지함으로써 일반소매인의 경영상 이익을 보호하는 데에도 그 목적이 있다고 보이므로, **일반소매인으로 지정되어 영업을 하고 있는 기존업자의 신규 일반소매인에 대한 이익은 단순한 사실상의 반사적 이익이 아니라 법률상 보호되는 이익이라고 해석함이 상당하다.** (대판 2008.3.27., 선고 2007두23811)

| 오답해설 |

② 선택률11% 도로점용허가처분에 대한 기존 무단점유자는 취소를 구할 법률상 이익이 없다.

판례 **도로부지 위에 점용허가를 받음이 없이 무허가건물을 축조·점유하여 온 원고가 행정청이 제3자에 대하여 한 같은 도로부지의 점용허가처분**으로 인하여 어떠한 불이익을 입게 되었다고 하더라도 처분의 직접상대방이 아닌 제3자인 원고로서는 위 처분의 취소에 관하여 법률상으로 보호받아야 할 직접적이고 구체적인 이해관계가 있다고 할 수 없어 **위 처분의 취소를 구할 원고적격이 없다.** (대판 1991.11.26., 선고 91누1219)

③ 선택률14% 건축물이 완공되면 소익이 없다. 따라서 건축물에 대한 사용검사처분은 건축이 완공된 이후의 처분이라 소익이 없다.

판례 건물건축 과정에서 피해를 입은 인접주택 소유자가 신축건물에 대한 사용검사처분의 취소를 구할 법률상 이익이 없다. (대판 2007.4.26., 선고 2006두18409)

④ 선택률3% 대법원에 의하면 맑은 물을 먹는 것은 반사적 이익에 불과하여 법률상 이익이 없다고 한다.

판례 상수원보호구역 설정의 근거가 되는 수도법 제5조 제1항 및 동 시행령 제7조 제1항이 보호하고자 하는 것은 상수원의 확보와 수질보전일 뿐이고, 그 상수원에서 급수를 받고 있는 지역주민들이 가지는 상수원의 오염을 막아 양질의 급수를 받을 이익은 직접적이고 구체적으로는 보호하고 있지 않음이 명백하여 위 **지역주민들이 가지는 이익은 상수원의 확보와 수질보호라는 공공의 이익이 달성됨에 따라 반사적으로 얻게 되는 이익에 불과**하므로 지역주민들에 불과한 원고들에게는 위 **상수원보호구역변경처분의 취소를 구할 법률상의 이익이 없다.** (대판 1995.9.26., 선고 94누14544)

20

정답 ①

행정구제법 > 행정상 손해전보 > 손해배상 정답률 92%

| 정답해설 |

① 선택률92% 헌법 제29조 제2항과 「국가배상법」 제2조 제1항 단서 규정에 의해 군무원도 2중배상금지제도에 포함되는 공무원이다. 따라서 보상 등을 받게 되면 배상을 받을 수 없다.

| 오답해설 |

② 선택률3% 「국가배상법」 제2조의 공무원에 대한 국가배상은 과실책임주의로서 공무원의 행위가 위법하여도 과실이 없으면 국가배상을 받을 수 없다.

③ 선택률3% 피해자가 위험지역임을 알면서 스스로 이주해 온 경우에는 가해자인 국가는 면책될 수 있다.

판례 소음 등 공해의 위험지역으로 이주하였을 때 위험의 존재를 인식하고 피해를 용인하면서 접근한 것으로 볼 수 있는 경우, 가해자의 면책을 인정할 수 있다. (대판 2015.10.15., 선고 2013다23914)

④ 선택률2% 의용소방대원은 「국가배상법」상 공무원이 아니라는 것이 대법원의 입장이다.

판례 의용소방대는 국가기관이라 할 수 없음은 물론이고 군(郡)에 예속된 기관이라고 할 수도 없으니 의용소방대원이 소방호수를 교환받기 위하여 소방대장의 승인을 받고 위 의용소방대가 보관 사용하는 차량을 운전하고 가다가 운전사고가 발생하였다면 이를 군의 사무집행에 즈음한 행위라고 볼 수 없다. (대판 1975.11.25., 선고 73다1896)

군무원 VS 공무원 비교분석

다른 시험의 유형과 달리 군무원 시험에서의 행정법은 군과 관련된 또는 군무원과 관련된 법령이나 판례의 출제빈도가 높으므로 무조건 암기하여야 한다. 특히, 군무원은 2중배상금지에 해당되는 신분이라서 각별한 암기가 필요하다.

21 고난도 TOP3 정답 ④

행정구제법 > 행정상 손해전보 > 손실보상 정답률 62%

| 정답해설 |

④ **선택률 62%** 과도한 침해에 대해 보상규정이 없으면 특별한 희생이 아니라서 보상을 통한 구제는 허용되지 않고, 다만 위헌적인 침해를 취소하여 구제를 하거나 입법자가 개선입법을 통해 구제를 하여야 한다는 이론이 분리이론이다. 경계이론은 보상규정이 없어도 과도한 침해는 특별한 희생으로 보아 보상을 하고자 하는 입장이다.

| 오답해설 |

① **선택률 4%** 생활보상은 인간다운 생활을 할 권리를 근거로 한 정책적 배려에 해당한다는 것이 판례의 입장이다.

판례 그 본래의 취지에 있어 이주자들에 대하여 종전의 생활상태를 원상으로 회복시키면서 동시에 인간다운 생활을 보장하여 주기 위한 이른바 생활보상의 일환으로 국가의 적극적이고 정책적인 배려에 의하여 마련된 제도라 할 것이다. (대판 2003.7.25., 선고 2001다57778)

② **선택률 14%** 수용적 침해는 공사 등의 장기화로 공사현장 주변인에 대한 피해보상을 위한 독일의 이론이다.

③ **선택률 20%** 침해규정과 보상규정은 하나의 법률로서 규정되어야 하며, 이를 위반한 경우에는 위헌이라서 손해배상을 받을 수 있다는 입장이 위헌무효설에 해당한다.

더 알아보기 ▶ 보상규정이 결여된 침해규정에 대한 견해

학설	구분	설명
방침규정설 (= 입법방침설, 입법자 비구속설)	내용	헌법 제23조 제3항의 규정은 입법자에게 공용침해와 손실보상에 대한 입법의무를 제시한 방침규정에 지나지 않는다는 견해로서 보상에 대한 법률규정이 없으면 손실보상청구권이 없다고 해석한다.
	비판	국민의 권익구제에 도움이 되지 않는다.
위헌무효설 (= 입법자에 대한 직접효력설, 입법자 구속설)	내용	법률이 재산권 침해의 규정을 두면서 보상에 관한 규정을 하지 않으면 그 법률은 위헌무효이고, 위헌무효인 법률에 근거해서 개인의 재산권을 침해한 행위는 적법행위가 아니라 불법행위가 되어 손해배상을 청구할 수 있으나, 손실보상은 청구할 수 없다고 한다.
	비판	의회의 고의·과실을 입증하기 곤란하다.
직접효력설 (= 국민에 대한 직접효력설)	내용	헌법 제23조 제3항의 규정은 재산권을 침해당한 국민에게 손실보상청구권을 직접 부여한 것으로 보는 견해로, 헌법을 근거로 하여 손실보상을 청구할 수 있다는 견해이다.
	비판	헌법상 "보상은 법률로써 …"라고 되어 있어 상호 모순된다.
유추적용설 (= 간접효력설, 법관에 대한 직접적 효력설)	내용	국민의 재산권 침해에 대하여 보상규정이 없는 경우에 헌법 제23조 제1항(재산권보장)과 제11조(평등원칙)를 근거로 헌법 제23조 제3항 및 관계규정을 유추적용하여 손실보상을 청구할 수 있다고 하는 견해이다. 이 견해는 수용유사침해 및 수용적 침해의 법리를 받아들여 문제를 해결하고자 나온 이론이다.
	비판	독일의 관습법을 우리나라에 적용하기 곤란하다.

군무원 VS 공무원 비교분석

침해규정은 있으나 보상규정이 없는 경우에 대한 헌법 제23조 제3항의 해석은 군무원 시험보다 일반행정직 시험에서 자주 출제되는 영역이다. 이에 관한 학설 4가지의 개념 정리와 분석이 필요하다.

22 고난도 TOP1 정답 ③

행정구제법 > 행정상 손해전보 > 손실보상 정답률 54%

| 정답해설 |

③ **선택률 54%** 비의도적, 이례적, 공사 등의 장기화로 인하여 공사현장 인근에 피해를 발생하게 된 경우 결과적으로 수용적이 되어 금전적인 구제가 필요하다는 이론이 독일의 수용적 침해이다. 결과책임이라고도 하며 적법·무책에 해당한다.

| 오답해설 |

① **선택률 2%** 원상회복청구권(결과제거청구권)은 위법한 공행정의 결과로 물권적이나 비재산적인 인격 등의 침해에 대한 구제방법이다.

② **선택률 5%** 수용침해는 침해규정과 보상규정을 두고 있는 경우에 해당한다. 적법·무책에 해당한다.

④ **선택률 39%** 수용유사적 침해는 침해규정은 있으나 보상규정을 두지 않으며, 다른 보상규정을 유추하여 보상하자는 독일법원의 경계이론이다.

더 알아보기 ▶ 경계이론과 분리이론

최근 여러 행정법 관련 시험에서 자주 출제되는 이론이 경계이론과 분리이론이다. 우리 법원과 헌법재판소가 서로 다른 이론을 취하고 있어 자주 출제되는 듯하다. 우리와 마찬가지로 독일의 법원과 헌법재판소도 서로 입장을 달리하고 있다.

- 경계이론과 분리이론
  ① 경계이론: 독일의 전통이론
  - 보상을 요하지 않는 사회적 제약과 보상을 요하는 특별희생의 사이에는 일정한 경계를 두고 있어 그 경계를 도과하게 되면 특별희생이 되어 보상을 요한다는 이론이다.
  - 보상규정이 없는 경우: 일정경계를 넘어서는 침해는 보상규정의 유무와 관계없이 특별희생이므로 보상을 하여야 한다.
  - 수용유사적 침해이론과 관련 있다.
  - 독일 연방최고법원과 우리 대법원의 입장이다.

  ② 분리이론: 독일의 헌법재판소이론
  - 특별한 희생은 입법자에 의하여 입법되어 보상규정을 가지게 되는 침해를 의미한다는 이론이다.
  - 보상규정이 없는 경우: 특별희생이 아니므로 보상을 하지 않는다. 문제는 정도를 지나친 침해의 경우에도 보상규정이 없는 경우에는 침해의 취소쟁송과 입법자의 입법을 통해서 해결이 가능하다.
  - 독일의 자갈채취사건에서 반영되었다.
  - 우리 헌법재판소의 태도이다.

23

정답 ③

행정구제법 > 행정쟁송 > 행정심판 정답률 80%

| 정답해설 |

③ **선택률80%** 3명 이하의 선정대표자를 선정할 수 있다.

법령 「행정심판법」 제15조(선정대표자) ① 여러 명의 청구인이 공동으로 심판청구를 할 때에는 청구인들 중에서 **3명 이하의 선정대표자**를 선정할 수 있다.
② 청구인들이 제1항에 따라 선정대표자를 선정하지 아니한 경우에 위원회는 필요하다고 인정하면 청구인들에게 선정대표자를 선정할 것을 권고할 수 있다.

| 오답해설 |

① **선택률7%** 법률상 이익이 있는 자가 소송이나 심판의 청구인적격을 가진다.

② **선택률6%** 법인이 아닌 사단이나 재단도 청구인적격을 가진다.

④ **선택률7%** 청구인의 사망이나 법인의 합병은 당연지위승계사유에 해당한다.

더 알아보기 ▶ 「행정심판법」

제13조(청구인적격) ① 취소심판은 처분의 취소 또는 변경을 구할 법률상 이익이 있는 자가 청구할 수 있다. **처분의 효과가 기간의 경과, 처분의 집행, 그 밖의 사유로 소멸된 뒤에도 그 처분의 취소로 회복되는 법률상 이익이 있는 자의 경우에도 또한 같다.**
② 무효등확인심판은 처분의 효력 유무 또는 존재 여부의 확인을 구할 법률상 이익이 있는 자가 청구할 수 있다.
③ 의무이행심판은 처분을 신청한 자로서 행정청의 거부처분 또는 부작위에 대하여 일정한 처분을 구할 법률상 이익이 있는 자가 청구할 수 있다.

군무원 VS 공무원 비교분석

주로 판례에 중점을 두고 있는 일반행정직 시험과 달리 군무원 시험은 학설과 법률 조항 자체에 중점을 두는 경향이 있다. 「행정심판법」은 개정이 잦은 법령이다. 따라서 군무원 시험을 준비하는 수험생들은 시험장에 들어가기 직전까지 법령 개정에 주의하여야 한다.

24

정답 ③

행정구제법 > 행정쟁송 > 부작위위법확인소송 정답률 82%

| 정답해설 |

③ **선택률82%** 부작위위법확인소송은 단순히 부작위가 위법임을 확인받는 소송일 뿐, 행정청이 어떠한 처분을 하여야 했는지를 판단하는 재판이 아니다. 따라서 행정청은 부작위위법확인소송에서 패소한 경우, 거부처분을 하여도 판결의 기속력에 반하는 처분이 아니다.

| 오답해설 |

① **선택률6%** 부작위와 거부처분은 정당한 신청권을 전제로 한다. 따라서 정당한 신청권에 근거한 청구가 아니면 부작위와 거부처분은 소송대상이 될 수 없다.

② **선택률5%** 신청한 날로부터 일정기간의 부작위를 거부로 간주하는 규정이 있다면 그 기간의 경과로서 이는 거부처분의 효력이 발생한다. 따라서 상대방은 거부처분에 대한 소송을 청구하여야 한다.

④ **선택률7%** 신청에 대한 무응답은 부작위로서 취소심판대상은 아니고, 의무이행심판대상이 될 뿐이다.

25

정답 ②

행정구제법 > 행정쟁송 > 행정소송 정답률 75%

| 정답해설 |

② **선택률75%** 법원은 직권으로 소를 변경할 수 없다. 소를 변경하게 되면 피고 등이 변경될 수 있어 법원은 적극적으로 피고 등을 변경시키는 행위 등을 할 수 없다.

법령 「행정소송법」 제21조(소의 변경) ① 법원은 취소소송을 당해 처분 등에 관계되는 사무가 귀속하는 국가 또는 공공단체에 대한 당사자소송 또는 취소소송 외의 항고소송으로 변경하는 것이 상당하다고 인정할 때에는 청구의 기초에 변경이 없는 한 사실심의 변론종결시까지 **원고의 신청에 의하여 결정으로써 소의 변경을 허가할 수 있다.**

| 오답해설 |

① **선택률7%** 「행정소송법」 규정에 의하면 법원은 주장되지 않은 것도 직권으로 심리할 수 있다고 규정하고 있는데, 이에 대법원은 소장 기록에 현출된 사항(소장기록에 나타난 사항)만 직권심리 대상이라고 한다.

③ **선택률3%** 사정판결은 취소소송에만 인정될 뿐 무효등확인소송이나 부작위위법확인소송에는 적용이 없다.

④ **선택률15%** 판결의 형성력을 말한다. 적극처분 취소소송의 경우에는 법원의 판결로써 처분의 효력이 소멸되는 것이지 행정청의 별도 처분을 요하지 않는다.

더 알아보기 ▶ 행정소송에서 기록상 자료가 나타나 있다면 당사자가 주장하지 않더라도 판단할 수 있는지 여부(적극)

> **행정소송에서 기록상 자료가 나타나 있다면 당사자가 주장하지 않았더라도 판단할 수 있고,** 당사자가 제출한 소송자료에 의하여 법원이 처분의 적법 여부에 관한 합리적인 의심을 품을 수 있음에도 단지 구체적 사실에 관한 주장을 하지 아니하였다는 이유만으로 당사자에게 석명을 하거나 직권으로 심리·판단하지 아니함으로써 구체적 타당성이 없는 판결을 하는 것은 행정소송법 제26조의 규정과 행정소송의 특수성에 반하므로 허용될 수 없다. (대판 2011.2.10., 선고 2010두20980)

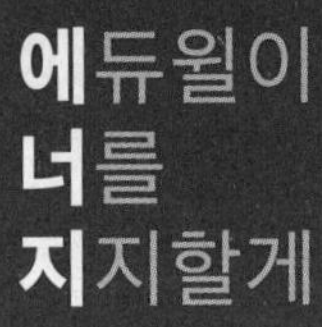

ENERGY

스스로 자신을 존경하면
다른 사람도 그대를 존경할 것이다.

– 공자

2008 2008.06.14. 국방부(육·해·공군) 시행

9급 군무원 행정법

ㅣ전체 난이도 및 합격선

전체 난이도	합격선
下	96점

ㅣ기출총평

각 단원에서 가장 기초적인 개념을 묻는 문제들이 출제되었다.
단답형 유형과 기초적인 개념을 묻는 문제가 주로 출제되었다. 깊게 생각하지 않아도 정답이 보이는 문제가 많아 일부 문제의 일부 선지를 제외하면 판례 문제도, 법령을 묻는 문제도 없었다. 기본 이론 과정만 제대로 학습하였다면 누구나 고득점이 가능했을 것이다. 앞부분 영역에서의 출제 비중이 높아 행정법 서론에서만 11문항이 출제되었고, 각론에서는 출제되지 않았다. 최근 군무원 시험에서 반드시 출제되는 행정입법에 대한 문제도 2008년도에서는 출제되지 않았다. 2008년도 시험은 전체적으로 수월하게 풀 수 있는 문제들이 주를 이루었다.

ㅣ영역별 출제비중

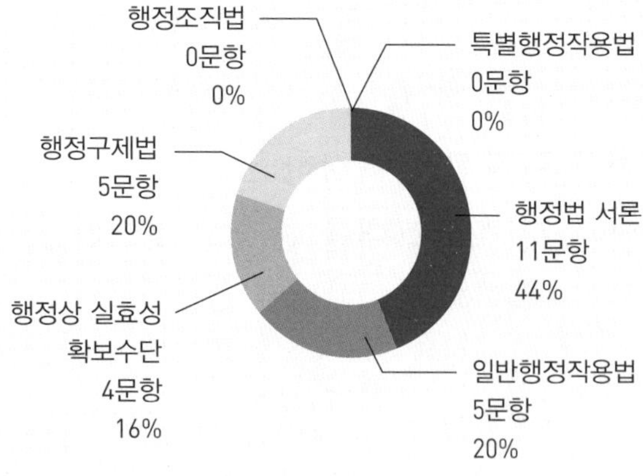

ㅣ문항 분석

		카테고리	출제수	정답률
	1	행정법 서론 > 행정 > 행정의 의의	3회	71%
	2	행정법 서론 > 행정 > 통치행위	12회	85%
	3	행정법 서론 > 행정법 > 법치행정	6회	73%
	4	행정법 서론 > 행정법 > 행정법의 법원	9회	89%
	5	행정법 서론 > 행정법 > 행정법의 일반원칙	19회	78%
	6	행정법 서론 > 행정법 > 행정법의 일반원칙	19회	82%
	7	행정법 서론 > 행정법 > 행정법의 일반원칙	19회	83%
고난도 TOP1	8	행정법 서론 > 행정법 > 행정법의 일반원칙	19회	41%
	9	행정법 서론 > 행정법 관계 > 공법관계	6회	62%
	10	행정법 서론 > 행정법 관계 > 특별권력관계	5회	90%
고난도 TOP3	11	행정법 서론 > 행정상 법률요건과 법률사실 > 사인의 공법행위	13회	54%
	12	일반행정작용법 > 행정행위 > 행정행위의 효력	14회	정답 없음
	13	일반행정작용법 > 행정행위 > 행정행위의 내용	25회	75%
	14	일반행정작용법 > 행정행위 > 부관	14회	82%
	15	일반행정작용법 > 행정행위 > 부관	14회	77%
	16	일반행정작용법 > 비권력적 행정작용 > 행정지도	13회	89%
	17	행정상 실효성 확보수단 > 행정강제 > 행정대집행	15회	77%
	18	행정상 실효성 확보수단 > 행정강제 > 강제징수	4회	62%
고난도 TOP2	19	행정상 실효성 확보수단 > 행정벌 > 행정형벌	2회	50%
	20	행정상 실효성 확보수단 > 행정벌 > 통고처분	1회	67%
	21	행정구제법 > 행정상 손해전보 > 국가배상	12회	89%
	22	행정구제법 > 행정상 손해전보 > 손실보상	19회	89%
	23	행정구제법 > 행정쟁송 > 행정소송	47회	63%
	24	행정구제법 > 행정쟁송 > 항고소송의 피고	3회	88%
	25	행정구제법 > 행정쟁송 > 판결의 종류	1회	75%

※ 고난도 TOP1 은 해당 회차에서 정답률이 가장 낮은 문항입니다.

기출문제편 ▶ P.110									
01	②	02	②	03	①	04	③	05	②
06	③	07	④	08	③	09	③	10	④
11	①	12	정답 없음	13	①	14	①	15	③
16	④	17	④	18	④	19	③	20	②
21	①	22	①	23	④	24	②	25	③

01

정답 ②

행정법 서론 > 행정 > 행정의 의의 정답률 71%

| 정답해설 |

② **선택률71%** 국회사무총장의 직원 임명은 형식적 의미의 입법이고 실질적 의미의 행정이다.

| 오답해설 |

① **선택률14%** 대법원규칙 제정은 형식적 의미의 사법, 실질적 의미의 입법이다.

③ **선택률12%** 행정심판의 재결은 형식적 의미의 행정, 실질적 의미의 사법이다.

④ **선택률3%** 지방공무원 임명은 형식적 의미의 행정, 실질적 의미의 행정이다.

02

정답 ②

행정법 서론 > 행정 > 통치행위 정답률 85%

| 정답해설 |

② **선택률85%** 통치행위는 열기주의가 아니라 개괄주의와 법치주의를 전제로 한다. 개괄주의하에서 사법심사가 이루어지지 않고 법치주의하에서 고도의 정치성 때문에 법치가 적용되지 않는 행위를 말한다.

| 오답해설 |

① **선택률1%** 사법부자제설은 프랑스의 행정재판소의 판례로서 등장한 학설로, 통치행위와 관련이 있다. 고도의 정치적 작용은 원칙적으로 사법심사가 가능하지만 정책적으로 사법심사를 자제하는 견해이다.

③ **선택률1%** 국가작용 중 고도의 정치성 때문에 사법심사와 법치가 배제되는 것을 통치행위라 한다.

④ **선택률13%** 내재적 한계설(권력분립설)은 미국의 판례에서 등장한 학설로서, 권력분립 당시에 주권자인 국민에 의해 사법부에는 정치성이 부여되지 않아 사법부는 정치에 관여할 수 없는 한계가 있다는 주장이다.

군무원 VS 공무원 비교분석

통치행위에 대한 기본적인 내용을 묻는 문제는 군무원 시험에서도 최근에는 지양되고 있다. 최근에는 통치행위의 기본 개념보다는 대법원이나 헌법재판소의 판례를 묻는 문제가 주를 이루고 있으니, 판례에 주력하는 것이 좋겠다. 본 문제는 10여 년 전의 출제경향임을 참고하자.

03

정답 ①

행정법 서론 > 행정법 > 법치행정 정답률 73%

| 정답해설 |

① **선택률73%** 전부유보설은 행정의 모든 영역은 법률에 근거가 있어야 한다는 학설로서 이를 택할 경우, 행정의 자의는 방지되고 의회민주주의는 구현될 수 있으나, 행정의 자유가 없어져 행정의 독자성은 상실된다(권력분립에 맞지 않음). 또한 전부유보설은 법률에 없는 행정에 대해서는 행정부가 행정작용을 수행할 수 없어 적극적 행정을 수행하지 못하므로 현대행정에 부합하지 않는다.

| 오답해설 |

② **선택률15%** 법률유보는 행정권을 법률로써 통제하여 국민의 기본권을 보장하는 원리이다.

③ **선택률7%** 급부행정유보설은 법률로써 침해적 행정과 급부행정을 모두 규정하여 법률에 의한 복지국가실현과 평등권을 구현하고자 하는 입장이다.

④ **선택률5%** 신침해유보설은 기존의 O.Mayer와 달리 특별권력관계 내에서의 권익침해의 경우에도 법률의 근거를 요한다는 입장이다.

군무원 VS 공무원 비교분석

종래의 시험출제 경향은 이처럼 학설에 중점을 두었으나, 최근의 출제 경향은 법률유보에 대한 우리 대법원과 헌법재판소의 중요사항유보설·의회유보설에 관한 판례 중심으로 그 중점이 바뀌었다. 대법원과 헌법재판소의 판례는 어느 단원이든 소홀히 할 수 없다.

04

정답 ③

행정법 서론 > 행정법 > 행정법의 법원 정답률 89%

| 정답해설 |

③ **선택률89%** 관습법은 일반적으로 성문법을 보충하는 열후적 효력만 가지고 있다는 견해가 일반적이다. 우리는 법적 안정성과 행정에 대한 예측가능성을 위해 성문법을 중심으로 하나, 성문법의 흠결을 관습법 등의 불문법으로 보충하고 있다.

| 오답해설 |

① **선택률3%** 행정법의 법원은 행정법에 대한 인식근거로서 어느 법체계에서든 논의되는 문제이다.

② **선택률3%** 우리는 성문법 중심 국가이다. 그러나 관습법, 조리(법의 일반원칙), 헌법재판소의 위헌결정 등 불문법을 인정하고 있다.

④ **선택률5%** 조리는 최후의 보충법원이다. 즉, '성문법 → 관습법 → 조리'에 의한 법적용이 이루어진다. 다만, 최근에는 조리의 지위나 기능이 격상하고 있어 헌법적 지위까지 올랐다는 견해도 있다.

05

정답 ②

행정법 서론 > 행정법 > 행정법의 일반원칙 정답률 78%

| 정답해설 |

② 선택률78% 과잉금지원칙에 대한 설명이다. '적합성'이란 행정목적 달성에 적합한 행정수단일 것, '필요성'이란 적합한 수단들 중에서 필요한 최소침해수단일 것, '상당성'이란 그러한 최소침해수단이라도 얻게 될 공익과 잃게 될 사익 사이에 형량을 통해 얻게 될 이익이 클 것을 말한다.

| 오답해설 |

① 선택률3% 자기구속의 법리는 재량준칙과 평등의 문제이다.

③ 선택률8% '부당결부금지원칙'이란 행정청의 공권력 행사가 반대급부와 결부된 경우, 실질적인 관련이 없는 반대급부는 금지된다는 원칙이다.

④ 선택률11% 신뢰보호원칙은 행정청의 선행조치인 공적 견해를 정당하다고 신뢰한 사인의 보호가치 있는 신뢰를 보호하자는 원칙이다.

군무원 VS 공무원 비교분석

이러한 문제 유형은 최근 군무원 시험에서는 잘 출제되지 않는다. 최하 난이도의 기초적인 문제에 해당하므로 이러한 문제 유형과 난이도를 지금의 학습 기준으로 삼아서는 안 된다. 심도 있는 학습이 필요하다.

06

정답 ③

행정법 서론 > 행정법 > 행정법의 일반원칙 정답률 82%

| 정답해설 |

③ 선택률82% 신뢰보호와 법률적합성이 충돌하는 경우에 언제나 법률적합성이 더 우위에 있다거나 양자가 언제나 동위에 있는 것이 아니라, 사안마다 종합적인 판단을 통해 이익형량을 하여 우위를 결정하여야 한다는 이익형량설이 일반적인 입장이다.

| 오답해설 |

① 선택률6% 독일의 판례는 신의성실원칙에서 근거를 찾았다. 하지만 현재의 일반적인 견해는 법적 안정성설에서 근거를 찾고 있다.

② 선택률4% 수익적 처분의 취소나 철회제한, 확약, 계약, (행정)계획보장청구권, 행정지도, 법령해석규칙 등 행정의 여러 분야에서 적용되는 일반원칙이다.

④ 선택률8% 「행정절차법」에서 신뢰보호를 명문으로 규정하고 있다.

더 알아보기 ▶ 관련 법령

- 「행정절차법」 제4조(신의성실 및 신뢰보호) ② 행정청은 법령 등의 해석 또는 행정청의 관행이 일반적으로 국민들에게 받아들여졌을 때에는 공익 또는 제3자의 정당한 이익을 현저히 해칠 우려가 있는 경우를 제외하고는 새로운 해석 또는 관행에 따라 소급하여 불리하게 처리하여서는 아니 된다.
- 「국세기본법」 제18조(세법해석의 기준 및 소급과세의 금지) ③ 세법의 해석이나 국세행정의 관행이 일반적으로 납세자에게 받아들여진 후에는 그 해석이나 관행에 의한 행위 또는 계산은 정당한 것으로 보며, 새로운 해석이나 관행에 의하여 소급하여 과세되지 아니한다.
- 「행정심판법」 제27조(심판청구의 기간) ⑤ 행정청이 심판청구기간을 제1항에 규정된 기간(90일)보다 긴 기간으로 잘못 알린 경우 그 잘못 알린 기간에 심판청구가 있으면 그 행정심판은 제1항에 규정된 기간에 청구된 것으로 본다.

07

정답 ④

행정법 서론 > 행정법 > 행정법의 일반원칙 정답률 83%

| 정답해설 |

④ 선택률83% 자기구속의 법리는 1회 이상의 행정의 반복, 재량인 처분, 적법한 행정을 요건으로 한다. 따라서 위법한 처분은 반복되어 관행이 이루어진다고 해도 자기구속의 법리가 적용되지 않는다.

| 오답해설 |

① 선택률1% 과잉금지원칙은 독일의 경찰행정에서 비롯되었으나 현재는 국가권력 전반에 적용되고 있으며 급부행정에도 적용된다.

② 선택률10% 신뢰보호의 요건에는 적법한 선행조치를 요하지 않는다. 다만, 무효인 경우에는 인정되지 않는다.

③ 선택률6% 비례원칙, 평등의 원칙, 신뢰보호원칙, 부당결부금지원칙 등 법의 일반원칙을 위반한 처분은 위법하다.

더 알아보기 ▶ 행정의 자기구속의 요건

- 행정규칙 또는 행정선례의 존재
  비교의 대상이 되는 1회 이상의 행정선례 또는 행정규칙이 존재하여야 한다. 독일의 판례는 행정규칙의 최초 적용에도 예기관행(豫期慣行: 미리 정해진 행정관행)을 인정하여 자기구속을 인정한다(우리의 경우에는 부정). 따라서 재량준칙의 단순한 공표만으로는 평등이나 신뢰보호에 따른 자기구속의 법리를 주장할 수 없다.
- 재량영역의 존재
  자기구속의 원칙은 행정청이 스스로 준칙을 정립할 수 있는 재량영역에서 재량권 행사와 관련해서 논의되는 것이지 행정청의 재량이 인정되지 않는 기속영역에서는 인정될 수 없다. 단, 법령해석규칙에는 원칙적으로 인정되지 않는다(∵ 법령해석의 최종권한은 법원이나 헌법재판소에 있기 때문).
- 행정규칙의 적법성
  행정규칙 적용에 따른 종전 행정선례의 내용이 위법한 경우에는 평등원칙 적용이 인정되지 않는다는 것이 통설이다. 행정규칙이 위법인 경우에 신뢰보호의 원칙에 의해 해결하면 된다. 대법원도 위법행위에 대한 행정의 자기구속의 요구는 행정의 법률적합성원칙에 위반되기 때문에 인정할 수 없다고 한다.
  - 평등의 원칙은 본질적으로 같은 것을 자의적으로 다르게 취급함을 금지하는 것이고, 위법한 행정처분이 수차례 걸쳐 반복적으로 행하여졌다 하더라도 그러한 처분이 위법한 것인 때에는 행정청에 대하여 자기구속력을 갖게 된다고 할 수 없다. (대판 2009.6.25., 선고 2008두13132)

08 고난도 TOP 1

정답 ③

행정법 서론 > 행정법 > 행정법의 일반원칙 정답률 41%

| 정답해설 |

③ **선택률 41%** 행정청이 국민의 위법을 알면서 장기간 묵인, 방치하여 국민에게 위법의 존속을 신뢰하게 했다면 뒤늦게 위법을 이유로 취소권을 행사할 수 없다는 법리로서 실권의 법리를 말한다.

| 오답해설 |

① **선택률 56%** 실권의 법리는 신뢰보호원칙으로부터 파생되었다는 것이 일반적인 입장이나, 신뢰보호원칙과 실권의 법리는 구분하여야 한다.

② **선택률 2%** 제시된 판례의 내용과 부당결부금지원칙은 상관관계가 멀다. 부당한 반대급부에 따른 공권력 행사가 아니기 때문이다.

④ **선택률 1%** 제시된 판례와 실권의 법리의 개념을 알지 못한다면 언뜻 과잉금지를 생각해 볼 수 있다. 그러나 주어진 제시글은 실권의 법리에 해당하는 대표적인 판례이다. 또한 법리에 있어서도 관련된 행정을 지나치게 할 수 없다는 비례원칙과 일정한 기간이 경과되면 취소권이 상실된다는 논리는 차이가 크다.

더 알아보기 ▶ 실권의 법리

실권의 법리와 관련된 이후 판례들이 있다. 물론, 실권의 법리가 부정된 판례들이지만 충분히 실권과 관련하여 거론될 수 있는 내용이며, 특히 군무원 시험에서는 군과 관련된 판례들은 반드시 숙지하고 있어야 한다.

- 실권의 법리가 적용되지 않는 경우
  - 택시운송사업면허취소 → 1년 10개월은 부정된 사건
    택시운송사업면허취소(철회에 해당)사유에 해당하지만 1년 10개월간 철회권을 행사하지 아니한 경우에 그 기간 동안 별다른 행정조치가 없었다고 신뢰의 이익을 주장할 수는 없으며, 또한 재량권의 범위를 일탈한 것으로 보기도 어렵다. (대판 1989.6.27., 선고 88누6283)
  - 행정서사업무허가를 행한 뒤 20년이 다 되어 허가를 취소하였더라도, 그 취소사유를 행정청이 모르는 상태에 있다가 취소처분이 있기 직전에 알았다면, 실권의 법리가 적용되지 않고 그 취소는 정당하다. (대판 1988.4.27., 선고 87누915)
  - 허위의 고등학교 졸업증명서를 제출하는 사위의 방법에 의한 하사관 지원의 하자를 이유로 하사관 임용일로부터 33년이 경과한 후에 행정청이 행한 하사관 및 준사관 임용취소처분이 적법하다. (대판 2002.2.5., 선고 2001두5286)

09

정답 ③

행정법 서론 > 행정법 관계 > 공법관계 정답률 62%

| 정답해설 |

③ **선택률 62%** 관리관계는 공물이나 공기업을 관리하는 관계로서 원칙적으로 국민과 대등한 관계로 이루어져 원칙적으로 사법이 적용된다. 다만, 공공성이나 윤리성이 관계되는 경우에는 공법으로 전환되는 전래적 공법관계이다.

| 오답해설 |

① **선택률 25%** 국고(國庫)관계는 국가의 사경제활동을 말한다. 행정주체의 활동이라고 해도 행정법관계(공법관계)라고 할 수 없다. 따라서 이는 사법관계에 해당되어 분쟁해결은 민사소송방법에 의한다.

② **선택률 5%** 주체설에 의하면 행위의 주체가 누구인가에 의해 행정주체의 활동이면 공법, 사인의 행위이면 사법이라고 구분하고자 하는 견해이다. 이 학설에 의하면 행정주체의 국고관계가 공법이 되고 공무수탁사인의 행위가 사법이 되어 많은 비판을 받고 있다. 우리의 일반적 견해는 아니다.

④ **선택률 8%** 권력관계는 원활한 행정목적을 위해서 행정주체에게 권력이 부여되어 처음부터 법이 부여한 공권력을 행사하는 관계로서 본래적 공법관계라고 한다. 원칙적으로 사법이 적용되지 않고 분쟁은 항고소송에 의한다.

군무원 VS 공무원 비교분석

행정법 시험에서 가장 출제되지 않는 내용이 공법과 사법의 구분기준이다. 다른 직렬의 시험에서는 기출문제를 찾기가 어렵다. 그러나 군무원 시험에서는 출제될 수 있는 내용이다. 군무원 시험은 기본적인 내용의 출제가 주를 이루기 때문이다. 일반행정직을 준비하던 수험생들은 다시 한번 기본을 돌아봐야 한다.

10

정답 ④

행정법 서론 > 행정법 관계 > 특별권력관계 정답률 90%

| 정답해설 |

④ **선택률 90%** 서울특별시 지하철공사의 임원과 직원의 근무관계는 사법상 근무관계에 해당될 뿐 특별권력관계라 할 수 없다.

판례 **서울특별시 지하철공사의 임원과 직원의 근무관계의 성질은 지방공기업법의 모든 규정을 살펴보아도 공법상의 특별권력관계라고는 볼 수 없고 사법관계에 속할 뿐**만 아니라, 위 지하철공사의 사장이 그 이사회의 결의를 거쳐 제정된 인사규정에 의거하여 소속직원에 대한 징계처분을 한 경우 위 사장은 행정소송법 제13조 제1항 본문과 제2조 제2항 소정의 행정청에 해당되지 않으므로 공권력발동주체로서 위 징계처분을 행한 것으로 볼 수 없고, 따라서 이에 대한 불복절차는 민사소송에 의할 것이지 행정소송에 의할 수는 없다. (대판 1989.9.12., 선고 89누2103)

| 오답해설 |

① **선택률 2%** 군복무관계는 공법상 근무관계로서 특별권력관계에 해당한다.

② **선택률 7%** 국공립병원의 강제입원은 영조물이용관계로서 특별권력관계에 해당한다.

③ **선택률 1%** 교도소 재소자관계도 영조물이용관계로서 특별권력관계에 해당한다.

더 알아보기 ▶ 특별권력관계론의 특징

- 특별권력관계는 특별한 법률원인에 의하여 성립된다.
- 특별권력관계에서 발해지는 행정규칙은 법규성이 부정된다.
- 특별권력관계에서의 권력기초는 포괄적인 특별권력이다.
- 특별권력관계에서의 내부행위에 대해서는 사법심사가 제한된다.
- 특별권력관계 내에서는 법률유보원칙의 적용이 제한된다.
- 특별권력관계의 설정목적에 필요한 범위 내에서 법률의 근거 없이 기본권 제한이 가능하다.

군무원 VS 공무원 비교분석

특별권력관계에 대한 문제는 다른 직렬의 시험에서는 거의 찾아볼 수 없는 군무원 시험만의 독특한 출제영역이라고 봐도 과언이 아니다. 특별권력관계의 특징을 '더 알아보기'를 통해 정리해 두는 것이 좋겠다.

11 고난도 TOP3

정답 ①

행정법 서론 > 행정상 법률요건과 법률사실 > 사인의 공법행위 정답률 54%

| 정답해설 |

① 선택률54% 각종 공법상의 시험 응시, 선거, 신고, 허가신청 등은 사인의 공법행위이다.

| 오답해설 |

② 선택률19% 건축주 명의변경신고는 사인의 공법행위지만, 이를 수리하는 행위는 행정청의 행정행위이다.

③ 선택률17% 건축허가도 행정청의 행정행위이다.

④ 선택률10% 주택의 매매행위는 사인의 사법행위이다.

12

정답 없음(단, 출제 당시의 정답은 ④)

일반행정작용법 > 행정행위 > 행정행위의 효력 정답률 정답 없음

| 오답해설 |

④ 선택률61% 문제가 출제될 당시에는 ④가 정답이었으나, 「행정기본법」의 신설로 공정력에 대한 실정법적 규정이 있다.

① 선택률6% 국가배상은 처분의 위법 여부가 선결문제이다. 따라서 민사법원은 처분이 취소되기 이전에도 그 처분의 위법 여부를 판단하여 국가배상 여부를 결정할 수 있다.

② 선택률14% 일반적인 견해는 행정정책설이 맞다. 그러나 처분의 적법성을 추정하는 것이 아니라 처분의 효력만 인정될 뿐이다.

③ 선택률19% 공정력과 입증책임은 무관하다. 따라서 입증책임은 「민사소송법」상 법률요건분류설에 의한다.

더 알아보기 ▶ 참고 판례

계고처분이 위법임을 이유로 배상을 청구하는 취지가 인정될 수 있는 사건에 있어, 미리 그 행정처분의 취소판결이 있어야만 그 위법임을 이유로 피고에게 배상을 청구할 수 있는 것은 아니다. (대판 1972.4.28., 선고 72다337)

13

정답 ①

일반행정작용법 > 행정행위 > 행정행위의 내용 정답률 75%

| 정답해설 |

① 선택률75% 명령적 행정행위는 자연적 자유를 제한하거나 제한된 자유를 일정한 경우에 해제하여 자연적 자유를 회복시켜 주는 행위로서 이를 위반하면 제재나 강제대상이 된다. 그러나 효력은 부정되지 않고 유효이다.

| 오답해설 |

② 선택률15% 하명의 대상은 주로 사실행위이다(예 통행금지 등). 그러나 법률행위도 대상이 될 수 있다(예 무기매매금지 등).

③ 선택률5% 신청시점의 법령과 처분시점의 법령이 법 개정으로 변경된 경우에는 행정청의 정당한 사유 없이 심사가 지연된 경우가 아닌 한 처분시점의 법령에 의한다.

④ 선택률5% 허가는 자연적 자유의 회복에 해당하여 기속을 원칙으로 한다. 다만, 중대공익과 관련된 경우에는 법령에 근거가 없어도 거부할 수 있다는 입장이다.

14

정답 ①

일반행정작용법 > 행정행위 > 부관 정답률 82%

| 정답해설 |

① 선택률82% 기속에는 부관을 붙일 수 없고, 설령 부관을 붙였다고 해도 이는 무효에 해당한다는 것이 대법원의 입장이다.

판례 자동차운송알선사업등록처분은 기속행위이며 기속행위에 대하여는 법령상 특별한 근거가 없는 한 부관을 붙일 수 없고, 부관을 붙여도 무효이다. (대판 1993.7.27., 선고 92누13998)

| 오답해설 |

② 선택률4% 개발제한구역 내에서의 건축허가는 예외적 승인으로서 재량에 해당한다. 따라서 부관을 붙일 수 있다.

판례 **구 도시계획법상 개발제한구역 내에서의 건축허가의 법적 성질(= 재량행위 내지 자유재량행위)과 부관의 허용 여부(적극) 및 그 내용적 한계**

구 도시계획법 제21조와 같은 법 시행령 제20조 및 같은 법 시행규칙 제7조, 제8조 등의 규정을 종합해 보면, 개발제한구역 내에서는 구역지정의 목적상 건축물의 건축 및 공작물의 설치 등 개발행위가 원칙적으로 금지되고, 다만 구체적인 경우에 이러한 구역지정의 목적에 위배되지 아니할 경우 예외적으로 허가에 의하여 그러한 행위를 할 수 있게 되어 있음이 그 규정의 체제와 문언상 분명하고, 이러한 예외적인 **개발행위의 허가는 상대방에게 수익적인 것이 틀림이 없으므로 그 법률적 성질은 재량행위 내지 자유재량행위**에 속하는 것이고, 이러한 재량행위에 있어서는 관계 법령에 명시적인 금지규정이 없는 한 행정목적을 달성하기 위하여 조건이나 기한, 부담 등의 부관을 붙일 수 있고, 그 부관의 내용이 이행 가능하고 비례의 원칙 및 평등의 원칙에 적합하며 행정처분의 본질적 효력을 저해하지 아니하는 이상 위법하다고 할 수 없다. (대판 2004.3.25., 선고 2003두12837)

③ **선택률8%** 하천부지점용허가는 행정재산에 대한 사용수익허가로서 설권행위(특허)에 해당한다. 따라서 부관을 붙일 수 있다.

판례 하천부지점용허가에 부관을 붙일 수 있는지 여부(적극)

하천부지점용허가 여부는 관리청의 재량에 속하고 재량행위에 있어서는 법령상의 근거가 없어도 부관을 붙일 것인가의 여부는 당해 행정청의 재량에 속하며, 또한 구 하천법 제33조 단서가 하천의 점용허가에는 하천의 오염으로 인한 공해 기타 보건위생상 위해를 방지함에 필요한 부관을 붙이도록 규정하고 있으므로, 하천부지점용허가의 성질의 면으로 보나 법 규정으로 보나 **부관을 붙일 수 있음은 명백하다.** (대판 2008.7.24., 선고 2007두25930·25947·25954)

④ **선택률6%** 일반적으로 포괄적인 신분설정행위에는 부관을 붙일 수 없다고 한다.

15

정답 ③

일반행정작용법 > 행정행위 > 부관 정답률 **77%**

| 정답해설 |

③ **선택률77%** 부관은 법령에 근거가 없어도 행정청이 자유롭게 일방적으로 내용을 정하거나 상대방과 협의하여 협약형식으로 내용을 정할 수 있다. 그러나 제한이 없는 것은 아니다. 법률우위상의 한계, 조리상의 한계, 시간상의 한계 등을 준수하여야 한다.

| 오답해설 |

① **선택률7%** 판례 행정처분에 이미 부담이 부가되어 있는 상태에서 그 의무의 범위 또는 내용 등을 변경하는 부관의 사후변경은 **법률에 명문규정이 있거나 그 변경이 미리 유보되어 있는 경우 또는 상대방의 동의가 있는 경우**에 한하여 허용되는 것이 원칙이지만, **사정변경으로 인하여 당초에 부담을 부가한 목적을 달성할 수 없게 된 경우에도 그 목적달성에 필요한 범위 내에서 예외적으로 허용된다.** (대판 1997.5.30., 선고 97누2627)

② **선택률3%** 행정행위의 부관은 법규에 명문의 규정이 없어도 재량행위에는 붙일 수 있다.

④ **선택률13%** 부관 중 부담만이 독립된 처분의 성질을 갖는다. 따라서 부담만이 독립소송대상이 될 뿐 나머지 부관은 불가분적 성질에 의해 부관만 소송청구대상이 아니면 각하된다.

더 알아보기 ▶ 부관의 종류와 주요 내용

종류	의의	주요 내용
조건	행정행위의 효력을 그 발생이 불확실한 장래의 사실에 의존하게 하는 행정청의 의사표시	• 정지조건: 조건의 성취에 의하여 행정행위의 효과가 발생하는 경우(예 시설완성을 조건으로 하는 학교법인 설립인가, 도로확장을 조건으로 하는 자동차운수사업면허) • 해제조건: 조건의 성취에 의하여 행정행위의 효과가 상실되는 경우(예 일정기간 내에 공사에 착수할 것을 조건으로 하는 공유수면매립면허 등)
기한	행정행위 효과의 발생 또는 소멸을 확실한 장래의 사실에 의존하게 하는 행정청의 의사표시	• 시기: 일정한 사실의 도래에 의하여 행정행위의 효력이 비로소 발생하는 기한(예 도로점용허가 + 0000년 00월 00일부터) • 종기: 일정한 사실의 도래에 의하여 행정행위의 효력이 소멸되는 기한(예 도로점용허가 + 0000년 00월 00일까지) • 확정기한: 도래할 것이 확실하고 도래시기도 확실한 경우 • 불확정기한: 도래할 것이 확실하나 그 시기가 확정되지 않은 경우
부담	작위·부작위·급부·수인 등의 의무를 부과하는 행정청의 의사표시	• 부담의 불이행의 경우도 본체인 행정행위의 효력에는 영향이 없음 • 부담 자체로 행정벌 또는 강제집행의 대상이 됨 • 사후부관이 가능함 • 부담만에 대한 독립쟁송(진정일부취소소송)이 가능함
철회권 유보	의무위반·사정변경 등의 경우에 당해 행정행위를 철회할 수 있는 권한을 유보하는 의사표시	행정청의 별도의 의사표시 필요(단, 이 경우에도 철회의 일반적 요건은 요구됨)
법률효과 일부배제	법령이 당해 행정행위에 일반적으로 부여하고 있는 법적 효과의 일부를 배제시키는 의사표시	관계법령에 명시적 근거가 있어야 함
사후변경 유보	행정청이 행정행위를 발하면서 사후에 행정행위에 부담을 부가하거나 이미 부가된 부관의 내용을 변경·보충할 수 있는 권한을 유보하는 의사표시	변화에 대응하여 탄력적인 행정의 운영을 위해 행정행위의 사후변경을 유보하는 등 새로운 형태의 부관

16

정답 ④

일반행정작용법 > 비권력적 행정작용 > 행정지도 정답률 **89%**

| 정답해설 |

④ **선택률89%** 행정지도는 상대방의 임의적 협력 등을 통해 일정한 행정을 유도하는 등의 행정질서를 형성하고자 하는 비권력적 사실행위로서 권유, 권고 등의 희망을 표시하는 행정작용이다.

| 오답해설 |

① **선택률1%** 행정지도는 비권력적 사실행위로서 일정한 형식을 요하지 않는다. 말로도 가능하며, 다만 상대방 등이 서면의 교부를 신청해 오는 경우에는 직무수행에 특별한 지장이 없는 한 문서로 하여야 한다.

② **선택률3%** 행정지도는 「행정절차법」에 규정을 두고 있다.

③ **선택률7%** 행정지도는 사실상의 구속력은 있으나 항고소송대상인 처분성은 인정되지 않는다.

17

정답 ④

행정상 실효성 확보수단 > 행정강제 > 행정대집행 　정답률 77%

| 정답해설 |

④ **선택률77%** 행정대집행에 대한 일반법은 「행정대집행법」이다.

| 오답해설 |

① **선택률4%** 행정대집행은 의무를 부과한 행정청이 주체가 된다. 그러나 실제 대집행의 실행은 제3자를 통해 이루어질 수 있는데, 이 경우 제3자를 실행자라고 한다.

② **선택률7%** 행정대집행은 대체적 작위의무 불이행에 한한다.

③ **선택률12%** 행정대집행상의 의무는 법령으로 직접 부과된 의무나 법령을 토대로 이루어진 처분상의 의무불이행이 대상이다.

18

정답 ④

행정상 실효성 확보수단 > 행정강제 > 강제징수 　정답률 62%

| 정답해설 |

④ **선택률62%** 대법원은 독촉 없이 이루어진 압류에 대하여 일관되게 당연무효라고 하지 않는다. 사안에 따라 무효라고 판시한 사안도 있고, 무효가 아니라고 한 경우도 있다. 아래 판례를 참고해야 한다.

판례 납세의무자가 세금을 납부기한까지 납부하지 아니하자 과세청이 그 징수를 위하여 압류처분에 이른 것이라면 비록 독촉절차 없이 압류처분을 하였다 하더라도 이러한 사유만으로는 압류처분을 무효로 되게 하는 중대하고도 명백한 하자로는 되지 않는다. (대판 1987.9.22., 선고 87누383)

| 오답해설 |

① **선택률4%** 독촉은 준법률행위적 행정행위로서 통지에 해당한다.

② **선택률7%** 시효는 행사하지 않는 권리를 소멸시키는 제도이다. 따라서 압류할 목적물이 없어 압류를 하지 못하였더라도 압류를 하고자 하였다면 잠자는 권리는 아니다. 즉, 시효가 중단된다.

③ **선택률27%** 과세처분과 강제징수 사이에는 하자가 승계되지 않는다.

판례 일정한 행정목적을 위하여 독립된 행위가 단계적으로 이루어진 경우에 선행행위인 과세처분의 하자는 당연무효사유를 제외하고는 집행행위인 체납처분에 승계되지 아니한다. (대판 1961.10.26., 선고 4292행상73)

더 알아보기 ▶ 독촉 없는 압류를 무효라고 본 판결

위 상속재산에 대한 압류 이전에 위 소외 망 조용만이나 그 상속인인 원고에 대하여 망 조용만에게 부과될 **위 양도소득세에 관하여 적법한 납세고지나 독촉이 없었으므로 위 압류는 무효라고 할 것이니** 이런 취지에서 한 원심의 판단은 정당하다 할 것이고 이 압류사실을 원고가 주장하고 있는 본건에 있어서는 그 유·무효는 법원이 판단할 사항에 속함이 분명하므로 이 판단을 지목하여 처분권주의에 위배된다고 비난할 수 없다. (대판 1982.8.24., 선고 81누162)

19 고난도 TOP2

정답 ③

행정상 실효성 확보수단 > 행정벌 > 행정형벌 　정답률 50%

| 정답해설 |

③ **선택률50%** 강제집행은 의무부과와 불이행을 전제로 하는데, 의무를 부과한 법적 근거와 달리 강제집행을 위해서는 별도의 법적 근거가 필요하다. 의무를 부과하는 행위와 이의 강제집행은 별개의 행위이고 강제집행이 권력적 작용이어서 별도의 구체적인 근거가 필요하다.

| 오답해설 |

① **선택률3%** 과징금제도는 헌법재판소에 의해 이미 합헌결정을 받은 바 있다.

② **선택률39%** 행정형벌과 행정질서벌은 입법부의 입법재량이다.

④ **선택률8%** 지방자치단체도 자치업무를 수행하는 경우에는 양벌대상인 법인이다.

더 알아보기 ▶ 참고 판례

과징금을 행정청(공정거래위원회)이 직접 부과한다 하더라도 권력분립의 원칙에 위반된다고 볼 수 없다.

- 과징금의 부과 여부 및 그 액수의 결정권자인 위원회는 합의제 행정기관으로서 그 구성에 있어 일정한 정도의 독립성이 보장되어 있고, 과징금 부과절차에서는 통지, 의견진술의 기회 부여 등을 통하여 당사자의 절차적 참여권을 인정하고 있으며, 행정소송을 통한 사법적 사후심사가 보장되어 있으므로, 이러한 점들을 종합적으로 고려할 때 **과징금 부과절차에 있어 적법절차원칙에 위반되거나 사법권을 법원에 둔 권력분립의 원칙에 위반된다고 볼 수 없다.** (헌재결 2003.7.24., 2001헌가25)
- 어떤 행정법규 위반행위에 대하여 이를 단지 간접적으로 행정상의 질서에 장해를 줄 위험성이 있음에 불과한 경우로 보아 행정질서벌인 과태료를 과할 것인가, 아니면 직접적으로 행정목적과 공익을 침해한 행위로 보아 행정형벌을 과할 것인가는, 당해 위반행위가 위의 어느 경우에 해당하는가에 대한 법적 판단을 그르친 것이 아닌 한 **그 처벌내용은 기본적으로 입법권자가 그 입법목적이나 입법 당시의 제반사정을 고려하여 결정할 입법재량에 속하는 문제이다.** (헌재결 1997.8.21., 93헌바51; 1997.4.24., 95헌마90)
- **지방자치단체가 양벌규정에 의한 처벌대상이 되는 법인에 해당하는지 여부**

  국가가 본래 그의 사무의 일부를 지방자치단체의 장에게 위임하여 처리하게 하는 기관위임사무의 경우 지방자치단체는 국가기관의 일부로 볼 수 있고, **지방자치단체가 그 고유의 자치사무를 처리하는 경우 지방자치단체는 국가기관의 일부가 아니라 국가기관과는 별도의 독립한 공법인으로서 양벌규정에 의한 처벌대상이 되는 법인에 해당한다.** (대판 2009.6.11., 선고 2008도6530)

20

정답 ②

행정상 실효성 확보수단 > 행정벌 > 통고처분 정답률 67%

| 정답해설 |

② 선택률67% 통고처분은 형식적으로는 행정이지만 실질적으로는 사법이다. 통고처분을 이행하면 확정판결과 동일한 효력으로 인정되어 일사부재리효력이 발생한다.

| 오답해설 |

① 선택률7% 통고처분은 항고소송대상인 처분이 아니다. 통고처분에 불복하는 경우에는 금전급부를 이행하지 않으면 되고, 이행하지 않으면 통고권자에 대한 고발에 의해 형사소송절차로 구제가 진행된다.

판례 도로교통법 제118조에서 규정하는 경찰서장의 통고처분은 행정소송의 대상이 되는 행정처분이 아니므로 그 처분의 취소를 구하는 소송은 부적법하다. (대판 1995.6.29., 선고 95누4674)

③ 선택률14% 통고권자는 범칙자에 대한 통고처분 없이 즉시고발할 수 있다. 통고권자의 재량에 해당한다.

판례 통고처분의 재량성 여부

관세법 제284조 제1항, 제311조, 제312조, 제318조의 규정에 의하면, 관세청장 또는 세관장은 관세범에 대하여 통고처분을 할 수 있고, 범죄의 정상이 징역형에 처하여질 것으로 인정되는 때에는 즉시고발하여야 하며, 관세범인이 통고를 이행할 수 있는 자금능력이 없다고 인정되거나 주소 및 거소의 불명 기타의 사유로 인하여 통고를 하기 곤란하다고 인정되는 때에도 즉시고발하여야 하는바, 이들 규정을 종합하여 보면, **통고처분을 할 것인지의 여부는 관세청장 또는 세관장의 재량에 맡겨져 있고**, 따라서 **관세청장 또는 세관장이 관세범에 대하여 통고처분을 하지 아니한 채 고발하였다는 것만으로는 그 고발 및 이에 기한 공소의 제기가 부적법하게 되는 것은 아니다.** (대판 2007.5.11., 선고 2006도1993)

④ 선택률12% 통고권자는 검사로부터 지명받은 행정기관의 장이 된다. 검사는 통고권자가 아니다.

더 알아보기 ▶ 통고처분의 납부효력범위 관련 판례

- 범칙금의 납부에 따라 확정판결에 준하는 효력이 인정되는 범위는 범칙금 통고의 이유에 기재된 당해 범칙행위 자체 및 범칙행위와 동일성이 인정되는 범칙행위에 한정된다. (대판 2012.9.13., 선고 2012도6612)
- 지방국세청장 또는 세무서장이 조세범칙행위에 대하여 고발을 한 후에 동일한 조세범칙행위에 대하여 한 통고처분은 원칙적으로 무효이고, 조세범칙행위자가 이러한 통고처분을 이행하였더라도 조세범 처벌절차법 제15조 제3항에서 정한 일사부재리의 원칙이 적용될 수 없다. (대판 2016.9.28., 선고 2014도10748)
- 조세범칙사건에 대한 세무공무원의 즉시고발이 있는 경우, 고발사유를 명기하지 않더라도 소추요건은 충족되고, 법원이 즉시고발사유에 대하여 심사할 수 없다. (대판 2014.10.15., 선고 2013도5650)

군무원 VS 공무원 비교분석

통고처분은 행정형벌의 절차적 특수성으로 일반행정직 시험에서도 자주 출제되는 내용이다. 다만, 일반행정직 시험에서는 통고처분에 대한 기본적 개념보다는 최근에 관련된 판례들이 많이 출제된다. '더 알아보기'의 판례를 참고하는 것이 좋겠다.

21

정답 ①

행정구제법 > 행정상 손해전보 > 국가배상 정답률 89%

| 정답해설 |

① 선택률89% 피해자가 외국인인 경우에 우리는 상호보증주의에 따른다. 「국가배상법」 제7조는 "이 법은 외국인이 피해자인 경우에는 해당 국가와 상호보증이 있을 때에만 적용한다."라고 규정하여 상호주의를 채택하고 있다.

| 오답해설 |

② 선택률0% 「국가배상법」상의 공무원은 최광의설을 취하고 있다. 일시적·한정적인 공무수행자의 경우에도 「국가배상법」상의 공무원에 포함된다.

③ 선택률3% 항고소송에서 처분이 취소되었다면 기판력에 의해 국가배상소송에서는 그 처분의 위법은 다시 판단하지 않으나, 그 위법에 고의나 과실이 당연 인정되는 것은 아니다. 따라서 국가배상소송에서 고의나 과실을 판단하여 국가배상이 부정될 수 있다.

판례 행정처분이 후에 항고소송에서 취소되었다고 할지라도 그 기판력에 의하여 당해 행정처분이 곧바로 공무원의 고의 또는 과실로 인한 것으로서 불법행위를 구성한다고 단정할 수는 없다. (대판 2003.11.27., 선고 2001다33789)

④ 선택률8% 「국가배상법」 제3조가 규정하고 있는 배상액에 대하여 기준액설과 한정액설의 다툼이 있는데, 일반적인 입장과 대법원에 의하면 기준액이라고 한다.

판례 손해액 산정방법에 관한 국가배상법상의 규정이 법원을 기속하지 않는다. (대판 1980.12.9., 선고 80다1820)

더 알아보기 ▶ 외국인에 대한 국가배상에서의 기존 판례와 최근 판례

- 한미행정협정 제23조 제5항 소정의 '계약에 의한 청구권'의 실현을 위한 소송의 상대방(= 미합중국)

대한민국과 아메리카합중국간의 상호방위조약 제4조에 의한 시설과 구역 및 대한민국에서의 합중국군대의 지위에 관한 협정(이하 '한미행정협정'이라고 한다) 제23조 제5항은 공무집행 중인 미합중국 군대의 구성원이나 고용원의 작위나 부작위 또는 미합중국 군대가 법률상 책임을 지는 기타의 작위나 부작위 또는 사고로서 대한민국 안에서 대한민국 정부 이외의 제3자에게 손해를 가한 것으로부터 발생하는 청구권은 대한민국이 이를 처리하도록 규정하고 있으므로 위 청구권의 실현을 위한 소송은 대한민국을 상대로 제기하는 것이 원칙이고, 대한민국을 상대로 위와 같은 소송을 제기하기 위하여는 대한민국과 아메리카합중국간의 상호방위조약 제4조에 의한 시설과 구역 및 대한민국에서의 합중국군대의 지위에 관한 협정의 시행에 관한 민사특별법 제2조, 제4조에 따라 국가배상법이 규정하고 있는 전치절차를 거쳐야 하지만 한편, 위 한미행정협정 제23조 제5항은 위와 같은 청구권이라고 하더라도 그것이 '계약에 의한 청구권(contractual claim)'인 경우에는 대한민국이 처리할 대상에서 제외하도록 규정하고 있으므로 위 **'계약에 의한 청구권'의 실현을 위한 소송은 계약 당사자인 미합중국을 상대로 제기할 수 있다.** (대판 1997.12.12., 선고 95다29895)

- 일본인 甲이 대한민국 소속 공무원의 위법한 직무집행에 따른 피해에 대하여 국가배상청구를 한 사안에서, 우리나라와 일본 사이에 국가배상법 제7조가 정하는 상호보증이 있다고 한 사례

우리나라와 외국 사이에 국가배상청구권의 발생요건이 현저히 균형을 상실하지 아니하고 외국에서 정한 요건이 우리나라에서 정한 그것보다 전체로서 과중하지 아니하여 중요한 점에서 실질적으로 거의 차이가 없는 정도라면 국가배상법 제7조가 정하는 상호보증의 요건을 구비하였다고 봄이 타당하다. 그리고 상호보증은 외국의 법령, 판례 및 관례 등에 의하여 발생요건을 비교하여 인정되면 충분하고 반드시 당사국과의 조약이 체결되어 있을 필요는 없으며, 당해 외국에서 구체적으로 우리나라 국민에게 국가배상청구를 인정한 사례가 없더라도 실제로 인정될 것이라고 기대할 수 있는 상태이면 충분하다.

일본인 甲이 대한민국 소속 공무원의 위법한 직무집행에 따른 피해에 대하여 국가배상청구를 한 사안에서, 일본 국가배상법 제1조 제1항, 제6조가 국가배상청구권의 발생요건 및 상호보증에 관하여 우리나라 국가배상법과 동일한 내용을 규정하고 있는 점 등에 비추어 우리나라와 일본 사이에 국가배상법 제7조가 정하는 상호보증이 있다고 한 사례 (대판 2015.6.11., 선고 2013다208388)

22

정답 ①

행정구제법 > 행정상 손해전보 > 손실보상 정답률 89%

| 정답해설 |

① **선택률 89%** 손실보상은 적법한 공권력에 의한 재산상의 침해에 대한 금전적인 전보제도이다. 공무원의 과실에 따른 위법은 「국가배상법」 제2조와 관련된 내용이다.

| 오답해설 |

② **선택률 4%** 재산권에 내재한 사회적 제약인 경우에는 손실보상대상이 되지 않는다. 특별한 희생이어야 한다.

③ **선택률 5%** 공공의 필요가 없으면 재산상의 침해를 발할 수 없다. 이익형량을 통해 얻게 될 공익과 잃게 될 사익간의 형량을 하여야 한다.

④ **선택률 2%** 손해배상과 달리 손실보상은 비재산적인 신체나 생명의 침해는 대상이 되지 않는다.

군무원 VS 공무원 비교분석

종래와 달리 최근에는 군무원 시험에서도 일반공무원 시험과 마찬가지로 매우 기본적인 개념을 묻는 문제는 출제되고 있지 않다. 기존의 문제 수준과 양상을 절대적으로 신뢰하고 공부하는 것보다는 조금 더 어렵게 준비해야 한다.

23

정답 ④

행정구제법 > 행정쟁송 > 행정소송 정답률 63%

| 정답해설 |

④ **선택률 63%** 집행정지요건에 해당하지 않는 것은 ㉠, ㉣이다.

㉠ 거부처분의 존재: 집행정지는 집행정지대상인 처분이 있어야 하는데, 거부처분은 집행정지대상이 될 수 없다. 거부처분은 소극적 처분으로서 처분을 정지하여도 실익이 발생하지 않는다.

㉣ 공공복리에 중대한 영향을 미칠 우려의 존재: 집행정지로 공공복리를 해칠 우려가 부존재하여야 한다. 공공복리를 해칠 우려가 있는 경우에는 집행정지를 허용하지 않는다.

| 오답해설 |

① **선택률 8%** ② **선택률 8%** ③ **선택률 21%**

㉡ 본안소송의 존재: 집행정지는 소송이 진행 중인 사안에서 인정된다. 소송청구와 동시에 집행정지를 신청할 수 있다. 따라서 본안소송이 적법하게 청구되지 못한 경우나 본안소송이 취하된 경우에는 집행정지가 인정되기 곤란하다.

㉢ 회복하기 어려운 손해의 존재: 집행정지는 인용판결이 있더라도 회복될 수 없는 손해를 방지할 목적으로 하는 것이다. 따라서 회복이 가능한 경우에는 집행정지가 인정되기 곤란하다.

㉤ 이유없음이 명백함의 부존재: 대법원 판례에 의하면 집행정지로 인하여 소송청구가 많아지고, 소청구를 통한 악용의 소지가 있어 이를 방지하기 위해 요건이 더 필요하다는 입장이다. 따라서 이유없음이 명백한 경우에는 집행정지를 인정하지 않겠다는 입장이다.

더 알아보기 ▶ 「행정소송법」

제23조(집행정지) ① 취소소송의 제기는 처분 등의 효력이나 그 집행 또는 절차의 속행에 영향을 주지 아니한다.

② 취소소송이 제기된 경우에 처분 등이나 그 집행 또는 절차의 속행으로 인하여 생길 회복하기 어려운 손해를 예방하기 위하여 긴급한 필요가 있다고 인정할 때에는 본안이 계속되고 있는 법원은 당사자의 신청 또는 직권에 의하여 처분 등의 효력이나 그 집행 또는 절차의 속행의 전부 또는 일부의 정지(이하 '집행정지'라 한다)를 결정할 수 있다. 다만, 처분의 효력정지는 처분 등의 집행 또는 절차의 속행을 정지함으로써 목적을 달성할 수 있는 경우에는 허용되지 아니한다.

③ 집행정지는 공공복리에 중대한 영향을 미칠 우려가 있을 때에는 허용되지 아니한다.

④ 제2항의 규정에 의한 집행정지의 결정을 신청함에 있어서는 그 이유에 대한 소명이 있어야 한다.

⑤ 제2항의 규정에 의한 집행정지의 결정 또는 기각의 결정에 대하여는 즉시항고할 수 있다. 이 경우 집행정지의 결정에 대한 즉시항고에는 결정의 집행을 정지하는 효력이 없다.

⑥ 제30조 제1항의 규정은 제2항의 규정에 의한 집행정지의 결정에 이를 준용한다.

24

정답 ②

행정구제법 > 행정쟁송 > 항고소송의 피고 정답률 88%

| 정답해설 |

② 선택률88% 내부위임의 경우에는 위임이 있었다는 사실을 외부에 표시하지 않는다. 따라서 원칙적으로 위임청 명의로 처분이 있어야 하며 피고는 위임청이다. 그런데 만약 수임기관이 자신의 명의로 처분을 하였다면 이는 무효에 해당되고 피고는 명의기관인 수임기관이 된다.

| 오답해설 |

① 선택률4% 처분조례는 지방의회가 제정한 조례라도 피고는 지방자치단체장이 된다. 교육이나 학예와 관련된 처분의 경우에는 시도교육감이 피고가 된다.

③ 선택률7% 합의제행정기관은 합의제 행정청 그 자체가 피고가 되지만 중앙노동위원회만 예외적으로 중앙노동위원회장이 피고가 된다.

④ 선택률1% 권한이 승계되면 승계한 행정청이 피고가 된다.

25

정답 ③

행정구제법 > 행정쟁송 > 판결의 종류 정답률 75%

| 정답해설 |

③ 선택률75% 무효선언적 취소소송은 취소소송의 형식을 취하고 있어서 취소소송의 요건을 구비하여야 한다. 이를 구비하지 않은 경우에는 비록 그 처분이 무효에 해당하여도 각하판결이 된다.

| 오답해설 |

① 선택률10% 재결에 고유한 위법이 없는지 여부는 심리를 통해 파악한다. 따라서 기각이다.

② 선택률7% 협의의 소익이 없는 경우에는 소송이 진행될 수 없다. 따라서 각하이다.

④ 선택률8% 필요적 행정심판전치주의는 본안문제가 아닌 소송의 요건문제에 해당한다. 따라서 요건을 구비하지 못한 소송으로 각하된다.

2007 2007.05.12. 국방부(육·해·공군) 시행

9급 군무원 행정법

ㅣ전체 난이도 및 합격선

전체 난이도	합격선
下	96점

ㅣ기출총평

기본적인 개념의 이해와 암기로 해결할 수 있는 문제가 출제되었다.

행정법의 기본 개념을 충실히 이해하였다면 모두 해결할 수 있는 문제였다. 행정법적 법리나 이를 통한 사례 적용에 대한 문제는 출제되지 않았다. 각 단원에서 기본이 되는 개념에 대해 테스트한 정도라고 생각된다. 생소한 단원이나 문제 유형도 없었다. 단원의 배정은 손해전보(손해배상, 손실보상, 기타 손해전보)에서 5문항이 출제되었다는 점을 제외하고는 비교적 골고루 출제되었으며, 각론에서는 3문항이 출제되었지만 특별히 각론 공부를 해야 풀 수 있는 수준의 문제는 아니었다. 판례 문제도 거의 출제되지 않았다.

ㅣ영역별 출제비중

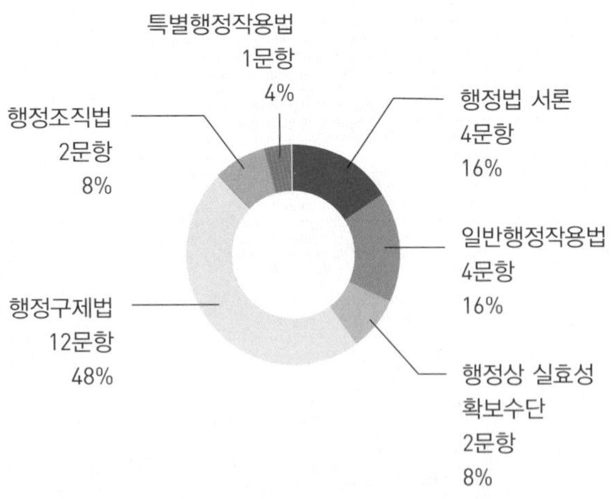

ㅣ문항 분석

		카테고리	출제수	정답률
고난도 TOP 1	1	행정법 서론 > 행정 > 통치행위	12회	22%
	2	행정법 서론 > 행정법 > 행정법의 일반원칙	19회	95%
	3	행정법 서론 > 행정법 관계 > 공법관계	6회	81%
	4	행정법 서론 > 행정법 관계 > 불가쟁력	3회	92%
	5	일반행정작용법 > 행정입법 > 법규명령	17회	91%
	6	일반행정작용법 > 행정행위 > 행정행위의 하자	9회	69%
	7	일반행정작용법 > 행정행위 > 철회	12회	86%
	8	일반행정작용법 > 행정행위 > 확약	5회	91%
	9	행정상 실효성 확보수단 > 행정강제 > 강제집행	6회	65%
	10	행정상 실효성 확보수단 > 행정강제 > 즉시강제	3회	82%
	11	행정구제법 > 행정상 손해전보 > 국가배상	12회	78%
고난도 TOP 3	12	행정구제법 > 행정상 손해전보 > 국가배상	12회	48%
	13	행정구제법 > 행정상 손해전보 > 국가배상	12회	72%
	14	행정구제법 > 행정상 손해전보 > 손실보상	19회	58%
고난도 TOP 2	15	행정구제법 > 행정상 손해전보 > 손실보상	19회	47%
	16	행정구제법 > 행정상 손해전보 > 손실보상	19회	74%
	17	행정구제법 > 행정상 손해전보 > 희생유사적 침해	1회	54%
	18	행정구제법 > 행정쟁송 > 행정심판	28회	84%
	19	행정구제법 > 행정쟁송 > 행정심판	28회	71%
	20	행정구제법 > 행정쟁송 > 항고소송의 피고	3회	73%
	21	행정구제법 > 행정쟁송 > 행정소송	47회	55%
	22	행정구제법 > 행정쟁송 > 항고소송의 피고	3회	93%
	23	행정조직법 > 국가행정조직 > 행정조직	2회	75%
	24	행정조직법 > 공무원법 > 국가공무원법	6회	81%
	25	특별행정작용법 > 재무행정법 > 조세행정	2회	84%

※ 고난도 TOP 1 은 해당 회차에서 정답률이 가장 낮은 문항입니다.

기출문제편 ▶ P.114									
01	①	02	①	03	②	04	②	05	①
06	③	07	④	08	①④	09	④	10	③
11	①	12	②	13	①	14	①	15	④
16	④	17	②	18	④	19	③	20	④
21	④	22	②	23	①	24	③	25	②

01 고난도 TOP1

정답 ①

행정법 서론 > 행정 > 통치행위 정답률 22%

| 정답해설 |

① 선택률22% 헌법재판소에 의하면 통치행위라도 국민의 기본권 침해와 직접관련이 있는 경우에는 헌법소원대상이 된다고 한다. 헌법수호와 직접 관련되는 경우가 아니다.

| 오답해설 |

② 선택률10% 통치행위는 개괄주의하에서 사법심사가 제한되고, 법치주의하에서 법치가 제한되는 국가작용을 말한다. 개괄주의와 법치주의하에서 논의된다.

③ 선택률57% 통치행위를 판단하는 주체는 모든 법원이다. 헌법재판소도 가능하나 검찰은 판단주체가 될 수 없다.

④ 선택률11% O.Mayer는 통치행위를 제4의 국가작용으로서 헌법상의 보조활동이라고 하였다.

더 알아보기 ▶ 참고 판례

대통령의 긴급재정경제명령은 국가긴급권의 일종으로서 고도의 정치적 결단에 의하여 발동되는 행위이고 그 결단을 존중하여야 할 필요성이 있는 행위라는 의미에서 이른바 통치행위에 속한다 할 수 있으나, 통치행위를 포함하여 모든 국가작용은 국민의 기본권적 가치를 실현하기 위한 수단이라는 한계를 반드시 지켜야 하는 것이고, **헌법재판소는 헌법의 수호와 국민의 기본권 보장을 사명으로 하는 국가기관이므로 비록 고도의 정치적 결단에 의하여 행해지는 국가작용이라고 할지라도 그것이 국민의 기본권 침해와 직접 관련되는 경우에는 당연히 헌법재판소의 심판대상이 된다.** (헌재결 1996.2.29., 93헌마186)

02

정답 ①

행정법 서론 > 행정법 > 행정법의 일반원칙 정답률 95%

| 정답해설 |

① 선택률95% 건축허가와 도로기부채납은 실질적 관련이 없는데도, 기부채납 불이행을 이유로 관련 없는 건축허가를 거부하였으므로 부당결부금지원칙 위반이라는 판례이다.

| 오답해설 |

② 선택률2% 과잉금지원칙(비례원칙)은 가능한 처분이 지나치게 이루어진 경우에 적용된다. 실질적으로 가능하지 않은 처분에는 과잉금지원칙 위반이 적용되지 않는다.

③ 선택률2% 실권의 법리는 행정청이 국민의 위법을 알면서 장기간 묵인방치하여 국민에게 위법상태의 존속을 신뢰하게 했다면 뒤늦게 취소권을 행사할 수 없다는 법리이다.

④ 선택률1% 자기구속의 법리는 재량준칙이 평등과 결부되어 행정청이 스스로 제정한 처분기준에 구속되어 재량이 기속으로 변환되는 법리이다.

03

정답 ②

행정법 서론 > 행정법 관계 > 공법관계 정답률 81%

| 정답해설 |

② 선택률81% 입찰보증금의 국고귀속조치는 사법상의 행위라는 것이 대법원의 입장이다.

판례 예산회계법에 따라 체결되는 계약은 사법상의 계약이라고 할 것이고 동법 제70조의5의 입찰보증금은 낙찰자의 계약체결의무이행의 확보를 목적으로 하여 그 불이행시에 이를 국고에 귀속시켜 국가의 손해를 전보하는 사법상의 손해배상 예정으로서의 성질을 갖는 것이라고 할 것이므로 **입찰보증금의 국고귀속조치는 국가가 사법상의 재산권의 주체로서 행위하는 것이지 공권력을 행사하는 것이거나 공권력작용과 일체성을 가진 것이 아니라 할 것**이므로 이에 관한 분쟁은 행정소송이 아닌 민사소송의 대상이 될 수밖에 없다고 할 것이다. (대판 1983.12.27., 선고 81누366)

| 오답해설 |

① 선택률3% 국방부장관의 입찰참가자격 제한조치는 행정처분이다.

③ 선택률7% 변상금부과처분은 항고소송대상인 처분이다. 기속에 해당한다.

판례 국유재산의 관리청이 그 무단점유자에 대하여 하는 변상금부과처분은 순전히 사경제 주체로서 행하는 사법상의 법률행위라 할 수 없고 이는 관리청이 공권력을 가진 우월적 지위에서 행한 것으로서 행정소송의 대상이 되는 행정처분이라고 보아야 한다. (대판 1988.2.23., 선고 87누1046·1047)

④ 선택률9% 국립의료원의 부설주차장은 행정재산이라서 위탁관리용역운영계약은 행정재산의 사용·수익허가인 특허에 해당한다.

판례 국유재산 등의 관리청이 하는 행정재산의 사용·수익에 대한 허가는 순전히 사경제주체로서 행하는 사법상의 행위가 아니라 관리청이 공권력을 가진 우월적 지위에서 행하는 행정처분으로서 특정인에게 행정재산을 사용할 수 있는 권리를 설정하여 주는 강학상 특허에 해당한다. (대판 2006.3.9., 선고 2004다31074)

더 알아보기 ▶ 입찰참가자격 제한조치

입찰참가자격 제한조치는 누구에 의해 이루어진 것인가에 따라 처분인지 아닌지(사법관계)가 좌우된다.

- **by 국가나 지방자치단체:** 행정처분(공법관계)
- **by 각종 공사:** 사법관계
- 한국전력공사 사장이 한국전력공사의 회계규정에 의거하여 입찰참가자격을 제한한 부정당업자 제재처분은 행정청이나 그 소속기관 또는 그 위임을 받은 공공단체의 공법상의 행위가 아니라 단지 그 대상자를 위 공사에서 시행하는 입찰에 참가시키지 않겠다는 뜻의 사법상의 효력만을 가지는 통지행위에 불과하다 할 것이고 위 통지행위가 있다 하여 국가 또는 지방자치단체에서 시행하는 모든 입찰의 참가자격을 제한하는 효력이 발생한다고 볼 수는 없으므로 이를 행정소송의 대상이 되는 행정처분이라고 할 수는 없다. (대판 1985.4.23., 선고 82누369)

04
정답 ②

행정법 서론 > 행정법 관계 > 불가쟁력 정답률 92%

| 정답해설 |

② **선택률 92%** '불가쟁력'이란 일정한 쟁송제기기간이 경과되면 더 이상 상대방이나 이해관계인은 심판이나 소송을 청구할 수 없는 효력을 말한다. 이는 국가기관과 무관하다. 따라서 불가쟁력이 발생한 후라도 행정청의 직권취소는 가능하다.

| 오답해설 |

① **선택률 1%** '불가쟁력'이란 일정한 기간이 경과되어 쟁송을 제기할 수 없어 확정되었음을 말하는 형식적 확정력일 뿐 그 처분에 대한 위법·적법의 심사가 이루어져 확정되었음을 말하는 것은 아니다. 판례에 의하면 기판력이 아니라고 한다.

③ **선택률 2%** 불가쟁력이 발생한 처분은 쟁송제기를 할 수 없고 각하된다.

④ **선택률 5%** 불가쟁력은 행정쟁송을 제기할 수 없는 효력을 말하고, 국가배상은 손해전보와 관련된 내용이다. 행정쟁송과 손해전보는 별개의 문제로서 불가쟁력 이후라도 손해배상청구가 가능하다.

더 알아보기 ▶ 참고 판례

> **행정처분이나 행정심판의 재결이 불복기간의 경과로 인하여 확정될 경우 확정력은 처분으로 인하여 법률상의 이익을 침해받은 자가 처분이나 재결의 효력을 더이상 다툴 수 없다는 의미**일 뿐 판결에 있어서와 같은 기판력이 인정되는 것은 아니어서 처분의 기초가 된 사실관계나 법률적 판단이 확정되고 당사자들이나 법원이 이에 기속되어 모순되는 주장이나 판단을 할 수 없는 것은 아니다. (대판 1993.4.13., 선고 92누17181)

05
정답 ①

일반행정작용법 > 행정입법 > 법규명령 정답률 91%

| 정답해설 |

① **선택률 91%** 청장이나 처장은 법규명령을 제정할 수 없다. 단, 판례상 청장의 훈령이 법규명령으로 인정되는 경우는 있다. 국세청장 훈령인 재산제세사무처리규정 등이 예이다.

| 오답해설 |

② **선택률 2%** 국무총리는 총리령을 제정할 수 있다. 이는 시행규칙이라 부르며 위임명령과 집행명령 제정권이 있다.

③ **선택률 6%** 법무부장관은 부령 제정권이 있다. 역시 시행규칙이라 부르며 위임명령과 집행명령 제정권이 있다.

④ **선택률 1%** 대통령은 국가긴급시에 법률대위명령권을 발령할 수 있으며, 일반적인 대통령령을 제정할 수 있는 권한이 있다.

군무원 VS 공무원 비교분석

> 당시의 군무원 시험은 이 정도의 난이도가 주를 이루었지만 최근에는 그러하지 않다. 특히 현재 일반행정직을 같이 준비하는 수험생이라면 이러한 문제 유형으로 시험을 준비한다는 것은 위험하다. 또한 최근에는 응시생도 늘어나 경쟁률이 더 높아졌으므로 문제 하나하나의 가치가 커졌다고 볼 수 있다. 지금은 조금 더 난도 높은 공부가 필요하다.

06
정답 ③

일반행정작용법 > 행정행위 > 행정행위의 하자 정답률 69%

| 정답해설 |

③ **선택률 69%** 무효·취소 모두 원칙적으로 집행부정지이고, 일정요건이 갖추어지면 집행정지가 인정된다. 무효와 취소의 차이가 없으므로 이는 구별실익이 아니다.

| 오답해설 |

① **선택률 14%** 민·형사법원에서 선결문제로 무효는 다툴 수 있으나 취소의 경우에는 처분의 효력에 대하여는 다툴 수 없고, 위법 여부에 대하여만 다툴 수 있다.

② **선택률 9%** 무효는 사정재결이나 판결이 불가하나 취소는 가능하다.

④ **선택률 8%** 무효는 하자가 승계되지만, 취소의 경우에는 선·후 처분이 결합되어 하나의 법효과가 발생하는 경우에는 하자가 승계되고 각각의 법효과인 경우에는 하자가 승계되지 않음이 원칙이다.

더 알아보기 ▶ 무효와 취소의 구별

구분	무효	취소
선결문제	가능	효력은 안 되나, 위법은 가능
소송의 방식	무효등확인소송(무효선언적 취소소송도 가능하나 취소소송으로 취급)	취소소송
제기요건(제기기간, 예외적 행정심판 전치주의)	부적용	적용
사정재결	부정	인정
하자의 승계	승계	선행정행위와 후행정행위가 결합하여 하나의 법효과를 발생하면 승계, 각각의 법효과이면 승계 부정
치유와 전환	전환	치유
신뢰보호와 공무집행방해죄	부적용	적용
공정력, 존속력, 강제력	부정	인정
불가쟁력	부정	인정

군무원 VS 공무원 비교분석

무효와 취소의 구별실익은 기본적이면서도 중요한 부분이다. 일반행정직을 준비하는 수험생들에게도 중요하고 핵심적인 내용이므로 그 차이를 분명히 숙지하고 있어야 한다.

07

정답 ④

일반행정작용법 > 행정행위 > 철회 정답률 86%

| 정답해설 |

④ 선택률 86% 철회는 성립 당시 하자가 없었으나 장래 예측할 수 없는 사태를 대비하여 마련된 제도이다. 따라서 철회사유가 있다면 법에 근거가 없어도 철회할 수 있다. 다만, 신뢰보호원칙이나 비례원칙에 의해 제한된다.

| 오답해설 |

① 선택률 8% 철회는 처분청에 권한이 있다.

② 선택률 4% 철회는 성립 당시에 하자가 없어 장래효이다.

③ 선택률 2% 중대한 공익상의 사유도 철회사유가 된다.

08

정답 ①④(단, 출제 당시의 정답은 ①)

일반행정작용법 > 행정행위 > 확약 정답률 91%

| 정답해설 |

① 선택률 86% 대법원은 확약에 처분성을 부정하고 있다. 어업권 우선순위결정에서 강학상 확약일 뿐 처분은 아니라는 입장이다.

판례 **어업권면허에 선행하는 우선순위결정은 행정청이 우선권자로 결정된 자의 신청이 있으면 어업권면허처분을 하겠다는 것을 약속하는 행위로서 강학상 확약에 불과하고 행정처분은 아니므로**, 우선순위결정에 공정력이나 불가쟁력과 같은 효력은 인정되지 아니하며, 따라서 우선순위결정이 잘못되었다는 이유로 종전의 어업권면허처분이 취소되면 행정청은 종전의 우선순위결정을 무시하고 다시 우선순위를 결정한 다음 새로운 우선순위결정에 기하여 새로운 어업권면허를 할 수 있다. (대판 1995.1.20., 선고 94누6529)

④ 선택률 5% 개정된 「행정절차법」에 따라 확약은 문서형식으로 하여야 한다.

법령 「행정절차법」 제40조의2(확약) ② 확약은 문서로 하여야 한다.

| 오답해설 |

② 선택률 6% 확약에 별도의 법적 근거가 없어도 본처분권에 이미 내포된 것으로 보아 별도의 법적 근거 없이 확약이 가능하다고 한다.

③ 선택률 3% 확약은 행정청의 행정권 발동 등에 대한 약속으로서 신뢰보호대상인 공적 견해이다.

09

정답 ④

행정상 실효성 확보수단 > 행정강제 > 강제집행 정답률 65%

| 정답해설 |

④ 선택률 65% 즉시강제는 의무부과와 불이행을 전제로 하지 않는 행정강제이다. 반면 ①②③은 강제집행이다. 즉, 의무부과와 불이행을 전제로 이루어지는 행정강제이다.

| 오답해설 |

① 선택률 3% 강제징수는 강제집행 중의 하나이다.

② 선택률 3% 건축물의 강제철거는 행정대집행으로서 강제집행 중의 하나이다.

③ 선택률 29% 이행강제금은 비대체적 작위의무와 대체적 작위의무에 부과하는 집행벌로서 강제집행이다.

군무원 VS 공무원 비교분석

문제의 난이도가 상당히 낮다. 일반행정직뿐 아니라 군무원 시험도 최근 난도가 상향되었음을 유의하고 이러한 난이도를 절대적 기준으로 삼아서는 안 된다.

10

정답 ③

행정상 실효성 확보수단 > 행정강제 > 즉시강제 정답률 82%

| 정답해설 |

③ 선택률 82% 목전에 급박한 위해를 제거하기 위하여 의무부과 없이 실력행사를 하는 것은 즉시강제이다. 헌법재판소에 의하면 영장은 불요하나 법적 근거는 필요하다.

| 오답해설 |

① 선택률 4% 행정대집행은 대체적 의무를 부과한 이후 불이행을 전제로 한 강제집행이다. 영장통지는 원칙적으로 필요절차이지만 생략할 수 있는 경우도 있다.

② 선택률 10% 직접강제와 즉시강제는 신체나 재산에 직접 실력행사를 한다는 점은 동일하지만 의무부과와 불이행을 전제로 한다는 점에서 차이가 있다.

④ 선택률 4% 영장과 법적 근거의 위치가 바뀌어 있다.

11

정답 ①

행정구제법 > 행정상 손해전보 > 국가배상 정답률 78%

| 정답해설 |

① 선택률 78% 대법원 판례에 의하면 공무원의 직무는 실제 직무가 아니어도 되고 직무를 집행할 의사가 없어도 된다고 한다. 객관적 외형주의에 입각해서 직무로 보이면 족하다는 입장이다.

판례 국가배상법 제2조 제1항의 '직무를 집행함에 당하여'라 함은 직접 공무원의 직무집행행위이거나 그와 밀접한 관계에 있는 행위를 포함하고, 이를 판단함에 있어서는 **행위 자체의 외관을 객관적으로 관찰하여 공무원의 직무행위로 보일 때에는 비록 그것이 실질적으로 직무행위가 아니**

거나 또는 행위자로서 주관적으로 공무집행의 의사가 없었다고 하더라도 그 행위는 공무원이 '직무를 집행함에 당하여' 한 것으로 보아야 할 것이다. (대판 1995.4.21., 선고 93다14240)

| 오답해설 |

② 선택률7% 최광의설의 입장으로서, 일시적·한정적인 공무수행자도 포함한다.

③ 선택률4% 법령 위반은 반드시 성문법령이 아니라도 인권존중, 권리남용금지, 법의 일반원칙의 위반의 경우도 포함한다.

④ 선택률11% 「국가배상법」 제2조는 과실책임주의로서 고의나 과실이 없으면 위법만으로는 국가배상요건이 충족되지 않는다.

군무원 VS 공무원 비교분석

일반행정직 시험은 주로 판례가 구체적이고 상세하게 장문으로 출제되는 반면, 군무원 시험에서는 그러한 판례의 태도가 어떠한지를 묻는 문제가 기본적으로 출제된다. 군무원 시험이든 일반행정직 시험이든 국가배상 단원은 중요하다.

12 고난도 TOP3

정답 ②

행정구제법 > 행정상 손해전보 > 국가배상 정답률 48%

| 정답해설 |

② 선택률48% 「국가배상법」에는 소멸시효에 대한 특별한 규정이 없어 「민법」상의 규정을 준용하도록 되어 있다(「국가배상법」 제8조). 「민법」 제766조 규정에 의하면 손해와 가해자를 안 날로부터 3년간 행사하지 않으면 시효로서 소멸한다. 또한 불법행위가 있은 날로부터는 「국가재정법」 제96조, 「지방재정법」 제82조에 따라 5년의 소멸시효가 적용된다.

법령 「민법」 제766조(손해배상청구권의 소멸시효) ① 불법행위로 인한 손해배상의 청구권은 피해자나 그 법정대리인이 그 손해 및 가해자를 안 날로부터 3년간 이를 행사하지 아니하면 시효로 인하여 소멸한다.
② 불법행위를 한 날로부터 10년을 경과한 때에도 전항과 같다.
③ 미성년자가 성폭력, 성추행, 성희롱, 그 밖의 성적(性的) 침해를 당한 경우에 이로 인한 손해배상청구권의 소멸시효는 그가 성년이 될 때까지는 진행되지 아니한다.

더 알아보기 ▶ 행정상 법률관계에서의 소멸시효

국가와 국민의 법률관계에서의 소멸시효는 특별한 규정이 없는 한 5년이다. 여기에서 '특별한 규정'이란 5년보다 단기규정인데, 유의하여야 할 점은 국가와 국민의 법률관계가 사법적인지 공법적인지를 불문한다는 점이다.

| 오답해설 |

① 선택률1% ③ 선택률48% ④ 선택률3%

13

정답 ①

행정구제법 > 행정상 손해전보 > 국가배상 정답률 72%

| 정답해설 |

① 선택률72% 「국가배상법」 제5조의 영조물은 국가 등의 소유물에 한정하지 않으며, 임차물이나 영치물도 포함한다. 다만, 행정목적을 위해 이용 중인 경우가 아니면 영조물에 해당하지 않는다. 따라서 설치 중인 옹벽과 국유임야는 행정재산이 아니라서 제외된다.

판례 지방자치단체가 비탈사면인 언덕에 대하여 현장조사를 한 결과 붕괴의 위험이 있음을 발견하고 이를 붕괴위험지구로 지정하여 관리하여 오다가 붕괴를 예방하기 위하여 언덕에 옹벽을 설치하기로 하고 소외 회사에게 옹벽시설공사를 도급주어 소외 회사가 공사를 시행하다가 깊이 3m의 구덩이를 파게 되었는데, 피해자가 공사현장 주변을 지나가다가 흙이 무너져 내리면서 위 구덩이에 추락하여 상해를 입게 된 사안에서, 위 사고 당시 설치하고 있던 **옹벽은 소외 회사가 공사를 도급받아 공사 중에 있었을 뿐만 아니라 아직 완성도 되지 아니하여 일반 공중의 이용에 제공되지 않고 있었던 이상 국가배상법 제5조 제1항 소정의 영조물에 해당한다고 할 수 없다.** (대판 1998.10.23., 선고 98다17381)

| 오답해설 |

② 선택률8% '영조물의 하자'란 완벽성 결여를 의미하는 것이 아니라 통상의 안전성을 구비하지 못한 경우를 말한다.

③ 선택률9% 행정주체가 행정목적을 위해 직접 이용 중인 공용물(예 시청사 등)도 당연히 영조물의 범위에 해당한다.

④ 선택률11% 하천은 공공용물로서 영조물에 해당한다.

더 알아보기 ▶ 「국가배상법」상의 영조물

- 「국가배상법」 제5조의 '공공의 영조물'이란 공공용물·공용물 및 사실상 관리하고 있는 경우도 포함한다.
- 국가배상법 제5조 제1항 소정의 **'공공의 영조물'이라 함은** 국가 또는 지방자치단체에 의하여 특정 공공의 목적에 공여된 유체물 내지 물적 설비를 지칭하며, 특정 공공의 목적에 공여된 물이라 함은 일반공중의 자유로운 사용에 직접적으로 제공되는 공공용물에 한하지 아니하고, 행정주체 자신의 사용에 제공되는 공용물도 포함하며 **국가 또는 지방자치단체가 소유권, 임차권 그 밖의 권한에 기하여 관리하고 있는 경우뿐만 아니라 사실상의 관리를 하고 있는 경우도 포함한다.** (대판 1995.1.24., 선고 94다45302)

14

정답 ①

행정구제법 > 행정상 손해전보 > 손실보상 정답률 58%

| 정답해설 |

① 선택률58% 헌법에는 정당한 보상으로 규정되어 있는데, 이 규정이 불확정개념에 해당되어 해석이 필요하다. 이에 대하여 정당한 보상을 완전보상이라 주장하는 완전보상설과 상당한 보상이면 된다는 상당보상설이 대립하고 있는데, 다수설은 완전보상설이다.

법령 헌법 제23조 ① 모든 국민의 재산권은 보장된다. 그 내용과 한계는 법률로 정한다.
② 재산권의 행사는 공공복리에 적합하도록 하여야 한다.
③ 공공필요에 의한 재산권의 수용·사용 또는 제한 및 그에 대한 보상은 법률로써 하되, 정당한 보상을 지급하여야 한다.

| 오답해설 |

② 선택률 26% 완벽한 보상이라는 용어는 사용하지 않는다. 완전보상설의 용어는 있다. 현재 헌법상의 정당보상에 대하여 완전보상설이 일반적인 입장이고 판례의 태도이다. 하지만 문제는 헌법상의 규정을 묻고 있다.
③ 선택률 1% 만족적 보상이라는 개념과 용어는 사용되고 있지 않다.
④ 선택률 15% 헌법상 정당한 보상을 상당보상이라고 하는 견해가 있다. 원칙적으로 완전보상을 하여야 하지만 정당한 경우에는 완전보상보다 하회할 수 있다는 입장이다.

15 고난도 TOP2

정답 ④

행정구제법 > 행정상 손해전보 > 손실보상 정답률 47%

| 정답해설 |

④ 선택률 47% 손실보상은 단체주의·형평주의·공평부담·정의나 평등을 사상적 배경으로 한다. 국민의 재산이 공공의 목적을 위해 특별한 희생을 받고 있는 경우에 사회구성원이 공평하게 부담하여 손실을 전보하고자 하는 제도이다.

| 오답해설 |

① 선택률 34% 손실보상은 재산권 자체에 내재한 사회적 제약만으로는 이루어질 수 없다. 특별한 희생인 경우에 비로소 이루어진다.
② 선택률 8% 손실보상은 적법한 공권력 행사에 대한 구제제도이다. 위법한 손해배상제도와는 구별된다.
③ 선택률 11% 손실보상은 적법한 공권력 행사를 통해 국민의 재산상 침해가 특별한 희생이 된 경우에 이루어지는 제도이다. 신체나 생명의 침해와는 무관한 제도이다.

군무원 VS 공무원 비교분석

종래에는 일반행정직 시험에서도 손실보상에 대한 기본적인 개념을 묻는 문제가 출제된 바 있으나 2008년부터 일반행정직에서 손실보상에 대한 문제는 판례 중심으로 출제경향이 변화하였다. 따라서 일반행정직 시험과 병행하여 준비하고 있는 수험생은 공부를 달리 하여야 한다. 즉, 군무원 시험은 기본 개념을 중심으로, 일반행정직 시험은 판례 중심으로 공부하여야 한다.

16

정답 ④

행정구제법 > 행정상 손해전보 > 손실보상 정답률 74%

| 정답해설 |

④ 선택률 74% 행정재산은 공용수용의 대상이 아니다.

| 오답해설 |

① 선택률 10% 하천점용허가는 강학상 특허에 해당되는 권리로서 공용수용대상이 된다.
② 선택률 8% 농업용 토지는 특별히 제한이 될 만한 사유에 해당되지 않으므로, 공용수용대상이다.
③ 선택률 8% 완공된 건축물도 제한 없이 수용될 수 있다.

17

정답 ②

행정구제법 > 행정상 손해전보 > 희생유사적 침해 정답률 54%

| 정답해설 |

② 선택률 54% 적법한 공권력 행사에 의해 신체나 생명의 침해를 받아 발생한 피해에 대한 구제방법에는 희생유사적 침해에 대한 청구권이 있다.

| 오답해설 |

① 선택률 13% 손실보상청구권은 적법한 공권력 행사에 대한 재산상 특별한 희생의 구제방법이다.
③ 선택률 8% 수용유사적 침해는 침해규정은 있으나 보상규정이 없는 경우에 기존의 보상규정을 유추하여 보상을 하고자 하는 독일법원의 경계이론이다.
④ 선택률 25% 손해배상은 위법을 전제로 한다. 주어진 예시와는 무관하다.

18

정답 ④

행정구제법 > 행정쟁송 > 행정심판 정답률 84%

| 정답해설 |

④ 선택률 84% 행정심판에는 부작위위법확인심판이 없다. 부작위에 대하여 의무이행심판을 통해 구제가 가능하다.

| 오답해설 |

① 선택률 1% ② 선택률 7% ③ 선택률 8% 거부처분에 대하여 취소심판, 의무이행심판, 무효등확인심판이 모두 가능하다. 다만, 재결의 기속력의 차원에서 의무이행심판은 직접처분이 있어서 의무이행심판이 청구인에게는 유리하다.

더 알아보기 ▶ 「행정심판법」

최근에 「행정심판법」의 잦은 개정으로 종래의 행정심판에 대한 문제가 현행법에 맞지 않는 경우가 많다. 따라서 종래의 문제를 당시의 기준으로 해석하고 정답을 정해 놓은 문제는 자칫 중대한 오류를 범할 수 있다. 최근의 「행정심판법」을 자주 읽어보는 것을 권한다. 특히 재결의 기속력과 간접집행력 부분은 중요한 단원으로 떠올랐으므로 각별한 주의를 요한다.

19

정답 ③

행정구제법 > 행정쟁송 > 행정심판 정답률 71%

| 정답해설 |

③ 선택률 71% 행정심판재결은 행정심판대상이 아니다. 따라서 행정심판재결에 고유한 위법이 있으면 재결에 대하여 소송을 청구하면 된다.

| 오답해설 |

① 선택률 12% 행정심판은 행정소송과 달리 위법과 부당이 심판대상이고, 재량도 심판대상이다. 물론 재량은 행정소송대상이기도 하다.

② 선택률 9% 행정심판재결은 행정기관의 사법업무이다.

④ 선택률 8% 행정심판이나 행정소송은 원칙적으로 집행부정지이다. 일정요건이 충족되는 경우에는 집행정지가 가능하다.

20

정답 ④

행정구제법 > 행정쟁송 > 항고소송의 피고 정답률 73%

| 정답해설 |

④ 선택률 73% 합의제 행정청의 처분에 대하여 피고는 합의제 행정청 그 자체가 된다. 단, 중앙노동위원회의 처분에 대해서는 중앙노동위원회장이 피고이다.

| 오답해설 |

① 선택률 17% 지방의회의원 제명의결은 항고쟁송대상인 처분이다. 이 경우 제명의결을 한 지방의회가 피고가 된다.

② 선택률 6% 국가가 손해배상의 피고가 되는 경우에는 법무부장관이 대행한다.

③ 선택률 4% 처분조례는 지방자치단체장이 피고가 되지만, 교육이나 학예와 관련된 경우에는 시·도교육감이 피고가 된다.

더 알아보기 ▶ 국회의원 제명의결과 지방의원 제명의결

국회의원 제명의결과 지방의원 제명의결은 동일한 성질이 아님을 유의하여야 한다. 국회의원 제명의결은 헌법 제64조 제4항의 규정에 의해 법원에 제소할 수 없도록 규정되어 일반적으로 통치행위로 본다. 그러나 지방의원의 제명의결은 항고소송대상인 처분으로서 쟁송을 제기하여 구제가 가능하다.

21

정답 ④

행정구제법 > 행정쟁송 > 행정소송 정답률 55%

| 정답해설 |

④ 선택률 55% 공정력은 행정행위에만 인정되는 효력이다. 법원의 판결은 행정청의 행정작용으로서의 행정처분이 아니라서 공정력이 인정될 수 없다.

| 오답해설 |

① 선택률 6% '기판력'이란 확정판결이 있게 되면 처분의 위법·적법 판단이 확정되는 실질적 확정력을 말한다. 따라서 확정판결과 모순되는 주장이나 판단을 소송의 당사자나 동일시할 수 있는 자 또는 후소법원은 할 수 없게 된다. 판결의 효력 중의 하나이다.

② 선택률 8% '형성력'은 적극처분의 취소소송이 인용판결로 확정되면 판결 자체로서 소송대상인 처분은 소급하여 효력이 소멸하고 행정청의 별도의 처분을 필요로 하지 않는 판결의 효력을 말한다.

③ 선택률 31% '자박력'이란 선고법원 스스로도 자신의 판결에 대하여 취소나 변경을 할 수 없는 효력을 말한다.

군무원 VS 공무원 비교분석

군무원 시험에서는 판결의 효력 단원에서 정확한 개념 형성을 필요로 한다. 일반행정직 시험에서도 출제빈도가 높은 내용이 판결의 효력이다. 하지만 일반행정직 시험은 개념으로는 부족하고 세세한 내용과 관련 판례의 숙지도 필요하므로 병행 준비를 하는 수험생들은 유의하여야 한다.

22

정답 ②

행정구제법 > 행정쟁송 > 항고소송의 피고 정답률 93%

| 정답해설 |

② 선택률 93% 대법원에 의하면 소득세원천징수의무자는 행정주체인 공무수탁사인이 아니다. 따라서 행정주체도 아니고 행정청도 아니며 처분도 아니다.

판례 원천징수의무자는 소득세법 제142조 및 제143조의 규정에 의하여 자동적으로 확정되는 세액을 소급자로부터 징수하여 과세관청에 납부하여야 할 의무를 부담하고 있으므로 … 그의 **원천징수행위는 법령에서 규정된 징수 및 납부의무를 이행하기 위한 것에 불과한 것이지, 공권력의 행사로서의 행정처분을 한 경우에 해당하지 아니한다.** (대판 1990.3.23., 선고 89누4789)

| 오답해설 |

① 선택률 2% 「행정소송법」 제2조 제2항에 의하면 법령에 의하여 행정권한의 위임 또는 위탁을 받은 행정기관, 공공단체 및 그 기관 또는 사인이 포함된다.

③ 선택률 2% 도지사는 행정청이다. 행정주체의 의사를 결정하여 이를 외부에 표시하는 행정청이다.

④ 선택률 3% 공정거래위원회는 합의제 행정청이다. 합의제 행정청은 그 자체로서 항고소송대상인 피고가 된다.

23

정답 ①

행정조직법 > 국가행정조직 > 행정조직 정답률 75%

| 정답해설 |

① 선택률 75% 감사원은 대통령 소속기관이다.

| 오답해설 |

② 선택률 4% 국방부 소속에는 방위사업청과 병무청이 있다(현 정부 동일).

③ 선택률 17% 국무총리 소속에는 각종 '처'가 있다(예 국가보훈처, 법제처 등).

④ 선택률 4% 검찰청은 법무부 소속이다.

24

정답 ③

행정조직법 > 공무원법 > 국가공무원법 정답률 81%

| 정답해설 |

③ **선택률81%** 직무상의 의무를 위반한 경우에는 징계사유가 된다.

| 오답해설 |

① **선택률9%** 직무를 태만히 하는 것은 징계사유가 되지만, 직위해제처분은 징계가 아니다. 징계에 앞선 행위이다.

판례 직위해제처분이 공무원에 대한 불이익처분이기는 하나 징계처분과 같은 성질의 처분이라 할 수 없다. (대판 1976.4.13., 선고 75누121)

② **선택률5%** 직무와 관련이 있건 없건 공무원의 체면과 위신을 손상하게 하는 행위는 징계사유가 된다.

법령 **「국가공무원법」 제78조(징계사유)** ① 공무원이 다음 각 호의 어느 하나에 해당하면 징계 의결을 요구하여야 하고 그 징계 의결의 결과에 따라 징계처분을 하여야 한다.

1. 이 법 및 이 법에 따른 명령을 위반한 경우
2. 직무상의 의무(다른 법령에서 공무원의 신분으로 인하여 부과된 의무를 포함한다)를 위반하거나 직무를 태만히 한 때
3. 직무의 내외를 불문하고 그 체면 또는 위신을 손상하는 행위를 한 때

④ **선택률5%** 「국가공무원법」 제80조 제4항에 따르면 감봉은 1개월 이상 3개월 이하의 기간 동안 보수의 3분의 1을 감한다.

25

정답 ②

특별행정작용법 > 재무행정법 > 조세행정 정답률 84%

| 정답해설 |

② **선택률84%** '조세'는 원칙적으로 국민의 담세능력(세금을 납부할 수 있는 능력: 소득이나 재산을 기준)을 기준으로 하여 부과되며, '변상금'은 다른 기준에 따라 부과된다.

| 오답해설 |

① **선택률2%** 조세의 종목과 세율은 원칙적으로 법률로써 정하여야 한다.

법령 **헌법 제38조** 모든 국민은 법률이 정하는 바에 의하여 납세의 의무를 진다.

③ **선택률3%** 금전납부의무를 불이행하는 경우에는 강제징수가 이루어진다. 일반법으로는 「국세징수법」이 있다.

④ **선택률11%** 독촉은 준법률행위적 행정행위인 통지(의사의 통지)에 해당되어 항고소송대상이 된다.

군무원 VS 공무원 비교분석

일반행정직 시험과 달리 군무원 시험은 이처럼 각론 부분이 출제된다. 그러나 7급 시험의 각론과 같은 수준의 문제는 아니고, 기초적인 내용을 묻는 문제라서 큰 부담은 없다. 하지만 각론의 기본적인 개념(각 단원의 소제목 정도의 수준)은 파악하고 있어야 한다.

2006 2006.04.29. 국방부(육·해·공군) 시행

9급 군무원 행정법

I 전체 난이도 및 합격선

전체 난이도	합격선
中	92점

I 기출총평

짧은 선지로 행정법의 전반적인 흐름과 이해도를 평가하는 문제가 출제되었다.

행정법에서 출제되는 유형에는 장문의 선지로 특정 단원의 깊이를 측정하려는 유형과 짧은 선지로 행정법의 전체적인 틀과 흐름의 이해 정도를 측정하려는 유형이 있는데, 2006년도 시험에서는 후자에 해당한다. 따라서 각 단원의 전반적인 개념을 알고 있었다면 해결이 용이한 문제 유형들이었다. 지엽적이고 생소한 문제 유형이나 개념은 출제되지 않았다. 판례에 대한 많은 지식과 깊이를 요하는 유형, 법령을 묻는 문제 유형은 거의 출제되지 않았다(법령 1문항 출제). 각론 문제는 출제되지 않았으며, 행정소송에 대한 문제는 1문항 정도만 출제되었다.

I 영역별 출제비중

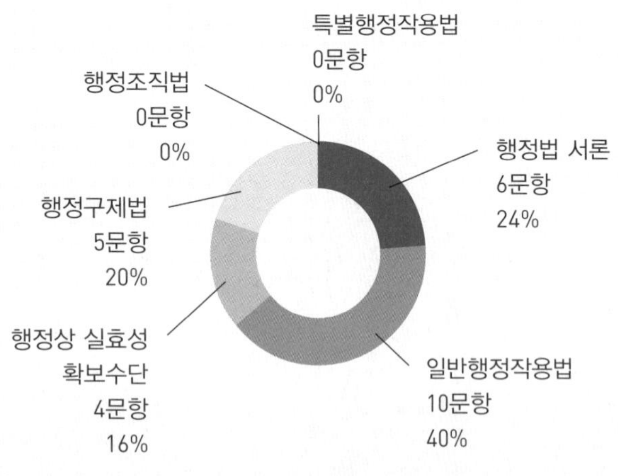

I 문항 분석

		카테고리	출제수	정답률
	1	행정법 서론 > 행정 > 통치행위	12회	91%
고난도 TOP2	2	행정법 서론 > 행정법 관계 > 행정주체	8회	45%
	3	행정법 서론 > 행정법 > 행정법의 법원	9회	71%
	4	행정법 서론 > 행정법 관계 > 행정주체	8회	74%
	5	행정법 서론 > 행정법 관계 > 특별권력관계	5회	63%
	6	행정법 서론 > 행정상 법률요건과 법률사실 > 사인의 공법행위	13회	77%
	7	일반행정작용법 > 행정입법 > 법규명령	17회	79%
	8	일반행정작용법 > 행정행위 > 행정행위의 내용	25회	76%
고난도 TOP1	9	일반행정작용법 > 행정행위 > 기속과 재량	10회	38%
	10	일반행정작용법 > 행정행위 > 행정행위의 효력	14회	91%
	11	일반행정작용법 > 행정행위 > 행정행위의 효력	14회	56%
	12	일반행정작용법 > 행정행위 > 행정행위의 내용	25회	53%
	13	일반행정작용법 > 행정행위 > 행정행위의 내용	25회	66%
	14	일반행정작용법 > 행정행위 > 부관	14회	67%
	15	일반행정작용법 > 행정행위 > 행정행위의 하자	9회	80%
	16	일반행정작용법 > 행정행위 > 확약	5회	88%
	17	행정상 실효성 확보수단 > 행정강제 > 행정대집행	15회	89%
	18	행정상 실효성 확보수단 > 행정강제 > 행정조사	5회	98%
	19	행정상 실효성 확보수단 > 새로운 의무이행 확보수단 > 공급거부	1회	82%
	20	행정상 실효성 확보수단 > 행정벌 > 행정형벌	2회	61%
	21	행정구제법 > 행정상 손해전보 > 손실보상	19회	80%
	22	행정구제법 > 행정상 손해전보 > 손해배상	12회	80%
고난도 TOP3	23	행정구제법 > 행정쟁송 > 행정심판	24회	52%
	24	행정구제법 > 행정쟁송 > 행정심판	24회	85%
	25	행정구제법 > 행정쟁송 > 행정소송	41회	87%

※ 고난도 TOP1 은 해당 회차에서 정답률이 가장 낮은 문항입니다.

기출문제편 ▶ P.118									
01	②	02	④	03	②	04	④	05	③
06	①	07	④	08	①	09	④	10	③
11	①	12	④	13	③	14	④	15	②
16	③	17	③	18	④	19	②	20	②
21	①	22	②	23	④	24	④	25	②

01

정답 ②

행정법 서론 > 행정 > 통치행위 정답률 91%

| 정답해설 |

② **선택률91%** 통치행위를 부정할 수는 없지만 통치행위를 과도하게 인정하면 법치주의가 이루어지지 않고 사법심사가 배제되어 국민의 기본권 침해가 불가피해진다. 그러한 의미에서 대법원도 통치행위의 인정은 지극히 신중하여야 한다고 본다.

판례 입헌적 법치주의국가의 기본원칙은 어떠한 국가행위나 국가작용도 헌법과 법률에 근거하여 그 테두리 안에서 합헌적·합법적으로 행하여질 것을 요구하며, 이러한 합헌성과 합법성의 판단은 본질적으로 사법의 권능에 속하는 것이고, 다만 국가행위 중에는 고도의 정치성을 띤 것이 있고, 그러한 고도의 정치행위에 대하여 정치적 책임을 지지 않는 법원이 정치의 합목적성이나 정당성을 도외시한 채 합법성의 심사를 감행함으로써 정책결정이 좌우되는 일은 결코 바람직한 일이 아니며, 법원이 정치문제에 개입되어 그 중립성과 독립성을 침해당할 위험성도 부인할 수 없으므로, 고도의 정치성을 띤 국가행위에 대하여는 이른바 통치행위라 하여 법원 스스로 사법심사권의 행사를 억제하여 그 심사대상에서 제외하는 영역이 있으나, **이와 같이 통치행위의 개념을 인정한다고 하더라도 과도한 사법심사의 자제가 기본권을 보장하고 법치주의 이념을 구현하여야 할 법원의 책무를 태만히 하거나 포기하는 것이 되지 않도록 그 인정을 지극히 신중하게 하여야 하며, 그 판단은 오로지 사법부만에 의하여 이루어져야 한다.** (대판 2004.3.26., 선고 2003도7878)

| 오답해설 |

① **선택률3%** 통치행위는 법치주의 체제에서 법치를 적용하지 않고, 개괄주의 체제에서 사법심사를 배제하는 국가활동을 말한다.

③ **선택률6%** 통치행위는 정치적 행위이다. 따라서 정치적 중립기관인 법원에 의해서는 이루어지기 어려운 국가작용이다.

④ **선택률0%** 헌법재판소에 의하면 통치행위를 인정할 수 있어도 통치행위가 국민의 기본권 침해와 직접 관련되는 경우에는 헌법재판소 심판대상이 된다고 한다.

판례 대통령의 긴급재정경제명령은 국가긴급권의 일종으로서 고도의 정치적 결단에 의하여 발동되는 행위이고 그 결단을 존중하여야 할 필요성이 있는 행위라는 의미에서 이른바 통치행위에 속한다고 할 수 있으나, 통치행위를 포함하여 모든 국가작용은 국민의 기본권적 가치를 실현하기 위한 수단이라는 한계를 반드시 지켜야 하는 것이고, 헌법재판소는 헌법의 수호와 국민의 기본권보장을 사명으로 하는 국가기관이므로 비록 고도의 정치적 결단에 의하여 행해지는 국가작용이라고 할지라도 그것이 국민의 기본권 침해와 직접 관련되는 경우에는 당연히 헌법재판소의 심판대상이 된다. (헌재결 1996.2.29., 93헌마186)

02 고난도 TOP2

정답 ④

행정법 서론 > 행정법 관계 > 행정주체 정답률 45%

| 정답해설 |

④ **선택률45%** 사무용품의 구입 등은 조달행정이다. '조달행정'이란 행정목적 달성을 위하여 필요한 인적 수단 및 물적 수단을 마련하는 행정 유형이다. 예컨대, 공무원을 채용하거나(공무원법상의 행위), 청사 부지를 위한 부동산 매입 또는 사무용품의 구입행위(이른바 국고행위) 등이 해당된다. 그 법적 형태는 고권행위에 의하는 경우뿐 아니라 사법(私法)적 형식에 의하는 경우(국고행위)도 존재한다.

| 오답해설 |

① **선택률21%** '질서행정(경찰행정)'이란 널리 위해방지에 의하여 사회공공의 안녕·질서를 유지함을 목적으로 하는 행정이다. 예컨대, 교통정리·영업규제·전염병예방활동 등이 이에 속한다.

② **선택률13%** '급부행정'이란 국민의 복지를 적극적으로 증진시키기 위하여 행하는 수익적 행정작용이다. 예컨대, 공급행정·사회보장행정·조성행정 등이 이에 속한다.

③ **선택률21%** '유도행정'이란 사회·경제·문화활동 등을 규제·지원 등의 조치에 의하여 일정한 방향으로 유도하고 개선하기 위하여 행하는 활동이다. 그 전형적인 수단으로 행정계획과 보조금 지급 등이 있다.

03

정답 ②

행정법 서론 > 행정법 > 행정법의 법원 정답률 71%

| 정답해설 |

② **선택률71%** 국방부훈령은 행정 내부 사무처리의 규정에 불과할 뿐 행정법의 법원이라고 볼 수 없다.

판례 전공사상자처리규정(국방부훈령 제392호) 제1장 제2조 제1항이 순직군경의 적용범위를 현역에 복무하는 장교, 준사관, 하사관 및 병으로 규정하고 있으나, 위 훈령은 이른바 행정관청 내부의 지침에 불과하여 국민이나 법원을 구속할 수 없는 것이므로 이를 근거로 하여 위 법률 제4조 제1항 제5호 소정의 순직군경을 위 '가'항과 다르게 한정하여 해석할 수는 없다. (대판 1994.3.11., 선고 93누12398)

| 오답해설 |

① **선택률9%** 조례는 지방자치단체의 자치행정의 근거로 삼아 행정이 이루어진다. 행정법의 법원(法源)이다.

③ **선택률4%** 「군인사법 시행령」은 대통령령으로서 행정법의 법원(法源)이다.

④ **선택률16%** 우리의 경우 국제법은 국내법과 동일한 효력이 인정되어 행정법의 법원(法源)이다.

04

정답 ④

행정법 서론 > 행정법 관계 > 행정주체 정답률 **74%**

| 정답해설 |

④ **선택률74%** 병무청장은 행정청이다. 행정주체의 의사를 결정하여 이를 외부에 표시하는 행정기관으로서 행정주체가 될 수 없다.

| 오답해설 |

① **선택률3%** 서울시는 광역지방자치단체로서 행정주체이다.

② **선택률15%** 토지를 수용하는 사업시행자는 공무수탁사인으로서 행정주체에 해당한다.

③ **선택률8%** 대한민국, 즉 국가는 시원적 행정주체이다. 행정객체가 될 수 없다.

05

정답 ③

행정법 서론 > 행정법 관계 > 특별권력관계 정답률 **63%**

| 정답해설 |

③ **선택률63%** 울레(Ule)의 수정설에 의하면 공무원의 직무명령은 국가 내부의 경영수행관계로서 개방적 관계에 해당하여 사법심사대상이 되지 않는다. 기본관계는 특별권력관계의 성립이나 변경·소멸관계를 말한다.

| 오답해설 |

① **선택률26%** 특별권력관계의 성립은 상대방의 동의(임의적 동의와 의무적 동의), 법률의 근거가 있어야 한다.

② **선택률9%** O.Mayer의 국가법인격법불침투설을 이론적 근거로 하여 특별권력관계는 성립된다.

④ **선택률2%** 특별권력관계의 내용으로는 명령권(행정규칙과 직무명령)과 징계권이 있다.

군무원 VS 공무원 비교분석

일반행정직 시험에서는 거의 출제되지 않는 단원이다. 오늘날 특별권력관계의 특수성이 사라져 특별권력관계 내부에서도 법치가 적용되며 사법심사도 이루어진다. 특히 법률유보도 적용이 이루어져(물론 느슨한 법치) 특별권력관계의 특징이라 할 만한 것이 사라졌다고 보인다. 이론적으로도 울레(Ule)의 주장 등이 등장하여 더욱 그러하다. 그러나 군무원 시험에서는 특별권력관계의 성립이나 소멸관계, 특수성을 묻는 문제가 출제되므로 일반행정직만 준비하던 수험생들에게는 주의를 요하는 단원이다.

06

정답 ①

행정법 서론 > 행정상 법률요건과 법률사실 > 사인의 공법행위 정답률 **77%**

| 정답해설 |

① **선택률77%** 건축신고는 수리를 요하지 않는 신고이다. 다만, 건축신고의 수리거부는 항고소송대상인 처분이며, 인허가를 의제하는 효과의 건축신고는 수리를 요하는 신고임을 유의하여야 한다.

| 오답해설 |

② **선택률2%** 각종 영업자 지위승계신고는 수리를 필요로 하는 신고이다.

판례 액화석유가스의 안전 및 사업관리법 제7조 제2항에 의한 사업양수에 의한 지위승계신고를 수리하는 허가관청의 행위는 단순히 양도·양수자 사이에 발생한 사법상의 사업양도의 법률효과에 의하여 양수자가 사업을 승계하였다는 사실의 신고를 접수하는 행위에 그치는 것이 아니라 실질에 있어서 양도자의 사업허가를 취소함과 아울러 양수자에게 적법하게 사업을 할 수 있는 법규상 권리를 설정하여 주는 행위로서 사업허가자의 변경이라는 법률효과를 발생시키는 행위이므로 허가관청이 법 제7조 제2항에 의한 사업양수에 의한 지위승계신고를 수리하는 행위는 행정처분에 해당한다. (대판 1993.6.8., 선고 91누11544)

③ **선택률9%** 유선장의 경영신고는 행정청의 형식요건심사를 통한 수리필요신고에 해당한다.

판례 유선 및 도선업법(1980.1.4., 법률 제3225호) 제3조 제1항·제5항, 같은 법 시행령(1982.11.3., 대통령령 제10944호로 개정된 것) 제3조 제2항에 의하면 유선장의 경영신고와 그 신고사항의 변경신고는 모두가 강학상 이른바 사인의 공법행위로서의 신고에 해당하고 그 신고를 받은 행정청은 위 법과 그 시행령 소정의 형식적(절차적) 요건에 하자가 없는 한 이를 수리해야 할 입장에 있다. (대판 1988.8.9., 선고 86누889)

④ **선택률12%** 건축신고와 구분이 필요하다. 건축주 명의변경신고는 수리를 요하는 신고이다.

판례 건축주 명의변경신고 수리거부행위는 행정청이 허가대상건축물 양수인의 건축주 명의변경신고라는 구체적인 사실에 관한 법집행으로서 그 신고를 수리하여야 할 법령상의 의무를 지고 있음에도 불구하고 그 신고의 수리를 거부함으로써, 양수인이 건축공사를 계속하기 위하여 또는 건축공사를 완료한 후 자신의 명의로 소유권보존등기를 하기 위하여 가지는 구체적인 법적 이익을 침해하는 결과가 되었다고 할 것이므로, 비록 건축허가가 대물적 허가로서 그 허가의 효과가 허가대상건축물에 대한 권리변동에 수반하여 이전된다고 하더라도, 양수인의 권리의무에 직접 영향을 미치는 것으로서 취소소송의 대상이 되는 처분이라고 하지 않을 수 없다. (대판 1992.3.31., 선고 91누4911)

07

정답 ④

일반행정작용법 > 행정입법 > 법규명령 정답률 **79%**

| 정답해설 |

④ **선택률79%** 법규명령으로의 위임은 포괄위임이 금지된다. 국민이 대강 예측할 수 있을 정도로 위임을 요한다는 것이 일반적인 입장이다.

| 오답해설 |

① **선택률 2%** 법규명령은 법규이다. 따라서 국민뿐 아니라 국가기관도 구속하는 양면적 구속력을 가진다.

② **선택률 7%** 헌법에 명시된 위임입법의 형식은 예시규정에 해당하여 헌법에 명시되지 않은 법규명령도 인정한다는 것이 헌법재판소의 입장이다.

판례 **헌법이 인정하고 있는 위임입법의 형식은 예시적인 것으로 보아야 할 것이고, 그것은 법률이 행정규칙에 위임하더라도 그 행정규칙은 위임된 사항만을 규율할 수 있으므로, 국회입법의 원칙과 상치되지도 않는다.** 다만, 형식의 선택에 있어서 규율의 밀도와 규율영역의 특성이 개별적으로 고찰되어야 할 것이고, 그에 따라 입법자에게 상세한 규율이 불가능한 것으로 보이는 영역이라면 행정부에게 필요한 보충을 할 책임이 인정되고 극히 전문적인 식견에 좌우되는 영역에서는 행정기관에 의한 구체화의 우위가 불가피하게 있을 수 있다. 그러한 영역에서 행정규칙에 대한 위임입법이 제한적으로 인정될 수 있다. (헌재결 2004.10.28., 99헌바91)

③ **선택률 12%** 집행명령은 상위법이 폐지되면 소멸된다. 다만, 개정에 그칠 경우에는 집행명령은 유효하다.

08

정답 ①

일반행정작용법 > 행정행위 > 행정행위의 내용 정답률 **76%**

| 정답해설 |

① **선택률 76%** 확인은 준법률행위적 행정행위이다. 따라서 법률행위적 행정행위처럼 행정청의 의사표시를 요소로 하지 않고 법이 정한 바에 따라 법효과가 발생한다. 준법률행위적 행정행위는 확인, 공증, 통지, 수리가 있다.

| 오답해설 |

② **선택률 3%** 특허는 법률행위적 행정행위로서 형성적 행정행위이다.

③ **선택률 17%** 허가는 법률행위적 행정행위로서 명령적 행정행위이다.

④ **선택률 4%** 인가는 법률행위적 행정행위로서 형성적 행정행위이다.

군무원 VS 공무원 비교분석

행정행위의 종류와 내용에 관한 기초적인 문제이다. 이런 유형은 난도는 낮기 때문에 일반행정직 시험에서는 잘 출제되지 않는다. 최근 군무원 시험도 이 정도의 낮은 난이도는 아니므로 더 심도 있는 공부가 필요하다.

09 고난도 TOP 1

정답 ④

일반행정작용법 > 행정행위 > 기속과 재량 정답률 **38%**

| 정답해설 |

④ **선택률 38%** 기속이나 재량은 행위의 형식과는 무관한 문제이며, 기속인 행정처분이나 재량인 행정처분 모두 절차상의 하자는 위법한 행정으로 여겨져서 구분의 실익이 없다.

| 오답해설 |

① **선택률 32%** 전통적 견해에 의하면 재량은 사법심사대상이 되지 않으며, 기속은 사법심사대상이라고 한다. 그러나 최근에는 재량도 사법심사가 가능하여 이러한 측면에서는 구별의 실익이 없다는 견해가 있다.

② **선택률 3%** 전통적 견해에 의하면 재량은 법에 근거가 없어도 부관을 붙일 수 있으며, 기속에는 법령에 특별한 규정이 없는 한 부관을 붙일 수 없다는 입장이다.

③ **선택률 27%** 전통적 견해에 의하면 기속은 개인적 공권이 성립될 수 있으나 재량은 행정청의 의무가 아니라 권한에 해당되어 개인적 공권의 성립요건을 충족하지 못하는 것으로 본다. 그러나 최근에는 재량에도 무하자재량행사청구권 등의 공권이 성립될 수 있다는 견해가 있다.

10

정답 ③

일반행정작용법 > 행정행위 > 행정행위의 효력 정답률 **91%**

| 정답해설 |

③ **선택률 91%** 불가쟁력은 처분의 쟁송기간이 경과하여 처분의 상대방이나 이해관계인은 더이상 쟁송을 제기할 수 없다는 의미일 뿐 처분청이 취소할 수 없다는 것을 의미하지 않는다. 또한 처분청은 직권취소를 함에 있어서 법에 근거가 없더라도 취소사유가 있다면 신뢰보호원칙·비례원칙이 충족되는 경우에는 법령에 근거가 없어도 취소할 수 있다.

| 오답해설 |

① **선택률 1%** 불가쟁력과 불가변력은 상호 무관하여 불가쟁력이 발생하였다고 해서 불가변력이 발생하는 것은 아니며, 불가변력의 처분이 당연히 불가쟁력이 발생하는 것은 아니다.

② **선택률 6%** 처분의 불가쟁력은 행정쟁송(행정심판이나 행정소송)을 청구하여 처분의 시정 등을 구할 수 없다는 의미이지, 손해전보를 청구할 수 없다는 의미는 아니다. 따라서 민사법원은 국가배상청구소송이 제기되는 경우에 불가쟁력과 무관하게 처분의 위법 여부를 판단하여 국가배상을 인용할 수 있다.

④ **선택률 2%** 불가쟁력은 쟁송제기기간이 경과하여 확정될 뿐 그 처분의 위법이나 적법의 판단과는 무관하다.

더 알아보기 ▶ 불가쟁력과 기판력

불가쟁력은 기판력과 다른 의미이다.

- 행정처분이나 행정심판의 재결이 불복기간의 경과로 인하여 확정될 경우 확정력은 처분으로 인하여 법률상의 이익을 침해받은 자가 처분이나 재결의 효력을 더이상 다툴 수 없다는 의미일 뿐 판결에 있어서와 같은 기판력이 인정되는 것은 아니어서 처분의 기초가 된 사실관계나 법률적 판단이 확정되고 당사자들이나 법원이 이에 기속되어 모순되는 주장이나 판단을 할 수 없는 것은 아니다. (대판 1993.4.13., 선고 92누17181)

11

정답 ①

일반행정작용법 > 행정행위 > 행정행위의 효력 정답률 56%

| 정답해설 |

① 선택률56% 행정행위의 구속력은 일단 유효하게 성립된 처분은 경미한 하자가 있어도 권한 있는 기관에 의하여 취소될 때까지는 공정력 등에 의해 구속력이 있다.

| 오답해설 |

② 선택률9% 구속력은 행정의 상대방뿐 아니라 행정청도 구속하는 양면적 구속력이다.

③ 선택률19% 법률행위적 행정행위는 행정청의 의사표시에 의하여 법효과가 발생하며, 준법률행위적 행정행위는 법이 정한 바에 따라 법효과가 발생한다.

④ 선택률16% 구속력은 행정행위의 내용 그대로 발생하는 효력으로서 무효가 아닌 모든 처분에 발생하는 효력이다.

12

정답 ④

일반행정작용법 > 행정행위 > 행정행위의 내용 정답률 53%

| 정답해설 |

④ 선택률53% 허가는 일반적·상대적 금지를 해제하여 자연적 자유를 회복하는 행정행위로서 이를 통해 얻어지는 이익은 원칙적으로 반사적 이익이다. 대법원에 의하면 일부 법률상 이익으로 인정하는 경우가 있다(예 주류제조면허, 약국, 일반담배소매인 등).

| 오답해설 |

① 선택률32% 법규형식에 따라 가능한 행정은 하명과 특허이다. 허가는 법규로서 허용될 수 없으며 처분형식에 의하여 가능할 뿐이다(개별처분, 일반처분 가능).

② 선택률5% 허가는 억제적 금지를 해제하는 예외적 승인과 달리 잠정적 금지를 해제하는 행위로서 중대공익사유 등의 특별한 경우가 아닌 한 기속이다.

③ 선택률10% 허가는 출원에 의한다. 다만, 출원과 다른 허가(수정허가)나 출원 없는 허가도 가능할 수 있다.

더 알아보기 ▶ 무허가행위의 효력

허가는 자연적 자유에 대한 문제이다. 따라서 허가를 받고 행하여야 할 행위를 허가 없이 했다면 이는 강제나 제재(행정벌)대상이 될 뿐, 특별한 사정이 없는 한 행위의 효력 자체까지 부정되지는 않는다.

13

정답 ③

일반행정작용법 > 행정행위 > 행정행위의 내용 정답률 66%

| 정답해설 |

③ 선택률66% 행정행위로서 공법상 대리는 행정청이 상대방을 대신하여 행위를 하고 그 행위의 효과를 상대방에게 귀속시키는 행정작용이다.

㉡ 강제징수 절차상의 공매는 공법상 대리이다.

㉢ 한국은행 총재임명, 즉 공법인의 임원임명은 공법상 대리이다.

㉣ 행려병사자 유류품 매각은 공법상 대리이다. 주의할 것은 행려병사자에 대한 관리는 사무관리에 해당된다는 점이다.

| 오답해설 |

① 선택률6% ② 선택률23% ④ 선택률5%

㉠ 토지수용협의는 사인과 사인간의 사법상 계약이다. 이에 대해 다수설은 사인간의 공법상 계약이라고 본다. 주의할 것은 토지수용재결은 공법상 대리라는 점이다.

㉤ 교과서 검정은 다수설에 의하면 준법률행위적 행정행위로서 확인에 해당하고 기속인데, 대법원에 의하면 법률행위적 행정행위인 특허에 해당하고 재량이다.

14

정답 ④

일반행정작용법 > 행정행위 > 부관 정답률 67%

| 정답해설 |

④ 선택률67% 조건과 부담 중 국민에게 유리한 것은 부담이다. 조건은 성취되지 않으면 주된 처분의 효력이 발생하지 않거나 효력이 당연히 소멸되지만, 부담은 부담의 이행 여부와 상관없이 주된 처분의 효력이 발생하며 당연히 효력이 소멸되지 않기 때문이다. 따라서 구분이 모호한 경우에는 부담으로 해석한다.

| 오답해설 |

① 선택률13% 조건은 장래 성취가 불확실한 사실에 행정처분의 효력발생이나 소멸이 좌우되는 것이다. 부담은 주된 처분에 의무를 부과했을 뿐 주된 처분의 효력발생이나 소멸과 원칙적으로 관련이 없다.

② 선택률5% 부담은 그 자체로서 독립된 처분의 성질을 갖기 때문에 독립하여 소송대상이 되지만, 조건은 독립된 처분의 성질을 갖지 못해 독립소송대상이 될 수 없다.

③ 선택률15% 조건은 주된 처분의 효력을 발생시키거나 소멸시키는 부관이다. 부담은 효력의 발생·소멸과 상관없이 의무를 부과해 놓았을 뿐이라서 제재나 강제대상이 된다.

군무원 VS 공무원 비교분석

부관과 관련하여 일반행정직 시험과 군무원 시험의 출제경향은 다르다. 군무원 시험은 기본적인 개념에 충실하면 문제를 해결하는 데 지장이 없다. 그러나 일반행정직 시험에서는 기본적인 개념뿐 아니라 관련된 판례, 특히 부관의 하자와 관련된 판례들이 중점적으로 출제되고 있다. 따라서 둘을 동시에 준비하는 수험생들은 주의를 요한다.

15

정답 ②

일반행정작용법 > 행정행위 > 행정행위의 하자 정답률 80%

| 정답해설 |

② 선택률80% 무효등확인소송이나 취소소송은 원칙적으로 심판·소송을 청구하여도 처분의 효력이나 집행·절차에 영향이 없다. 즉, 집행부정지가 원칙이다.

| 오답해설 |

① 선택률7% 무효를 주장하는 방법은 무효등확인심판·소송, 민·형사법원에서 선결문제를 통해 주장하는 방법, 취소소송을 통해 무효등확인을 받는 방법이 있다.

③ 선택률4% 무효는 제소기간이 없으며(불가쟁력 없음), 사정판결도 인정되지 않는다. 사정판결은 취소소송에만 인정된다.

④ 선택률9% 무효는 행정심판전치가 필요적이라도 이에 구속되지 않고 소송을 청구할 수 있다.

16

정답 ③

일반행정작용법 > 행정행위 > 확약 정답률 88%

| 정답해설 |

③ 선택률88% 확약은 신뢰보호의 공적 견해에 해당한다. 따라서 국민에게 보호가치 있는 신뢰를 부여한 경우에 이를 준수하여야 할 의무가 발생한다.

| 오답해설 |

① 선택률9% 행정청의 일방적인 약속과 평등은 관련이 없다.

② 선택률1% 확약은 과잉금지원칙, 비례원칙과도 상관이 없다.

④ 선택률2% 행정청의 공권력행사가 반대급부와 결부된 경우에 실질적인 관련이 없는 행정을 하여서는 아니 된다는 원칙과도 무관하다.

17

정답 ③

행정상 실효성 확보수단 > 행정강제 > 행정대집행 정답률 89%

| 정답해설 |

③ 선택률89% 행정대집행은 대체적 작위의무를 불이행한 경우에 한한다. 따라서 토지의 인도나 명도의무는 대체적 작위의무가 아니라서 대집행대상이 되지 않는다.

판례 피수용자 등이 기업자에 대하여 부담하는 수용대상 토지의 인도의무에 관한 구 토지수용법(2002.2.4., 법률 제6656호 공익사업을 위한 토지 등의 취득 및 보상에 관한 법률 부칙 제2조로 폐지) 제63조, 제64조, 제77조 규정에서의 '인도'에는 명도도 포함되는 것으로 보아야 하고, 이러한 명도의무는 그것을 강제적으로 실현하면서 직접적인 실력행사가 필요한 것이지 대체적 작위의무라고 볼 수 없으므로 특별한 사정이 없는 한 행정대집행법에 의한 대집행의 대상이 될 수 있는 것이 아니다. (대판 2005.8.19., 선고 2004다2809)

| 오답해설 |

① 선택률3% 계고는 항고소송대상인 처분이다. 준법률행위적 행정행위로서 통지에 해당한다.

② 선택률6% '계고+영장+실행+비용징수'는 결합하여 하나의 법효과를 가져오는 것으로서 하자가 승계된다.

④ 선택률2% 행정대집행은 다른 방법으로 목적 달성이 곤란한 경우에 한한다. 즉, 보충성의 원칙이다.

18

정답 ④

행정상 실효성 확보수단 > 행정강제 > 행정조사 정답률 98%

| 정답해설 |

④ 선택률98% 「행정조사기본법」 제4조 제4항에 따르면, 행정조사는 법령 등의 위반에 대한 처벌보다는 법령 등을 준수하도록 유도하는 데 중점을 두어야 한다.

| 오답해설 |

① 선택률0% 동법 제4조 제2항의 규정에 관한 내용이다.

② 선택률0% 동법 제4조 제1항의 규정에 관한 내용이다.

③ 선택률2% 동법 제5조의 규정에 관한 내용이다.

더 알아보기 ▶ 「행정조사기본법」

제4조(행정조사의 기본원칙) ① 행정조사는 조사목적을 달성하는 데 필요한 최소한의 범위 안에서 실시하여야 하며, 다른 목적 등을 위하여 조사권을 남용하여서는 아니 된다.
② 행정기관은 조사목적에 적합하도록 조사대상자를 선정하여 행정조사를 실시하여야 한다.
③ 행정기관은 유사하거나 동일한 사안에 대하여는 공동조사 등을 실시함으로써 행정조사가 중복되지 아니하도록 하여야 한다.
④ 행정조사는 법령 등의 위반에 대한 처벌보다는 법령 등을 준수하도록 유도하는 데 중점을 두어야 한다.
⑤ 다른 법률에 따르지 아니하고는 행정조사의 대상자 또는 행정조사의 내용을 공표하거나 직무상 알게 된 비밀을 누설하여서는 아니 된다.
⑥ 행정기관은 행정조사를 통하여 알게 된 정보를 다른 법률에 따라 내부에서 이용하거나 다른 기관에 제공하는 경우를 제외하고는 원래의 조사목적 이외의 용도로 이용하거나 타인에게 제공하여서는 아니 된다.
제5조(행정조사의 근거) 행정기관은 법령 등에서 행정조사를 규정하고 있는 경우에 한하여 행정조사를 실시할 수 있다. 다만, 조사대상자의 자발적인 협조를 얻어 실시하는 행정조사의 경우에는 그러하지 아니하다.

19

정답 ②

행정상 실효성 확보수단 > 새로운 의무이행 확보수단 > 공급거부 정답률 82%

| 정답해설 |

② 선택률82% 기존 「건축법」에는 공급거부규정을 두고 있었으나 부당결부금지원칙에 해당한다고 하여 현행 「건축법」에는 규정이 삭제되었다.

| 오답해설 |

① 선택률6% 공급거부는 침해적 행정의 전형이므로, 반드시 법적 근거가 필요하다.

③ 선택률4% 복지국가는 국민의 인간다운 생활을 위해 사회적 약자에 대한 배려를 중시하는 국가형태인데, 기존의 급부를 중단하는 행위는 결국 사회적 약자에게 침해를 가하는 것이므로 야만적이라는 비판이 있다(포르스토프의 주장).

④ 선택률8% 단수는 권력적 사실행위로서 항고소송대상인 처분이다.

군무원 VS 공무원 비교분석

새로운 의무이행 확보수단은 일반적인 행정법 시험이나 군무원 시험에서 크게 다루지 않는 영역이다. 다만, 경제적 수단 중 과징금 단원에 대하여는 차이가 있다. 군무원 시험은 기본 개념에 충실하면 되지만 이 외의 시험에서는 과징금과 관련된 심도 있는 판례가 출제되기 때문이다.

20

정답 ②

행정상 실효성 확보수단 > 행정벌 > 행정형벌 정답률 61%

| 정답해설 |

② 선택률61% 행정벌과 징계벌, 행정벌과 집행벌 모두 병과할 수 있다. 행정벌은 일반권력관계에 대한 제재이고, 징계벌은 특별권력관계에서의 제재이다. 특별권력관계에 있는 자는 일반권력관계의 지위를 겸하여서 두 가지의 병과가 가능하다. 또한 행정벌은 과거의무 위반에 대한 제재이고, 집행벌은 현재의무 불이행에 대한 강제에 해당되어 병과될 수 있다.

| 오답해설 |

① 선택률32% 행정형벌은 형사벌과 달리 과실의 경우 처벌규정이 없어도 처벌에 대한 해석이 가능한 경우에는 처벌할 수 있다는 것이 대법원의 입장이다.

③ 선택률5% 통고처분은 항고소송대상인 처분이 아니다. 불복의 경우에는 통고처분을 이행하지 않으면 되고, 통고권자의 검찰에 대한 고발로 형사재판으로 이행된다.

④ 선택률2% 행정형벌은 형사벌에 해당되어 죄형법정주의가 적용된다.

군무원 VS 공무원 비교분석

2006년은 행정벌 중 과태료에 대한 「질서위반행위규제법」이 제정되기 이전이라 과태료 문제가 적으나, 2008년 이후에 「질서위반행위규제법」이 제정되어 과태료에 대한 출제비중이 커지고 있다. 행정벌에 대한 일반적인 행정법 시험은 고의·과실, 법인의 책임문제, 타인의 비행책임 부분의 출제빈도가 높은 편이고, 군무원 시험은 기본적인 내용과 통고처분의 출제빈도가 높다.

21

정답 ①

행정구제법 > 행정상 손해전보 > 손실보상 정답률 80%

| 정답해설 |

① 선택률80% 손실보상은 적법한 공권력에 의해 재산상의 침해가 특별한 희생으로 발생한 경우에 그에 대한 금전적인 구제제도이다. 비재산상의 침해는 손실보상대상이 아니다.

| 오답해설 |

② 선택률9% 국민의 재산상의 침해는 공공의 필요에 의해서만 가능하다. 따라서 이익형량을 하여야 한다.

③ 선택률5% 손실보상은 적법한 공권력 행사에 대한 권익구제제도이다.

④ 선택률6% 재산상의 침해가 특별한 희생이 아닌 재산권 자체에 내재한 사회적 제약에 불과한 경우에는 구제될 수 없다.

22

정답 ②

행정구제법 > 행정상 손해전보 > 손해배상 정답률 80%

| 정답해설 |

② 선택률80% 대법원에 의하면 고의나 중과실의 경우에는 국가(지방자치단체)가 배상한 뒤 공무원에게 구상권을 행사할 수 있으나, 경과실의 경우에는 국가가 배상한 뒤 공무원에게 구상권을 행사하지 않는다.

| 오답해설 |

① 선택률6% 대법원에 의하면 공무원의 위법이 고의나 중과실의 위법인 경우에는 피해자는 선택적 청구가 가능하고, 경과실의 경우에는 피해자는 국가에 청구할 수 있다는 입장이다.

③ 선택률5% 공무원에 대한 선임·감독자나 업무비용부담자가 상이한 경우에 피해자는 선택적 청구가 가능하다.

④ 선택률9% 손익상계규정에 대한 내용이다.

더 알아보기 ▶ 참고 판례

대법원 판례에 의하면 공무원의 고의·중과실의 위법인 경우에는 피해자는 국가(지방자치단체)·공무원에게 선택적 청구를 할 수 있고, 국가 등이 배상한 경우에 공무원에게 구상권을 행사할 수 있다. 그러나 공무원의 위법이 경과실인 경우에는 피해자는 국가 등에만 청구할 수 있고 공무원에게 청구할 수 없으며, 국가 등이 배상한 이후 공무원에게 구상권을 행사할 수 없다.

- 국가배상법 제2조 제1항 본문 및 제2항의 입법 취지는 공무원의 직무상 위법행위로 타인에게 손해를 끼친 경우에는 변제자력이 충분한 국가 등에 선임감독상 과실 여부에 불구하고 손해배상책임을 부담시켜 국민의 재산권을 보장하되, 공무원이 직무를 수행함에 있어 경과실로 타인에게 손해를 입힌 경우에는 그 직무수행상 통상 예기할 수 있는 흠이 있는 것에 불과하므로, 이러한 공무원의 행위는 여전히 국가 등의 기관의 행위로 보아 그로 인하여 발생한 손해에 대한 배상책임도 전적으로 국가 등에만 귀속시키고 공무원 개인에게는 그로 인한 책임을 부담시키지 아니하여 공무원의 공무집행의 안정성을 확보하고, 반면에 공무원의 위법행위가 고의·중과실에 기한 경우에는 비록 그 행위가 그의 직무와 관련된 것이라고 하더라도 그와 같은 행위는 그 본질에 있어서 기관행위로서의 품격을 상실하여 국가 등에 그 책임을 귀속시킬 수 없으므로 공무원 개인에게 불법행위로 인한 손해배상책임을 부담시키되, 다만 이러한 경우에도 그 행위의 외관을 객관적으로 관찰하여 공무원의 직무집행으로 보일 때에는 피해자인 국민을 두텁게 보호하기 위하여 국가 등이 공무원 개인과 중첩적으로 배상책임을 부담하되 국가 등이 배상책임을 지는 경우에는 공무원 개인에게 구상할 수 있도록 함으로써 궁극적으로 그 책임이 공무원 개인에게 귀속되도록 하려는 것이라고 봄이 합당하다. (대판 1996.2.15., 선고 95다38677)
- **공무원이 직무수행 중 불법행위로 타인에게 손해를 입힌 경우, 피해자에게 손해를 직접 배상한 경과실이 있는 공무원이 국가에 대하여 구상권을 취득하는지 여부(원칙적 적극)**
경과실이 있는 공무원이 피해자에 대하여 손해배상책임을 부담하지 아니함에도 피해자에게 손해를 배상하였다면 그것은 채무자 아닌 사람이 타인의 채무를 변제한 경우에 해당하고, 이는 민법 제469조의 '제3자의 변제' 또는 민법 제744조의 '도의관념에 적합한 비채변제'에 해당하여 피해자는 공무원에 대하여 이를 반환할 의무가 없고, 그에 따라 피해자의 국가에 대한 손해배상청구권이 소멸하여 국가는 자신의 출연 없이 그 채무를 면하게 되므로, 피해자에게 손해를 직접 배상한 경과실이 있는 공무원은 특별한 사정이 없는 한 국가에 대하여 국가의 피해자에 대한 손해배상책임의 범위 내에서 공무원이 변제한 금액에 관하여 구상권을 취득한다고 봄이 타당하다. (대판 2014.8.20., 선고 2012다54478)

23 고난도 TOP 3

정답 ④

행정구제법 > 행정쟁송 > 행정심판 정답률 **52%**

| 정답해설 |

④ **선택률 52%** 「행정심판법」에는 부작위위법확인심판이 없다. 취소심판, 무효등확인심판, 의무이행심판이 있다.

| 오답해설 |

① **선택률 7%** 대통령의 처분과 부작위, 행정심판의 재결(재결과 같은 처분, 부작위)은 행정심판대상이 아니다.

② **선택률 9%** 무효는 심판도 소송도 불가쟁력이 발생하지 않는다.

③ **선택률 32%** 의무이행심판은 사정재결이 가능하다. 소송에서는 취소소송만 인정되지만, 심판에서는 취소심판과 의무이행심판에서 인정된다.

군무원 VS 공무원 비교분석

「행정심판법」은 개정이 잦은 법이다. 따라서 법 개정에 주의를 기울이지 않으면 자칫 잘못된 선택지를 고를 우려가 있다. 군무원 시험에서는 법령의 주요 내용이 적게 출제되는 편이지만 일반적인 행정법 시험에서 의미 있는 법령 개정은 출제빈도가 높으니 군무원 시험과 다른 시험을 병행하는 수험생은 법 개정에 주의를 요한다.

24

정답 ④

행정구제법 > 행정쟁송 > 행정심판 정답률 **85%**

| 정답해설 |

④ **선택률 85%** 행정심판은 위법뿐 아니라 부당 여부도 심사할 수 있다. 위법만을 심사하는 사법기관의 소송과 달리 행정심판은 행정청인 행정심판위원회가 심리하는 것이라서 부당도 심사대상이 된다.

| 오답해설 |

① **선택률 7%** 위원회는 청구범위 내에서 주장하지 않은 사실도 심리할 수 있다.

법령 「행정심판법」 제39조(직권심리) 위원회는 필요하면 당사자가 주장하지 아니한 사실에 대하여도 심리할 수 있다.

② **선택률 5%** 불고불리원칙을 말한다. 청구하지 않으면 심리할 수 없다.

법령 「행정심판법」 제47조(재결의 범위) ① 위원회는 심판청구의 대상이 되는 처분 또는 부작위 외의 사항에 대하여는 재결하지 못한다.

③ **선택률 3%** 불이익변경금지원칙을 말한다.

법령 「행정심판법」 제47조(재결의 범위) ② 위원회는 심판청구의 대상이 되는 처분보다 청구인에게 불리한 재결을 하지 못한다.

더 알아보기 ▶ 「행정심판법」

제5조(행정심판의 종류) 행정심판의 종류는 다음 각 호와 같다.
1. 취소심판: 행정청의 **위법 또는 부당한** 처분을 취소하거나 변경하는 행정심판
2. 무효등확인심판: 행정청의 처분의 효력 유무 또는 존재 여부를 확인하는 행정심판
3. 의무이행심판: 당사자의 신청에 대한 행정청의 **위법 또는 부당한** 거부처분이나 부작위에 대하여 일정한 처분을 하도록 하는 행정심판

25

정답 ②

행정구제법 > 행정쟁송 > 행정소송 정답률 87%

| 정답해설 |

② 선택률87% 서울시립무용단원의 위촉은 지방전문직공무원으로서 공법상 계약에 의한다. 따라서 이에 대한 해촉 역시도 당사자소송에 의한다.

판례 서울특별시립무용단 단원의 위촉은 공법상의 계약이라고 할 것이고, 따라서 그 단원의 해촉에 대하여는 공법상의 당사자소송으로 그 무효확인을 청구할 수 있다. (대판 1995.12.22., 선고 95누4636)

| 오답해설 |

① 선택률4% 불문경고조치는 징계는 아니지만 항고소송대상인 처분이다.

판례 행정규칙에 의한 '불문경고조치'가 비록 법률상의 징계처분은 아니지만 위 처분을 받지 아니하였다면 차후 다른 징계처분이나 경고를 받게 될 경우 징계감경사유로 사용될 수 있었던 표창공적의 사용가능성을 소멸시키는 효과와 1년 동안 인사기록카드에 등재됨으로써 그동안은 장관표창이나 도지사표창 대상자에서 제외시키는 효과 등이 있다는 이유로 항고소송의 대상이 되는 행정처분에 해당한다. (대판 2002.7.26., 선고 2001두3532)

③ 선택률4% 금전지급을 요구하는 당사자소송이다.

판례 석탄산업합리화사업단의 재해위로금 지급거부의 의사표시는 행정처분이 아니며 그에 대한 불복방법으로는 공법상의 당사자소송을 제기하여야 한다. (대판 1999.1.26., 선고 98두12598)

④ 선택률5% 민주화운동관련자 보상에 관한 부분은 항고소송에 의하지만, 광주민주화운동관련은 당사자소송에 의한다.

판례 광주민주화운동관련자 보상 등에 관한 법률 제15조 본문의 규정에서 말하는 광주민주화운동관련자 보상심의위원회의 결정을 거치는 것은 보상금 지급에 관한 소송을 제기하기 위한 전치요건에 불과하다고 할 것이므로 위 보상심의위원회의 결정은 취소소송의 대상이 되는 행정처분이라고 할 수 없다.

같은 법에 의거하여 관련자 및 유족들이 갖게 되는 보상 등에 관한 권리는 헌법 제23조 제3항에 따른 재산권침해에 대한 손실보상청구나 국가배상법에 따른 손해배상청구와는 그 성질을 달리하는 것으로서 법률이 특별히 인정하고 있는 공법상의 권리라고 하여야 할 것이므로 그에 관한 소송은 행정소송법 제3조 제2호 소정의 당사자소송에 의하여야 할 것이며 보상금 등의 지급에 관한 법률관계의 주체는 대한민국이다. (대판 1992.12.24., 선고 92누3335)

더 알아보기 ▶ 경고의 처분성 여부

- 불문경고의 처분성 여부
  행정규칙에 의한 '불문경고조치'가 비록 법률상의 징계처분은 아니지만 위 처분을 받지 아니하였다면 차후 다른 징계처분이나 경고를 받게 될 경우 징계감경사유로 사용될 수 있었던 표창공적의 사용가능성을 소멸시키는 효과와 1년 동안 인사기록카드에 등재됨으로써 그 동안은 장관표창이나 도지사표창 대상자에서 제외시키는 효과 등이 있다는 이유로 항고소송의 대상이 되는 행정처분에 해당한다. (대판 2002.7.26., 선고 2001두3532)
- 문책경고의 처분성 여부
  금융기관의 임원에 대한 금융감독원장의 문책경고는 그 상대방에 대한 직업선택의 자유를 직접 제한하는 효과를 발생하게 하는 등 상대방의 권리의무에 직접 영향을 미치는 행위로서 항고소송의 대상이 되는 행정처분에 해당한다. (대판 2005.2.17., 선고 2003두14765)
- 경고의결의 처분성 여부
  구 표시·광고의 공정화에 관한 법률(2011.9.15., 법률 제11050호로 개정되기 전의 것) 위반을 이유로 한 공정거래위원회의 경고의결은 당해 표시·광고의 위법을 확인하되 구체적인 조치까지는 명하지 않는 것으로 사업자가 장래 다시 표시·광고의 공정화에 관한 법률 위반행위를 할 경우 과징금 부과 여부나 그 정도에 영향을 주는 고려사항이 되어 사업자의 자유와 권리를 제한하는 행정처분에 해당한다. (대판 2013.12.26., 선고 2011두4930)

PART 02

7급 군무원 행정법

2023 7급 군무원 행정법

2022 7급 군무원 행정법

2023 2023.07.15. 국방부(육·해·공군) 시행

7급 군무원 행정법

| 전체 난이도 및 합격선

전체 난이도	합격선
中	92점

| 기출총평

전년도와 차별화된 유형, 전년도와 동일한 수준의 난이도로 출제되었다.

법령문제가 3문항이 출제되어 전년도에 10문항이 출제된 것과 큰 출제유형의 차이를 보였다. 3문항의 법령문항을 제외하고는 모두 판례에 관한 문항이고, 1문항은 판례를 이용한 사례형이었다. 이러한 경향은 일반적인 7·9급 공무원 시험과 유사하다.

출제단원은 행정소송과 행정행위에서 각각 4문항, 실효성 확보수단과 행정심판, 사인의 공법행위에서 각각 2문항이 출제되어 핵심단원의 출제빈도는 일관되게 높다. 이외에 행정절차, 국가배상, 손실보상, 행정입법, 정보공개, 행정기본법 등에서 출제가 되었으나 행정법의 일반원칙, 공법상 계약, 행정지도, 행정계획 등에서는 출제되지 않았다. 각론에서는 5문항(전년도 8문항, 전전년도 4문항)이 출제되었지만 총론의 지식으로 충분히 해결할 수 있는 수준과 내용에 해당하여 각론에 부담을 갖고 있었던 수험생들도 큰 무리 없이 해결할 수 있었을 것이라 생각된다.

| 영역별 출제비중

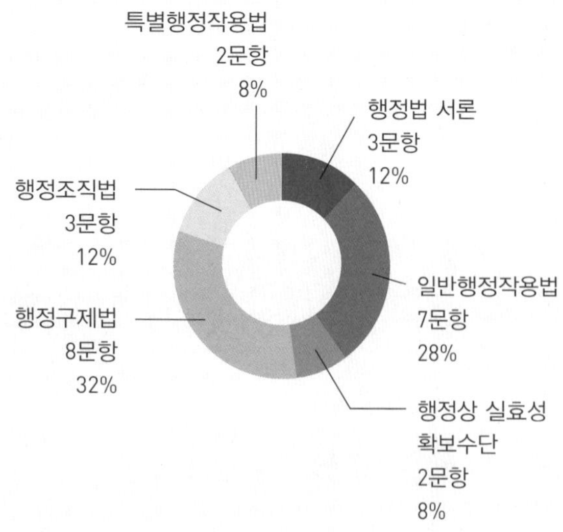

| 문항 분석

	카테고리	출제수	난이도
1	행정법 서론 > 행정상 법률요건과 법률사실 > 사인의 공법행위	13회	중
2	일반행정작용법 > 행정행위 > 확약	5회	중
3	일반행정작용법 > 행정절차 > 청문	3회	중
4	행정법 서론 > 행정법 > 행정기본법	4회	중
5	행정조직법 > 공무원법 > 공무원의 징계 등	2회	하
6	행정상 실효성 확보수단 > 행정강제 > 강제징수	4회	중
7	행정상 실효성 확보수단 > 행정강제 > 행정대집행	15회	중
8	행정구제법 > 행정상 손해전보 > 손실보상	19회	중
9	일반행정작용법 > 행정행위 > 행정행위의 내용	25회	중
10	행정구제법 > 행정쟁송 > 행정소송	47회	하
11	행정구제법 > 행정쟁송 > 행정심판	28회	상
12	특별행정작용법 > 급부행정법 > 공기업 이용관계	1회	하
13	행정조직법 > 자치행정조직법 > 지방자치	9회	중
14	행정구제법 > 행정상 손해전보 > 손해배상	12회	중
15	일반행정작용법 > 행정행위 > 행정행위의 하자	9회	중
16	행정구제법 > 행정쟁송 > 행정소송	47회	하
17	행정조직법 > 자치행정조직법 > 지방자치법	2회	하
18	행정법 서론 > 행정상 법률요건과 법률사실 > 사인의 공법행위	13회	하
19	일반행정작용법 > 행정행위 > 행정행위의 효력	14회	중
20	특별행정작용법 > 급부행정법 > 공물법	8회	중
21	일반행정작용법 > 정보공개와 개인정보 보호 > 정보공개	18회	하
22	행정구제법 > 행정쟁송 > 행정심판	28회	하
23	행정구제법 > 행정쟁송 > 행정소송	47회	중
24	일반행정작용법 > 행정입법 > 행정규칙	8회	중
25	행정구제법 > 행정쟁송 > 행정소송	47회	중

※ 해당 연도는 1초 합격예측 서비스의 데이터 누적 기간이 충분하지 않아 고난도 기재를 생략하였습니다.

기출문제편 ▶ P.124									
01	②	02	②	03	④	04	②	05	④
06	④	07	①	08	③	09	④	10	①
11	①	12	③	13	①	14	④	15	③
16	③	17	①	18	②	19	②	20	②
21	④	22	④	23	③	24	③	25	①

01

정답 ②

행정법 서론 > 행정상 법률요건과 법률사실 > 사인의 공법행위 난이도 중

| 정답해설 |

② 주민등록신고는 수리를 필요로 하는 신고이다. 따라서 행정청이 수리함으로써 신고의 효력이 발생한다.

판례 주민등록은 단순히 주민의 거주관계를 파악하고 인구의 동태를 명확히 하는 것 외에도 주민등록에 따라 공법관계상의 여러 가지 법률상 효과가 나타나게 되는 것으로서, 주민등록의 신고는 행정청에 도달하기만 하면 신고로서의 효력이 발생하는 것이 아니라 행정청이 수리한 경우에 비로소 신고의 효력이 발생한다. (대판 2009.1.30., 선고 2006다17850)

| 오답해설 |

① 「행정기본법」은 수리를 필요로 하는 신고에 대해 "행정기관의 내부업무처리 절차로서 수리를 규정한 경우는 제외한다."고 규정하고 있다.

법령 「행정기본법」 제34조(수리 여부에 따른 신고의 효력) 법령 등으로 정하는 바에 따라 행정청에 일정한 사항을 통지하여야 하는 신고로서 법률에 신고의 수리가 필요하다고 명시되어 있는 경우(행정기관의 내부업무처리 절차로서 수리를 규정한 경우는 제외한다)에는 행정청이 수리하여야 효력이 발생한다.

③ **판례** 기존의 대규모점포의 등록된 유형 구분을 전제로 '대형마트로 등록된 대규모점포'를 일체로서 규제대상으로 삼고자 하는 데 취지가 있는 점, **대규모점포의 개설등록은 이른바 '수리를 요하는 신고'로서 행정처분에 해당**하고 등록은 구체적 유형 구분에 따라 이루어지므로, (후략) [대판(전합) 2015.11.19., 선고 2015두295]

④ **판례** 체육시설의 회원을 모집하고자 하는 자의 시·도지사 등에 대한 회원모집계획서 제출은 수리를 요하는 신고에서의 신고에 해당하며, 시·도지사 등의 검토결과 통보는 수리행위로서 행정처분에 해당한다. (대판 2009.2.26., 선고 2006두16243)

더 알아보기 ▶ 「행정절차법」상 신고 VS 「행정기본법」상 신고

「행정절차법」상 신고 – 수리 불요	제40조(신고) ① 법령 등에서 행정청에 일정한 사항을 통지함으로써 의무가 끝나는 신고를 규정하고 있는 경우 신고를 관장하는 행정청은 신고에 필요한 구비서류, 접수기관, 그 밖에 법령 등에 따른 신고에 필요한 사항을 게시(인터넷 등을 통한 게시를 포함한다)하거나 이에 대한 편람을 갖추어 두고 누구나 열람할 수 있도록 하여야 한다. ② 제1항에 따른 신고가 다음 각 호의 요건을 갖춘 경우에는 신고서가 접수기관에 도달된 때에 신고의무가 이행된 것으로 본다.
「행정기본법」상 신고 – 수리 필요	제34조(수리 여부에 따른 신고의 효력) 법령 등으로 정하는 바에 따라 행정청에 일정한 사항을 통지하여야 하는 신고로서 법률에 신고의 수리가 필요하다고 명시되어 있는 경우(행정기관의 내부업무처리 절차로서 수리를 규정한 경우는 제외한다)에는 행정청이 수리하여야 효력이 발생한다.

02

정답 ②

일반행정작용법 > 행정행위 > 확약 난이도 중

| 정답해설 |

② 행정청의 내인가 이후 상대방의 인가신청에 대한 내인가의 취소는 인가신청에 대한 거부처분이라는 것이 대법원의 입장이다.

판례 내인가의 법적 성질이 행정행위의 일종으로 볼 수 있든 아니든 그것이 행정청의 상대방에 대한 의사표시임이 분명하고, 피고가 위 내인가를 취소함으로써 다시 본인가에 대하여 따로이 인가 여부의 처분을 한다는 사정이 보이지 않는다면 위 내인가취소를 인가신청을 거부하는 처분으로 보아야 할 것이다. (대판 1991.6.28., 선고 90누4402)

| 오답해설 |

① **판례** 행정행위의 부관은 부담의 경우를 제외하고는 독립하여 행정소송의 대상이 될 수 없는 것인바, **지방국토관리청장이 일부 공유수면매립지에 대하여 한 국가 또는 직할시 귀속처분은** 매립준공인가를 함에 있어서 매립의 면허를 받은 자의 매립지에 대한 소유권취득을 규정한 **공유수면매립법 제14조의 효과 일부를 배제하는 부관을 붙인 것이고, 이러한 행정행위의 부관은 위 법리와 같이 독립하여 행정소송 대상이 될 수 없다.** (대판 1993.10.8., 선고 93누2032)

③ **판례** 고시에 정한 허가기준에 따라 보존음료수 제조업의 허가에 붙여진 전량수출 또는 주한외국인에 대한 판매에 한한다는 내용의 조건은 이른바 **법정부관으로서 행정청의 의사에 기하여 붙여지는 본래의 의미에서의 행정행위의 부관은 아니므로,** 이와 같은 **법정부관에 대하여는 행정행위에 부관을 붙일 수 있는 한계에 관한 일반적인 원칙이 적용되지는 않는다.** (대판 1994.3.8., 선고 92누1728)

④ **판례** 확약 또는 공적인 의사표명이 있은 후에 사실적·법률적 상태가 변경되었다면, 그와 같은 확약 또는 공적인 의사표명은 행정청의 별다른 의사표시를 기다리지 않고 실효된다. (대판 1996.8.20., 선고 95누10877)

더 알아보기 ▶ 확약의 기속력 배제에 대한 「행정절차법」 규정

제40조의2(확약) ④ 행정청은 다음 각 호의 어느 하나에 해당하는 경우에는 확약에 기속되지 아니한다.

1. 확약을 한 후에 확약의 내용을 이행할 수 없을 정도로 법령 등이나 사정이 변경된 경우
2. 확약이 위법한 경우

⑤ 행정청은 확약이 제4항 각 호의 어느 하나에 해당하여 확약을 이행할 수 없는 경우에는 지체 없이 당사자에게 그 사실을 통지하여야 한다.

더 알아보기 ▶ 주의

대법원은 확약의 법적 성질에 대해서 처분성을 부정하고 있다. 하지만 정답해설의 판례와 같이 확약(내인가)을 한 이후 인가신청에 대한 내인가의 취소는 처분성을 인정하고 있어서 주의를 필요로 한다('내인가'의 성질과 내인가의 '취소'의 구분).

03

정답 ④

일반행정작용법 > 행정절차 > 청문 　난이도 중

| 정답해설 |

④ 개정된 「행정절차법」에는 일정한 경우에 청문주재자를 2명 이상으로 선정할 수 있는 규정을 두고 있다.

법령 「행정절차법」 제28조(청문 주재자) ② 행정청은 다음 각 호의 어느 하나에 해당하는 처분을 하려는 경우에는 청문 주재자를 2명 이상으로 선정할 수 있다. 이 경우 선정된 청문 주재자 중 1명이 청문 주재자를 대표한다.

1. 다수 국민의 이해가 상충되는 처분
2. 다수 국민에게 불편이나 부담을 주는 처분
3. 그 밖에 전문적이고 공정한 청문을 위하여 행정청이 청문 주재자를 2명 이상으로 선정할 필요가 있다고 인정하는 처분

| 오답해설 |

① 판례 신청에 따른 처분이 이루어지지 아니한 경우에는 아직 당사자에게 권익이 부과되지 아니하였으므로 특별한 사정이 없는 한 신청에 대한 거부처분이라고 하더라도 직접 당사자의 권익을 제한하는 것은 아니어서 **신청에 대한 거부처분을 여기에서 말하는 '당사자의 권익을 제한하는 처분'에 해당한다고 할 수 없는 것이어서 처분의 사전통지대상이 된다고 할 수 없다.** (대판 2003.11.28., 선고 2003두674)

② 영업자 지위승계신고의 당사자는 양수인이 아니라 신고의 수리에 의해 권익이 제한되는 종전 영업자(양도인)이다. 따라서 행정청은 양수인이 아닌 양도인에게 사전통지 등의 행정절차를 준수하여야 한다.

판례 행정청이 구 식품위생법 규정에 의하여 영업자지위승계신고를 수리하는 처분은 종전의 영업자의 권익을 제한하는 처분이라 할 것이고 따라서 종전의 영업자는 그 처분에 대하여 직접 그 상대가 되는 자에 해당한다고 봄이 상당하므로, **행정청으로서는 위 신고를 수리하는 처분을 함에 있어서 행정절차법 규정 소정의 당사자에 해당하는 종전의 영업자에 대하여 위 규정 소정의 행정절차를 실시하고 처분을 하여야** 한다. (대판 2003.2.14., 선고 2001두7015)

③ 필요적 청문을 결여한 처분은 위법하고 '취소'사유에 해당한다.

판례 행정청이 침해적 행정처분을 함에 즈음하여 청문을 실시하지 않아도 되는 예외적인 경우에 해당하지 않는 한 반드시 청문을 실시하여야 하고, 그 절차를 결여한 처분은 위법한 처분으로서 취소사유에 해당한다. (대판 2004.7.8., 선고 2002두8350)

04

정답 ②

행정법 서론 > 행정법 > 행정기본법 　난이도 중

| 정답해설 |

② 「행정기본법」 제36조의 이의신청 규정은 공무원의 인사관계 법령에 따른 징계 등의 처분에는 적용되지 않는다.

법령 「행정기본법」 제36조(처분에 대한 이의신청) ① 행정청의 처분(「행정심판법」 제3조에 따라 같은 법에 따른 행정심판의 대상이 되는 처분을 말한다. 이하 이 조에서 같다)에 이의가 있는 당사자는 처분을 받은 날부터 30일 이내에 해당 행정청에 이의신청을 할 수 있다.

④ **이의신청에 대한 결과를 통지받은 후 행정심판 또는 행정소송을 제기하려는 자는 그 결과를 통지받은 날**(제2항에 따른 **통지기간 내에 결과를 통지받지 못한 경우**에는 같은 항에 따른 **통지기간이 만료되는 날의 다음 날**을 말한다)**부터 90일 이내에 행정심판 또는 행정소송을 제기할 수 있다.**

⑦ 다음 각 호의 어느 하나에 해당하는 사항에 관하여는 이 조를 적용하지 아니한다.

1. **공무원 인사관계 법령에 따른 징계 등 처분에 관한 사항**
2. 「국가인권위원회법」 제30조에 따른 진정에 대한 국가인권위원회의 결정
3. 「노동위원회법」 제2조의2에 따라 노동위원회의 의결을 거쳐 행하는 사항
4. 형사, 행형 및 보안처분 관계 법령에 따라 행하는 사항
5. 외국인의 출입국·난민인정·귀화·국적회복에 관한 사항
6. 과태료 부과 및 징수에 관한 사항

| 오답해설 |

① 정답해설 참고

③④ 동법 제37조의 규정에 관한 내용이다.

법령 「행정기본법」 제37조(처분의 재심사) ① 당사자는 처분(제재처분 및 행정상 강제는 제외한다. 이하 이 조에서 같다)이 행정심판, 행정소송 및 그 밖의 쟁송을 통하여 다툴 수 없게 된 경우(법원의 확정판결이 있는 경우는 제외한다)라도 다음 각 호의 어느 하나에 해당하는 경우에는 해당 처분을 한 행정청에 처분을 취소·철회하거나 변경하여 줄 것을 신청할 수 있다.

1. 처분의 근거가 된 사실관계 또는 법률관계가 추후에 당사자에게 유리하게 바뀐 경우
2. 당사자에게 유리한 결정을 가져다주었을 새로운 증거가 있는 경우
3. 「민사소송법」 제451조에 따른 재심사유에 준하는 사유가 발생한 경우 등 대통령령으로 정하는 경우

⑤ 제4항에 따른 **처분의 재심사 결과 중 처분을 유지하는 결과에 대해서는 행정심판, 행정소송 및 그 밖의 쟁송수단을 통하여 불복할 수 없다.**

05

정답 ④

행정조직법 > 공무원법 > 공무원의 징계 등 　난이도 하

| 정답해설 |

④ 판례 **구 국가공무원법(2002.1.19., 법률 제6622호로 개정되기 전의 것) 상 직위해제**는 일반적으로 공무원이 직무수행능력이 부족하거나 근무성적이 극히 불량한 경우 … 일시적으로 당해 공무원에게 직위를 부여하지 아니함으로써 직무에 종사하지 못하도록 하는 잠정적인 조치로서의 보직의 해제를 의미하므로 **과거의 공무원의 비위행위에 대하여 기업질서 유지를 목적으로 행하여지는 징벌적 제재로서의 징계와는 그 성질이 다르다.** (대판 2003.10.10., 선고 2003두5945)

| 오답해설 |

① 판례 직위해제처분은 공무원에 대하여 불이익한 처분이긴 하나 징계처분과 같은 성질의 처분이라고는 볼 수 없으므로 동일한 사유에 대한 직위해제처분이 있은 후 다시 해임처분이 있었다 하여 일사부재리의 법리에 어긋난다고 할 수 없다. (대판 1984.2.28., 선고 83누489)

② 판례 구 경찰공무원법 제50조 제1항에 의한 **직위해제처분과 같은 제3항에 의한 면직처분은** 후자가 전자의 처분을 전제로 한 것이기는 하나 **각각 단계적으로 별개의 법률효과를 발생하는 행정처분이어서 선행 직위해제처분의 위법사유가 면직처분에는 승계되지 아니한다** 할 것이므로 선행된 직위해제처분의 위법사유를 들어 면직처분의 효력을 다툴 수는 없다. (대판 1984.9.11., 선고 84누191)

③ 판례 헌법상의 무죄추정의 원칙이나 위와 같은 직위해제 제도의 목적에 비추어 볼 때, **형사사건으로 기소되었다는 이유만으로 직위해제처분을 하는 것은 정당화될 수 없고**, 당사자가 당연퇴직 사유인 국가공무원법 제33조 제3호 내지 제6호의2에 해당하는 유죄판결을 받을 고도의 개연성이 있는지 여부, 당사자가 계속 직무를 수행함으로 인하여 공정한 공무집행에 위험을 초래하는지 여부 등 구체적인 사정을 고려하여 그 위법 여부를 판단하여야 한다. (대판 2017.6.8., 선고 2016두38273)

06

정답 ④

행정상 실효성 확보수단 > 행정강제 > 강제징수 난이도 중

| 정답해설 |

④ 판례 공매통지의 목적이나 취지 등에 비추어 보면, 체납자 등은 자신에 대한 공매통지의 하자만을 공매처분의 위법사유로 주장할 수 있을 뿐 **다른 권리자에 대한 공매통지의 하자를 들어 공매처분의 위법사유로 주장하는 것은 허용되지 않는다.** (대판 2008.11.20., 선고 2007두18154)

| 오답해설 |

① 판례 체납자 등에 대한 공매통지는 국가의 강제력에 의하여 진행되는 공매에서 체납자 등의 권리 내지 재산상의 이익을 보호하기 위하여 법률로 규정한 절차적 요건이라고 보아야 하며, **공매처분을 하면서 체납자 등에게 공매통지를 하지 않았거나 공매통지를 하였더라도 그것이 적법하지 아니한 경우에는 절차상의 흠이 있어 그 공매처분은 위법**하다. (대판 2008.11.20., 선고 2007두18154)

② 「행정조사기본법」 제20조 제1항의 규정에 관한 내용이다.

법령 **「행정조사기본법」 제20조(자발적인 협조에 따라 실시하는 행정조사)** ① 행정기관의 장이 제5조 단서에 따라 조사대상자의 자발적인 협조를 얻어 행정조사를 실시하고자 하는 경우 조사대상자는 문서·전화·구두 등의 방법으로 당해 행정조사를 거부할 수 있다.

② 제1항에 따른 행정조사에 대하여 조사대상자가 조사에 응할 것인지에 대한 응답을 하지 아니하는 경우에는 법령 등에 특별한 규정이 없는 한 그 조사를 거부한 것으로 본다.

③ 판례 분할하는 회사의 분할 전 법 위반행위를 이유로 과징금이 부과되기 전까지는 단순한 사실행위만 존재할 뿐 그 과징금과 관련하여 분할하는 회사에게 승계의 대상이 되는 어떠한 의무가 있다고 할 수 없고, **특별한 규정이 없는 한 신설 회사에 대하여 분할하는 회사의 분할 전 법 위반행위를 이유로 과징금을 부과하는 것은 허용되지 않는다.** (대판 2007.11.29., 선고 2006두18928)

07

정답 ①

행정상 실효성 확보수단 > 행정강제 > 행정대집행 난이도 중

| 정답해설 |

① 판례 대집행 계고처분 취소소송의 변론종결 전에 대집행영장에 의한 통지절차를 거쳐 사실행위로서 **대집행의 실행이 완료된 경우**에는 행위가 위법한 것이라는 이유로 손해배상이나 원상회복 등을 청구하는 것은 별론으로 하고 **처분의 취소를 구할 법률상 이익은 없다.** (대판 1993.6.8., 선고 93누6164)

| 오답해설 |

② 판례 공익사업을 위한 토지 등의 취득 및 보상에 관한 법률 제89조 제1항, 위 한국토지공사법 제22조 제6호 및 같은 법 시행령 제40조의3 제1항의 규정에 의하여 본래 시·도지사나 시장·군수 또는 구청장의 업무에 속하는 대집행권한을 한국토지공사에게 위탁하도록 되어 있는바, **한국토지공사는 이러한 법령의 위탁에 의하여 대집행을 수권받은 자로서 공무인 대집행을 실시함에 따르는 권리·의무 및 책임이 귀속되는 행정주체의 지위에 있다고 볼 것이지 지방자치단체 등의 기관으로서 국가배상법 제2조 소정의 공무원에 해당한다고 볼 것은 아니다.** (대판 2010.1.28., 선고 2007다82950·82967)

③ 판례 **도시공원시설인 매점의 관리청이 그 공동점유자 중의 1인에 대하여 소정의 기간 내에 위 매점으로부터 퇴거하고 이에 부수하여 그 판매시설물 및 상품을 반출하지 아니할 때에는 이를 대집행하겠다는 내용의 계고처분은** 그 주된 목적이 매점의 원형을 보존하기 위하여 점유자가 설치한 불법 시설물을 철거하고자 하는 것이 아니라, 매점에 대한 점유자의 점유를 배제하고 그 점유이전을 받는 데 있다고 할 것인데, 이러한 의무는 그것을 강제적으로 실현함에 있어 직접적인 실력행사가 필요한 것이지 **대체적 작위의무에 해당하는 것은 아니어서 직접강제의 방법에 의하는 것은 별론으로 하고 행정대집행법에 의한 대집행의 대상이 되는 것은 아니다.** (대판 1998.10.23., 선고 97누157)

④ 판례 **행정청이 행정대집행의 방법으로 건물철거의무의 이행을 실현할 수 있는 경우에는 건물철거 대집행과정에서 부수적으로 건물의 점유자들에 대한 퇴거조치를 할 수 있고**, 점유자들이 적법한 행정대집행을 위력을 행사하여 방해하는 경우 형법상 공무집행방해죄가 성립하므로, 필요한 경우에는 '경찰관 직무집행법'에 근거한 위험발생 방지조치 또는 형법상 공무집행방해죄의 범행방지 내지 현행범체포의 차원에서 경찰의 도움을 받을 수도 있다. (대판 2017.4.28., 선고 2016다213916)

08

정답 ③

행정구제법 > 행정상 손해전보 > 손실보상 난이도 중

| 정답해설 |

③ 중앙토지수용위원회는 수용재결에 대한 이의신청을 받은 경우, 이유 있음이 인정되면 수용 자체에 대한 취소 여부나 보상금에 대한 변경 등을 할 수 있다.

법령 **「공익사업을 위한 토지 등의 취득 및 보상에 관한 법률」 제84조(이의신청에 대한 재결)** ① 중앙토지수용위원회는 제83조에 따른 이의신청을 받은 경우 제34조에 따른 재결이 위법하거나 부당하다고 인정할 때에는 그 재결의 전부 또는 일부를 취소하거나 보상액을 변경할 수 있다.

② 제1항에 따라 보상금이 늘어난 경우 사업시행자는 재결의 취소 또는 변

경의 재결서 정본을 받은 날부터 **30일 이내**에 보상금을 받을 자에게 그 늘어난 보상금을 지급하여야 한다. 다만, 제40조 제2항 제1호·제2호 또는 제4호에 해당할 때에는 그 금액을 공탁할 수 있다.

| 오답해설 |

① 토지보상법상의 중앙토지수용위원회에 청구하는 이의신청은 행정심판에 해당하는 것으로서 임의적 절차이다. 수용재결에 대해 이의신청 절차 없이 행정소송을 청구할 수 있다.

법령 「공익사업을 위한 토지 등의 취득 및 보상에 관한 법률」 제85조(행정소송의 제기) ① **사업시행자, 토지소유자 또는 관계인은 제34조에 따른 재결에 불복할 때에는 재결서를 받은 날부터 90일 이내에, 이의신청을 거쳤을 때에는 이의신청에 대한 재결서를 받은 날부터 60일 이내에 각각 행정소송을 제기할 수 있다.** 이 경우 사업시행자는 행정소송을 제기하기 전에 제84조에 따라 늘어난 보상금을 공탁하여야 하며, 보상금을 받을 자는 공탁된 보상금을 소송이 종결될 때까지 수령할 수 없다.

② 행정소송의 대상은 원칙적으로 원처분주의이다. 따라서 원칙적으로 소송의 대상은 수용재결이다.

판례 **수용재결에 불복하여 취소소송을 제기하는 때에는 이의신청을 거친 경우에도 수용재결을 한 중앙토지수용위원회 또는 지방토지수용위원회를 피고로 하여 수용재결의 취소를 구하여야 하고**, 다만 이의신청에 대한 재결 자체에 고유한 위법이 있음을 이유로 하는 경우에는 그 이의재결을 한 중앙토지수용위원회를 피고로 하여 이의재결의 취소를 구할 수 있다고 보아야 한다. (대판 2010.1.28., 선고 2008두1504)

④ 60일이 아니라 30일이 옳다(정답해설의 제84조 제2항 조문 참고).

09

정답 ④

일반행정작용법 > 행정행위 > 행정행위의 내용 난이도 중

| 정답해설 |

④ 도로점용허가의 일부에 하자가 있는 경우에 행정청은 소송 진행 중이라도 일부 도로점용허가에 필요없는 부분은 직권으로 취소할 수 있다.

판례 도로관리청이 도로점용허가를 하면서 특별사용의 필요가 없는 부분을 점용장소 및 점용면적에 포함하는 것은 그 재량권 행사의 기초가 되는 사실인정에 잘못이 있는 경우에 해당하므로 그 도로점용허가 중 특별사용의 필요가 없는 부분은 위법하다. 이러한 경우 **도로점용허가를 한 도로관리청은 위와 같은 흠이 있다는 이유로 유효하게 성립한 도로점용허가 중 특별사용의 필요가 없는 부분을 직권취소할 수 있음이 원칙**이다. (대판 2019.1.17., 선고 2016두56721·56738)

| 오답해설 |

① 판례 여객자동차운수사업법에 따른 개인택시운송사업 면허는 특정인에게 권리나 이익을 부여하는 재량행위이고, **행정청이 면허 발급 여부를 심사함에 있어 이미 설정된 면허기준의 해석상 당해 신청이 면허발급의 우선순위에 해당함이 명백함에도 불구하고 이를 제외시켜 면허거부처분을 하였다면 특별한 사정이 없는 한 그 거부처분은 재량권을 남용한 위법**한 처분이다. (대판 2002.1.22., 선고 2001두8414)

② 판례 **공무원 임용을 위한 면접전형에서 임용신청자의 능력이나 적격성 등에 관한 판단은** 면접위원의 고도의 교양과 학식, 경험에 기초한 자율적 판단에 의존하는 것으로서 **오로지 면접위원의 자유재량에 속하고, 그와 같은 판단이 현저하게 재량권을 일탈·남용하지 않은 한 이를 위법하다고 할 수 없다.** (대판 2008.12.24., 선고 2008두8970)

③ 판례 구 도로법(2015.1.28., 법률 제13086호로 개정되기 전의 것) 제61조 제1항에 의한 도로점용허가는 일반사용과 별도로 도로의 특정 부분에 대하여 특별사용권을 설정하는 설권행위이다. 도로관리청은 신청인의 적격성, 점용목적, 특별사용의 필요성 및 공익상의 영향 등을 참작하여 점용허가 여부 및 점용허가의 내용인 점용장소, 점용면적, 점용기간을 정할 수 있는 재량권을 갖는다. (대판 2019.1.17., 선고 2016두56721·56738)

10

정답 ①

행정구제법 > 행정쟁송 > 행정소송 난이도 하

| 정답해설 |

① 판례 **국민권익위원회가 소방청장에게 인사와 관련하여 부당한 지시를 한 사실이 인정된다며 이를 취소할 것을 요구하기로 의결하고 그 내용을 통지**하자 소방청장이 국민권익위원회 조치요구의 취소를 구하는 소송을 제기한 사안에서, 처분성이 인정되는 국민권익위원회의 조치요구에 불복하고자 하는 소방청장으로서는 조치요구의 취소를 구하는 항고소송을 제기하는 것이 유효·적절한 수단으로 볼 수 있으므로 **소방청장이 예외적으로 당사자능력과 원고적격을 가진다.** (대판 2018.8.1., 선고 2014두35379)

| 오답해설 |

② 판례 사증발급의 법적 성질, 출입국관리법의 입법 목적, 사증발급 신청인의 대한민국과의 실질적 관련성, 상호주의원칙 등을 고려하면, 우리 출입국관리법의 해석상 외국인에게는 사증발급 거부처분의 취소를 구할 법률상 이익이 인정되지 않는다. (대판 2018.5.15., 선고 2014두42506)

③ 기존 일반소매인은 신규 구내소매인 지정처분의 취소를 구할 원고적격이 없다.

일반담배소매인 VS 일반담배소매인 – 긍정	일반담배소매인 VS 구내소매인 – 부정
일반소매인으로 지정되어 영업을 하고 있는 기존업자의 신규 일반소매인에 대한 이익은 단순한 사실상의 반사적 이익이 아니라 법률상 보호되는 이익으로서 기존 일반소매인이 신규 일반소매인 지정처분의 취소를 구할 원고적격이 있다고 보아야 할 것이다. (대판 2008.4.10., 선고 2008두402)	일반소매인으로 지정되어 영업을 하고 있는 기존업자의 신규 구내소매인에 대한 이익은 법률상 보호되는 이익이 아니라 단순한 사실상의 반사적 이익이라고 해석함이 상당하므로, 기존 일반소매인은 신규 구내소매인 지정처분의 취소를 구할 원고적격이 없다. (대판 2008.4.10., 선고 2008두402)

④ 판례 재단법인 甲 수녀원이, 매립목적을 택지조성에서 조선시설용지로 변경하는 내용의 공유수면 매립목적 변경승인처분으로 인하여 법률상 보호되는 환경상 이익을 침해받았다면서 행정청을 상대로 처분의 무효확인을 구하는 소송을 제기한 사안에서, 甲 수녀원에는 처분의 무효확인을 구할 원고적격이 없다. (대판 2012.6.28., 선고 2010두2005)

더 알아보기 ▶ 국민권익위원회의 조치요구와 시·도선거관리위원회 위원장의 원고적격

> 甲이 국민권익위원회에 부패방지 및 국민권익위원회의 설치와 운영에 관한 법률에 따른 신고와 신분보장조치를 요구하였고, **국민권익위원회가 乙 시·도선거관리위원회 위원장에게 '甲에 대한 중징계요구를 취소하고 향후 신고로 인한 신분상 불이익처분 및 근무조건상의 차별을 하지 말 것을 요구'하는 내용의 조치요구**를 한 사안에서, **국가기관인 乙에게 위 조치요구의 취소를 구하는 소를 제기할 당사자능력, 원고적격 및 법률상 이익을 인정**한다. (대판 2013.7.25., 선고 2011두1214)

군무원 VS 공무원 비교분석

> 군무원 행정법 시험은 공무원 시험과 달리 직렬의 특성상 군 또는 병역과 관련된 문제가 출제되는 경향이 높다. 외국인의 사증발급과 관련하여 종래 재외동포(일명 '스티브 유 사건')사건은 병역과 관련하여 이미 출제가 되어 군무원 수험생들이 기본적으로 학습한 부분이다. 이에 이 문제는 그러한 허를 찔러 기존 문제와 혼동을 유발시킬 수 있어 두 판례의 구분이 필요하다.
>
> 판례 원고는 대한민국에서 출생하여 오랜 기간 대한민국 국적을 보유하면서 거주한 사람이므로 이미 대한민국과 실질적 관련성이 있거나 대한민국에서 법적으로 보호가치 있는 이해관계를 형성하였다고 볼 수 있다. 또한 재외동포의 대한민국 출입국과 대한민국 안에서의 법적 지위를 보장함을 목적으로 재외동포의 출입국과 법적 지위에 관한 법률(이하 '재외동포법'이라 한다)이 특별히 제정되어 시행 중이다. 따라서 원고는 이 사건 사증발급 거부처분의 취소를 구할 법률상 이익이 인정되므로, 원고적격 또는 소의 이익이 없어 이 사건 소가 부적법하다는 피고의 주장은 이유 없다. (대판 2019.7.11., 선고 2017두38874)

11

정답 ①

행정구제법 > 행정쟁송 > 행정심판 　　난이도 상

| 정답해설 |

① 불이익변경금지원칙에 의해서 행정심판위원회는 원처분보다 청구인에게 불리한 재결을 할 수 없다.

법령 「행정심판법」 제47조(재결의 범위) ② 위원회는 심판청구의 대상이 되는 처분보다 청구인에게 불리한 재결을 하지 못한다.

| 오답해설 |

② 원칙적으로 가중처분의 규정이 있다면 처분의 효력이 기간 경과로서 소멸된 경우에도 소익이 있으나, 가중처분의 규정에서 정해 놓은 기간이 경과되어 더이상 가중처분을 받을 우려가 없다면 소익은 인정될 수 없다.

판례 업무정지처분을 받은 후 새로운 업무정지처분을 받음이 없이 1년이 경과하여 실제로 가중된 제재처분을 받을 우려가 없어졌다면 위 처분에서 정한 정지기간이 경과한 이상 특별한 사정이 없는 한 그 처분의 취소를 구할 법률상 이익이 없다. (대판 2000.4.21., 선고 98두10080)

③ 취소심판은 행정청의 위법 또는 부당한 처분을 취소하거나 변경하는 행정심판으로서 심판대상인 처분을 취소하는 것 뿐만 아니라 처분을 변경하는 재결을 할 수 있다.

법령 「행정심판법」 제5조(행정심판의 종류) 행정심판의 종류는 다음 각 호와 같다.
1. 취소심판: 행정청의 위법 또는 부당한 처분을 **취소하거나 변경하는 행정심판**

④ 판례 **행정처분의 취소를 구하는 항고소송에서 처분청은 당초 처분의 근거로 삼은 사유와 기본적 사실관계가 동일성이 있다고 인정되는 한도 내에서만 다른 사유를 추가 또는 변경할 수 있고,** … 그리고 **이러한 법리는 행정심판 단계에서도 그대로 적용**된다. (대판 2014.5.16., 선고 2013두26118)

더 알아보기 ▶ 「행정소송법」상의 취소소송

> 「행정소송법」상의 취소소송 역시 행정청의 위법한 처분 등을 취소 또는 변경하는 소송이라고 되어 있으나, 여기에서 말하는 변경은 적극적으로 다른 처분으로 변경하는 적극적 변경을 말하는 것이 아니라 소송대상인 처분의 일부를 취소할 수 있음을 의미한다. 「행정심판법」상 변경의 의미와 같지 않다.
>
> **「행정소송법」 제4조(항고소송)** 항고소송은 다음과 같이 구분한다.
> 1. 취소소송: 행정청의 위법한 처분 등을 취소 또는 변경하는 소송

12

정답 ③

특별행정작용법 > 급부행정법 > 공기업 이용관계 　　난이도 하

| 정답해설 |

③ 공기업의 이용관계는 공기업과 이용자 사이에 합의에 따라 이루어지는 사법상 계약(예 국공립병원이 유료이용, 공영주택의 이용 등)이 일반적이지만, 공법상 계약인 경우도 있고 이용이 강제되어지는 경우도 있다. 공익성이나 집단성으로 일반적으로 계약의 내용은 법령 등에 의해 규정되어 있어 정형화되어 있는 부합계약이다. 하지만 합의에 의한 계약의 성질상 부합계약의 형식만으로 체결되어지는 것은 아니다.

| 오답해설 |

① 영조물의 이용관계와 달리 공기업의 이용관계는 사법상 관계로 보는 것이 일반적이다(예 시영버스, 시영식당, 철도 이용관계 등). 다만, 특수한 공법적 규율이 필요한 경우에는 그 한도 내에서 공법관계가 된다고 한다.

② 공기업이용 대가에 대해 행정강제를 인정하고 있는 경우(예 「우편법」 제24조 등)에는 공권력 행사에 근거를 바탕으로 권력을 행사하는 영역으로 공법관계로 보아야 할 것이다.

④ 공익을 목적으로 이루어지는 공기업의 사업은 특허사업에 해당한다(예 전기사업허가, 도시가스사업허가 등).

13

정답 ①

행정조직법 > 자치행정조직법 > 지방자치 　　난이도 중

| 정답해설 |

① 판례 지방자치법 제5조 제1항에 의하면, 지방자치단체의 구역변경이나 폐치·분합이 있는 때에는 새로 그 지역을 관할하게 된 지방자치단체가

그 사무와 재산을 승계하도록 규정되어 있으나, 같은 법 제133조 제1항 및 제3항의 규정내용에 비추어 볼 때 같은 법에서 **'재산'이라 함은 현금 외의 모든 재산적 가치가 있는 물건 및 권리만을 말하는 것으로서 채무는 '재산'에 포함되지 않는다고 해석**하여야 한다. (대판 1992.6.26., 선고 91다40498)

| 오답해설 |

② **판례** **지방자치단체가 그 고유의 자치사무를 처리하는 경우에는 지방자치단체는 국가기관의 일부가 아니라 국가기관과는 별도의 독립한 공법인**이므로, 지방자치단체 소속 공무원이 지방자치단체 고유의 자치사무를 수행하던 중 도로법 제81조 내지 제85조의 규정에 의한 위반행위를 한 경우에는 **지방자치단체는 도로법 제86조의 양벌규정에 따라 처벌대상이 되는 법인**에 해당한다. (대판 2005.11.10., 선고 2004도2657)

③ **판례** 지방의회의원이 그 의원의 자격이라기보다 지방자치단체의 전체 주민의 대표자라는 지위에서 주민의 권리신장과 공익을 위하여 행정정보공개조례안의 행정정보공개심의위원회에 집행기관의 공무원 및 전문가 등과 동수의 비율로 참여하는 것이 반드시 법령에 위배된다고 볼 수 없다. (대판 1992.6.23., 선고 92추17)

④ **판례** 지방의회의원은 주민의 대표자이자 지방의회의 구성원으로서 주민들의 다양한 의사와 이해관계를 통합하여 지방자치단체의 의사를 형성하는 역할을 하므로, **지방의회의원의 전문성을 확보하고 원활한 의정활동을 지원하기 위해서는 지방의회의원들에게도 후원회를 허용하여 정치자금을 합법적으로 확보할 수 있는 방안을 마련해 줄 필요**가 있다. … 따라서 심판대상조항이 국회의원과 달리 **지방의회의원을 후원회지정권자에서 제외하고 있는 것은 불합리한 차별**로서 청구인들의 평등권을 침해한다. (헌재결 2022.11.24., 2019헌마528)

더 알아보기 ▶ ② 해설의 판례(「도로법」 위반)와 구분하여야 할 판례(지정항만순찰업무 – 「자동차관리법」 위반)

> **지방자치단체 소속 공무원이 지정항만순찰 등의 업무를 위해 관할관청의 승인 없이 개조한 승합차를 운행함으로써 구 자동차관리법(2007. 10.17., 법률 제8658호로 개정되기 전의 것)을 위반한 사안**에서, 지방자치법, 구 항만법(2007.8.3., 법률 제8628호로 개정되기 전의 것), 구 항만법 시행령(2007.12.31., 대통령령 20506호로 개정되기 전의 것) 등에 비추어 위 항만순찰 등의 업무가 지방자치단체의 장이 국가로부터 위임받은 기관위임사무에 해당하여, 해당 **지방자치단체가 구 자동차관리법 제83조의 양벌규정에 따른 처벌대상이 될 수 없다.** (대판 2009.6.11., 선고 2008도6530)

14

정답 ④

행정구제법 > 행정상 손해전보 > 손해배상 　　난이도 중

| 정답해설 |

④ 국가배상청구권에 대한 시효에 대해 「국가배상법」에는 규정이 없어 「민법」을 적용한다. 「민법」에는 피해자나 법정대리인이 손해 및 가해자를 안 날로부터 3년, 불법행위를 한 날로부터 10년으로 규정되어 있으나, 「국가재정법」(제96조)의 5년 시효규정에 의해 결국 안 날로부터 3년, 불법행위를 한 날로부터 5년의 시효가 적용된다.

「국가배상법」 제8조	「민법」 제766조
제8조(다른 법률과의 관계) 국가나 지방자치단체의 손해배상책임에 관하여는 이 법에 규정된 사항 외에는 「민법」에 따른다. 다만, 「민법」 외의 법률에 다른 규정이 있을 때에는 그 규정에 따른다.	**제766조(손해배상청구권의 소멸시효)** ① 불법행위로 인한 손해배상의 청구권은 피해자나 그 법정대리인이 그 손해 및 가해자를 안 날로부터 3년간 이를 행사하지 아니하면 시효로 인하여 소멸한다. ② 불법행위를 한 날로부터 10년을 경과한 때에도 전항과 같다.

판례 국가배상법 제2조 제1항 본문 전단 규정에 따른 **국가에 대한 손해배상청구권은 그 불법행위의 종료일로부터 국가재정법 제96조 제2항, 제1항에 정한 5년의 기간 동안 이를 행사하지 아니하면 시효로 인하여 소멸하는 것**이고, 이 경우 그 소멸시효는 피해자가 손해의 결과발생을 알았거나 예상할 수 있는가 여부에 관계없이 '가해행위로 인한 손해가 현실적인 것으로 되었다고 볼 수 있는 때'로부터 진행하는 것인바 (후략) (대판 2008.11.27., 2008다60223)

| 오답해설 |

① 국가배상심의회에 배상신청의 전치는 임의사항이다.

법령 **「국가배상법」 제9조(소송과 배상신청의 관계)** 이 법에 따른 손해배상의 소송은 배상심의회(이하 '심의회'라 한다)에 배상신청을 하지 아니하고도 제기할 수 있다.

② **판례** 비록 병역법 제75조 제2항이 공익근무요원으로 복무 중 순직한 사람의 유족에 대하여 국가유공자 등 예우 및 지원에 관한 법률에 따른 보상을 하도록 규정하고 있다고 하여도, **공익근무요원이 국가배상법 제2조 제1항 단서의 규정에 의하여 국가배상법상 손해배상청구가 제한되는 군인·군무원·경찰공무원 또는 향토예비군대원에 해당한다고 할 수 없다.** (대판 1997.3.28., 선고 97다4036)

③ **판례** 경과실이 있는 공무원이 피해자에 대하여 손해배상책임을 부담하지 아니함에도 피해자에게 손해를 배상하였다면 그것은 채무자 아닌 사람이 타인의 채무를 변제한 경우에 해당하고 … 피해자에게 손해를 직접 배상한 경과실이 있는 공무원은 특별한 사정이 없는 한 국가에 대하여 국가의 피해자에 대한 손해배상책임의 범위 내에서 공무원이 변제한 금액에 관하여 구상권을 취득한다고 봄이 타당하다. (대판 2014.8.20., 선고 2012다54478)

15

정답 ③

일반행정작용법 > 행정행위 > 행정행위의 하자 　　난이도 중

| 정답해설 |

③ **판례** 이 사건 **서훈취소처분의 통지가 처분권한자인 대통령이 아니라 그 보좌기관인 피고에 의하여 이루어졌다고 하더라도**, 그 처분이 대통령의 인식과 의사에 기초하여 이루어졌고, 앞서 보았듯이 그 통지로 이 사건 서훈취소처분의 주체(대통령)와 내용을 알 수 있으므로, 이 사건 서훈취소처분의 외부적 표시의 방법으로서 위 **통지의 주체나 형식에 어떤 하자가 있다고 보기도 어렵다.** (대판 2014.9.26., 선고 2013두2518)

| 오답해설 |

① **판례** **과세관청이 과세처분에 앞서 납세의무자에게 보낸 과세예고통지서 등에 납세고지서의 필요적 기재사항이 제대로 기재**되어 있어 납세의무자가 그 처분에 대한 불복 여부의 결정 및 불복신청에 전혀 지장을 받

지 않았음이 명백하다면, 이로써 **납세고지서의 흠결이 보완되거나 하자가 치유될 수는 있다.** (대판 1995.9.26., 선고 95누665)

② 판례 체납취득세에 대한 압류처분권한은 도지사로부터 시장에게 권한위임된 것이고 시장으로부터 압류처분권한을 내부위임받은 데 불과한 구청장으로서는 시장 명의로 압류처분을 대행처리할 수 있을 뿐이고 자신의 명의로 이를 할 수 없다 할 것이므로 구청장이 자신의 명의로 한 압류처분은 권한 없는 자에 의하여 행하여진 위법무효의 처분이다. (대판 1993.5.27., 선고 93누6621)

④ 판례 구 환경영향평가법상 환경영향평가를 실시하여야 할 사업에 대하여 환경영향평가를 거치지 아니하였음에도 승인 등 처분을 한 경우, 그 처분의 하자가 행정처분의 당연무효사유에 해당한다. (대판 2006.6.30., 선고 2005두14363)

더 알아보기 ▶ 비교판례 – 환경영향평가가 부실한 경우의 하자 유무

환경영향평가의 내용이 다소 부실하다 하더라도, 그 부실의 정도가 환경영향평가제도를 둔 입법 취지를 달성할 수 없을 정도이어서 환경영향평가를 하지 아니한 것과 다를 바 없는 정도의 것이 아닌 이상 **그 부실은 당해 승인 등 처분에 재량권 일탈·남용의 위법이 있는지 여부를 판단하는 하나의 요소로 됨에 그칠 뿐, 그 부실로 인하여 당연히 당해 승인 등 처분이 위법하게 되는 것이 아니다.** (대판 2001.6.29., 선고 99두9902)

16

정답 ③

행정구제법 > 행정쟁송 > 행정소송 난이도 하

| 정답해설 |

③ 법규명령 등이 위헌이나 위법하다고 법원에 의해 판단된 경우에 대법원은 행정안전부장관에게 통보하여야 한다.

법령 「행정소송법」 제6조(명령·규칙의 위헌판결등 공고) ① 행정소송에 대한 대법원판결에 의하여 명령·규칙이 헌법 또는 법률에 위반된다는 것이 확정된 경우에는 대법원은 지체 없이 그 사유를 행정안전부장관에게 통보하여야 한다.

| 오답해설 |

① 토지 등에 관계되는 처분은 임의관할로서 토지 등의 소재지를 관할하는 행정법원에 제기할 수 있다.

법령 「행정소송법」 제9조(재판관할) ③ 토지의 수용 기타 부동산 또는 특정의 장소에 관계되는 처분 등에 대한 취소소송은 그 부동산 또는 장소의 소재지를 관할하는 행정법원에 이를 제기할 수 있다.

② 동법 제2조 제2항의 규정에 관한 내용이다.

법령 「행정소송법」 제2조(정의) ② 이 법을 적용함에 있어서 행정청에는 법령에 의하여 행정권한의 위임 또는 위탁을 받은 행정기관, 공공단체 및 그 기관 또는 사인이 포함된다.

④ 동법 제7조의 규정에 관한 내용이다.

법령 「행정소송법」 제7조(사건의 이송) 「민사소송법」 제34조 제1항의 규정은 원고의 고의 또는 중대한 과실 없이 행정소송이 심급을 달리하는 법원에 잘못 제기된 경우에도 적용한다.

17

정답 ①

행정조직법 > 자치행정조직법 > 지방자치법 난이도 하

| 정답해설 |

① 판례 **조례가 규율하는 특정 사항에 관하여 그것을 규율하는 국가의 법령이 이미 존재하는 경우**에도 조례가 법령과 별도의 목적에 기하여 규율함을 의도하는 것으로서 그 적용에 의하여 법령의 규정이 의도하는 목적과 효과를 전혀 저해하는 바가 없는 때 또는 양자가 동일한 목적에서 출발한 것이라고 할지라도 국가의 법령이 반드시 그 규정에 의하여 전국에 걸쳐 일률적으로 동일한 내용을 규율하려는 취지가 아니고 **각 지방자치단체가 그 지방의 실정에 맞게 별도로 규율하는 것을 용인하는 취지라고 해석**되는 때에는 그 조례가 **국가의 법령에 위반되는 것은 아니다.** (대판 1997.4.25., 선고 96추244)

| 오답해설 |

② 조례를 위반한 행위에 대하여 조례로서 과태료는 제정할 수 있으나, 벌금 등의 형벌은 죄형법정주의의 원칙에 따라 조례로서 정할 수 없다.

③ 판례 차고지확보대상을 자가용자동차 중 승차정원 16인 미만의 승합자동차와 적재정량 2.5t 미만의 화물자동차까지로 정하여 자동차운수사업법령이 정한 기준보다 확대하고, 차고지확보 입증서류의 미제출을 자동차등록 거부사유로 정하여 **자동차관리법령이 정한 자동차등록기준보다 더 높은 수준의 기준을 부가하고 있는 차고지확보제도에 관한 조례안**은 비록 그 법률적 위임근거는 있지만 그 내용이 차고지 확보기준 및 자동차등록기준에 관한 **상위법령의 제한범위를 초과하여 무효**이다. (대판 1997.4.25., 선고 96추251)

④ 판례 **지방자치단체가 자치조례를 제정할 수 있는 것은 원칙적으로 이러한 자치사무와 단체위임사무에 한하므로,** 국가사무가 지방자치단체의 장에게 위임된 **기관위임사무와 같이 지방자치단체의 장이 국가기관의 지위에서 수행하는 사무일 뿐 지방자치단체 자체의 사무라고 할 수 없는 것은 원칙적으로 자치조례의 제정범위에 속하지 않는다.** (대판 1999.9.17., 선고 99추30)

18

정답 ②

행정법 서론 > 행정상 법률요건과 법률사실 > 사인의 공법행위 난이도 하

| 정답해설 |

② 인·허가의제로서의 건축신고는 실체적 요건에 관한 심사를 한 후 수리하여야 하는 수리필요신고에 해당한다.

판례 인·허가의제 효과를 수반하는 건축신고는 일반적인 건축신고와는 달리, 특별한 사정이 없는 한 행정청이 그 실체적 요건에 관한 심사를 한 후 수리하여야 하는 이른바 '수리를 요하는 신고'로 보는 것이 옳다. (대판 2011.1.20., 선고 2010두14954)

| 오답해설 |

① 판례 **행정청이 국민의 신청에 대하여 한 거부행위가 항고소송의 대상이 되는 행정처분으로 되려면, 행정청의 행위를 요구할 법규상 또는 조리상의 신청권이 국민에게 있어야 하고,** 이러한 신청권의 근거 없이 한 국민의 신청을 행정청이 받아들이지 아니한 경우에는 그 거부로 인하여 신청인의 권리나 법적 이익에 어떤 영향을 주는 것이 아니므로 이를 항고소송

의 대상이 되는 행정처분이라 할 수 없다. (대판 2005.4.15., 선고 2004두11626)

③ 판례 건축신고 반려행위가 이루어진 단계에서 당사자로 하여금 반려행위의 적법성을 다투어 그 법적 불안을 해소한 다음 건축행위에 나아가도록 함으로써 장차 있을지도 모르는 위험에서 미리 벗어날 수 있도록 길을 열어 주고, 위법한 건축물의 양산과 그 철거를 둘러싼 분쟁을 조기에 근본적으로 해결할 수 있게 하는 것이 법치행정의 원리에 부합한다. 그러므로 **건축신고 반려행위는 항고소송의 대상이 된다**고 보는 것이 옳다. (대판 2010.11.18., 선고 2008두167)

④ 판례 건축주명의변경신고에 관한 건축법 시행규칙 제3조의2의 규정은 단순히 행정관청의 사무집행의 편의를 위한 것에 지나지 않는 것이 아니라 … 허가대상건축물의 양수인이 위 규칙에 규정되어 있는 **형식적 요건을 갖추어 시장·군수에게 적법하게 건축주의 명의변경을 신고한 때에는 시장·군수는 그 신고를 수리하여야지 실체적인 이유를 내세워 그 신고의 수리를 거부할 수는 없다.** (대판 1992.3.31., 선고 91누4911)

군무원 VS 공무원 비교분석

공무원 시험과 달리 군무원 시험에서는 일반적으로 하나의 출제단원에서 2문항 이상이 출제되는 경우가 상당하다. 이 문제는 이미 1번 문제에서 사인의 공법행위인 '신고'에 관하여 출제되었음에도 동일 단원에서 중복된 출제문제이다. 25문항이라는 특수성을 감안한다고 해도 공무원 시험과 달리 각론이 추가되는 점을 생각해 보면 보편적이지 않다.

19

정답 ②

일반행정작용법 > 행정행위 > 행정행위의 효력 난이도 중

| 정답해설 |

② 판례 무효인 서울특별시행정권한위임조례의 규정에 근거한 관리처분계획의 인가 등 처분은 결과적으로 적법한 위임 없이 권한 없는 자에 의하여 행하여진 것과 마찬가지가 되어 그 하자가 중대하나 … 하자가 **객관적으로 명백한 것이라고 할 수 없으므로 결국 당연무효 사유는 아니라고 봄이 상당**하다. (대판 1995.8.22., 선고 94누5694)

| 오답해설 |

① 판례 조세채권의 집행을 위한 체납처분의 근거규정 자체에 대하여는 따로 위헌결정이 내려진 바 없다고 하더라도, 위와 같은 **위헌결정 이후에 조세채권의 집행을 위한 새로운 체납처분에 착수하거나 이를 속행하는 것은 더이상 허용되지 않고**, 나아가 이러한 위헌결정의 효력에 위배하여 이루어진 체납처분은 그 사유만으로 하자가 중대하고 객관적으로 명백하여 **당연무효**라고 보아야 한다. (대판 2012.2.16., 선고 2010두10907)

③ 직권취소에 대한 「행정기본법」 규정과 취소의 법적 근거 필요 여부에 대한 대법원의 입장은 다음과 같다.

「행정기본법」 제18조	취소의 법적 근거 필요 여부
제18조(위법 또는 부당한 처분의 취소) ① 행정청은 위법 또는 부당한 처분의 전부나 일부를 소급하여 취소할 수 있다. 다만, 당사자의 신뢰를 보호할 가치가 있는 등 정당한 사유가 있는 경우에는 장래를 향하여 취소할 수 있다. ② 행정청은 제1항에 따라 당사자에게 권리나 이익을 부여하는 처분을 취소하려는 경우에는 취소로 인하여 당사자가 입게 될 불이익을 취소로 달성되는 공익과 비교·형량(衡量)하여야 한다. 다만, 다음 각 호의 어느 하나에 해당하는 경우에는 그러하지 아니하다. 1. 거짓이나 그 밖의 부정한 방법으로 처분을 받은 경우 2. 당사자가 처분의 위법성을 알고 있었거나 중대한 과실로 알지 못한 경우	**행정행위를 한 처분청은 그 행위에 하자가 있는 경우에 별도의 법적 근거가 없더라도 스스로 이를 취소할 수 있는 것**이며, 다만 그 행위가 국민에게 권리나 이익을 부여하는 이른바 수익적 행정행위인 때에는 그 행위를 취소하여야 할 공익상 필요와 그 취소로 인하여 당사자가 입을 기득권과 신뢰보호 및 법률생활 안정의 침해 등 불이익을 비교교량한 후 공익상 필요가 당사자의 기득권침해 등 불이익을 정당화할 수 있을 만큼 강한 경우에 한하여 취소할 수 있다. (대판 1986.2.25., 선고 85누664)

④ 원칙적으로 무효에 기하여 이루어진 후행처분은 무효이다.

판례 적법한 건축물에 대한 철거명령은 그 하자가 중대하고 명백하여 당연무효라고 할 것이고, 그 후행행위인 건축물철거 대집행계고처분 역시 당연무효라고 할 것이다. (대판 1999.4.27., 선고 97누6780)

20

정답 ②

특별행정작용법 > 급부행정법 > 공물법 난이도 중

| 정답해설 |

② 판례 하천수 사용권(현행 하천법 제50조에 의한 하천수 사용허가를 받은 것으로 보는 경우를 포함한다. 이하 같다)은 하천법 제33조에 의한 하천의 점용허가에 따라 해당 하천을 점용할 수 있는 권리와 마찬가지로 특허에 의한 공물사용권의 일종으로서, 양도가 가능하고 이에 대한 민사집행법상의 집행 역시 가능한 독립된 재산적 가치가 있는 구체적인 권리라고 보아야 한다. 따라서 **하천법 제50조에 의한 하천수 사용권은 공익사업을 위한 토지 등의 취득 및 보상에 관한 법률 제76조 제1항이 손실보상의 대상으로 규정하고 있는 '물의 사용에 관한 권리'에 해당**한다. (대판 2018.12.27., 선고 2014두11601)

| 오답해설 |

① 판례 어떤 토지가 개설경위를 불문하고 일반 공중의 통행에 공용되는 도로, 즉 공로가 되면 그 부지의 소유권 행사는 제약을 받게 되며, 이는 소유자가 수인하여야만 하는 재산권의 사회적 제약에 해당한다. 따라서 **공로 부지의 소유자가 이를 점유·관리하는 지방자치단체를 상대로 공로로 제공된 도로의 철거, 점유 이전 또는 통행금지를 청구하는 것은 법질서상 원칙적으로 허용될 수 없는 '권리남용'이라고 보아야 한다.** (대판 2021.10.14., 선고 2021다242154)

③ 판례 하천의 점용허가권은 특허에 의한 공물사용권의 일종으로서 하천의 관리주체에 대하여 일정한 특별사용을 청구할 수 있는 채권에 지나지 아니하고 대세적 효력이 있는 물권이라 할 수 없다. (대판 2015.1.29., 선고 2012두27404)

④ 판례 공공용물에 관하여 적법한 개발행위 등이 이루어짐으로 말미암아 이에 대한 일정범위의 사람들의 일반사용이 종전에 비하여 제한받게

되었다 하더라도 특별한 사정이 없는 한 그로 인한 불이익은 손실보상의 대상이 되는 특별한 손실에 해당한다고 할 수 없다. (대판 2002.2.26., 선고 99다35300)

21

정답 ④

일반행정작용법 > 정보공개와 개인정보 보호 > 정보공개 난이도 하

| 정답해설 |

④ 서훈공적 심사위원회의 회의록과 형사재판확정기록은 비공개대상에 해당한다.

서훈공적 심사위원회의 회의록	형사재판확정기록
공적심사위원회의 심사에는 심사위원들의 전문적·주관적 판단이 상당 부분 개입될 수밖에 없는 심사의 본질에 비추어 공개를 염두에 두지 않은 상태에서의 심사가 그렇지 않은 경우보다 더 자유롭고 활발한 토의를 거쳐 객관적이고 공정한 심사 결과에 이를 개연성이 큰 점 등 위 회의록 공개에 의하여 보호되는 알권리의 보장과 비공개에 의하여 보호되는 업무수행의 공정성 등의 이익 등을 비교·교량해 볼 때, **위 회의록은 정보공개법 제9조 제1항 제5호에서 정한 '공개될 경우 업무의 공정한 수행에 현저한 지장을 초래한다고 인정할 만한 상당한 이유가 있는 정보'에 해당함**에도 이와 달리 본 원심판결에 비공개대상정보에 관한 법리를 오해한 위법이 있다. (대판 2014.7.24., 선고 2013두20301)	형사소송법 제59조의2의 내용·취지 등을 고려하면, 형사소송법 제59조의2는 형사재판확정기록의 공개 여부나 공개 범위, 불복절차 등에 대하여 구 공공기관의 정보공개에 관한 법률(2013.8.6., 법률 제11991호로 개정되기 전의 것, 이하 '정보공개법'이라고 한다)과 달리 규정하고 있는 것으로 정보공개법 제4조 제1항에서 정한 '정보의 공개에 관하여 다른 법률에 특별한 규정이 있는 경우'에 해당한다. **따라서 형사재판확정기록의 공개에 관하여는 정보공개법에 의한 공개청구가 허용되지 아니한다.** (대판 2016.12.15., 선고 2013두20882)

| 오답해설 |

① 자연인·법인 등은 정보공개청구권자에 해당하지만, 지방자치단체는 정보공개를 청구할 수 있는 권리를 가진 국민에 해당하지 않는다.

자연인 등	지방자치단체
공공기관의 정보공개에 관한 법률 제6조 제1항은 "모든 국민은 정보의 공개를 청구할 권리를 가진다."고 규정하고 있는데, 여기에서 말하는 국민에는 자연인은 물론 법인, 권리능력 없는 사단·재단도 포함되고, 법인, 권리능력 없는 사단·재단 등의 경우에는 설립목적을 불문하며, 한편 정보공개청구권은 법률상 보호되는 구체적인 권리이므로 청구인이 공공기관에 대하여 정보공개를 청구하였다가 거부처분을 받은 것 자체가 법률상 이익의 침해에 해당한다. (대판 2003.12.12., 선고 2003두8050)	지방자치단체는 공권력기관으로서 이러한 국민의 알권리를 보호할 위치에 있다고 보아야 하는 점 등에 비추어 보면, 지방자치단체에게는 알권리로서의 정보공개청구권이 인정된다고 보기는 어렵고, 나아가 공공기관의 정보공개에 관한 법률 제4조, 제5조, 제6조의 각 규정의 취지를 종합하면, 공공기관의 정보공개에 관한 법률은 국민을 정보공개청구권자로, 지방자치단체를 국민에 대응하는 정보공개의무자로 상정하고 있다고 할 것이므로, 지방자치단체는 공공기관의 정보공개에 관한 법률 제5조에서 정한 정보공개청구권자인 '국민'에 해당되지 아니한다. (서울행정법원 2005.10.12., 선고 2005구합10484)

② 판례 사법시험 제2차 시험의 답안지 열람은 시험문항에 대한 채점위원별 채점 결과의 열람과 달리 사법시험업무의 수행에 현저한 지장을 초래한다고 볼 수 없다. (대판 2003.3.14., 선고 2000두6114)

더 알아보기 ▶ 주의(추가설명)

> 자신의 시험지에 대한 답안 작성에 대해서는 열람이 가능하다. 하지만 자신의 답안 작성에 대한 채점위원별의 채점결과는 공개대상이 아니다.

③ 원칙적으로 국가안보와 관련된 정보는 정보공개법이 적용되지 아니한다. 다만, 정보목록의 작성·비치 및 공개는 그렇지 않다.

법령 「공공기관의 정보공개에 관한 법률」 제4조(적용 범위) ③ 국가안전보장에 관련되는 정보 및 보안 업무를 관장하는 기관에서 국가안전보장과 관련된 정보의 분석을 목적으로 수집하거나 작성한 정보에 대해서는 이 법을 적용하지 아니한다. 다만, 제8조 제1항에 따른 정보목록의 작성·비치 및 공개에 대해서는 그러하지 아니한다.

22

정답 ④

행정구제법 > 행정쟁송 > 행정심판 난이도 하

| 정답해설 |

④ 부작위에 대한 의무이행심판은 청구기간에 제한이 없으나, 거부처분은 청구기간에 제한이 있다.

법령 「행정심판법」 제27조(심판청구의 기간) ⑦ 제1항부터 제6항까지의 규정은 무효등확인심판청구와 부작위에 대한 의무이행심판청구에는 적용하지 아니한다.

| 오답해설 |

① 동법 제13조의 규정에 관한 내용이다.

법령 「행정심판법」 제13조(청구인 적격) ③ 의무이행심판은 처분을 신청한 자로서 행정청의 거부처분 또는 부작위에 대하여 일정한 처분을 구할 법률상 이익이 있는 자가 청구할 수 있다.

② 동법 제49조 제3항의 규정에 관한 내용이다.

법령 「행정심판법」 제49조(재결의 기속력 등) ③ 당사자의 신청을 거부하거나 부작위로 방치한 처분의 이행을 명하는 재결이 있으면 행정청은 지체 없이 이전의 신청에 대하여 재결의 취지에 따라 처분을 하여야 한다.

③ 동법 제43조 제5항의 규정에 관한 내용이다.

법령 「행정심판법」 제43조(재결의 구분) ⑤ 위원회는 의무이행심판의 청구가 이유가 있다고 인정하면 지체 없이 신청에 따른 처분을 하거나 처분을 할 것을 피청구인에게 명한다.

23

정답 ③

행정구제법 > 행정쟁송 > 행정소송 난이도 중

| 정답해설 |

③ 판례 **한국자산공사가 당해 부동산을 인터넷을 통하여 재공매(입찰)하기로 한 결정 자체는** 내부적인 의사결정에 불과하여 항고소송의 대상이 되는 행정처분이라고 볼 수 없고, 또한 한국자산공사가 공매통지는 공매의 요건이 아니라 공매사실 자체를 체납자에게 알려주는 데 불과한 것으로서, 통지의 상대방의 법적 지위나 권리·의무에 직접 영향을 주는 것이 아니라고 할 것이므로 이것 역시 **행정처분에 해당한다고 할 수 없다.** (대판 2007.7.27., 선고 2006두8464)

| 오답해설 |

①② 판례 행정소송법 제19조에 의하면 행정심판에 대한 재결에 대하여도 그 재결 자체에 고유한 위법이 있음을 이유로 하는 경우에는 항고소송을 제기하여 그 취소를 구할 수 있고, 여기에서 말하는 **'재결 자체에 고유한 위법'이란 그 재결 자체에 주체, 절차, 형식 또는 내용상의 위법이 있는 경우를 의미**하는데, **행정심판청구가 부적법하지 않음에도 각하한 재결은 심판청구인의 실체심리를 받을 권리를 박탈한 것으로서 원처분에 없는 고유한 하자가 있는 경우에 해당하고, 따라서 위 재결은 취소소송의 대상**이 된다. (대판 2001.7.27., 선고 99두2970)

④ 판례 병역법상 신체등위판정은 행정청이라고 볼 수 없는 군의관이 하도록 되어 있으며, 그 자체만으로 바로 병역법상의 권리의무가 정하여지는 것이 아니라 그에 따라 지방병무청장이 병역처분을 함으로써 비로소 병역의무의 종류가 정하여지는 것이므로 항고소송의 대상이 되는 행정처분이라 보기 어렵다. (대판 1993.8.27., 선고 93누3356)

24

정답 ③

일반행정작용법 > 행정입법 > 행정규칙 난이도 중

| 정답해설 |

③ 판례 소득세법 시행령 제170조 제4항 제2호에 의하여 투기거래를 규정한 재산제세조사사무처리규정(국세청 훈령 제980호)은 그 형식은 행정규칙으로 되어 있으나 위 시행령의 규정을 보충하는 기능을 가지면서 그와 결합하여 법규명령과 같은 효력(대외적인 구속력)을 가지는 것이다. (대판 1989.11.14., 선고 89누5676)

| 오답해설 |

① 일반적으로 훈령은 행정규칙으로서 상급청이 하급기관의 권한에 대한 내용을 발하여야 하고, 적법·타당하며 확실하고 실현가능하여야 한다.

② 판례 재량권 행사의 준칙인 행정규칙이 그 정한 바에 따라 되풀이 시행되어 행정관행이 이루어지게 되면 평등의 원칙이나 신뢰보호의 원칙에 따라 행정기관은 그 상대방에 대한 관계에서 그 규칙에 따라야 할 자기구속을 받게 되므로, 이러한 경우에는 특별한 사정이 없는 한 그를 위반하는 처분은 평등의 원칙이나 신뢰보호의 원칙에 위배되어 재량권을 일탈·남용한 위법한 처분이 된다. (대판 2009.12.24., 선고 2009두7967)

④ 훈령 등의 행정규칙을 위반한 공무원의 경우 징계사유가 된다. 다만, 행정규칙은 법규가 아니라서 위법한 행위라고 할 수 없다.

25

정답 ①

행정구제법 > 행정쟁송 > 행정소송 난이도 중

| 정답해설 |

① 판례 어떠한 처분에 법령상 근거가 있는지, 행정절차법에서 정한 처분절차를 준수하였는지는 본안에서 당해 처분이 적법한가를 판단하는 단계에서 고려할 요소이지, 소송요건 심사단계에서 고려할 요소가 아니다. (대판 2020.1.16., 선고 2019다264700)

| 오답해설 |

② 판례 **항고소송에 있어서 행정처분의 위법 여부를 판단하는 기준시점에 대하여 판결시가 아니라 처분시라고 하는 의미는 행정처분이 있을 때의 법령과 사실상태를 기준으로 하여 위법 여부를 판단할 것**이며 처분 후 법령의 개폐나 사실상태의 변동에 영향을 받지 않는다는 뜻이고 처분 당시 존재하였던 자료나 행정청에 제출되었던 자료만으로 위법 여부를 판단한다는 의미는 아니므로, 처분 당시의 사실상태 등에 대한 입증은 사실심 변론종결 당시까지 할 수 있고, **법원은 행정처분 당시 행정청이 알고 있었던 자료뿐만 아니라 사실심 변론종결 당시까지 제출된 모든 자료를 종합하여 처분 당시 존재하였던 객관적 사실을 확정하고 그 사실에 기초하여 처분의 위법 여부를 판단**할 수 있다. (대판 1993.5.27., 선고 92누19033)

③ 판례 개발부담금부과처분 취소소송에 있어 당사자가 제출한 자료에 의하여 적법하게 부과될 정당한 부담금액이 산출되는 때에는 그 정당한 금액을 초과하는 부분만 취소하여야 하고 그렇지 않은 경우에는 부과처분 전부를 취소할 수밖에 없다. (대판 2000.6.9., 선고 99두5542)

④ 판례 사정판결에 관하여는 당사자의 명백한 주장이 없는 경우에도 기록에 나타난 여러 사정을 기초로 직권으로 판단할 수 있는 것이나, 그 요건인 현저히 공공복리에 적합하지 아니한지 여부는 위법한 행정처분을 취소·변경하여야 할 필요와 그 취소·변경으로 인하여 발생할 수 있는 공공복리에 반하는 사태 등을 비교·교량하여 판단하여야 할 것이다. (대판 2006.12.21., 선고 2005두16161)

더 알아보기 ▶ 정답해설의 추가설명

어떠한 처분의 근거법이 있는지의 문제와 행정절차를 준수하였는지는 소송의 요건문제가 아니다. 근거법을 요하는 처분에 근거법이 없이 이루어진 처분은 위법으로서 무효나 취소의 대상이 되며, 행정절차를 준수하여야 할 처분에 대해 처분절차를 준수하지 않은 경우에도 마찬가지이다. 이는 본안의 문제로서 인용과 기각의 대상이 되는 사안이다.

2022 2022.07.16. 국방부(육·해·공군) 시행

7급 군무원 행정법

I 전체 난이도 및 합격선

전체 난이도	합격선
中	88점

I 기출총평

법령과 각론 유형이 압도적인 비중을 차지했다.

전년도 복수정답이 많았던 것을 의식하였던 것인지, 명확한 문제의 출제를 위해 법령의 문항 수를 대폭 늘렸다. 전체 25문항 중 10문항이 법령 문제이고, 행정쟁송에 대한 사정판결의 문제까지 포함하면 이를 넘어서게 된다. 또한 예년의 각론 출제비율에 비하면 올해 각론 문항 수는 작년의 2배로 8문항이다. 2022년 9급 군무원 시험에서 각론이 출제되지 않은 것을 비교해 보면 9급과의 차별화를 위한 것으로 보인다. 특이한 점은 동일한 키워드에 해당하는 중복문제가 많다는 것이다. 행정기본법, 하자승계, 공정력, 공무원법, 국유재산과 관련하여 2문항씩 출제되었다. 이는 다른 공무원 시험과의 확연한 차이이며 기존의 군무원 시험에서도 찾아보기 힘든 경우다. 또한 행정행위에서 6문항, 행정조직법에서 5문항이 출제가 되어 특정 단원에 몰아서 출제되었고, 행정법 시험에서 필수로 출제되는 행정심판, 국가배상, 행정입법, 행정법의 일반원칙 단원에서는 출제되지 않았다.

기존의 군무원 시험을 기초로 공부를 한 수험생이나 공무원 시험을 준비하였던 수험생의 경우에는 각론과 법령의 비중이 높아 현장에서 당황했을 수 있으나 실질적으로 문제를 푸는 데는 큰 어려움이 없었을 것으로 판단된다.

I 영역별 출제비중

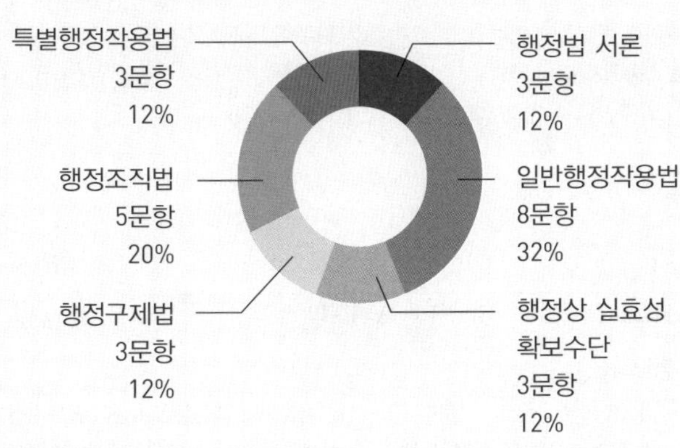

I 문항 분석

		카테고리	출제수	정답률
	1	행정법 서론 > 행정법 > 행정기본법	4회	70%
	2	행정상 실효성 확보수단 > 행정벌 > 행정질서벌	10회	80%
	3	일반행정작용법 > 행정행위 > 행정행위의 하자	9회	90%
	4	일반행정작용법 > 행정행위 > 행정행위의 효력	14회	60%
	5	행정조직법 > 국가행정조직 > 행정조직(정부조직법)	2회	80%
	6	행정상 실효성 확보수단 > 행정강제 > 행정조사	5회	70%
	7	행정구제법 > 행정쟁송 > 행정소송	47회	80%
고난도 TOP 1	8	행정조직법 > 국가행정조직 > 행정조직	1회	50%
	9	특별행정작용법 > 급부행정법 > 공물법	8회	60%
	10	일반행정작용법 > 행정행위 > 행정행위의 효력	14회	70%
	11	일반행정작용법 > 행정행위 > 하자승계	6회	80%
	12	행정조직법 > 공무원법 > 국가공무원법	6회	90%
	13	행정조직법 > 공무원법 > 국가공무원법	6회	80%
	14	특별행정작용법 > 공용부담 > 공용수용	1회	70%
	15	행정조직법 > 자치행정조직법 > 지방자치	8회	90%
	16	행정상 실효성 확보수단 > 행정강제 > 강제집행	6회	90%
	17	행정법 서론 > 행정법 > 행정기본법	4회	90%
	18	일반행정작용법 > 행정행위 > 행정행위의 효력	14회	80%
	19	일반행정작용법 > 행정행위 > 취소	12회	70%
고난도 TOP 2	20	특별행정작용법 > 급부행정법 > 공물법	8회	50%
	21	행정구제법 > 행정상 손해전보 > 손실보상	19회	90%
	22	일반행정작용법 > 행정정보공개와 개인정보 보호 > 정보공개	18회	100%
고난도 TOP 3	23	행정구제법 > 행정쟁송 > 행정소송	47회	60%
	24	일반행정작용법 > 행정절차 > 행정절차법	13회	90%
	25	행정법 서론 > 행정 > 통치행위	12회	100%

※ 고난도 TOP 1 은 해당 회차에서 정답률이 가장 낮은 문항입니다.

기출문제편 ▶ P.131									
01	②	02	③	03	③	04	③	05	④
06	①	07	②	08	②	09	①	10	①
11	④	12	①	13	③	14	③	15	①
16	④	17	④	18	④	19	①	20	②
21	②	22	③	23	④	24	①	25	②

01

정답 ②

행정법 서론 > 행정법 > 행정기본법 정답률 70%

| 정답해설 |

② 선택률70% 평등은 합리적 차별을 포함한다(불합리한 차별금지).

법령 「행정기본법」 제9조(평등의 원칙) 행정청은 합리적 이유 없이 국민을 차별하여서는 아니 된다.

| 오답해설 |

① 선택률20% 법치행정에 대한 「행정기본법」 제8조의 규정에 관한 내용이다.

법령 「행정기본법」 제8조(법치행정의 원칙) 행정작용은 법률에 위반되어서는 아니 되며, 국민의 권리를 제한하거나 의무를 부과하는 경우와 그 밖에 국민생활에 중요한 영향을 미치는 경우에는 법률에 근거하여야 한다.

③ 선택률0% 동법 제11조 제2항의 규정에 관한 내용이다.

법령 「행정기본법」 제11조(성실의무 및 권한남용금지의 원칙) ② 행정청은 행정권한을 남용하거나 그 권한의 범위를 넘어서는 아니 된다.

④ 선택률10% 신뢰보호에 대한 동법 제12조 제1항의 규정에 관한 내용이다.

법령 「행정기본법」 제12조(신뢰보호의 원칙) ① 행정청은 공익 또는 제3자의 이익을 현저히 해칠 우려가 있는 경우를 제외하고는 행정에 대한 국민의 정당하고 합리적인 신뢰를 보호하여야 한다.

02

정답 ③

행정상 실효성 확보수단 > 행정벌 > 행정질서벌 정답률 80%

| 정답해설 |

③ 선택률80% 신분이 없는 자에 대해서도 동일하게 질서위반행위가 성립한다.

법령 「질서위반행위규제법」 제12조(다수인의 질서위반행위 가담) ② 신분에 의하여 성립하는 질서위반행위에 신분이 없는 자가 가담한 때에는 신분이 없는 자에 대하여도 질서위반행위가 성립한다.

③ 신분에 의하여 과태료를 감경 또는 가중하거나 과태료를 부과하지 아니하는 때에는 그 신분의 효과는 신분이 없는 자에게는 미치지 아니한다.

| 오답해설 |

① 선택률20% 「질서위반행위규제법」 제3조 제3항의 규정에 관한 내용이다.

② 선택률0% 동법 제6조의 규정에 관한 내용이다.

④ 선택률0% 정답해설 참고

03

정답 ③

일반행정작용법 > 행정행위 > 행정행위의 하자 정답률 90%

| 정답해설 |

③ 선택률90% 취소소송을 통해 무효를 선언하는 이른바 무효선언적 의미의 취소소송은 취소소송으로 청구되었으므로 취소소송의 제소요건을 구비하여야 한다.

판례 행정처분의 당연무효를 선언하는 의미에서 그 취소를 청구하는 행정소송을 제기하는 경우에도 소원의 전치와 제소기간의 준수 등 취소소송의 제소요건을 갖추어야 한다. (대판 1984.5.29., 선고 84누175)

| 오답해설 |

① 선택률0% 판례 위법한 개별공시지가결정에 대하여 그 정해진 시정절차를 통하여 시정하도록 요구하지 아니하였다는 이유로 위법한 개별공시지가를 기초로 한 과세처분 등 후행 행정처분에서 개별공시지가결정의 위법을 주장할 수 없도록 하는 것은 수인한도를 넘는 불이익을 강요하는 것으로서 국민의 재산권과 재판받을 권리를 보장한 헌법의 이념에도 부합하는 것이 아니라고 할 것이므로, **개별공시지가결정에 위법이 있는 경우에는 그 자체를 행정소송의 대상이 되는 행정처분으로 보아 그 위법 여부를 다툴 수 있음은 물론 이를 기초로 한 과세처분 등 행정처분의 취소를 구하는 행정소송에서도 선행처분인 개별공시지가결정의 위법을 독립된 위법사유로 주장할 수 있다고 해석함이 타당**하다. (대판 1994.1.25., 선고 93누8542)

② 선택률0% 판례 하자 있는 행정처분이 당연무효로 되려면 그 하자가 법규의 중요한 부분을 위반한 중대한 것이어야 할 뿐 아니라 객관적으로 명백한 것이어야 하고, 하자가 중대하고 명백한 것인지 여부를 판별함에 있어서는 그 법규의 목적·의미·기능 등을 목적론적으로 고찰함과 동시에 구체적 사안 자체의 특수성에 관하여도 합리적으로 고찰함을 요한다. (대판 1997.5.28., 선고 95다15735)

④ 선택률10% 판례 위법한 행정대집행이 완료되면 그 처분의 무효확인 또는 취소를 구할 소의 이익은 없다 하더라도, 미리 그 행정처분의 취소판결이 있어야만, 그 행정처분의 위법임을 이유로 한 손해배상 청구를 할 수 있는 것은 아니다. (대판 1972.4.28., 선고 72다337)

더 알아보기 ▶ 개별공시지가결정과 양도소득세 부과처분 사이에 하자승계를 인정하지 않은 경우

개별토지가격 결정에 대한 재조사청구에 따른 감액조정에 대하여 더 이상 불복하지 아니한 경우, 이를 기초로 한 양도소득세 부과처분 취소소송에서 다시 개별토지가격 결정의 위법을 당해 과세처분의 위법사유로 주장할 수 없다. (대판 1998.3.13., 선고 96누6059)

04

정답 ③

일반행정작용법 > 행정행위 > 행정행위의 효력 정답률 60%

| 정답해설 |

③ 선택률60% 판례 일반적으로 **행정처분이나 행정심판재결이 불복기간의 경과로 인하여 확정될 경우**, 그 확정력은 그 처분으로 인하여 법률상 이익을 침해받은 자가 당해 처분이나 재결의 효력을 더이상 다툴 수 없다는 의미일 뿐, 더 나아가 **판결에 있어서와 같은 기판력이 인정되는 것은**

아니어서 그 처분의 기초가 된 사실관계나 법률적 판단이 확정되고 당사자들이나 법원이 이에 기속되어 모순되는 주장이나 판단을 할 수 없게 되는 것은 아니다. (대판 1994.11.8., 선고 93누21927)

| 오답해설 |

① **선택률 0%** 판례 행정행위를 한 처분청은 비록 그 처분 당시에 별다른 하자가 없었고, 또 그 처분 후에 이를 취소할 별도의 법적 근거가 없다 하더라도 원래의 처분을 존속시킬 필요가 없게 된 사정변경이 생겼거나 또는 중대한 공익상의 필요가 발생한 경우에는 그 효력을 상실케 하는 별개의 행정행위로 이를 취소할 수 있다. (대판 1995.2.28., 선고 94누7713)

② **선택률 20%** 판례 일반적으로 조례가 법률 등 상위법령에 위배된다는 사정은 그 조례의 규정을 위법하여 무효라고 선언한 대법원의 판결이 선고되지 아니한 상태에서는 그 조례 규정의 위법 여부가 해석상 다툼의 여지가 없을 정도로 명백하였다고 인정되지 아니하는 이상 객관적으로 명백한 것이라 할 수 없으므로, 이러한 조례에 근거한 행정처분의 하자는 취소사유에 해당할 뿐 무효사유가 된다고 볼 수는 없다. (대판 2009.10.29., 선고 2007두26285)

④ **선택률 20%** 판례 도로점용허가의 점용기간은 행정행위의 본질적인 요소에 해당한다고 볼 것이어서 부관인 점용기간을 정함에 있어서 위법사유가 있다면 이로써 도로점용허가 처분 전부가 위법하게 된다고 할 것이다. (대판 1985.7.9., 선고 84누604)

더 알아보기 ▶ 처분의 근거법률이 위헌결정을 받은 경우에도 해당 처분은 당연무효라 할 수 없음

> **법률에 근거하여 행정처분이 발하여진 후에 헌법재판소가 그 행정처분의 근거가 된 법률을 위헌으로 결정하였다면** 결과적으로 행정처분은 법률의 근거가 없이 행하여진 것과 마찬가지가 되어 하자가 있는 것이 되나, 하자 있는 행정처분이 당연무효가 되기 위하여는 그 하자가 중대할 뿐만 아니라 명백한 것이어야 하는데, 일반적으로 법률이 헌법에 위반된다는 사정이 헌법재판소의 위헌결정이 있기 전에는 객관적으로 명백한 것이라고 할 수는 없으므로 **헌법재판소의 위헌결정 전에 행정처분의 근거되는 당해 법률이 헌법에 위반된다는 사유는 특별한 사정이 없는 한 그 행정처분의 취소소송의 전제가 될 수 있을 뿐 당연무효사유는 아니라고** 봄이 상당하다.

05

정답 ④

행정조직법 > 국가행정조직 > 행정조직(정부조직법) 정답률 **80%**

| 정답해설 |

④ **선택률 80%** 대통령의 승인을 받아야 한다.

법령 「정부조직법」 제18조(국무총리의 행정감독권) ① 국무총리는 대통령의 명을 받아 각 중앙행정기관의 장을 지휘·감독한다.

② 국무총리는 중앙행정기관의 장의 명령이나 처분이 위법 또는 부당하다고 인정될 경우에는 대통령의 승인을 받아 이를 중지 또는 취소할 수 있다.

| 오답해설 |

① **선택률 10%** 동법 제11조 제1항의 규정의 내용이다.

② **선택률 10%** 동조 제2항의 규정의 내용이다.

③ **선택률 0%** 정답해설 참고

06

정답 ①

행정상 실효성 확보수단 > 행정강제 > 행정조사 정답률 **70%**

| 정답해설 |

① **선택률 70%** '적절한'이 아니라 필요한 '최소한의' 범위 내이다.

법령 「행정조사기본법」 제4조(행정조사의 기본원칙) ① 행정조사는 조사목적을 달성하는 데 필요한 (ㄱ. **최소한의**) 범위 안에서 실시하여야 하며, (ㄴ. **다른 목적**) 등을 위하여 조사권을 남용하여서는 아니 된다.

② 행정기관은 (ㄷ. **조사목적**)에 적합하도록 조사대상자를 선정하여 행정조사를 실시하여야 한다.

③ 행정기관은 유사하거나 동일한 사안에 대하여는 공동조사 등을 실시함으로써 행정조사가 (ㄹ. **중복되지**) 아니하도록 하여야 한다.

④ 행정조사는 법령 등의 위반에 대한 (ㅁ. **처벌**)보다는 법령 등을 준수하도록 (ㅂ. **유도**)하는 데 중점을 두어야 한다.

⑤ 다른 (ㅅ. **법률**)에 따르지 아니하고는 행정조사의 대상자 또는 행정조사의 내용을 공표하거나 직무상 알게 된 비밀을 누설하여서는 아니 된다.

⑥ 행정기관은 행정조사를 통하여 알게 된 정보를 다른 법률에 따라 내부에서 이용하거나 다른 기관에 제공하는 경우를 제외하고는 원래의 (ㅇ. **조사목적**) 이외의 용도로 이용하거나 타인에게 제공하여서는 아니 된다.

| 오답해설 |

② **선택률 0%** ③ **선택률 0%** ④ **선택률 30%**

군무원 VS 공무원 비교분석

> 군무원(7·9급) 행정법의 경우 일반적인 공무원 시험과 달리 사례형 문제는 출제되지 않는 편이다. 해당 문제와 같이 법령의 일부 내용을 비우고 이에 해당하는 내용을 채우는 유형의 문제가 종종 출제된다.

07

정답 ②

행정구제법 > 행정쟁송 > 행정소송 정답률 **80%**

| 정답해설 |

② **선택률 80%** 원고에게 법률상 이익이 인정되는 것은 ㄷ, ㄹ이다.

ㄷ. 판례 인가·허가 등 수익적 행정처분을 신청한 여러 사람이 서로 경원관계에 있어서 한 사람에 대한 허가 등 처분이 다른 사람에 대한 불허가 등으로 귀결될 수밖에 없을 때 허가 등 처분을 받지 못한 사람은 신청에 대한 거부처분의 직접 상대방으로서 원칙적으로 자신에 대한 거부처분의 취소를 구할 원고적격이 있다. (대판 2015.10.29., 선고 2013두27517)

ㄹ. 판례 **이른바 예탁금회원제 골프장에 있어서, 체육시설업자 또는 그 사업계획의 승인을 얻은 자가** 회원모집계획서를 제출하면서 허위의 사업시설 설치공정확인서를 첨부하거나 사업계획의 승인을 받을 때 정한 예정인원을 초과하여 회원을 모집하는 내용의 회원모집계획서를 제출하여 그에 대한 **시·도지사 등의 검토결과 통보를 받는다면 이는 기존회원의 골프장에 대한 법률상의 지위에 영향을 미치게 되므로, 이러한 경우 기존회원은 위와 같은 회원모집계획서에 대한 시·도지사의 검토결과 통보의 취소를 구할 법률상의 이익이 있다**고 보아야 한다. (대판 2009.2.26., 선고 2006두16243)

| 오답해설 |

① 선택률 0% ③ 선택률 20% ④ 선택률 0% ㄱ과 ㄴ은 원고적격이 인정되었던 판례이다. 본 문제에서는 인정의 근거가 되었던 중요 내용을 변경시켜 출제하였다.

ㄱ. 주거지역 안에 거주하는 경우에는 원고적격이 인정되나 주거지역 밖에 거주하는 주민의 경우에는 인정된 경우가 없다.

판례 도시계획법과 건축법의 규정 취지에 비추어 볼 때 이 법률들이 주거지역 내에서의 일정한 건축을 금지하고 또는 제한하고 있는 것은 도시계획법과 건축법이 추구하는 공공복리의 증진을 도모하고저 하는 데 그 목적이 있는 동시에 한편으로는 주거지역 내에 거주하는 사람의 '주거의 안녕과 생활환경을 보호'하고저 하는 데도 그 목적이 있는 것으로 해석이 된다. 그러므로 주거지역 내에 거주하는 사람이 받는 위와 같은 보호이익은 단순한 반사적 이익이나 사실상의 이익이 아니라 바로 법률에 의하여 보호되는 이익이라고 할 것이다. (대판 1975.5.13., 선고 73누96)

ㄴ. 공사중지명령의 원인사유가 해소되지 않았다면 정당한 신청권이 없어 원고적격은 인정되지 않는다.

판례 지방자치단체장이 공장시설을 신축하는 회사에 대하여 사업승인 내지 건축허가 당시 부가하였던 조건을 이행할 때까지 신축공사를 중지하라는 명령을 한 경우, 위 회사에게는 중지명령의 원인사유가 해소되었음을 이유로 당해 공사중지명령의 해제를 요구할 수 있는 권리가 조리상 인정된다. (대판 2007.5.11., 선고 2007두1811)

08 고난도 TOP 1

정답 ②

행정조직법 > 국가행정조직 > 행정조직 정답률 50%

| 정답해설 |

② 선택률 50% 「정부조직법」 제5조에 의하면 '대통령령'으로 정하는 바가 아니라 '법률'로 정하는 바에 따라 합의제행정기관을 둘 수 있다.

법령 「정부조직법」 제5조(합의제행정기관의 설치) 행정기관에는 그 소관사무의 일부를 독립하여 수행할 필요가 있는 때에는 법률로 정하는 바에 따라 행정위원회 등 합의제행정기관을 둘 수 있다.

| 오답해설 |

① 선택률 10% 동법 제3조 제1항의 규정에 관한 내용이다.

③ 선택률 0% 동법 제6조 제1항의 규정에 관한 내용이다.

④ 선택률 40% 동법 제6조 제3항의 규정에 관한 내용이다.

09

정답 ①

특별행정작용법 > 급부행정법 > 공물법 정답률 60%

| 정답해설 |

① 선택률 60% 국유재산에 관한 사무에 종사하는 직원이 국유재산을 취득할 수 없는 법령의 조항을 위반한 행위는 무효에 해당한다.

법령 「국유재산법」 제20조(직원의 행위 제한) ① 국유재산에 관한 사무에 종사하는 직원은 그 처리하는 국유재산을 취득하거나 자기의 소유재산과 교환하지 못한다. 다만, 해당 총괄청이나 중앙관서의 장의 허가를 받은 경우에는 그러하지 아니하다.

② 제1항을 위반한 행위는 무효로 한다.

| 오답해설 |

② 선택률 10% 「국유재산법」 제6조 제1항 · 제3항의 규정에 관한 내용이다.

③ 선택률 30% 동법 제18조 제1항의 규정에 관한 내용이다.

④ 선택률 0% 동법 제11조 제1항의 규정에 관한 내용이다.

군무원 VS 공무원 비교분석

군무원 시험 중 각론 단원의 출제영역에서 출제빈도가 높은 부분은 공물법이다. 일반 공무원을 준비하는 수험생이 군무원 9급이나 7급을 준비한다면 공물법에 대한 공부는 필수적이다.

10

정답 ①

일반행정작용법 > 행정행위 > 행정행위의 효력 정답률 70%

| 정답해설 |

① 선택률 70% 국가를 상대로 한 손해배상청구소송의 선결문제는 처분의 위법 여부이다. 민사법원은 처분의 구성요건적 효력에도 불구하고 처분의 위법 여부를 선결문제로 판단하여 국가배상 여부를 인정할 수 있다.

| 오답해설 |

② 선택률 10% 무효는 공정력 등의 효력이 없어 민사법원은 처분의 무효 여부를 판단할 수 있다.

③ 선택률 20% 조세부과처분이 무효라면 조세체납에 대한 범죄는 성립될 수 없다.

④ 선택률 0% 처분의 위법 여부와 공정력은 별개의 문제로서 형사법원은 처분의 위법 여부에 대해 심사할 수 있고 처분의 위법 여부에 따른 범죄구성요건의 판단이 가능하다.

11

정답 ④

일반행정작용법 > 행정행위 > 하자승계 정답률 80%

| 정답해설 |

④ 선택률 80% 대집행의 계고와 영장통지, 실행, 비용징수는 결합되어 하나의 법효과를 가져오는 행정작용으로서 선행처분의 하자는 후행처분에 승계된다.

| 오답해설 |

① 선택률 0% 판례 선행처분인 국제항공노선 운수권배분실효처분 및 노선면허거부처분에 대하여 이미 불가쟁력이 생겨 그 효력을 다툴 수 없게 된 이상 그에 위법사유가 있더라도 그것이 당연무효사유가 아닌 한 그 하자가 후행처분인 노선면허처분에 승계된다고 할 수 없다. (대판 2004.11.26., 선고 2003두3123)

② 선택률 10% 판례 선행처분인 보충역편입처분의 효력을 다투지 아니하여 불가쟁력이 생긴 경우, 선행처분의 하자를 이유로 후행처분인 공익근무요원소집처분의 효력을 다툴 수 없다. (대판 2002.12.10., 선고 2001두5422)

③ 선택률 10% 판례 토지구획정리사업 시행 후 시행인가처분의 하자를 이유로 환지청산금부과처분의 효력을 다툴 수 없다. (대판 2004.10.14., 선고 2002두424)

군무원 VS 공무원 비교분석

하자승계에 관한 문제가 3번에 출제되어 있으나, 이 문제에서 별도의 하자승계 문제를 다시 출제하였다. 군무원 시험의 문항수는 25문항으로 공무원 시험과 달리 한 단원에서 여러 문제가 출제되기도 한다.

12

정답 ①

행정조직법 > 공무원법 > 국가공무원법 정답률 90%

| 정답해설 |

① 선택률 90% 판례 임용결격자가 공무원으로 임용되어 사실상 근무하여 왔다 하더라도 적법한 공무원으로서의 신분을 취득하지 못한 자로서는 공무원연금법이나 근로자퇴직급여 보장법에서 정한 퇴직급여를 청구할 수 없다. (대판 2017.5.11., 선고 2012다200486)

| 오답해설 |

② 선택률 0% 직위해제는 일반적으로 징계처분 전에 이루어지는 처분으로 직위해제에 있는 자에 대해 징계처분을 할 수 있다.

③ 선택률 10% 판례 **국가공무원법상 직위해제처분**은 구 행정절차법(2012.10.22., 법률 제11498호로 개정되기 전의 것) 제3조 제2항 제9호, 구 행정절차법 시행령(2011.12.21., 대통령령 제23383호로 개정되기 전의 것) 제2조 제3호에 의하여 당해 **행정작용의 성질상 행정절차를 거치기 곤란하거나 불필요하다고 인정되는 사항 또는 행정절차에 준하는 절차를 거친 사항에 해당하므로, 처분의 사전통지 및 의견청취 등에 관한 행정절차법의 규정이 별도로 적용되지 않는다.** (대판 2014.5.16., 선고 2012두26180)

④ 선택률 0% 공무원징계에 대한 소송은 필요적 행정심판전치주의가 적용되어 소청심사위원회의 결정을 거쳐야 한다.

법령 「국가공무원법」 제16조(행정소송과의 관계) ① 제75조에 따른 처분, 그 밖에 본인의 의사에 반한 불리한 처분이나 부작위(不作爲)에 관한 행정소송은 소청심사위원회의 심사·결정을 거치지 아니하면 제기할 수 없다.

더 알아보기 ▶ 관련 판례

[1] 공무원연금법에 의한 퇴직급여 등은 적법한 공무원으로서의 신분을 취득하여 근무하다가 퇴직하는 경우에 지급되는 것이고, 임용 당시 공무원임용결격사유가 있었다면 그 임용행위는 당연무효이며, 당연무효인 임용행위에 의하여 공무원의 신분을 취득할 수는 없으므로 임용결격자가 공무원으로 임용되어 사실상 근무하여 왔다고 하더라도 적법한 공무원으로서의 신분을 취득하지 못한 자로서는 공무원연금법 소정의 퇴직급여 등을 청구할 수 없고, 또 당연퇴직사유에 해당되어 공무원으로서의 신분을 상실한 자가 그 이후 사실상 공무원으로 계속 근무하여 왔다고 하더라도 당연퇴직 후의 사실상의 근무기간은 공무원연금법상의 재직기간에 합산될 수 없다.

[2] 당연퇴직으로 공무원 신분을 상실하였으나 사실상 공무원으로 근무하여 온 자가 이후 공사의 직원으로 임용되었다가 퇴직할 경우 공무원으로서의 근무기간을 공사 퇴직금 산정시 합산할 수 없다고 한 사례 (대판 2003.5.16., 선고 2001다61012)

13

정답 ③

행정조직법 > 공무원법 > 국가공무원법 정답률 80%

| 정답해설 |

③ 선택률 80% 「국가공무원법」 제33조의 결격사유와 해당 여부는 다음과 같다.

ㄱ. 제8호에 해당사항 없음
ㄴ. 제6호의2에 해당사항 없음
ㄷ. 제6호의4에 해당됨
ㄹ. 제4호에 해당사항 없음
ㅁ. 제3호에 해당됨
ㅂ. 제6호의3에 해당됨

법령 「국가공무원법」 제33조(결격사유) 다음 각 호의 어느 하나에 해당하는 자는 공무원으로 임용될 수 없다.

1. 피성년후견인
2. 파산선고를 받고 복권되지 아니한 자
3. 금고 이상의 실형을 선고받고 그 집행이 끝나거나(집행이 끝난 것으로 보는 경우를 포함한다) 집행이 면제된 날부터 5년이 지나지 아니한 자
4. 금고 이상의 형의 집행유예를 선고받고 그 집행유예기간이 끝난 날부터 2년이 지나지 아니한 자
5. 금고 이상의 형의 선고유예를 받은 경우에 그 선고유예기간 중에 있는 자
6. 법원의 판결 또는 다른 법률에 따라 자격이 상실되거나 정지된 자

6의2. 공무원으로 재직기간 중 직무와 관련하여 「형법」 제355조 및 제356조에 규정된 죄를 범한 자로서 300만 원 이상의 벌금형을 선고받고 그 형이 확정된 후 2년이 지나지 아니한 자
  가. 「성폭력범죄의 처벌 등에 관한 특례법」 제2조에 따른 성폭력범죄

6의3. 다음 각 목의 어느 하나에 해당하는 죄를 범한 사람으로서 100만 원 이상의 벌금형을 선고받고 그 형이 확정된 후 3년이 지나지 아니한 사람
  가. 「성폭력범죄의 처벌 등에 관한 특례법」 제2조에 따른 성폭력범죄

6의4. 미성년자에 대한 다음 각 목의 어느 하나에 해당하는 죄를 저질러 파면·해임되거나 형 또는 치료감호를 선고받아 그 형 또는 치료감호가 확정된 사람(집행유예를 선고받은 후 그 집행유예기간이 경과한 사람을 포함한다)
  가. 「성폭력범죄의 처벌 등에 관한 특례법」 제2조에 따른 성폭력범죄
  나. 「아동·청소년의 성보호에 관한 법률」 제2조 제2호에 따른 아동·청소년대상 성범죄

7. 징계로 파면처분을 받은 때부터 5년이 지나지 아니한 자
8. 징계로 해임처분을 받은 때부터 3년이 지나지 아니한 자

| 오답해설 |

① 선택률 0% ② 선택률 20% ④ 선택률 0%

14

정답 ③

특별행정작용법 > 공용부담 > 공용수용 정답률 70%

| 정답해설 |

③ 선택률 70% 토지보상은 사업시행자보상원칙이다.

법령 「공익사업을 위한 토지 등의 취득 및 보상에 관한 법률」 제61조

(사업시행자 보상) 공익사업에 필요한 토지 등의 취득 또는 사용으로 인하여 토지소유자나 관계인이 입은 손실은 사업시행자가 보상하여야 한다.

| 오답해설 |

① 선택률 10% 「공익사업을 위한 토지 등의 취득 및 보상에 관한 법률」 제42조 제1항 및 제2항의 규정에 관한 내용이다.

② 선택률 0% 동법 제40조 제2항의 규정에 관한 내용이다.

④ 선택률 20% 동법 제46조의 규정에 관한 내용이다.

15

정답 ①

행정조직법 > 자치행정조직법 > 지방자치 정답률 90%

| 정답해설 |

① 선택률 90% 「지방자치법」 제2조 제1항에 의해 특별자치시도 포함한다.

법령 「지방자치법」 제2조(지방자치단체의 종류) ① 지방자치단체는 다음의 두 가지 종류로 구분한다.

1. 특별시, 광역시, 특별자치시, 도, 특별자치도
2. 시, 군, 구

| 오답해설 |

② 선택률 0% 동법 제18조 제1항의 규정에 관한 내용이다.

③ 선택률 0% 동법 제19조 제1항의 규정에 관한 내용이다.

④ 선택률 10% 동법 제25조 제1항의 규정에 관한 내용이다.

16

정답 ④

행정상 실효성 확보수단 > 행정강제 > 강제집행 정답률 90%

| 정답해설 |

④ 선택률 90% 대체적 작위의무에 대해서도 이행강제금을 부과할 수 있다.

판례 개별사건에 있어서 위반내용, 위반자의 시정의지 등을 감안하여 허가권자는 행정대집행과 이행강제금을 선택적으로 활용할 수 있고, 행정대집행과 이행강제금 부과가 동시에 이루어지는 것이 아니라 허가권자의 합리적인 재량에 의해 선택하여 활용하는 이상 이를 중첩적인 제재에 해당한다고 볼 수 없다. (헌재결 2011.10.25., 2009헌바140)

| 오답해설 |

① 선택률 10% 판례 법인은 기관을 통하여 행위하므로 법인이 대표자를 선임한 이상 그의 행위로 인한 법률효과는 법인에게 귀속되어야 하고 **법인대표자의 범죄행위에 대하여는 법인 자신이 자신의 행위에 대한 책임을 부담하여야 하는바, 법인대표자의 법규위반행위에 대한 법인의 책임은 법인 자신의 법규위반행위로 평가될 수 있는 행위에 대한 법인의 직접책임**으로서, 대표자의 고의에 의한 위반행위에 대하여는 법인 자신의 고의에 의한 책임을, 대표자의 과실에 의한 위반행위에 대하여는 법인 자신의 과실에 의한 책임을 부담하는 것이다. (헌재결 2011.10.25., 2010헌바307)

② 선택률 0% 판례 행정청이 여러 개의 위반행위에 대하여 하나의 제재처분을 하였으나, 위반행위별로 제재처분의 내용을 구분하는 것이 가능하고 여러 개의 위반행위 중 일부의 위반행위에 대한 제재처분 부분만이 위법한 경우, 제재처분 전부를 취소할 수 없다. (대판 2020.5.14., 선고 2019두63515)

③ 선택률 0% 판례 관계 법령상 행정대집행의 절차가 인정되어 행정청이 행정대집행의 방법으로 건물의 철거 등 대체적 작위의무의 이행을 실현할 수 있는 경우에는 따로 민사소송의 방법으로 그 의무의 이행을 구할 수 없다. (대판 2017.4.28., 선고 2016다213916)

더 알아보기 ▶ 민사강제가 가능한 경우

아무런 권원 없이 국유재산에 설치한 시설물에 대하여 행정청이 행정대집행을 실시하지 않는 경우, 그 국유재산에 대한 사용청구권을 가지고 있는 자가 국가를 대위하여 민사소송으로 그 시설물의 철거를 구할 수 있다. (대판 2009.6.11., 선고 2009다1122)

17

정답 ④

행정법 서론 > 행정법 > 행정기본법 정답률 90%

| 정답해설 |

④ 선택률 90% 행정의 자기구속의 법리는 규정이 없다.

| 오답해설 |

① 선택률 10% 「행정기본법」 제11조에 규정되어 있다.

② 선택률 0% 동법 제12조에 규정되어 있다.

③ 선택률 0% 동법 제13조에 규정되어 있다.

더 알아보기 ▶ 「행정기본법」

제9조(평등의 원칙) 행정청은 합리적 이유 없이 국민을 차별하여서는 아니 된다.

제10조(비례의 원칙) 행정작용은 다음 각 호의 원칙에 따라야 한다.

1. 행정목적을 달성하는 데 유효하고 적절할 것
2. 행정목적을 달성하는 데 필요한 최소한도에 그칠 것
3. 행정작용으로 인한 국민의 이익 침해가 그 행정작용이 의도하는 공익보다 크지 아니할 것

제11조(성실의무 및 권한남용금지의 원칙) ① 행정청은 법령 등에 따른 의무를 성실히 수행하여야 한다.

② 행정청은 행정권한을 남용하거나 그 권한의 범위를 넘어서는 아니 된다.

제12조(신뢰보호의 원칙) ① 행정청은 공익 또는 제3자의 이익을 현저히 해칠 우려가 있는 경우를 제외하고는 행정에 대한 국민의 정당하고 합리적인 신뢰를 보호하여야 한다.

② 행정청은 권한 행사의 기회가 있음에도 불구하고 장기간 권한을 행사하지 아니하여 국민이 그 권한이 행사되지 아니할 것으로 믿을 만한 정당한 사유가 있는 경우에는 그 권한을 행사해서는 아니 된다. 다만, 공익 또는 제3자의 이익을 현저히 해칠 우려가 있는 경우는 예외로 한다.

제13조(부당결부금지의 원칙) 행정청은 행정작용을 할 때 상대방에게 해당 행정작용과 실질적인 관련이 없는 의무를 부과해서는 아니 된다.

군무원 VS 공무원 비교분석

1번 문제도 「행정기본법」에 대한 문항으로서 「행정기본법」에서 2문항을 출제하였다. 이는 공무원 시험과는 다른 출제경향이다.

18

정답 ④

일반행정작용법 > 행정행위 > 행정행위의 효력 정답률 80%

| 정답해설 |

④ 선택률 80% 판례 어느 법률관계나 사실관계에 대하여 어느 법령의 규정을 적용하여 과세처분을 한 경우에 그 **법률관계나 사실관계에 대하여는 그 법령의 규정을 적용할 수 없다는 법리가 명백히 밝혀져서 해석에 다툼의 여지가 없음**에도 과세관청이 그 법령의 규정을 적용하여 과세처분을 하였다면 그 하자는 **중대하고도 명백하다**고 할 것이다. (대판 2019.4.23., 선고 2018다287287)

| 오답해설 |

① 선택률 10% '공정력'이란 행정행위가 비록 하자가 있다고 해도 중대명백한 하자로서 당연무효인 경우만 아니라면 권한 있는 기관에 의해 취소될 때까지는 일단 유효로 인정되는 것을 말한다.

② 선택률 10% 판례 조세의 과오납이 부당이득이 되기 위하여는 납세 또는 조세의 징수가 실체법적으로나 절차법적으로 전혀 법률상의 근거가 없거나 과세처분의 하자가 중대하고 명백하여 당연무효이어야 하고, **과세처분의 하자가 단지 취소할 수 있는 정도에 불과할 때에는 과세관청이 이를 스스로 취소하거나 항고소송절차에 의하여 취소되지 않는 한 그로 인한 조세의 납부가 부당이득이 된다고 할 수 없다.** (대판 1994.11.11., 선고 94다28000)

③ 선택률 0% 판례 영업의 금지를 명한 영업허가취소처분 자체가 나중에 행정쟁송절차에 의하여 취소되었다면 그 영업허가취소처분은 그 처분시에 소급하여 효력을 잃게 되며, 그 영업허가취소처분에 복종할 의무가 원래부터 없었음이 확정되었다고 봄이 타당하고, **영업허가취소처분이 장래에 향하여서만 효력을 잃게 된다고 볼 것은 아니므로 그 영업허가취소처분 이후의 영업행위를 무허가영업이라고 볼 수는 없다.** (대판 1993.6.25., 선고 93도277)

더 알아보기 ▶ 관련 판례

> 피고인이 행정청으로부터 자동차 운전면허취소처분을 받았으나 나중에 그 행정처분 자체가 행정쟁송절차에 의하여 취소되었다면, 위 운전면허취소처분은 그 처분시에 소급하여 효력을 잃게 되고, 피고인은 위 운전면허취소처분에 복종할 의무가 원래부터 없었음이 후에 확정되었다고 봄이 타당할 것이고, 행정행위에 공정력의 효력이 인정된다고 하여 행정소송에 의하여 적법하게 취소된 운전면허취소처분이 단지 장래에 향하여서만 효력을 잃게 된다고 볼 수는 없다. (대판 1999.2.5., 선고 98도4239)

19

정답 ①

일반행정작용법 > 행정행위 > 취소 정답률 70%

| 정답해설 |

① 선택률 70% 행정심판을 통해 재결로서 이루어지는 취소는 쟁송취소에 해당한다.

| 오답해설 |

② 선택률 10% 판례 도시계획시설사업의 시행자 지정이나 실시계획의 인가처분을 한 관할청은 구 국토의 계획 및 이용에 관한 법률(2011.4.14., 법률 제10599호로 개정되기 전의 것) 제133조 제1항 제21호 라목, 마목의 사유가 발생하였을 때 그 조항에 따라 사업시행자 지정이나 실시계획 인가처분을 취소할 수 있을 뿐만 아니라, **사업시행자 지정이나 실시계획 인가처분에 하자가 있는 경우에는 별도의 법적 근거가 없다고 하더라도 스스로 이를 취소할 수 있다.** (대판 2014.7.10., 선고 2013두7025)

③ 선택률 20% 판례 행정처분에 하자가 있다고 하더라도 취소해야 할 공익상 필요와 취소로 당사자가 입게 될 기득권과 신뢰보호 및 법률생활 안정의 침해 등 불이익을 비교·교량한 후 공익상 필요가 당사자가 입을 불이익을 정당화할 만큼 강한 경우에 한하여 취소할 수 있는 것이며, **하자나 취소해야 할 필요성에 관한 증명책임은 기존 이익과 권리를 침해하는 처분을 한 행정청에 있다.** (대판 2014.11.27., 선고 2014두9226)

④ 선택률 0% 판례 지방병무청장이 군의관의 신체등위판정이 위법 또는 부당하게 이루어졌다고 인정하는 경우, 그 신체등위판정을 기초로 자신이 한 병역처분을 직권으로 취소할 수 있다. (대판 2004.2.27., 선고 2002두7791)

20 고난도 TOP2

정답 ②

특별행정작용법 > 급부행정법 > 공물법 정답률 50%

| 정답해설 |

② 선택률 50% 국유재산 중 일반재산은 시효취득대상이 된다.

판례 국유재산에 대한 취득시효가 완성되기 위해서는 그 국유재산이 취득시효기간 동안 계속하여 행정재산이 아닌 시효취득의 대상이 될 수 있는 일반재산이어야 한다. (대판 2010.11.25., 선고 2010다58957)

| 오답해설 |

① 선택률 20% 기업용 재산은 행정재산에 해당한다.

법령 **「국유재산법」 제6조(국유재산의 구분과 종류)** ① 국유재산은 그 용도에 따라 행정재산과 일반재산으로 구분한다.

② 행정재산의 종류는 다음 각 호와 같다.

1. 공용 재산: 국가가 직접 사무용·사업용 또는 공무원의 주거용(직무수행을 위하여 필요한 경우로서 대통령령으로 정하는 경우로 한정한다)으로 사용하거나 대통령령으로 정하는 기한까지 사용하기로 결정한 재산
2. 공공용 재산: 국가가 직접 공공용으로 사용하거나 대통령령으로 정하는 기한까지 사용하기로 결정한 재산
3. 기업용 재산: 정부기업이 직접 사무용·사업용 또는 그 기업에 종사하는 직원의 주거용(직무수행을 위하여 필요한 경우로서 대통령령으로 정하는 경우로 한정한다)으로 사용하거나 대통령령으로 정하는 기한까지 사용하기로 결정한 재산
4. 보존용 재산: 법령이나 그 밖의 필요에 따라 국가가 보존하는 재산

③ '일반재산'이란 행정재산 외의 모든 국유재산을 말한다.

③ 선택률 20% 판례 국유재산 관리의 총괄청인 기획재정부장관은 용도폐지된 국유재산을 종전의 관리청으로부터 인계받은 경우에 이를 직접 관리·처분할 수 있으므로, **용도폐지되기 전에 종전의 관리청이 미처 부과·징수하지 아니한 사용료가 있으면 이를 부과·징수할 수 있는 권한도 가지고 있다.** 따라서 총괄청인 기획재정부장관으로부터 용도폐지된 국유재산의 관리·처분사무를 위탁받은 수탁관리기관 역시 달리 특별한 사정이 없는 한 관리권 행사의 일환으로 국유재산이 용도폐지되기 전의 사용기간에 대한 사용료를 부과할 수 있다. (대판 2014.11.13., 선고 2011두30212)

④ 선택률 10% 「국유재산법」 제39조의 규정에 관한 내용이다.

21 정답 ②

행정구제법 > 행정상 손해전보 > 손실보상 정답률 90%

| 정답해설 |

② 선택률90% 판례 공익사업을 위한 토지 등의 취득 및 보상에 관한 법률상 토지수용위원회의 수용재결이 있은 후 토지소유자 등과 사업시행자가 다시 협의하여 토지 등의 취득이나 사용 및 그에 대한 보상에 관하여 임의로 계약을 체결할 수 있다. (대판 2017.4.13., 선고 2016두64241)

| 오답해설 |

① 선택률10% 「공익사업을 위한 토지 등의 취득 및 보상에 관한 법률」이 적용된다.

법령 「공익사업을 위한 토지 등의 취득 및 보상에 관한 법률」 제3조(적용 대상) 사업시행자가 다음 각 호에 해당하는 토지·물건 및 권리를 취득하거나 사용하는 경우에는 이 법을 적용한다.

1. 토지 및 이에 관한 소유권 외의 권리
2. 토지와 함께 공익사업을 위하여 필요한 입목(立木), 건물, 그 밖에 토지에 정착된 물건 및 이에 관한 소유권 외의 권리
3. 광업권·어업권·양식업권 또는 물의 사용에 관한 권리
4. 토지에 속한 흙·돌·모래 또는 자갈에 관한 권리

③ 선택률0% 재결의 효력이 확정되지 않고 상실된다.

법령 「공익사업을 위한 토지 등의 취득 및 보상에 관한 법률」 제42조(재결의 실효) ① 사업시행자가 수용 또는 사용의 개시일까지 관할 토지수용위원회가 재결한 보상금을 지급하거나 공탁하지 아니하였을 때에는 해당 토지수용위원회의 재결은 효력을 상실한다.

② 사업시행자는 제1항에 따라 재결의 효력이 상실됨으로 인하여 토지소유자 또는 관계인이 입은 손실을 보상하여야 한다.

④ 선택률0% 판례 사업시행자가 동일한 토지소유자에 속하는 일단의 토지 일부를 취득함으로 인하여 잔여지의 가격이 감소하거나 그 밖의 손실이 있을 때 등에는 **잔여지를 종래의 목적으로 사용하는 것이 가능한 경우라도 잔여지 손실보상의 대상이 되며**, 잔여지를 종래의 목적에 사용하는 것이 불가능하거나 현저히 곤란한 경우이어야만 잔여지 손실보상청구를 할 수 있는 것이 아니다. (대판 2018.7.20., 선고 2015두4044)

22 정답 ③

일반행정작용법 > 행정정보공개와 개인정보 보호 > 정보공개 정답률 100%

| 정답해설 |

③ 선택률100% 판례 공개청구의 대상이 되는 정보가 이미 다른 사람에게 공개되어 널리 알려져 있다거나 인터넷이나 관보 등을 통하여 공개되어 인터넷 검색이나 도서관에서의 열람 등을 통하여 쉽게 알 수 있다고 하여 소의 이익이 없다거나 비공개결정이 정당화될 수 없다. (대판 2008.11.27., 선고 2005두15694)

| 오답해설 |

① 선택률0% 모든 국민은 정보공개청구권이 있고, 여기에는 자연인, 법인, 법인 아닌 사단이나 재단도 포함된다.

② 선택률0% 「공공기관의 정보공개에 관한 법률 시행령」 제3조의 규정에 관한 내용이다.

법령 「공공기관의 정보공개에 관한 법률 시행령」 제3조(외국인의 정보공개 청구) 법 제5조 제2항에 따라 정보공개를 청구할 수 있는 외국인은 다음 각 호의 어느 하나에 해당하는 자로 한다.

1. 국내에 일정한 주소를 두고 거주하거나 학술·연구를 위하여 일시적으로 체류하는 사람
2. 국내에 사무소를 두고 있는 법인 또는 단체

④ 선택률0% 「공공기관의 정보공개에 관한 법률」 제2조 제1호의 규정에 관한 내용이다.

법령 「공공기관의 정보공개에 관한 법률」 제2조(정의) 이 법에서 사용하는 용어의 뜻은 다음과 같다.

1. '정보'란 공공기관이 직무상 작성 또는 취득하여 관리하고 있는 문서(전자문서를 포함한다. 이하 같다) 및 전자매체를 비롯한 모든 형태의 매체 등에 기록된 사항을 말한다.

23 고난도 TOP3 정답 ④

행정구제법 > 행정쟁송 > 행정소송 정답률 60%

| 정답해설 |

④ 선택률60% 판결의 이유가 아니고 판결의 주문에 위법함을 명시하여야 한다.

법령 「행정소송법」 제28조(사정판결) ① 원고의 청구가 (ㄱ. **이유있다**)고 인정하는 경우에도 처분 등을 취소하는 것이 현저히 (ㄴ. **공공복리**)에 적합하지 아니하다고 인정하는 때에는 법원은 원고의 청구를 (ㄷ. **기각**)할 수 있다. 이 경우 법원은 그 판결의 (ㄹ. **주문**)에서 그 처분 등이 (ㅁ. **위법함**)을 명시하여야 한다.

② 법원이 제1항의 규정에 의한 판결을 함에 있어서는 미리 원고가 그로 인하여 입게 될 (ㅂ. **손해**)의 정도와 배상방법 그 밖의 사정을 조사하여야 한다.

③ 원고는 피고인 행정청이 속하는 국가 또는 공공단체를 상대로 (ㅅ. **손해배상**), (ㅇ. **제해시설의 설치**) 그 밖에 적당한 구제방법의 청구를 당해 취소소송 등이 계속된 법원에 병합하여 제기할 수 있다.

| 오답해설 |

① 선택률40% ② 선택률0% ③ 선택률0%

24 정답 ①

일반행정작용법 > 행정절차 > 행정절차법 정답률 90%

| 정답해설 |

① 선택률90% 「행정절차법」 제21조의 규정에 관한 내용이다.

법령 「행정절차법」 제21조(처분의 사전통지) ① 행정청은 당사자에게 의무를 부과하거나 권익을 제한하는 처분을 하는 경우에는 미리 다음 각 호의 사항을 당사자 등에게 통지하여야 한다.

③ 제1항 제6호에 따른 기한은 의견제출에 필요한 기간을 10일 이상으로 고려하여 정하여야 한다.

④ 다음 각 호의 어느 하나에 해당하는 경우에는 제1항에 따른 통지를 하지 아니할 수 있다.

1. 공공의 안전 또는 복리를 위하여 긴급히 처분을 할 필요가 있는 경우
2. 법령 등에서 요구된 자격이 없거나 없어지게 되면 반드시 일정한 처분을 하여야 하는 경우에 그 자격이 없거나 없어지게 된 사실이 법원

의 재판 등에 의하여 객관적으로 증명된 경우
3. 해당 처분의 성질상 의견청취가 현저히 곤란하거나 명백히 불필요하다고 인정될 만한 상당한 이유가 있는 경우

| 오답해설 |

② 선택률 0% 거부처분은 사전통지의 대상이 아니다.
판례 신청에 따른 처분이 이루어지지 아니한 경우에는 아직 당사자에게 권익이 부과되지 아니하였으므로 특별한 사정이 없는 한 신청에 대한 거부처분이라고 하더라도 직접 당사자의 권익을 제한하는 것은 아니어서 신청에 대한 거부처분을 여기에서 말하는 '당사자의 권익을 제한하는 처분'에 해당한다고 할 수 없는 것이어서 처분의 사전통지대상이 된다고 할 수 없다. (대판 2003.11.28., 선고 2003두674)

③ 선택률 0% 판례 '의견청취가 현저히 곤란하거나 명백히 불필요하다고 인정될 만한 상당한 이유가 있는 경우'에 해당하는지는 해당 행정처분의 성질에 비추어 판단하여야 하며, 처분 상대방이 이미 행정청에 위반사실을 시인하였다거나 처분의 사전통지 이전에 의견을 진술할 기회가 있었다는 사정을 고려하여 판단할 것은 아니다. (대판 2016.10.27., 선고 2016두41811)

④ 선택률 10% 해당 처분의 성질상 의견청취가 현저히 곤란한 경우에는 사전통지를 하지 아니할 수 있다.

25

정답 ②

행정법 서론 > 행정 > 통치행위 정답률 100%

| 정답해설 |

② 선택률 100% 판례 남북정상회담의 개최과정에서 재정경제부장관에게 신고하지 아니하거나 통일부장관의 협력사업 승인을 얻지 아니한 채 북한 측에 사업권의 대가 명목으로 송금한 행위 자체는 헌법상 법치국가의 원리와 법 앞에 평등원칙 등에 비추어 볼 때 사법심사의 대상이 된다. (대판 2004.3.26., 선고 2003도7878)

| 오답해설 |

① 선택률 0% 판례 외국에의 국군의 파견결정은 파견군인의 생명과 신체의 안전뿐만 아니라 국제사회에서의 우리나라의 지위와 역할, 동맹국과의 관계, 국가안보문제 등 궁극적으로 국민 내지 국익에 영향을 미치는 복잡하고도 중요한 문제로서 국내 및 국제정치관계 등 제반상황을 고려하여 미래를 예측하고 목표를 설정하는 등 고도의 정치적 결단이 요구되는 사안이다. (헌재결 2004.4.29., 2003헌마814)

③ 선택률 0% 헌재결 2000.6.1., 97헌바74

④ 선택률 0% 헌재결 1996.2.29., 93헌마186

더 알아보기 ▶ 남북정상회담 자체는 통치행위에 해당함

남북정상회담의 개최는 고도의 정치적 성격을 지니고 있는 행위라 할 것이므로 특별한 사정이 없는 한 그 당부를 심판하는 것은 사법권의 내재적·본질적 한계를 넘어서는 것이 되어 적절하지 못하다. (대판 2004.3.26., 선고 2003도7878)

여러분의 작은 소리
에듀윌은 크게 듣겠습니다.

본 교재에 대한 여러분의 목소리를 들려주세요.
공부하시면서 어려웠던 점, 궁금한 점,
칭찬하고 싶은 점, 개선할 점, 어떤 것이라도 좋습니다.

에듀윌은 여러분께서 나누어 주신 의견을
통해 끊임없이 발전하고 있습니다.

에듀윌 도서몰 book.eduwill.net
- 부가학습자료 및 정오표: 에듀윌 도서몰 → 도서자료실
- 교재 문의: 에듀윌 도서몰 → 문의하기 → 교재(내용, 출간) / 주문 및 배송

2024 에듀윌 군무원 18개년 기출문제집 행정법

발 행 일	2023년 11월 23일 초판
편 저 자	김용철
펴 낸 이	양형남
펴 낸 곳	(주)에듀윌
등록번호	제25100-2002-000052호
주 소	08378 서울특별시 구로구 디지털로34길 55 코오롱싸이언스밸리 2차 3층

www.eduwill.net
대표전화 1600-6700

분석해설편

에듀윌 군무원 18개년 기출문제집

행정법 분석해설편

YES24 수험서 자격증 군무원/부사관 행정법 베스트셀러 1위
(2019년 5월~9월, 2020년 3월~8월, 12월, 2021년 2월~7월, 11월~12월 월별 베스트)
YES24 수험서 자격증 공무원 행정법 기출문제집 베스트셀러 1위
(2023년 6월 3주 주별 베스트)

2017/2022 에듀윌 공무원 과정 최종 환급자 수 기준

2023, 2022, 2021 대한민국 브랜드만족도 7·9급공무원 교육 1위 (한경비즈니스)
2020, 2019 한국브랜드만족지수 7·9급공무원 교육 1위 (주간동아, G밸리뉴스)

고객의 꿈, 직원의 꿈, 지역사회의 꿈을 실현한다

펴낸곳 (주)에듀윌 **펴낸이** 양형남 **출판총괄** 오용철
주소 서울시 구로구 디지털로34길 55 코오롱싸이언스밸리 2차 3층
대표번호 1600-6700 **등록번호** 제25100-2002-000052호

에듀윌 도서몰 book.eduwill.net
• 부가학습자료 및 정오표: 에듀윌 도서몰 → 도서자료실
• 교재 문의: 에듀윌 도서몰 → 문의하기 → 교재(내용, 출간) / 주문 및 배송

에듀윌 직영학원에서 합격을 수강하세요

언제나 전문 학습 매니저와 상담이 가능한 안내데스크

고품질 영상 및 음향 장비를 갖춘 최고의 강의실

재충전을 위한 카페 분위기의 아늑한 휴게실

에듀윌의 상징 노란색의 환한 학원 입구

에듀윌 직영학원 대표전화

공인중개사 학원	02)815-0600	공무원 학원	02)6328-0600	편입 학원	02)6419-0600
주택관리사 학원	02)815-3388	경찰 학원	02)6332-0600	세무사·회계사 학원	02)6010-0600
전기기사 학원	02)6268-1400	소방 학원	02)6337-0600	취업아카데미	02)6486-0600
부동산아카데미	02)6736-0600				

공무원학원 바로가기

Decoding the TOEFL® iBT

Actual Test

WRITING 1

Scripts & Sample Answers

Actual Test 01

TASK 1 Integrated Writing p. 11

Listening Script

Now listen to part of a lecture on the topic you just read about.

W Professor: On January 1, 2014, a law banning the manufacturing of incandescent light bulbs, otherwise known as ILBs, came into effect in the United States. Soon, there won't be any ILBs sold in the U.S. anymore. What's going to replace them . . . ? The compact fluorescent light bulb will. These light bulbs, called CFLs, often come in a, um, a twisted helix shape. While some people dislike CFLs, I personally think they're great. Let me explain why I feel this way.

Many detractors of CFLs claim that they release UV radiation and are therefore harmful to people. Well, let me tell you something important . . . All light bulbs, both CFLs and ILBs, emit various amounts of UV radiation. However, CFLs emit low levels of UV radiation that cannot harm anyone. The reason is that most CFLs contain a double layer of glass, which effectively stops almost all of the UV radiation created by the bulbs from escaping.

Another common concern I've heard people express about CFLs regards their mercury content. But there's actually nothing to worry about at all. You see, uh, there are strict guidelines on how to handle and recycle CFLs. Thus people simply need to follow the instructions on how to dispose of them and how to act if the bulbs break, and then the mercury in the CFLs should harm neither people nor the environment.

Finally, CFLs actually help people save money. Okay, uh, yes, they're currently more expensive than ILBs, but they provide significant savings over time. Why is that . . . ? It's easy. An ILB lasts for an average of 1,000 hours, but a CFL has an average lifespan of 8,000 hours before it burns out. So people can save money by using CFLs because they'll have to replace their light bulbs much less frequently.

Sample Answer

Reading Note

CFLs = have many problems

1 **health issues**
- emit UV radiation → can cause cancer
- double layer of glass = doesn't stop UV rays

2 **mercury = harmful to humans**
- break bulb → mercury released
- dump bulbs in landfills → mercury in land & water table

3 **CFL price > ILB price**
- 10x higher
- too expensive for homes and businesses

Listening Note

CFLs = great

1 **stop UV radiation**
- all light bulbs release radiation
- CFLs = double layer of glass → stops almost all UV radiation

2 **safe from mercury**
- guidelines on handling and recycling CFLs
- follow instructions → no harm

3 **save money**
- CFLs last longer than ILBs
- cost more but last longer = savings over time

Sample Essay

The author of the reading passage describes three problems regarding the usage of compact fluorescent bulbs (CFLs). However, the professor counters all three arguments in her lecture by describing how CFLs present no problems.

First, the professor points out that all light bulbs release various amounts of ultraviolet radiation. According to her, CFLs emit less ultraviolet radiation than incandescent light bulbs thanks to the double layer of glass that CFLs have. By bringing up that point, she solves one of the problems mentioned in the reading passage.

In the reading passage, the author mentions that CFLs contain mercury, a dangerous element. The author contends that this mercury could be released and then cause damage both to humans and the environment. The professor, however, points out that there are safe ways to handle CFLs to prevent any mercury from escaping. So if people follow the instructions, CFLs will not harm anyone or anything.

Finally, the professor agrees with the reading passage that CFLs are more expensive than incandescent light bulbs, but she claims that CFLs last for thousands of hours longer than incandescent light bulbs. Therefore, while people pay more money for CFLs, they eventually save money since these bulbs last so long.

TASK 2 Independent Writing

p. 16

Sample Answer 1

Agree

want to be trendy
- esp. fashion
- e.g. sis spends $ on clothes → doesn't need them

peer pressure
- teens vulnerable to it
- e.g. when younger, cousin bought skateboard since friends had

Sample Essay

There are all kinds of products available for teenagers to buy these days. However, many of them are absolutely unnecessary for most teens. Instead, a large number of teens purchase these items simply because others who are similar ages as them are doing so, not because they actually need to have them.

One reason teenagers buy products they do not need is that they want to be trendy. This is especially true concerning fashion. My sister is eighteen, and she spends lots of money on items she does not require. She especially spends a great amount of money on clothes. She loves reading fashion magazines and websites to find out what the latest trends are. Then, she goes out and buys those clothes even though she has a closetful of other outfits to wear. She is not alone in acting this way either. Many of her high school friends do the same thing. Despite owning a large number of clothes, they all purchase new clothing and accessories in order to follow the current trends and to be fashionable.

A second reason that people frequently purchase items they do not need concerns peer pressure. Many teenagers are extremely vulnerable to peer pressure. When my cousin was a teenager, he used to buy so many things that he neither needed nor wanted simply because all of his school friends owned them. I remember that he bought a skateboard once because several of his friends owned skateboards. He did not even enjoy skateboarding, but he did not want to be different from his friends. That was not the only purchase that he made due to peer pressure; he bought several other items as well.

I thoroughly agree with the statement. Teenagers often make purchases they do not need just because other teens own the same items. The two main reasons they do that are to follow the latest trends and to give in to peer pressure. Many teens do not want to be seen as being different from others, so they make these unnecessary purchases.

Sample Answer 2

Disagree

brother and friends don't do that
- clothes are different
- e.g. friend buys nice clothes → compliment → don't buy

teens today = independent minded
- don't want to be the same as others
- e.g. classmates didn't buy new video game since is so popular

Sample Essay

While there are numerous items available for teenagers to buy and teens do not always make the best decisions concerning their purchases, I disagree with the statement. I do not believe that teenagers often buy products simply because other teens also own them.

For starters, neither my brother nor his friends buy things because others in his circle have them. As proof, all you have to do is look at the clothes he and his friends wear. They are all different. Despite the fact there are certain styles that are popular, my brother and his friends do not purchase them. For example, when someone in his circle of friends buys something that looks nice, the rest of them do not buy the same thing even if they like that item. Instead, they say what they think of the item and state that it looks good on him. They act the same way concerning all of the products they buy. This includes clothes, accessories, books, and even electronics.

Additionally, many teenagers these days are very independent minded. They have no interest in following the herd. They have no desire to do the same activities as other teens, to look the same as other teens, and to buy the same products as other teens. I have noticed this at my school. Many of my fellow students are fiercely independent. When something becomes popular, we refuse to buy it so that we can avoid being like everyone else. For example, a new computer game was recently released. None of my classmates went out to buy it even though we enjoy playing games. We did not want to buy that item simply because so many other teens were buying it. We valued our independence too much to do that.

It seems clear to me that many teenagers do not purchase items because other teens own them. My brother, his friends, my classmates, and I do not engage in that kind of behavior. Instead, we strive to be different from others and place a great deal of importance on acting independently.

Actual Test 02

TASK 1 Integrated Writing p. 21

Listening Script

Now listen to part of a lecture on the topic you just read about.

M Professor: If any of you become doctors in the future, you're going to get stuck doing paperwork. While it's not pleasurable, it's of great importance. Now, uh, in recent decades, numerous hospitals have made the transition from keeping records on paper to creating electronic records. I, for one, wish they would stop doing that. You see, uh, I believe paper records are more beneficial.

Computers, as you know, aren't cheap. Installing a computer network is very expensive. In fact, the cost can be too high for many hospitals and health clinics to afford. Furthermore, once a computer system is installed, it requires both time and money to transform the paper files into electronic ones. And don't forget the costs involved to repair and maintain these computer systems. In my opinion, it's cheaper simply to utilize paper documents.

Now, uh, some people claim that electronic records will mitigate the fact that doctors have notoriously bad handwriting. Yes, that's true, but hospitals can eliminate errors merely by having better communication between their personnel. If the doctors, nurses, and other staff members learn to communicate their wants and needs for their patients better, the number of errors will be reduced dramatically.

Some people love the fact that computerized records can be easily accessed by doctors and other staff members. Personally, I'm appalled by that because of privacy issues. First, uh, computers can be hacked, which results in patients' medical records being read by others. And most patients want their medical records kept private, even from other doctors. They don't want doctors—or anyone else—to have access to their medical history. I don't blame them either. That's why we have strict privacy laws. Letting anybody access a patient's record without that person's permission is not only wrong but against the law.

Sample Answer

Reading Note

Electronic medical records = several benefits

1 hospitals & clinics can save money
  - don't have to pay for paper + storage spaces
  - keep electronic records on one hard drive

2 electronic medical records = interconnected
  - reduce the number of medical errors
  - avoid giving patients wrong medicines or dosages

3 helps medical professionals do research
  - can get information on patients w/same problems
  - can prevents epidemics & help doctors make new treatments

Listening Note

Paper records = better than electronic records

1 computer system = very expensive
  - installing computer network
  - converting paper files to electronic form
  - repair & maintenance

2 other ways to eliminate errors
  - hospital personnel can communicate better
  - will reduce the number of errors

3 electronic records = bad for privacy
  - computers hacked → others read private medical info
  - privacy laws = prevent others from reading private files

Sample Essay

In his lecture, the professor speaks in favor of hospitals and health clinics keeping patients' records on paper. While he lectures, he makes three points that challenge the claim in the reading passage that computerized records are better than paper ones.

The professor's first point concerns the costs of computerized recordkeeping. He points out the numerous expenses involved. These include buying the computers, setting up a computer network, uploading documents, and fixing and maintaining the computers. He says it would be cheaper to continue using paper. By giving those examples, he challenges the notion in the reading passage that paper records cost more than computer ones.

Next, the professor focuses on how doctors and staff members can have better communication to cut down on errors. He believes that by talking to one another, people at hospitals and health clinics can better serve their patients. In that way, he shows that the interconnected systems used at some hospitals are unnecessary.

Finally, the professor strongly supports keeping patients'

records private from others. He warns that computers can be hacked, and he declares that patients usually do not want other people to see their medical records. In that way, he shows that privacy issues are more important than letting doctors have access to patients' medical records, which the author of the reading passage supports.

TASK 2 Independent Writing

p. 26

Sample Answer 1

Raising Taxes

only cities w/healthy economies raise taxes
- residents can afford to pay
- city raised property taxes → pay for road construction
- economy was good, so few people complained

people dislike high taxes
- only necessary projects will get financed by higher taxes
- mayor wanted to build baseball stadium
- residents protested → didn't want taxes raised → no stadium

primary users of infrastructure → should pay
- local residents pay for projects w/taxes
- unfair to ask national government to pay

Sample Essay

I strongly support raising taxes to pay for infrastructure projects for growing cities. There are a few reasons why I feel this way.

First of all, only cities that have healthy economies should try to raise taxes on their residents. If that is the case, then residents should have enough money to be able to afford to pay the higher taxes. Two years ago, my city raised property taxes to pay for some road construction. At that time, the local economy was doing very well since several companies were expanding and hiring new employees. Because so many people were making plenty of money, only a few people complained about the increase in taxes.

In addition, most people dislike paying higher taxes. There are many people who will protest whenever the government decides to increase the tax rate. Because of how people feel, then only necessary projects will get financed by higher taxes. Recently, the mayor in a city near mine wanted to build a new baseball stadium. He proposed raising taxes to pay for it. However, the residents of the city felt that a stadium was not a good use of tax money, so they protested. As a result, the stadium was not financed. When the same mayor wanted to raise taxes to pay for a new bridge, there were no protests since the residents realized the importance of the bridge.

Finally, infrastructure should be paid for by the people who will be the primary users of it. Thus streets, bridges, and other local infrastructure projects ought to be financed by taxes paid by local residents. It is unfair for people to ask the national government to pay for projects that only a small percentage of the country's population will use. Instead, local residents should pay for local projects to be done.

Of the two choices, I believe raising taxes on residents is the better way to pay for infrastructure projects. Doing that means that the local economy is good and that only necessary projects will be done. It also means that local residents will pay for the improvements in their cities.

Sample Answer 2

Using Private Businesses and Investors

despise taxes → should be low
- low taxes = people have $ in their pockets
- good for economy

encourage businesses and investors to take care of communities
- businessman built community center
- makes money while residents enjoy activities there

businesses and investors don't waste money
- government wastes taxpayers' money
- businesses and investors → understand value of money = frugal

Sample Essay

I dislike the idea of raising taxes to pay for construction projects. Instead, I think cities should strongly encourage private businesses and investors to raise the money needed to pay for infrastructure projects. I feel this way for three reasons.

The first reason is that I despise taxes and believe they should be as low as possible. Governments are always trying to raise taxes, which they should not do. When taxes are low, people have more money in their pockets, and that is always good for the economy. So under no circumstances should the government raise people's taxes to pay for any kind of construction project.

In addition, having private businesses and investors raise money to pay for infrastructure projects encourages them to take care of their own communities. In my city, a local businessman built the community center near my home. He paid millions of dollars to build it, and it is a wonderful place which is popular with local residents. He is even making his money back because he keeps the money that people pay for memberships and when they take part in various activities there. So everyone is profiting. The city got a new building, the local residents got a place to meet and to do many activities at, and the businessman is making money from his investment.

Another reason private businesses and investors should be active in local infrastructure projects is that they will not waste money like the government does. I am always seeing stories in the news about how the government has wasted millions of dollars of taxpayers' money on different projects. Private businesses and investors, however, do not do that. They understand the value of money, so they will be frugal in how they spend their own money. The result will be solid infrastructure that is completed as efficiently as possible.

It is clearly better to have private businesses and investors raise money to pay for infrastructure than to raise taxes. Taxes should never be raised, and private businesses and investors will not waste any money. They will also profit while taking care of their local neighborhoods.

Actual Test 03

TASK 1 Integrated Writing

p. 31

Listening Script

Now listen to part of a lecture on the topic you just read about.

W Professor: The American bison is one of my favorite animals. Sadly, in the nineteenth century, it nearly went the way of the dodo bird and passenger pigeon by becoming extinct. Now, uh, many people are quick to blame the white settlers who were moving west from the eastern part of the country. However, by analyzing the numbers, you can see that, while they did kill many bison, the bison was already in decline in many places where there were no white settlers.

One fact you need to be aware of is that the Native Americans killed enormous numbers of bison. For thousands of years, they used bows and arrows and spears to hunt them. Sometimes, uh, they merely drove entire herds over cliffs and then picked up their carcasses at the bottoms. Nevertheless, there was a balance maintained in the number of bison killed and the number that were born. However, uh, when the Native Americans acquired horses and guns, they upset the balance. They began hunting bison at a faster rate than ever before. Simply put, they killed bison more quickly than the bison could replenish their numbers by bearing calves. This caused the number of bison in herds all over the Great Plains to decrease.

Another factor which isn't mentioned but, uh, which should be, is the weather patterns in the Great Plains. In the 1800s, there were many years of drought in that area. These long droughts reduced the amount of grass on the plains, which deprived the bison of its prime food source and caused many of them to starve to death. Blizzards and winters that were harsher than normal also killed lots of bison during the 1800s. So, uh, while humans killed many bison, natural forces also contributed to their nearly becoming extinct.

Sample Answer

Reading Note

American bison = almost made extinct in one century

1 **white settlers in the west**
  - hunted bison for food
  - killed bison to make room for their herds

2 **repeating rifle = killed many bison at once**
  - settlers fought with Native Americans
  - U.S. army used repeating rifle to kill bison to eliminate Native Americans' food supply

Listening Note

Other reasons the bison almost went extinct

1 **Native Americans**
  - killed bison for thousands of years
  - got horses and guns → killed more bison than could be replaced

2 **weather patterns in the Great Plains**
  - droughts → reduced the grass the bison ate
  - blizzard and cold winters → killed many bison

Sample Essay

The professor lectures about some of the reasons that the American bison nearly became an extinct species during the nineteenth century. The arguments that she makes concerning why that happened cast doubt on specific points that are made in the reading passage.

The professor first brings up the fact that the Native Americans killed a large number of bison. She states that while the Native Americans used to hunt sustainable numbers of bison, when they began using horses and guns, they started killing more bison than usual. As a result, the number of bison living in the Great Plains decreased in many places. By bringing up this point, the professor refutes the argument made in the reading passage. It claims that white settlers moving west killed many bison and were primarily responsible for causing its numbers to decrease.

The second argument the professor makes is that natural forces resulted in the deaths of large numbers of bison. She says that there were many long-term droughts, blizzards, and cold temperatures in the nineteenth century. These all combined to kill many bison. She therefore casts doubt on the argument in the reading passage that the use of repeating rifles by the U.S. Army was primarily responsible for the deaths of great numbers of bison.

TASK 2 Independent Writing p. 36

Sample Answer 1

Agree

scientists do research → advance human knowledge

- if people can have access to it, government should provide funding for it
- can be important to others in the future

many scientific discoveries made by accident

- e.g. penicillin and microwave oven → discovered by accident
- scientist may make unexpected discovery while working on something else

Sample Essay

In the past, it was possible for a single person working at a laboratory in his home to make important scientific discoveries. Today, however, that is virtually impossible, so the government has become involved in supporting scientists do their research. While some projects may not appear to have any practical value, I still feel that the government should help provide funding for these scientists to let them do their work.

First of all, when scientists do research and conduct experiments, they are helping advance human knowledge. So long as these scientists agree to publish the results of their work to let everyone have access to it, then the government should finance their research. It does not matter to me if the research appears to have no immediate practical value. It is possible that sometime in the future, the work these scientists do will be of importance to another individual. So no matter how silly or useless a scientific idea may appear at first glance, the government should provide financial backing for it.

Another important thing to consider is that many of the greatest scientific discoveries in history were made by accident. Basically, scientists were doing work on one project but discovered something completely different while conducting their research. One of the most important accidental discoveries in history was penicillin. Alexander Fleming, the man who discovered it, was studying bacteria when he noticed a mold that appeared to prevent the bacteria from growing. This was penicillin, and that discovery has saved millions of lives all around the world. Similarly, the technology behind the microwave oven was discovered by accident by a scientist doing research on radar. So it is possible that a scientist could make a brilliant unexpected discovery while conducting research on something different.

Since the government now supports scientists financially, it should be sure to provide money for those individuals whose experiments appear to have no practical value. These scientists will still contribute to human knowledge, and they might even make accidental discoveries of great value.

Sample Answer 2

Disagree

money = belongs to citizen

- must only support research w/benefits
- cancer research = okay / $ for a telescope = not okay

many studies = fraudulent

- e.g. U.S. government paid for many strange studies → people who got money were frauds
- don't want that to happen in my country

Sample Essay

In the past few decades, governments around the world have gotten involved in funding scientists and their research. While some experiments have been worthwhile, many have been utterly useless and have wasted money. Thus I disagree with the statement and wish that the government would stop spending money on research that has no practical value.

If the government is going to spend money on science and scientists, it needs to be sure that it only supports research with actual benefits. After all, the government is not spending its own money. The money belongs to the citizens of the country. So there must be some kind of benefit if the government is going to provide scientists with money. For instance, if some scientists are researching legitimate ways to cure cancer or to develop a vaccine for a disease, I believe that could benefit the citizens of the country. So I am not opposed to the government providing those scientists with funding. On the other hand, if some scientists want money to build a telescope to look at galaxies millions of light years away, the government should not fund them. While I like astronomy, it has no practical value to the citizens of my country. Those scientists can spend their own money if they want a new telescope.

Another problem I have is that too many studies are fraudulent. The other day, I read a newspaper article about some of the scientific studies the American government pays for. Apparently, the U.S. government paid some people to research how dogs are tamed, to take pictures of ants in other countries, and to research the benefits of yoga. The people who got financed received huge amounts of money. I could not believe that. The people who got money for those studies were frauds. They were not conducting actual science at all. If something like that happens in my country, I hope that the people responsible for giving away money for fake scientific research are fired and thrown in prison for fraud and theft.

The government has no business sponsoring scientific research if it lacks practical value. The government needs to get a good return on its investments, and it needs to avoid investing money in research that is fraudulent in nature.

Actual Test 04

TASK 1 Integrated Writing p. 41

Listening Script

Now listen to part of a lecture on the topic you just read about.

M Professor: Each year, we lose vast regions of forested areas to uncontrolled forest fires. The major reason for this is that there's a buildup of plant matter near ground level. This undergrowth provides a significant reserve of fuel that enables forest fires to burn out of control.

Fortunately, there's a way to eliminate this problem: prescribed burns. These controlled fires, if closely regulated, can remove massive amounts of fuel. Prescribed burns are always carefully planned by experts to reduce damage to animals and harm to people. These experts closely study weather and wind patterns to make sure the fires will burn as desired. Thus, um, they're able to keep the fires small and in specific areas and can also prevent smoke from going over populated areas. Furthermore, most prescribed burns take place from October to April, when weather conditions are cooler and damper, which keeps them small and less powerful.

Burning a small region gives the animals living in it time to escape to neighboring areas. I attended a prescribed burn once and saw many animals fleeing. Their instincts made them run from the fire. After the fire was extinguished, the people involved in the prescribed burning discovered very few dead animals. Burns are also never done during bird mating and egg-laying seasons, which prevents eggs and newborn chicks from being harmed or killed.

Experience has proven that prescribed burns are the safest and most practical way to ensure that natural forest fires don't break out. Other methods, such as, uh, utilizing men and machines to clear undergrowth, are impractical since they're time consuming and expensive. It's also difficult to transport heavy machinery to remote locations, and it's not easy to get them into heavily forested areas either. Thus it's impractical to use any method except prescribed burning.

Sample Answer

Reading Note

Prescribed burns = have many problems

1 **affect the environment and nearby people**
- burning = smoke in the air → affects humans & animals
- loss of vegetation → soil erosion

2 **harm animals**
- nesting birds & chicks → can't escape fire
- vegetation burned → animals have no food & homes so migrate

3 **are unnecessary**
- can use machines & humans to remove undergrowth
- machines can turn cleared wood into mulch

Listening Note

Prescribed burns = can help prevent forest fires

1 can be kept in control
- experts study weather & wind patterns → fires burn as desired
- take place during cool & damp times

2 animals can escape
- went to prescribed burn → found few dead animals
- never done during bird mating & egg-laying seasons

3 are safest and most practical ways to prevent forest fires
- machines = time consuming + expensive
- can't get machinery into remote areas

Sample Essay

In his lecture, the professor points out several advantages of prescribed burns. By doing that, he casts doubt on the three points the author of the reading passage makes.

The first argument the professor makes in favor of prescribed burns is that when experts carefully plan and regulate them, controlled burns are outstanding at getting rid of fuel that could lead to devastating forest fires. He claims that experts can make sure the fires only burn specific areas and will not create smoke that affects populated regions. In making those points, he counters the argument in the reading passage that controlled burns are bad for the environment and harm people who live near them.

The professor next declares that few animals get killed during prescribed burns. He states that the animals flee from the fires and that they are never started during times when animals such as birds are especially vulnerable. His argument goes against the one made in the reading passage, which claims that many animals, especially young birds, are killed and displaced by prescribed burns.

Finally, the professor feels that prescribed burns are the best way to keep major forest fires from starting. While the reading passage claims that machines can remove undergrowth and trees, the professor says that getting these enormous machines into remote forested areas is very difficult.

TASK 2 Independent Writing

p. 46

Sample Answer 1

Agree

higher education more expensive
- e.g. older bro graduated but no college; working for one year → next year, no loans since has money

get work experience
- e.g. cousin got job at design firm but hated it → majored in engineering at college

get job = more mature
- follow schedule; can't be late; take orders; interact w/people
- e.g. sis = waitress → was immature, but grew up

Sample Essay

Nowadays, the vast majority of high school students graduate and immediately go off to a college or university. Despite the fact that this is common behavior, I disagree with what they are doing. Instead, I agree with the statement: High school students should work for a year before attending a college or university.

To begin with, the price of higher education has increased a great deal in the past few decades. By working for a year, students can earn money, which they can use to pay for their tuition and other expenses. My older brother is currently doing this. He graduated six months ago, but he did not go straight to college. Instead, he has a job and is saving as much money as he can. Next year, he will attend college, and he will not have to take out any loans since he will be able to afford school.

It is also beneficial for students to get experience working. For example, young people can determine if they are interested in a particular career. My cousin wanted to work in the design industry. She got a job with a design firm right after high school. She planned to go to college at a later time. While working at the firm, she decided that she disliked the design industry a lot. When she attended college, she majored in engineering. Young people like my cousin who discover what they are not interested in before starting school will have an advantage over others who do not do the same thing.

Lastly, working helps young people become more mature. They have to follow a schedule and cannot be late for work, and they also have to take orders from their bosses and deal with their coworkers. Additionally, if they work in the service industry, they have to learn how to interact with customers, especially unpleasant ones. When my sister worked as a waitress at a pizza restaurant, she did all of those things. At the time she started working, she was very immature, but after a year, she had grown up a lot. That maturity helped her tremendously when she was in college.

The better choice for young people is to take a year off and to get a job. They can earn money, get work experience, and become more mature. All three of those will benefit them when they start attending a college or university.

Sample Answer 2

Disagree

can't motivate to go back to school

- get used to making money
- e.g. cousin postponed college for 1 year → never went to school

can forget what learned in high school

- esp. math, computer, and science majors
- e.g. friend took time off; was math major → low grades

lose study habits

- e.g. friend had bad study habits first year → got study habits when worked and didn't attend school

Sample Essay

There are very few students who take a year off to work after graduating from high school. Instead, most of them go straight to college or university. I believe that these students are doing the right thing for a few reasons.

First, students who take a year off to work often have trouble finding the motivation to go back to school. Mostly, they get used to making money and do not want to return to being poor students again. A few years ago, my cousin decided to postpone going to college so that he could work for a year. He discovered that he liked making money more than he liked studying. He never got around to going to college. While he has a good job today, he could have gotten a better one with a college education. Today, he is married and has children, so he will probably never get that opportunity.

Second, if young people take a year off, upon returning to school, they may discover that they have forgotten a lot of what they learned in high school. This is of great importance to students who study math, computers, and the sciences. One of my friends took a year off to work and then went to college. His major was math. During his first semester, he had a difficult time because he had forgotten much of the math he had previously learned. He had to study harder than the other students, yet he still got low grades.

Third, young people can lose the study habits that they learned while they were in high school if they do not use them for a year. One of my best friends in college had horrible study habits his first year. He often just watched TV or went out with his friends on school nights. He told me that he had started doing those things when he was working and not attending school. I had to help him relearn the study habits he had previously acquired.

Students ought to go directly from high school to college or university. There are more benefits than drawbacks to doing so. By going straight to college, they will not have the urge to give up on schooling, they will not forget the knowledge they learned, and they will not lose their study habits either.

Actual Test 05

TASK 1 Integrated Writing p. 51

Listening Script

Now listen to part of a lecture on the topic you just read about.

W Professor: The theory of panspermia states that meteorites bearing life landed on the Earth and consequently seeded our planet. This is how some believe that life on our planet originated. Dr. Chandra Wickramasinghe is one of the leading advocates of panspermia. In 2012, he procured samples of a meteorite said to contain extraterrestrial life. He then published an article declaring that the meteorite contained fossilized life forms called diatoms, a, uh, a type of microalgae.

I'd love to believe he's correct, but, well, I have to be skeptical about this announcement. First of all, Dr. Wickramasinghe has admitted that his study was done hastily, which means there were ample opportunities for him to have made mistakes. Now, um, a follow-up study was conducted at Cardiff University, and it confirmed the original analysis. But . . . both papers were published by a journal, which has a, hmm . . . Let me just say that the journal has previously published unsubstantiated findings, which causes me to have my doubts about this announcement, too. To be blunt, there are many questions about the individuals who conducted the study and who published the findings.

As for the meteorite itself . . . Some think that the fragments studied came from a meteorite which landed in Sri Lanka in 2004, not in 2012. It's possible that, during those years, the life forms on the fragments developed while the meteorite was here on the Earth. What else . . . ? Ah, yes, the researchers analyzed the shapes of the diatoms as well as the nitrogen and oxygen levels of the meteorite fragments. However . . . The work they did hasn't been corroborated by other scientists as the teams have refused to let others work with the original fragments. Thus, their work cannot be verified, so, for now, I cannot accept their claims as factual.

Sample Answer

Reading Note

Meteorite from Sri Lanka has proof of extraterrestrial life

1 microalgae on meteorite
- are fossilized life forms = life outside Earth
- low levels of nitrogen and oxygen in them → showed fragments were extraterrestrial

2 manner in which diatoms bonded w/fragments
- were deeply embedded → showed had been in space
- long & thin in shape → had been affected by space environment

Listening Note

Meteorite from Sri Lanka may not have extraterrestrial life

1 study was done hastily
- may have made mistakes
- published in journal with bad reputation → has published unsubstantiated findings before

2 life forms on meteorite
- may have developed on Earth
- researchers haven't let others work on fragments → can't corroborate their findings

Sample Essay

According to the reading passage, a meteorite found in Sri Lanka in 2012 contains the first proof that life exists in places other than on the Earth. On the other hand, the professor lectures that she rejects this claim and provides reasons for her thinking.

The professor expresses reservations about the leader of the study, Dr. Wickramasinghe, and the journal that published the two studies on the meteorite. First, she points out that the researchers could have made mistakes by doing their analysis so quickly. Then, she states that the journal in which the information was published has printed unsubstantiated articles before. In those two ways, she casts doubt on the argument in the reading passage that the work was carried out with modern technology and that careful analysis was done.

Then, the professor mentions the possibility that the diatoms grew on the meteorite fragments while it was on the Earth, not in outer space. She further remarks that the teams at Cardiff University have not permitted other researchers to have access to the fragments, so no one else has been able to prove their claims about the origins of the life forms. In that way, she disregards the statements in the reading passage concerning the locations of the diatoms and their shapes.

TASK 2 Independent Writing p. 56

Sample Answer 1

Agree

too many possessions = clutter
- e.g. my home → too many things so unhappy

few possessions = few concerns in life
- e.g. friend w/few things → goes out but never worries about theft
  friends w/many things → go out but worry about theft

few possessions = large amount of freedom
- e.g. bro → got rid of possessions; traveled around the world

Sample Essay

I know lots of people who have very many possessions, but none of them seems to be particularly happy. On the other hand, the people who have few possessions are among the happiest individuals I know. I therefore agree with the statement.

When people have too many possessions, they have to deal with clutter. I am one of those people. My house is so cluttered because I have all kinds of clothes, books, CDs, and other items all over the place. It makes me unhappy to see these items, especially because I do not even want or need at least half of them.

I have also noticed that people who own few possessions have fewer concerns in their lives. For instance, one of my friends owns a small number of items, but that does not bother him in the least bit. When he leaves his home, he never locks the door since he is not worried about anyone robbing him. On the other hand, my friends with large numbers of possessions get worried every single time they leave their homes. They are afraid they will get robbed, so they never seem happy to leave their homes.

Finally, a person who has a small number of possessions has a large amount of freedom. My older brother decided to get rid of most of his possessions a couple of years ago. He either sold or gave away most of what he owned. Then, he packed his remaining items and moved to another city. A while later, he decided to travel around the world. He had the freedom to act that way because he did not own many items. I really envy him for being able to go wherever he wants whenever he wants.

According to my observations, people with few possessions are happier than those with many possessions. They do not have to deal with clutter, they have fewer worries, and they have more freedom. More people ought to give away or sell their extra items so that they can take advantage of these benefits.

Sample Answer 2

Disagree

friends w/few possessions = unhappy

- friends w/many possessions = happy
- materialistic society = more possessions, more happiness

own items → get comfort

- e.g. collect stamps & coins → love looking at them; feel comfortable
- others feel same way about their things

birthday = happy day

- presents make people happy
- e.g. friend got 20+ presents = never seen him happier

Sample Essay

It seems to me that people are happier when they have more possessions. As a result, I disagree with the statement. Let me provide some reasons explaining why I feel this way.

I have friends who have few possessions and friends who have many possessions. As a general rule, the friends who own small numbers of items are unhappy while the friends who own many items are happy. We live in a materialistic society, so most people associate happiness with the ownership of more and more things. As for me, I have a great deal of possessions, and I am happy in general, just like my other friends with many possessions are.

Many items that people own bring them comfort, and comfort typically results in happiness. I collect stamps and coins. My stamp and coin collections are both large, and I love looking at all of the ones that I own. It brings me comfort to do that, and I always feel happy when I am looking at my stamps and coins. The other people I know feel the same way about some of their possessions. Among these items are books, CDs, DVDs, and clothes. For these people, owning more of these items results in them being happier.

Finally, one of the happiest days of the year for many people is their birthday. When people have birthday parties, they often receive presents. These presents may be small or large, but they almost always make the recipients happy. People simply like owning more things. My friend got more than twenty presents at his birthday party last month. He had a huge smile on his face the entire time he was opening them. I do not believe I have ever seen him happier.

I disagree with the statement that having more possessions makes people unhappier. My friends with many possessions are happier than my other friends. Possessions can bring comfort to people, and people love getting presents on their birthdays. As such, it appears that owning more possessions makes people happier than owning few possessions.

Actual Test 06

TASK 1 Integrated Writing

p. 61

Listening Script

Now listen to part of a lecture on the topic you just read about.

M Professor: When governments privatize their infrastructure, they sell government-run companies to the private sector. For example, uh, in Great Britain, former government-owned companies now in private hands include British Airways, British Telecom, and the national railway passenger service. While there are some benefits of privatization, I believe, uh, that in the long run, it's rather shortsighted.

Let me explain . . . First of all, while a government receives a nice big check from an infrastructure sale, it actually loses money in the long term. You see, uh, the revenues once raised by the government-run business now go into the pockets of private investors. Consider how much money Great Britain's government is losing by not owning British Telecom anymore.

An additional problem is that as soon as a private company buys a government-owned business, one of the first things it almost always does is fire many employees. This sudden increase in unemployment is harmful to the entire country's economy. Furthermore, when the number of employees is reduced, the quality of service provided nearly always declines as well. This can be of particular concern in areas such as health care since privatization may result in the reduction of the quality of care people receive.

Lastly, it's not always true that private companies upgrade their equipment. Remember that these companies are looking to make money, so many of them cut corners and don't buy new equipment. The privatization of the railway passenger service in Great Britain resulted in different companies controlling the trains and railways. They often disagreed on who was responsible for inspecting and replacing worn out rails. In 2000, in Hatfield, England, a train crashed due to a faulty rail, and four people died. That accident likely would have been prevented had the government still been in charge.

Sample Answer

Reading Note

Privatization = many benefits

1 governments make profits
- sell infrastructure → raise billions of $
- can spend money on other sectors

2 privatized infrastructure = run more efficiently
- private companies want to make profits
- make personnel cuts & reduce costs

3 innovation from privatization
- invest in new equipment & technology
- e.g. European railroads privatized → profitable & efficient
  U.S. Amtrak → needs government subsidies

Listening Note

Privatization = many disadvantages

1 governments lose money
- revenues now go to private companies
- e.g. Brit government loses money by not owning British Telecom

2 many employees fired
- unemployment harms country
- decline in service of infrastructure

3 don't upgrade equipment
- companies cut corners; don't invest
- e.g. train crash in England killed 4 → companies didn't inspect or replace rails

Sample Essay

The professor opposes the privatization of infrastructure in his lecture whereas the author of the reading passage fully supports it.

To begin with, the professor points out that governments lose long-term access to revenues when they sell various types of infrastructure. He specifically mentions British Telecom and says that the British government could use the revenues that it once raised. This view opposes the one in the reading passage, which is that governments can receive billions of dollars by privatizing their infrastructure.

The next point the professor makes is that privatization almost always leads to mass firings and a decline in the quality of service. He comments that this increases the unemployment rate and that poor service can be harmful in fields such as health care. His argument challenges the statement in the reading passage that private companies make infrastructure run more efficiently by firing employees and reducing costs.

His last point is that private companies do not always invest in the infrastructure they buy, and this can have fatal consequences. He mentions a train crash in England that killed four people and contends that it was caused as a direct result of private companies not spending money on equipment. In stating this, he refutes the argument in the reading passage that private companies improve innovation by investing in new equipment and technology.

TASK 2 Independent Writing p. 66

Sample Answer 1

Study Together with Other Students

enjoy group discussions
- exposed to different lines of thought
- student talked about writing programs → tried his method and worked well

like studying in groups
- learn better in groups
- get higher grades on tests when study in groups

make friends w/students
- made friends w/some students in French class
- 2 became close friends

Sample Essay

If I had to choose between taking classes with other students and taking online courses so that I do not have to study with anyone else, I would choose the former. Studying together with other students is a much better option for me.

The first reason is that I enjoy having group discussions in class. I find that I can learn a lot merely by listening to the comments other students make. Since everyone thinks differently, I can be exposed to different lines of thought, which help me learn. For instance, I took a computer programming course once. During a group discussion, one student talked about the way he liked to write programs. I was fascinated by his method, so I tried it, and it worked well for me.

In addition, when I take courses with other students, I often wind up studying together with them at the library or other places. I learn better when I study in groups rather than by myself. This is especially true before I take a test. I always try to get involved with a study group. When I manage to do that, my grade on an exam is almost always higher than when I study for a test by myself.

Finally, I have often made friends with the people that I take classes with. To me, this is an added benefit. Three years ago, I attended a private academy and studied the French language there. There were a few students in the class, and I became friends with a couple of them. As a matter of fact, I still meet two of my former classmates all the time. They have become two of my closest friends. I never would have met them if I had not taken that class.

Taking classes in person with others is a better option than taking online classes. I can engage in group discussion, study together with other students, and even make friends with some of my classmates. Those three benefits make taking classes with others an easy choice for me.

Sample Answer 2

Take Online Courses

prefer to study alone
- can learn faster
- took online Chinese class → learned faster than in traditional class

can learn at own pace
- don't understand lecture → watch again
- can take 6 months to finish or 1 or 2 weeks

convenient to take online classes
- busy → don't have time for traditional classes
- if feel like studying, can log on and get to work

Sample Essay

I understand why many people would choose to take classes with other students. I am not one of those people though. As for me, I would rather take online courses that do not require me to study in person with others.

For starters, I have always preferred to study alone. When I do that, I can learn much faster than when I study with other individuals. For instance, a couple of years ago, I enrolled in a Chinese language class at a private institute. I did not learn very quickly, so I quit the class and signed up for an online Chinese language class. I learned much faster than I did in the traditional class once I began studying alone.

A second advantage of taking an online class is that I can learn at my own pace. For instance, if I do not understand a lecture, I can watch it again in an online class. That option does not exist in a traditional class. Additionally, most online classes let you take a long amount of time to finish the coursework. In a traditional class, you might only have two or three months to complete everything. In an online program, you might get six months or more. Conversely, if I am really interested in the material, I can study two or three lessons daily and finish in just a week or two.

Finally, I am busy and do not have time to attend traditional classes. Taking online classes from the comfort of my home is much better. I do not have to worry about travel time to class and then back to my home. Instead, anytime I feel like studying, I can log on to my computer and get to work. For me, that is an enormous timesaver. Considering my busy schedule, online classes are more efficient for me.

I would definitely prefer to take online classes than to take classes in person with other students. I like studying alone, I can learn as slowly or as quickly as I want, and I can save time. Those three advantages make online learning the better option.

Actual Test 07

TASK 1 Integrated Writing p. 71

Listening Script

Now listen to part of a lecture on the topic you just read about.

W Professor: Honeybee colony collapse disorder is one of the most important ecological issues of our time. For some reason, worker bees are dying, and this has resulted in the collapse of numerous colonies, or hives, or honeybees. This issue is crucial because many farmers in the United States rely upon honeybees to pollinate their crops. Without them, farmers could see their productivity greatly decrease.

Numerous theories have been proposed, but, um, unfortunately, none seems to be acceptable. For instance, the leading theory claims that new pesticides are causing the bees to die. However . . . the data is inconclusive. You see, the federal agencies investigating this matter are relying on the beekeepers' reports of the types and quantities of pesticides that were used. Yet the data is unreliable since many beekeepers transport their hives great distances. On these journeys, their bees may have gotten exposed to unknown pesticides . . . or something else.

Another theory states that radiation from cell phone towers is disrupting the abilities of bees to return to their hives. But please note that this study was done by scientists at a university in Germany. It was a fairly small study, and the results haven't been reproduced anywhere else. So, uh, it could be true in that one instance, but radiation might not be having a widespread effect on the honeybees.

The third theory claims that the honeybees weren't getting enough nectar due to the GM crops many farmers grow, so they were malnourished. Okay, um, here's the problem . . . Many of the hives that suffered losses were found with plenty of reserves of honey that was capped, uh, by which I mean that wax was covering the honey. Since the bees had produced so much honey, the notion that they starved to death seems highly unlikely as honey's one of their food sources.

Sample Answer

Reading Note

Honeybee colony collapse disorder = 3 main theories

1 new pesticides
- more potent than old ones
- have neonicotinoids → caused deaths of numerous bees

2 cell phone towers
- produce radiation → affects internal navigation systems of bees
- bees got lost → couldn't find their hives

3 GM crops
- produce less nectar
- bees can't get enough food → suffer from malnutrition and die

Listening Note

Honeybee colony collapse disorder = 3 main theories have problems

1 new pesticides
- data is inconclusive
- hives transported long distances → bees may have been exposed to something else

2 cell phone towers
- study was very small; hasn't been reproduced elsewhere
- radiation might not have widespread effect

3 not enough nectar
- hives that suffered losses had plenty of honey
- honey had been capped → bees couldn't have starved to death

Sample Essay

The professor lectures on honeybee colony collapse disorder. During her talk, she mentions three prominent theories on why the honeybee population is declining. She casts doubt on each theory and explains why she disagrees with them.

The first theory states that some powerful new types of pesticides are killing many honeybees. However, the professor disregards this theory by pointing out that there is not enough evidence for it yet. She does not trust the evidence compiled by the beekeepers since their bees may have been exposed to other pesticides they were unaware of, so there is no proof to confirm that theory.

Next, the professor argues against the theory proposed in the reading passage that radiation from cell phone towers is causing honeybees to get lost and to be unable to find their hives. She mentions that the research on cell phone towers was done in a small area, so it may not apply to other regions in which honeybees are vanishing.

Finally, the professor dismisses the third argument, which is that GM crops are causing bees to become malnourished because they do not provide enough nectar, which the bees consume. She states that many of the hives that lost bees were full of honey. Since bees use honey as a food source, she does not see how those bees could have starved to death.

TASK 2 Independent Writing p. 76

Sample Answer 1

Agree

school administrations → major problems

make rules for students to follow

- sister had unapproved hairstyle → got detention for one week

teachers making strict rules

bro & sis complain about teachers

- sis's homeroom teacher has too many rules → dislikes school now
- bro's teacher banned electronic items → students miserable

Sample Essay

There is little freedom at schools these days. School administrations and teachers are making too many rules for students to follow. I therefore agree with the statement that the rules young people are expected to follow at school are too strict.

Young people spend very much of their time at school, and schools are places which have some of the strictest rules for people to follow. One of the major problems is the school administrations. They are making all kinds of rules for students to follow. My sister is currently an elementary school student. The other day, she got in trouble for violating the rules. Apparently, the school administration instituted a very strict dress code this semester. This includes not only clothes but also things such as hair. While my sister was wearing the correct clothes, she had an unapproved hairstyle, so she was given detention for one week. She is only nine years old, but she got in trouble because of her hairstyle. That is definitely a case of the rules being too strict.

It is not only the school administrations but also the teachers themselves who are making rules which are too strict. My sister and brother both constantly complain about their teachers. At my sister's school, her homeroom teacher has rules about where the students can sit, what they can eat during break time, and how they have to do their homework. My sister used to enjoy school, but now she cannot stand it because of how strict the rules are. In addition, my brother, who is in high school, is facing problems as well. For instance, his teacher banned students from bringing any kind of electronic equipment to school. This includes smartphones, MP3 players, and laptops. Instead of just telling the students not to use their devices in class, his teacher ordered them to leave them at home. All of the students are miserable because of rules like these.

I strongly agree that the rules students are expected to follow at school are too strict. Both my sister and brother have had negative experiences due to the rules set by school administrations and teachers.

Sample Answer 2

Disagree

many students = troublemakers

have no respect for rules

- students behave poorly → loud, run around, fight, and steal

cheating = huge problem

cheat on homework and tests

punishment for cheating is not server → no disadvantages to cheating

Sample Essay

Many young people these days complain that the rules at schools are too strict. However, I disagree with them. I do not believe the rules are too strict. In fact, I wish the rules young people had to follow at school were even stricter. I feel this way for a couple of reasons.

First of all, so many students are school nowadays are troublemakers. Lots of parents are not raising their children properly, so they have no respect for the rules. At my school, students frequently behave poorly. They are loud, they run around in the halls and in the classrooms, and they fight with other students. Some of them even steal from their classmates. In the past year, students have stolen money, pencils, and notebooks from my friends and me. We actually wish that our school would have stricter rules. These would help teachers control the bad students and make their behavior less of a problem.

A second reason I disagree with the statement is that

cheating at my school is a huge problem. Students are constantly cheating. They do this on homework assignments, and they also cheat on exams. It is not uncommon for students to use cheat sheets, to look at other students' test papers, and even to open their books to check for the right answers in the middle of a test. Unfortunately, the punishment for cheating at my school is not severe. As a result, students know that even if a teacher catches them, they will not get an F or even get detention. In their opinions, there are no disadvantages to cheating. If the rules at my school were stricter, then the students would stop cheating at once. However, until that actually happens, students will continue to cheat while not getting punished.

I disagree with the statement one-hundred percent. The rules that young people have to follow are not too strict but are instead not strict enough. By making young people follow stricter rules at school, schools could cut down on bad behavior as well as cheating. That would make schools much better places.

Actual Test 08

TASK 1 Integrated Writing p. 81

Listening Script

Now listen to part of a lecture on the topic you just read about.

M Professor: In 1983, geochemist Jerome Nriagu proposed a theory that lead poisoning was one of the causes of the fall of the Roman Empire. While this notion appealed to some people, it has been thoroughly debunked since that time. Here's how . . .

First of all, it's correct that the Romans used lead in a variety of ways, but, uh, that's true of most ancient civilizations. Let's think about the Roman aqueducts . . . Yes, many contained lead pipes, but the Romans also used pipes made of clay. In fact, they preferred clay pipes since they thought the water coming from them tasted better. In addition, note that the water in the aqueducts was constantly flowing, so there wasn't enough time for it to absorb any lead. Ah, one more thing . . . The water contained minerals, and, over the course of many years, these minerals built up in the pipes. So the pipes got coated with calcium carbonate, which protected the water supply from the lead.

Here's something else . . . When the Romans made sapa, a grape-based sweetener, they boiled it in lead pots. That resulted in some lead being absorbed by the sapa. However, the Romans diluted sapa by adding water to it. They typically added two parts of water for every one part of sapa. So it's highly unlikely that any Romans got lead poisoning by consuming diluted amounts of sapa.

Despite the fact that the Romans used lead for many purposes, they never recorded any instances of lead poisoning epidemics. Now, uh, the Romans knew about lead poisoning as some workers in the lead industry occasionally suffered from it. However, in all of the extant records from Roman times, there's nothing—absolutely nothing—mentioned about lead poisoning being an issue. Thus it clearly wasn't responsible for the fall of the Roman Empire.

Sample Answer

Reading Note

Lead poisoning weakened the Roman Empire

1 aqueducts had lead pipes
- Romans brought water to cities and towns through aqueducts
- drinking and bathing in the water gave them lead poisoning

2 sapa
- sweetener made by boiling grapes in pots
- used lead pots → sapa absorbed lead

3 lead used for many products
- was lead in cosmetics → absorbed in the skin
- were lead coins, decorative items, and paints

Listening Note

Lead poisoning theory has been debunked

1 aqueducts
- Romans preferred clay pipes → water tasted better
- water was flowing → no time to absorb lead
- pipes coated with calcium carbonate = protected water from lead

2 sapa
- Romans diluted sapa = 2 parts water for 1 part sapa
- probably didn't get lead poisoning by consuming diluted sapa

3 lead used for many products
- Romans knew about lead poisoning
- no records ever mentioned widespread lead poisoning

Sample Essay

While the reading passage argues in favor of the theory that lead poisoning contributed to the fall of the Roman Empire, the professor disagrees with this hypothesis. In his lecture, he gives three reasons why he believes the theory is incorrect.

First, he points out that although some Roman aqueducts used lead pipes, the Romans favored clay pipes. He further argues that the water in lead pipes could not be contaminated since it was constantly moving. He also points out that many lead pipes were coated with minerals, which kept the water from being exposed to lead. In those three ways, he challenges the argument in the reading passage that the water in aqueducts was a cause of lead poisoning.

Second, the professor agrees with the reading passage that some lead was absorbed when grape juice was boiled to make sapa. He then declares that the Romans diluted sapa with water. So he believes they did not get lead poisoning by consuming sapa.

Third, the professor acknowledges the claim in the reading passage that the Romans used lead to make a variety of products. But he notes that the Romans were aware of the symptoms of lead poisoning yet never recorded any instances in which it was widespread. Thus he does not accept that lead poisoning helped cause the downfall of the Roman Empire.

TASK 2 Independent Writing p. 86

Sample Answer 1

Agree

children get lonely → act badly

- e.g. uncle's family moved → son and daughter behaved badly

some children don't make friends easily

- esp. shy children
- e.g. new boy in my apartment = too shy → doesn't have friends yet

children rely on friends a lot

- if move, lose support group
- no one their age to get advice from

Sample Essay

I have seen many families with children move to new towns and countries, and the results have almost always been negative. After moving, the children lose their friends, which causes many problems for them. As a result, I find myself in full agreement with the statement.

When children move away from their homes and lose their friends, this causes them to become lonely. A lot of children start acting badly when they feel like they are all by themselves. My uncle's family moved to a new city a couple of years ago. His young son and daughter both lost touch with their friends and then started developing behavioral problems since they were all alone. This caused countless problems for my uncle and his wife. If they had not moved, then their children would have been fine.

A second issue is that some children have trouble making new friends. This is especially true of children who are shy. In my apartment building, a family with a young son moved in about a week ago. The boy is extremely quiet and shy. Even though many boys his age play together outside, he has not joined them. I think he is too shy to speak with them and to become friends with them. I feel bad because he seems like a nice boy, but he is probably going to have a difficult time in his new city.

A third issue is that children tend to rely on their friends much more than their parents realize. They talk about their problems with their friends and get advice from them all the time. However, when a family moves, the children lose their support group. As a result, the children may have problems adjusting to their new homes because they do not have anyone their own age to speak with and to get advice from.

Parents with children should try to avoid moving to new towns or countries as much as possible. When that happens, their children lose their friends, and this can have seriously negative results on their children.

Sample Answer 2

Disagree

modern technology → children can keep friends

- send emails & text messages + free calls + video chatting
- e.g. sister's best friend moved → still keep in touch

can travel long distances → fast, cheap, and convenient

- e.g. cousin moved → still visits friends by bus

easy for children to make new friends

- can have new friends + keep old friends
- e.g. I moved → made new friends + kept in touch with old friends

Sample Essay

The statement declares that families with children should not move to new towns or countries because it will result in their children losing their friends. In past times, I might have agreed with that. However, since we are living in the modern age, I thoroughly disagree with the statement for a few reasons.

Firstly, thanks to modern technology, children can keep their friends no matter how far away they live from one another. They can send emails and text messages to their friends, they can use messenger programs to make free phone calls, and they can even do video chatting over their phones and on their computers. When my younger sister's best friend moved away, their friendship did not end. Instead, they used a wide variety of methods to keep in constant touch with one another. It seems that their friendship has actually gotten stronger despite the fact that they presently live in separate countries.

Another benefit of modern technology is that it is fast, cheap, and convenient to travel long distances. So children who live in different cities can frequently visit one another and do not have to stop being friends. My cousin's family moved to a new city last year. But she takes the bus back to her old town once a month to visit the friends that she left behind. Her parents are not worried because the bus is safe, cheap, and fast.

Last of all, most children can make new friends easily, so moving to a new city or country gives them opportunities to make even more friends. While they do not have to abandon their old friends, there are many advantages to making new ones. These new friends will help them get used to their homes and will make their lives in their new cities or countries much better. This happened to me a few years ago when my family moved. I kept in touch with my old friends but also made some very good new friends.

Families should not worry about their children losing their friends if they move. Thanks to modern technology, their children can keep in touch with their old friends and even visit them if they want. Their children can make new friends as well, which will help them in their new homes.

Actual Test 09

TASK 1 Integrated Writing

p. 91

Listening Script

Now listen to part of a lecture on the topic you just read about.

W Professor: Lots of state and local governments have begun competing in an attempt to, uh, to attract new businesses. They offer various incentives in the hope that companies will come and improve their economies. Well, unfortunately, there are numerous drawbacks in attempting to get new business establishments to open up shop.

Now, uh, many companies get offered special tax deals. For instance, they might not have to pay taxes for a few years, or they might get rebates. In the case of Texas, the state offers companies rebates for each new employee they hire. However, there's a problem . . . A company only gets rebates for the first 500 employees it hires. If it hires 1,000 employees, it only receives rebates for half of them. That's not a sufficient incentive for large companies. While small ones aren't unaffected, big companies, which usually provide high-paying jobs, won't be tempted by this offer.

Furthermore, many places offering special incentives are economically depressed regions. The people in these areas need jobs badly, but most of the skilled individuals have already moved away. In doing so, they've left behind a primarily unskilled labor force. As a result, when a new company starts hiring workers, it must often import individuals from other places since it has no interest in hiring unskilled locals. Therefore, uh, the residents of these regions frequently don't benefit at all.

Lastly, companies often demand that a region's infrastructure be upgraded before they begin doing business in it. But places with poor economies may lack the money to improve their roads, bridges, and other infrastructure. The cost of making improvements therefore falls to the state. And when the state spends too much money, it either raises taxes, or it spends less money on education and other areas. So there's no overall net gain.

Sample Answer

Reading Note

Governments inducing businesses to come = many positive impacts

1 offer incentives
- offer tax breaks and refunds
- e.g. new companies in Texas get $2,500 tax refund for each new employee
- companies move to tax-friendly states → boost economies

2 unemployment rate reduced
- companies hire locals = unemployment rate ↓
- people have $ to spend → increase profits for businesses
- state spends less $ on welfare → tax $ spent in other areas

3 improve a region's infrastructure
- before business moves, local government improves roads and utilities
- many workers hired → need more housing and schools

Listening Note

Attracting new businesses = many drawbacks

1 special tax deals
- in Texas, only get rebate for first 500 jobs
- can't convince big companies to move there

2 few skilled workers
- economically depressed regions = places w/few skilled workers
- companies hire workers from other places = locals don't benefit

3 no money for infrastructure
- cities can't pay for infrastructure upgrades → state must do it
- taxes go up or spends less $ in other areas

Sample Essay

While the author of the reading passage argues in favor of state and local governments offering businesses incentives, the professor speaks out against them. She firmly believes there are disadvantages to offering incentives to new businesses.

The professor's first argument concerns tax inducements. She points out that states like Texas, which offers tax rebates to companies hiring new workers, do not provide enough incentives. Since companies only get rebates on the first 500 people they employ, she notes that large companies are not persuaded to move to Texas. In pointing that out, she challenges the argument in the reading passage that tax rebates attract many new businesses.

Next, the professor claims that when companies move to areas with bad economies, they are going to regions with mostly unskilled individuals. She mentions that companies must hire outsiders since they do not desire unskilled employees. Thus she refutes the argument in the reading passage that new companies hire many locals and therefore improve the regional economies.

Finally, the professor states that poor local areas cannot pay to improve their infrastructure, so the state must do that. However, the state subsequently raises taxes or reduces spending in other areas, so there is no overall benefit. That argument goes against the one in the reading passage, which claims that new companies convince local regions to improve their infrastructures.

TASK 2 Independent Writing p. 96

Sample Answer 1

Agree

many young people = overweight
- if go outside, can lose weight
- e.g. cousins were obese → mom made them play outside; lost weight

can improve young people's health
- indoor activities = unhealthy
- outdoor activities = healthy

can learn about the world
- e.g. rode my bike → learned about city
  friend did bird watching → learned birds' names
  friend went hiking → learned about trees and flowers

Sample Essay

When I look at young people today, I am forced to agree strongly with the statement. Young people most definitely need to spend more time being active outdoors.

First of all, there are a large number of young people who are overweight. They are not merely a couple of kilograms overweight either. Many are obese. This should never happen to young people. Simply by going outside and playing, they could lose weight. My cousins did that. Both of them were at least ten kilograms overweight when their mother finally told them to stop playing computer games and to go outside and play. Within a couple of months, each had lost all of their extra weight, and they were having fun playing outside with other children.

Another reason is that being active outdoors can improve young people's health a great deal. Children and teens who spend the majority of their time indoors are typically unhealthy. However, those who do outdoor activities such as walking, hiking, playing sports, and even running around on the playground are often in much better physical condition. I read a magazine article on this topic a while ago. It mentioned that children and teens who spend at least two hours a day outside are much healthier than children and teens who spend most of their time indoors.

The third reason is that young people can learn so much about the world by being active outdoors. When I was young, I liked to ride my bicycle. I rode it all over the place and got to know my city very well. One of my best friends was into bird watching. He spent hours outdoors and learned the names of the birds that live in our region. Another friend loved hiking and came to know the names of the trees and flowers in our area. We all learned a lot by being active outside.

I agree that young people need to spend more time being active outdoors. They can lose weight and improve their health, and they can also learn about the world by being outside. These three factors are things that young people should consider and act on.

Sample Answer 2

Disagree

can exercise indoors

- e.g. sis & I swam indoors / played basketball in gym / sis did yoga

can be dangerous outdoors

- big city = children need adult supervision outside
- e.g. child in neighborhood kidnapped from playground

society is indoor based now

- young people today = in schools, academies, and homes
- no time to go outdoors

Sample Essay

I find myself disagreeing with the statement that young people need to spend more time being active outdoors. In today's society, it is not only unnecessary to be outdoors, but spending time outside can also be dangerous in some places.

I know many young people who do not spend much time being active outdoors, yet they are still in good shape. The reason is that they work out and exercise indoors. Nowadays, people can do all sorts of athletic activities indoors. Last winter, my sister and I swam in an indoor pool every week. I also played basketball at a gym while she did yoga at a health club. I see young people doing these and similar activities nowadays, so they have no need to go outside to exercise.

A second factor to consider is that it can be dangerous for young people to spend time outdoors in some places. I live in a big city, and many parents do not feel that it is safe for their children to be outside unless an adult is supervising them. A month ago, a child in my neighborhood was kidnapped from a playground. The police have not yet found him, so this has many parents worried. They are therefore not allowing their sons and daughters to go outside without an adult to watch over them.

Lastly, we are evolving so that we are no longer an outdoor society but are instead an indoor society. In the past, young people spent much of the time they were awake outdoors, but this is not the case nowadays. At the present time, young people in my country spend most of their waking hours doing schoolwork at their schools, academies, and homes. They do not have any time to spend outdoors, yet I do not see them suffering. This is simply how our society has changed over time.

While I recognize that it can be beneficial for people to spend time outdoors, I disagree with the statement. Young people do not have to be outdoors to be in good shape, being outdoors can be dangerous at times, and society has changed, so it is based more on indoor activities than on outdoor ones.

Actual Test 10

TASK 1 Integrated Writing p. 101

Listening Script

Now listen to part of a lecture on the topic you just read about.

M Professor: Once the cane toad was introduced to Australia in 1935, it went on a rampage by breeding swiftly and migrating to other parts of the country. Unfortunately, every method to remove the toad has failed, and I don't have confidence that the ones being planned will work either.

You see, uh, people often catch and kill the toads—some even use their skin to make leather goods—but here's the problem . . . You can catch nine out of ten toads, but if that tenth toad is a female, she can lay thousands of eggs. Most of those eggs will hatch, so, uh, another infestation will occur soon afterward.

There have been some attempts to limit their access to water since cane toads need it to lay their eggs in. Australia has numerous dry regions, but many places in the north, which is where the cane toad resides, have lakes, ponds, and wells. It's thus quite hard to establish areas with no water in them there. Even putting up fences around water sources merely slows the toads down as they always seem to find ways to get to water and to lay their eggs.

And, uh, what about the chemical methods of getting rid of cane toads that we've heard about . . . ? One scientist believes he can scare the tadpoles with their own pheromones and therefore make them grow into smaller adults. Well . . . that would take an enormous amount of money and time, and he hasn't even proven that his method would be effective. Another individual claimed that a parasite from South America could be imported to kill all of the toads. However, in tests, the parasite wound up killing some native Australian toads and frogs, so the government immediately put a stop to that idea.

Sample Answer

Reading Note

Methods of killing cane toads are effective

1 **physically capture and kill them**
- requires time and effort but is effective
- can eliminate infestations in places

2 **create arid barriers**
- strips of land w/no water
- cane toad dies in 3-5 days w/o water; needs water to lay eggs

3 **chemical means of controlling toads**
- alarm pheromones → reduce the size of toads
- lungworms → infect and kill toads

Listening Note

Methods of killing cane toads have problems

1 **catch and kill toads**
- one female can lay thousands of eggs
- if don't kill all females, will be another infestation soon

2 **northern Australia = very wet**
- hard to make places w/no water
- cane toad can get past fences around water sources

3 **chemical methods = ineffective**
- using pheromones → expensive + not proven effective
- using South American parasite → killed native Australian toads and frogs

Sample Essay

In his lecture, the professor states that every method of killing cane toads that people have tried and proposed has either failed or will fail in the future. The points he makes contradict those appearing in the reading passage, which states that the methods have been or will be successful.

The professor says that while people can physically kill many toads, if they miss a single female toad, she can lay thousands of eggs, so more toads will hatch soon. This refutes the argument in the reading passage, which states that people can end infestations by catching and killing toads.

The professor additionally notes that establishing dry regions in Northern Australia is impossible because there are so many lakes, ponds, and wells. He further mentions that the toads are effective at avoiding manmade barriers. Thus he casts doubt on the claim that arid barriers may be formed to help kill the toads.

Last, the professor dismisses two proposed methods of stopping the toads. He declares that using pheromones to reduce the sizes of adult toads has not been proven effective. And he says that a South American parasite is known to kill native Australian animals, so the government will not let it be imported. In mentioning those two facts, the professor counters the argument that they would be effective countermeasures against the toads.

TASK 2 Independent Writing p. 106

Sample Answer 1

Libraries

Information Age → easy to get info online
- in the past = went to libraries for books
- now = don't need to visit libraries anymore

most schools have own libraries
- so don't need to visit public libraries
- e.g. public library in my town = few students

funding libraries = waste of resources
- libraries losing popularity
- buildings & books = expensive

Sample Essay

If there is an economic crisis and my local government has to reduce spending on libraries, public transportation, or the police, the answer is an easy one. The government should spend less money on libraries. Let me explain why I feel this way.

We live in the Information Age, so it is extremely simple for anyone to get all kinds of information online. In the past, many people went to libraries for reference books, and they used those books to get information about various topics. Yet thanks to the Internet, people can easily find the information that they need online nowadays. So people simply do not need to visit libraries anymore. I cannot even remember the last time I was in a public library. These days, when my friends and I need to learn about something, we go online and get the information we need. The idea of visiting a library does not even occur to us.

Furthermore, the majority of people who use public libraries are students, but virtually all schools have their own libraries. Students can check out books, surf the Internet, and get information from reference materials at their school libraries, so they have no need to visit any public libraries. The public library in my town is seldom used. In fact, I read an article in the newspaper the other day about how few students are going there now. So if my local government reduces spending on public libraries, I do not think that very many people will notice.

Finally, funding public libraries is a waste of valuable resources, especially during an economic crisis. Libraries have decreased in popularity during the past couple of decades. They are in enormous buildings that have few visitors. These buildings are expensive to maintain, and the books cost lots of money to buy. But if no one is reading the books, then the money is being wasted. The budgets for public libraries in many cities should therefore be cut if less money is available to spend.

Of the three options, it is clear to me that local governments should choose to reduce spending on public libraries. Few people use them, they provide redundant services, and they are expensive to maintain. Cutting funding to them would definitely help a region overcome an economic crisis.

Sample Answer 2

Police

my city = few crimes
- reduced funding for police → minor effect on residents

police in my city are overstaffed
- pictures of police = sleeping in cars & playing games on phones → police must be overfunded

local residents = make neighborhood watch organizations
- patrol area they live in → if see crime, call police
- can counteract police having funding reduced

Sample Essay

I would hate to see the funding for libraries, public transportation, and the police reduced since they have important functions. However, if I had to choose one of the three, I believe the police should have their funding reduced.

To begin with, the area in which I live is relatively crime free. While there are sometimes minor crimes such as theft, there are virtually no major crimes in my city. I cannot recall the last time there was a murder here. Because my city is safe, I believe it could handle reduced funding for the police. That might result in the police getting less equipment, or perhaps some police officers might have their pay reduced or would get fired. Nevertheless, that would have a minor effect on the residents of my city since the crime rate is so low.

Second of all, the police force in my city appears to be overstaffed, so it appears that its funds could be reduced. In recent weeks, the local newspaper has published several pictures that people have taken of police officers who were supposed to be on duty but who were instead either sleeping in their patrol cars or playing games on their smartphones. If those policemen have so little work to do that they can sleep or play games on the job, then the police department is definitely overfunded. Reducing its budget would therefore not be a problem.

Third, if the police get less funding, then the local residents can act to make sure that the crime rate remains low. People can form neighborhood watch organizations. These would be voluntary groups of residents that patrol the areas in which they live. If they see anyone suspicious or notice a crime in progress, they would not get involved but would instead call the police. Since they live in the areas they will be patrolling, they will know if someone or something is out of place. This will help counteract the effects of the police having their funding reduced.

It seems clear to me that the police can withstand having their funding reduced. My city has a low crime rate, and the police seem to have too many employees already. In addition, residents can volunteer their time to ensure that their neighborhoods remain free from crime.

Actual Test 11

TASK 1 Integrated Writing p. 111

Listening Script

Now listen to part of a lecture on the topic you just read about.

W Professor: Before delving into Shakespeare's works, I want to address the primary controversy associated with him. I'm talking about the accusations that Shakespeare didn't write his works but that someone else, uh, such as Christopher Marlowe, Francis Bacon, or Edward de Vere, did. Let me tell you why this accusation is false.

Many claim that Shakespeare was illiterate, but the historical record disputes this notion. In countless documents written during his life, Shakespeare is mentioned as being an actor and writer from Stratford who was living and working in London. Many contemporary actors and other well-known individuals knew him as a writer, too. Surely he didn't fool all of them, did he?

Shakespeare's detractors often assert that his writing indicates a knowledge of court life that he couldn't have possessed since he wasn't a nobleman himself. That's just silly. While Shakespeare wasn't a noble, he lived in London and could have easily observed their behavior or learned their ways from books or, um, from the nobles themselves. I should also note that, concerning the lives of kings, Shakespeare read the works of chroniclers who wrote accounts of past English kings. Shakespeare used their writings as background and then put his own words into his characters' mouths. His plays shouldn't, therefore, be seen as accurate representations of history.

Finally, let me touch upon the men who are often rumored to have written Shakespeare's works. Yes, they traveled widely and surely had firsthand knowledge Shakespeare didn't when he wrote plays set in foreign lands. But each man's writing style is different from Shakespeare's. Bacon's writing, for instance, shares few similarities with Shakespeare's. As for Marlowe and de Vere, they both died long before Shakespeare's final plays were ever written. They couldn't possibly have authored most of his works.

Sample Answer

Reading Note

William Shakespeare → didn't write the works attributed to him

1 **was too unsophisticated and uneducated**
- signature was that of a barely literate person
- other individuals = well-educated → may have written his works

2 **lacked knowledge of the lives of kings and nobility**
- many plays showed knowledge Shakespeare didn't have
- Bacon and de Vere = nobles w/knowledge
- Marlowe = Oxford educated + knew nobles

3 **works show knowledge of foreign lands**
- Shakespeare never traveled outside England
- couldn't have learned accurate details about foreign lands in England

Listening Note

William Shakespeare → wrote the works attributed to him

1 **was literate**
- was known as an actor and writer
- contemporary actors and well-known people knew he was a writer

2 **had knowledge of court life**
- could have observed behavior by living in London
- read works of chroniclers about ancient kings → used knowledge in plays

3 **writing styles of other men are different**
- Bacon → writing shares few similarities w/Shakespeare's
- Marlowe and de Vere → died before Shakespeare's final plays were written

Sample Essay

The professor provides evidence that William Shakespeare was the true author of the works attributed to him. The points she makes challenge the arguments in the reading passage that someone other than Shakespeare wrote his plays.

The professor declares that many people in

Shakespeare's time knew him as a writer. She further mentions documents calling Shakespeare an actor and writer. By making this claim, the professor challenges the notion in the reading passage that Shakespeare was barely literate and thus could not have authored his works.

Next, the professor states that since Shakespeare lived in London, he either learned about nobles by watching or speaking with them. This refutes the statement in the reading passage that Shakespeare lacked enough knowledge of the nobility to write about them. The professor also believes that Shakespeare read books about kings that were written by English chroniclers. In stating that, she explains how Shakespeare got the knowledge of kings that the reading passage claims he did not possess.

Finally, the professor says that the three men most commonly believed to have written Shakespeare's works had different writing styles than Shakespeare. Furthermore, she remarks that two of them died years before Shakespeare finished writing his plays. This challenges the claim in the reading passage that Shakespeare's works show knowledge of foreign lands that he lacked since he never traveled abroad.

TASK 2 Independent Writing p. 116

Sample Answer 1

Agree

technology important nowadays

- my school 10 years ago = poor facilities so graduates couldn't get jobs
- today = school upgraded facilities; students acquired more skills; companies want graduates

can become more appealing to students

- many students apply → accept best students; increase quality of school
- my school 10 years ago = ranked low
- improved facilities so is top 15 school today

Sample Essay

At a university, both the facilities and teachers are important to improving the quality of the school. Nevertheless, I agree with the statement that it is important for universities to spend more money improving their facilities than they do hiring more qualified teachers.

We live in an age in which technology is incredibly important. Some of the popular majors at universities are in the fields of science, computers, and engineering. All of those areas require excellent facilities. These facilities include the buildings in which the students study and the equipment that they have in their laboratories. Without excellent facilities, students will not be able to learn well and will therefore be less appealing to employers. Let me give you an example. Ten years ago, my university had poor facilities, so its graduates had trouble finding jobs in the technology sector. Employers said they did not want to hire our graduates since they had little or no practical experience doing experiments or other similar activities. Then, the school started spending millions of dollars to upgrade its facilities. Subsequently, the students learned better and acquired more skills, so employers started competing with one another to hire graduates of my school. Clearly, spending money on the facilities improved the quality of the educations the students received.

Another benefit of a university spending more money to upgrade its facilities is that it will become more appealing to students. Thus more students will apply to the school, so it can be more selective and therefore only accept the best students. Having better students will increase the overall quality of the school. This happened at my university. Ten years ago, it was ranked in the bottom half of all of the schools in my country. But once the facilities were upgraded, more students became interested in attending it. They wanted to study there thanks to the outstanding facilities. The facilities were the main reason I applied there. As better students started attending the school, the school's ranking went up. Today, my university is considered one of the top fifteen schools in the country, which is a dramatic increase from a few years ago.

Universities need to spend more money on upgrading their facilities. Doing that will help students with technology majors learn better, and it will also help the university attract better students. Both of those will make the schools better institutes of learning overall.

Sample Answer 2

Disagree

good teachers > top facilities

- can instruct students so they will remember
- e.g. my teachers are topnotch, make classes fun and interesting → don't skip class + pay attention

teachers can affect students' lives

- influence in and out of classroom
- e.g. friend's advisor = expert engineer; recommended

friend for job → company hired friend b/c valued prof's opinion

Sample Essay

I understand why some people would prefer to spend more money upgrading facilities than on hiring qualified teachers. I, however, believe schools should do the opposite, so I disagree with the statement. In my opinion, it is much wiser to spend more money hiring more qualified teachers than upgrading the school's facilities.

To begin with, it does not matter how good the facilities are if the teachers instructing the students are of low caliber. Good teachers are so much more valuable than top facilities. They are able to instruct students in ways that will enable the students to retain the information they learn. That is the entire point of going to school: to learn. I am a college student now, and I have some topnotch teachers. They make their classes both fun and interesting, so I never consider skipping their lectures, and I always pay attention. I am learning so much these days thanks to the fact that my school decided to spend a great deal of money hiring some of the nation's best teachers.

Another reason that universities should spend more money on teachers than on facilities is that teachers can have positive effects on their students' lives. They can influence their students not only in the classroom but also outside it. The advisor for one of my friends is considered an expert in the field of engineering. Because of that, people respect his thoughts and opinions a great deal. My friend's advisor recommended him for a job at a construction company, and the company immediately hired my friend despite the fact that some other job applicants were more qualified. They hired him because they valued the professor's opinion so much. That professor provided my friend with knowledge in the classroom and also helped him get a job, so he does not have to worry about his future after graduation.

Nice facilities are great, but they are not nearly as important as highly qualified teachers. Schools should spend more money on teachers because they will teach students in ways that help the students learn and they will also assist their students in other ways, such as finding jobs for them. Investing in qualified teachers is a great way to improve the lives of the universities' students.

Actual Test 12

TASK 1 Integrated Writing

p. 121

Listening Script

Now listen to part of a lecture on the topic you just read about.

M Professor: Did any of you hear the news today . . . ? Apparently, the federal government announced that it intends to transform our interstates into a system of toll roads. According to the government, the revenue raised by tolls would provide money to maintain the interstates. Well, um, let me be the first to tell you that this is simply an awful idea.

Have you ever heard of the Highway Trust Fund . . . ? Okay, some of you are nodding. Good. Well, for those who don't know, the federal government collects eighteen cents for each gallon of gas everyone buys. This money goes into the Highway Trust Fund and is then used to pay to maintain the interstate system. Unfortunately, the fund is completely mismanaged. Not all of the money collected goes into the fund. It's spent on other purposes. There's evidence of corruption as well. Oh, and some states already have toll roads. But up to twenty percent—yes—twenty percent of the money they collect goes to maintaining the toll booths and paying the workers' salaries. And lots of the revenue is used for other projects. That's exactly what would happen to the federal government except there would be waste on an even greater scale.

Now, uh, you might believe you won't be affected if you never drive on the interstate. Sure, you won't directly lose any money. But, uh, what about indirect costs . . . Hmm . . . Let's see. Countless truckers drive on the interstates. Imagine how many toll booths they'll pass through as they travel across the country and go from state to state. These truckers carry all kinds of goods, including food. Who do you think is going to pay for those tolls . . . ? Easy: You, the consumer. If the interstates become toll roads, prices everywhere, including at your local supermarket, are going to shoot up dramatically.

Sample Answer

Reading Note

Turning U.S. interstates into toll roads = positive move

1 tolls can be used to maintain the interstate system
- Highway Trust Fund = lacks enough money to maintain roads
- fuel-efficient cars → fewer gas taxes
- inflation → rising repair costs

2 fair to charge tolls to users of interstates
- need money to maintain roads → prevent accidents
- won't affect people who never drive on interstates = fair system

Listening Note

Turning U.S. interstates into toll roads = awful idea

1 Highway Trust Fund is mismanaged
- spend 20% of tolls on toll booths + salaries
- revenue used on other projects → would be worse in federal system

2 tolls have indirect costs
- truckers use interstates → will spend much money on tolls
- prices of goods they transport will go up

Sample Essay

The professor is strongly opposed to the government turning the American interstate system into toll roads. As he lectures, he disputes the claim in the reading passage that changing the interstates into toll roads will be beneficial.

To begin with, the professor declares that the interstate system is supposed to be maintained by the funds raised from the federal gas tax. He believes that the Highway Trust Fund is mismanaged and corrupt. He also points out that the revenue which states raise from their tolls roads does not always go to pay for highway maintenance. He avers that if the interstates become toll roads, the federal government will act the same way as the states. His arguments challenge the notion in the reading passage that the Highway Trust Fund needs more money since fewer gas taxes are being collected and inflation is increasing costs.

The professor then refutes the declaration in the reading passage that only people who drive on the interstates would be affected by having to pay tolls. He states that there would be indirect costs involved. The example he uses is truckers. He mentions that consumers would pay the tolls that truckers incur in the form of higher prices at various stores.

TASK 2 Independent Writing p. 126

Sample Answer 1

Same Job

provide stability
- unstable times → should stay at job since might not get another
- e.g. father worked at same company for 40 years = stable family
  uncle changed jobs; quit one job but no job for 2 years = family suffered

get better at jobs
- started my job 6 months ago → will be very good if stay for 5 years

benefit worker and company
- worker = more valuable to company
- company = more willing to promote worker
- e.g. older bro = same company for 10 years → 3 promotions

Sample Essay

I have some friends who change jobs as often as possible. They love finding new places of employment every year. That, however, has no interest to me. I am the kind of person who believes you should stay at the same job for a long period of time.

The first reason I feel this way is that staying at the same job provides stability. This is especially important since we are living in an unstable time during which the global economy is quite poor. People should stay at the jobs they have because they might not get another. My father worked at the same company for forty years. Thanks to that, my family got stability. We never worried about losing our home or not having enough food. Conversely, my uncle frequently changed jobs. Once, he quit a job but could not find another for two years. His family suffered because of his actions.

When you do the same job for several years, you get better at it. That is another reason people should keep their jobs for many years. I got my current job six months ago. While I am doing good work, there are many things I cannot do yet. Nevertheless, I am much more efficient than I was three months ago. If I stay there for more than five years, I am sure I will do my job very well.

A third reason to remain at the same job for a long time is that both the person and his or her place of employment will benefit. As the employee does better work, he or she will become more valuable to the company. At the same time, as the employee increases in value, the company will be more willing to promote him or her. That will help the employee a tremendous amount. My older brother has worked at the same company for ten years and has been promoted three times. If he had switched jobs every one or two years, there is no way he would be a senior manager by now.

It is obvious to me that staying at the same job is more advantageous than getting a new job every one or two years. An employee can have stability, can learn to do the job well, and can benefit both him or herself and the company.

Sample Answer 2

Change Jobs

get bored easily

- same workplace for 5 years = bored
- have had many jobs = not bored

enjoy new experiences

- new workplace = new experiences
- learned from every one of them

not sure about future career

- try many jobs → see which one like the most

Sample Essay

I am not the type of person who can stay at the same job for a long period of time. Instead, I am the type of person who likes changing jobs with regularity. There are three reasons I prefer to act this way.

First of all, I get bored easily. If I have to do the same thing over and over again, I quickly lose interest in it. If I went to the same workplace for five or more years, I would be extremely bored. That is why I change jobs as often as possible. In the past five years, I have worked at a restaurant, a movie theater, two clothing stores, a department store, and a pharmacy. I have never been bored at any of those places because I was at them for just a short time.

I also enjoy having new experiences, and being employed at different workplaces lets me do that. When I worked at a restaurant, I was a waitress, and I sold tickets when I was employed by a movie theater. I got to do a variety of different tasks at all of my jobs, so I had many different experiences. Not all of them were good, but I was able to learn from every one of them.

The third reason I like changing jobs frequently is that I am not sure what my future career will be. As a result, I am trying to do as many different jobs as possible to see which one I like the most. I am still quite young, so I have plenty of time before I really need to decide on a long-term career. So far, I have not settled on anything, but I am sure that I will find something I do not mind doing for many years in the future.

I definitely prefer to change jobs frequently and have no interest in staying at the same workplace on a long-term basis. By regularly changing jobs, I avoid boredom, I can have new experiences, and I can try to figure out what I will do in the future.

Actual Test 13

TASK 1 Integrated Writing p. 131

Listening Script

Now listen to part of a lecture on the topic you just read about.

M Professor: This shark on the screen now is the hammerhead . . . Obviously, its name comes from the unique shape of its head, which resembles a hammer. While it may look funny, the shark's head has several useful functions.

The shape of its head provides the shark with a certain amount of hydrodynamic lift, thereby enabling it to swim more easily. This lets it conserve energy, which makes it a highly efficient swimmer. The hammerhead also has many special muscles in its upper body as well as extra vertebrae in its, um, spine. The muscles and bones allow it to move its head in many directions, which gives it more flexibility than any other type of shark.

Now, uh, look at this picture . . . Notice the eyes . . . There's an eye at each end of the shark's head. This positioning gives the hammerhead much greater vision. Please note that the hammerhead, like all sharks, doesn't totally rely on its vision while hunting. Instead, it depends more on a series of sensors in pores located on its head. These sensors detect movement in the water. All sharks have these sensors, but the wider flat head of the hammerhead has more of these sensory organs than other sharks. The hammerhead's sensors and eyes give it a greater range of perception, so it sees or senses virtually everything around it.

One prey animal the hammerhead often hunts is the stingray. Although it lives in the mud, the hammerhead's sensor array gives it a good chance of finding the stingray. When it detects one, the hammerhead strikes the fish with its flat head and stuns it. Then, the shark holds the stingray down with its head while it eats. This striking ability surely developed as a secondary purpose of its head, but it's a useful feature nonetheless.

Sample Answer

Reading Note

Shape of hammerhead shark's head = several benefits

1 **helps it swim better**
- head provides lift for body → makes it easier to get oxygen
- head is flexible → can help shark while hunting

2 **eyes**
- location of eyes → can see in wide arc
- greater field of vision → see prey better

3 **head useful when hunting**
- uses head when hunting stingrays
- pins stingray to ocean floor w/head and then eats

Listening Note

Hammerhead shark's head = several useful functions

1 **head shape helps while swimming**
- can conserve energy
- special muscles in upper body + extra bones in spine → head has more flexibility

2 **eyes + sensors on head**
- eye position → gives greater vision
- wide flat head = more sensory organs → greater range of perception

3 **useful while hunting**
- stuns stingray by hitting it w/head
- holds stingray down w/head and eats

Sample Essay

The professor lectures about the many advantages of the shape of the hammerhead shark's head. In his lecture, he adds to and therefore strengthens the points that are raised by the author of the reading passage.

The professor notes that the shape of the hammerhead's head gives it hydrodynamic lift, which makes it more efficient as a swimmer. The professor also says that the shark has extra muscles and bones in the upper part of its body, so it is more flexible. These points add to the reading passage, which includes the facts that the hammerhead uses less energy to swim and can twist its neck a great deal thanks to its head.

Next, the professor discusses the eyes of the hammerhead. While the reading passage notes that the shark's eyes give it an excellent field of vision, the professor states that the hammerhead not only has good vision but also has many sensors on its flat head. On account of its eyes and sensors, the shark can detect almost everything around it.

Last, the professor mentions the hammerhead's method of hunting stingrays. The reading passage describes how the hammerhead pins the stingray to the ocean floor with its head. The professor further comments that the hammerhead hits the stingray with its head to stun it, and then it consumes its prey.

TASK 2 Independent Writing p. 136

Sample Answer 1

Agree

mass media → magazines & websites on celebrities
- young people listen closely to them
- e.g. singer's opinion on economy = important

ads → celebrities advertise many products
- young people buy products they advertise
- older people → don't care about celebrity ads

Sample Essay

I strongly agree with this statement. According to my observations, young people value the opinions of celebrities much more than older people do.

Mass media is the easiest place to see how much importance young people place on the opinions of celebrities. There are countless magazines and websites devoted to celebrities and their thoughts. The celebrities whose opinions are featured are typically movie stars, musicians, and professional athletes. No matter how silly or how uneducated these celebrities sound, especially when they are discussing subjects about which they have no specialized knowledge, young people closely listen to what they say. The other day, I heard some young people talking about a singer's opinion on the economy. They seemed to think that what this person believed was of great importance. I have never heard older people talk like that. In fact, I could not imagine my grandmother telling me that I should believe something simply because her favorite movie star believes the same thing.

Another example of how easily swayed young people are concerns advertisements. Celebrities advertise all kinds of products. Young people are the ones who are the most likely to purchase what celebrities are promoting. If a movie star tells people that he loves drinking a certain cola, millions of young people will start drinking it. If a professional athlete lets his fans know which sports shoes he thinks are the best, then countless numbers of them will buy those shoes. And if a famous musician promotes some kind of clothing, then young people everywhere will buy it. Because young people value the opinions of celebrities so much, advertisers love using famous people to sell products. On the other hand, older people are more set in their ways, so they usually could not care less if celebrities advertise certain products. They simply buy the products they like.

It is clear to me that young people value the opinions of celebrities more than older people. Younger people are much more susceptible to mass media and advertising than older people, so celebrities' opinions can have a powerful effect on them.

Sample Answer 2

Disagree

young generation rejects opinions of famous people

- value friends and colleagues' opinions
- e.g. movie star on global warming → laughed at his opinions

older people value celebrities' thoughts

- esp. famous doctors, scientists, etc.
- e.g. grandparents watch TV → listen carefully to celebrity spokespeople

Sample Essay

When I first read the statement, I thought I would agree with it. However, after thinking about it, I do not believe that it is correct. In fact, older people are more likely to value the opinions of celebrities than younger people do.

The first reason I feel this way is that today's young generation frequently rejects the opinions of people who are famous. Instead, they value the opinions of their friends and colleagues. A few months ago, I was watching television with a group of my friends. There was a short interview with a movie star who was telling the interviewer about the dangers of global warming. When the interviewer asked the celebrity why he owned a house on the beach if he believed that global warming was going to cause ocean levels to rise, all of us starting laughing. We realized that the celebrity was uneducated on that topic and had no idea what he was talking about. Nowadays, when we hear famous people giving their opinions about similar subjects, we know that although they are talking, they do not have anything important to say. As a result, we completely disregard their opinions.

While younger people are rejecting the opinions of celebrities, it appears to me that older people, especially the elderly, value the thoughts of celebrities a great deal. Of course, older people do not necessarily care about the opinions of movie stars, singers, or pro athletes. Instead, they are more interested in what famous doctors, scientists, and other similar individuals have to say. My grandparents watch television every day. When commercials come on, they listen carefully when a celebrity spokesperson such as a scientist talks about the value of a certain medicine or other similar product. They, and other people their age, are very interested in what celebrities have to say.

In conclusion, I disagree with the statement because many members of the younger generation are actively rejecting the opinions of celebrities whereas older individuals are more focused on celebrities' thoughts these days.

Actual Test 14

TASK 1 Integrated Writing

p. 141

Listening Script

Now listen to part of a lecture on the topic you just read about.

W Professor: American schools are facing a crisis because many of them are unable to recruit enough qualified teachers these days. A large number of states have attempted to persuade more individuals to become teachers by providing various benefits, but, well . . . These programs have often met with failure. Let me tell you about a few of them . . .

In the year 1999, the state of Massachusetts started offering new teachers a $20,000 signing bonus. Sounds great, doesn't it . . . ? Sadly, the program turned into a loser after a few years. Here's what happened . . . The program attracted lots of people, but not all of them were dedicated to teaching as a career. The people who signed up for the program were fast-tracked through a seven-week-long summer teacher training course. Then, they were sent into the classroom and told to teach. Guess what happened . . . That's right. Around half of all of those teachers resigned within a few years. They mostly cited job dissatisfaction and a lack of support from their schools as their reasons for quitting.

Massachusetts isn't the only state to have suffered a failure like that. Other states have had similar issues. For instance, Connecticut had a problem retaining qualified teachers, especially in rural areas as well as the inner city, so it came up with the idea of, uh, offering teachers a bonus of $100 for each year of service if they would agree to continue teaching. Imagine you've been teaching in Connecticut for ten years. You'd only get a bonus of $1,000. That hardly seems like enough money, does it? It wasn't as many teachers rejected the offer and either got out of the teaching business entirely or moved to other states and became teachers in them.

Sample Answer

Reading Note

School districts' efforts to keep teachers = effective

1 signing bonuses for teachers
- Massachusetts gave $20,000 to teachers → got many applicants
- other states offer different benefits

2 bonuses for teachers to stay
- Connecticut gave bonuses based on years of service + equalized pay for all teachers → got many teachers in poor regions
- other states offer higher salaries for urban and rural areas

Listening Note

Programs to attract and keep teachers = failures

1 Massachusetts offered signing bonuses
- not all applicants dedicated to teaching
- more than half quit after few years → dissatisfied w/jobs and support from schools

2 Connecticut bonus program
- offered $100/year of teaching = wasn't enough money
- teachers quit or moved to other states

Sample Essay

While the author of the reading passage feels that recent efforts by American states to recruit teachers have been successful, the professor believes the opposite. She cites a couple of examples to argue against the points that are made in the reading passage.

The first example the professor mentions concerns Massachusetts. She acknowledges that the state paid new instructors a $20,000 signing bonus and attracted many recruits. However, unlike the author of the reading passage, the professor does not believe that the program was a success. Instead, she states that around half of the new teachers quit within a few years. She mentions that many teachers were not dedicated to teaching. In addition, they were not supported by their schools and that they did not enjoy their jobs either.

The second example the professor uses concerns the state of Connecticut. She remarks that it offered its teachers $100 for each year they had been teaching if they would continue to work as teachers. The author of the reading passage believes the offer convinced many teachers to stay in Connecticut. But the professor contends that the bonus was not enough money, so many teachers either quit or moved to teach in other states.

In those two ways, the professor casts doubt on the thesis in the reading passage that states have been successfully recruiting teachers.

TASK 2 Independent Writing

p. 146

Sample Answer 1

Agree

explain the type of business
- helpful if can't tell about business by its name
- e.g. Joe's → must advertise since don't know what it is

can reach out to potential customers
- e.g. Greek restaurant → customers only lived in neighborhood
- ads in paper = many new customers

Internet → can sell products around the world
- e.g. uncle's consulting business has ads on websites
- has clients in Asia, Europe, N. America, & Australia

Sample Essay

I could not possibly agree more with this statement. It is obvious that a business must invest money in advertising to become successful. There is a well-known expression about business that sufficiently explains this concept: To make money, you need to spend money.

The first main benefit of advertising is to explain to people what kind of business is being run. By running an advertisement on TV, the radio, or the Internet or in some kind of print media such as a newspaper, a business can take the time to let people know what goods it sells or what services it provides. This can be especially helpful in cases where people cannot guess what the business does merely by looking at its name. For instance, in my city, there is a store called Joe's. Before Joe's advertised, I had no idea what kind of business it is. But since Joe's advertises all over the city now, everyone knows that Joe's sells used cars.

A second benefit of advertising is that it allows a business to reach out to potential customers. There is a small restaurant in my neighborhood that serves Greek food. The food is outstanding, but, for the longest time, the only people who ate there were residents of the neighborhood. Finally, a few people convinced the owner to advertise in the local paper. Soon afterward, he was getting so many customers that he had to move his restaurant to a larger building. By exposing his restaurant to more people through advertising, the owner wound up making a great deal of money.

A third benefit of advertising concerns the Internet. Nowadays, thanks to the World Wide Web, it is possible for a business to sell goods and services all around the world. But if a company based in England wants to sell its services to people in Asia, it needs to advertise. My uncle runs a consulting business, and he advertises on all kinds of websites. Thanks specifically to those advertisements, he has clients in Asia, Europe, North America, and Australia.

It is obvious that a business needs to advertise in order to make money. There are many benefits to advertising, and all of them have one result: The business doing the advertising makes more money.

Sample Answer 2

Disagree

company has good product = no need for ads

- products sell themselves
- people find out about companies

customers tell others

- word-of-mouth advertising
- e.g. ice cream shop → no ads / customers tell friends = long lines

some businesses rely on location or referrals

- convenience stores → no ads but great locations
- medical clinics → no ads but get referrals

Sample Essay

When you first look at the statement, it appears to be true. However, after thinking about it some more, I find myself in disagreement with the statement. I do not believe a business must invest money in advertising to be successful.

First, if a business has a good product, it does not need to advertise at all. The product will essentially sell itself as people will find out about it somehow. There are a few companies in my city that have never advertised any of their products, yet they not only stay in business but also make good money. People know that these companies have great products, so they constantly do business with them.

Second, some businesses do not need to advertise because their customers tell others about the goods and services that they sell. This is known as word-of-mouth advertising. However, business do not do it; customers do. There is an ice cream shop that sells homemade ice cream near my home. The owner never advertises, but his customers love his products so much that they tell their friends about it. As a result, there is always a long line of customers waiting to buy ice cream at that store.

Finally, there are some businesses that do not rely on advertisements but instead depend upon either their location or referrals to get business. Many convenience stores do not advertise since they are often situated in perfect locations. All kinds of people go into them to buy various products, and they are not attracted by advertisements. Additionally, many medical clinics do not advertise. They instead rely upon referrals from other doctors. Both convenience stores and medical clinics seem to do very well and make money without advertising.

Clearly, it is possible for businesses both to survive and thrive without the benefit of advertising. As a result, I disagree with the statement and believe that it is incorrect.

Actual Test 15

TASK 1 Integrated Writing p. 151

Listening Script

Now listen to part of a lecture on the topic you just read about.

M Professor: Fifty-five million years ago, the Earth was much hotter than it currently is. The Paleocene-Eocene Thermal Maximum, called the PETM for short, is a bit of a mystery to us though. We know the Earth was warmer, but we don't know why that happened. There are three main theories, but these hypotheses all have holes in them. Let me tell you why . . .

Many people believe that a comet struck the Earth and caused the PETM to start. Well . . . unlike the comet that eliminated the dinosaurs, there's no physical evidence of a comet strike happening fifty-five million years ago. On top of that, the climate warming in the PETM took place over a period of thousands of years. A comet strike would have caused significant warming in a much shorter period of time.

Some people claim that a large number of volcanic eruptions are to blame, but geological studies of that time indicate that, uh, while there was volcanic activity, it couldn't have been the sole cause of the PETM. The reason is that all of the volcanic eruptions combined didn't release enough carbon dioxide or methane into the atmosphere to cause such a radical increase in the planet's average temperature.

Finally, some say that the thawing of methane in the oceans led to the PETM. Hmm . . . There is some evidence that the oceans released methane during that time. Unfortunately, the evidence is not conclusive. You see, uh, scientists rely mainly on deep Earth core samples to study the geological record of the PETM. These core samples show that there was a significant increase in the amount of carbon dioxide and methane . . . but they don't tell us why that happened. So, uh, we can't be sure if methane from the ocean was responsible for the PETM or not.

Sample Answer

Reading Note

3 likely explanations for the PETM

1 **comet hit the Earth**
- CO_2 + methane infused into atmosphere → greenhouse effect → temperature ↑

2 **volcanic eruptions**
- Pangaea was breaking up during PETM → many volcanoes erupted
- CO_2 + methane spewed into atmosphere

3 **methane in ocean**
- oceans heat up → could have thawed and risen to the surface
- would have increased Earth's temperature

Listening Note

3 explanations for PETM = are holes in theories

1 **comet strike**
- no physical evidence
- comet strike = Earth heats up fast → during PETM, Earth heated up slowly

2 **volcanic eruptions**
- didn't released enough CO_2 and methane
- couldn't have caused rise in temperatures

3 **methane in oceans**
- evidence isn't conclusive
- core samples → don't explain why was increase in CO_2 and methane

Sample Essay

The professor lectures on the causes of the Paleocene-Eocene Thermal Maximum (PETM). During his talk, he challenges the three arguments that the author of the reading passage makes in an attempt to explain why the PETM happened.

The first cause of the PETM that the professor dismisses is a comet strike. Although the author of the reading passage claims this is the most probable scenario, the professor disagrees. He says there is no physical evidence of a comet striking the Earth at that time. He also mentions that a comet strike would have heated the Earth quickly whereas the PETM was a period of gradual warming.

The professor then discusses volcanic eruptions. The reading passage notes that there were countless eruptions during the PETM, and they spewed lots of carbon dioxide and methane into the air. But the professor responds by pointing out that all of those emitted gases combined were not enough to heat the Earth.

Finally, the professor acknowledges that some methane was released from the oceans. But he insists that there is not enough evidence to prove that happened in large enough quantities. In that regard, he disagrees with the reading passage, which points out that methane from the oceans was likely to have been responsible for the warming that caused the PETM.

TASK 2 Independent Writing p. 156

Sample Answer 1

A Large Number of Individuals

outgoing = enjoy meeting many people
- more opportunities to meet people
- e.g. 50 people at party → spoke with almost everyone = wonderful time

many people = more fun

- e.g. at party last week, had many conversations = were interesting

can do networking

- need to meet people so carry business cards
- can make good contacts at social events

Sample Essay

I can definitely see the appeal of attending a social event in which there are only a few people present. However, my preference is the opposite. I would much rather attend a social event in which there are a large number of people.

To begin with, I am an outgoing person and enjoy meeting as many people as possible, so there are more opportunities for me to do that by going to a social event with a large number of people in attendance. Last week, I was invited to a party at a person's home. He lives in the country, so he has a huge yard. Because he has such a big place, he invited a lot of people. There were at least fifty people at the party, so I had a wonderful time. I got a chance to speak with almost everyone, and, in the process, I met several interesting people.

A second reason that I prefer events with many people is that I can have more fun at them. At that party last week, most of the attendees broke off into small groups of people and had conversations among themselves. As for me, I wandered from one group to another. It was so much fun because I got to be involved in a variety of conversations. I talked with people about current events, sports, movies, and other topics. One group I spoke with was even discussing the benefits of traveling in outer space in the future. That was a really interesting talk.

A third reason that I prefer these kinds of events is that I can do networking at them. In my field of business, it is important for me to meet as many people as possible. I always carry business cards with me to hand out to the people I meet. I have actually made some good business contacts by attending social events with many people. So I not only get to be entertained, but I also get the opportunity to make contacts that will benefit me professionally.

Social events with many people are far superior to those with few people attending them. I can meet lots of people, have fun speaking with them, and do some networking. I simply cannot wait to attend more of these types of events in the future.

Sample Answer 2

A Few Individuals

dislike loud places

- few people = quiet
- don't have to raise voice when talking

few people = get to know people better

- e.g. 6 people at dinner party → good conversation = learned very much about one another

large crowds = feel uncomfortable

- e.g. rock concert → felt overwhelmed since too many people
- small concert w/20 people → great experience

Sample Essay

I have attended social events with many people in the past, but I felt uncomfortable and did not enjoy them. Consequently, if I were given a choice, I would opt to attend a social event at which only a small number of people are in attendance.

For starters, I prefer to attend quiet affairs. I cannot stand being in loud places where many people are talking with one another. When I am at an event with only a few people, I do not have to worry about the noise level. That provides me with a chance to hear what people are saying and to speak with them without having to raise my voice. Having to shout at the person standing next to me just to allow that individual to hear what I am saying is not my idea of a good time.

A second reason why I prefer social events with few people is that I can get to know the people there better. At social events with many people, most individuals go from group to group and only talk to people for a couple of minutes. They cannot benefit from conversations that short. But when people are at events with fewer guests, they talk to them for longer, so they can learn more about them. Two weeks ago, I attended a dinner party with six people. It was great because we all spoke together and learned so much about one another.

Finally, I dislike being in large crowds. In fact, I get uncomfortable when I am surrounded by a big group of people. When I attended a rock concert last year, I was overwhelmed because there were so many people in the arena. However, I attended a concert in a more intimate setting last month. There were fewer than twenty people in attendance. It was the most wonderful concert I have ever been to. I believe the fact that there were so few people there made it a great experience.

Given a choice between a social event with many people and one with few people, I would choose the event with few people every single time. I like quiet events, I can get to know the attendees better, and I can avoid large crowds. For me, those three factors are extremely important.

Memo